Demond Morris, 1928 in der Grafschaft Wiltshire in Südengland geboren, studierte in Birmingham und Oxford Zoologie unter dem berühmten Verhaltensforscher Niko Tinbergen. Er wurde Kustos für Säugetiere am Londoner Zoo. Aber auch als Fernsehautor erfreut er sich größter Beliebtheit. Er veröffentlichte zahlreiche wissenschaftliche Arbeiten und Sachbücher. Allein »Der nackte Affe« wurde in 23 Sprachen übersetzt und erreichte eine Auflage von mehr als acht Millionen Exemplaren. Neben seinen vielfältigen Verpflichtungen ist Desmond Morris Direktor eines Museums für moderne Kunst in London und außerdem Direktor des Fußballclubs Oxford United.

Von Desmond Morris sind außerdem als Knaur-Taschenbücher erschienen:

*»Der nackte Affe«* (Band 3224)
*»Der Menschen-Zoo«* (Band 3296)
*»Liebe geht durch die Haut«* (Band 3399)

Gekürzte Taschenbuchausgabe

Titel der englischen Ausgabe »Manwatching«
Geplant und produziert durch Elsevier International Projects Ltd. Oxford
in Zusammenarbeit mit Jonathan Cape Ltd. London

Aus dem Englischen von Karl Heinz Siber und Dr. Wolfram Wagmuth
Satz Appl, Wemding
Druck und Bindung Ebner Ulm
Printed in Germany 12 11 10 9 8
ISBN 3-426-03659-2

# Desmond Morris:
# Der Mensch, mit dem wir leben

## Ein Handbuch unseres Verhaltens

Mit 403 Farbfotos, Zeichnungen und Diagrammen

Knaur

ISBN 3-426-03659-2 1680

## Inhaltsverzeichnis

Einleitung 11

Handlungen 13

Angeborene Handlungen 15
*Handlungen, die wir nicht zu lernen brauchen*

Selbstentdeckte Handlungen 22
*Handlungen, die jeder für sich selbst neu entdeckt*

Übernommene Handlungen 24
*Handlungen, die wir unbewußt von Artgenossen übernehmen*

Angelernte Handlungen 26
*Handlungen, die uns beigebracht werden*

Gemischte Handlungen 28
*Handlungen, die wir gleichzeitig auf verschiedenen Wegen erwerben*

Gesten 33

Beiläufige Gesten 33
*Mechanische Handlungen mit unbeabsichtigter Aussagekraft*

Ausdrucksgesten 35
*Gesten, die wir mit anderen Primaten teilen*

Mimische Gesten 38
*Gesten, die Personen, Dinge oder Vorgänge imitieren*

Schematische Gesten 41
*Standardisierte Kürzel von imitierenden Gesten*

Symbolische Gesten 42
*Gesten, die Stimmungen und Gedanken wiedergeben*

Technische Gesten 46
*Gesten, die von kleinen Spezialistengruppen benutzt werden*

Kodierte Gesten 50
*Zeichensprachen auf der Grundlage formaler Systeme*

Varianten von Gesten 51
*Persönliche oder regionale Abwandlungen von Standardgesten*

Vieldeutige Gesten 55
*Gesten, die verschiedene Bedeutungen haben können*

Alternativgesten 58
*Unterschiedliche Gesten mit gleicher Bedeutung*

Tochtergesten 62
*»Kreuzungen« von zwei verschiedenen Ausgangsgesten*

Zusammengesetzte Gesten 64
*Handlungen, die aus mehreren unterscheidbaren Teilen bestehen*

Relikt-Gesten 68
*Gestische Überbleibsel längst versunkener Zeiten*

Regionale Signale 76
*Wie Gesten sich von Region zu Region wandeln*

Taktstock-Signale 80
*Gesten, die den Rhythmus gesprochener Worte unterstreichen*

Hinweissignale 99
*Gesten, die den Weg oder die Richtung weisen*

Ja/Nein-Zeichen 105
*Gesten, mit denen wir Zustimmung oder Ablehnung ausdrücken*

Blickverhalten 110
*Starren und unsteter Blick – wie wir einander anschauen*

Grußzeremonielle 118
*Unser Verhalten bei Begrüßung und Abschied*

Das Haltungs-Echo 126
*Wie Freunde und Liebende unbewußt gleich handeln*

Bindungszeichen 130
*Signale, die persönliche Bindungen anzeigen*

Bindungszeichen mit Körperkontakt 137
*Wie Partner in der Öffentlichkeit einander berühren*

Selbstkontakte 147
*Wie und warum wir uns selbst berühren*

Ungewollte nichtverbale Informationen 152
*Reaktionen, die uns unbemerkt entlarven*

Widersprüchliche Signale 162
*Wenn wir gleichzeitig zwei gegensätzliche Signale geben*

Unbefriedigende Signale 169
*Wenn wir trotz Bemühung zu schwach reagieren*

Übertriebene Signale 172
*Wenn wir zu stark reagieren*

Statusdarstellung 175
*Wie wir unseren Rang in der sozialen Hackordnung kundgeben*

Territorialverhalten 183
*Die Verteidigung eines abgegrenzten Gebietes*

Barriere-Signale 201
*Körperschutzhandlungen in sozialen Situationen*

Abwehrverhalten 206
*Unsere Reaktion auf echte und vorgestellte Gefahren*

Demutsverhalten 214
*Wie wir Kritiker oder Angreifer besänftigen*

Religiöse Schaustellungen 223
*Handlungen zur Besänftigung vorgestellter Gottheiten*

Altruistisches Verhalten 228
*Wie wir anderen zu unseren eigenen Lasten helfen*

Kampfverhalten 233
*Haken und Gerade – die Biologie des Menschenkampfes*

Triumphgebaren 239
*Wie Sieger feiern und Verlierer reagieren*

Abschalten 244
*Handlungen, die visuelle Reize im Streßzustand abblocken*

Autonome Signale 247
*Körperliche Veränderungen als direkte Streßfolge*

Pupillensignale 252
*Pupillenweitung und -verengung zeigen Stimmungsänderungen an*

Intentionsbewegungen 258
*Vorbereitungsgesten zeigen Absichten an*

Übersprunghandlungen 266
*Nervöse Ausweichhandlungen in Phasen höchster Spannung*

Ersatzhandlungen 271
*Handlungen, die Unbeteiligte treffen, aber nicht betreffen*

Ablenkungsmanöver 274
*Handlungen, die eine vorhandene Stimmung durch eine neue auslöschen*

Verletzende Gesten 276
*Wie wir einander Respektlosigkeit und Verachtung zeigen*

Drohgebärden 288
*Einschüchterungsversuche ohne körperliche Angriffe*

Obszöne Zeichen 301
*Die Symbolik sexueller Beleidigungen*

Tabu-Zonen 310
*Exterritoriale Bereiche des menschlichen Körpers*

Selbstentblößende Handlungen 314
*Wenn man die Anstandsgrenzen durchbricht*

Bekleidungssignale 322
*Kleidung als Schau, Schutz und Sittsamkeit*

Körperschmuck 335
*Soziale Verstümmelung und kosmetische Verzierungen*

Geschlechtsmerkmale 345
*Männliche und weibliche Kennzeichen der Geschlechtszugehörigkeit*

Sexuelle Signale 360
*Werbung und Liebesspiel des Menschentiers*

Signale elterlicher Zuwendung 368
*Mutter/Vater-Gesten liebender Fürsorge und Sicherung*

Kindliche Signale 374
*Gesicht, Schreien, Lächeln und Lachen des Kleinkinds*

Kontakte mit Tieren 379
*Vom Raubtier zum Schoßhund – der Mensch und seine Tiere*

Formen des Spielverhaltens 384
*Spielsignale, Spielgesetze und Verspieltheit*

Metasignale 391
*Was uns ein Signal über das andere verrät*

Supranormale Reize 403
*Künstliche Reize, die stärker sind als natürliche*

Ästhetisches Verhalten 409
*Unsere Reaktion auf das Schöne in Natur und Kunst*

Einseitigkeit 420
*Linkshänder und Rechtshänder*

Fortbewegung 426
*Die zwanzig Grundformen menschlicher Vorwärtsbewegung*

Verhalten im Wasser 434
*War der Mensch in seiner Frühzeit ein Wassertier?*

Ernährungsverhalten 443
*Wie und wo und was wir essen und trinken*

Sportverhalten 452
*Die Biologie des Sports – ein modernes Jagdritual*

Ruheverhalten 460
*Entspannungshaltungen, Schlafen und Träumen*

Literaturnachweis 467

Register 473

Bildnachweis 477

Danksagung des Autors 480

# Einleitung

Genau wie ein Vogelkundler Vögel beobachtet, beobachtet der »Menschenkundler« Menschen. Für ihn ist die Art, in der ein älterer Herr einem Bekannten zuwinkt, ebenso aufregend wie die Weise, in der ein junges Mädchen die Beine übereinanderschlägt. Er studiert menschliches Handeln, und dies überall – an der Bushaltestelle, im Supermarkt, am Flughafen, an der Straßenecke, auf der Party und im Fußballstadion. Wo immer Menschen sich so oder so verhalten, kann der Menschenbeobachter etwas lernen: über seine Mitmenschen und letztlich auch über sich selbst.

Wir sind alle bis zu einem gewissen Grad Menschenkundler. Uns allen fällt gelegentlich einmal eine bestimmte Körperhaltung oder eine Geste auf, und wir fragen uns dann, wie sie wohl zustande gekommen sein mag, aber nur selten verfolgen wir solche Fragen weiter. Wir alle sagen etwa: »In Gegenwart von X fühle ich mich nicht wohl – ich weiß nicht warum, aber es ist einfach so« oder »War sie gestern abend nicht seltsam?« oder »Wenn diese beiden dabei sind, fühlt man sich einfach wohl – es liegt irgendwie an ihrer Art«. Und dabei belassen wir es. Der ernsthafte Verhaltensforscher aber möchte wissen, warum gerade dieser oder jener Eindruck entstanden ist. Er will wissen, warum wir uns so verhalten, wie wir es tun. Das bedeutet viele Stunden Beobachtungsarbeit »vor Ort« und auch eine neue Sichtweise des menschlichen Verhaltens. Diese Arbeit schließt keine besondere Technik ein. Alles, was man benötigt, ist eine Reihe einfacher Grundbegriffe, und diese Begriffe will das vorliegende Buch vermitteln. Das Verständnis dieser Begriffe ermöglicht es, bestimmte Verhaltensschemata besser zu verstehen, wenn man ihnen das nächste Mal begegnet. Und es setzt den Beobachter in den Stand, hinter die Dinge zu blicken.

Dieses Buch handelt also von menschlichen Handlungen, davon, wie aus diesen Handlungen Gesten werden und wie diese Gesten Botschaften übermitteln. Die Spezies Mensch mag in ihrem technischen Können und ihrem philosophischen Wissen noch so überragend sein, sie hat dennoch das tierische Erbe eines körperlich tätigen Lebewesens nicht abgelegt; und diese körperliche Aktivität ist es, die den Verhaltensforscher vor allem interessiert. Das Menschentier ist sich seiner Handlungen oft nicht bewußt, was diese für den Beobachter um so aufschlußreicher macht. Es ist so sehr mit seiner gesprochenen Sprache beschäftigt, daß es anscheinend vergessen hat, welche ausführlichen Mitteilungen in seinen Bewegungen, seinen Haltungen und seinen Ausdrucksmöglichkeiten stecken.

Man sollte freilich noch hinzufügen, daß dieses Buch kein Ratgeber für die Kunst der Menschenbeeinflussung und der Enträtselung der geheimen Gedanken der anderen sein kann. Ein Vogelkundler studiert das Verhalten der Vögel nicht, um sie anschließend besser fangen zu können. Genausowenig macht der Menschenkundler unlauteren Gebrauch von seinem besseren Verständnis des Verhaltens seiner Mitmenschen. Sicher, ein geübter, objektiver Beobachter kann sein Wissen dazu benützen, eine langweilige Abendgesellschaft in ein spannendes Gruppenexperiment umzufunktionieren, aber sein eigentliches Interesse zielt auf ein tieferes Verständnis des sozialen Verhaltens und seiner oft erstaunlichen Vorhersehbarkeit.

Wie bei jedem wissenschaftlichen Fortschritt besteht natürlich auch hier die Gefahr, daß die neuen Erkenntnisse zu neuen Formen der Ausbeutung der Unwissenden durch die Wissenden führen; in diesem Falle jedoch scheint mir die Chance größer zu sein, daß sie zu größerer Toleranz führen. Denn die Bedeutung der Handlungen eines Mitmenschen zu verstehen heißt, etwas von seinen Problemen zu erfahren; und wenn wir verstehen, was hinter seinem Verhalten steckt, dann verzeihen wir ihm vielleicht das, wofür wir ihn vorher angegriffen hätten.

Vor allem muß betont werden, daß es nichts Herabwürdigendes an sich hat, Menschen als Tiere zu betrachten. Schließlich *sind* wir Tiere. Der *Homo sapiens* ist eine Primatenart, ein biologisches Entwicklungsprodukt, das wie alle anderen Arten biologischen Gesetzmäßigkeiten unterliegt. Die menschliche Natur ist nichts anderes als eine besonders geartete Tiernatur. Zugegeben, der Mensch ist ein ganz außergewöhnliches Tier – aber auch alle anderen Arten sind außergewöhnlich. Der wissenschaftliche Menschenbeobachter kann zahlreiche neue Einsichten in das Sozialverhalten gewinnen, wenn er in aller Bescheidenheit diese Grundeinstellung durchhält.

# Handlungen

Alle Tiere zeigen bestimmte Verhaltensweisen. Viele stellen auch Gegenstände her: Nester und Netze, Lager und Baue. Und es spricht manches dafür, daß einige Tier- und Menschenaffen abstrakt denken können. Nur beim Menschen sind die Herstellung von Gegenständen und das abstrakte Denken außer Kontrolle geraten: Das macht das Geheimnis seiner Erfolgsgeschichte aus. Mit seinem gewaltigen Gehirn hat der Mensch sein Verhalten in zunehmendem Maß verinnerlicht, und zwar durch komplexe abstrakte Denkprozesse – wie Sprache, Philosophie und Mathematik. Mit seinem schwachen Körper hat er sein Verhalten auf dramatische Weise nach außen projiziert und so die Oberfläche des Erdballs mit den von ihm geschaffenen Kunstprodukten übersät, mit seinen Geräten, Waffen, Fahrzeugen, Straßen, Kunstwerken und Bauten.

Da sitzt nun dieses denkende und bauende Tier: Rings um es herum summen und dröhnen die von ihm geschaffenen Maschinen, und seine Gedanken schwirren ihm im Kopf herum. Die Herstellung von künstlichen Gegenständen und das abstrakte Denken beherrschen sein Leben total. Man könnte geradezu glauben, die einfache, rein tierische Handlungsweise sei unter seiner Würde, und sie bestünde nur noch als Überbleibsel aus seiner urzeitlichen Vergangenheit. Das aber ist durchaus nicht der Fall! Während seiner gesamten Entwicklungsgeschichte ist der Mensch ein handelndes Wesen geblieben – ein gestikulierender, sich in Positur setzender und ständig bewegender ausdrucksfähiger Primat. Er läuft heute ebensowenig Gefahr, zu dem entkörperten, künstlich ernährten Superhirnwesen der Science-Fiction-Romane zu werden wie einst in seiner prähistorischen Jäger- und Sammlerzeit. Die Philosophie und der Umgang mit Maschinen sind nicht an die Stelle der rein tierischen Handlungsweisen getreten – sie ergänzen diese lediglich. Die Tatsache, daß wir eine Glücksvorstellung entwickelt haben und sie auch mit Worten ausdrücken können, hält uns nicht davon ab, mit unseren Lippen das Verhaltensmuster des Lächelns zu befolgen. Die Tatsache, daß wir jetzt seetüchtige Boote besitzen, hält uns nicht davon ab, auch weiterhin zu schwimmen.

Unser Aktionsdrang ist so stark wie eh und je. Wie sehr der Stadtbewohner auch von den Leistungen des abstrakten Denkens und der maschinellen Produktion geprägt sein mag, seine Freuden genießt er nach Urväterbrauch. Er ißt und liebt, und er besucht Partys, auf denen er lachen, reden, gestikulieren und andere umarmen kann. Im Urlaub befördern ihn die selbstgeschaffenen Maschinen für ein paar Wochen zu Wäldern, Bergen und Küsten, wo seine Tiervergangenheit im körperlichen Ausleben wieder lebendig wird: Er geht spazieren, unternimmt Wanderungen, klettert auf Berge und schwimmt im Meer.

Ganz objektiv betrachtet, liegt eine seltsame Ironie darin, daß ein menschliches Wesen in einer höchst kostspieligen Maschine Tausende von Kilometern fliegt, um dann an einem fernen Strand zu planschen und Muscheln zu sammeln. Eine Ironie liegt auch darin, daß jemand, der den ganzen Tag an einem Mammut-Computer gearbeitet hat, den Abend damit verbringt, in einer Kneipe Karten zu spielen, in einer Diskothek zu tanzen oder mit Freunden in fröhlicher Runde einen zu trinken. Aber genau das tun wir und akzeptieren damit stillschweigend das unwiderstehliche Bedürfnis, uns durch körperliche Handlungen auszudrücken (siehe auch Farbabbildung F 1, Seite 81).

Welche Form haben diese Handlungsweisen, und wie eignet jeder einzelne sie sich an? Das menschliche Verhalten ist kein kontinuierlicher Prozeß, sondern eine Reihung separater Vorgänge. Jeder Vorgang – wie etwa das Essen, der Theaterbesuch, das Baden oder das Lieben – hat seine ganz speziellen Regeln und Rhythmen. Wir können davon ausgehen, daß wir zwischen unserer Geburt und unserem Tod insgesamt mehr als eine Million solcher Verhaltensvorgänge durchleben. Jeder dieser Vorgänge ist seinerseits wieder in zahlreiche gesonderte ›Akte‹ unterteilt. Im Prinzip folgen diese Akte aufeinander nach dem Muster Stellung–Bewegung–Stellung–Bewegung. Die meisten dieser Stellungen und Bewegungen haben wir vorher bereits viele tausendmal eingenommen bzw. ausgeführt. Meist vollziehen wir sie unbewußt, spontan und ohne Selbstanalyse. In vielen Fällen sind sie uns so vertraut und selbstverständlich, daß wir nicht einmal wissen,

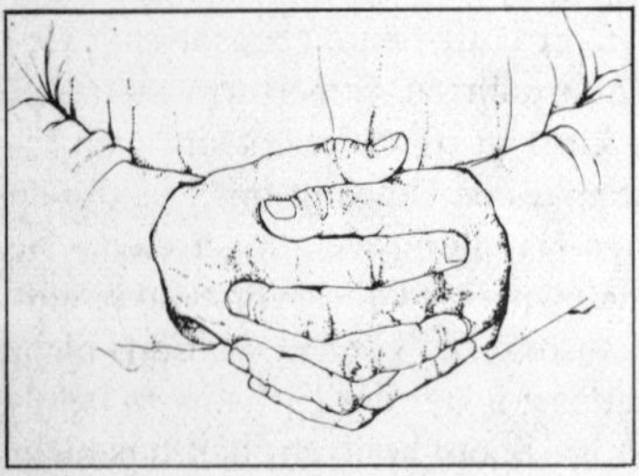

1 △ 2 ▽

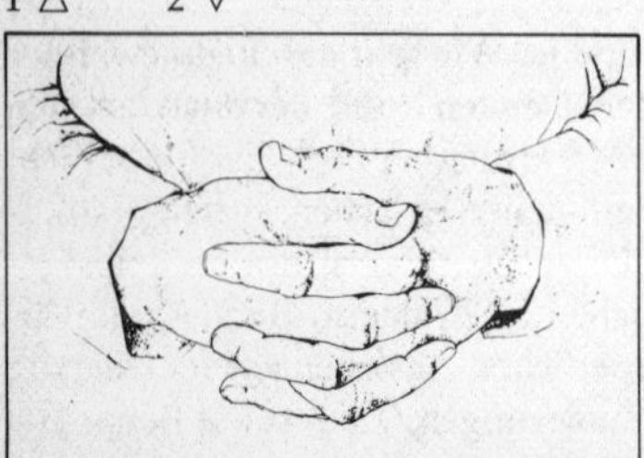

1 + 2 Wir sind uns oft nicht des genauen Ablaufs unserer Handlungen bewußt. Wenn Sie die Hände falten, liegt immer derselbe Daumen oben. Aber welcher? Sind Sie ein »Rechts-« oder ein »Linksdäumer«? Die meisten Menschen sind nicht in der Lage, das zuverlässig anzugeben, ehe sie es nicht ausprobiert haben.

*daß* wir sie vollziehen. So liegt beispielsweise, wenn Menschen ihre Hände falten, immer ein ganz bestimmter Daumen auf dem anderen. Aber kaum jemand weiß, welches sein dominierender Daumen ist, ohne erst einmal die Hände zu falten und festzustellen, welcher Daumen zuoberst liegt. Im Verlauf vieler Jahre hat jeder Mensch unbewußt ein ganz bestimmtes Muster des Händefaltens entwickelt. Versucht er nun, die Positionen umzukehren, den dominierenden Daumen nach unten zu bringen, dann fühlt er sich dabei unbehaglich.

Es handelt sich hier um ein ganz triviales Beispiel, aber nahezu jede körperliche Handlung von Erwachsenen vollzieht sich nach einem charakteristischen, feststehenden Muster. Diese festgelegten Handlungsmuster sind die Grundeinheiten des Verhaltens, die der menschliche Beobachter zu seinen Bezugspunkten macht. Er betrachtet ihre Form, ihren Zusammenhang beim Auftreten und die von ihnen übermittelten Botschaften. Er fragt vor allem auch, wie sie erworben wurden. Sind sie angeboren – ohne irgendwelche vorausgegangene Erfahrung? Wurden sie im Verlauf der individuellen Entwicklung mit Hilfe des Versuch-und-Irrtum-Prinzips entdeckt? Wurden sie übernommen, als einer unbewußt seine Gefährten nachahmte? Oder wurden sie bewußt erlernt – durch bewußte Anstrengung auf der Grundlage spezieller analytischer Beobachtung oder aktiven Unterrichts?

### *Angeborene Handlungen*

#### Handlungen, die wir nicht zu lernen brauchen

Die größte genetische Gabe des Menschen besteht in seiner praktisch unbegrenzten Fähigkeit, aus seiner Umwelt zu lernen. Manche Fachleute haben behauptet, der Mensch habe wegen dieser *einen* angeborenen Fähigkeit andere gar nicht mehr nötig. Im Gegensatz dazu wird aber auch behauptet, das Verhalten des Menschen sei reich an angeborenen Mustern, und man könne sein Verhalten nur dann ganz begreifen, wenn man diese Tatsache angemessen berücksichtige.

Als Argument für die These, der Mensch habe nichts ererbt, sondern erlerne alles mit Hilfe seines Gehirns, gilt die Beobachtung, daß die verschiedenen Gesellschaften auf der ganzen Welt weit voneinander abweichende Verhaltensmuster erkennen lassen. Da wir aber alle zur gleichen Spezies gehören, kann das nur bedeuten, daß die Menschen überall auf der Welt menschliches Verhalten *lernen* und dabei nicht etwa irgendwelchen festgelegten genetischen Instruktionen folgen.

Zur Unterstützung der entgegengesetzten Theorie, der Mensch sei in entscheidendem Ausmaß »vorprogrammiert«, wird die Feststellung ins Feld geführt, daß die menschlichen Kulturen nicht so verschiedenartig seien, wie es den Anschein habe. Sucht man nach Unterschieden, so findet man sie natürlich; sucht man aber nach Gemeinsamkeiten, dann entdeckt man auch sie zahlreich. Unglücklicherweise haben wir von Natur aus die Neigung, Unterschiede zu bemerken und Gemeinsamkeiten zu übersehen – ähnlich wie ein Tourist, der ein fremdes Land besucht. Der Reisende läßt sich mehr von dem wenigen beeindrucken, was ihm unbekannt ist, und ignoriert vieles, was er gut kennt. Diese an sich verständliche Voreingenommenheit hat auch einen Großteil der Untersuchungen beeinflußt, die bisher von Anthropologen durchgeführt wurden. Man hat häufig die – oberflächlich betrachtet – auffallenden Abweichungen im Sozialverhalten irrtümlich als grundlegende Unterschiede angesehen.

Da trotz dieser beiden einander widersprechenden Auffassungen niemand bestreitet, daß wir im Verlauf unseres Lebens in der Tat viel lernen, muß sich die Erörterung auf jene Handlungsmuster konzentrieren, die als *angeboren* bezeichnet werden.

Wie läuft eine solche »angeborene« Verhaltensweise ab? Im Prinzip stellt man sich vor, daß das Gehirn – ähnlich wie ein Computer – darauf programmiert ist, bestimmte Reaktionen mit speziellen Reizen in Verbindung zu bringen. Ein bestimmter Reiz von außen löst – ohne jede vorausgegangene Erfahrung – eine ganz bestimmte, nach außen gerichtete Reaktion aus; das ist vorausgeplant und funktioniert einwandfrei vom erstenmal an. Dafür ein klassisches Beispiel: Jedes neugeborene Baby, das die Brustwarze seiner Mutter im oder am Mund spürt, reagiert darauf spontan: Es beginnt zu saugen. Eine Reihe kindlicher Reaktionen scheint zu diesem Typ zu gehören und lebensnotwendig zu sein. Es bleibt dafür keine Zeit zum Erlernen. Wie steht es aber bei späteren Verhaltensmustern, für die bereits hinreichende Lernzeit zur Verfügung stand? Was ist mit dem Lächeln oder dem Stirnrunzeln? Ahmt das Kleinkind sie seiner Mutter nach, oder sind auch sie angeboren? Die Antwort darauf kann nur ein Kind liefern, das seine Mutter niemals gesehen hat. Blind und taub geborene Kinder zeigen in entsprechenden Situationen ebenfalls Lächeln und Stirnrunzeln, und sie schreien auch, obwohl sie sich selbst nicht hören können. Hier handelt es sich also offenbar um angeborene Muster.

Aber wie steht es mit den Verhaltensmustern Erwachsener?

In diesem Fall kann uns auch der von Geburt an Blinde nicht helfen, denn bis zu diesem Stadium hat er gelernt, in der Taubstummensprache zu kommunizieren und mit Hilfe seiner Finger Gesichtsausdrücke zu ertasten; man kann ihn daher nicht mehr als Beweis für angeborene Handlungsmuster anführen.

Die einzige Methode zur Untermauerung der These von den angeborenen Verhaltensweisen eines Erwachsenen läge nun darin, zu beweisen, daß sie in allen menschlichen Gesellschaften vorkommen – ohne Rücksicht auf die verschiedenen kulturellen Einflußfaktoren. Stampfen alle Menschen überall in der Welt mit dem Fuß auf, wenn sie zornig sind? Zeigen sie die Zähne,

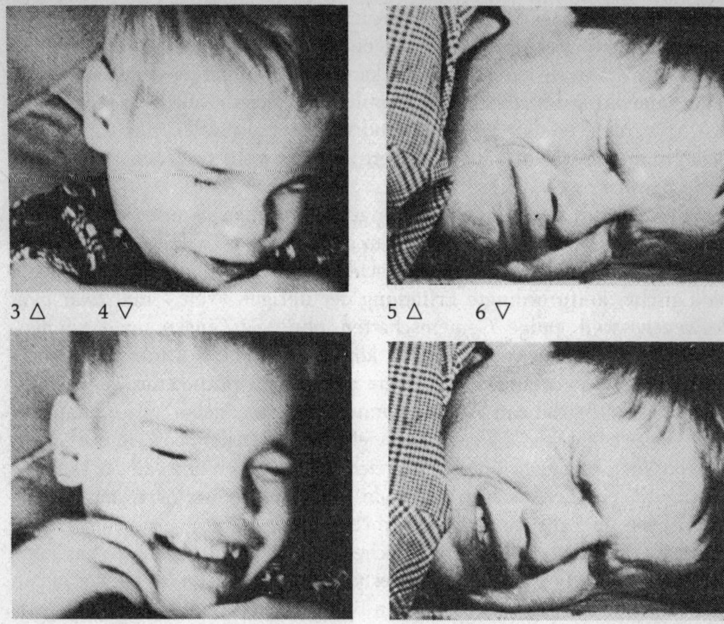

3 △ 4 ▽ 5 △ 6 ▽

3–6 Die Veränderungen des Gesichtsausdrucks bei blind und taub geborenen Kindern lassen darauf schließen, daß diese Fähigkeiten auch ohne Imitation oder Lernen vorhanden sind und daher angeboren sein müssen (nach Eibl-Eibesfeldt, 1970).

wenn sie wütend werden? Oder heben und senken sie ihre Augenbrauen einen Moment lang, wenn sie einen Freund begrüßen? Einige unerschrokkene Forscher haben selbst die entlegensten Völkerstämme aufgesucht, um eine Antwort auf diese Frage zu finden. Sie fanden tatsächlich bestätigt, daß selbst bei Indianern am Amazonas, die vorher niemals einem Weißen begegnet waren, viele kleine Verhaltensmuster genauso ablaufen wie bei uns. Aber können wir daraus mit Sicherheit folgern, daß diese Reaktionen bereits vor unserer Geburt in unserem Gehirn programmiert gewesen sein müssen? (Siehe auch Farbabbildungen F 3–F 8, Seite 82).
Die Antwort ist ungewiß. Es spricht nichts dagegen, warum wir nicht alle lernen sollten, uns bei bestimmten Handlungen gleichartig zu verhalten. Gewiß kann man diese Überlegung nicht ganz ausschließen, aber sie ist doch recht unwahrscheinlich: Daher ist dieses Argument im Augenblick ohne Beweiskraft. Andererseits: Solange wir die verhaltenssteuernden Gene des Menschen nicht wie ein offenes Buch lesen können – und davon ist die moderne Genetik noch weit entfernt –, hat es wenig Sinn, sich eingehender mit dem Problem zu befassen, ob ein bestimmtes Handlungs-

muster angeboren ist oder nicht. Auch wenn umgekehrt eine weltweite Forschungsaktion ergeben sollte, daß ein Muster *nicht* überall verbreitet ist, würde das die rivalisierende Theorie kaum erhärten. Ein tatsächlich angeborenes Handlungsmuster könnte nämlich in vielen Kulturkreisen unterdrückt werden, so daß der irrige Eindruck entsteht, es sei nur von lokaler Bedeutung. In beiden Fällen bleiben also die vorgetragenen Argumente ohne Beweiskraft.

Als Beispiel für diese Zusammenhänge könnte man Nonnen und Waffen betrachten. Nonnen führen ein Leben der sexuellen Enthaltung; und doch würde niemand behaupten, das menschliche Sexualverhalten sei eine nichtbiologische, kulturbedingte Erfindung der übrigen Welt – und zwar bloß deswegen, weil einige Gemeinschaften ohne Sex auskommen können. Wenn man umgekehrt nachweisen könnte, daß alle Kulturen Waffen irgendwelcher Art benutzen, so könnte man daraus noch keineswegs schließen, es handle sich beim Waffengebrauch um ein angeborenes Verhaltensmuster des Menschen. Wir würden vielmehr feststellen, daß Nonnen einen angeborenen sexuellen Trieb erfolgreich unterdrücken und daß der Waffenbenutzung ein Lernmuster zugrunde liegt, das so uralt ist, daß es sich inzwischen über die ganze Welt verbreitet hat.

Bevor die Genetik also keine weitreichenden Fortschritte gemacht hat, können wir hinsichtlich angeborener Verhaltensmuster beim Menschen nur in den Fällen *ganz sicher* sein, in denen Bewegungen ohne jede vorausgegangene Erfahrung ausgeführt werden: entweder beim neugeborenen Baby oder beim blind geborenen Kind. Diese Einschränkung engt zwar den Typ »angeborene Handlungsmuster« erheblich ein, aber nach dem gegenwärtigen Stand der Forschung ist dies unumgänglich.

Mit dieser Feststellung soll nicht der Eindruck erweckt werden, die Zoologen seien bei der Erforschung der menschlichen Natur zu dem Schluß gekommen, der Mensch werde in seinem Verhalten nur bei einigen wenigen kindlichen Handlungen von seinen genetischen Anlagen gesteuert. Man hat im Gegenteil den Eindruck, daß die Menschen wie die Tiere mit einer Vielzahl angeborener Verhaltensmuster ausgestattet sind. Jeder Wissenschaftler, der mehrere Primatenarten – einschließlich des Menschen – studiert hat, muß zwangsläufig diesen Eindruck gewinnen. Aber ein Eindruck garantiert noch keine absolute Sicherheit, und da derzeit hinsichtlich angeborener Verhaltensmuster des erwachsenen Menschen wissenschaftliche Beweise weder im positiven noch im negativen Sinne beigebracht werden können, lohnt es sich nicht, das Problem in diesem Stadium eingehender zu erörtern.

Diese Auffassung teilen heute die meisten Zoologen, aber bedauerlicherweise ist der Streit um angeborene oder erlernte Verhaltensmuster nicht auf den Bereich der Wissenschaft beschränkt geblieben: Er wird auch im Feld der Politik opportunistisch ausgeschlachtet. Der erste Mißbrauch bestand darin, die Vorstellung, beim Menschen seien starke angeborene Triebe erkennbar, aufzugreifen und zu entstellen. Das geschah dadurch, daß man nur solche auswählte, die den jeweiligen politischen Bedürfnissen entsprachen. Dabei betonte man ganz besonders die »angeborene« Aggression und zog daraus folgenden Schluß: Wenn die Menschheit einen angeborenen Drang zu unprovozierter Aggression besitzt, dann ist kriegerisches Verhalten natürlich, akzeptabel und zwangsläufig. Wenn der Mensch zum Kampf programmiert ist, dann muß er eben kämpfen – und stolzen Mutes zieht er in den Krieg!

Daß diese Auffassung falsch ist, weiß jeder, der sich mit der Aggression bei Tieren eingehender befaßt hat. Tiere kämpfen, aber sie ziehen nicht in den Krieg. Ihr Kampf spielt sich auf einer individuellen Ebene ab: Sie wollen entweder eine dominierende Position in einer sozialen Hierarchie erlangen oder aber ihr angestammtes Revier verteidigen. Beide Male ist der eigentliche physische Kampf auf ein Minimum reduziert, und Auseinandersetzungen werden in den allermeisten Fällen durch Imponiergehabe und Drohgebärden beigelegt. Dafür gibt es einen guten Grund: Bei einem Kampf auf Biegen und Brechen läuft der schließliche Gewinner Gefahr, fast ebenso schwer verletzt zu werden wie der Verlierer. Das kann sich ein in freier Wildbahn lebendes Tier kaum leisten; also zieht es jede andere Methode zur Beilegung von Konflikten vor. Nur im Fall einer extremen Übervölkerung bricht dieses wirksame System zusammen. Dann wird der Kampf heftig und blutig. In übervölkerten Hierarchien gibt es zu viele Mitglieder in der »Hackordnung«, und die persönlichen Beziehungen von Überlegenheit und Unterordnung lassen sich nicht stabilisieren. Der Kampf hält dann mit unverminderter Härte an. In übervölkerten »Revieren« scheint jedes Individuum den Eindruck zu machen, als wolle es in die Reviere seiner Nachbarn eindringen, selbst wenn es sich passiv in seinem eigenen Gebiet aufhält. Wieder wütet der Kampf – diesmal in dem sinnlosen Versuch, das verteidigte Revier von vermuteten Eindringlingen zu säubern.

Wenden wir uns der menschlichen Situation zu. Besitzt die Menschheit tatsächlich angeborene aggressive Triebe, dann erklärt dies noch keineswegs das Auftreten moderner Kriege. Diese Triebe tragen vielleicht zum Verständnis dafür bei, warum wir im Zorn im Gesicht rot anlaufen, schreien und die Fäuste ballen; man kann jedoch mit ihrer Hilfe nicht das Bombardieren von Städten oder die Invasion befreundeter Nachbarländer durch kriegslüsterne Diktatoren erklären. Es ist durchaus möglich, daß der Mensch angeborene Aggressionstriebe spezieller und begrenzter Art besitzt, wie wir sie auch bei anderen Primaten beobachten. Es wäre seltsam, wenn wir im Gegensatz zu allen anderen Säugetieren genetisch nicht zur eigenen Verteidigung und zu der unserer Nachkommen gegen feindliche Angriffe gerüstet wären und wenn wir nicht das Bedürfnis besäßen, in sozialen Wettbewerbssituationen uns selbst zu behaupten. Aber Selbstverteidigung und Selbstbehauptung sind etwas ganz anderes als Massenmord. Die grauenvollen Gewaltexzesse des 20. Jahrhunderts lassen sich nur mit dem Blutvergießen vergleichen, das man in Tiergruppen beobachtet, die in einem hoffnungslos übervölkerten Revier leben. Mit anderen Worten, die menschlichen Gewaltexzesse werden – selbst wenn sie unprovoziert aufzutreten und einem inneren Tötungsbedürfnis zu entspringen scheinen – vermutlich weitgehend durch die zum betreffenden Zeitpunkt vorherrschenden widernatürlichen Lebensbedingungen ausgelöst.

Dieser Aggressionseffekt kann auch indirekter Art sein. Eine der Folgen der Übervölkerung bei Tieren besteht beispielsweise darin, daß die elterliche Fürsorge darunter leidet und den Jungtieren nicht die ihrer Spezies gemäße Liebe und Pflege zugewendet wird. Das geschieht auch in menschlichen Gemeinschaften – mit der Folge, daß die Heranwachsenden so schlecht behandelt werden, daß sie später auf gewalttätige Rache sinnen. Diese Rachegelüste richten sich jedoch nicht gegen die schuldigen Eltern, denn die sind inzwischen meist alt oder tot. Statt dessen richten sie sich gegen irgendeinen Eltern-Ersatz. Gewalttätigkeit gegen solche schuldlose Personen erscheint völlig sinnlos und wird in der Regel als »tierische Wildheit«, als »durch nichts provozierte Brutalität eines Raubtiers« bezeichnet. Dabei wird niemals klar, welches Raubtier in diese Rolle gedrängt wird, oder was dieses Raubtier zu seiner derart unprovozierten Attacke treibt. Aber das Gemeinte ist deutlich: Der gewalttätige Mensch wird als jemand hingestellt, der seinem angeborenen Urinstinkt nachgibt, seine Gefährten anzugreifen und zu töten. Richter haben wiederholt Diebe und Räuber als »wilde Tiere« bezeichnet und erlagen dabei dem Trugschluß, der Mensch sei von Natur aus ein gewalttätiges Wesen, und nur wenn er seine natürlichen Triebe unterdrücke, könne er ein nützliches Mitglied der menschlichen Gesellschaft werden.

Ironischerweise handelt es sich bei dem angeborenen Faktor, der wahrscheinlich in erster Linie zur Grausamkeit der modernen Kriege beiträgt, um die starke menschliche Tendenz zur Kooperation. Sie ist ein Erbteil aus unserer Jäger-Vergangenheit, als die Menschen noch darauf angewiesen waren, entweder zusammenzuarbeiten oder zu verhungern. Kooperation war die einzige Möglichkeit, wie Menschen damals große Beutetiere erlegen konnten. Ein moderner Diktator braucht nur dieses angeborene Gefühl für menschliche Gruppenloyalität »anzuheizen«, diese Gruppe zu organisieren und zu einer voll ausgerüsteten Armee zu machen. Er wandelt also die natürliche Hilfsbereitschaft in übertriebenen Patriotismus um und kann dann die Menschen leicht dazu bringen, Fremde zu töten – nicht als Akt angeborener Brutalität, sondern als auszeichnungswürdige Tat wechselseitigen Sich-Beistehens. Wären unsere Ahnen nicht so kooperativ geworden, dann wäre es heute wohl erheblich schwieriger, eine Armee aufzustellen und als straff organisierte Streitmacht in die Schlacht zu schicken.

Damit ist die Vorstellung zurückgewiesen, der Mensch töte von Natur aus seine Mitmenschen und provoziere selbst dann, wenn alles in bester Ordnung ist, einen Kampf. Befassen wir uns nun mit dem anderen Aspekt der Auseinandersetzung um angeborene oder erlernte Handlungsmuster. Denn es liegt auch eine mögliche Gefahr in der Behauptung, beim Menschen sei alles nur erlernt und nichts genetisch ererbt. Behauptungen wie: »Alles, was ein Mensch tut, hat er vorher von anderen Menschen gelernt«, sind politisch nicht minder gefährlich als die entgegengesetzte Theorie vom »angeborenen Tötungsdrang«. Sie können leicht die Machtgier von Diktatoren herausfordern, indem sie ihnen den Eindruck vermitteln, die Gesellschaft lasse sich in jede von ihnen gewünschte Form bringen. Ein junges Menschenleben ist in ihren Augen nur eine unbemalte Leinwand, die der Staat nach seinem Belieben mit Bildern füllen kann, wobei der Begriff ›Staat‹ nur ein Deckname für die ›Parteiführer‹ ist. Zoologisch gesehen ist die Behauptung, beim Menschen gebe es keine genetischen Einflüsse in seinen Verhaltensmustern, derart abwegig, daß man sich fragen muß, welche wirklichen Motive zu einer solchen Auffassung bewogen haben mögen.
Wenn der Mensch – und das ist sehr wahrscheinlich – eine breite Palette angeborener Verhaltensmuster besitzt, dann müssen Diktatoren zwangsläufig früher oder später mit Widerstand gegen alle extremen Formen der gesellschaftlichen Organisation rechnen. Eine Zeitlang können sie tatsächlich große Massen mit Hilfe extremistischer Doktrinen beherrschen, aber lange geht das nicht gut. Mit der Zeit kehren die Menschen wieder zu einer Form des Alltagslebens zurück, die mit ihrem tierischen Erbgut besser in Einklang steht – entweder durch plötzlichen Umsturz oder aber durch langsam sich anbahnende Veränderungen. Man kann bezweifeln, ob der alltägliche soziale Umgang des Menschen im 20. Jahrhundert sich sehr wesentlich von dem seiner prähistorischen Vorfahren unterscheidet. Könnten wir uns mit Hilfe einer Zeitmaschine in eine Höhlenwohnung der Vorzeit zurückversetzen, dann würden wir dort zweifellos das gleiche Gelächter hören, den gleichen Gesichtsausdrücken begegnen und ähnliche Streitereien, Liebesaffären, elterliche Fürsorge und freundliches Zusammenwirken erleben wie heute. Bei der Herstellung von Gegenständen und in der geistigen Abstraktion mögen wir Fortschritte erzielt haben, aber unsere Bedürfnisse und Handlungsmuster sind vermutlich weitgehend die gleichen geblieben.
Wir sollten den Mythos gründlich in Frage stellen, bei unseren in Höhlen wohnenden Vorfahren habe es sich um ungelenke, gewalttätige, räuberische und keulenschwingende Trampel gehandelt. Je mehr wir über das Verhalten von Menschenaffen und Menschen wissen, desto mehr nimmt sich diese Vorstellung wie ein übler Trick von Moralisten aus. Sind unsere auf Freundschaft und Liebe gerichteten Handlungsmuster angeboren, dann können sich die Moralisten das Verdienst dafür nicht selbst zuschreiben, und gerade das ist es, was sie am liebsten tun.

Die Produktion von Gegenständen und der technologische Fortschritt sind ein weiteres Problem. Zugegebenermaßen haben wir durch beide viele Vorteile erlangt. Aber man sollte sich daran erinnern, daß ein großer Teil des technologischen Fortschritts auf die Verminderung von Streß, Umweltverschmutzung und Unbehagen ausgerichtet ist, die selbst erst durch den technologischen Fortschritt herbeigeführt wurden.
Bei genauerer Betrachtung stellt man meist fest, daß die Technologie dem einen oder anderen unserer uralten Verhaltensmuster dient. So ist etwa der Fernsehapparat ein Wunderwerk der Geräteherstellung, aber was sehen wir auf dem Bildschirm? Meist doch Abbilder von Streit, Liebesaffären, elterlicher Fürsorge und anderen alten Verhaltensmustern! Selbst in unseren Fernsehsesseln sind wir noch Tatmenschen – wenn auch nur aus zweiter Hand!

## *Selbstentdeckte Handlungen*

Handlungen, die jeder für sich selbst neu entdeckt

Mögen bei einzelnen Handlungsmustern Zweifel bestehen, ob sie angeboren sind oder nicht, unsere anatomischen Merkmale sind zweifellos genetisch vererbt. Man kann nicht einen Arm oder ein Bein »erlernen«, wie man etwa einen Gruß oder das Fußballspielen erlernt. Der Profiboxer und der chronisch Kranke besitzen genau die gleichen Muskelstränge; beim Boxer sind die Muskeln zwar stärker entwickelt, aber im Prinzip sind es die gleichen. Die Umwelt kann die anatomische Grundstruktur eines Menschen nicht verändern – es sei denn in Ausnahmefällen, wie etwa durch Verstümmelung oder chirurgischen Eingriff. Wir alle besitzen von Natur aus die gleichen Hände, Arme und Beine; wir gestikulieren und verschränken unsere Arme und Beine in allen Kulturkreisen etwa auf die gleiche Weise.
Wenn wir beobachten, wie ein Eingeborener aus Neuguinea seine Arme auf genau die gleiche Weise verschränkt wie ein deutscher Bankier oder ein tibetanischer Bauer, dann haben wir es nicht mit einer angeborenen Handlung zu tun, sondern eher mit einer *selbstentdeckten*. Der Papua, der Bankier und der Bauer besitzen von Natur aus Arme von gleicher Art. Zu irgendeinem Zeitpunkt ihres Lebens haben sie dann unabhängig voneinander die Möglichkeit entdeckt, diese Arme vor ihrer Brust zu verschränken. Vererbt sind also die Arme, nicht aber die Handlungsmuster. Mit den so beschaffenen Armen ist es geradezu unvermeidlich, daß alle drei auf die gleiche Armhaltung kommen, ohne dabei andere Menschen zu kopieren. Es handelt sich hier eher um eine »genetische Suggestion« aufgrund der Anatomie als um eine unmittelbare »genetische Instruktion«.
Die selbstentdeckten Handlungsmuster eignen wir uns unbewußt beim Heranwachsen an, wenn wir unseren Körper kennenlernen. Wir sind uns

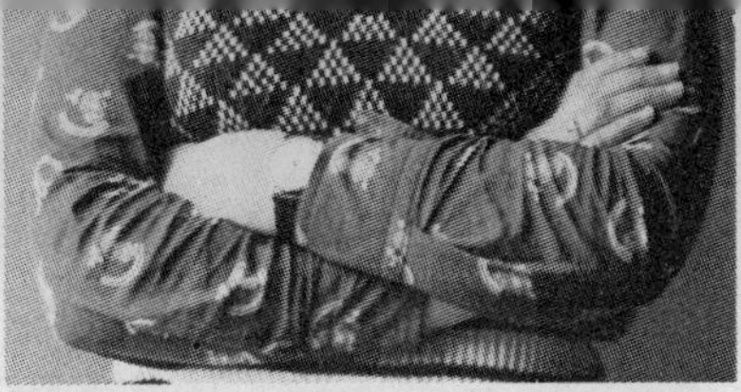

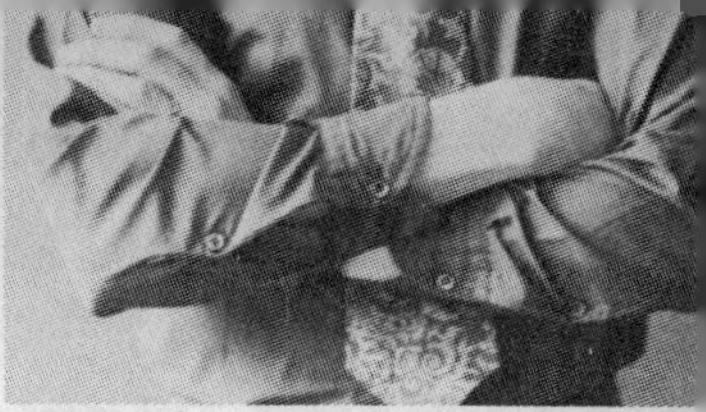

7 △ 9 ▽ 8 △

10 ▽

7 + 8 Das Verschränken der Arme ist eine selbstentdeckte Handlung. Dabei gibt es von Kultur zu Kultur keine größeren Unterschiede, wohl aber kleine Abwandlungen von einer Person zur andern. Das kommt daher, daß wir diese Haltung nicht von anderen erlernen, sondern sie, ohne genau zu wissen wie, selbst für uns »entdecken«. Wie verschränken Sie Ihre Arme? Ob links über rechts oder rechts über links, Sie können Ihre Armhaltung wahrscheinlich nicht umkehren, ohne daß Sie dabei ein merkwürdig ungewohntes Gefühl überkommt.

9 + 10 Viele Körperhaltungen entnehmen wir durch unbewußte Nachahmung unserer sozialen Umwelt. Die bullige Spreizstellung der Beine bei aggressiv-männlichen Bildschirm-Cowboys (9) steht in krassem Gegensatz zu der eher weibischen Beinstellung der zwei jungen Männer (10).

nicht bewußt, daß diese zu unserem Kinderrepertoire hinzukommen; in den meisten Fällen wissen wir nicht einmal genau, wie wir sie ausführen – welcher Arm sich über welchen legt, oder wie wir die Hände beim Sprechen bewegen.
Viele dieser selbstentdeckten Handlungsmuster sind so weit verbreitet, daß man sie leicht mit angeborenen Mustern verwechseln kann. Gerade dieser Umstand hat viel unnötigen Streit in der Auseinandersetzung über angeborene oder erlernte Verhaltensweisen heraufbeschworen.

## *Übernommene Handlungen*

Handlungen, die wir unbewußt von Artgenossen übernehmen

Übernommene Handlungsmuster haben wir uns unbewußt von anderen Menschen angeeignet. Wie bei den selbstentdeckten Mustern wissen wir auch hier nicht genau, wann wir sie erworben haben. Im Gegensatz zu diesen zeigt sich hier aber eine Tendenz zu größerer Variabilität zwischen den verschiedenen Gruppen, Kulturen und Nationen.
Als Spezies besitzen wir einen starken Nachahmungstrieb, und es ist für ein gesundes Individuum unmöglich, in einer Gemeinschaft zu leben und aufzuwachsen, ohne von ihren typischen Handlungsmustern geprägt zu werden. Die Art, wie wir gehen und stehen, lachen und das Gesicht verziehen, wird so beeinflußt.
Viele Handlungen führen wir zum erstenmal nur deswegen aus, weil wir sie bei unseren Artgenossen beobachtet haben. Es ist schwer, dies im eigenen Verhalten zu erkennen, denn der Prozeß des Übernehmens vollzieht sich auf sehr subtile Weise und meist unbemerkt; jedoch läßt er sich bei Minderheitsgruppen innerhalb der eigenen Gesellschaft leichter beobachten.
So zeigen beispielsweise männliche Homosexuelle eine Anzahl von Verhaltensmustern, die typisch sind für ihre soziale Gruppe. Ein Schüler, der später zu dieser Gruppe gehören wird, zeigt noch keines dieser Merkmale, und sein Verhalten in der Öffentlichkeit unterscheidet sich kaum von dem seiner Schulkameraden. Sobald er sich jedoch einer Gruppe homosexueller Erwachsener in einer Großstadt angeschlossen hat, übernimmt er sehr rasch deren charakteristische Handlungsmuster: Seine Handbewegungen ändern sich ebenso wie seine Art zu gehen und zu stehen. Seine Halsbewegungen werden deutlich stärker ausgespielt, die normale Kopfhaltung dadurch häufiger als üblich geändert. Seine Lippen sind stärker geschürzt und gespitzt, seine Zungenbewegungen werden aktiver und sichtbarer.
Man könnte behaupten, ein solcher Mann verhalte sich bewußt wie eine Frau, aber seine Handlungen sind nicht eigentlich weiblich: Sie werden auch nicht von Frauen übernommen, sondern von anderen homosexuellen Männern. In dieser sozialen Gruppe werden sie immer wieder von Mann zu

Mann weitergegeben. Möglicherweise sind diese Verhaltensmuster pseudoweiblichen Ursprungs, aber sobald sie von einer Gruppe von Homosexuellen übernommen wurden, entfernen sie sich zunehmend vom typisch Weiblichen; sie werden durch die laufende Weitergabe von Mann zu Mann immer stärker modifiziert, bis sie schließlich einen ganz eigenen Charakter annehmen. In vielen Fällen sind sie dann so unterscheidbar, daß eine Frau durch deren akkurate Nachahmung deutlich machen könnte, daß sie sich nicht wie eine Frau verhält, sondern so tut, als sei sie ein homosexueller Mann.

Natürlich nehmen nicht alle männlichen Homosexuellen diese übertriebenen Handlungsweisen an. Es ist in dieser Hinsicht bezeichnend, daß Schauspieler, die auf Kosten der Homosexuellen einen Spaß machen wollen, die genannten besonderen Hand- und Kopfbewegungen ebenso imitieren wie die Lippenstellung; ernsthafte Schauspieler jedoch, die einen Homosexuellen einfühlsam darstellen wollen, reduzieren diese Elemente oder lassen sie ganz weg. Es scheint so, daß die Unduldsamkeit des Heterosexuellen mehr durch das Benehmen Homosexueller ausgelöst wird als durch die homosexuelle Liebe selbst; das zeigt, wie heftig wir auf die sogenannten »trivialen Manieren« reagieren.

Diese Tendenz zur Nachahmung von Handlungsweisen der Artgenossen gilt nicht nur für den Menschen. Es gibt zahlreiche Untersuchungen über Tier- und Menschenaffen, bei denen ähnliche Tendenzen erkennbar sind. Dabei zeigen in einer Kolonie die Tiere Handlungsmuster, die in anderen Kolonien der gleichen Spezies nicht vorkommen und die sie nachweislich durch Imitation erfinderischer Individuen aus ihrer eigenen Gruppe erlernt haben.

Beim Affen wie beim Menschen ist deutlich, daß der soziale Status des nachgeahmten Individuums von großer Bedeutung ist. Je höher dessen Rang innerhalb der Gruppe, desto bereitwilliger wird es von den anderen kopiert. In unserer eigenen Gesellschaft übernehmen wir das meiste von den Menschen, die wir bewundern. Das gilt ganz besonders im Bereich enger persönlicher Beziehungen; aber im Zeitalter der Massenmedien übernehmen wir auch Handlungsmuster ferner Berühmtheiten, bekannter Größen des öffentlichen Lebens und von Pop-Idolen.

Ein Beispiel dafür ist die Verbreitung des *flop-out*, einer lässigen Ruhestellung, die bei einer großen Zahl junger Leute zu beobachten ist. Diese lokkere und entspannte, breit ausgestreckte Körperhaltung hat sich im vergangenen Jahrzehnt als sehr ansteckend erwiesen. Wie viele Haltungsänderungen läßt sich auch diese auf eine Veränderung in den Kleidungsgewohnheiten zurückführen. Das Tragen messerscharf gebügelter Hosen in der Freizeit ging beim Mann während der 60er Jahre ständig zurück. An ihre Stelle traten die Jeans. Ursprünglich als Reithosen für amerikanische Cowboys gedacht, galten Jeans jahrzehntelang als angemessene Arbeitskleidung bei

11 Die in letzter Zeit unter jungen Leuten aufgekommene lässige Rekelhaltung kontrastiert sehr deutlich mit der ordentlich-achtsamen Körperhaltung der 50er Jahre. Sie ist als soziale Erscheinung während der 60er und frühen 70er Jahre so beherrschend geworden, daß sie sogar die Straßen und Plätze der großen Städte erobert hat.

der Verrichtung körperlicher Arbeit. Dann begannen einige gesellschaftlich hochstehende männliche Idolfiguren aus Kalifornien sie als Alltagskleidung vorzuführen. Bald wurde das von vielen jungen Leuten beiderlei Geschlechts in Amerika und Europa übernommen, und als Folge stellte sich die lockere Ruhestellung ein. Die Jugendlichen saßen in ihren Zimmern nicht mehr auf Stühlen, sondern lagen oder saßen auf dem Fußboden und taten dies auch auf Treppen und Bürgersteigen der Straßen und Plätze in den Großstädten.
Jeans sind jedoch noch nicht einmal die halbe Wahrheit. Es ist eine tiefgreifende Änderung in der Lebenseinstellung eingetreten, die die Verhaltensweisen und die Körperhaltung der jungen Menschen beeinflußt. Sie haben eine Offenheit und entspannte Denkweise entwickelt, die sich in einer Verminderung der allgemeinen und der Muskelspannung bei ihren Handlungen widerspiegelt. Den Älteren erscheinen die Körperhaltung und die Verhaltensweisen, die mit dieser Veränderung verbunden sind, eher als liederlich, aber für den objektiven Beobachter sind sie nicht ein *Mangel* an Stil, sondern ein bestimmter *neuer* Verhaltensstil.

## *Angelernte Handlungen*

### Handlungen, die uns beigebracht werden

Hier geht es um Handlungen, die durch Unterrichtung oder selbstkritische Beobachtung und entsprechende Übung bewußt erlernt werden. An einem Ende der Skala stehen schwierige körperliche Leistungen wie Schraubensaltos oder Auf-den-Händen-Gehen. Nur echte Akrobaten beherrschen derartige Kunststücke – nach endlosem Training.
Am anderen Ende der Skala stehen einfache Handlungen wie etwa das Augenzwinkern oder das Händeschütteln. In mancher Hinsicht könnten

12 △ 13 ▽ 14 ▽

12 Mit dem Herannahen des Erwachsenenalters fällt es zunehmend schwerer, sich neue Fertigkeiten anzueignen; nur wer in jungen Jahren schon mit gezieltem Training beginnt, kann es zur Meisterschaft bringen. Das Kind, das unbewußt die Koordination zwischen Hand und Augen trainiert, kann vielleicht einmal ein Künstler werden.

13 + 14 Viele kleine Handlungen, wie etwa das Zwinkern, müssen willentlich gelernt werden, und manche Menschen tun sich – wie die zwei hier abgebildeten – auch als Erwachsene noch schwer damit.

diese sogar zu den übernommenen Mustern gehören; aber wenn man Kinder intensiv beobachtet, wird einem bald klar, daß sie viele Handlungen, die uns Erwachsenen selbstverständlich sind, erst ganz bewußt selbst erlernen müssen. Das den Erwachsenen so geläufige Händeschütteln scheint kleinen Kindern unangenehm zu sein. Sie müssen in der Regel erst dazu überredet werden, das Händchen auszustrecken, und dann muß man ihnen die korrekte Form des Händeschüttelns beibringen. Beobachtet man, wie ein Kind zum erstenmal versucht, ein wissendes Augenzwinkern zustande zu bringen, so erkennt man erst, wie schwierig einige scheinbar einfache Handlungen sein können. Es gibt sogar Erwachsene, die das vieldeutige Zwinkern niemals richtig meistern!
Fingerschnalzen, Pfeifen und viele andere ganz alltägliche Handlungen fallen – neben schwierigeren und komplexeren Fertigkeiten – in diesen Bereich.

### *Gemischte Handlungen*

Handlungen, die wir gleichzeitig auf verschiedenen Wegen erwerben

Nach dem bisher Gesagten erwerben wir also unsere Verhaltensmuster: durch genetische Vererbung, persönliche Entdeckung, sozial bedingte Übernahme und bewußtes Erlernen. Aber diese vier Arten treten durchaus nicht streng voneinander getrennt auf. Viele Handlungen verdanken ihre Ausprägung beim Erwachsenen verschiedenen Einflüssen.
Einige Beispiele: Angeborene Handlungen werden unter gesellschaftlichem Druck häufig stark modifiziert. So verwandelt sich etwa das hemmungslose Weinen eines Kindes beim Erwachsenen – entsprechend den lokalen kulturellen Einflüssen – zu stillem Weinen oder unterdrücktem Schluchzen bis hin zum hysterischen Kreischen oder mitleiderregenden Jammern.
Selbstentdeckte Handlungen werden häufig durch die unbewußte Nachahmung gesellschaftlicher Moden stark verändert. Das Sitzen mit übereinandergeschlagenen Beinen mag beispielsweise individuell als eine angenehme und entspannende Haltung entdeckt werden; aber die exakte Form, in der man diese Haltung einnimmt, richtet sich sehr bald nach bestimmten ungeschriebenen gesellschaftlichen Spielregeln. Ohne daß sie es selbst bemerken, beginnen Kinder mit zunehmendem Alter ihre Beine in einer Form zu kreuzen, wie das andere Mitglieder ihres Geschlechts, ihrer Altersgruppe und ihrer Kulturgemeinschaft tun.
Das alles vollzieht sich fast unbemerkt. Selbst wenn man es bemerkt, versteht man es nicht. Ein Gruppenmitglied, das sich mit Angehörigen einer anderen Gruppe trifft, fühlt sich unbehaglich, ohne zu begreifen, warum das so ist. Der Grund ist, daß sich die anderen auf eine ihm fremde Weise bewegen, posieren und gestikulieren. Die Unterschiede mögen gering sein,

aber sie werden erkannt und registriert. Ein Mitglied einer bestimmten Gruppe etwa kann eine andere Gruppe als verweichlicht, träge oder roh bezeichnen. Fragt man nach dem Grund, antwortet es: »Man braucht sich die ja nur anzusehen!«

Amerikanische Männer haben gelegentlich behauptet, sie fänden europäische Männer etwas unmännlich. Analysiert man diese Reaktion, dann stellt sich heraus, daß das überhaupt nichts mit dem Sexualverhalten der europäischen Männer zu tun hat, sondern mit der Tatsache, daß sie häufig mit in Kniehöhe übereinandergeschlagenen Beinen dasitzen. Für den Europäer ist das eine so normale Haltung, daß er sie nicht einmal als solche erkennt. Für ihn ist sie einfach eine ganz natürliche Art zu sitzen. Dem Amerikaner erscheint dies aber als unmännlich, denn bei ihm daheim nehmen in der Mehrzahl Frauen beim Sitzen diese Haltung ein. Der amerikanische Mann zieht es – wenn er schon mit übergeschlagenen Beinen dasitzt – vor, den Knöchel des einen Beins quer über das Knie des anderen Beins zu legen.

Ein schlüssiger Einwand gegen diese Beobachtung wäre, daß auch viele europäische Männer beim Sitzen mit übergeschlagenen Beinen die Knie-Knöchel-Haltung einnehmen und daß amerikanische Männer, vor allem Großstädter, gelegentlich ebenfalls beide Beine in Kniehöhe kreuzen. Das trifft zwar zu, aber es unterstreicht nur noch, mit welcher Sensibilität die unbewußten Reaktionen erfolgen, die Menschen auf das Verhalten ihrer Artgenossen hin erkennen lassen. Im Grunde handelt es sich hier nur um einen graduellen Unterschied. Zufällig bevorzugen mehr europäische Männer die eine, mehr Amerikaner die andere Stellung. Und doch reicht dieser geringfügige Unterschied aus, um einem amerikanischen Besucher in Europa das Gefühl zu vermitteln, die Männer seien hier irgendwie unmännlich.

Außer diesen unbewußten Modifikationen von Handlungsmustern gibt es auch noch viele bewußte Einflußfaktoren. Prächtige Beispiele dafür findet man in den »Anstandsbüchern« aus vergangenen Zeiten, vor allem der Viktorianischen Epoche. Damals erhielten die Heranwachsenden strenge Instruktionen für korrektes Benehmen und gute Manieren bei diversen gesellschaftlichen Anlässen.

Reagierte eine junge Dame in Viktorianischer Zeit auf ein tragisches Geschehen mit wenigen unterdrückten Seufzern, dann modifizierte sie ihren angeborenen Trieb zu weinen und zu schreien – entweder durch unbewußtes Nachahmen ihrer Eltern oder durch bewußtes Befolgen der Regeln in den Anstandsbüchern. In den meisten Fällen waren wohl beide Faktoren wirksam, und das ergab schließlich ein gemischtes Handlungsmuster: Es war zugleich angeboren, übernommen und erlernt.

Für das Übereinanderschlagen der Beine gilt das gleiche. In Viktorianischer Zeit brachte man einem Mädchen kurz und bündig bei, daß eine Dame niemals mit übereinandergeschlagenen Beinen dasitze. In der ersten Hälfte

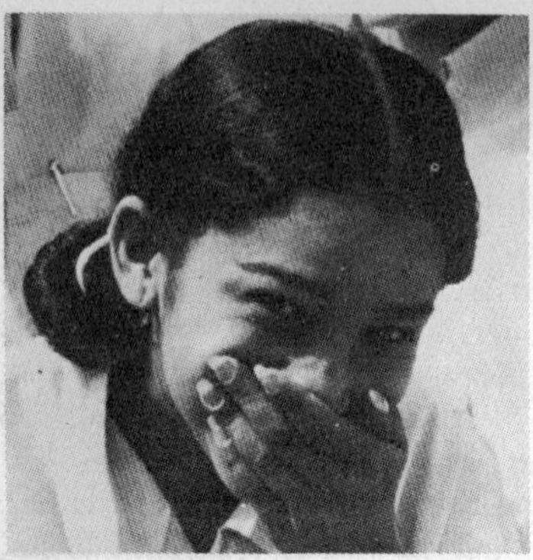

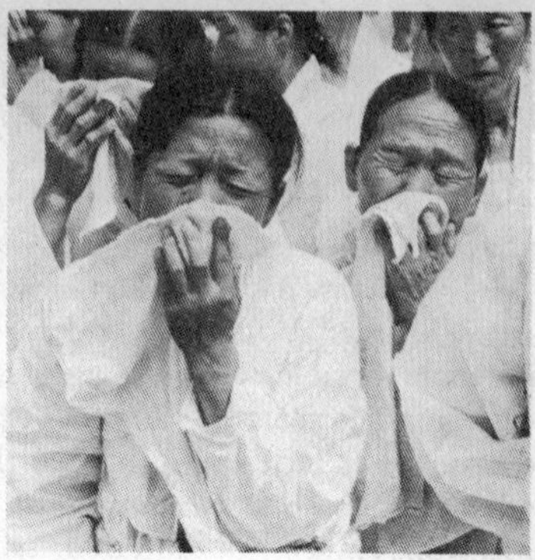

15 △ 16 ▽ 17 △ 18 ▷

15–18 Das weltweit zu findende Lachen kann unterdrückt oder übertrieben werden. Das gedämpfte Glucksen mit der Hand vor dem Mund (15) steht im Gegensatz zum ungehemmten Gelächter der Londoner »Perlmutter-Königin« (16). Auch die angeborene Reaktion des Weinens erfährt unter gesellschaftlichem Druck Abwandlungen: Sie kann in manchen Fällen zum heftigen, gepreßten Schluchzen (17), in anderen zum stillen, beinahe ausdruckslosen Weinen (18) werden.

unseres Jahrhunderts wurde diese Vorschrift etwas abgemildert, aber nur für das zwanglose Beisammensein; immer noch hatte eine junge Dame nach Möglichkeit nicht mit übereinandergeschlagenen Beinen dazusitzen. Konnte sie aber einmal nicht mehr anders sitzen, dann mußte sie das in möglichst dezenter Form tun, beispielsweise durch Kreuzen der Beine in Knöchelhöhe – und nicht in Kniehöhe.

Im letzten Viertel des 20. Jahrhunderts mag das als unwesentliche historische Episode erscheinen und angesichts der gegenwärtigen Revolution im sozialen Verhalten fast vorsintflutlich anmuten. Wenn man beispielsweise heute auf einer Londoner Bühne sehen kann, wie ein splitternackter junger Mann einem ebensolchen Mädchen das Schamhaar kämmt, könnte man mit

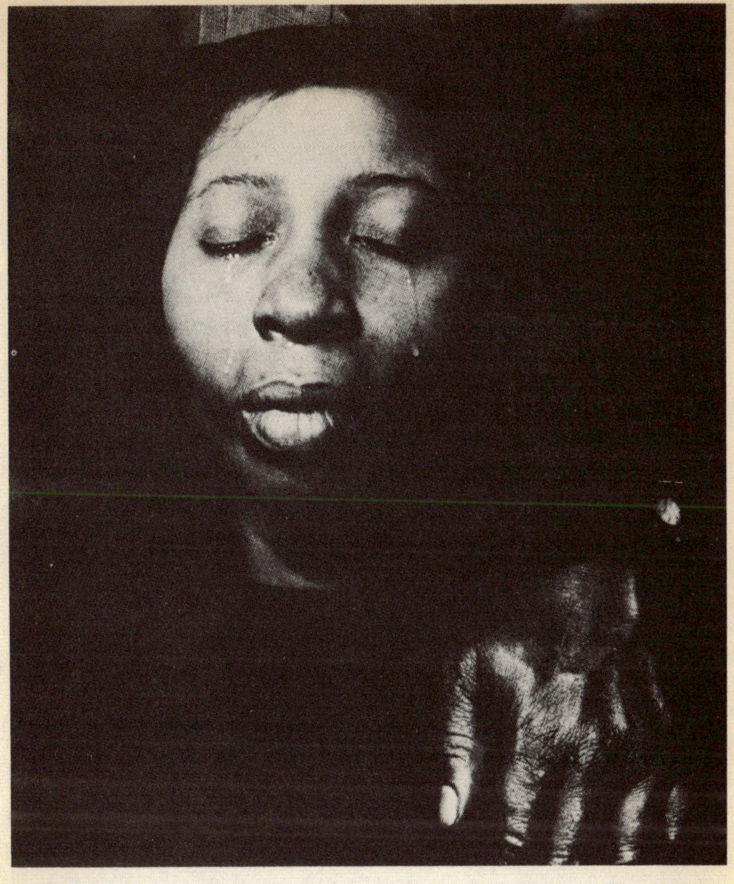

Recht behaupten, die Frage, wie man seine Beine übereinanderschlagen solle, sei nur noch für Uromas von Interesse. Aber jeder, der das menschliche Verhalten ernsthaft beobachtet, wird dem nicht zustimmen. Nicht nur sind Haltungsfeinheiten dieser Art auch heute noch durchaus üblich, sie werden sogar von den freizügigsten Individuen befolgt. Es kommt alles nur auf den Zusammenhang an. Sitzt beispielsweise die Schauspielerin, die sich auf der Bühne splitternackt das Schamhaar kämmen ließ, normal bekleidet bei einer Diskussion in einem Fernsehstudio, dann befolgt auch sie alle Anstandsregeln in bezug auf das Übereinanderschlagen der Beine. Wird sie bei einem Wohltätigkeitsball der Königin vorgestellt, dann wird sie nach mittelalterlichem Zeremoniell auch noch einen Hofknicks machen.

Man darf sich also durch das Schlachtgeschrei von einer totalen kulturellen Umwälzung nicht irreführen lassen. Alte Verhaltensmuster sterben selten aus – sie lösen sich nur aus bestimmten Zusammenhängen. Ihre Wirkungsbreite im sozialen Bereich wird eingeschränkt, aber irgendwie bleiben sie meist doch erhalten.

Zwar gerät die Vorgeschichte vieler Verhaltensmuster rasch in Vergessenheit; dennoch werden sie von immer neuen Generationen übernommen. Sie werden weitergegeben, nicht weil man sie offiziell lehrt, sondern weil man sieht, wie andere sie ausführen, und man sie dann gedankenlos nachvollzieht. Diese werden also zu gemischten Handlungsmustern ganz besonderer Art: Sie sind *historisch* gemischt! Anfangs waren sie angelernte Muster, bei denen man sich an bestimmte Anstandsregeln zu halten hatte: etwa die mittelalterliche Geste, den Hut bei der formellen Verbeugung zu lüften! Dann wurden sie durch Abkürzung verändert: der moderne militärische Gruß, bei dem die Hand zackig an die Stirn geführt wird. Und schließlich wurden sie so beiläufig verwendet, daß sie in unser allgemeines Repertoire übernommener Handlungsmuster eingingen: der freundliche Gruß mit auf Stirnhöhe gehobener Hand. Historisch betrachtet sind dies also gemischte Handlungsweisen, obwohl dies nicht notwendigerweise für jeden Zeitpunkt gilt.

## Gesten

Eine Geste ist eine Handlung, die dem Zusehenden ein optisches Signal übermittelt. Um als Geste zu gelten, muß diese Handlung also von jemand beobachtet werden und ihm irgendeine Information vermitteln. Das kann geschehen, wenn der Gestikulierende bewußt ein Signal geben will – etwa wenn er mit der Hand winkt –, oder aber rein zufällig, etwa wenn er niest. Das Winken ist eine *primäre Geste,* denn sie besitzt keine anderweitige Funktion. Sie ist einzig und allein ein Kommunikationsfaktor. Beim Niesen handelt es sich dagegen um eine *sekundäre* oder *beiläufige Geste.* Ihre primäre Funktion ist rein physisch und steht im Zusammenhang mit dem Atemproblem des Niesenden. In ihrer sekundären Funktion vermittelt sie aber zwangsläufig auch eine Information an die Mitmenschen: Sie warnt diese, daß der Betreffende erkältet sein könnte.
Die meisten Menschen zeigen die Tendenz, den Begriff Geste auf die primäre Form zu beschränken (den Typ des Winkens), aber dabei bleibt etwas Wichtiges außer Betracht. Bei der Gestik kommt es nicht darauf an, welche Signale wir anderen übermitteln wollen, sondern darauf, welche Signale andere empfangen. Wer unsere Handlungen beobachtet, wird keinen Unterschied machen zwischen bewußten primären und den unbeabsichtigt beiläufigen Gesten. In gewisser Weise sind unsere beiläufigen Gesten aufschlußreicher, wenn auch nur aufgrund der Tatsache, daß sie von uns nicht als Gesten gedacht sind und wir sie daher nicht in so starkem Maße manipulieren. Aus diesem Grund ist es zweckmäßiger, den Begriff Geste in seiner umfassenderen Bedeutung im Sinne von »beobachtete Handlung« zu verwenden.
Zur treffenden Unterscheidung zwischen beiläufigen und primären Gesten stellt man sich am besten die Frage: »Würde ich das tun, wenn ich ganz allein wäre?« Ist unsere Antwort »nein«, so handelt es sich um eine primäre Geste. Wir winken, zwinkern oder zeigen nicht auf etwas, wenn wir allein sind – es sei denn, wir befänden uns in dem ungewöhnlichen Zustand, wo wir uns lebhaft mit uns selbst unterhalten.

### *Beiläufige Gesten*

#### Mechanische Handlungen mit unbeabsichtigter Aussagekraft

Viele unserer Handlungen sind im Grunde nichtsozialer Natur: Sie beziehen sich auf Probleme der persönlichen Körperpflege, des körperlichen Wohlbefindens und der Fortbewegung. Wir säubern uns durch vielfältiges Kratzen, Reiben und Wischen; wir husten, gähnen und strecken unsere Glieder aus; wir essen und trinken; wir nehmen verschiedene Ruhestellungen ein, verschränken dabei unsere Arme und kreuzen unsere Beine; wir sitzen, stehen, hocken und liegen in vielfältigen Positionen; wir kriechen, gehen und laufen in unterschiedlichster Art und Weise. Zwar tun wir diese Dinge zu unserem eigenen Wohlbehagen, aber wir sind dabei nicht immer allein. Unsere Mitmenschen erfahren aus diesen »privaten« Handlungen eine ganze Menge über uns – nicht nur, daß wir uns kratzen, wenn es uns juckt, oder daß wir anfangen zu rennen, wenn wir spät dran sind, sondern sie können auch aus der Art, wie wir diese Dinge tun, Schlüsse auf unseren Charakter und auf unsere jeweilige Stimmung ziehen.

Manchmal würden wir ein auf diese Weise übermitteltes Stimmungssignal lieber unterdrücken, wenn wir darüber nachdächten. Gelegentlich werden wir uns dieser Stimmungssignale und der »Persönlichkeitspreisgabe« bewußt und versuchen dann unter Umständen, uns zu beherrschen. Aber häufig achten wir nicht darauf, und die Botschaft wird laut und deutlich übermittelt.

Wenn beispielsweise ein Student seinen Kopf auf die Hände stützt, während er einer langweiligen Vorlesung zuhört, wirkt diese Handlung sowohl rein mechanisch wie auch als Geste. Als rein mechanische Tätigkeit ermöglicht sie einfach das Abstützen des ermüdeten Kopfes – und das geht nur den Studenten selbst etwas an. Gleichzeitig wirkt diese Handlung aber auch als Geste, denn sie vermittelt den Kommilitonen und möglicherweise auch dem Dozenten ein visuelles Signal: Es besagt, daß der Betreffende sich langweilt (siehe auch Farbabbildung F 2, Seite 81).

In diesem Fall war seine Geste nicht beabsichtigt, und er ist sich der durch sie vermittelten »Nachricht« vielleicht nicht einmal bewußt. Auf einen Vorwurf hin würde er behaupten, er sei keineswegs gelangweilt, sondern einfach müde. Wäre er allerdings ehrlich – oder unhöflich –, dann müßte er zugeben, daß angespannte Aufmerksamkeit die Müdigkeit leicht verscheucht und daß ein wirklich faszinierender Redner niemals zu befürchten braucht, unter seinen Zuhörern eine so in sich zusammengesunkene Gestalt mit in die Hände gestütztem Kopf zu sehen.

Wenn ein Lehrer im Klassenzimmer seine Schüler ermahnt, gerade und aufrecht zu sitzen, dann verlangt er von ihnen jene aufmerksame Haltung, die er durch einen interessanten Unterricht selbst hätte bewirken müssen. Es sagt sehr viel über die Macht der durch Gesten übermittelten Signale aus, wenn man beobachtet, daß ein Lehrer in stärkerem Maße das Gefühl von aufmerksamen Zuhörern hat, wenn seine Schüler gerade und aufrecht dasitzen, obschon er sehr wohl weiß, daß sie sich nur gezwungenermaßen krampfhaft aufrecht halten – und nicht, weil sie etwa begeistert seinen Ausführungen lauschten.

Viele unserer beiläufigen Gesten vermitteln Stimmungsinformationen einer Art, auf die wir weder selbst noch unsere Artgenossen bewußt reagieren. Es ist, als gäbe es eine Art »Untergrund-Kommunikationssystem«, das unmittelbar unter der Oberfläche unserer gesellschaftlichen Kontakte arbeitet. Wir vollziehen eine Handlung, und diese wird beobachtet. Ihre Bedeutung wird verstanden, aber nicht offen mitgeteilt. Wir analysieren die betreffende Stimmung nicht, sondern haben sie eher »im Gefühl«. Mitunter wird ein derartiges Handlungsmuster so typisch für eine bestimmte Situation, daß wir sie schließlich damit identifizieren. So sagen wir beispielsweise von einem schwierigen Problem: »Das wird ihm ganz schön Kopfzerbrechen bereiten!«, und wir wollen damit andeuten, daß wir den Zusammenhang begreifen, der zwischen der Verlegenheit und der beiläufigen Geste des »Den-Kopf-in-beide-Hände-Stützens« besteht. Häufig wird dieser Zusammenhang unterhalb der Bewußtseinsebene wirksam, oder er bleibt unerkannt.

Wo die Zusammenhänge deutlicher sind, können wir natürlich die Situation manipulieren und unsere beiläufigen Gesten auf intrigante Weise einsetzen. Hört ein keineswegs müder Student eine Vorlesung, möchte aber dem Dozenten gerne eins auswischen, dann kann er absichtlich eine gelangweilte Haltung einnehmen in der Hoffnung, daß seine »Botschaft« ankommt. Hier handelt es sich um eine *stilisierte* beiläufige Geste – eine mechanische Handlung, die künstlich als Signal verwendet wird. Zu dieser Kategorie gehören auch viele weitverbreitete Höflichkeitsgesten, etwa wenn wir ein Gericht, das wir nicht mögen und das uns nicht schmeckt, mit sichtlichem Appetit verzehren, nur um unseren Gastgebern ein angemessenes Zeichen der Dankbarkeit zu geben. Im Laufe seiner Entwicklung muß jedes Kind diese Kontrolle über seine beiläufigen Gesten erlernen; dabei lernt es auch, sich den Verhaltensregeln der Gesellschaft, in der es lebt, anzupassen.

## *Ausdrucksgesten*

### Gesten, die wir mit anderen Primaten teilen

Die primären Gesten lassen sich in sechs Hauptgruppen gliedern. Fünf treten ausschließlich beim Menschen auf und sind von seinem komplexen, hochentwickelten Gehirn abhängig. Eine Ausnahme bildet die erste Kategorie, die der *Ausdrucksgesten*. Es handelt sich hier um Gesten, die allen Menschen überall auf der Welt eigen sind und die auch Tiere zeigen. Zu ihnen gehören die wichtigen Signale des Gesichtsausdrucks, die zweifellos von entscheidender Bedeutung für die täglichen zwischenmenschlichen Beziehungen sind.

Alle Primaten verfügen über ein ausdrucksfähiges Gesicht; bei den höherentwickelten Arten werden die Gesichtsmuskeln zunehmend differenzierter und ermöglichen die Übermittlung einer Vielfalt fein abgestufter »Gesichts-Signale«. Beim Menschen erreicht diese Entwicklung ihren Höhe-

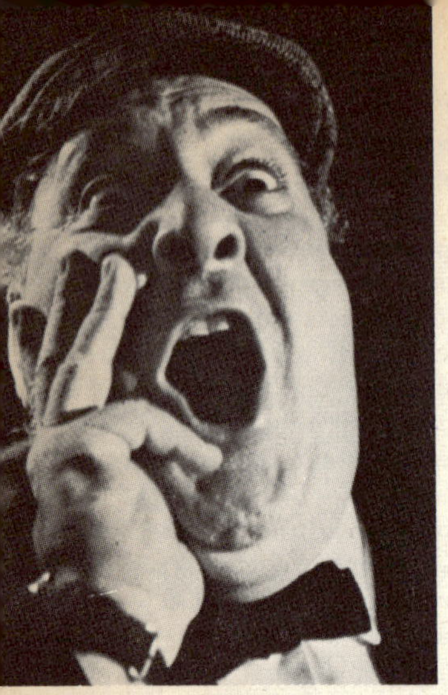

19 △ 21 ▽ 20 △

19–21 Ein brüllender Mann (19), eine lächelnde Frau (20) und ein Kind, das eine Grimasse zieht (21). Der Mensch hat die höchstentwickelte Gesichtsmuskulatur der gesamten Tierwelt. Einige unserer tierischen Verwandten sind einer beachtlichen Reihe von Gesichtsausdrücken fähig, aber keiner erreicht annähernd die Feinheit und Vielfältigkeit des menschlichen Mienenspiels und der ausdrückbaren Stimmungen.

punkt: Es ist sicher, daß der Löwenanteil nichtverbaler Signale vom menschlichen Gesicht ausgesandt wird.
Wichtig sind auch die Hände des Menschen. Befreit von ihrer ursprünglichen Aufgabe der körperlichen Fortbewegung, ist mit ihrer Hilfe *Gestikulation* möglich: durch Haltungs- und Bewegungsänderungen zahllose feine Stimmungsänderungen mitzuteilen – vor allem während eines Gesprächs. Ich stelle hier bewußt den Begriff Geste dem Begriff Gestikulation gegenüber: Letztere bezeichnet manuelle Handlungen, die der Gestikulierende im Verlauf sozialer Begegnungen unbewußt vollführt, wenn er einer verbalen Feststellung Nachdruck verleihen möchte.
Diese natürlichen Gesten sind in der Regel spontan und werden als selbstverständlich betrachtet. »Ja«, sagen wir etwa, »er hat ein seltsames Gesicht gemacht!« Aber wie hat er seine Augenbrauen bewegt? Das wissen wir nicht mehr. »Ja«, sagen wir, »er hat beim Sprechen mit seinen Armen herumgefuchtelt.« Aber welche Haltung zeigten seine Finger dabei? Auch das wissen wir nicht mehr. Trotzdem waren wir nicht unaufmerksam. Wir haben alles gesehen, und unser Gehirn hat alles registriert. Aber wir brauchten diese Handlungen nicht zu analysieren, genausowenig wie wir gehörte Worte nicht buchstabieren müssen, um sie zu begreifen. In dieser Hinsicht ähneln sie den beiläufigen Gesten der oben besprochenen Kategorie; im Unterschied zu diesen aber haben die Ausdrucksgesten keine mechanische Funktion, sondern nur Signalcharakter. Das ist die Welt des Lächelns und spöttischen Grinsens, des Schulterzuckens und Schmollens, des Lachens und Erschreckens, des Errötens und Erbleichens, des Winkens, Nikkens und Anstarrens, des Stirnrunzelns und des Anfauchens. Das sind die Gesten, die die Menschen praktisch überall auf der Welt benutzen. Sie können von Ort zu Ort im Detail und vom Zusammenhang her differieren, aber im Prinzip handelt es sich um Handlungsmuster, die wir alle teilen. Wir alle haben komplexe Gesichtsmuskeln, deren einzige Aufgabe darin besteht, verschiedene Gesichtsausdrücke zu erzeugen. Wir alle stehen auf zwei Füßen, nicht auf allen vieren, und haben deshalb die Hände frei, um sie mehr oder weniger beredt in der Luft herumtanzen zu lassen, wenn wir bei unseren sozialen Begegnungen etwas erklären, diskutieren und Witze erzählen. Wir mögen den wedelnden Schwanz und das sich sträubende Fell verloren haben, aber das machen wir mehr als wett durch unsere wunderbar lebendigen Gesichter und durch unsere sich windenden, öffnenden, flatternden Hände. Als von Natur aus gestisch begabte Gattung kann sich keine andere in der gesamten Tierwelt mit uns vergleichen. Ihrem Ursprung nach sind unsere Ausdrucksgesten eng verwandt mit den beiläufigen Gesten, denn sie haben ihre Wurzel ebenfalls in primär nichtkommunikativen Handlungen. Die geballte Faust des Gestikulierenden verdankt ihren Ursprung der Absicht, einem Gegner einen Schlag zu versetzen. Ähnlich läßt sich auch das Stirnrunzeln eines bekümmerten Menschen auf eine aus

grauer Vorzeit stammende Bewegung zum Schutz der Augen zurückführen, wie sie ein Tier ausführte, das einem körperlichen Angriff ausgesetzt war. Der Unterschied zu beiläufigen Gesten besteht aber darin, daß der Zusammenhang zwischen der primären physischen Handlung und ihrem späten Abkömmling, der Ausdrucksgeste, unterbrochen ist. Lächeln, Schmollen, Erschrecken, Anstarren, Grinsen, das sind heutzutage Gesten, die eine ausschließlich kommunikative Funktion haben.

Trotz ihrer weltweiten Verbreitung sind Ausdrucksgesten in beträchtlichem Ausmaß kulturbedingten Einflüssen unterworfen. Obschon wir alle gut entwickelte Lachmuskeln besitzen, lachen wir doch nicht alle auf gleiche Weise, in gleichem Ausmaß und bei denselben Gelegenheiten. So sind beispielsweise alle Kinder leicht zum Lächeln und zum Lachen zu bringen, aber aufgrund einer lokalen Tradition müssen sie dann beim Heranwachsen vielleicht lernen, ihre Empfindungen zu verbergen. Diese von Ort zu Ort unterschiedlichen Verhaltensregeln erwecken häufig den irrigen Eindruck, bei den Ausdrucksgesten handle es sich um lokale Erfindungen und nicht um universale, wenn auch modifizierte Verhaltensweisen.

### *Mimische Gesten*

Gesten, die Personen, Dinge oder Vorgänge imitieren

Mimische Gesten benutzt ein Mensch, der versucht, eine andere Person, ein Objekt oder eine Handlung so exakt wie möglich zu imitieren. Hier spielt unser tierisches Erbe keine Rolle mehr, wir befinden uns in einem ausschließlich menschlichen Bereich. Die wesentliche Eigenschaft einer mimischen Geste ist, daß man mit ihrer Hilfe zu kopieren versucht, was man porträtieren möchte. Bestimmte Konventionen finden hierbei keine Anwendung. Eine gute mimische Geste ist daher auch für jemanden verständlich, der sie vorher noch nie gesehen hat. Bei ihr dürfen keine Vorkenntnisse vorausgesetzt werden, und es bedarf keiner festgelegten Tradition bei der Darstellung eines bestimmten Gegenstandes. Es gibt vier Arten mimischer Gesten.

Die erste ist die *soziale Mimikry*, die bekannte »gute Miene zum bösen Spiel«. Wir alle kennen das. Wir lachen auf einer Party, obwohl wir in Wirklichkeit traurig sind, und bei einem Begräbnis schauen wir trauriger drein, als wir in Wirklichkeit sind – nur weil man das von uns erwartet. Wir lügen mit simulierten Gesten, um anderen einen Gefallen zu tun. Man sollte das aber nicht mit dem von Psychologen so genannten »Rollenspiel« verwechseln. Wenn wir uns der sozialen Mimikry widmen, täuschen wir nur andere, beim Rollenspiel täuschen wir zusätzlich uns selbst.

Die zweite Art ist die *Theater-Mimikry* – die Welt der Schauspieler und Schauspielerinnen, die alles simulieren, um uns zu unterhalten. Grundsätz-

22 △

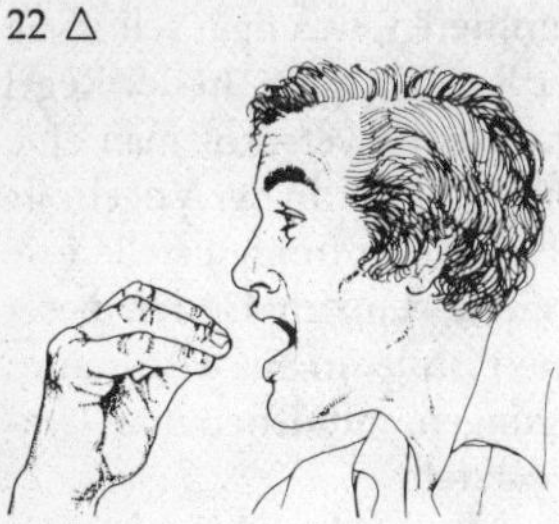

23 ◁

24 ▷

25 ◁

26 ▷

22–26 Mimische Gesten sind gewöhnlich auch für Fremde und Ausländer verständlich, weil sie Imitationen realer Dinge oder Handlungen sind. Essen, Trinken, Rauchen und das Abfeuern einer Pistole (23–26) sind Signale, die auch ohne Kenntnis der ortsüblichen Gestik leicht verstehbar sind. Und die meisten Betrachter würden wohl erraten, daß der kleine Junge (22) nach besten Kräften ein fliegendes Flugzeug zu imitieren versucht.

lich gibt es dabei zwei Methoden. Die eine besteht in dem kalkulierten Versuch, bestimmte beobachtete Handlungen zu imitieren. Der Schauspieler, der beispielsweise einen General spielen soll, verbringt viele Stunden damit, sich im Film militärische Szenen anzusehen, bei denen er die kleinste Bewegung genau analysieren kann, um sie kopieren und in sein endgültiges Porträt einbringen zu können. Die andere Methode besteht darin, sich auf die Stimmungslage der darzustellenden Figur zu konzentrieren, diese anzunehmen und sich darauf zu verlassen, daß durch sie die treffende Art körperlicher Handlung unbewußt ausgelöst wird.

In Wirklichkeit verwenden alle Schauspieler eine Kombination beider Methoden. Früher war schauspielerische Darstellung in der Regel stark stilisiert, aber heute erreicht man – außer in der Pantomime, in der Oper und in der Posse – einen hohen Grad von Realismus. Wir sollen alle glauben, daß sich die Vorgänge vor uns wirklich abspielen. Die Theater-Mimikry ist also ebenso realistisch geworden wie die alltägliche soziale Mimikry. In dieser Hinsicht stehen die beiden ersten Arten mimischer Aktivität in starkem Gegensatz zur dritten, der *Teil-Mimikry*.

Bei der Teil-Mimikry versucht man etwas zu imitieren, was man selbst nie und nimmer sein kann: etwa einen Vogel oder Regentropfen. In der Regel benutzt man dazu nur die Hände, aber mit ihrer Hilfe versucht man eine möglichst realistische Annäherung an das zu Imitierende. In der Vogelrolle benutzt man sie als »Flügel«; zur Wiedergabe von Regentropfen stellen sie deren Herabrieseln gleichsam graphisch dar. Häufig benutzte Gesten dieser Art sind: die »Verwandlung« der Hand in eine Pistole, in ein bestimmtes Tier oder einen Tierfuß, aber auch Handbewegungen, mit denen man Umriß und Form eines bestimmten Gegenstands darstellt.

Die vierte Art mimischer Gesten könnte man als *Leerlauf-Mimikry* bezeichnen, denn die Handlung geschieht hier in Abwesenheit des Objekts, auf das sie sich bezieht. Bin ich beispielsweise hungrig, dann kann ich imaginäre Nahrung zum Mund führen; bin ich durstig, kann ich mit erhobener Hand ein imaginäres Glas halten und daraus eine ebenso unsichtbare Flüssigkeit schluckweise »trinken«.

Für die Teil-Mimikry und die Leerlauf-Mimikry ist – ähnlich wie für die soziale Mimikry und Theater-Mimikry – kennzeichnend, daß sie um Realismus bemüht sind. Natürlich gelingt das nicht zwangsläufig, aber man ist zumindest darum bemüht. Und das hat zur Folge, daß die beiden erstgenannten Arten international verständlich sind. In dieser Hinsicht stehen sie in deutlichem Gegensatz zu den beiden anderen Arten, die spürbar kulturell bedingten Einschränkungen unterworfen sind.

*Schematische Gesten*

Standardisierte Kürzel von imitierenden Gesten

Schematische Gesten sind knappe oder verkürzte Versionen mimischer Gesten. Man versucht, mit ihnen etwas wiederzugeben, indem man nur *eines* der hervorstechenden Merkmale nachahmt. Die Bemühung um Realismus unterbleibt.

Schematische Gesten sind eine Art Kurzschrift im Bereich der Gestik, die dem Bedürfnis entspricht, eine solche Imitation rasch und bei vielen Gelegenheiten zu verwenden. Ebenso wie wir etwa in der Alltagssprache »Tag!« statt »Guten Tag!« sagen, reduziert sich hier die ausgefeilte Darstellung eines angreifenden Stiers auf zwei Hörner, die sich – imitiert durch zwei Finger – in die Luft bohren.

Wählt man auf diese Weise ein einziges Element aus einer mimischen Gesamtdarstellung und reduziert bzw. unterläßt man die anderen Elemente, so kann die Geste trotzdem leicht verständlich bleiben, auch wenn man sie zum erstenmal sieht. Allerdings kann die Stilisierung auch so weit gehen, daß die Gesten allen »Nichteingeweihten« unverständlich sind. In diesem Fall wird die schematische Geste zu einer lokalen Tradition mit begrenzter geographischer Reichweite. War die ursprüngliche Gestik komplex und enthielt mehrere charakteristische Merkmale, dann können in verschiedenen Gegenden für deren verkürzte Versionen unter Umständen unterschiedliche Schlüsselmerkmale gewählt werden. Haben sich diese unterschiedlichen Kurzformen erst einmal in den einzelnen Regionen durchgesetzt, dann werden deren Einwohner wahrscheinlich immer weniger auch die fremden Kurzversionen erkennen. Hier entwickelt sich in der gestischen Kommunikation rasch eine ähnliche Situation wie in der sprachlichen. So wie jede Region ihre eigene Mundart hat, besitzt sie auch ihre eigenen schematischen Gesten.

Ein Beispiel: Das Zeichen nordamerikanischer Indianer für »Pferd« besteht aus zwei gespreizten Fingern, die auf den Fingern der anderen Hand »reiten«. Ein Zisterzienser-Mönch würde statt dessen den Kopf leicht senken und an einer imaginären Mähne an seiner Stirn ziehen. Ein Engländer hingegen würde wohl in die Jockei-Hocke gehen und an gemimten Zügeln ziehen. Diese Version des Engländers – nahe der Leerlauf-Mimikry – werden die beiden anderen verstehen; umgekehrt aber sind deren hochschematische Gesten nur für Mitglieder ihrer eigenen Gruppen verständlich.

Einige Dinge haben allerdings ein spezielles Merkmal, das so charakteristisch für sie ist, daß selbst bei Darstellung mit schematischen Gesten kaum ein Zweifel daran besteht, was damit gemeint ist. Ein gutes Beispiel dafür ist der erwähnte Stier. Rinder werden fast immer allein durch ihre Hörner charakterisiert, und die beiden Hörner werden stets mit Hilfe von zwei Fingern dargestellt. Begegneten sich ein nordamerikanischer Indianer, ein

Hindu-Tänzer und ein australischer Ureinwohner, dann würde jeder die »Rind«-Geste des anderen und wir selbst würden alle drei verstehen. Das bedeutet nicht, daß Zeichen ganz identisch sein müssen. Das »Rind«-Zeichen des Indianers würde den Bison charakterisieren, dessen Hörner nicht – wie diejenigen des Hausrinds – nach vorne, sondern nach innen gebogen sind. Im Zeichen des Indianers spiegelt sich das so wider, daß er seine Hände in Schläfenhöhe hält und die beiden Zeigefinger nach innen richtet. Der australische Ureinwohner richtet dagegen seine Zeigefinger nach vorn. Auch der Hindu zeigt nach vorn, aber er benutzt dazu nicht die beiden Zeigefinger in Schläfenhöhe, sondern den Zeigefinger und den kleinen Finger einer Hand, in Taillenhöhe gehalten. So hat jede Kultur ihre eigene Variante.

## *Symbolische Gesten*

### Gesten, die Stimmungen und Gedanken wiedergeben

Mit einer symbolischen Geste deutet man eine abstrakte Eigenschaft an, für die es in der Welt der Objekte und Bewegungen keine Entsprechung gibt. Hier sind wir noch eine Stufe weiter von der Durchsichtigkeit der mimischen Geste entfernt.

Welches stumme Zeichen würden Sie beispielsweise für »Dummheit« wählen? Sie könnten sich vielleicht als Schauspieler versuchen und einen sabbernden Dorftrottel darstellen. Aber völlige Vertrottelung eignet sich nicht zur Darstellung momentaner Dummheit eines gesunden Erwachsenen. Statt dessen könnten Sie mit Ihrem Zeigefinger leicht die Schläfe berühren, aber auch das ist nicht präzise, denn das könnte auch bedeuten, daß jemand klug und aufgeweckt ist. Um deutlicher zu werden, könnte man mit dem Zeigefinger an der Schläfe eine schraubenartige Bewegung machen, um anzudeuten, bei dem Betreffenden sei »eine Schraube locker«. Oder man könnte seinen Zeigefinger an der Schläfe rotieren lassen und damit deutlich machen, daß im betreffenden Gehirn »alles durcheinandergeht«.

Viele würden diese Zeigefinger-Schläfe-Gesten verstehen, manche dagegen nicht. Diese besitzen ihre eigenen lokalen Gesten für »Dummheit«, die uns wiederum »spanisch« vorkommen würden: so etwa das Beklopfen eines Ellbogens bei erhobenem Unterarm, das Auf- und Abbewegen einer Hand vor halbgeschlossenen Augen, das Rotierenlassen einer Hand oder der flach über die Stirn gelegte Zeigefinger.

Die Situation wird noch dadurch kompliziert, daß einige Zeichen für »Dummheit« in verschiedenen Ländern ganz unterschiedliche Dinge bedeuten können. So kann man beispielsweise in Saudiarabien »Dummheit« dadurch signalisieren, daß man das untere Augenlid mit der Spitze des Zeigefingers berührt. Die gleiche Handlung kann jedoch in anderen Ländern ganz

27 △

28 △

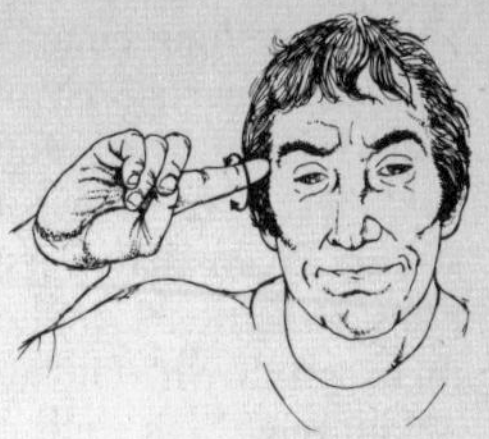

29 △

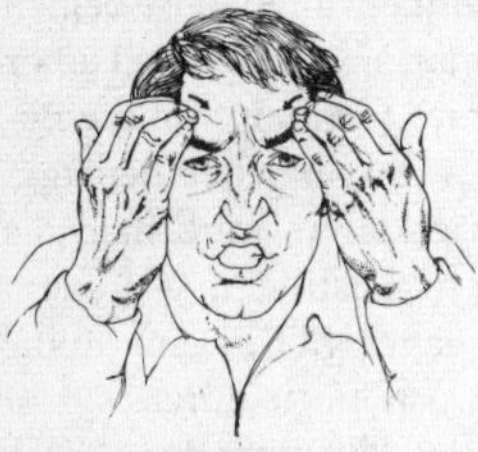

30 △

31 △

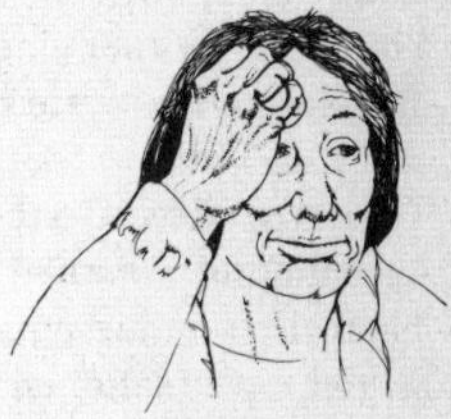

32 △

27–32 Symbolische Gesten sind oft schwer verständlich, weil ihre Herkunft dunkel ist. Aber manche kann man erraten, wie die Gesten für »Dummheit«. Sie sind zwar von Land zu Land verschieden, weisen aber fast immer auf eine Art von »Dachschaden« hin. Beispiele: Ein Finger klopft an die Schläfe (27), rotiert vor (28) oder dreht sich schraubenartig an der Schläfe (29), beide Hände klopfen an die Stirn (30), eine Hand »wedelt« vor den Augen (31) oder kratzt die Stirn (32). Die letzte Geste ist nur bei gewissen nordamerikanischen Indianerstämmen anzutreffen, die anderen sind hingegen weiter verbreitet.

andere Bedeutungen haben: Unglauben, Billigung, Übereinstimmung, Mißtrauen, Skepsis, Wachsamkeit, Verschwiegenheit, Schlauheit, Gefahr oder Kriminalität. Dieser offenkundige Bedeutungswirrwarr ist leicht zu erklären. Die Berührung des Auges unterstreicht lediglich symbolisch die Bedeutung der Augen als Sehorgan. Darüber hinaus vermittelt diese Handlung keine Bedeutung, so daß ihre Botschaft sowohl »ja, ich sehe« als auch »Ich traue meinen Augen nicht«, »Halte die Augen offen« und »Was ich sehe, gefällt mir« ausdrücken kann. In einem derartigen Fall ist es wichtig, die spezielle Bedeutung, die durch die betreffende symbolische Geste in einem bestimmten Kulturkreis angedeutet wird, genau zu kennen.

Bei den symbolischen Gesten sehen wir uns also mit zwei Grundproblemen konfrontiert: Entweder kann eine Bedeutung durch verschiedene Handlungen, oder aber mehrere Bedeutungen können, von Kultur zu Kultur unterschiedlich, durch die gleiche Handlung signalisiert werden. Es gibt dafür nur eine Lösung: Man muß jedem Kulturkreis offen und unvoreingenommen begegnen und seine symbolischen Gesten ebenso erlernen wie seinen Wortschatz.

Die Herstellung einer Verbindung zwischen Handlung und Bedeutung ist hilfreich, aber sie ist nicht immer möglich. In einigen Fällen wissen wir einfach nicht, wie bestimmte symbolische Gesten entstanden sind. Es steht zwar fest, daß es sich um symbolische Gesten handelt, weil sie eine abstrakte Eigenschaft versinnbildlichen; aber *wie* zum erstenmal die Verbindung zwischen Handlung und Bedeutung entstanden ist, läßt sich nicht mehr ermitteln. Ein gutes Beispiel dafür ist das italienische Zeichen für »Hahnrei«. Man stellt es durch zwei Hörner dar – entweder mit den beiden Zeigefingern in Schläfenhöhe oder mit dem Zeigefinger und kleinem Finger einer Hand, vor den Körper gehalten. Zweifellos symbolisieren diese beiden Finger die Hörner eines Stieres. Als solche würde man sie für den Teil einer schematischen Geste halten. Aber sie vermitteln hier nicht einfach die Bedeutung »Stier«. Statt dessen bedeuten sie soviel wie »sexueller Betrug«. Daher ist diese Geste symbolisch, und um sie zu erklären, muß man die Verbindung zwischen Stier und sexuellem Betrug herausfinden.
Historisch ist diese nicht mehr festzustellen, und daher gibt es eine Reihe wilder Spekulationen. Die Situation kompliziert sich noch durch die in Italien übliche Geste »Hand mit Hörnern«; sie verwendet zwar das gleiche Motiv der Stierhörner, hat aber eine ganz andere Bedeutung: Abwehr gegenüber möglichen vorgestellten Gefahren. Hier steht fest, daß die große Kraft, die Kühnheit und Männlichkeit des Stiers als symbolischer Schutz für den, der diese Geste macht, angerufen werden. Aber all dies macht es um so schwieriger, die zweite Bedeutung dieser »Stierhörner-Geste« als Zeichen für einen bemitleidenswerten Hahnrei zu erklären.
Man könnte den Widerspruch z. B. dadurch erklären, daß diese Geste in einem Fall die Kraft des Stiers symbolisiert und im anderen Fall – beim Zeichen für »Hahnrei« – auf die häufige Kastration von Stieren Bezug nimmt. Seit der Domestizierung des Hausrinds hat es im Verhältnis zu den Kühen immer zu viele Bullen gegeben, so daß man immer nur eine geringe Zahl von ihnen für die Zucht benötigte (ein gesunder Bulle kann 50–100 Kühe im Jahr decken). Der Rest wurde aus Zweckmäßigkeitsgründen kastriert. Nach dem Volksmund müssen diese impotenten Tiere zusehen, wie die wenigen sexuell aktionsfähigen Stiere ihnen »ihre rechtmäßigen weiblichen Partner wegnehmen«; daher das Symbol »Stier« für »Hahnrei«.
Es gibt allerdings auch noch eine ganz andere Erklärung. Wenn der Hahnrei entdeckt, daß seine Frau ihn betrogen hat, wird er so eifersüchtig und wütend, daß er sich benimmt wie ein »wütender Stier«.
Eine mythologische Interpretation besagt, daß Diana, die Göttin der Jagd, die Hörner zu einem Symbol für die Niederlage des Mannes gemacht hat. Aktäon, ein Jäger, soll der Sage nach beim Baden heimlich ihren nackten Körper betrachtet haben. Die Göttin war darüber so erzürnt, daß sie ihn in ein gehörntes Tier verwandelte und seine eigenen Hunde auf ihn hetzte, die ihn töteten und auffraßen.

Eine weitere Deutung bezieht sich auf die religiöse Prostitution in der Antike. Die Prostituierten huldigten Göttern, die »Ehrenhörner« trugen – das heißt Hörner diesmal als Macht- und Männlichkeitssymbole –, und die Götter waren von den verheirateten Frauen unter ihnen so angetan, daß sie ihre göttlichen Hörner auf die Köpfe der Ehemänner übertrugen, die ihre Frauen in die Rolle göttlicher Dirnen gedrängt hatten. So wurden aus den Ehrenhörnern Spotthörner.

Als sei dies nicht schon genug, behauptet man anderswo – mit gleicher innerer Überzeugung –, daß der »Hahnrei« auf die Hörner der Hirsche zurückgeht (früher sagte man oft »Hörner« statt »Geweih«), weil in der Brunftzeit die Mehrzahl dieser Tiere ihre Weibchen an wenige Leittiere abtreten müssen, die große Harems um sich sammeln, so daß die meisten der »gehörnten« Hirsche in der Tat als »Hahnreie« zurückbleiben.

Schließlich gibt es noch eine recht gewagte Deutung, in der Stiere und Hirsche gar keine Rolle spielen. Sie geht vielmehr davon aus, daß die symbolische Beziehung Hörner–Hahnrei auf den alten Brauch zurückgeht, die Hoden eines kastrierten Hahns auf dem Stumpf seines ebenfalls abgeschnittenen Kammes festzunähen, wo sie tatsächlich gediehen und zu »Hörnern« heranwuchsen. Diese Interpretation wird dadurch gestützt, daß »Hahnrei« im Deutschen ursprünglich »Kapaun« bedeutete.

Es ist offenkundig, daß alle diese Deutungen eher auf dem Boden wuchernder Spekulation gedeihen, als daß sie durch historische Belege erhärtet sind. Wir sind jedoch absichtlich so lange bei diesem Beispiel geblieben, um zu zeigen, wie in vielen Fällen die eigentliche Entstehungsgeschichte einer symbolischen Geste nicht mehr rekonstruierbar ist. Es sind viele ähnlich kontroverse Beispiele bekannt, aber das angeführte genügt, um das allgemeine Prinzip deutlich zu machen.

Natürlich gibt es auch Ausnahmen: Einige symbolische Gesten, die wir noch heute verwenden und für selbstverständlich halten, lassen sich leicht auf einen bestimmten Ursprung zurückführen. Dafür ist die englische Redewendung *»keeping your fingers crossed«* (deutsch: »den Daumen drükken«) ein gutes Beispiel. Diese später auch von Nichtchristen benutzte Handlung, nämlich das Kreuzzeichen mit dem ersten und zweiten Finger zu machen, ist ein uraltes Schutzzeichen der christlichen Kirche.

In früheren Zeiten war es üblich, ein deutlich sichtbares Kreuzzeichen zu machen (»sich zu bekreuzigen«), indem man den ganzen Arm erst nach unten und dann seitlich vor dem Körper bewegte. Diese Form kann man in manchen Ländern noch – losgelöst von religiöser Bedeutung – als Schutzgeste für »alles Gute« sehen. In alltäglicheren Situationen ist sie durch den erhobenen Arm mit gekreuztem Zeige- und Mittelfinger abgelöst worden. Dies war ursprünglich die Geheimform des »Sich-Bekreuzigens«, allerdings mit verborgener Hand, was heute noch als Schutzgeste gegen das Ertapptwerden beim Lügen benutzt wird. Daß die »gekreuzten Finger« sich heute als offene Geste durchgesetzt haben, liegt am Wegfall der ehemals religiösen Bedeutung. Das Fingerkreuzen mag symbolisch göttliche Hilfe herbeirufen, aber als kleine Fingerbewegung hat es sich vom ursprünglichen Armekreuzen der Priester so weit entfernt, daß es ohne weiteres zur alltäglich gebrauchten Geste für »Viel Glück!« werden konnte. Das wird schon daran deutlich, daß die meisten Menschen gar nicht bemerken, daß sie eigentlich eine christliche Anbetungshandlung verlangen, wenn sie ausrufen: *»Keep your fingers crossed!«* (»Halt mir den Daumen!«).

## *Technische Gesten*

### Gesten, die von kleinen Spezialistengruppen benutzt werden

Technische Gesten werden von kleinen Spezialistengruppen erfunden, die sie nur streng innerhalb ihres speziellen Tätigkeits- oder Fachgebiets verwenden. Sie sind für jeden unverständlich, der außerhalb steht, und ihre Anwendung ist auf ein so enges Gebiet begrenzt, daß sie keine wesentliche Rolle in der visuellen Kommunikation einer Kultur spielen.

Ein gutes Beispiel für die heutzutage gebräuchlichen technischen Gesten sind die in Fernsehstudios üblichen Signale. Der Fernsehsprecher, den wir auf unserem Bildschirm sehen, sitzt einem Studioleiter gegenüber. Dieser ist seinerseits per Kopfhörer mit dem Programmregisseur im Regieraum verbunden und gibt dessen Anweisungen durch einfache Gesten an den Sprecher weiter. Um dem Sprecher klarzumachen, daß er jeden Augenblick zu sprechen beginnen muß, hebt der Studioleiter seinen Unterarm und hält ihn hoch. Soll der Sprecher beginnen, senkt der Studioleiter den Unterarm rasch wieder und zeigt auf den Sprecher. Wenn dieser nur noch einige Sekunden Redezeit hat, läßt der Studioleiter seinen Unterarm kreisen, als wäre dieser ein rasch sich drehender Uhrzeiger. Soll der Sprecher die Redezeit verlängern, dann legt der Studioleiter die Hände vor der Brust aneinander und zieht sie langsam seitwärts auseinander, als ob er etwas ausdehnen wolle. Soll der Sprecher abrupt aufhören, macht der Studioleiter mit seiner Hand eine »halsabschneidende Geste«. Es gibt keine festgelegten Regeln für diese Signale. Sie haben sich in der Frühzeit des Fernsehens entwickelt. Zwar sind die beschriebenen Gesten inzwischen recht weit verbreitet, aber viele Studios haben sicherlich ihre eigenen Varianten.

Andere technische Gesten tauchen überall dort auf, wo sich von der Tätigkeit her ein verbaler Kontakt verbietet. So können beispielsweise Sporttaucher nicht miteinander sprechen und brauchen deshalb einfache Signale, um sich in Gefahrensituationen verständigen zu können. Vor allem brauchen sie bestimmte Gesten für »Gefahr«, »Kälte«, »Krampf« und »Ermüdung«. Andere Nachrichten wie beispielsweise »ja«, »nein«, »gut«, »schlecht«, »rauf« und »runter« lassen sich leicht mit Hilfe von Alltagsgesten verdeutlichen: Dafür sind keine speziellen Zeichen erforderlich. Aber wie könnten sie ihrem Partner klarmachen, daß sie einen Krampf haben? Sie könnten beispielsweise eine Hand in rhythmischen Abständen öffnen und schließen; das ist eine ganz einfache Geste, aber sie könnte sich trotzdem als lebensrettend erweisen.

Manchmal kann ein Unglück geschehen, weil jemand eine technische Geste machen muß, der kein Spezialist auf diesem Fachgebiet ist. Angenommen, Urlauber fahren mit einem Boot aufs Meer hinaus und es sinkt. Sie retten sich schwimmend auf eine kleine felsige Insel. Naß und voller Angst kauern sie beisammen und fragen sich, was jetzt zu tun sei, als zu ihrer Freude ein kleines Fischerboot auf sie zukommt. Als es sich auf Inselhöhe befindet, winken sie aufgeregt mit den Händen. Die Leute im Fischerboot winken zurück, das Boot bleibt auf seinem Kurs und ist bald verschwunden. Wären die gestrandeten Urlauber See-»Spezialisten« gewesen, hätten sie gewußt, daß Winken auf See nur als Grußgeste üblich ist. Um anzuzeigen, daß sie sich in einer Notlage befinden, hätten sie ihre Arme seitlich ausgestreckt heben und senken müssen. Das ist die allgemein übliche Geste für »Hilfe!« in der Seefahrt. Die Besatzung des Fischerbootes hätte dann sofort den Ernst der Situation erkannt und die Gestrandeten an Bord genommen.

33 + 34 Technische Gesten werden von Spezialisten benutzt und gehören nicht zum gestischen Repertoire der gesamten Gesellschaft. Als Beispiele können die Signale für Kranführer (33) sowie die unter Feuerwehrleuten gebräuchlichen Zeichen (34) gelten.

33 △ 34 ▽

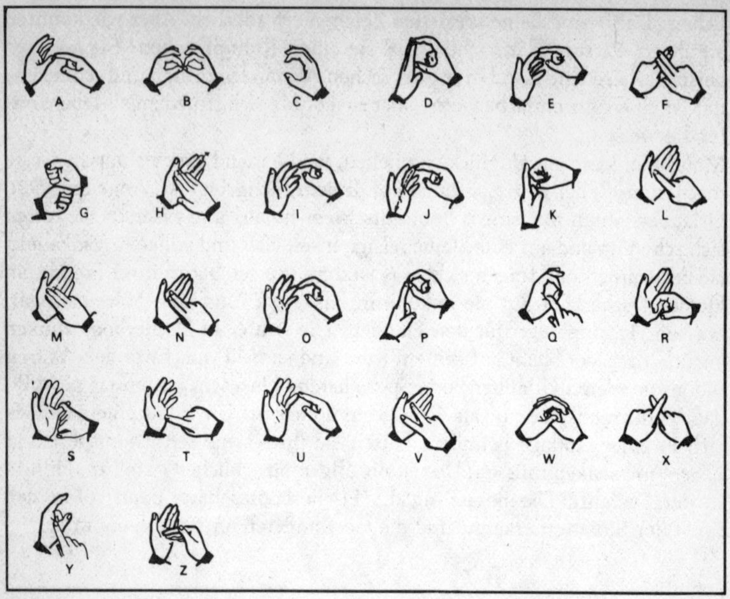
A B C D E F
G H I J K L
M N O P Q R
S T U V W X
Y Z

35 △ 36 ▽

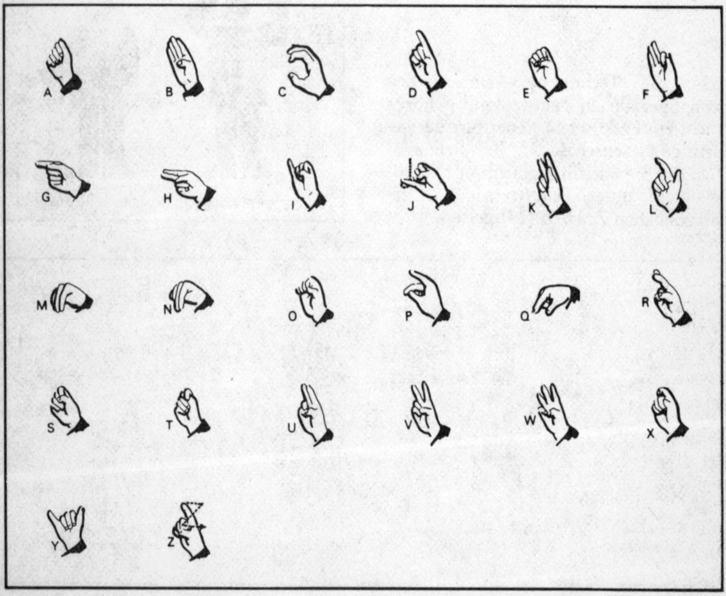
A B C D E F
G H I J K L
M N O P Q R
S T U V W X
Y Z

A
B
C
D
E
F
G
H
I
J
K
L
M
N
O
P
Q
R
S
T
U
V
W
X
Y
Z
Wortende
E
Fehler
Zahlen folgen

37 △ 38 ▽

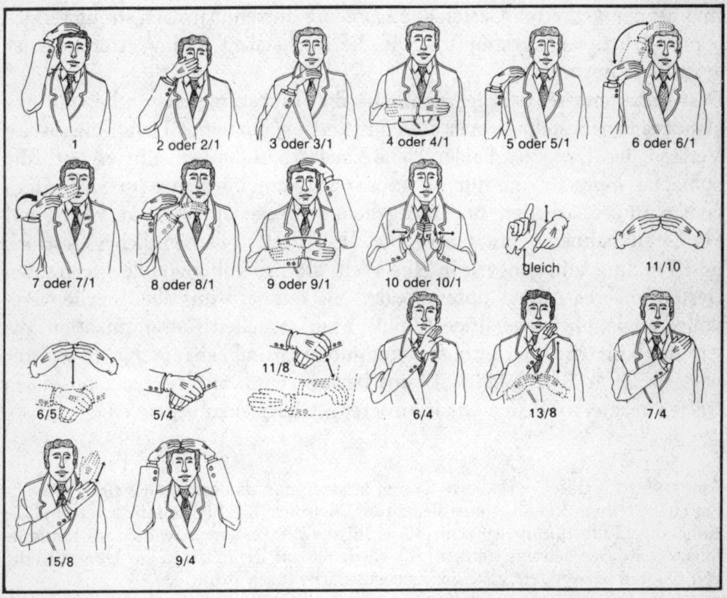
1
2 oder 2/1
3 oder 3/1
4 oder 4/1
5 oder 5/1
6 oder 6/1
7 oder 7/1
8 oder 8/1
9 oder 9/1
10 oder 10/1
gleich
11/10
6/5
5/4
11/8
6/4
13/8
7/4
15/8
9/4

Ironischerweise hätte es natürlich auch sein können, daß die gestrandeten Urlauber erfahrene »Seeleute« gewesen wären und das korrekte Signal für »Hilfe!« gegeben hätten, das möglicherweise rettende Boot aber mit Urlaubern bemannt gewesen wäre, die angesichts der seltsamen Gesten ratlos gewesen wären und diese schließlich ignoriert hätten. Kommen Nichtspezialisten in einen Spezialbereich, gibt es immer Gestikprobleme.
Feuerwehrleute, Kranführer, Signalmänner auf dem Rollfeld, Croupiers in Spielkasinos, Auktionsleiter und Restaurantpersonal haben allesamt ihre eigenen technischen Gesten.

### *Kodierte Gesten*

Zeichensprachen auf der Grundlage formaler Systeme

Im Gegensatz zu allen anderen Arten sind die kodierten Gesten Bestandteile streng formaler Signalsysteme. Sie sind alle wechselseitig voneinander abhängig, und zwar auf eine zugleich systematische und komplexe Weise, so daß sie eine echte Sprache bilden. Ein besonderes Merkmal dieses Systems besteht darin, daß einzelne Elemente sinnlos sind, wenn sie nicht auf die anderen Elemente ihres Codes bezogen werden. Technische Gesten kann man systematisch planen, aber bei ihnen kann jedes einzelne Signal unabhängig von den anderen wirksam verwendet werden. Im Gegensatz dazu sind bei den kodierten Gesten alle Elemente untrennbar nach streng festgelegten Prinzipien verknüpft – wie die Buchstaben und Wörter in einer verbalen Sprache.
Das bedeutendste Beispiel dafür ist die Taubstummensprache, die aus Handzeichen besteht, wobei die eine Version nur einer Hand, die zweite Version des Einsatzes beider Hände bedarf. Außerdem gibt es noch die Semaphor-Sprache, die mit variationsreich kombinierten Arm- oder Flaggenstellungen arbeitet, und die geheime Zeichensprache, die häufig auf Pferderennbahnen benutzt wird. Sie alle erfordern beträchtliches Geschick und Training und gehören in eine Welt, die sich völlig von den vertrauten Gesten unseres Alltags unterscheidet. Sie erinnern uns aber an die wertvolle, unglaublich vielfältige Fähigkeit zur visuellen Kommunikation, die wir alle besitzen. Man kann also mit gutem Grund behaupten, daß wir mit weit größerer Sensibilität, als uns bewußt wird, auf die ganz normalen Gesten reagieren, denen wir in unserem Alltagsleben begegnen.

Seiten 48+49: 35–38 Kodierte Gesten besitzen nur als Bestandteile eines planmäßig aufgestellten Signalsystems Bedeutung. Beispiele hierfür sind die zwei- und die einhändige Taubstummensprache (35 + 36), die Winkersignale, wie sie zur Kommunikation auf See benutzt werden (37), sowie die auf Rennplätzen zur Übermittlung von Quoten verwendete geheime Zeichensprache (nach Brun; 38).

## Varianten von Gesten

### Persönliche oder regionale Abwandlungen von Standardgesten

Gesten übermitteln definitionsgemäß Signale, und diese Signale müssen klar ankommen, wenn wir ihre Bedeutung verstehen sollen. Sie dürfen nicht vage und verschwommen, sondern müssen klipp und klar sein; und sie dürfen nicht mit anderen Signalen verwechselbar sein; deshalb müssen sie eine *typische Form* haben – mit vergleichsweise geringer Variation. Sie müssen außerdem mit einem *typischen Intensitätsgrad* ausgeführt werden, d. h. bei jedem »Einsatz« mit praktisch gleicher Geschwindigkeit, Stärke und Ausdehnung.

Das ist ähnlich wie beim Klingeln des Telefons. Wie dringend ein Anruf auch sein mag, das Läuten kommt in regelmäßigen Abständen, stets mit gleicher Lautstärke und in gleicher Klangqualität. Im Telefonnetz wird das Gelegenheitsgespräch genauso behandelt wie ein lebenswichtiger Anruf. Der einzige mögliche Unterschied besteht in der Dauer des Anläutens, bis der Anrufer wieder auflegt. Das erscheint einem manchmal nicht wirkungsvoll genug, und man wünschte sich deshalb ein Telefon, das mit zunehmender Dringlichkeit des Anrufs auch entsprechend lauter klingelte. Aber gerade die stete Gleichmäßigkeit des Klingelns ist wesentlich: Sie läßt keine Unklarheit aufkommen; niemand verwechselt das Klingeln des Telefons mit der Türglocke oder dem Läuten des Weckers. Sein festgelegter Klang und die gleichbleibende Intensität machen es unmißverständlich.

Das gleiche trifft auch für die menschlichen Gesten zu. Bei ihnen kann man natürlich keine konstante Intensität erwarten wie bei einer Klingel, aber sie erreichen doch in vielen Fällen eine annähernde Konstanz. Auch bei ihnen ist die Mißdeutbarkeit minimal, die vermittelte Nachricht klar.

Wenn ein zorniger Mensch mit geballter Faust droht, tut er das höchstwahrscheinlich jedesmal mit gleicher Schnelligkeit, Kraft und gleichem Bewegungsradius. Darüber hinaus ist es sehr wahrscheinlich, daß diese Drohgeste von allen anderen Individuen mit ähnlichem Körperaufwand gemacht wird. Verlangsamt man bei einer Drohgeste mit der Faust den Bewegungsablauf, verringert den Kraftaufwand und erweitert ihren Aktionsradius, dann wird dieses Signal vermutlich unverständlich. Ein Zuschauer könnte diese Bewegung für eine Armübung halten, also in ihr vermutlich keine Drohgebärde erkennen.

Die meisten unserer Gesten haben solche typischen Darstellungsformen angenommen. Wir alle winken auf ähnliche Weise und mit gleichstarker Armbewegung, klatschen mit gleicher Schnelligkeit in die Hände und schütteln weitgehend im gleichen Rhythmus den Kopf. Das geschieht keineswegs bewußt. Wir halten uns einfach an die gesellschaftlich übliche Norm. Unbewußt bereiten wir so den Weg für zahlreiche kleine Nachrichten, die wir einander bei unseren Begegnungen übermitteln. Manchmal

39 Das Schütteln der Faust ist überall in fast gleicher Weise in Gebrauch. Seine Bedeutung ist leicht zu verstehen, weil es als Ausdrucksform einen »typischen Intensitätsgrad« entwickelt hat.

machen wir bewußt die gleichen Gesten wie unsere Artgenossen und sie die gleichen wie wir. Gemeinsam synchronisieren wir den Intensitätsgrad unserer Gesten, bis wir schließlich »konzertiert« handeln – wie unter der Leitung eines unsichtbaren Dirigenten.

Wie stets beim menschlichen Verhalten, gibt es natürlich auch hier Ausnahmen von der Regel. Wir sind keine Automaten. Wir neigen zu persönlichen Eigenheiten – zu individuellen Varianten der kulturell vorgegebenen Motive. Eine Person mit besonders schönen Zähnen lacht selbst bei mäßigen Witzen übertrieben und mit offenem Mund, während ein anderer mit schlechten Zähnen selbst bei stärkeren Lachreizen nur beherrscht lächelt. Der eine schüttelt sich bei einem Witz vor Lachen, während sein Nachbar nur leise kichert. Hier handelt es sich um Varianten einer Geste: Sie geben jedem von uns einen eigenen »Verhaltensstil«. Zwar handelt es sich dabei im Vergleich zur generellen Ähnlichkeit unserer Gesten nur um geringfügige Unterschiede, aber sie können durchaus zu wichtigen Persönlichkeitskennzeichen werden (siehe auch Farbabbildung F 9, Seite 83).

Es gibt noch eine andere Art gestischer Variation, die dann entsteht, wenn eine bestimmte Geste relativ selten ist und kaum mit einer anderen verwechselt werden kann. Weil sie nur selten verwendet wird und eindeutig ist, entwickelt sich bei ihr keine typische Form. Ein gutes Beispiel dafür ist die italienische Ohrberührungsgeste. Sie hat in ganz Italien stets die gleiche

Bedeutung: Sie ist das Zeichen dafür, daß man einen Mann für weibisch bzw. homosexuell hält. Sie kommt nicht häufig vor, und es gibt keine anderen Ohrberührungsgesten, die man mit ihr verwechseln könnte. Sie hat daher auch keine typische Form: Man kann am Ohr ziehen, drücken, schnippen usw. – die Bedeutung bleibt stets die gleiche. Der Beobachter läßt sich durch die verschiedenen Varianten nicht irritieren, wie es vielleicht bei solchen Gesten der Fall ist, die leicht mit anderen zu verwechseln sind. Daher besteht auch für den Gestikulierenden keine Notwendigkeit, die Handlung in einer präzise vorgeschriebenen Form auszuführen. Diese Geste rührt übrigens von der weiblichen Mode des Ohrringtragens her: Ein imaginärer Ohrschmuck wird berührt und damit weibisches Wesen signalisiert.

In diesem speziellen Fall wirken die Gestenvarianten nicht irritierend, aber bei anderen Gesten ist die Situation erheblich komplizierter. Ein Beispiel dafür ist die »gespitzte Hand«: ursprünglich eine Handstellung und -bewegung zur Betonung von Äußerungen während eines Gesprächs. Dabei werden Daumen und Fingerspitzen keilförmig zusammengelegt und deuten nach oben. In dieser Haltung schlägt die Hand jedesmal »den Takt«, wenn Schlüsselbegriffe ausgesprochen werden. In dieser Form begegnet man der Geste in fast allen Ländern der Welt. In einigen Gebieten haben sich jedoch spezielle Varianten dieser Geste entwickelt, jede mit einer bestimmten lokalen Bedeutung. In Griechenland und in der Türkei bedeutet sie »gut«, in Spanien »viel« (von einer Sache); in Malta impliziert sie Sarkasmus, in Tunesien bedeutet sie »Langsam, langsam!«, in Frankreich »Ich fürchte ...« und in Italien, wo sie sehr häufig vorkommt, bedeutet sie in der Regel soviel wie »Was ist los?« In jedem dieser Länder wird die Geste zudem in einer speziellen lokalen Abweichung von der beschriebenen Grundform ausgeführt. Der Malteser zum Beispiel führt die Hand einmal gewichtig nach unten, während der Tunesier sie mehrmals langsam auf und ab wandern läßt; der Franzose öffnet und schließt die Finger mehrmals leicht, der Italiener schließlich bewegt die Hand rasch auf und ab.

In Wirklichkeit ist die ursprüngliche »Gespitzte-Hand«-Geste in eine ganze Reihe unterschiedlicher Handlungen aufgefächert worden, und man sollte jede als eine gesonderte Geste betrachten. Es handelt sich hier nicht mehr um Varianten einer Geste, sondern um eine ganze Familie von Gesten. Das mag innerhalb eines bestimmten Kulturkreises noch angehen, aber wenn man sich von einem dieser Länder in ein anderes begibt, entsteht höchstwahrscheinlich eine gewisse Verwirrung. Der Reisende betrachtet diese Geste im Ausland nur als eine Variante seiner eigenen und kann nicht begreifen, warum sie eine gänzlich andere Bedeutung hat. Er sieht in dieser Variante nur eine persönliche oder lokale Eigenheit und nimmt an, daß der betreffende Ausländer diese altvertraute Geste eben nur sehr eigenwillig ausführt.

Bestünde ein intensiver Kontakt zwischen zwei derartigen Kulturkreisen, würden sich zweifellos innerhalb eines gewissen Zeitraums die Gesten so stark auseinanderentwickeln, daß eine Verwechslung nicht mehr möglich wäre. Das unterstreicht nur, warum sich innerhalb eines bestimmten Kulturkreises typische Verhaltensmuster entwickeln, so daß dadurch Irrtümer und Zweideutigkeiten vermieden werden. Mit Ausnahme weniger spezieller Fälle stellen Gestenvarianten eine Bedrohung dieses Systems dar und müssen deshalb reduziert oder ganz beseitigt werden. Auf diese Weise entwickelt jeder Kulturkreis sein eigenes klarumrissenes Repertoire unterscheidbarer visueller Signale, wobei sich jedes einzelne Element klar und deutlich von allen anderen abhebt. Nur wenn uns unsere Wanderlust und die moderne Mobilität in fremde Länder führt, beginnt dieses wirksame Kommunikationssystem zusammenzubrechen.

## Vieldeutige Gesten

### Gesten, die verschiedene Bedeutungen haben können

Eine vieldeutige Geste hat mehrere völlig unterschiedliche Bedeutungen, die von Ort und Zeit abhängig sind.

Will ein Amerikaner zeigen, daß etwas »O. K.«, »Klasse«, »bestens«, »großartig« sei, hebt er eine Hand und formt mit Daumen und Zeigefinger einen Kreis, die anderen Finger sind ausgestreckt. Dieses Kreiszeichen hat für ihn nur *eine* Bedeutung, aber er würde überrascht feststellen, daß es in anderen Ländern etwas ganz anderes bedeuten kann.

So bedeutet diese Geste beispielsweise in Japan »Geld«, in Frankreich heißt sie »Null« oder »wertlos«, und in Malta ist sie das Zeichen für einen *poof-tah*, einen männlichen Homosexuellen. In Sardinien und in Griechenland ist diese Geste obszön und eine Beleidigung für einen Mann oder eine Frau.

Abgesehen davon, daß derartige Unterschiede beim Zusammentreffen von Ausländern verschiedener Nationalität zu allerlei Mißverständnissen führen können, ist es verwirrend, daß sich überhaupt derart widersprüchliche Bedeutungen entwickelt haben. Eine Erklärung dafür finden wir, wenn wir uns in den einzelnen Fällen mit der zugrunde liegenden Symbolik näher befassen.

Das amerikanische Zeichen für »etwas Perfektes« leitet sich aus der typischen Handstellung für »Präzision« ab. Wollen wir sagen, daß etwas präzise oder genau ist, dann deuten wir das gestisch so an, als hielten wir etwas sehr Feines zwischen den Fingerspitzen von Daumen und Zeigefinger. Das tun unbewußt die Menschen überall auf der Welt. Dabei formen sie automatisch einen Ring oder Kreis aus Daumen und Zeigefinger. In Amerika entwickelte sich aus dieser unbewußten Geste ein sehr bewußtes Signal: das berühmte Zeichen für »O. K.«.

Das japanische Zeichen für »Geld« geht von einer ganz anderen Vorstellung aus. Geld bedeutet Münzen, und Münzen sind meist kreisförmig. Daher bekommt das kreisförmige Handzeichen die Bedeutung »Geld«.

Das französische Zeichen für »nichts« bzw. »wertlos« geht ebenfalls von einer ganz einfachen Entsprechung aus, nämlich von der Ziffer Null: »0 = nichts = wertlos«.

Die Beispiele aus dem sexuellen Bereich sind miteinander verwandt und gehen von der gleichen Symbolik aus. Der von Daumen und Zeigefinger gebildete Ring steht hier für eine Körperöffnung. Da sie kreisförmig ist, weckt die Handhaltung stark anale Assoziationen: Daher auch in Malta ihr Bezug auf einen männlichen Homosexuellen. In Sardinien und Griechenland wird diese Geste in einem obszönen Sinn beleidigend für beide Geschlechter gebraucht. Die Bedeutung zielt auch hier primär auf den analen Bereich. Diese Verwendung der Geste hat eine mehr als zweitausendjährige

40 ◁

41 ▷

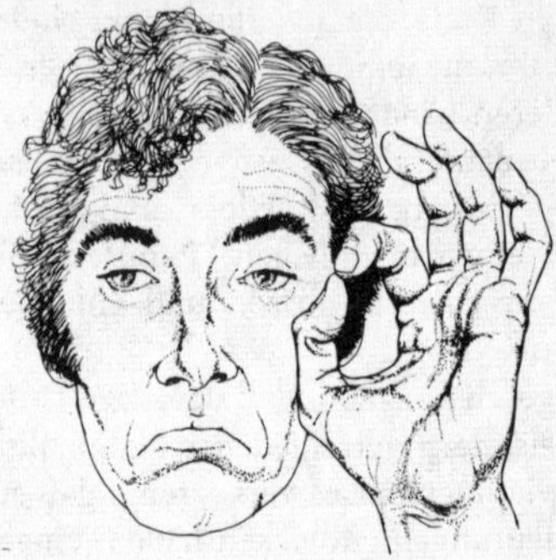

Geschichte. Auf einem antiken Vasenbild erkennen wir vier Athleten beim Baden, und einer macht eindeutig die kreisförmige Analgeste, um die anderen zu beleidigen.
Das einfache kreisförmige Handzeichen kann also, je nach Ursprungsland, folgendes bedeuten: eine Präzisionsgeste, eine Münze, eine Null oder eine Körperöffnung. Diese optischen Vergleiche führen dann zu fünf verschiedenen symbolischen Bedeutungen: Perfektion, Geld, Wertlosigkeit, Homosexualität oder sexuelle Anzüglichkeit.
Das ist schon kompliziert genug, doch wird die Sache noch schwieriger, wenn eine bestimmte gestische Bedeutung in den Geltungsbereich einer anderen eindringt. Das amerikanische O. K.-Zeichen ist so populär geworden, daß es sich auch in Europa verbreitet hat. In England gab es kein »einheimisches« Kreiszeichen, daher kam es dort auch nicht zu Komplikationen. Aber in Frankreich lagen die Dinge anders. Dort gab es bereits das Nullzeichen, und so brachte die Einführung des O. K.-Zeichens Probleme mit sich. Heute benutzen viele Franzosen das Kreiszeichen noch als »Null-Signal«, andere bereits als O. K.-Zeichen. Die »Null«-Bedeutung überwiegt in Südfrankreich, die »O. K.«-Bedeutung in Nordfrankreich. Natürlich kann das zu Schwierigkeiten führen, aber man umgeht sie in der Regel dadurch, daß man auch den Kontext der Geste mit berücksichtigt: Sieht der Gestikulierende zufrieden aus, dann bedeutet sie wahrscheinlich »O. K.«, ist das nicht der Fall, dann bedeutet sie »Null«.
Dies ist eine wichtige Beobachtung, denn in England oder Amerika, wo es

42 ▷

40–42 Das Kreiszeichen entsteht durch das Krümmen von Daumen und Zeigefinger zu einem Kreis. Es hat für verschiedene Menschen verschiedene Bedeutungen. Ein Engländer verbindet mit diesem Zeichen nur eine Bedeutung. Für ihn beinhalten beide Zeichnungen (40 + 41) die Botschaft »O. K.«. Für viele Franzosen hingegen signalisiert nur die erste mit Lächeln »O. K.«, während die zweite für »Null« oder »Taugt nichts« steht. Für einen Japaner (42) bedeutet dasselbe Zeichen »Geld«.

nur eine dominierende Bedeutung für das Kreiszeichen gibt, spielt der Gesichtsausdruck praktisch keine Rolle. Die Mitteilung ist so klar, daß sie alle Begleitumstände überwiegt. Macht z. B. ein Engländer ein ernstes Gesicht zum O. K.-Zeichen, würde man dieses Gesicht ignorieren oder als einen Scherz, als gespielte Traurigkeit auffassen.

Dieses Phänomen des Übergewichts über den Kontext kommt immer dann ins Spiel, wenn es für eine bestimmte Geste eine einzige, klare Bedeutung gibt. Sobald man jedoch in eine Gegend kommt, wo mehr als *eine* Bedeutung möglich ist, bekommt der Kontext entscheidende Bedeutung. Vieldeutige Gesten mit derart vielen Bedeutungsmöglichkeiten wie das Kreiszeichen sind vergleichsweise selten, aber es gibt viele Zeichen mit mehr als nur einer Bedeutung. Wo immer eine Handlung in sich zweideutig ist, finden wir Alternativbedeutungen, wenn wir uns eingehend genug damit beschäftigen.

So sind etwa Handlungen, bei denen ein Finger Schläfe oder Stirn berührt, in aller Regel Symbol für den Zustand des Gehirns, wobei allerdings dieser Zustand von Fall zu Fall verschieden ist. Manchmal meinen wir »klug«, »gutes Gehirn«, ein andermal dagegen »blöd«, »schlechtes Gehirn«. Gesten, bei denen wir den Mund berühren, können »Hunger« oder »Durst«, »Sprache« oder »Sprachlosigkeit« bedeuten. Wer auf sein Auge deutet, meint damit entweder »scharfes Auge« oder »getrübten Blick«. Der allgemeine Charakter der Grundgeste erlaubt eine Entwicklung der symbolischen Bedeutung in verschiedene Richtungen.

## Alternativgesten

### Unterschiedliche Gesten mit gleicher Bedeutung

Ebenso wie eine einzige Geste viele Bedeutungen haben kann, können auch viele verschiedene Gesten die gleiche Bedeutung haben. Ist eine Information einfach und wichtig genug, so daß sie in unterschiedlichen Kulturkreisen auftritt, dann wird sie wahrscheinlich durch mehrere Gesten vermittelt, die sich in Form und Ursprung auffallend voneinander unterscheiden.
Wenn zwei Männer an einer Straßenecke stehen und ein attraktives Mädchen vorbeigeht, dann wird sich vielleicht der eine dem anderen zuwenden und ihm durch eine einfache Geste seine Reaktion signalisieren. Selbst innerhalb eines einzigen Kulturkreises gibt es dafür mehrere Gesten; beobachten wir diesen alltäglichen Vorgang in verschiedenen Ländern, wird die Liste noch länger.
Die Zeichnungen zeigen zwölf verschiedene Möglichkeiten, die Bedeutung »Was für ein schönes Mädchen!« gestisch auszudrücken. 1–4 kommentieren verschiedene Attribute des betreffenden Mädchens.
1. *Das Wangenstreichen:* Zeigefinger und Daumen einer Hand werden leicht auf die Backenknochen gelegt und streicheln sanft in Richtung Kinn. Diese Geste verdeutlicht die sanfte Rundung eines hübschen Mädchengesichts; sie ist vermutlich in Griechenland entstanden, wo seit der Antike die ovale Gesichtsform Schönheitsideal war. Bis heute ist in Griechenland diese Geste am weitesten verbreitet, aber man begegnet ihr auch in Italien und Spanien.
2. *Die Wangenschraube:* Der ausgestreckte Zeigefinger wird in die Mitte der Wange hineingedrückt und gedreht. Hierfür gibt es zwei mögliche Ursprünge. Einmal könnte diese Geste eine köstliche Speise symbolisieren, und im weiteren Sinne das »köstliche« Mädchen damit meinen. Nach der zweiten Deutung symbolisiert diese Geste die Grübchen in den Wangen eines schönen Mädchens. Diese Wangenschraube ist heute in ganz Italien einschließlich Sizilien und Sardinien weit verbreitet, kommt jedoch sonst nur selten vor.
3. *Die Brustkontur.* Die Hände ahmen die vorgewölbte Kurve der weiblichen Brüste nach. Der Ursprung ist offensichtlich, die Geste selbst weit verbreitet.
4. *Die Taillenkurve.* Die Hände ahmen in übertriebener Form den Umriß des weiblichen Körpers nach, wobei die schmale Taille und die breiten Hüften betont werden. Auch hier ist der Ursprung offensichtlich. Die Handlung selbst wird weithin verstanden und ist vor allem in den englischsprechenden Ländern besonders üblich.
Die Gesten 5–8 drücken die Reaktion des Mannes aus.
5. *Die Augenberührung.* Der Mann legt seinen ausgestreckten Zeigefinger an das untere Augenlid und zieht es möglicherweise etwas nach unten.

Diese Geste kommt in vielen Ländern vor und hat viele verschiedene Bedeutungen. In bestimmten Gegenden Südamerikas und in einigen Gebieten Italiens etwa signalisiert sie, daß ein Mädchen eine wahre »Augenweide« ist.

6. *Das Fernrohr.* Die Hände bilden eine Röhre, und man schaut durch sie wie durch ein Fernrohr, um das Mädchen zu betrachten. Dies basiert auf der Vorstellung, daß das betreffende Mädchen eingehendere »Betrachtung« verdient. Der Geste begegnet man vor allem in Brasilien.

7. *Das Schnurrbartzwirbeln.* Daumen und Zeigefinger werden zusammengepreßt an die Wangen gelegt und so gedreht, als wollten sie die Spitzen eines imaginären Schnurrbarts »zwirbeln«. Die symbolische Bedeutung stammt aus dem Bedürfnis des Mannes, sich zu »putzen«, weil das Mädchen es ihm angetan hat und er sich ihm nähern möchte. Dies ist im wesentlichen eine alte italienische Geste, die sich trotz Wegfalls des zu zwirbelnden Schnurrbarts bis in die heutige Zeit erhalten hat.

8. *Die Hand-aufs-Herz-Geste.* Der Mann legt seine rechte Hand in der Herzgegend flach auf die Brust. Symbolisch bedeutet dies, das Mädchen sei so schön, daß es des Mannes Herz vor Erregung rascher schlagen läßt. In englischsprechenden Ländern würde man das als eine viel zu formelle Geste ansehen, aber in manchen südamerikanischen Ländern verwendet man sie ganz spontan und zwanglos.

Die Gesten 9–12 deuten an, was man mit dem betreffenden Mädchen gern täte.

9. *Der Fingerspitzenkuß.* Der Mann küßt seine Fingerspitzen, öffnet dann fächerartig die Hand und wirft sie dem Mädchen zu. Dieses Kußzuwerfen kann natürlich als Gruß oder als unmittelbarer »Lobesakt« gebraucht werden, aber man kennt es auch als Signal, das ein Mann einem anderen gibt, auch wenn das Mädchen nicht zuschaut. Die Geste bezieht sich zwar auf das Mädchen, aber die Nachricht ist an den Freund gerichtet. Sie ist besonders üblich in Frankreich, kommt aber heutzutage auch in vielen anderen Ländern vor.

10. *Der Kuß in die Luft.* Der Mann macht mit seinen Lippen eine Kußbewegung – und zwar in Richtung auf das betreffende Mädchen. Auch diese »Botschaft« ist an den anwesenden Freund gerichtet und soll ihm zeigen, was man mit dem schönen Mädchen am liebsten »anfangen« möchte; und das meist in einem Augenblick, wenn das Mädchen selbst sie nicht beobachten kann. Sie ist vor allem in den englischsprechenden Ländern verbreitet und eine Alternative zu der mehr auf dem Kontinent üblichen Geste des Fingerspitzenkusses.

11. *Das Wangenkneifen.* Der Mann kneift sich zärtlich in die eigene Wange, so, als tue er das bei dem betreffenden Mädchen. Diese Geste ist in Sizilien weit verbreitet. Man begegnet ihr aber auch anderswo.

12. *Der Brustkelch.* Die Hände öffnen sich kelchförmig in der Luft, als umschlössen und drückten sie die Brüste des Mädchens. Diese eindeutige Geste ist in Europa und auch in anderen Gegenden populär, und sie wird selbst von denen verstanden, die sie nicht benutzen.

Es gibt noch zahlreiche andere Gesten zur Beschreibung weiblicher Schönheit, aber die hier getroffene Auswahl reicht aus, um darzulegen, daß eine so allgemeine Sache wie die männliche Reaktion auf die weibliche Anziehungskraft zwangsläufig eine Vielzahl von Ausdrucksformen hervorbringt – selbst innerhalb der einzelnen Kulturkreise. Wie das auch bei anderen

grundlegenden Mitteilungsbedürfnissen der Fall ist, führt der Erfindungsreichtum des Menschen im Bereich der Symbolisierung zu einer geradezu verblüffenden Vielfalt von Alternativgesten. Die Aufgabe, ein umfassendes internationales Lexikon der menschlichen Gesten zusammenzustellen, wird dadurch zu einem geradezu entmutigenden Unternehmen, an das sich bisher auch noch niemand ernsthaft herangewagt hat.

## Tochtergesten

### »Kreuzungen« von zwei verschiedenen Ausgangsgesten

»Tochtergesten« entstehen aus der »Kreuzung« zweier separater Gesten unterschiedlichen Ursprungs zu einer einzigen neuen.
Eine beliebte Drohgebärde ist das Durchhauen der Luft mit steifer flacher Hand, die sogenannte Handhackgeste, die in Italien und in verschiedenen anderen Mittelmeerländern weit verbreitet ist. Sie bedeutet offensichtlich: »Ich werde dir den Kopf abhacken.« In Tunesien wird diese Gebärde häufig mit dem französischen »Nullzeichen«, bei dem Daumen und Zeigefinger zu einem Kreis gekrümmt werden, zu einer Drohgeste verbunden. Daumen und Zeigefinger bilden das Kreiszeichen, während die drei übrigen Finger steif ausgestreckt gehalten werden. In dieser Haltung wird die Hand mehrmals mit raschen Schlägen durch die Luft gehauen. Das bedeutet soviel wie: »Ich werde dich morgen umbringen!« Die Kombination der beiden Gesten für »wertlos« und »töten« erzeugt eine Tochtergeste mit der Bedeutung: »Du bist so wertlos, daß ich dich am liebsten morgen umbringen möchte.«
Tochtergesten dieser Art kommen in der alltäglichen sozialen Gestik äußerst selten vor. Visuelle Signale werden in aller Regel einzeln gegeben. Die Kommunikation durch Gesten ist keine Sprache, die visuelle »Worte« zu

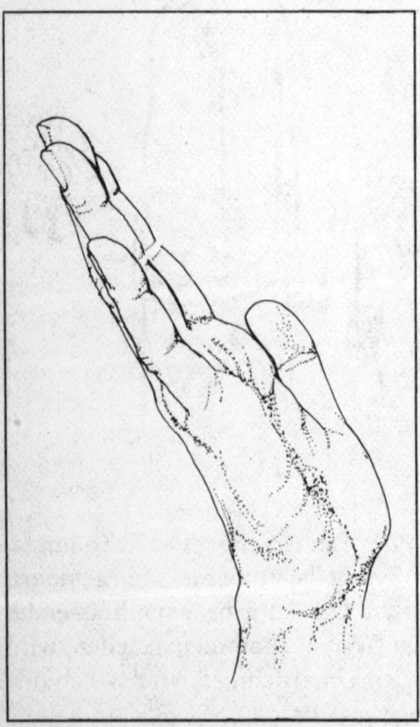

43 ◁

44 ▷

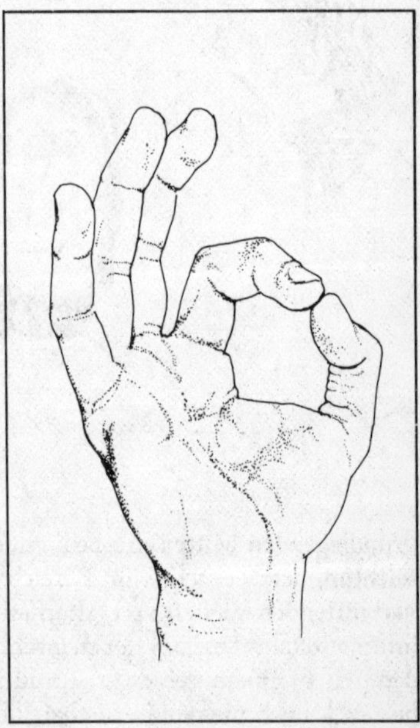

»Sätzen« kombiniert. Natürlich können wir nacheinander eine ganze Serie von Gesten ausführen; wir können Grimassen ziehen, während wir gestikulieren; aber das ist nicht das gleiche wie das Verschmelzen zweier verschiedener Gesten zu einer neuen Einheit. In den wenigen bekannten Fällen werden fast ausschließlich zwei Handlungen miteinander verbunden, die im Grunde die gleiche Bedeutung haben: Sie werden in dieser Tochterform verbunden, um das gegebene Signal zu verstärken. So kann zum Beispiel die Beleidigungsgeste des Unterarmstoßes mit dem ebenfalls beleidigenden Mittelfingerstoß oder mit dem obszönen Zeichen für »Feige«, bei dem der Daumen zwischen Mittel- und Zeigefinger hindurchgeschoben wird, verbunden werden. Diese Gesten kommen normalerweise für sich allein vor, werden sie jedoch miteinander kombiniert, so verstärkt sich ihre beleidigende Wirkung.

Nur in den speziellen Bereichen der Zeichensprachen der nordamerikanischen Indianer und der Taubstummen kommt diese Kombination häufiger vor. So besteht beispielsweise das Indianerzeichen für Schönheit darin, daß man (1) eine Hand wie einen Spiegel hochhebt und in diesen imaginären Spiegel hineinblickt, während man (2) mit der anderen Handfläche die Brust berührt. Diese zweite Geste bedeutet »gut«, und die Kombination mit der ersten bedeutet infolgedessen »gut aussehend« = »schön«. Ein sehr leicht zu verstehender Vorgang.

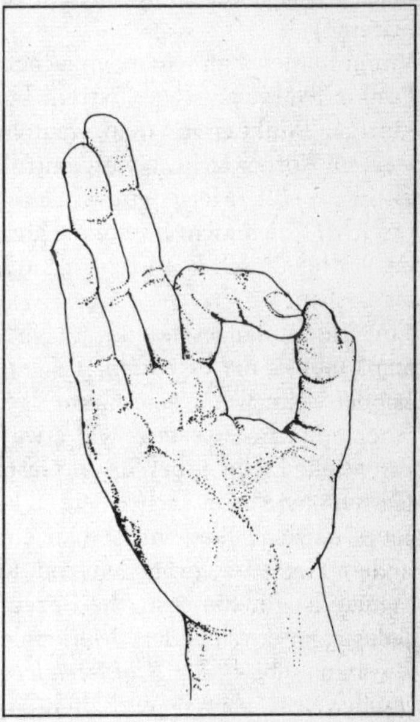

45 ▷

43–45 Die Handhackgeste (43) – eine einfache Drohgebärde – und die Handkreisgeste (44) – hier mit der Bedeutung »Null« oder »Taugt nichts« – können miteinander kombiniert werden. Es entsteht dann das zusammengesetzte gestische Signal: »Du taugst nichts, ich werde dich töten« (45).

## Zusammengesetzte Gesten

### Handlungen, die aus mehreren unterscheidbaren Teilen bestehen

Eine zusammengesetzte Geste besteht aus einer Anzahl gesonderter Elemente, deren jedes einen gewissen Grad von Unabhängigkeit besitzt.

Viele menschliche Gesten bestehen nur aus einem einzigen Element. Arbeitet ein Mensch an seinem Schreibtisch und fragt ihn jemand, ob seine Arbeit gut voranschreitet, dann könnte er wortlos mit erhobenem Daumen antworten. Die übrigen Körperteile spielen dabei keine Rolle, er braucht nicht einmal aufzublicken, und doch wird diese Mitteilung sofort verstanden.

Diese einfache Geste steht in scharfem Gegensatz zu den komplexeren Gesten, die aus mehreren verwandten, dabei aber doch unterscheidbaren Teilen bestehen. Ein gutes Beispiel einer zusammengesetzten Geste ist der Vorgang des menschlichen Lachens. Zum Zeitpunkt der höchsten Intensität tut der Lachende folgendes gleichzeitig: (1) Er gibt einen johlenden oder bellenden Ton von sich; (2) er öffnet seinen Mund weit; (3) er zieht seine Mundwinkel nach außen; (4) er legt die Nase in Falten; (5) er schließt die Augen; (6) an seinen äußeren Augenwinkeln tauchen Fältchen auf; (7) er »lacht Tränen«; (8) er wirft seinen Kopf zurück; (9) er zieht seine Schultern hoch; (10) sein Körper schaukelt hin und her; (11) er umklammert seinen Leib, und (12) er stampft mit den Füßen auf (siehe auch Farbabbildung F 11, Seite 84).

Wann immer man jemanden lachen sieht, kann man ihn nach dieser Zwölf-Punkte-Skala bewerten. Extrem hohe Punktzahlen sind selten. Nur einen einzigen Punkt erzielt man, wenn man mit geschlossenem Mund und unbewegtem Körper lacht, bei unkontrolliertem, dröhnendem Gelächter eventuell alle zwölf. Meist wird ein mittleres Ergebnis von etwa 6–8 Punkten erreicht, wobei nicht immer die gleichen Elemente zusammenwirken. Sogar das Lachgeräusch kann fehlen, und doch versteht man das Verhalten noch als Lachen.

Eine zusammengesetzte Geste besteht aus drei Typen von Elementen. Erstens gibt es die *essentiellen Elemente.* Diese müssen normalerweise vorhanden sein, wenn eine Geste überhaupt verstanden werden soll. Im Fall einer einfachen Geste – wie etwa der des erhobenen Daumens – ist das essentielle Element bereits die Geste selbst. Bei einigen zusammengesetzten Gesten – wie beim Lachen – muß kein essentielles Element vorhanden sein. Jedes einzelne Element ist hier entbehrlich, vorausgesetzt, daß genügend andere Elemente vorhanden sind. Keines der oben angeführten zwölf Lachsignale ist für die gestische Bedeutung von absolut essentiellem Gewicht. Jedes kann durch andere Merkmale ersetzt werden.

Zweitens gibt es die *Schlüsselelemente.* Sie müssen nicht unbedingt vorhanden sein, aber sie enthalten die wichtigsten Merkmale. Ihre besondere

46 △ 47 ▽ 48 △

46–48 Weniger intensives Lachen (46) kommt mit weniger Elementen aus. Es gibt viele Arten zu lachen: Zwei verbreitete Formen sind das Kichern und das schallende Lachen (47). Der Kichernde zeigt ein stärkeres Verziehen der Nase und kneift die Augen stärker zusammen, neigt aber nicht den Kopf; das schallende Gelächter beinhaltet ein deutliches Zurückwerfen des Kopfes, aber ein nur geringes Verziehen der Nase. Wenn das Lachen überwältigend stark ist, enthält es auch das Element des Weinens (48), so daß es manchmal schwierig ist, auf Fotos zwischen Heulen und intensivem Lachen zu unterscheiden.

49 ▽ 50 △

49 + 50 Die »Ich-weiß-nicht«-Geste ist eine weitere zusammengesetzte Geste aus vielen eigenständigen Elementen. Das Hochziehen der Schulter (49) kommt für sich allein, ohne andere Elemente vor, das Herabziehen der Mundwinkel (50) geht oft mit dem Hochziehen der Augenbrauen einher.

Eigenschaft besteht darin, daß sie, auch wenn alle anderen Elemente fehlen, die gewünschte Aussage vermitteln können. Beim Klang des Lachens handelt es sich nicht um ein essentielles Element, aber es ist ein Schlüsselelement, weil es beim Fehlen aller optischen Elemente allein ausreichende Wirkung hat.

Der dritte Typ sind die *stützenden Elemente.* Diese können nicht für sich allein wirksam werden, sondern die Aussage nur dann vermitteln, wenn auch noch andere Elemente präsent sind. Wenn etwa jemand den Nacken oder den Kopf zurückwirft, signalisiert das allein einem Zuschauer nicht die Bedeutung »Lachen«. Die meisten visuellen Aspekte des Lachens sind von dieser Art, doch ist das bei anderen zusammengesetzten Gesten keineswegs der Fall.

Bei der »Ich-weiß-nicht«-Geste gibt es beispielsweise mehr Schlüsselsignale als stützende Elemente. Dazu gehören: (1) ein kurzes Hochziehen der Schultern, (2) eine Drehung der Hände, bis die Handflächen nach oben zeigen, (3) ein Neigen des Kopfes nach einer Seite, (4) ein Herabziehen der Mundwinkel und (5) ein Hochziehen der Augenbrauen. Vier dieser fünf sind Schlüsselelemente und deshalb für sich allein wirksam. Man kann z. B. diese Geste allein dadurch andeuten, daß man seine Schultern kurz hochzieht und wieder sinken läßt, und das geht sogar mit nur einer Schulter. Das gleiche gilt für die Hände. Ich kann eine oder beide Hände mit den Handflächen nach oben vorstrecken und damit wirkungsvoll gestikulieren. Die gleiche Botschaft kann ich auch dadurch vermitteln, daß ich die Mundwinkel übertrieben nach unten ziehe, während der Rest meines Körpers unbewegt bleibt. Auch ein plötzliches Hochziehen der Augenbrauen bewirkt dasselbe. Nur das Neigen des Kopfes nach einer Seite würde seine Wirkung verfehlen. Diese Bewegung ist daher das einzige stützende Element im Gesamtbild der »Ich-weiß-nicht«-Geste.

Das bedeutet zwangsläufig, daß es viele verschiedene Möglichkeiten für diese Geste gibt, abhängig von den dabei benutzten Schlüsselelementen. Der gestische »Stil« schwankt von Person zu Person, von Kultur zu Kultur. Ein Experte für die »Ich-weiß-nicht«-Geste könnte bei einer Reise durch die Mittelmeerländer schnell örtliche »Dialekte« bei ihrer Anwendung feststellen.

## Relikt-Gesten

### Gestische Überbleibsel längst versunkener Zeiten

Eine Relikt-Geste hat die Situation überdauert, in der sie ursprünglich entstanden ist. Sie kann ein historisches Relikt sein, das noch lange nach seiner Entstehungszeit existiert, oder aber ein persönliches Relikt, wie etwa ein kindliches Verhaltensmuster, das sich bis ins Erwachsenenalter hinein erhalten hat.

In der Regel gibt es einen besonderen Grund dafür, daß eine Geste überlebt hat – irgendeinen kleinen Vorteil, den sie gegenüber ihrer modernen Entsprechung besitzt; sonst wäre sie schon längst verschwunden. Ein gutes Beispiel dafür ist die Telefon-Geste. Das Telefon läutet; der Anrufer will eine Person sprechen, die am anderen Ende eines überfüllten und lauten Raumes sitzt. Derjenige, der den Anruf angenommen hat, bittet den Anrufer zu warten und kämpft sich durch den überfüllten Raum. Auf halbem Weg bekommt er Augenkontakt mit der Person, der der Anruf gilt, und er bedeutet ihr mit Hilfe einer Geste: »Sie werden am Telefon verlangt!« Wie macht er das? Das moderne Telefon ist für mimische Gesten nicht sehr ergiebig. Aber er könnte versuchen, die Haltung mit ans Ohr gelegtem Hörer nachzuahmen. Oder er könnte mit übertriebenen Lippenbewegungen das Wort *Telefon* tonlos aussprechen. Vor langer Zeit gab es Telefonapparate, bei denen man eine Kurbel drehte, um sie in Betrieb zu setzen, und diese Bewegung bot die Grundlage für eine entschieden leichter zu identifizierende Geste. Man hält die Hand in Ohrnähe und läßt sie dann in kleinen Kreisen rotieren. Dieses gestische Kürzel – »Ohr« + »kurbeln« – vermittelte die Botschaft: »Jemand hat sein Telefon *angekurbelt,* um über das Amt Ihre Nummer anwählen zu können; kommen Sie also bitte her und nehmen Sie den Hörer ans *Ohr.*« Diese Geste erwies sich als sehr wirkungsvoll, weil man sie nicht mit einer anderen Handlung verwechseln konnte. Da sie bildhafter war als ihre moderne Entsprechung, hat sie die Veränderungen der Telefontechnik überdauert. Selbst heute, viele Jahre nach der Außerbetriebnahme des letzten Kurbeltelefons, ist sie in Teilen Südeuropas und Südamerikas noch üblich. Der gestische Ausdruck lebt, nunmehr völlig losgelöst von seinen technisch bedingten Ursprüngen, fort und wird von einer Generation zur andern weitergegeben. Als historische Relikt-Geste wird sie von Menschen benutzt, die nie etwas von einem Telefon mit Handkurbel gehört haben und die daher nicht wissen können, woher sie stammt.

Eine ähnliche Relikt-Geste ist das in Großbritannien übliche unfeine Zeichen dafür, daß etwas stinke oder Abfall bzw. Unsinn sei. Man streckt eine Hand aus, um an der imaginären Kette einer Toilettenspülung zu ziehen, als wolle man etwas hinunterspülen. Altmodische Toiletten mit hochgelegenen Wassertanks und Kettenspülung verschwinden rasch. An ihre Stelle treten Toiletten, bei denen man für die Spülung nur einen Hebel oder einen Knopf zu drücken braucht. Wie beim modernen Telefon, so sind auch hier die Handgriffe des Hebel- oder Knopfdrückens nur in sehr geringem Maße bildhaft und charakteristisch. Wenn man sie gestisch nachahmen würde, ergäben sich blasse, vieldeutige Zeichen, die sich wohl kaum als Verunglimpfung entziffern ließen. Auch hier leben also veraltete Technik und die mit ihr verbundene Handlung in Form einer Relikt-Geste fort. In diesem Fall sind zwar die alten Kettenspülungen noch nicht verschwunden, aber mit großer Wahrscheinlichkeit wird diese Geste auch noch dann erhalten bleiben, wenn sie längst vergessen sind.

Einige Gesten aus antiker Zeit haben sich jahrhundertelang erhalten, auch wenn der ursprüngliche Anlaß für ihre Entstehung längst vergangen ist. Die rüdeste Geste im heutigen Griechenland ist die *moutza*, die ihren Ursprung in der byzantinischen Zeit hat. Sie besteht darin, daß man die offene Hand mit gespreizten Fingern in Richtung des Gesichtes dessen wirft, den man beleidigen will. Einem Nicht-Griechen mag das harmlos erscheinen, für einen Griechen ist es jedoch eine grobe Verspottung. Sie ruft in der Regel eine derart heftige Reaktion hervor, daß sie meist auf Streitereien zwischen Autofahrern beschränkt bleibt, denn hier kann der beleidigte Fahrer den anderen kaum körperlich angreifen. Um die Kraft dieser Geste zu begreifen, müssen wir uns in die Straßen byzantinischer Städte zurückversetzen: Dort wurden Kriminelle in Ketten durch die überfüllten Straßen geführt, und die Bevölkerung hatte die Möglichkeit, sie zu beschimpfen und zu mißhandeln. Die dabei häufigste Form war, daß man eine Handvoll Schmutz aufhob und sie dem hilflosen Gefangenen ins Gesicht schleuderte. In England und anderen Ländern wurden öffentlich an den Pranger gestellte oder durch die Straßen geführte Verbrecher oft in ähnlicher Weise mißhandelt, jedoch hat sich nur in Griechenland der Vorgang des Bewerfens mit Dreck als historische Relikt-Geste erhalten. Es spricht für das Beharrungsvermögen von Relikt-Gesten, daß die *moutza* ihre »Wut-Botschaft« beibehalten hat, obwohl sie heute ganz anders ausgeführt wird, nämlich (1) mit sauberen Händen, (2) aus einer gewissen Entfernung vom Gesicht des Beleidigten, (3) Hunderte von Jahren, nachdem die letzte tatsächliche »Besudelung« stattgefunden hat, und (4) von Leuten, die in den meisten Fällen kaum eine Vorstellung von der ursprünglichen Bedeutung dieser Geste haben.

Eine keineswegs grobe Relikt-Geste ist das Zwirbeln von imaginären Bartspitzen. Mit Ausnahme von Salvador Dali tragen heute Männer kaum noch lange Schnurrbärte mit schönen, aufwärts zeigenden Bartspitzen, aber in früheren Zeiten war diese Mode sehr beliebt und weit verbreitet, vor allem beim Militär. Damals konnte man mit einem geschickten Zwirbeln der Bartspitzen gegenüber seinen Kameraden seine amourösen Gefühle für hübsche Mädchen zum Ausdruck bringen. Heutzutage wird in verschiede-

nen europäischen Ländern diese Geste noch von glattrasierten Männern praktiziert, die niemals einen gezwirbelten Schnurrbart zu Gesicht bekommen haben.
Von ganz anderer Art sind die Relikt-Gesten, die nicht aus der Vergangenheit stammen, sondern aus dem zurückliegenden Leben des betreffenden Individuums. Bei diesen persönlichen Verhaltensrelikten handelt es sich fast ausschließlich um kindliche Handlungsmuster, die bis in die Erwachsenenzeit hinein verdeckt erhalten geblieben sind und stets in den Augenblicken durchbrechen, wenn die innere Stimmungslage des Erwachsenen einem speziellen Kindheitszustand entspricht. Ein Katastrophenopfer, das Tote in der nächsten Verwandtschaft oder ein zerstörtes Heim zu beklagen hat, sitzt da und wiegt in einem verzweifelten Versuch, sich zu trösten, den Oberkörper rhythmisch vor und zurück. Bei dieser rhythmischen Körperbewegung umklammern die Hände die Knie oder den Rumpf. Der Überlebende weint und schluchzt dazu. Solches Verhalten kommt im Erwachsenenleben nur sehr selten vor, aber in der Kindheit alle Tage. In einem unbewußten Versuch, sich zu trösten, greift der vereinsamte Erwachsene auf kindliche Verhaltensmuster zurück, die einmal Geborgenheit und Sicherheit bedeuteten. Die Zeit, als die liebevollen Arme des Vaters oder der Mutter sich groß, alles umschließend und schützend um den kleinen Körper legten, sind lange vorbei. Der Erwachsene, der nicht mehr zum Trost von einem starken, schützenden Elternarm umfaßt wird, muß nun sich selbst umarmen, und an die Stelle der wiegenden Bewegung der Mutter tritt das rhythmische Hin- und Herschwingen seines eigenen einsamen Körpers. Selbstumarmung und Wiegen sind also persönliche Relikte aus der Zeit kindlicher Abhängigkeit; zwar mögen sie nur ein unzulänglicher Ersatz

51 Dieses Erdbebenopfer, eine Japanerin, sitzt zusammengekrümmt vor ihrem zerstörten Haus, wiegt ihren Körper vor und zurück und weint wie ein verirrtes Kind. Viele Erwachsene verfallen, wenn ihnen ein Unglück zustößt, in ein derartiges Relikt-Verhalten, das aus ihrer Kindheit stammt.

sein, aber ihre Wiederbelebung in kritischen Augenblicken verschafft doch ein wenig Trost.

Ein weniger dramatisches Beispiel ist die einfache Kopfneigung. Ein Erwachsener, der einem anderen sympathisch erscheinen will oder sich von ihm einen Vorteil erhofft, lächelt häufig und neigt den Kopf nach einer Seite, während er den anderen erwartungsvoll anblickt. Diese Geste findet man allerdings nicht bei emanzipierten Frauen! Es ist vielmehr die schmeichelnde, lockende Geste einer Frau, die die Rolle des »kleinen Mädchens« spielt, um den Widerstand eines Mannes zu brechen. Dieses Kopfneigen ist eine Relikt-Geste, die aus der Zeit stammt, als man als Kind den Kopf an die Schulter der Mutter oder des Vaters legte, um dort Trost und Ruhe zu finden oder aber Körperkontakt, Liebe und Zärtlichkeit. Bei der Relikt-Geste des Erwachsenen ist der Kopf nicht mehr in Richtung des Körpers des anderen geneigt; allein die bloße Neigung reicht aus, um beim anderen Beschützer-Gefühle zu wecken. Ohne zu wissen warum, fühlt er seinen Widerstand dahinschmelzen.

Die Geste des Kopfneigens ist nicht auf die Situation des Sich-Einschmeichelns oder des Den-anderen-für-sich-Einnehmens beschränkt. Man sieht sie auf vielen Fotos »anziehender« Mädchen, bei denen der lächelnd auf die Seite geneigte Kopf zu sagen scheint: »Ich würde mich gern an deiner Schulter ausruhen.« Auch manche Männer machen sich, wiederum unbewußt, diese Wirkung zunutze, gerade wenn sie am sympathischsten und vertrauenswürdigsten wirken; es scheint dann, als wollten sie zu verstehen geben: »In Wirklichkeit bin ich gar kein hartgesottener und rücksichtsloser Kerl, sondern nur ein hilfloser kleiner Junge.«

Die wohl wichtigsten persönlichen Relikt-Gesten haben ihren Ursprung in der frühen Babyphase, wo wir an der Mutterbrust gestillt oder mit der Flasche großgezogen wurden. Wir alle erleben dabei unsere erste tiefe Befriedigung, die sich so fest einprägt, daß später im Erwachsenenleben immer wieder Handlungen zur oralen Befriedigung an die Oberfläche kommen. Das geschieht natürlich in versteckter Form: Ein älterer Geschäftsmann, der mit einer unangezündeten Pfeife oder Zigarre zwischen den Lippen spielt, wird sich wohl kaum davon überzeugen lassen, daß er sich in Wirklichkeit nur mit einer Art Schnullerersatz für Erwachsene tröstet. Auch das Daumenlutschen bei – oftmals älteren – Kindern läßt sich einwandfrei auf das Saugen an der Mutterbrust zurückführen. Es kommt und geht mit den augenblicklichen Spannungen. Aber sobald man erwachsen ist, vollzieht sich mit den Handlungen zur oralen Befriedigung eine äußerliche Wandlung. An die Stelle des Saugens an Mutterbrust und Schnuller in der Babyzeit tritt beim Heranwachsenden das Nägelkauen und Bleistiftsaugen, später beim Erwachsenen das Kaugummikauen, das Herumkauen an der Sonnenbrille sowie das Saugen an Zigarette, Zigarre oder Pfeife. Was die verschiedenen Formen des Rauchens an genußvoller Wirkung des Nikotins zu

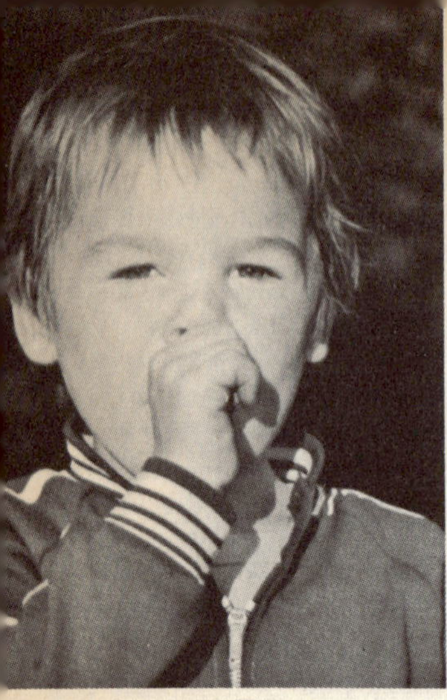

52 △ 53 ▽ 54 △

52–54 Der Mundkontakt ist die am weitesten verbreitete und geläufigste Form einer Relikt-Geste. In Augenblicken der Anspannung ruft er für einen kurzen Moment das an der Mutterbrust genossene Behagen wieder wach. Bei Kindern hat der Mundkontakt oft die Form des Daumenlutschens (52). Das Daumenlutschen verliert sich mit der Zeit, aber das Fingerkauen (53) besteht weiter und erweitert sich zum Bleistiftkauen (54) und zum Saugen an der Pfeife, Zigarre oder Zigarette.

bieten haben, erklärt bei weitem nicht den ganzen Lustgewinn, den man aus diesen Tätigkeiten zieht, genau wie das Lutschen von Süßigkeiten mehr ist als lediglich eine Sache der Gaumenfreude. Mindestens ebenso wichtig ist dabei der orale Kontakt und sind die Saugbewegungen von Zunge und Mund, denn sie erinnern uns an unsere frühesten kindlichen Lustgefühle. Man hat sogar behauptet, die Bewegung des Kopfschüttelns als »Nein«-Zeichen lasse sich ebenfalls auf die frühe Kindheit zurückführen. Ein Kind, das nicht hungrig ist, verweigert die Nahrungsaufnahme an der Mutterbrust oder vom Löffel mit einer scharfen seitlichen Wendung des Kopfes. Das Kopfschütteln beginnt also mit einem Akt der Verweigerung dargebotener Nahrung. Aus diesen Anfängen entwickelt sich möglicherweise das verneinende Kopfschütteln des Erwachsenen, das wir akzeptieren, ohne uns um seinen Ursprung zu kümmern oder daran zu denken, daß es ebenfalls eine Relikt-Geste aus unserer persönlichen Vergangenheit sein könnte.
Außerdem verweigert ein Baby die Nahrungsaufnahme auch durch Herausdrücken der Zunge. Im späteren Leben verwenden wir diese Geste auf zweierlei Weise: Wenn wir uns intensiv auf eine schwierige Aufgabe konzentrieren, oder aber wenn wir jemanden bewußt verletzen wollen. Im letzten Fall besteht zweifellos ein Zusammenhang mit dem Verweigerungsakt in der Kindheit; im ersten ist das Herausstrecken der Zunge jedoch nicht leicht zu erklären. Sorgfältige Untersuchungen bei Erwachsenen, in Kindergärten und bei großen Menschenaffen, wie beispielsweise Gorillas, haben ergeben, daß wir es auch hierbei mit einer Relikt-Geste zu tun haben.
Es wurde beobachtet, daß Kinder im Kindergarten immer dann die Zunge ein wenig herausstreckten, wenn sie einen Kontakt mit anderen Personen vermeiden wollten. Wenn sie eifrig mit irgend etwas beschäftigt waren und es plötzlich den Anschein hatte, als sollten sie unterbrochen werden, streckten sie die Zunge etwas heraus, aber so, daß nur die Zungenspitze zwischen den geschlossenen Lippen vorspitzte. Es zeigte sich, daß es sich hier nicht um eine reine Konzentrationsgeste handelte, sondern daß sie soviel bedeutete wie: »Bitte, laß mich in Ruhe!« Daraus erklärt sich auch, warum Kinder manchmal ihre Zunge herausstrecken, wenn sie mit schwierigen Hausaufgaben oder mit komplizierten manuellen Arbeiten beschäftigt sind. Sobald man diese Geste als soziale Zurückweisungsgeste begriffen hatte, paßte sie auch in das Schema der Brustverweigerung des Säuglings und der bewußt verletzenden Geste des Zungeherausstreckens. Die gleichen Beobachtungen machte man bei Menschenaffen und fand auf diese Weise den überraschend großen Geltungsbereich dieser Relikt-Geste bestätigt.
Kritiker dieser Deutung haben darauf hingewiesen, daß das Herausstrecken der Zunge in bestimmten erotischen Situationen eher als Signal mit Anziehungseffekt fungiert. Untersucht man jedoch diese Zungengesten aus dem sexuellen Bereich eingehender, dann stellt man bei ihnen eine Besonderheit fest. Die Zunge stößt hier nicht etwas beiseite, sondern sie krümmt und

bewegt sich, als ob sie nach etwas suche. Das entspricht der Situation, in der ein Baby mit der Zunge nach der Brustwarze der Mutter sucht. Es sind dies also die Zungenbewegungen der lustvollen Augenblicke unserer Kindheit und damit Relikt-Gesten völlig anderer Art.

Das Küssen gehört in diese Kategorie. In den frühmenschlichen Gesellschaften lange vor Erfindung künstlicher Babynahrung entwöhnten die Mütter ihre Kinder dadurch, daß sie ihnen Nahrung vorkauten und dann von Mund zu Mund an das Kind weitergaben; dazu waren Lippenkontakt und starke Zungenbewegungen nötig. Dieses nahezu dem der Vögel ähnliche System mütterlicher Fürsorge erscheint uns heute völlig fremd; aber es wurde von unserer Spezies wahrscheinlich während eines Zeitraums von etwa einer Million Jahren praktiziert. Das erotische Küssen Erwachsener ist sicherlich eine Relikt-Geste, die sich von dieser Mund-zu-Mund-Ernährung herleitet. In diesem Fall handelt es sich aber nicht um ein Relikt aus unserer Kindheit, sondern um eines aus unserer Vorgeschichte. Ob das »Küssen« von Generation zu Generation weitergegeben wurde oder ob es sich dabei um eine angeborene Veranlagung des Menschen handelt, läßt sich nicht feststellen. Jedenfalls scheint es so, daß Liebende heute bei ihren tiefen Zungenküssen etwas tun, was mit anderem Zweck die Mund-zu-Mund-Fütterung in grauer Vorzeit tat. Viele andere Gesten der Erwachsenen ließen sich möglicherweise in ähnlicher Form zurückverfolgen (siehe auch Farbabbildung F 10, Seite 83).

Manche Autoren scheinen zu glauben, daß die Entdeckung eines auf die Kindheit zurückverweisenden Moments im Verhalten des Erwachsenen leicht dazu führe, es als lächerlich oder zumindest überflüssig erscheinen zu lassen. In Wirklichkeit ist sicher das Gegenteil der Fall. Wenn wir heutzutage als moderne Erwachsene noch Relikt-Gesten benutzen, dann wohl, weil sie uns im täglichen Leben etwas nutzen. Ihren Ursprung zu verstehen, heißt auch, ihren Wert für uns zu erhellen und sie nicht als »kindisch« oder »altmodisch« abzutun. Wenn das Katastrophenopfer beim Hin- und Herschaukeln seines Körpers das gleiche Behagen spürt wie beim Hin- und Herwiegen in den Armen der Mutter, dann kann dieses Gefühl ihm helfen, besser mit dem Unglück fertig zu werden, das ihn getroffen hat. Wenn junge Liebende beim Kuß mit der Zunge den Mund ihres Partners entdekken und dabei die uralte Befriedigung der mütterlichen Mund-zu-Mund-Ernährung von einst empfinden, kann das ihr gegenseitiges Vertrauen vergrößern und ihre Paarbindung verstärken.

Dies sind also wertvolle Verhaltensmuster; denn obwohl sie im Freudschen Sinn »regressiv« sind, spielen sie doch eine wichtige Rolle im Erwachsenenleben. Wenn sie in der Freudschen Theorie häufig angegriffen werden, dann geschieht dies, weil Psychoanalytiker ihnen meist in extremer Form begegnen, d. h. bei Patienten, die echtes Erwachsenenleben weitgehend durch Verhaltensmuster ihrer Kindheit ersetzt haben. Aber wenn man die Relikt-

Handlungen in Bausch und Bogen verurteilt, wie das die Freudianer zu tun pflegen, dann ist das so, als wolle man raten, niemand solle bei Kopfschmerzen Aspirin nehmen, weil einige Menschen schreckliche Hypochonder sind. Der Menschenbetrachter, der seine Beobachtungen im Alltagsleben und nicht in der Klinik macht, hat ganz gewiß bessere Voraussetzungen, solchen Irrtümern zu entgehen.

55 Eine Form des Zungeherausstreckens: Die »Sexy-Zunge«. Wie die Gesten des Mundkontakts ist auch sie eine Relikt-Geste, die sich aus kindlichem Verhalten an der Mutterbrust herleiten läßt.

## Regionale Signale

### Wie Gesten sich von Region zu Region wandeln

Jedes regionale Signal hat einen begrenzten geographischen Geltungsbereich. Würden etwa ein Norweger, ein Koreaner und ein Massai zusammen auf eine einsame Insel verschlagen, dann wären sie ohne Schwierigkeiten imstande, sich mit Hilfe bestimmter Handlungen gegenseitig ihre Grundstimmung und ihre Absichten mitzuteilen. Die Menschheit besitzt ein großes gemeinsames Zeichen-Repertoire von Bewegungen, Ausdrucksformen und Körperhaltungen.

Aber es gäbe auch Mißverständnisse. Jeder der drei Schiffbrüchigen hätte in seinem Kulturkreis eine Reihe regionaler Signale aufgenommen, die für die anderen keine Bedeutung hätten. Hätte der Norweger dagegen als Leidensgefährten einen Schweden und einen Dänen, so wäre für ihn die Aufgabe leichter, denn da ihre Heimatländer benachbart sind, besäßen die drei mehr gemeinsame regionale Gesten. Lokale Verhaltensmuster richten sich – ebenso wie viele Wörter – nicht streng nach den politischen Grenzen.

Dieser Vergleich von Gesten mit Wörtern ist durchaus aufschlußreich, denn er macht sofort unser mangelndes Wissen im Bereich der Gesten-Geographie deutlich. Wir haben höchst detaillierte Sprachatlanten, aber keinen »Gesten-Atlas«. Ein Linguist kann exakte und ins einzelne gehende Informationen über die Verbreitung einer jeden Sprache und jedes Einzelwortes geben. Er kann für einige Teile der Welt sogar Landkarten über die Verbreitung lokaler Dialekte vorweisen und – wie weiland Professor Higgins in »Pygmalion« – nachweisen, daß Slangausdrücke stets auf kleine Bezirke großer Städte beschränkt sind. Aber ein weltweiter Gesten-Atlas ist nirgendwo in Sicht.

Ein Anfang ist jedoch bereits gemacht, und neue empirische Forschungsarbeiten werden begonnen. Jüngste Studien in Europa und in den Ländern rings um das Mittelmeer lassen bereits wertvolle Schlüsse darüber zu, wie Gesten sich von Region zu Region verändern.

Es gibt z. B. eine einfache Geste, bei der ein Zeigefinger einen Nasenflügel berührt. In England interpretieren die meisten Menschen dies als ein Zeichen für Geheimhaltung oder Verschwörung. Die Nachricht lautet hier: »Behalt das für dich – verrat es niemandem!« Kommt man aber nach Mittelitalien, ist die hier vorherrschende Bedeutung: »Sei vorsichtig, die Sache ist gefährlich! Die Leute sind schlau und listig!« Beide Aussagen sind miteinander verwandt, denn bei beiden geht es um List und Schlauheit. In England sind *wir selbst* die Schlauen, indem wir das uns anvertraute Geheimnis nicht verraten. Aber in Mittelitalien sind *die anderen* die Schlauen, und man muß uns vor ihnen warnen. Die Geste der Nasenberührung symbolisiert in beiden Fällen List und Schlauheit, aber die Zuordnung zu Personen hat sich verschoben.

Dieses Beispiel zeigt, wie eine Geste in einem großen geographischen Bereich die gleiche Form behält und zusätzlich noch die gleiche Grundbedeutung; trotzdem vermittelt sie in zwei verschiedenen Regionen eine recht unterschiedliche Information. Ein weiteres Beispiel ist die Augenberührungsgeste, bei der der Zeigefinger das Lid unterhalb des Auges berührt, die Haut ein wenig abwärts- und das Auge damit aufzieht. In England und Frankreich gilt dafür die gleiche Bedeutung: »Du kannst mich nicht täuschen – ich merke schon, was du im Schilde führst!« In Italien verlagert sich jedoch die Bedeutung zu: »Paß auf, er ist ein Ganove!« Die Grundbedeutung bleibt die des Wachsamseins, aber sie verschiebt sich von »Ich bin wachsam« zu »Sei du wachsam!«

In beiden Fällen gibt es eine Minderheit in jeder Region, die diese Gesten in ihrer jeweils anderen Bedeutung gebraucht. Es handelt sich hier also nicht um ein Entweder-Oder, sondern nur um eine Verschiebung der Dominanz von einer Bedeutung zur anderen. Gelegentlich kommt es zwischen einer Region und der ihr benachbarten zu einem totalen Bedeutungsbruch, häufiger sind jedoch sehr feine graduelle Veränderungen.

Gelegentlich läßt sich die räumliche Verteilung moderner regionaler Signale auf längst vergangene historische Ereignisse zurückführen. Die Kinnklaps-Geste, bei der man die Rückseite der Finger aufwärts und vorwärts gegen die Kinnunterseite gleiten läßt, gilt sowohl in Frankreich als auch in Norditalien als beleidigend. Dort bedeutet sie: »Hau ab, du gehst mir auf den Wecker!« Auch in Süditalien hat diese Geste eine negative Bedeutung, aber sie ist nicht mehr beleidigend. Sie besagt: »Nein«, »Es ist nichts«, »Ich kann nicht« oder »Ich will nichts«. Die Verschiebung tritt ein im Raum zwischen Rom und Neapel und gibt Anlaß zu der faszinierenden Vermutung, daß sie sich auf noch wirksame Einflüsse des antiken Griechenland zurückführen läßt. Die Griechen haben Süditalien kolonisiert, aber ihren Drang nach Norden zwischen Rom und Neapel aufgegeben. Noch heute benutzen die Griechen die Kinnklaps-Geste im selben Sinn wie die Süditaliener. Die Verbreitung dieser und anderer Gesten fällt in der Tat auffallend mit der größten räumlichen Verbreitung der griechischen Kultur in der Antike zusammen. Da sich griechischer Einfluß heute noch in unserem Wortschatz und in unseren Bauten nachweisen läßt, überrascht es keineswegs, wenn das auch bei bestimmten Gesten so wäre. Interessant ist die Tatsache, daß sie sich im Lauf der Zeit nicht weiter ausgebreitet haben. Die griechische Architektur und Philosophie haben ihren Einflußbereich ständig vergrößert, aber bei den Gesten ist das aus irgendeinem Grund nicht der Fall gewesen. Viele Länder, wie etwa England, kennen z. B. die Kinnklaps-Geste überhaupt nicht, und in anderen, wie Frankreich, ist sie nur in anderer Bedeutung bekannt.

Ein weiterer historischer Einfluß macht sich bemerkbar, wenn man nach Nordafrika kommt. In Tunesien hat die Kinnklaps-Geste plötzlich wieder

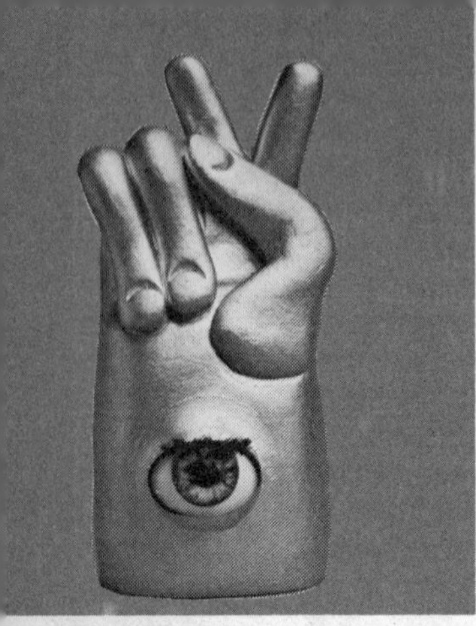

56 ◁ 57 ▷

56 + 57 Eine Pop-Art-Skulptur aus Deutschland (56) und ein Plakat aus Italien (57), die beide das britische V-Zeichen für *victory* (»Sieg«) zeigen, das Churchill während des Zweiten Weltkriegs bekannt machte. Aus dieser zunächst ortsgebundenen Geste ist in weniger als vierzig Jahren ein weltweit verbreitetes und verstandenes Zeichen geworden.

ihre beleidigende Bedeutung. Die Tunesier wenden diese Geste in ihrer französischen Variante an und nicht in der italienischen, obschon Frankreich viel weiter entfernt ist. Die durch andere gestische Gemeinsamkeiten zwischen Tunesien und Frankreich erhärtete Erklärung liegt darin, daß der französische Kolonialeinfluß in Tunesien seine Spuren auch im Bereich der zwanglosen Körpersprache hinterlassen hat.

Es stellt sich also die Frage, ob Gesten – im Vergleich zu anderen sozialen Verhaltensmustern – im allgemeinen nicht eher konservativ sind. Man spricht zwar über die neueste Kleidermode, aber man hört niemals ein Wort über die »neuesten Gesten der Saison«. Sie scheinen eine gewisse kulturelle Kontinuität zu besitzen ähnlich der von Volksbräuchen sowie Spielen und Reimen für Kinder. Gelegentlich aber kommt es vor, daß eine neue Geste sich einschleicht und daß es ihr gelingt, sich dauernd festzusetzen. Vor zweitausend Jahren waren ganz zweifellos die Griechen die im Gesten-Bereich »exportstärkste« Nation. Heute sind es die Briten mit ihrem V-Zeichen für »Sieg« *(victory)* und ihrem erhobenen Daumen sowie die Amerikaner mit ihrem kreisförmigen O.K.-Zeichen. Diese Zeichen haben sich über ganz Europa und über einen Großteil der übrigen Welt verbreitet. Ihre ersten großen Erfolge erzielten sie während der turbulenten Zeiten des Zweiten Weltkriegs, und es ist ihnen inzwischen gelungen, sich selbst in den gestenreichen Ländern Südeuropas durchzusetzen. Aber das sind Ausnahmen; die meisten heute üblichen lokalen Gesten sind Jahrhunderte alt und reichen weit in vergangene Zeiten zurück.

58 ◁

61 ▷

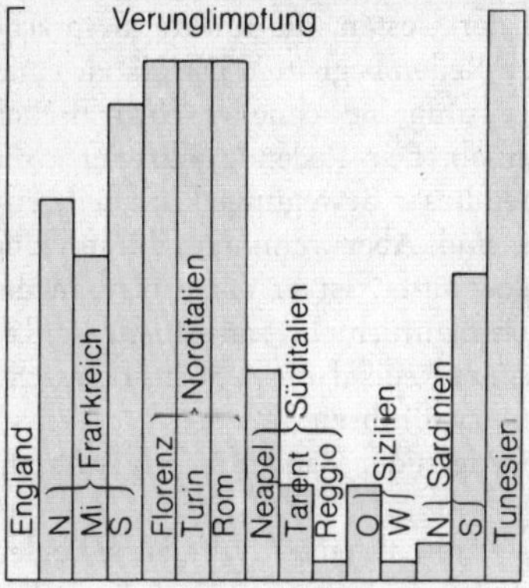


59 ◁

62 ▷

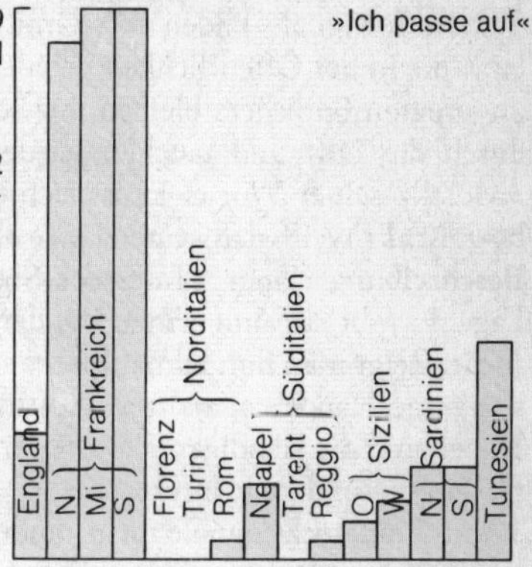


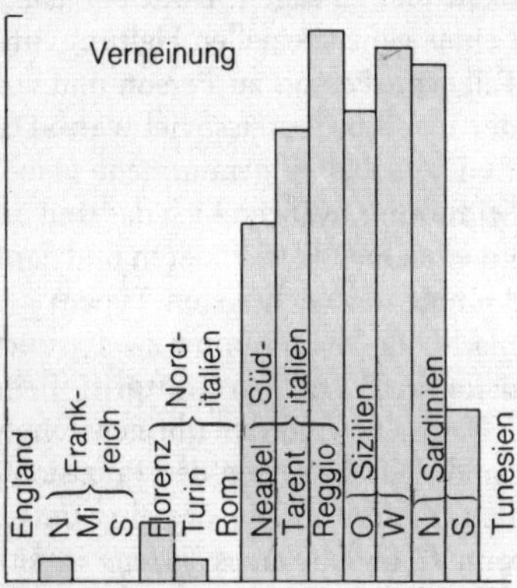


60 ◁

63 ▷

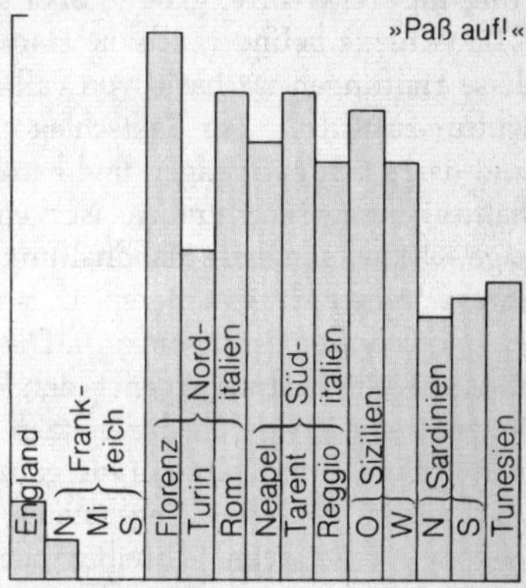


58–60 Die Kinnklaps-Geste (58) ist in England unbekannt; in Frankreich und Norditalien hat sie die Bedeutung: »Hau ab!«, in Süditalien bedeutet sie bereits keine Verunglimpfung mehr, sondern nur noch eine einfache Verneinung. Diese Bedeutungsverschiebungen sind in den beiden Tabellen (59 + 60) quantitativ dargestellt.
61–63 Das Herunterziehen des unteren Augenlids (61) verändert seine Bedeutung, wenn man von Frankreich nach Italien kommt. In Frankreich bedeutet es: »Ich passe auf«, in Italien hingegen: »Paß auf!«. Beide Aussagen haben etwas mit Schlauheit zu tun, damit also, daß man die Augen offenhält, aber in Frankreich bin *ich selbst* derjenige, der die Augen offenhält, während es in Italien *die anderen* sind.

## Taktstock-Signale

### Gesten, die den Rhythmus gesprochener Worte unterstreichen

Taktstock-Signale schlagen den Rhythmus zu unseren ausgesprochenen Gedanken. Ihre wesentliche Aufgabe besteht darin, diejenigen Aussagen im Fluß unserer Rede zu kennzeichnen, die wir besonders betonen möchten. Sie sind ein so integraler Bestandteil unseres Sprechvorgangs, daß wir manchmal sogar bei Telefongesprächen gestikulieren.

Taktstock-Signale bilden den Großteil der Gesten, die unsere Gespräche bzw. die in der Öffentlichkeit gehaltenen Reden begleiten. Die Hände eines angeregten Sprechers bleiben nur selten ruhig; sie schnellen hoch, zischen durch die Luft und tauchen wieder hinab. Der Redende »dirigiert« die »Musik« seiner Worte. Er ist sich dabei dieser Bewegungen nur teilweise bewußt. Er weiß, daß seine Hände aktiv sind. Aber wenn man ihn um eine Beschreibung seiner »Taktstock-Signale« bittet, ist er dazu nicht in der Lage. Er gibt zu, »mit seinen Händen herumzufuchteln«, aber mehr weiß er nicht. Zeigt man ihm Filmaufnahmen seiner Rede, dann sieht er überrascht, wie seine Hände ein wahres »Luftballett« vollführen.

Dabei sind die ständigen Haltungsänderungen der Hände für den Beobachter von besonderem Interesse.

Wenn Taktstock-Signale nichts anderes wären als eine rhythmische Begleitung unserer Worte, gäbe es über sie nicht viel zu sagen. Doch bei jedem »Taktschlag« befindet sich die Hand in einer ganz speziellen Haltung, und diese Haltungen wechseln von Fall zu Fall, von Person zu Person und von Kultur zu Kultur. Der Taktschlag mit der Hand bedeutet soviel wie: »Das und das möchte ich sagen und betonen.« Die dabei eingenommene Handhaltung besagt: »... und das ist meine Stimmung, während ich das und das sage.« Man kann diese Handhaltungen im einzelnen klassifizieren und dann ihre Vorgeschichte studieren. Dies sind einige der wichtigsten Typen:

1. Der *Leerlauf-Präzisionsgriff*. Die menschliche Hand nimmt zwei grundsätzliche Greifhaltungen ein – den Präzisionsgriff und den Kraftgriff. Beim Präzisionsgriff werden die Spitzen des Daumens und der übrigen Finger verwendet, beim Kraftgriff die ganze Hand. Wir benutzen den Präzisionsgriff, wenn wir kleine Gegenstände halten und mit ihnen sorgfältig umgehen, wie etwa beim Schreiben oder beim Einfädeln eines Fadens in eine Nadel. Wenn wir beim Sprechen den Takt schlagen, benutzen wir häufig die Handhaltung des Präzisionsgriffs, obschon die Hand selbst leer ist. Wir vollziehen also die Präzisionsgeste in einer Art »Leerlauf«. Dieser Taktschlag spiegelt das Bedürfnis des Sprechers wider, sich feinsinnig und präzise auszudrücken. Seine Hand bringt, für jeden sichtbar, die Differenziertheit der von ihm betonten Punkte zum Ausdruck.

Es gibt zwei beliebte Formen des Leerlauf-Präzisionsgriffs: die *Handbörse* und die *Daumen-Zeigefinger-Berührung*. Bei der Handbörse werden alle

F1 Handlung – versinnbildlicht durch eine springende Eiskunstläuferin. Der Mensch »verinnerlicht« sein Verhalten in wachsendem Maße durch abstraktes Denken und projiziert es gleichzeitig durch die Herstellung und den Gebrauch von Werkzeugen und Geräten nach außen. Doch ist er das körperlich aktive Wesen geblieben.

F2 Gesten sind Handlungen, die dem Beobachter eine Information vermitteln. Den Kopf müde auf die Hand zu stützen ist ein rein mechanischer Vorgang, aber da ein interessierter Zuhörer gewöhnlich einen wachen Eindruck macht, muß der Redner eine zusammengesunkene Körperhaltung für ein Signal der Langeweile halten.

F3 ◁

F4 ▷

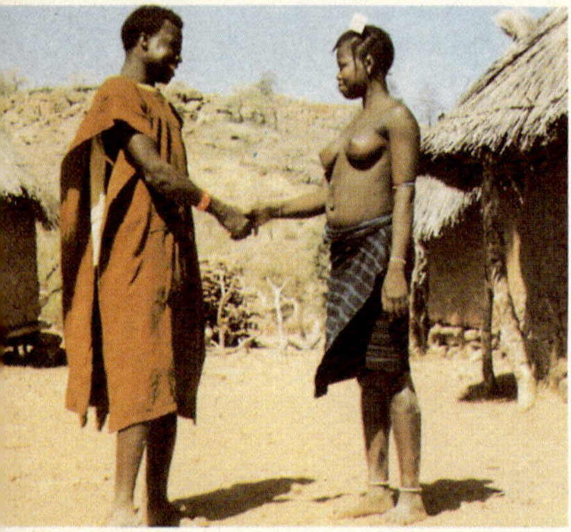

F5 ◁

F6 ▷

F7 ◁

F8 ▷

F3–F8 Auf der ganzen Welt suchen junge Liebende die körperliche Zärtlichkeit (F3 + F4). Das Bedürfnis, beim Sichtreffen oder Sichtrennen irgendein Grußzeichen zu tauschen (F5 + F6), ist allen Völkern gemeinsam. Ebenso weltweit verbreitet ist die bewußte Darstellung von Statusunterschieden innerhalb kleiner Gruppen (F7 + F8) durch sichtbare Verhaltenskontraste zwischen dominierenden Individuen und ihren Gefolgsleuten.

F9 Die Variation von Gesten gibt jedem von uns einen individuellen »Körperstil«. Wir alle lächeln; manche haben jedoch ein Superlächeln, bei dem nicht nur das Gebiß, sondern auch das Zahnfleisch entblößt wird.

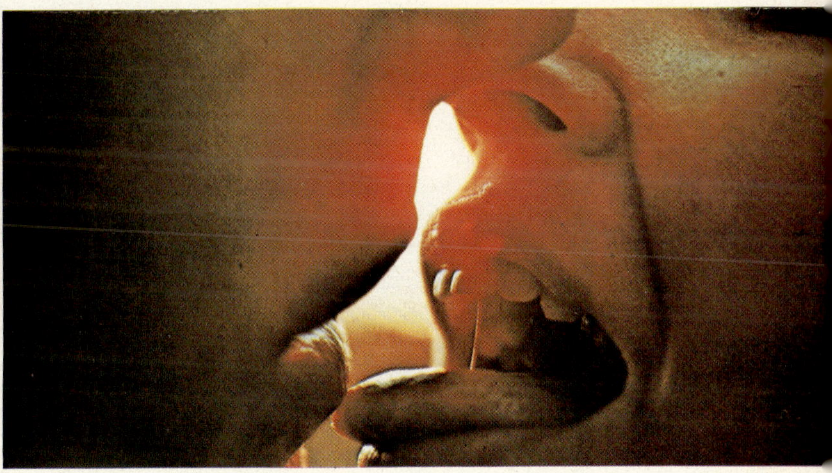

F10 Einst wurden die Säuglinge dadurch der Brust entwöhnt, daß die Mutter sie in Mund-zu-Mund-Ernährung mit Vorgekautem versorgte, und hierin dürfte auch der Ursprung des erotischen Zungenspiels zwischen Liebenden zu sehen sein.

F11 Das menschliche Lachen ist in seiner ausgeprägtesten Form eine aus zwölf Elementen zusammengesetzte Geste. Bei den Bergbewohnern Neuguineas ist das intensive Lachen mit dem Zurückwerfen des Kopfes, dem Schließen der Augen und dem Hochziehen der Schultern verbunden.

F12–F14 Der ausgestreckte Zeigefinger (F12) ist ein Hinweissignal, mit dem die genaue Lage eines Objekts angezeigt wird, während die flach ausgestreckte Hand (F13) nur die einzuschlagende Richtung andeutet. Je weiter das Objekt entfernt ist, desto steiler wird der Zeigefinger aufwärts gerichtet (F14), als sei er ein Pfeil, mit dem das Objekt getroffen werden soll.

F15 Der Fernkontakt. Wenn Menschen einander bei einer Begrüßung zum erstenmal von weitem erblicken, zeigen sie meist irgendeine Erkennungsreaktion; vielleicht geschieht das durch seitliches Winken, wie es hier von Ägyptern beim Besuch Präsident Nixons vorgeführt wird.

F16 Ein eindeutiges Taktstock-Signal. Der Griff nach der Luft, der das Bedürfnis nach Kontrolle hervorhebt, wurde von Präsident de Gaulle so häufig gebraucht, daß er eines seiner bekanntesten Persönlichkeitsmerkmale wurde.

F17 Das intensive Anstarren aus nächster Nähe kommt sowohl beim Drohen als auch in zärtlichen Situationen vor. Der feindselige, überlegene Mann streckt sein Gesicht weit vor, der Untergebene wagt seinem Blick nicht zu begegnen.

F18 Ein weiteres Beispiel für Haltungs-Echo: Auf Spazierstöcken übereinandergelegte Hände.

fünf Fingerspitzen so zusammengeführt, daß sie einen engen Kreis bilden, wie etwa die Öffnung eines mit einer Kordel verschlossenen Lederbeutels.

Bei der Daumen-Zeigefinger-Berührung werden nur die Spitzen dieser beiden Finger miteinander in Kontakt gebracht. Dies scheint die populärste Form des Leerlauf-Präzisionsgriffs zu sein; sie erfordert außerdem eine geringere Muskelanstrengung als die Handbörse.

2. Der *Intentions-Präzisionsgriff*. Bei diesem Taktstock-Signal bewegt sich die Hand so, als beabsichtige sie, ein kleines imaginäres Objekt zu umfassen, aber sie führt diese Bewegung nicht bis zu dem Punkt aus, bei dem sich die Spitzen des Daumens und der übrigen Finger tatsächlich berühren. Darin spiegelt sich mehr das Streben nach Präzision wider als die Präzision selbst. Die in die Luft fahrende Hand kommt der gesuchten Antwort nahe, erreicht sie aber nicht ganz. Dem entspricht ein Element des Suchens und der Unsicherheit beim Redenden.

3. Der *Leerlauf-Kraftgriff*. Den Kraftgriff benutzen wir bei Kraft erfordernden Handlungen, etwa beim Festhalten und beim Hämmern. Die Finger umschließen in gekrümmter Form den betreffenden Gegenstand und halten ihn fest. Geschieht das ohne Objekt, dann bildet sich in leichteren Fällen eine gekrümmte Hand und in stärkeren eine geballte Faust.

Bei der gekrümmten Haltung berühren die Finger die Handfläche nur leicht. Diese Haltung vermittelt weder Präzision noch Überzeugungskraft der Gedanken. Dagegen signalisiert die geballte Faust Entschlossenheit und Gedankenstärke.

Von allen Handhaltungen beim Taktschlag ist die geballte Faust das deutlichste Signal, das bewußt auch als Täuschungsmanöver eingesetzt wird. Das tun vor allem unentschlossene und schwächliche Politiker, um bei ihren Zuhörern den Eindruck von Entschlossenheit und Stärke zu erwecken. Diese Geste ist also gewissermaßen zu »durchsichtig«, als daß man aus ihr verläßlich auf die wirkliche Stimmung des Sprechers schließen könnte.

4. Der *Intentions-Kraftgriff*. Ein Sprecher, der gern die Situation meistern möchte, dem das aber bisher noch nicht gelungen ist, führt seine Taktschläge in einer erstarrten Intentionsbewegung des Kraftgriffs aus, wobei die Finger in steifer Form gespreizt und leicht gekrümmt werden. Die Hand greift sozusagen nach der Luft, führt die angefangene Bewegung aber nicht voll aus.

5. Der *Schlag in die Luft*. Die Hand agiert nicht als Halte-Instrument, sondern wie ein stumpfes Gerät. Statt zu greifen oder zuzupacken, stößt, boxt oder schlägt sie, aber nicht einen festen Gegenstand, sondern einfach in die Luft.

Der »Handhieb«, bei dem die gerade, stocksteife Hand wie eine Axt durch die Luft saust, ist die Taktstockbewegung des aggressiven Sprechers, der mit seinen Überlegungen sozusagen den gordischen Knoten durchhauen und

Die Handbörse

Die Daumen-Zeigefinger-Berührung

Der Intentions-Kraftgriff

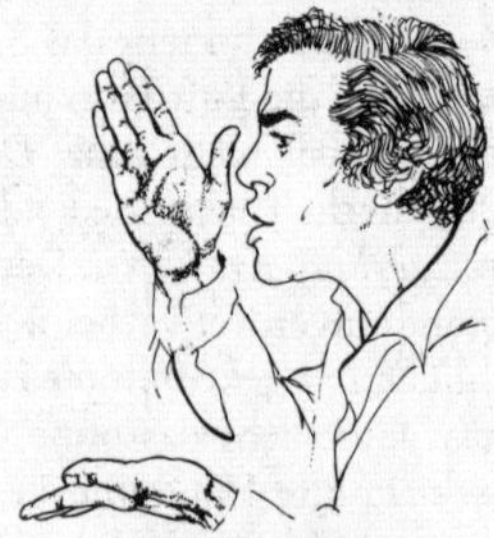

Der Handhieb

Der Luft-Boxhieb

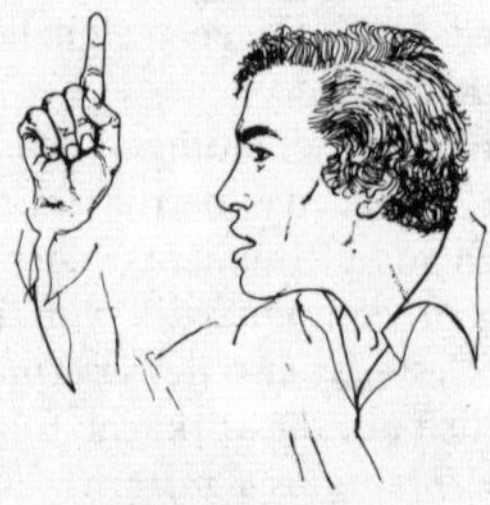

Der Zeigefinger-Taktschlag

Handfläche nach vorn

64 Einige der eindeutigen Taktstock-Signale, wie sie gebärdenreiche Redner verwenden.

Der Leerlauf-Kraftgriff

Der Intentions-Präzisionsgriff

Die Handschere

Der Handstoß

Handfläche nach oben

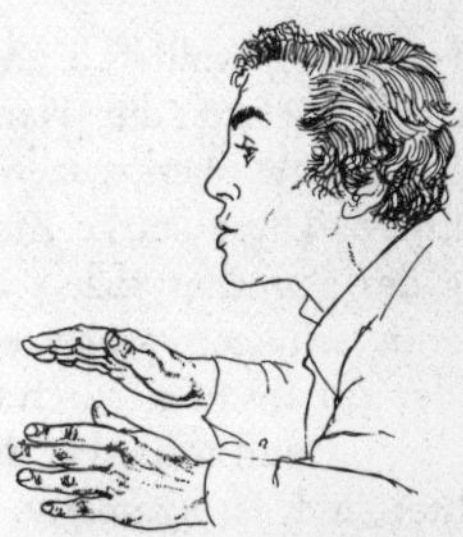

Handfläche nach unten

Handfläche nach rückwärts

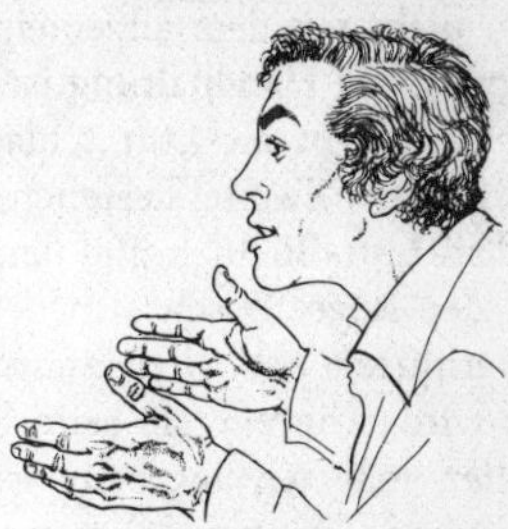

Handfläche zur Seite

65 ◁ 66 ▷

65 Die feine Daumen-Zeigefinger-Berührung unterstreicht die Präzision eines Arguments – das in diesem Falle von einem deutschen Politiker vorgebracht wird. Oberflächlich ähnelt die Geste dem amerikanischen »O. K.«-Zeichen.

66 Der Taktschlag mit nach oben gehaltenen Handflächen bei einem Redner, der sein Publikum beschwört, seiner Ansicht zuzustimmen. Die Hände nehmen die für einen Bittenden typische Stellung ein.

eine von ihm gewollte Lösung erzwingen möchte. Eine besondere Variante dieses Handhiebs ist die »Handschere«, bei der sich die beiden Unterarme in der Horizontale überkreuzen und dann gleichzeitig einen Hieb nach außen hin führen. Diese starke Zurückweisungsgeste erweckt den Eindruck, als wollte der Sprecher sich seinen Weg durch ein ihm im Weg stehendes Hindernis schlagen, wobei er sich sowohl der Opposition zur Linken als auch der zur Rechten durch kräftige Hiebe entledigt.

Auch der »Handstoß«, bei dem die Fingerspitzen scharf auf den Zuhörer gerichtet sind, ist aggressiv, aber die Aggression ist hier gezielter. Sie hat etwas mit dem Zuhörer selbst zu tun – auf den die Worte Eindruck machen sollen –, nicht mit dem allgemeinen Problem.

Die aggressivste Handhaltung ist der Luft-Boxhieb: Wenn der Redner mit geballter Faust in die Luft schlägt wie ein Boxer, dann kann über seine Stimmung kein Zweifel bestehen. Es besteht eine gewisse Ähnlichkeit zwischen dem Luft-Boxhieb und der geballten Faust beim Leerlauf-Kraftgriff, aber in der Regel lassen sich beide durchaus unterscheiden. Die geballte Faust vermittelt eher den Eindruck, daß mit der Hand etwas in der Luft gepackt wird, während sie beim Luft-Boxhieb durch die Luft saust. In beiden Fällen mag ein aggressiv wirkendes, rhythmisches Auf und Ab der Faust zustande kommen, aber nur der Luft-Boxhieb erinnert an das Austeilen von Schlägen.

67 Der aggressive Luftschlag mit geballter Faust verleiht den Worten eines Redners größere Durchschlagskraft: ein führender amerikanischer Bürgerrechtler in voller Fahrt.

6. Das *Handausstrecken.* Statt mit der Hand Schlag- und Greifbewegungen auszuführen, kann man sie auch vor dem Körper ausstrecken und in dieser neutralen Stellung halten, die Finger sind geschlossen, die Hand selbst ist flach. Das Entscheidende an dieser Geste ist die Stellung der Handfläche.
*Handfläche nach oben:* Die bittende Hand des Bettlers. Mit dieser Handhaltung bittet man den Zuhörer um Zustimmung.
*Handfläche nach unten:* Die mahnende Hand des Besonnenen. Der Sprecher hat das Bedürfnis, die Stimmung zu dämpfen und dadurch unter Kontrolle zu bringen.
*Handfläche nach vorn:* Die zurückweisende Hand des Ablehnenden. Die Hand wird gewissermaßen zum Schutz des Redners vorgestreckt, um imaginäre Objekte, die von vorne auf ihn einzudringen scheinen, abzuhalten. Die Grundaussage ist Ablehnung und Zurückweisung.
*Handfläche nach innen/Handrücken nach vorn:* Die umschließende Hand des Trostsuchenden. Diese Geste wird in der Regel mit beiden Händen gleichzeitig ausgeführt, wobei die Handflächen der Brust des Sprechenden zugekehrt sind, und zwar so, als wolle er einen unsichtbaren Mitstreiter oder auch eine Vorstellung umarmen. Diese Haltung verdeutlicht den Versuch des Sprechers, den zur Diskussion stehenden Gedanken zu erfassen und zu umfassen, oder aber sich einem anderen Menschen im übertragenen Sinne näherzubringen.
*Handfläche zur Seite:* Die ausgestreckte Hand des Verhandelnden. Die Hand wird mit der Geste des Händeschüttelns vorgestreckt und durch die

68 Der Taktschlag mit erhobenem Zeigefinger dient gewöhnlich belehrenden Rednern zur Verdeutlichung ihrer Worte: Muhammad Ali, der hier beim Wiegen für einen Titelkampf den Kampfausgang voraussagt.

Luft bewegt; in ihr scheint sich das Bedürfnis widerzuspiegeln, den Artgenossen zu berühren. Es besteht der dringende Wunsch, den vorhandenen Abstand zwischen Sprecher und Zuhörer zu überbrücken, um so den anderen mit den geäußerten Worten besser zu »erreichen«.

7. Die *Berührungsabsicht.* Werden die Finger strahlenförmig zur Handfächerhaltung auseinandergespreizt, dann entsteht ein Taktstock-Signal mit besonderer Note. Man findet es besonders häufig bei Berufsrednern, etwa bei Politikern und Anwälten beim Plädoyer. Der Sprecher, der diese Geste anwendet, erweckt den Eindruck, als wolle man mit jeder Fingerspitze einen anderen Teil seines Publikums berühren. Diese Handlung ist verwandt mit der bereits erwähnten Präzisionsgriff-Geste. Der Unterschied liegt darin, daß die Fingerspitzen sich nicht – wie bei der Handbörsen-Geste – gegenseitig berühren, sondern durch ihre Bewegung die Absicht ausdrücken, die Zuhörer zu berühren.

8. *Zusammengelegte Hände.* Läßt der Sprecher seine beiden Handflächen in direkten Kontakt kommen, dann ersetzt dies meist das Taktschlagen, das Unterstreichen des Gesprochenen durch Bewegungen der Hände. Er genießt nun, während er weiterredet, das beruhigende Gefühl, mit sich selbst »Händchen zu halten«.

Dieses Gefühl steht jedoch häufig im Widerspruch zu dem Bedürfnis, einen Gedanken besonders hervorzuheben. Man kann dann beobachten, wie sich der Sprecher in einem Konfliktzustand befindet: Seine Hände rebellieren sozusagen gegen die Ruheverbindung. Sie bleiben zwar zusammen, aber sie bewegen sich – je nach Veränderung der ausgesprochenen Gedanken – ständig unruhig hin und her. Diese »geknebelten« Taktgesten treten häufig bei Personen auf, die, durch ihre soziale Situation verängstigt und verunsichert, dennoch ein starkes Mitteilungsbedürfnis haben.

9. Der *Zeigefinger-Taktschlag:* Beim Taktschlagen mit der Hand benutzt man in der Regel alle Finger zusammen, aber es gibt eine häufige Taktstock-Geste, bei der ein einzelner Finger – und zwar der ausgestreckte Zeigefinger – eine beherrschende Rolle spielt.

Dabei gibt es zwei häufige Versionen: *das frontale Vorstoßen des Zeigefingers* und das *Taktschlagen mit dem erhobenen Zeigefinger.* Im ersten Fall wird der Zeigefinger auf die Zuhörer oder einen zur Diskussion stehenden Gegenstand zu gestoßen. Richtet man ihn auf einen Gegenstand, betont man damit meist nur die Bedeutung dieses Gegenstands für die Diskussion. Richtet man ihn dagegen unmittelbar auf einen Zuhörer, dann ist das ein autoritärer Akt; wenn man ihn dann auch noch rhythmisch vorstoßen läßt, wirkt dies auf den Zuhörer als offene Feindseligkeit oder Herrschsucht. Auch wenn der Zeigefinger ins Leere stößt, so kann es doch für den Zuhörer beinahe so sein, als bekäme er ihn zwischen die Rippen.

Auch das Taktschlagen mit dem erhobenen Zeigefinger gilt, wenn auch aus einem etwas anderen Grund, als drohend oder unterwerfungsheischend. Hier fungiert der Zeigefinger wie eine Keule oder ein Stock, den man erhebt, wie um einem anderen einen symbolischen Schlag zu versetzen. Die erhobene Hand beim Taktschlagen wirkt bedrohlich, weil sie in dieser Position dem seit Urzeiten üblichen Schlag mit dem erhobenen Arm ähnelt. Wir wissen, daß sowohl kleine Kinder als auch die uns am nächsten verwandten Menschenaffen diesen Schlag mit erhobenem Arm als grundlegende Angriffsbewegung benutzen und daß dieses Handlungsmuster auch von Erwachsenen bei gewalttätigen Zusammenstößen verwendet wird. Möglicherweise handelt es sich hier um ein angeborenes Muster der menschlichen Spezies. Obwohl nur ein lächerlich unbedeutendes Waffensymbol, löst der erhobene, im Takt schlagende Zeigefinger bei den Zuhörern eine tiefsitzende Einschüchterungsreaktion aus.

10. Der *Taktschlag mit dem Kopf.* Zweifellos sind die Hände die wichtigsten Organe zum »Taktschlagen«, aber auch andere Körperteile können diese Aufgabe übernehmen. Eine unterstützende Rolle spielt häufig der Kopf, der mit kleinen Abwärtsbewegungen einer Aussage zusätzlichen Nachdruck verleiht. Dabei wird der Kopf rasch nach unten gesenkt und kehrt dann etwas langsamer wieder in seine Ausgangsstellung zurück. Beim Senken stößt der Kopf etwas nach vorn; dadurch bekommt diese Geste eine leicht aggressive Färbung, die ihrer wahrscheinlichen Entstehung aus einer Bewegung bei angriffsbereitem Lauern entspricht.

11. Der *Taktschlag mit dem Körper.* Das Körperstoßen ähnelt dem Taktschlag mit dem Kopf, wirkt aber erheblich wuchtiger. Es wird in den dramatischsten Fällen von Rednern verwendet, die sich buchstäblich in die Rolle des Mitteilenden hineinwerfen. Der musikalische Taktstockschwinger, der Dirigent, zeigt die übertriebenste Form dieser Art von Taktschlagen, aber man kann sie auch bei extravaganten und leidenschaftlichen öffentlichen Rednern beobachten, die aggressiv und verzweifelt versuchen, ihr Publikum von ihren Vorstellungen zu überzeugen.
Eine – vor allem bei Schlagersängern beliebte – Variante ist das Körperschwingen von einer zur anderen Seite, immer im Einklang mit den gesungenen Worten sowie Rhythmus und Tempo der Musik.
12. Der *Taktschlag mit dem Fuß.* Beim normalen Sprechen spielt das Taktschlagen mit den Füßen nur eine geringe Rolle – mit einer Ausnahme: dem Aufstampfen mit dem Fuß! Das geschieht nahezu ausschließlich bei leidenschaftlichem Nachdruck, wenn der Sprecher nahe daran ist, einen Wutanfall zu bekommen. Dieser Taktschlag mit dem Fuß ist ebenso wie das Mit-der-Faust-auf-den-Tisch-Hauen nicht nur zu sehen, sondern auch zu hören.

Dies sind die wichtigsten Taktstock-Signale. Die hier gegebenen Deutungen zugrundeliegender Stimmungen dürfen nicht zu mechanisch angewandt werden. Dafür gibt es einen guten Grund, nämlich den Faktor der ›persönlichen Fixierung‹. Jeder von uns entwickelt persönliche Vorlieben für bestimmte Taktstock-Signale, und im Verlauf der Jahre verwendet er diese mehr und mehr unter Vernachlässigung aller übrigen. Dennoch variiert unser Taktschlag-Stil mit unserer Stimmung: Unsere Lieblingshandhaltungen verraten dann viel differenziertere Stimmungen, als man es von ihnen nach der eben aufgestellten Klassifizierung, die, wie gesagt, nur vereinfachend sein kann, erwarten würde.
Es gibt auch noch andere Unterschiede im Taktschlag-Verhalten. Es wird behauptet, manche Nationen gestikulierten mehr als andere, die unteren sozialen Klassen gestikulierten mehr als die oberen und die Redegewandten weniger als die Ungewandten. Nationale Unterschiede bestehen sicherlich. Untersuchungen an Filmen haben bestätigt, daß die Mittelmeervölker entschieden intensiver gestikulieren als die Nordeuropäer, aber es ist ungeklärt, aus welchem Grunde. Ob eventuell klimatische Bedingungen dafür den Ausschlag geben, sei dahingestellt.
Klassenunterschiede gibt es wohl auch, doch werden diese stark übertrieben. Nach dem vor hundert Jahren in London erschienenen Buch »The Habits of Good Society« betrachtete man in Viktorianischer Zeit die Unterstützung der Rede durch Arme und Hände als »unschicklich« für die Oberschicht. Aber die damals in der Öffentlichkeit auftretenden Redner machten dennoch davon Gebrauch und informierten sich darüber sogar in Büchern

69 Taktstock-Signale sind so zwangsläufig, daß wir sie oft auch dann noch zur Verstärkung unserer Worte einsetzen, wenn der Adressat sie offenkundig nicht sehen kann.

über publikumswirksame Gestik. Es kam also auf den konkreten gesellschaftlichen Zusammenhang an, und daran zeigt sich, daß die Dinge auch in der Viktorianischen Zeit nicht ganz so einfach lagen, wie es auf den ersten Blick scheinen könnte. Noch heute sind vereinzelte Einflüsse aus der damaligen Zeit wirksam; immer noch wird manchem jungen Menschen beigebracht, es sei unschicklich, sich zum Gestikulieren hinreißen zu lassen, aber es gibt keine klare Trennungslinie mehr zwischen den verschiedenen gesellschaftlichen Gruppen. In allen sozialen Schichten begegnet man heftig gestikulierenden Rednern und solchen, die das nicht tun.
Bei dem vermuteten Unterschied zwischen Gebildeten und Ungebildeten ging man davon aus, daß Leute, die sich beim Umgang mit Wörtern schwer tun, ihre Rede mit heftigen Gesten begleiten. Auch hier ist die Wahrheit nicht ganz so einfach. Es gibt redegewandte Menschen, die sich beim Sprechen sehr ruhig halten, und andere, die sich temperamentvoll bewegen. Einige der brillantesten Redner gehören auch zu den gestisch aktivsten. Umgekehrt schweigen oft auch die Gesten redeunkundiger Menschen.
Außer den Unterschieden von Gruppe zu Gruppe und von Mensch zu Mensch gibt es beim »Taktschlagen« auch noch Varianten in der Häufigkeit beim gleichen Individuum. Da Taktschläge sowohl mit der Betonung als auch mit der Stimmung zusammenhängen, benutzt man weniger Gesten, wenn man etwa Lebensmittel bestellt, als wenn jemand sich leidenschaftlich

für eine von ihm vertretene Überzeugung einsetzt. Außerdem kann man z. B. davon ausgehen, daß ein Enthusiast einen stärkeren Gebrauch von derartigen Gesten machen wird als ein Zyniker. Der Enthusiast will seinen Zuhörern die eigene Begeisterung mitteilen und hat daher das Bedürfnis, jeden für wichtig gehaltenen Gedanken besonders zu betonen. Dem Zyniker hingegen in seiner negativen Einstellung ist ein solches Bedürfnis von Natur aus fremd.

Das Verhalten des Enthusiasten liefert einen weiteren Anhaltspunkt. Seine Taktschläge zeigen seinen Eifer, bei den Zuhörern den gleichen Enthusiasmus wachzurufen. Je stärker die Reaktion des Publikums ist, desto erfolgreicher fühlt er sich; und je erfolgreicher er sich fühlt, desto weniger wird er sich – unbewußt – dazu gedrängt fühlen, seine Ausführungen durch Gesten zu unterstreichen. Die Reaktion des Publikums auf seine Rede ist also von entscheidendem Einfluß auf die Intensität seiner Taktstock-Signale. Ein spontan reagierender und völlig mit ihm sympathisierender Zuhörer wird tendenziell seine Gestik dämpfen. Konfrontiert mit einem aufmerksamen, dabei aber kritischen Publikum wird der gleiche Redner einen wahren Tanz mit seinen Händen vollführen. Er will seine Zuhörer für sich gewinnen, und um das zu erreichen, muß er seinen Worten immer wieder Nachdruck verleihen. Unter diesem Gesichtspunkt wird es auch erklärlich, daß Redner, die in der Öffentlichkeit vor einem großen Publikum sprechen, viel heftiger gestikulieren als bei privaten Unterhaltungen. Das gilt auch für die Häufigkeit der Taktschläge. Paradoxerweise ist der Rückkoppelungseffekt von seiten der Menge geringer als bei einem Freund. Dieser nickt und lächelt dem Gesprächspartner zu, und der weiß die ganze Zeit, daß seine Worte »ankommen«. Zusätzliche Betonungsgesten sind also nicht erforderlich. Die unpersönliche Menschenmasse des Publikums dagegen starrt ihn nur an und hebt sich ihre Reaktion für den Schluß der Rede auf; dann beginnt sie zu applaudieren – oder zu johlen und zu buhen. Der Redner weiß lange nicht, ob seine Ausführungen ankommen oder ob sie überhaupt keinen Eindruck hinterlassen. Unbewußt entscheidet er sich dafür, daß es das beste sei, den Nachdruck, den er auf seine Worte legt, ständig zu steigern. So kommt es, daß Leute, die in Privatgesprächen nur wenig gestikulieren, reichlich und intensiv Gestik einsetzen, wenn sie in der Öffentlichkeit vor einem größeren Publikum sprechen.

Außer den Unterschieden in der Häufigkeit der Taktstock-Signale gibt es noch – wenn auch subtilere – Varianten im Stil der Gestik. Doch gibt es auf diesem Gebiet bisher kaum Untersuchungen. Um eine detaillierte Darstellung der »Taktstock-Dialekte« geben zu können, muß man die Ergebnisse noch ausstehender empirischer Forschung abwarten (siehe auch Farbabbildung F 16, Seite 86).

## Hinweissignale

### Gesten, die den Weg oder die Richtung weisen

Hinweissignale zeigen eine bestimmte Richtung an. Sie lenken die Aufmerksamkeit des Zuschauenden oder seine Bewegungen – sie sind sozusagen Wegweiser. In der wissenschaftlichen Literatur nennt man sie »deiktische Signale«, doch scheint mir dieser Begriff unnötig unverständlich.
Wenn wir auf etwas zeigen, ist das eine so einfache Sache, daß wir sie leicht für selbstverständlich halten. Aber bei anderen Tieren kommt das Zeigen so gut wie gar nicht vor: Hinweissignale sind fast ausschließlich eine menschliche Fähigkeit, eine Besonderheit unserer Art.
Das einfachste Hinweissignal ist das Zeigen mit dem Körper; dies ist die einzige Form des Zeigens, die wir mit anderen Tierarten gemein haben. Wenn ein plötzlicher Reiz ein Tier alarmiert und es seinen Körper schnell auf diese Reizquelle zu dreht, dann kann diese Handlung die Aufmerksamkeit seiner Artgenossen erregen und sie dazu bringen, sich ebenfalls in diese Richtung zu wenden, obwohl sie selbst die Gefahrenquelle unter Umständen noch gar nicht lokalisiert haben. Diese Zeigegeste haben wir uns bei der sogenannten *Pointer* (= »Zeiger«)-Jagdhundrasse zunutze gemacht.
Derartige Zeigegesten mit dem menschlichen Körper kann man bei jeder gesellschaftlichen Zusammenkunft erleben, der eine bedeutende Persönlichkeit beiwohnt. Wenn wir den Raum betreten, können wir den Standort dieser Person ausmachen, denn eine ganze Traube von Körpern umgibt sie und ist ihr zugewendet. Auch Straßenansammlungen dieser Art erwecken unsere Neugierde, wenn wir etwa einen aus Körpern gebildeten Kreis um einen für uns nicht sichtbaren Gegenstand bemerken. Wenn sich ein Unfall ereignet hat, rennen alle Menschen auf die sich bildende Menschentraube zu, gelenkt von den nach innen zeigenden Körpern, so daß die Zuschauer rasch zu einer dichten Menschenmenge anschwellen.
Das Körper-Hinweiszeichen ist nur eine beiläufige Geste. Wir benutzen es nicht absichtlich, sondern eher sekundär neben anderen. Die beliebteste Form des bewußt gegebenen Hinweissignals ist in unserer Spezies zweifellos das *Deuten mit dem Zeigefinger*. Hält uns jemand auf der Straße an, fragt nach dem Weg, und wir geben ihm eine perfekte verbale Antwort – dennoch unterlassen wir es sehr selten, noch einen unterstützenden Hinweis mit dem Zeigefinger hinzuzufügen. Auch wenn sie absolut überflüssig ist, fühlen wir uns zu dieser Geste gezwungen, die man in allen Ländern der Welt beobachten kann. In manchen Gebieten, wo das Fingerzeigen tabu ist, weist man mit dem Kopf in die gemeinte Richtung, wobei die Lippen geöffnet und geschlossen oder gespitzt werden.
Eine Sonderform dieser Kopfgeste ist der heimliche Hinweis mit den Augen. Wenn ich Sie darauf aufmerksam machen möchte, daß soeben jemand den Raum betreten hat, dann blicke ich rasch in Richtung des Neueingetretenen,

starre ihn den Bruchteil einer Sekunde lang an und wende meinen intensiven Blick wieder Ihnen zu, um zu sehen, ob Sie meinen Hinweis begriffen haben. Möglicherweise muß ich meinen hinweisenden Blick mehrmals wiederholen. Wird diese Geste zu intensiv, kann sie von Dritten beobachtet werden; ist sie nicht intensiv genug, kann sie übersehen werden.

Auch bei den wichtigsten menschlichen »Wegweisern«, den Händen, gibt es verschiedene Zeige-Varianten. Außer der Zeigefinger-Geste gibt es das Hinweissignal mit der ausgestreckten flachen Hand, bei dem alle Finger eng aneinander liegen. Der Unterschied zwischen beiden Zeichen ist sehr fein. Wenn ich auf der Straße jemanden frage: »Wo ist der Bahnhof?«, und er mir antwortet: »Er ist dort«, dann wird er wahrscheinlich mit dem Zeigefinger die Richtung angeben. Wenn ich hingegen frage: »Wie komme ich von hier zum Bahnhof?«, und er darauf sagt: »Gehen Sie diese Straße hinunter«, dann wird er mir die Richtung, die ich einschlagen soll, vermutlich mit der ganzen, flach ausgestreckten Hand anzeigen (siehe auch Farbabbildung F 12–F 14, Seite 85).

Die geschlossene Hand ist eher ein Zeige-Signal für eine Route oder Richtung, die man einschlagen soll, während der Zeigefinger mehr die Lage, den Ort des gesuchten Ziels angibt. Es ist, als sei der Finger ein Pfeil, der in Richtung auf das Ziel abgeschossen werden soll. Diese Analogie ist übrigens keineswegs abwegig: Bei bestimmten Stämmen wird die Entfernung eines Zielpunktes durch den vom ausgestreckten Zeigefinger beschriebenen Winkel angegeben. Wenn Sie fragen: »Wie weit ist es bis zur nächsten Wasserstelle?« und diese nicht weit weg ist, wird der Zeigefinger fast waagerecht stehen; ist die Wasserstelle jedoch weit entfernt, wird der Zeigefinger schräg nach oben weisen. Je weiter das Ziel entfernt liegt, desto größer ist der Anstellwinkel. In Griechenland und Italien gibt es eine spezielle Variante dieser Geste – das Zeigefinger-Hüpfen. Bei dieser Handlung macht der ausgestreckte Zeigefinger einen kleinen bogenförmigen Sprung vorwärts, wobei jeder Sprung »einen Tag weiter als heute« anzeigt. Es handelt sich also um ein Hinweissignal, das eine Richtung in der Zeit und nicht im Raum anzeigt. Mit seiner Hilfe können z. B. ein Junge und ein Mädchen quer durch einen überfüllten Raum ein Rendezvous vereinbaren, ohne auch nur ein einziges Wort zu sprechen. Frage und Antwort spielen sich etwa folgendermaßen ab:

*ER* (ohne Worte): »Können wir uns morgen um fünf Uhr treffen?«
Gesten: (1) Er zeigt auf sie und auf sich selbst (= »wir«),
(2) macht einen Zeigefingersprung nach vorn (= »morgen«),
(3) hält fünf Finger hoch (= »um fünf Uhr nachmittags«).

*SIE* (ohne Worte): »Nein, aber übermorgen um fünf Uhr.«
Gesten: (1) Sie schüttelt den Kopf (= »nein«),
(2) macht zwei Zeigefinger-Sprünge nach vorn (= »übermorgen«),
(3) hält fünf Finger hoch (»fünf Uhr nachmittags«).

Die Zweifinger-Zeigegeste, bei der Daumen und Zeigefinger beteiligt sind, ist kein allgemein übliches Hinweiszeichen, sondern wird manchmal als eine Art Zwischenstufe zwischen dem auf ein bestimmtes Ziel hinweisenden Zeigefinger und dem richtungweisenden Handzeichen benutzt.
Schließlich gibt es noch das Daumenzeichen – mit einer blutigen Vorgeschichte. In römischer Zeit konnte diese Geste den Tod bedeuten. Wenn ein Gladiator in der Arena besiegt wurde, konnte er entweder von seinem Gegner auf der Stelle getötet oder aber geschont werden. Die Zuschauer konnten diese Entscheidung mit ihrer Daumenhaltung beeinflussen. Im allgemeinen glaubt man, der nach oben gerichtete Daumen bedeutete »Leben«, der nach unten gerichtete »Tod«, aber hier scheint es sich um eine Fehlinterpretation antiker Schriften zu handeln. Genauere Untersuchungen haben ergeben, daß es sich bei der sogenannten Geste mit nach oben gerichtetem Daumen eher um eine Geste handelte, bei der der Daumen in der geschlossenen Hand verborgen wurde. Die Geste mit dem Daumen nach unten besagte in Wirklichkeit nur: »Der Daumen zeigt nach unten.« Die Zuschauer saßen hoch über der Arena; wenn sie also mit den Daumen auf den Gladiator hinunterzeigten, dann richteten sie den Daumen automatisch nach unten. Also bedeutete das Verbergen des Daumens in der geschlossenen Hand »Leben« (= »Schwert in die Scheide«) und das Daumenzeigen auf den Gladiator »Tod« (= »Zustoßen mit der Schwertspitze«).
Wir sind mit dem Zeichen des nach oben bzw. nach unten gerichteten Daumens in seiner heutigen Form und Bedeutung so vertraut, daß uns diese Erklärung der antiken Geste doch sehr unwahrscheinlich vorkommt. Es ist aber eine Tatsache, daß der lateinische Ausdruck für das »Daumen-nach-oben«-Zeichen – *pollice compresso* – wörtlich mit »gedrückter Daumen« zu übersetzen ist; diese Bezeichnung paßt kaum zu unserem heutigen Daumenzeichen für »gut«. Am besten lassen sich die antiken Gesten erklären, wenn man sie als mimische Gesten auffaßt. Der nach unten gehaltene Daumen läßt sich dann als mimisches Symbol für das Durchbohren des Besiegten mit dem Schwert deuten. Mit diesem schwertlosen »Schwertstoß« forderten die Zuschauer den siegreichen Gladiator zum tatsächlichen Schwertstoß auf. Wenn sie aber das Gegenteil erreichen wollten – die Schonung des Besiegten –, dann brachten sie dies dadurch zum Ausdruck, daß sie den Daumen in der geschlossenen Hand verbargen.
Vielleicht durch diesen Erbteil aus der Antike ist es bei den Italienern heute weniger üblich, die Geste des nach oben gerichteten Daumens in der Bedeutung »O.K.«, »schön«, »gut« zu benutzen, als bei Engländern und Franzosen. Bei einer Umfrage gaben 95 Prozent der befragten Engländer und Franzosen an, daß sie dieses Zeichen in diesem Sinne verwenden, bei den Italienern waren es dagegen nur 23%. Mehr noch: Viele Italiener bezeichneten dieses Zeichen als das »englische O.K.-Signal« und gaben an, es in Filmen oder im Fernsehen gesehen zu haben.

Außer diesem speziellen Daumengebrauch gibt es natürlich noch ein allgemeineres, richtungweisendes Daumenzeichen: Wenn ich intensiv beschäftigt bin und mich jemand unterbricht, um zu fragen, wo ein bestimmter Gegenstand sei, dann deute ich möglicherweise mit meinem Daumen kurz in die entsprechende Richtung. Diese Geste betrachtet man im allgemeinen als Unhöflichkeit, und man muß sich fragen, warum. Schließlich wird ja die erbetene Information gegeben. Man ignoriert den Frager nicht – warum sollte er also mein Daumenzeichen als leicht unhöflich empfinden? Die Antwort scheint mit der Rolle zusammenzuhängen, die der Daumen als der »brutale Finger« bzw. der »Kraftfinger« spielt. Wenn wir einen Gegenstand fest packen, muß der Daumen die Kraft aller anderen vier Finger aufwiegen. Wir sprechen davon, daß wir »auf etwas den Daumen drauf haben«, und das bedeutet soviel wie: Es befindet sich unter unserer Kontrolle, in unserer Macht. Der richtungweisende Daumenstoß steht also in einem unbewußten Zusammenhang mit dem Begriff »physische Kraft«. Niemals würde deshalb ein Untergebener einem Vorgesetzten die Richtung mit Hilfe des Daumenzeichens angeben – es sei denn, er wolle ihn bewußt herausfordern.
Die einzige Ausnahme von dieser Regel ist, wenn man die Richtung mit dem Daumen über die eigene Schulter anzeigt. Wäre der Auskunftgebende besonders höflich, würde er sich herumdrehen und die Richtung mit dem Zeigefinger angeben; aber wenn es aus irgendeinem Grund für ihn schwierig ist, sich umzudrehen, dann ist auch der über die Schulter gegebene »Daumenzeig« akzeptabel. Ein Sonderfall dieser Geste ist das Fahren per Anhalter: Der Tramper zeigt mit dem Daumen auf die hinter ihm liegende Straße, während er dem auf ihn zukommenden Verkehr entgegenblickt.
Außer diesen »Wegweiser«-Zeichen gibt es andere Hinweissignale, die wir als »Winken« bezeichnen. Hier spielt nur *eine* Richtung eine Rolle, die auf den Winkenden selbst zu. Es handelt sich also um die »Komm-her«- bzw. »Komm-herüber«-Signale, von denen es mehrere Varianten gibt.
Die am weitesten verbreitete Form des »Heranwinkens« ist das Winken mit der Hand, wobei alle vier Finger sich gemeinsam öffnen und schließen. Manche Menschen tun das mit nach oben, andere mit nach unten gerichteter Handfläche; das hängt jeweils davon ab, wo man lebt. Engländer und Franzosen »winken« stets mit nach oben gerichteter Handfläche »heran«, Italiener dagegen fast ausschließlich mit nach unten gerichteter Handfläche. Dies deshalb, weil die Italiener beim »Winken zum Abschied« eine Geste benutzen, die dem englisch-französischen Heranwinken stark ähnelt. Würden sie auch auf englisch-französische Weise heranwinken, könnte das zu Mißverständnissen führen.
In der übrigen Welt begegnet man meist dem Heranwinken mit aufwärts gerichteter Handfläche, in einigen Gegenden verwendet man auch die Geste mit abwärts gerichteter Handfläche, so in bestimmten Gebieten Asiens und Afrikas, in Spanien und in südamerikanischen Ländern.

70 ▷

70 Das sarkastische Heranwinken mit dem Zeigefinger, eine der Lieblingsgesten von Oliver Hardy.

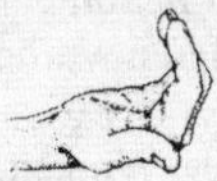

71 ▽

72 ▽

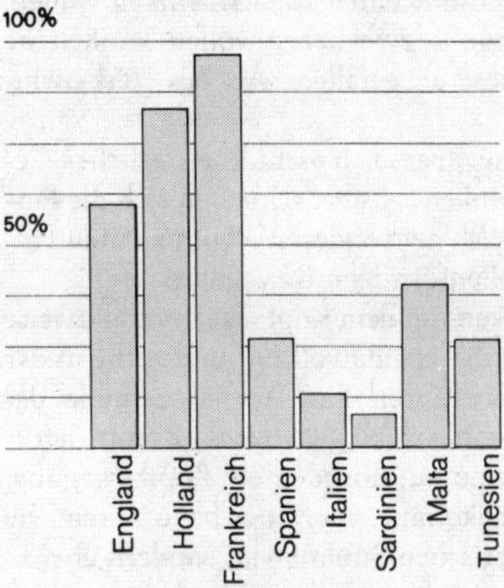


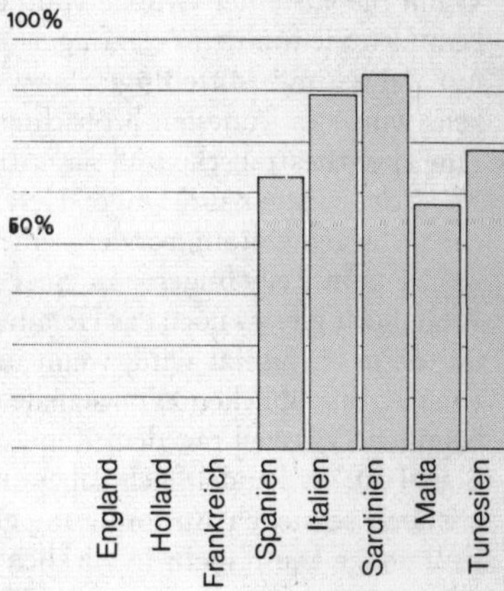


71 + 72 Beim Herbeiwinken mit der ganzen Hand zeigt die Handfläche in manchen Ländern nach oben, in andern nach unten. Die Graphiken (71 + 72) verdeutlichen, wie sich die lokale Vorliebe für eine Handhaltung verändert, wenn man sich von England aus quer durch Europa nach Nordafrika bewegt (Graphik nach Morris u. a., *Gesture Maps*).

Das Heranwinken mit dem Zeigefinger ist nicht so weit verbreitet wie das Winken mit der Hand und hat in England einen leicht spöttischen oder ironischen Beigeschmack. Dies ist in Frankreich nicht so ausgeprägt: Deshalb kommt diese Geste dort etwa doppelt so häufig vor. In Italien ist sie selten, aber noch seltener ist das Heranwinken mit dem Zeigefinger bei abwärts gerichteter Handfläche, das nur 1,3% der befragten Italiener benutzten.

Eine andere sehr seltene Variante ist das Heranwinken mit zwei Fingern, das nach Umfragen von Engländern und Franzosen nur zu 8% benutzt wird und in Italien völlig unbekannt ist.

Wenn ein Winkender seiner Geste mehr Nachdruck verleihen will – etwa eine Mutter, die ein Kind in der Ferne heranrufen will –, dann führt sie die Bewegung mit dem ganzen Arm aus. Die Geste wird dadurch deutlicher erkennbar. Die populärste Geste dieser Art ist das seitliche Armschwingen, das nicht »Komm her«, sondern »Komm mit« bedeutet. Ein weiteres, für große Entfernungen bestimmtes Signal ist das Kreisenlassen des erhobenen Zeigefingers. Dabei wird der Arm über den Kopf gehoben, der Zeigefinger zum Himmel ausgestreckt und der ganze Arm kräftig im Kreis bewegt. Das geschieht häufig beim Militär, aber auch von nordafrikanischen Beduinenstämmen wird berichtet, daß sie dieses Zeichen benutzen. Von diesen wurde es möglicherweise ursprünglich übernommen.

Eine weitere nordafrikanische Besonderheit ist das »abgezählte« Winken. Wenn Sie aus einer Gruppe von Leuten nur einen zu sich winken wollen, benutzen Sie nur den Zeigefinger. Wenn Sie zwei haben wollen, winken Sie mit Zeige- und Mittelfinger, usw. Diese ausgefallene Art des Herbeiwinkens wurde in Tunesien beobachtet.

Eine eher theatralische und sarkastische, aber auch »schulmeisterliche« Geste ist das »Finger-um-Finger-Heranwinken«. Dabei schließen sich die Finger nicht gemeinsam, sondern einer nach dem anderen – vom kleinen Finger bis zum Zeigefinger – in einer wellenförmigen Bewegung.

Schließlich gibt es noch das Heranwinken mit dem Kopf, das normalerweise nur dann eingesetzt wird, wenn man die Hände voll hat und nicht in der Lage ist, die üblichen Winksignale auszuführen. Eine Ausnahme bildet das heimliche Winken mit dem Kopf, das ein sexuell gemeintes »Komm-her«-Signal ist. Es handelt sich dabei um eine nur angedeutete Kopfbewegung, die einer sexuellen Aufforderung gleichkommt; allerdings benutzt man sie heutzutage kaum mehr in wirklich erotischen Situationen, sondern eher in scherzhaftem Zusammenhang mit gespielter sexueller Bedeutung.

Außer dem Zeigen und Winken gibt es noch eine Reihe anderer Hand- und Armbewegungen, die als allgemeine Hinweissignale dienen: Die Geste des Zurückweisens, bei der die hochgehaltene Hand – mit der Handfläche nach vorn – vom Körper wegbewegt wird, bedeutet dem Gegenüber, daß er zurückgehen soll. Das richtungweisende Winken mit flacher Hand zeigt an, in welche Richtung jemand gehen soll. Die nach oben bewegte Hand zeigt »aufwärts« an, die flach nach unten bewegte Hand »abwärts«.

Insgesamt bestätigen sie alle die Behauptung, daß der Mensch, verglichen mit dem Tierreich, Hinweiszeichen am besten und am kunstvollsten beherrscht. Wir betrachten das alles als selbstverständlich. Aber wenn man an all die feinen Unterschiede zwischen den verschiedenen richtungweisenden Signalen denkt, dann wird deutlich, daß es selbst in diesem Bereich eine ganze komplexe Welt gestischer Kommunikation gibt, die es dem Menschen ermöglicht, mit großer Präzision zum Ausdruck zu bringen, wo sich die Gegenstände, Orte und Menschen seiner Umwelt befinden.

## Ja/Nein-Zeichen

### Gesten, mit denen wir Zustimmung oder Ablehnung ausdrücken

Viele Leute glauben, daß es nur je eine Möglichkeit gibt, »ja« und »nein« zu signalisieren – Kopfnicken und Kopfschütteln –, und daß diese Handlungsmuster weltweit verbreitet sind. Das kommt zwar der Wahrheit sehr nahe, ist aber nicht die ganze Wahrheit. In einigen Regionen gibt es weniger geläufige andere Kopfbewegungen für Zustimmung und Verneinung, und der Tourist, der sie nicht versteht, kann dort leicht in Schwierigkeiten geraten.

Fünf wichtige Kopfbewegungen sind zu unterscheiden:

1. Das *Kopfnicken.* Der Kopf bewegt sich ein- oder mehrmals auf und nieder, wobei die Abwärtsbewegung stärker ausfällt als die nach oben. Es sieht im Grunde so aus, als wolle der Kopf eine Verbeugungshandlung einleiten, doch dann hält er plötzlich inne. Da die Verbeugung Bestandteil eines weltweit verbreiteten Typus von Untergebenheitsgesten ist, überrascht es nicht festzustellen, daß das Kopfnicken, wo immer es auftritt, als »Ja«-Zeichen gilt und niemals als »Nein«-Zeichen. Selbst die australischen Ureinwohner benutzten bei ihrer ersten Begegnung mit Weißen das Kopfnicken als »Ja«-Zeichen. Es muß daher entweder Tausende von Jahren alt sein oder sich an verschiedenen Stellen der Erde zu verschiedenen Zeiten unabhängig voneinander entwickelt haben. Wegen seiner weiten Verbreitung läßt es sich nicht als kolonialer oder touristischer »Import« aus jüngerer Zeit erklären.

Außer bei den australischen Ureinwohnern hat man das Kopfnicken auch bei manchen Indianerstämmen im Amazonasgebiet beobachtet, ferner bei Eskimos, Papuas, Samoanern, Balinesen, Malaien, Japanern, Chinesen sowie bei vielen afrikanischen Stämmen. Es wird außerdem von nahezu allen Weißen in Europa, Nord- und Südamerika, Australien und Neuseeland benutzt, sogar von taub- und blindgeborenen sowie von geistig zurückgebliebenen Menschen, die nicht sprechen können. Diese eindrucksvolle Liste, die sich zweifellos noch erheblich verlängern ließe, deutet in starkem Maße darauf hin, daß es sich beim Kopfnicken um ein angeborenes Handlungsmuster unserer Spezies handeln könnte.

Wenn das der Fall ist, müßte man die Ausnahmen von dieser Regel – abweichende Kopfbewegungen für »ja« – besonders erklären. Womöglich treten diese nicht an die Stelle des Kopfnickens, sondern sind nur eine Ergänzung. So berichteten beispielsweise Touristen aus Ceylon, daß dort seitliches Kopfschwingen an die Stelle des Kopfnickens getreten sei. Wenn die Eingeborenen einem Vorschlag zustimmten, schienen sie nicht nickend zuzustimmen, sondern den Kopf von einer Seite zur anderen zu schwingen. Bei eingehenderen Untersuchungen entdeckte man allerdings, daß dies nur der Fall war, wenn es sich um den Ausdruck allgemeiner Zustimmung

73 Durch leichtes Schlagen mit den Fingern an die Kinnunterseite signalisiert ein Süditaliener eine »Nein«-Antwort.

handelte; stellte man aber eine direkte Frage, dann wurde »ja« durch Kopfnicken mitgeteilt. Alles hing also hier von der Art des zu erwartenden »Ja« ab. Für die meisten Menschen gibt es auf alle Fragen, die eine bestätigende Reaktion erfordern, nur ein Standardsignal, für andere dagegen ist die *Art* des »Ja« durchaus relevant. Gibt es doch mehrere sehr verschiedene Arten von »Ja«:

Das bestätigende Nicken: »Ja, ich höre noch zu!«
Das ermutigende Nicken: »Ja, wie faszinierend!«
Das verständnisvolle Nicken: »Ja, ich verstehe.«
Das zustimmende Nicken: »Ja, das werde ich (tun).«
Das faktische Nicken: »Ja, das ist richtig!«

Wenn irgendwo einer dieser Typen des Kopfnickens durch eine andere Kopfbewegung ersetzt wird, fällt es natürlich dem Gelegenheitsreisenden besonders auf; zurückgekehrt, berichtet er dann fälschlicherweise von völlig anderen Gesten für »Zustimmung«.

2. Das *Kopfschütteln.* Der Kopf wird mit gleichem Nachdruck nach beiden Seiten geschwenkt. Das ist die am weitesten verbreitete Form der negativen Antwort, die ganz verschiedene Arten von »Nein« ausdrücken kann: »Ich kann nicht«, »Ich werde nicht«, »Ich bin anderer Ansicht« und »Ich weiß nicht«. Auch Mißbilligung und Verwirrung oder Bestürzung können auf diese Weise ausgedrückt werden.

Wie das Kopfnicken ist auch das Kopfschütteln weltweit verbreitet und blieb in der Regel auch dort erhalten, wo eine andere negative Geste üblich ist. Ursprünglich stammt diese Geste vermutlich vom kindlichen Verhaltensmuster des Zurückweisens von Mutterbrust, Flasche oder Löffel mit Nahrung. Versucht die Mutter oder der Vater, ein Baby zur Annahme der Nahrung zu bewegen, dann ist die ablehnende Reaktion, daß es den Kopf erst nach der einen, dann nach der anderen Seite dreht – weg vom zurückgewiesenen Gegenstand. Aus diesem Hin- und Herdrehen entsteht wohl später das Kopfschütteln der Erwachsenen. Das erklärt auch, warum es überall, wo es vorkommt, als negatives Signal angesehen wird.

3. Die *Kopfdrehung*. Der Kopf wendet sich abrupt nach einer Seite und geht dann wieder in die Ausgangsposition zurück. Das ist eine Art halbes Kopfschütteln und bedeutet weitgehend das gleiche. Dieses »Nein«-Signal kommt in Teilen von Äthiopien und anderswo vor, und sein Zusammenhang mit der Verweigerung der Nahrungsaufnahme durch das Kleinkind ist noch deutlicher.

4. Das *Kopfschwingen*. Der Kopf schwingt rhythmisch von einer Seite zur anderen und macht dabei einen Bogen nach oben wie ein umgekehrtes Pendel. Für die meisten Europäer bedeutet diese Handlung »vielleicht, vielleicht auch nicht«; dabei führt der Kopf die wechselnden Bewegungen erst nach der einen, dann nach der anderen Seite aus. Aber in Bulgarien sowie in Teilen von Griechenland, in Jugoslawien, der Türkei, dem Iran und Bengalen gilt diese Bewegung als Ersatz für das uns vertrautere Kopfnicken. Hier bedeutet das Kopfschwingen also nicht »vielleicht«, sondern »ja«, und diese Bewegung ähnelt dem weit verbreiteten Kopfschütteln so sehr, daß sie einige Verwirrung stiftete. Als die kopfschüttelnden russischen Soldaten nach Bulgarien kamen, ergaben sich dadurch Verständigungsschwierigkeiten mit der einheimischen Bevölkerung. Das bulgarische »Ja« ähnelte dem russischen »Nein« so sehr, daß Komplikationen nicht ausbleiben konnten. Um diese Schwierigkeiten zu vermeiden, gewöhnten die Russen sich an, ihr »Ja« durch langsames Kopfschütteln mitzuteilen und ihr eigenes, angestammtes »Nein«-Zeichen zu unterlassen. Das hätte eigentlich funktionieren müssen, führte aber im Gegenteil zu noch schlimmerer Verwirrung, weil die Bulgaren jetzt nie mehr sicher sein konnten, ob ein Russe sich bulgarisch oder russisch ausdrückte. In dieser Situation brach die gesamte gestische Kommunikation zusammen.

In der bulgarischen Sprache gibt es mehrere Redewendungen, die auf den Ursprung der »Ja«-Bedeutung für die Geste des Kopfschwingens schließen lassen, so beispielsweise »Ich leihe dir/Ihnen mein Ohr« oder »Ich bin ganz Ohr«. Die schwingende Kopfbewegung ist also eine stilisierte Geste, bei der man das Ohr dem anderen zuneigt, um ihm die volle Aufmerksamkeit zu schenken. Die Bestätigung des Interesses wird dann zu einer generellen Bestätigungsgeste verallgemeinert.

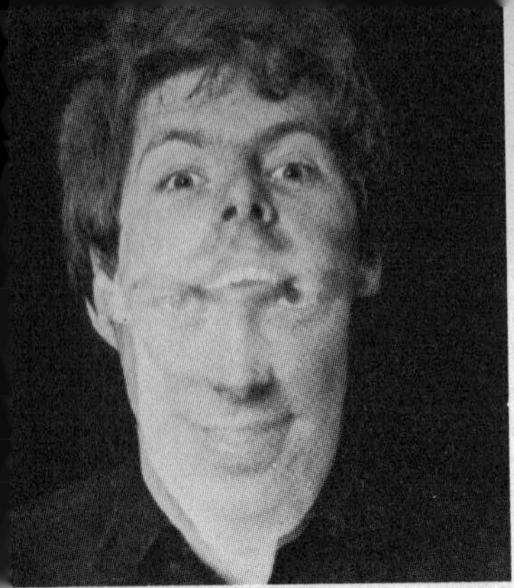

74 ◁

75 ▷

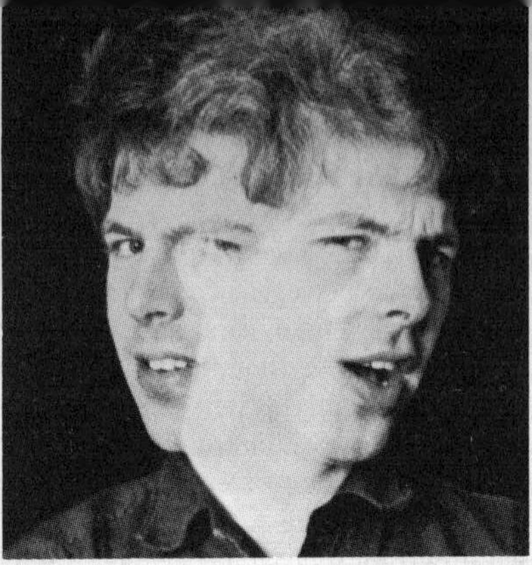

74 + 75 Kopfnicken und Kopfschütteln, die beiden am weitesten verbreiteten Zeichen für »ja« und »nein«. Viele Menschen glauben irrtümlich, dies seien die einzigen zur Bejahung bzw. Verneinung verwendeten Gesten.

5. Das *Zurückwerfen des Kopfes.* Der Kopf wird scharf zurückgeworfen und kehrt weniger schnell wieder in seine neutrale Ausgangsposition zurück. Das ist eine Art umgekehrten Kopfnickens und in vielen Gegenden eine Ausdrucksform für »nein«. Viele Gesten folgen dem *Prinzip des Gegensatzes,* und diese hier ist eine. Wenn nach diesem Prinzip zwei Signale genau das Gegenteil voneinander bedeuten, müssen auch die Handlungen, auf denen sie basieren, ihrer Form oder Richtung nach einander entgegengesetzt sein. Wenn also das Kopfnicken »ja« bedeutet, dann kann man erwarten, daß das Zeichen für »nein« das Gegenteil davon ist. Es gibt zur abwärts gerichteten Bewegung des Kopfnickens zwei entgegengesetzte Formen – die eine ist das seitlich gerichtete Kopfschütteln und die andere das nach oben gerichtete Zurückwerfen des Kopfes.

Das Zurückwerfen des Kopfes ist wohl deswegen weniger verbreitet, weil es nicht so eindeutig ist wie das Kopfschütteln. Sein Zentrum ist Griechenland, und man bezeichnet es manchmal als das »griechische Nein«, doch findet man es heute fast im gesamten Mittelmeerraum, darunter Zypern, die Türkei, Jugoslawien, Malta, Sizilien, Süditalien und auch einige arabische Länder. Seine Verbreitung entspricht etwa der territorialen Verbreitung der Griechen in ihrer Blütezeit, und es hat ganz den Anschein, als handle es sich auch hier um eine alte griechische Geste wie der besprochene »Kinnklaps«, die sich in den einstmaligen griechischen Kolonialgebieten mehr als zweitausend Jahre lang erhalten hat. Man hat herausgefunden, daß trotz der Mobilität der Bevölkerung im heutigen Italien und trotz des über das ganze Land verbreiteten Fernsehnetzes die Römer für ihr »Nein« auch heute noch das Kopfschütteln benutzen, die Neapolitaner dagegen das Zurückwerfen des Kopfes. Die recht scharfe »Gesten-Grenze« fällt etwa mit der ersten Gebirgskette nördlich von Neapel zusammen. Südlich davon benutzt nahezu jeder das Zurückwerfen des Kopfes, nördlich davon das Kopfschütteln als negative Geste. Man könnte denken, daß die Griechen seit ihrer Kolonialisierung Süditalien nie verlassen haben.

Die meisten Menschen Süditaliens verwenden jedoch das Zurückwerfen des Kopfes nicht für alle Arten verneinender Aussagen. Vor allem für ein faktisches »Nein« verwendet man gelegentlich auch das Kopfschütteln. Das Zurückwerfen des Kopfes hat eine starke emotionale Färbung – »Nein, das darfst du nicht!«, »Nein, das hat keinen Sinn!«, »Nein!!!«. Zusätzlich wird dabei bisweilen nachdrücklich der Mund gespitzt, Augen und Augenbrauen werden hochgezogen, und man läßt einen Schnalzlaut hören. Auf weitere Entfernung wird die Geste dadurch verstärkt, daß man die Fingerrücken unter dem Kinn entlang vorwärts bewegt: durch den »Kinnklaps« also.

Noch komplizierter wird die Sache dadurch, daß das Zurückwerfen des Kopfes in einigen Gegenden der Welt eine völlig andere Bedeutung hat. Bei den Maoris auf Neuseeland, den Tagals auf den Philippinen, den Dayaks auf Borneo und bei einigen äthiopischen Stämmen bedeutet das Zurückwerfen des Kopfes nicht »nein«, sondern »ja«. Dieses ungewöhnlich verstreute Auftreten ist schwer zu verstehen, eher schon die Verwandtschaft mit der »Aha«-Geste, bei der der Kopf nach oben und wieder zurück bewegt wird. »Aha« wurde zu »ach ja« und »ja« generalisiert. Diese Variante ist ein weiterer Grund, warum das Zurückwerfen des Kopfes nicht speziell und eindeutig genug ist; deshalb ist es auch als Signal nicht so universal und so weltweit verbreitet wie Kopfnicken und Kopfschütteln.

Die fünf Hauptsignale für »ja« und »nein« sind durchweg Kopfbewegungen – aber es gibt dafür auch noch andere Möglichkeiten, nämlich Handzeichen. Wenn Eltern ein Kind davor warnen, etwas Bestimmtes zu tun, tun sie das häufig nicht mit einem Kopfschütteln, sondern mit einem Hin- und Herschwenken des Zeigefingers. Dies ist ein Beispiel für ein *Ersatzsignal,* bei dem ein Körperteil die Rolle eines anderen »übernimmt«. In diesem Fall wird nicht der Kopf *geschüttelt,* sondern der Zeigefinger *geschwenkt.* Die Hand übernimmt also die Handlungsweise des Kopfes und kann sie beschleunigen und verstärken. Ist z. B. der Vater besorgt oder wütend, kann er dem Kind mit der Hand ein nachdrücklicheres und rascheres Signal geben, als es mit dem Kopf möglich wäre. Die gleiche Handlung läßt sich auch so variieren, daß man die Hand hin- und herschüttelt und die ausgestreckte Handfläche demjenigen zukehrt, dem das Signal gilt.

In der Zeichensprache der nordamerikanischen Indianer ist das Handsignal für »ja« ein Abwärtsbewegen des Zeigefingers – auch dies ein Ersatzsignal, und zwar eine Art »Handnicken«, bei dem das Senken der Hand an die Stelle des bestätigenden Kopfnickens tritt. Das Zeichen der Indianer für »nein« besteht aus einer ruckartigen Aufwärtsbewegung der Hand; auch dies ist eine Nachahmung – in diesem Fall des Zurückwerfens des Kopfes.

## Starren und unsteter Blick – wie wir einander anschauen

Wenn zwei Menschen sich begegnen und Augenkontakt miteinander aufnehmen, geraten sie sofort in einen Konfliktzustand. Sie wollen sich einerseits anblicken, andererseits wollen sie gleichzeitig wegschauen. Dadurch entsteht eine komplizierte Folge von Augenbewegungen hin und her. Eine genaue Untersuchung dieses »Blickverhaltens« kann viel über die Beziehungen zweier Menschen aussagen.
Es gibt nicht nur einen, sondern mehrere Gründe dafür, daß wir einander anblicken wollen, aber auch andere, die uns zum Wegschauen bringen. Bei jungen Liebenden, die das erste intensive Gefühl gegenseitiger Anziehung erleben, gibt es einige sehr auffällige Blickmuster. Sind Junge und Mädchen gleichermaßen schüchtern, dann können sie lange Zeit einander nicht anschauen. Im Gespräch tauschen sie nur ganz flüchtige Blicke aus. Die meiste Zeit über starren sie auf den Fußboden oder in die entgegengesetzte Richtung. Manchmal ist ihr Blick so angespannt, daß man den Eindruck gewinnt, zu ihren Füßen müsse irgend etwas ganz Faszinierendes liegen. Hier spiegelt sich der innere Konflikt zwischen Angst und sexueller Anziehungskraft wider. Daraus entsteht das Problem, wohin man seine Augen richten soll. Mit fortschreitender Annäherung nimmt die Angst ab, die Liebenden schauen sich öfter in die Augen. Die Blicke wirken zwar noch recht nervös, aber sie sind jetzt etwas häufiger und länger. Wird einer der Liebenden wagemutiger, entsteht häufig eine Phase hingerissener Zuwendung, wobei der mutigere den anderen lange und voller Sehnsucht ansieht, während der schüchternere Partner sich immer auf das ach so wichtige Staubkorn am Boden konzentriert. »Er konnte den Blick nicht von ihr wenden« oder aber auch »Er mußte sie ununterbrochen ansehen«, beschreibt diese Phase einer Beziehung.
Wenn die Liebenden dann wirklich vertraut geworden sind und alle Furcht gewichen ist, sitzen sie eng beieinander, schauen einander lange und tief in

76 Während freundschaftlicher sozialer Begegnungen wird der Augenkontakt ein klein wenig länger als üblich gehalten, wenn beide Partner an ihrem Gegenüber Gefallen finden. Der verlängerte Blickkontakt stellt sich gewöhnlich unbewußt her, und seine »Botschaft« wird ebenso unbewußt empfangen. Die Umstehenden bemerken die ungewöhnliche Herzlichkeit der Begegnung zwar, analysieren aber nicht die Signale, die daran beteiligt sind.

die Augen und haben nur selten einen flüchtigen Blick für ihre Umwelt. Sie sprechen sanft miteinander und berühren sich zärtlich. Dieses Fortschreiten von schüchternen Anfängen über einseitiges Begehren zur starken gegenseitigen Zuwendung bringt eine starke Zunahme des Einander-Anschauens und macht das »Lange-Anschauen« zu einer Liebesgeste.

Was geschieht nun mit den Augen, wenn der bestimmende Faktor bei einem sozialen Kontakt nicht die Liebe, sondern der gesellschaftliche Status ist? Nehmen wir an, ein Untergebener hat irgendeinen Fehler gemacht und wird in das Büro seines Vorgesetzten gerufen, um dafür zur Verantwortung gezogen zu werden. Beim Eintreten sucht er in den Gesichtszügen des Vorgesetzten dessen Stimmung zu erkennen, aber dieser sitzt ruhig hinter seinem Schreibtisch und starrt aus dem Fenster. Mit einem flüchtigen Blick auf den Untergebenen fordert er ihn auf, Platz zu nehmen, und beginnt ihn mit Worten zu attackieren, während er immer noch aus dem Fenster schaut. Plötzlich beginnen ihn die Antworten des Untergebenen zu ärgern, er wirbelt herum, funkelt den unglücklichen Mann an und »nagelt« ihn mit einem drohenden Gesichtsausdruck »fest«. In seiner Nervosität blickt nun der Schwächere weg und versucht nur gelegentlich, durch einen flüchtigen Blick bei seinem Vorgesetzten einen Stimmungsumschwung zu registrieren. Sein Gesicht ist fast nicht mehr zu sehen, er »verliert« buchstäblich »sein Gesicht«. Der Überlegene bohrt seine Augen geradezu in den Kopf des Untergebenen, unter drohenden Bemerkungen wie »Ich werde ein Auge auf Sie haben«. Aber er geht zu weit, und der Untergebene verliert die Beherrschung. Er springt auf und fängt an zu schreien. Mit seiner Stimmungsänderung hin zu offener Feindseligkeit verändert sich auch sein Blickverhalten. Auch er starrt jetzt sein Gegenüber an. Der Untergebene verliert die Selbstkontrolle, rennt um den Schreibtisch herum und schlägt auf den Vorgesetzten ein, der zu Boden geht. Auch bei diesem vollzieht sich ein schneller Blickwandel; Panik und Angst spiegeln sich in seinem völlig veränderten Gesichtsausdruck, aber er läßt seinen wütenden Gegner nicht einen Augenblick aus dem Auge. Jetzt starrt er diesen nicht mehr aggressiv, sondern aus Angst an und um seine eigene Person zu schützen.

In dieser eskalierenden Szene kommt es zu mehreren klar unterscheidbaren Veränderungen im Blickverhalten. Man erkennt, daß *passive* Dominanz ebenso wie *passive* Unterlegenheit übertriebenes Wegblicken auslösen. Ehe der Vorgesetzte in Rage geriet, sah er den Untergebenen gewissermaßen überhaupt nicht, sondern blickte wie unbeteiligt aus dem Fenster; sein Angestellter war ihm nicht einmal einen Blick wert. Dieser wiederum blickte, als sein Chef sich zu ihm umdrehte, verzagt zur Seite und schlug unterwürfig die Augen nieder. Auf der anderen Seite zeigt sich, daß *aktive* Aggression und *aktive* Angst zum intensiven Anstarren des Opponenten führen. Sowohl der wutentbrannte Vorgesetzte als auch der außer sich geratene Untergebene und schließlich der angstvoll zurückweichende Vor-

77 Das sanfte »In-die-Augen-Schauen« junger Liebender demonstriert die Beziehung zwischen liebevoller Hingabe und einer starken Verlängerung des direkten Augenkontakts.

gesetzte »nagelten« ihr Gegenüber mit den Augen fest, entweder in direkter Bedrohung oder aber, um sich kein auf einen möglichen Angriff hindeutendes Zeichen entgehen zu lassen (siehe auch Farbabbildung F 17, Seite 87).
Zieht man zusammenfassende Schlüsse aus diesen spannungsvollen Szenen von Haß und Liebe, kann man sagen, daß ein direktes Anstarren starke aktive Liebes-, Haß- und Angstgefühle, ein abgewandter Blick Schüchternheit, lässige Überlegenheit und Unterwürfigkeit anzeigen. Da es im Prinzip nur zwei Arten des Blickverhaltens gibt – Anblicken und Wegschauen –, hängt es vom begleitenden Gesichtsausdruck ab, welche der drei Grundstimmungen beteiligt ist: Liebe, Zorn oder Angst. In stark emotional aufgeladenen Situationen wie den geschilderten ist der Gesichtsausdruck unverstellt und unmißverständlich, doch sind solche Fälle selten. Bei den allermeisten sozialen Kontakten verläuft alles vergleichsweise gedämpft und verschleiert hinter einer Maske gesellschaftlicher Höflichkeit. Findet etwa ein Mann bei einer Party die Frau, mit der er sich unterhält, außergewöhnlich anziehend, dann zeigt er diese Tatsache wohl kaum durch einen wollüstigen Gesichtsausdruck seiner Partnerin. Er führt vielmehr seine Unterhaltung auf »rein freundschaftlicher« Ebene und hofft, daß man ihm dies auch abnimmt. Ein zweiter Mann, der sich durch seinen Gastgeber erheblich irritiert fühlt, unterdrückt gleichfalls einen feindseligen Gesichtsausdruck; ein dritter, der durch einen dynamischen Partner in ungewöhnlichem Maße verunsichert wird, läßt auf seinem Gesicht die nackte Angst keinesfalls erkennen.
Unter diesen Voraussetzungen lassen sich die weniger intensiven Emotionen unter Kontrolle halten, und nach außen hin verschwimmt alles zu einem fast uniformen »Nicken und Lächeln«. Aber ein Lächeln läßt sich leichter unter Kontrolle bringen als Blicke. Wir sind uns unserer Augenbewegungen beim Plaudern und Trinken ebensowenig bewußt wie der dabei vorgehenden Veränderungen. Tatsächlich schauen wir unsere Gesprächspartner nämlich unbewußt zunehmend oder abnehmend lange an. Findet etwa ein Mann eine Kollegin ungewöhnlich reizvoll, dann zeigt er das nur dadurch, daß er, wenn ihre Augen sich begegnen, sie länger anblickt als üblich. Ein anderer, gezwungen, sich mit seiner wenig anziehenden Gastgeberin zu unterhalten, zeigt seine innere Reaktion nicht durch sein strahlendes Lächeln, sondern durch die Kürze des ihr zugewandten Blickes. Ähnlich tendiert ein eher feindselig eingestellter, dabei aber dominierender Gast dazu, seine Partner durch überlanges Anblicken zu fixieren; die Folge ist, daß seine zwar lächelnden, insgeheim aber nervösen »Opfer« ihre Blicke viel länger abschweifen lassen als bei normalen Begegnungen.
Das Problem in solchen Situationen ist, festzustellen, ob der Gast, der einen überlange anblickt, an einem interessiert oder einem gegenüber feindselig eingestellt ist. Das läßt sich aus dem Blickverhalten allein nicht schließen. Man kann daraus nur entnehmen, ob einem etwas mehr oder weniger

Aufmerksamkeit geschenkt wird als normalerweise üblich. Die Ursache dieser Aufmerksamkeit muß man aus anderen nichtverbalen Quellen erschließen – aus jenen, die nicht durch ein höfliches Lächeln getarnt werden. Trotzdem liefert das Blickverhalten wesentliche soziale Hinweise, da es eine unbewußte Reaktion ist, wenn wir jemandem begegnen und mit ihm sprechen.

Es ist so wichtig, daß wir ein spezielles Gesichtsmerkmal entwickelt haben: das Weiße in unserem Auge, das die Bewegungen unserer Augen deutlicher macht. Anderen Primaten fehlt es. Veränderungen in ihrer Blickrichtung sind daher entschieden weniger auffallend. Aber sie kennen ja auch keine stundenlange persönliche Unterhaltung »von Angesicht zu Angesicht«. Gerade die Entwicklung der Sprache hat den Augenkontakt zu einem so bedeutsamen und nützlichen gestischen »Sender« gemacht.

Beobachtet man die Augen von zwei im Gespräch vertieften Menschen, so kann man sehr charakteristische »tanzende« Blickwanderungen feststellen. Der Sprecher beginnt seine Ausführungen mit einem Blick auf seinen Partner. Dann wendet er mit zunehmendem Gewicht seiner Gedanken und Worte seinen Blick ab. Gegen Ende seiner Äußerungen schaut er wieder kurz seinen Partner an, um festzustellen, welchen Eindruck seine Worte hinterlassen haben. Während dieser Zeit hat der Zuhörer den Sprecher genau beobachtet, aber jetzt, da der Zuhörer selbst zum Sprecher wird, blickt er seinerseits weg und wirft gelegentlich Blicke, um die Wirkung seiner Worte zu prüfen. Auf diese Weise wechseln Rede und Blicke nach einem allgemein vorhersagbaren Muster hin und her.

Bei der gewöhnlichen Unterhaltung sind es die Augenblicke des kurzen Augenkontakts beim Wechseln von der Sprecher- zur Zuhörerrolle und umgekehrt, bei denen sich die Schwankungen im Aufmerksamkeitsgrad bemerkbar machen. Gerade an diesen Stellen hält ein Verliebter länger inne als gewöhnlich und blickt das geliebte Mädchen an. Dabei fühlt sie sich unbehaglich, denn entweder muß sie seinen Blick erwidern oder wegschauen, während *er* spricht. Spricht er weiter und blickt die Angebetete unverwandt an, während sie wegschaut, dann wird sie zur »Schüchternen«, und das paßt ihr nicht. Erwidert sie aber seinen Blick, dann hat er sie zu einem »Liebesblick« gezwungen, und das paßt ihr auch wieder nicht. Aber meist geht er nicht so weit. Er verlängert die Dauer seines Blicks nur um einen winzigen Augenblick, der gerade lang genug ist, um seine Nachricht zu übermitteln, ohne peinlich zu werden.

Es gibt natürlich noch zahlreiche andere Varianten, die sich bei gesellschaftlichen Zusammenkünften aller Art beobachten lassen. Da ist zum Beispiel der gesprächige Typ, der so viel und so ausdauernd redet, daß er die Reaktion der anderen nicht abwarten kann, und der daher während des Sprechens dauernd forschende Blicke um sich wirft. Dann gibt es den »Mann mit dem schwankenden Blick«, der in seiner Nervosität dauernd zwischen

78 Der direkte Blick ist von solch starker Wirkung, daß es schwerfällt, bei dem Schuljungenspiel »Wer hält den Blick länger aus?« längere Zeit durchzuhalten.

gespannter Aufmerksamkeit (Anblicken) und unruhigem Zurückweichen (Wegblicken) hin und her schwankt. Oder den anbetenden Schwärmer, der seinem bewunderten Gegenüber so ergeben ist, daß er keine Sekunde den Blick von ihm lassen kann, ob er nun zuhört oder selbst spricht. Der oder die so Angehimmelte ist dann gezwungen, entweder die Augen zu schließen oder wie ein sich Ergebender den Blick abzuwenden.

In diesen speziellen Fällen wird die Ausgewogenheit des typischen Hin und Her bei normalen sozialen Kontakten durchbrochen – eine Ausgewogenheit, die Interesse ohne übermäßige emotionale Anteilnahme zum Ausdruck bringt, und das mit beträchtlicher Feinheit und Differenziertheit, ohne daß wir uns dessen jemals bewußt werden. Nur wenn wir einem ungewöhnlich verzerrten Blickverhalten begegnen, merken wir, was vorgeht. Eine Situation, in der das stets vorkommt, ist die Rede bzw. der Vortrag vor einem großen Publikum. Beim Betreten des Podiums starren alle Zuhörer den Sprecher an, er fühlt sich zwangsläufig von den vielen Blicken bedroht und blickt weg, entweder in die Luft oder auf die vor ihm liegenden Notizen. Ein erfahrener Redner weiß, daß das einfach schlechte Technik ist, und er hat gelernt, sich so in die Gewalt zu bekommen, daß er

79 ◁

80 ▷

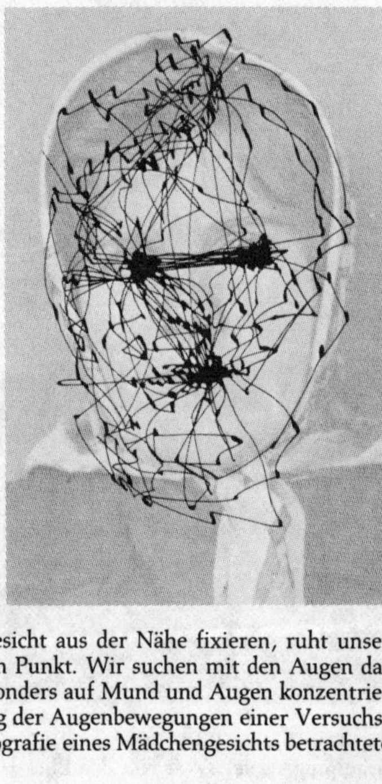

79 + 80 Wenn wir ein menschliches Gesicht aus der Nähe fixieren, ruht unser Blick nicht sehr lange auf genau demselben Punkt. Wir suchen mit den Augen das ganze Gesicht ab, wobei wir uns jedoch besonders auf Mund und Augen konzentrieren, wie diese experimentelle Aufzeichnung der Augenbewegungen einer Versuchsperson zeigt, die drei Minuten lang die Fotografie eines Mädchengesichts betrachtete (nach Yarbus).

von Zeit zu Zeit direkt ins Publikum blickt, wie er es auch im Gespräch mit einem einzelnen Gesprächspartner tun würde. Das ist wichtig, denn für jeden einzelnen Zuhörer ist er gewissermaßen ein Einzelpartner. Blickt er nicht gelegentlich auf das Publikum, dann fühlt es sich von ihm ignoriert. Die Ideallösung des erfahrenen Redners ist, daß er sein Publikum von Zeit zu Zeit (und das möglichst häufig) mit langsam gleitendem Blick »anschaut«.

Das genau entgegengesetzte Problem hat der Nachrichtensprecher im Fernsehen. Für ihn gibt es keine auf ihn blickenden Augen, nur eine Kamera. Über der Linse befindet sich eine automatische Vorrichtung, auf der der von ihm zu sprechende Text langsam »vorbeirollt«. Um diese Wörter lesen zu können, braucht er niemals von der Kamera wegzuschauen, dies wäre sogar schwierig, ohne dabei den Faden zu verlieren. Aber der Fernsehzuschauer daheim sieht sich ständig einem langanhaltenden, geradezu unbarmherzigen Blick ausgesetzt, der den Sprecher unnatürlich erscheinen läßt. Dies Problem wird so gelöst, daß der Sprecher einen Berg von Notizzetteln vor sich liegen hat, auf die er gelegentlich einen Blick werfen und so die durch sein langes Anstarren entstehende Spannung ein wenig mildern kann. Manche Profis haben sich, um den Eindruck zu erwecken, sie sprächen frei, eine Technik angewöhnt, die darin besteht, ab und zu bewußt am Kameraobjektiv vorbeizublicken, das heißt also, die Kamera genauso zu behandeln wie einen menschlichen Gesprächspartner.

Unsere Empfindlichkeit gegenüber langanhaltendem Anstarren ist so groß, daß selbst das Kinderspiel »Wer kann den Blick am längsten aushalten?« nur äußerst schwer längere Zeit durchzuhalten ist. Das unmittelbare Anstarren von Auge zu Auge scheint eine zutiefst bedrohliche Wirkung zu haben, auch wenn wir uns einreden, daß alles nur ein Spiel sei. Nach kurzer Zeit kommt es in unserem Inneren zu einer Art Kurzschluß, und wir müssen wegschauen. Es ist fast so, als hätten wir das Gefühl, wir könnten von dem uns anhaltend anstarrenden Auge in irgendeiner Form verletzt werden. Dieses Gefühl hat seit jeher zur Entstehung vieler abergläubischer Riten und Praktiken geführt: Am bekanntesten ist der auch heute noch weitverbreitete Glaube an den »bösen Blick«.

## Grußzeremonielle

### Unser Verhalten bei Begrüßung und Abschied

Ein Grußzeremoniell zeigt, daß wir es mit jemandem gut meinen oder daß wir ihm zumindest nichts Böses wollen. Es übermittelt Signale der Freundlichkeit oder des Fehlens von Feindseligkeit. Das geschieht bei gewissen Höhepunkten: wenn jemand ankommt, abreist oder entscheidend seine soziale Rolle ändert. Wir grüßen bei Ankunft, Abreise und Statusänderung mit den Ritualen des Willkommens- und Abschiedsgrußes und des »Hochlebenlassens«.

Immer, wenn zwei Freunde sich nach längerer Trennung wiedersehen, vollzieht sich ein besonderes Begrüßungsritual. Während der ersten Augenblicke des Wiedersehens verstärken sich die Freundschaftsgesten zu Super-Freundschaftsgesten. Sie lächeln, berühren sich, umarmen und küssen sich häufig auch, ihr Verhältnis ist intimer und freimütiger als sonst üblich. Sie tun das, weil sie verlorengegangene »Freundschaftszeit« sozusagen wieder nachholen müssen. Während ihrer Trennung ist es ihnen unmöglich gewesen, ständig die zahllosen kleinen Freundschaftssignale auszutauschen, die ihre Beziehung erfordert, und nun haben sie einen gewissen Nachholbedarf an Freundschaftsgesten.

Dieser Nachholbedarf muß unverzüglich wiedergutgemacht werden – eine Zusicherung, daß das Band der Freundschaft sich nicht gelockert, sondern die Trennungszeit unbeschadet überstanden hat. Das ist der Grund für die stürmischen Wiedersehensszenen.

Nach Beendigung des Begrüßungsrituals ist die alte Beziehung zwischen den Freunden wiederhergestellt, sie können ihre freundschaftlichen Interaktionen von früher fortsetzen. Müssen sie sich abermals trennen, dann kommt es zu einem Abschiedsritual, bei dem wieder die superfreundschaftlichen Gesten zur Schau gestellt werden. Es handelt sich hier um eine Art Freundschaftsvorschuß, der sie über die Trennungszeit hinweg verbinden soll.

Auch wenn jemand eine größere Veränderung seiner sozialen Rolle erfährt, überhäufen wir ihn mit massiven Freundschaftsbezeigungen: Wir verabschieden uns gewissermaßen von seinem alten und begrüßen sein neues Ich. Wir tun dies, wenn Knabe und Mädchen zu Mann und Frau werden, wenn Mann und Frau Mutter und Vater werden, wenn ein Kronprinz König und ein Kandidat Präsident wird und wenn bei einem Wettbewerb ein Konkurrent Meister wird.

Es gibt viele formelle Prozeduren, solche Anlässe zu feiern, und zwar sowohl die tatsächlichen Ankünfte und Abreisen als auch das symbolische Kommen und Gehen sozialer Wandlungen. Wir feiern Geburtstage, Taufen, Volljährigkeit, Hochzeiten, Krönungen, Jahrestage, Amtseinführungen und Pensionierungen. Wir geben Hauseinweihungspartys und Abschieds-

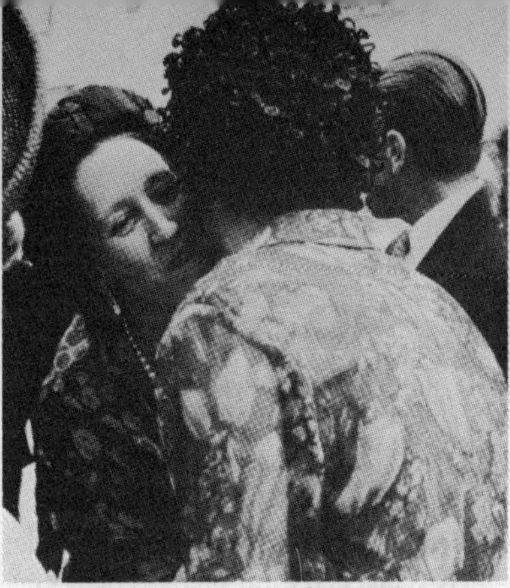

81 ◁

82 ▷

81 Grußzeremonielle finden statt, wenn Freunde einander nach langer Trennung wiedersehen, oder wenn Bekannte den Beginn oder das Ende eines Lebensabschnitts, wie z. B. eine Hochzeit, feiern.
82 Der Hochzeitsgruß hat eine Doppelbedeutung. Er sagt der alten Rolle Lebewohl und heißt die neue willkommen. Zwischen den Zeremoniellen der Begrüßung, der Gratulation und des Abschieds bestehen nur wenige Unterschiede; in allen drei Fällen sind die gleichen Elemente beteiligt: Händeschütteln, Tätscheln, Umarmen oder Küssen.

essen und gehen zur Beerdigung. Bei all diesen Gelegenheiten vollziehen wir eine Art Begrüßungszeremoniell.
Je großartiger der Anlaß, desto formeller und institutionalisierter ist die Prozedur. Doch auch unsere bescheideneren privaten Zwei-Personen-Rituale folgen bestimmten Regeln.
Wir scheinen nicht in der Lage zu sein, Beginn oder Abschluß einer Begegnung ohne irgendein Grußzeremoniell vorübergehen zu lassen. Das gilt sogar für unsere Briefe. Wir beginnen sie mit »Sehr geehrter Herr X.« und schließen »mit freundlichen Grüßen«, wir tun das auch dann, wenn uns besagter Herr X. alles andere als ehrenwert erscheint und wir ihm keineswegs freundlich gesinnt sind.
Ähnlich begrüßen wir auch unwillkommene Gäste mit einem Händedruck und drücken bei ihrem Abschied unser Bedauern aus, obschon wir froh sind, daß sie endlich wieder verschwinden! Um so mehr Grund dafür, daß unsere wirklich aufrichtig gemeinten Begrüßungs- und Abschiedszeremonien außerordentlich demonstrativ ausfallen.
Soziale Grußzeremonielle, die vorausgeplant werden, haben eine ganz spezifische Struktur und lassen sich in vier verschiedene Phasen einteilen:
1. Die *zur Schau gestellte Bemühung.* Um unsere freundschaftliche Gesinnung zu beweisen, zeigen wir, daß wir uns wirklich Mühe geben und uns diversen Strapazen unterziehen. Für Gastgeber und Gast kann das bedeu-

83 Der Fernkontakt. Wenn zwei Menschen einander bei einer Begrüßung zum erstenmal von weitem erblicken, zeigen sie meist irgendeine Erkennungsreaktion; vielleicht geschieht das durch einen einfachen Willkommensgruß mit der erhobenen Hand, wie bei dem Alten aus Hongkong.

ten, daß sie sich festlich anziehen müssen. Für den Gast kann das eine lange Reise erforderlich machen. Der Gastgeber dagegen muß sich aus dem Zentrum seines heimatlichen »Territoriums« höchstpersönlich entfernen. Je nachdrücklicher die Begrüßung, desto größer die Bemühung, der man sich unterwirft. Das Staatsoberhaupt läßt sich zum Flughafen chauffieren, um den ankommenden Gast persönlich zu empfangen. Der Bruder fährt zum Flugplatz, um seine aus dem Ausland heimkehrende Schwester zu begrüßen. Von dieser Höchstform der Mühewaltung abwärts gibt es eine Reihe immer kürzer werdender, vom Gastgeber zu bewältigender Entfernungen. Man kann den Gast am Bahnhof oder an der Busstation abholen, man kann auch warten, bis es klingelt, und ihn dann an seiner Haustür empfangen. Oder man kann ein Kind oder einen Bediensteten zum Türöffnen schicken; dabei wartet man im Zentrum seines Territoriums, um den Gast dort zu empfangen. Die mindeste Bemühung, die der Gastgeber zeigen muß, wenn sein Gast den Raum betritt, ist, daß er aufsteht, um den Gast zu begrüßen. Nur wenn er beim Eintreten des Gastes sitzen bleibt, kann man sagen, daß er die erste Phase einer planvollen gesellschaftlichen Grußzeremonie total fallenläßt. Solche Unterlassungen sind heute sehr selten: Ein wenig wird das freiwillige Aufsichnehmen von Mühen immer demonstriert. Wenn wegen eines Unfalls oder einer Verzögerung diese Bemühung einmal unterbleibt, dann entschuldigt man sich dafür überschwenglich, wenn das Treffen schließlich stattfindet.

Bei der Abschiedszeremonie ist die zur Schau gestellte Bemühung weitgehend die gleiche. Bei der geringsten Form sagt man zum gehenden Gast: »Du findest ja raus!« Die nächsten Stufen bestehen aus einer zunehmenden Entfernung von der eigenen territorialen Basis: »Ich begleite dich (Sie) zur Tür« ist die üblichste gesellschaftliche Form. Strapaziöser ist es schon, wenn man den Gast noch vor das Haus begleitet. Die höchste Stufe stellt die Begleitung zum Flugplatz dar oder zum Bahnhof.

2. Der *Fernkontakt.* Beim eigentlichen Begrüßungsakt nimmt man körperlichen Kontakt miteinander auf, aber vorher noch kommt der Augenblick

84 Die zur Schau gestellte Bemühung. Der wichtigste Teil einer geplanten Begrüßung ist die Betonung der Umstände, die man sich macht: Der Begrüßende verläßt das Territorium seines Heims. Vielleicht fährt er zum Flughafen, vielleicht geht er nur bis vor die Türschwelle. Vielleicht bleibt er aber auch verbissen im Zentrum seines Territoriums sitzen und wartet, bis sein Besucher zu ihm geführt wird.

des ersten Sichtkontakts aus der Ferne. Haben Gastgeber und Gast einander identifiziert, dann signalisieren sie diese Tatsache mit einer Erkennungsreaktion. Bei der Begegnung an der Haustür wird diese Phase abgekürzt, denn man kann beim Öffnen der Tür unmittelbar Kontakt miteinander aufnehmen; dagegen wird bei den meisten anderen Begrüßungssituationen der Fernkontakt nachdrücklich demonstriert. Er besteht aus sechs visuellen Elementen: (1) dem Lächeln, (2) dem Hochziehen der Augenbrauen, (3) dem Kopfheben, (4) der gehobenen Hand, (5) dem Winken und (6) der angedeuteten Umarmung.

Die drei erstgenannten Gesten treten beinahe immer auf, und zwar fast gleichzeitig. Im Augenblick des Erkennens wird der Kopf zurückgeworfen, die Augenbrauen werden hochgezogen, und ein Lächeln geht über das Gesicht. Das Kopfheben und das Hochziehen der Augenbrauen sind Überraschungsgesten und können sehr kurz ausfallen. In Verbindung mit dem Lächeln signalisieren sie eine »angenehme Überraschung« beim Anblick des Freundes. Dieses Grundmuster kann noch durch eine Armbewegung verstärkt werden. Die einfachste Bewegung dieser Art ist das Heben eines Arms mit ausgestreckter Hand. Eine intensivere Variante ist das Winken, noch intensiver die angedeutete Umarmung, bei der die Arme auf den Freund zu ausgestreckt werden, als könnte der Gastgeber es nicht mehr erwarten, die Umarmung auch körperlich zu vollziehen. Auch das Zuwerfen einer Kußhand kann den physischen Kontakt vorwegnehmen.

Die gleichen Handlungen wiederholen sich in ähnlicher Form auch beim Abschiedsritual, wobei die angedeutete Umarmung weniger, der zugeworfene Kuß eher wahrscheinlich ist.
Von diesen Fernkontaktsignalen sind das Lächeln, das Kopfheben und das Hochziehen der Augenbrauen vermutlich weltweit verbreitet. Sie kommen sogar bei Eingeborenenstämmen vor, die niemals vorher einen Weißen gesehen haben. Selbst der Willkommensgruß durch Armheben oder Winken ist sehr weit verbreitet. Auch wenn die Form der Armbewegung variiert, scheint diese Geste doch für die gesamte Menschheit typisch zu sein. Sie leitet sich aus dem Bedürfnis her, die Hand auszustrecken und den anderen Menschen zu berühren. Beim Willkommensgruß wird der Arm nur hochgehoben, weil man ihn so aus der Ferne leichter erkennen kann; aber im Prinzip handelt es sich dabei um eine stilisierte Version der Berührung eines noch entfernten Freundes. Es sind auch schon stärker »historisch« orientierte Erklärungen für das Winken gegeben worden, so etwa die, daß die Hand hochgehoben werde, um zu zeigen, daß man ohne Waffe sei, oder daß die Bewegung symbolisch die Übergabe des Schwerts und damit die Ergebenheit des Grüßenden darstelle. Solche Erklärungen mögen in bestimmten Sonderfällen zutreffen, doch ist die Handlung des Winkens insgesamt zu weit verbreitet und zu unspezifisch, als daß solche Deutungen allgemeine Gültigkeit beanspruchen könnten.
Beim Winken kennt man drei Hauptformen: das vertikale Winken, das Winken mit verdeckter Handfläche und das seitliche Winken. Beim vertikalen Winken ist die Handfläche dem Freund zugekehrt; die Hand bewegt sich mehrfach auf und nieder. Dies scheint die »primitive« Form des Winkens zu sein: Ursprünglich war dies wohl eine Handlung, bei der die Hand – in einer Art Vorwegnahme der zu erwartenden Umarmung – dem Gast freundschaftlich auf die Schultern klopfte. Das hauptsächlich in Italien vorkommende Winken mit verdeckter Handfläche ist ebenfalls eine solche Klopfbewegung, bei der sich die Hand jedoch mehrfach auf den Winkenden zu bewegt: eine Art Luftumarmung. Auf einen Fremden macht diese Geste eher den Eindruck des Heranwinkens. Das auf der ganzen Welt verbreitete seitliche Winken kehrt die Handfläche dem Freund zu und schwenkt sie dann rhythmisch von einer Seite zur anderen. Hier scheint es sich um eine verbesserte Form des Winkens zu handeln. Durch die seitliche Bewegung verliert sie den Umarmungscharakter, aber auf die Entfernung hinterläßt sie einen wesentlich stärkeren visuellen Eindruck. Sie läßt sich noch dadurch verstärken, daß man mit dem ganzen Arm oder sogar mit beiden Armen winkt (siehe auch Farbabbildung F 15, Seite 85).
3. Der *Nahkontakt*. Sobald der Fernkontakt beendet ist, vollzieht sich in einem Zwischenspiel die räumliche Annäherung, und dann kommt schließlich der entscheidende Augenblick des eigentlichen Körperkontakts. Bei größter Intensität besteht er aus einer vollständigen Umarmung, wobei

85 ◁

86 ▷

85 + 86 Der Nahkontakt. An die Erkennungsreaktion schließt sich eine Annäherungsphase an, die zum körperlichen Nahkontakt führt. Dieser kann von einem einfachen Händeschütteln bis zu einer vollen Umarmung (85) variieren. Begrüßungsküsse »von Mann zu Mann« sind in manchen Ländern, so in Frankreich und Rußland (86), üblich, während solche Kontakte in andern Ländern unterlassen werden.

beide Arme den Körper des Freundes umfassen und beide sich mit Brust und Kopf intensiv berühren. Dazu kommt das An-sich-Drücken, Schulterklopfen, Wangenpressen und Küssen. Bei anhaltendem Lächeln und Augenkontakt werden Haare gestreichelt, Münder geküßt, Wangen getätschelt, und sogar die Tränen beginnen zu rinnen.

Von diesem ungebremsten Nahkontakt reicht dann in abnehmender Stärke eine ganze Skala von Körperkontakten bis hin zum formellen Händeschütteln. Der Intensitätsgrad hängt von folgenden Faktoren ab: (1) der Tiefe der vorausgegangenen Beziehungen, (2) der Dauer der Trennungszeit, (3) der Privatheit der Begrüßungssituation, (4) den lokalen und kulturell bedingten Regeln und Traditionen und (5) den Veränderungen, die während der Trennungszeit stattgefunden haben.

Zum letzten Punkt muß etwas angemerkt werden: Wenn der Freund während der Abwesenheit irgendein besonders starkes emotionales Erlebnis durchgemacht hat – Gefangenschaft, Krankheit, Unglücksfall oder Erfolg wie etwa eine Auszeichnung, einen Sieg oder eine Ehrung –, dann fällt die Begrüßungszeremonie ebenso wie die Umarmung erheblich intensiver aus. Sie ist dann sozusagen zugleich eine Begrüßung *und* eine Feier und daher doppelt stark.

Die verschiedenen Kulturkreise haben diese Nahbegrüßung auf unterschiedliche Weise formalisiert. In allen Fällen bildet jedoch die volle Umar-

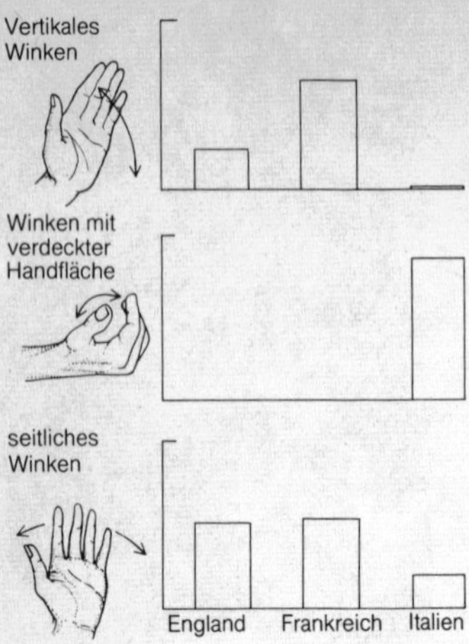


87 Die drei Grundformen des Winkens mit der Hand. Wenn man von England durch Frankreich nach Italien fährt, ändert sich die bevorzugte Form des Winkens. In England dominiert das seitliche Winken, in Frankreich wird es vom populären vertikalen Winken übertroffen. In Italien ersetzt beide das Winken mit verdeckter Handfläche. Die Höhe der Säulen in der Graphik gibt den Prozentsatz der Personen aus diesen drei Ländern an, die die einzelnen Winkformen benutzen (Aus Morris u. a.: *Gesture Maps*).

mung die Grundlage. In einigen Kulturkreisen wird der Kopf-an-Kopf-Kontakt zum Nasenreiben, zum Mund-an-die-Wange-Legen oder zum Aneinanderdrücken der Gesichter; in anderen kommt es zu einem stilisierten Wangenkuß, bei dem aber die Lippen den Partner nicht wirklich berühren. In anderen Ländern gibt es Küsse zwischen Männern, wie etwa in Rußland und Frankreich, während für viele Kulturbereiche der Kuß unter Männern Symbol der Verweichlichung ist.

Insgesamt aber sind alle diese Varianten nur Variationen des gleichen Grundthemas – der körperlichen Umarmung. Sie ist die fundamentale, weltweite menschliche Kontakthandlung, die wir bereits als Babys, dann als Kinder und als Heranwachsende kennen und zu der wir immer wieder zurückkehren, wenn die gesellschaftlichen Regeln es gestatten und wir ein Gefühl der Zuneigung gegenüber einem anderen Menschen zum Ausdruck bringen möchten.

4. Das *Pflegeschauspiel.* Nach den körperlichen Kontakten bahnt sich die Endphase des Begrüßungszeremoniells an, die Ähnlichkeit mit den sozialen Pflegehandlungen bei Affen und Menschenaffen aufweist. Natürlich zupfen wir uns nicht gegenseitig die Läuse aus dem Fell, sondern zelebrieren eine Art »Pflegegeplauder«: belanglose Bemerkungen, die für sich kaum etwas besagen, mit denen wir aber stimmlich unsere Freude über die stattfindende Begegnung zum Ausdruck bringen. »Wie geht es dir?«, »Wie schön von dir, herzukommen!«, »Hattest du eine angenehme Reise?«, »Du siehst prächtig aus!« usw. Die Antworten darauf nimmt man kaum wahr. Wichtig ist jetzt allein, daß man sich wechselseitig Komplimente macht und daß man Teilnahme und Freude zum Ausdruck bringt. Genaue Bedeutung und Intelligenzgrad der Fragen sind praktisch irrelevant. Dieses Pflegeschauspiel wird gelegentlich noch dadurch verstärkt, daß man dem Gast beim Ablegen sei-

ner Kleidung hilft und um sein persönliches Wohlbefinden bemüht ist. Gelegentlich kommt es auch noch zu einem zusätzlichen Geschenkzeremoniell von seiten des Gastes, der als eine weitere, materielle Form der Begrüßung ein kleines Geschenk mitbringt.

Nach Abschluß des Pflegeschauspiels verlassen die Freunde den speziellen Begrüßungsort und nehmen wieder ihre alten wohlvertrauten sozialen Handlungen auf. Das Begrüßungszeremoniell ist beendet und hat seine wichtige Aufgabe erfüllt.

Im Gegensatz dazu verlaufen unerwartete Begrüßungen weit weniger aufwendig. Treffen wir einen Freund auf der Straße, dann nehmen wir mit ihm den üblichen Fernkontakt auf – ein Lächeln und ein Winken –, und das ist oft auch schon alles. Oder wir nähern uns zu einem Nahkontakt: in der Regel ein Händeschütteln. Wenn wir auseinandergehen, wenden wir uns oft noch einmal zu einer Ferngeste um.

Die Begrüßung bei einer Vorstellung hat wieder eine andere Form. Treffen wir jemanden zum erstenmal, dann entfällt der Fernkontakt, denn es handelt sich ja nicht um das Wiedererkennen eines alten Freundes. Wir bieten jedoch – fast immer in Form eines Händeschüttelns – einen Nahkontakt an, wir lächeln dem neuen Bekannten zu und offerieren ihm Pflegehandlungen in der Form freundlichen Geplauders und sorgender Teilnahme. Wir behandeln ihn in der Tat so, als sei er bereits unser Freund; auf diese Weise schließen wir ihn in unseren Bekanntenkreis ein und nehmen eine soziale Beziehung zu ihm auf.

Als eine Spezies der Primaten haben wir ein bemerkenswert reichhaltiges Repertoire an Begrüßungs- und Abschiedsgesten. Andere Primaten kennen einige einfache Grußrituale, aber wir übertreffen sie alle bei weitem, und wir kennen auch Abschiedsrituale, die jenen völlig zu fehlen scheinen. Für diese Entwicklung gibt es einen Grund. Die meisten Primaten bewegen sich in ziemlich geschlossenen Gruppen. Gelegentlich kommt es vor, daß ein Gruppenmitglied sich vorübergehend entfernt und bei seiner Rückkehr mit kleinen Begrüßungsgesten empfangen wird. Aber nur selten sondert sich ein Individuum ganz bewußt von der Gruppe ab: Diese Primaten haben daher keinen Anlaß zu Abschiedszeremonien. Der Mensch der Frühzeit entwickelte sich zum Jäger; die männliche Jagdgruppe entfernte sich zu einer ganz bestimmten Zeit zu einem ganz bestimmten Zweck und kehrte dann mit der Jagdbeute in die heimische Höhle zurück. Seit Millionen Jahren brauchten wir daher Grußzeremonielle, und zwar in der Form von Abschiedszeremonien, wenn die männliche Gruppe zur Jagd aufbrach, und in der Form von Begrüßungszeremonien, wenn sie wieder heimkehrte. Die Bedeutung von Erfolg oder Mißerfolg bei der Jagd bewirkte, daß dies keineswegs alltägliche, sondern lebenswichtige Augenblicke im Gemeinschaftsleben der Urstämme waren. Es ist daher kein Wunder, daß wir heute eine Spezies mit einem so großen Grußrepertoire sind.

## Das Haltungs-Echo

### Wie Freunde und Liebende unbewußt gleich handeln

Wenn zwei Freunde zwanglos miteinander reden, nehmen sie in der Regel ähnliche Körperhaltungen ein. Sind sie besonders eng befreundet und haben sie die gleichen Auffassungen über die gerade besprochenen Themen, dann werden ihre Körperhaltungen noch ähnlicher, und zwar in so starkem Maße, daß man sie für gegenseitig kopiert halten könnte. Es handelt sich jedoch nicht um bewußte Imitation. Die beiden Freunde geben sich vielmehr ganz automatisch einem solchen »Haltungs-Echo« hin und finden darin unbewußt eine Art körperlichen Ausdrucks ihrer Freundschaft.

Das hat seinen Grund. Eine echte freundschaftliche Bindung ist gewöhnlich nur zwischen zwei Menschen von etwa gleichem gesellschaftlichem Status möglich. Diese Gleichheit wird in vielfältiger Weise indirekt demonstriert, aber sie wird bei persönlichen Begegnungen noch verstärkt durch gleichartige Körperhaltungen etwa der Entspanntheit oder der Anspannung. Auf diese Weise vermittelt der Körper stumm die Botschaft: »Schau her, ich bin genauso wie du!« Diese Botschaft wird unbewußt übermittelt und ebenso verstanden. Freunde fühlen sich einfach wohl, wenn sie zusammen sind (siehe auch Farbabbildung F 18, Seite 88).

Die Präzision des Haltungs-Echos kann einen erstaunlich hohen Grad erreichen. Zwei Freunde, die sich in einem Restaurant unterhalten, stützen den gleichen Ellenbogen auf den Tisch, neigen ihren Körper im gleichen Winkel vor und nicken zustimmend im gleichen Rhythmus. Zwei andere Freunde, die sich in Sesseln gegenübersitzen, kreuzen ihre Beine auf genau die gleiche Art und legen beide einen Arm in den Schoß. Wenn zwei Freunde an einer Mauer stehen und sich unterhalten, lehnen sich beide in der gleichen Haltung dagegen und stecken eine Hand in die Tasche.

Noch auffallender ist die Tatsache, daß Freunde auch im Gespräch ihre Bewegungen »synchronisieren«. Ändert der eine seine Beinhaltung oder lehnt sich ein wenig zurück, tut es der andere auch. Zündet sich der eine eine Zigarette an oder trinkt etwas, dann versucht er den anderen ebenfalls dazu zu überreden. Gelingt ihm das nicht, ist er enttäuscht. Denn wenn sie nicht beide gleichzeitig rauchen oder trinken, geht ein wenig von der Gleichförmigkeit ihres Verhaltens verloren. In solchen Situationen besteht häufig der eine hartnäckig darauf, daß der andere »mitzieht«, selbst wenn er offensichtlich nicht daran interessiert ist. Häufig gibt dann der andere widerstrebend nach, um den Gleichklang ihrer Handlungen aufrechtzuerhalten.

»Setz dich doch, es ist so unbequem zu stehen«, ist eine häufige Aufforderung, die zu einem Haltungs-Echo führen kann. Freundesgruppen verhalten sich gewöhnlich so, daß sie Körperhaltung und Bewegungsrhythmus miteinander in Einklang bringen. Man bekommt dann subjektiv das Gefühl,

88 ◁

89 ▷

88 Wenn Freunde zusammen sind, die gleichen gesellschaftlichen Status und ähnliche Meinungen haben, dann nehmen sie oft eine beinahe identische Körperhaltung ein. Dieses Haltungs-Echo wird hier durch ein Beispiel illustriert: Das »Echo-Anlehnen«.

89 Ein weiteres Beispiel für Haltungs-Echo: Verschlungene Beine.

daß man sich wohl fühlt. Dieses angenehme Gefühl kann eine einzige Person leicht dadurch zerstören, daß sie eine völlig andere Haltung einnimmt – etwa eine steif-formelle oder unruhig-ängstliche. Obwohl der Betreffende kein störendes Wort sagt, kann er so die freundschaftliche Atmosphäre eines Treffens zerstören.

Ähnlich kritisch wird die Situation bei einer sehr lebendigen Zusammenkunft von Freunden, wenn einer von ihnen lethargisch im Sessel sitzt. Die anderen werden ihn zum Mitmachen auffordern und als »Spielverderber« bezeichnen, wenn er aus irgendeinem Grund nicht will. Der Betreffende selbst hat weder etwas Negatives gesagt noch die anderen bei ihrem Tun und Treiben aktiv gestört. Er hat lediglich das Haltungs-Echo der Gruppe zerstört.

Gleiches Verhalten entspricht einer auf gleichem Status beruhenden Freundschaft; daher können überlegene Personen diesen Gleichklang dazu benutzen, einem Unterlegenen das Gefühl der Entspannung zu vermitteln. Ein Therapeut kann seinem Patienten dadurch zur Entspannung verhelfen, daß er dessen Körperhaltung bewußt kopiert. Sitzt der Patient in seinem Stuhl ruhig und leicht nach vorn gebeugt, kann der Arzt, in unmittelbarer Nähe sitzend, eine ähnliche Haltung einnehmen. Auf diese Weise wird er

rascher Kontakt zum Patienten bekommen, als wenn er selbst die typisch dominierende Stellung hinter seinem Schreibtisch einnähme.
Immer wenn ein Vorgesetzter einem Untergebenen begegnet, signalisieren beide ihre gegenseitige Beziehung durch ihre Körperhaltung. Der Untergebene kann eine solche Situation leicht manipulieren: Statt sich auf die Stuhlkante zu setzen und sich dienstbeflissen vorzubeugen, kann er sich voll zurücklehnen und seine Beine breit und bequem ausstrecken. Dadurch imitiert er sein Gegenüber mit höherem sozialen Status. Selbst wenn er sich dabei verbal höflich verhält, hinterläßt seine Haltung einen starken Eindruck, und ein Experiment in dieser Richtung sollte man sich für den Zeitpunkt unmittelbar vor seiner Kündigung bzw. Pensionierung aufheben, wenn man nichts riskieren will.
Gelegentlich kann man zwei verschiedene Haltungs-Echos in der gleichen Gruppe entdecken. In der Regel hängt das mit der »Parteinahme« der einzelnen Gruppenmitglieder zusammen. Stehen drei Teilnehmer einer Diskussion vier anderen Teilnehmern gegenüber, dann bemühen sich die Mitglieder jeder Untergruppe, ihre Körperhaltung und -bewegungen aufeinander abzustimmen, und zwar so, daß sie sich deutlich von der anderen Untergruppe unterscheiden. Manchmal kann man sogar voraussagen, wann jemand in der Diskussion die Seiten wechselt, bevor der Betreffende dies mit Worten zum Ausdruck bringt: allein aufgrund der Tatsache, daß seine Körperhaltung sich derjenigen der anderen Untergruppe anzunähern beginnt. Wirkt ein Vermittler bei einer solchen Diskussion mit, wird er, um seine Neutralität zu betonen, auch eine »vermittelnde« Körperhaltung einnehmen, die Elemente aus den typischen Körperhaltungen beider Gruppen verbindet.
Neue Untersuchungen über derartige Situationen – bei denen zur Wahrnehmung auch subtilster Haltungsänderungen Zeitlupenaufnahmen gemacht wurden – haben ergeben, daß es sogar eine Art »Mikrosynchronie« ganz winziger Bewegungen gibt, die mit bloßem Auge kaum wahrzunehmen sind. Winzige, in Bruchteilen von Sekunden ablaufende Kopf-, Finger- und Lippenbewegungen sowie kleinste Veränderungen der Körperhaltung erweisen sich als aufs schönste aufeinander abgestimmt, wenn zwei Menschen sich in »harmonischem« Gleichklang miteinander befinden. Die Rhythmik dieses Gleichklangs ist so außerordentlich subtil, daß man sie erst bei genauer Zeitlupenanalyse richtig wahrnimmt. Dennoch kann das menschliche Gehirn offensichtlich die allgemeine Bedeutung dieser Synchronie erfassen und reagiert darauf mit Sympathiegefühlen für die Personen, die unsere Körperhaltung spiegeln. Eine acht Jahre dauernde Untersuchung mit Zeitlupenaufnahmen von Menschen, die zwanglos miteinander plaudern, hat gezeigt, daß die Präzision beim Gleichklang der Bewegungen von Sprecher und Zuhörer so groß ist, daß sie sich innerhalb von $^1/_{48}$ Sekunde vollziehen. Plötzliche, winzige Bewegungselemente setzen gleichzei-

tig beim Sprecher und beim Zuhörer ein. Während der Sprecher mit seinem Körper bestimmten Worten Nachdruck verleiht, macht der Zuhörer gleichzeitig entsprechende Körperbewegungen mit. Je freundschaftlicher zwei Menschen einander gesonnen sind, desto mehr Gleichklang zeigt sich in ihrem Bewegungsrhythmus. In diesem Fall besteht das Echo jedoch mehr aus gleichem Rhythmus als aus genau gleicher Körperhaltung. Die beiden Partner kopieren nicht zwangsläufig die genauen Bewegungen des anderen, sondern eher das Tempo ihrer Darbietung. So kann beispielsweise der Sprecher zu seinen Worten Taktstock-Signale mit winzigen Kopf- und Handbewegungen geben, während der Zuhörer diesen Rhythmus durch minimale Körperbewegungen nachvollzieht. Eine wichtige Entdeckung machte man bei Filmaufnahmen von Unterhaltungen mit geistesgestörten Patienten. Hier gab es kaum oder keinen Gleichklang – das Echo fehlte und mit ihm auch die Freundschaftsbeziehung. Gerade diese Tatsache trug in starkem Maße zu dem Gefühl des Fremdseins bei, wenn man mit diesen Patienten zusammentraf und mit ihnen sozialen Kontakt aufzunehmen versuchte.

In jüngster Zeit sind in der amerikanischen Umgangssprache die Ausdrücke *good vibes* und *bad vibes* aufgetaucht – wobei unter *vibes* eine Abkürzung für *vibrations* (Schwingungen) zu verstehen ist –, und es scheint, als blitze hinter diesen Ausdrücken, die beschreiben, wie gut oder schlecht man mit einem anderen auf Anhieb »warm wird«, ein intuitives Verständnis des Haltungs-Echos auf, dieses unbewußten Gleichklangs kleiner und kleinster Körperbewegungen, der für den Ablauf unserer täglichen Begegnungen mit anderen Menschen von so fundamentaler Bedeutung ist.

## Bindungszeichen

### Signale, die persönliche Bindungen anzeigen

Als Bindungszeichen kann man jede Handlung ansehen, die das Vorhandensein einer persönlichen Beziehung anzeigt. Wenn zwei Menschen Arm in Arm die Straße entlanggehen, sind ihre untergehakten Arme für die Passanten ein Zeichen dafür, daß diese beiden Menschen in irgendeiner Form persönlich miteinander »verbunden« sind. Es gibt viele Bindungszeichen dieser Art, und als soziale Säugetiere sind wir sehr empfänglich für die feinsten Unterschiede, aus denen wir nicht nur auf die Existenz, sondern auch auf die Art einer solchen »Bindung« schließen.

Das augenscheinlichste Bindungszeichen ist die bloße Körpernähe zweier Menschen, wenn sie, ohne einander zu berühren, nahe beieinander stehen, sitzen, liegen oder sich bewegen. Das kann aufgrund der modernen Bevölkerungsdichte allerdings irreführend sein. Selbst in weniger dichten Menschenmengen laufen so viele einem unbekannte Menschen umher, daß körperliche Nähe in der Regel nicht mehr bedeutet als eine flüchtige unpersönliche Kommunikation, etwa wenn ein Mensch auf der Straße einen anderen nach dem Weg oder nach dem nächsten Postamt fragt. Um sicherzugehen, müssen wir mehr berücksichtigen als bloße körperliche Nähe.

Unsere Anhaltspunkte sind subtil und komplex. Nehmen wir beispielsweise den Fall einer alten Dame, der ein junger Mann hilft, die Straße zu überqueren, oder den Betrunkenen, dem jemand beim Verlassen der Bar behilflich ist. Wie kann man unterscheiden, ob der alten Dame von einem besorgten Fremden geholfen wird oder von ihrem Lieblingsneffen – und ob die Helfer des Betrunkenen Fremde sind oder seine Stammtischbrüder?

Tatsache ist, daß wir in solchen Fällen diese Frage zwar beantworten, dafür aber keine Erklärung geben können. Wir alle können Bindungszeichen bestens »lesen«, auch wenn wir uns damit nie genau beschäftigt haben. Um zu sehen, wie diese Zeichen wirken, beginnen wir am besten mit der Entstehung einer solchen »Bindung«. Voraussetzung ist, daß die beiden Partner einander persönlich kennenlernen. Also beginnt jede soziale Bindung in der Regel mit dem Austausch der Namen. Dies wird meist von einem Händedruck begleitet, und in der Anfangsphase der Bekanntschaft nehmen Lächeln, zustimmendes Nicken (»bitte« und »danke«) sowie gegenseitige Aufmerksamkeiten einen beträchtlichen Raum ein. Mit wachsender Beziehung zueinander findet ein fortschreitender Austausch biographischer Informationen statt. Dieser verbale Ersatz für gemeinsame Erlebnisse verstärkt die Bindung.

Die Anfangsphase einer Bindung – zwischen Kollegen, Freunden oder Liebenden – zeigt also zahlreiche besondere Merkmale: Wenn wir sie bemerken, können wir ziemlich sicher sein, daß es eine sich anbahnende oder im Anfangsstadium befindliche Bindung ist.

Bei der voll entwickelten Bindung gibt es auffällige Unterschiede. Alte Freunde, langjährige Liebespaare oder Ehepaare reduzieren ihre Aufmerksamkeiten und Liebenswürdigkeiten aus der Anfangsphase der Bindung: (1) Die häufige Benutzung des Vornamens läßt nach. Nach »Hans« und »Hansi« kommt eine Phase, wo der Mann mit unpersönlichen »Namen« angeredet wird, etwa mit »Liebling«, »Liebster«, »alter Freund«, »mein Lieber« usw. oder einfach mit »du« – je nach Art der Beziehung. Der Vorname wird jetzt nur noch gegenüber Dritten erwähnt (»Hast du Hans gesehen?«) oder bei einem Zurufen aus einiger Entfernung (»Hans, bist du da?«). (2) Auch das Händeschütteln wird seltener. Zwischen Liebenden und Ehepartnern verschwindet es als Begrüßungs- oder Abschiedsgeste vollständig und taucht nur noch gelegentlich bei Wetten oder Spielen auf. Alte Freunde begrüßen sich auf diese Weise nur noch nach längerer Trennung. Allerdings gibt es hier nationale Unterschiede: Die Franzosen machen beispielsweise dieses Nachlassen des Handschlags nicht mit. (3) Anhaltende gute Laune mit endlosem Lächeln und zustimmendem Nicken bleibt auf kürzere Phasen sozialer Begegnungen beschränkt. Ein Zeichen für alte Freundschaft oder Paarbindung ist es, wenn zwei Menschen in friedlichem Schweigen zusammensitzen können, ohne das Bedürfnis nach dauerndem fröhlichem Geplauder zu haben. (4) Auch die Aufmerksamkeiten lassen nach. Langzeitbindungen benötigen keine Gesten des intensiven Hingerissenseins: Diese stammen aus der Anfangsphase und weichen später einem mehr entspannten und beiläufigen Verhalten. (5) Der Austausch persönlicher biographischer Informationen erschöpft sich allmählich.

Auffallend an den Veränderungen von der Anfangsphase einer Bindung zu einer Langzeitbindung ist, daß sich die Partner einer festgegründeten Paarbindung häufig wie völlig Fremde zueinander verhalten. Sehen wir drei verschiedene Paare in einem Park sitzen, dann haben die beiden Fremden und das lange verheiratete Ehepaar rein äußerlich viel gemeinsam. Sie sitzen schweigend nebeneinander und nehmen die meiste Zeit über voneinander keine Notiz. Beim dritten Paar handelt es sich offenbar um ein junges Liebespaar oder um eine beginnende Freundschaft: Die beiden überschütten sich mit Aufmerksamkeiten. Sind die beiden ein potentielles Liebespaar und haben noch nicht miteinander geschlafen, dann sind sie nicht nur völlig miteinander beschäftigt, sondern führen auch eine mehr oder minder ununterbrochene Unterhaltung. Wenn sie bereits Geschlechtsverkehr miteinander hatten, ist ihre Bindung schon gefestigt, und sie genießen hin und wieder eine Schweigepause. Dabei läßt allerdings ihre gegenseitige Aufmerksamkeit nicht nach, wie das bei dem langverheirateten Ehepaar der Fall ist. Sie zeigen ihre Zuneigung durch verschiedene Handlungen – vor allem durch intimen Körperkontakt (siehe auch Farbabbildung F 19, Seite 185).

Wenn bei einer Langzeitbindung so viele Bindungszeichen reduziert werden, wie kann man dann solche Beziehungen überhaupt erkennen? Die

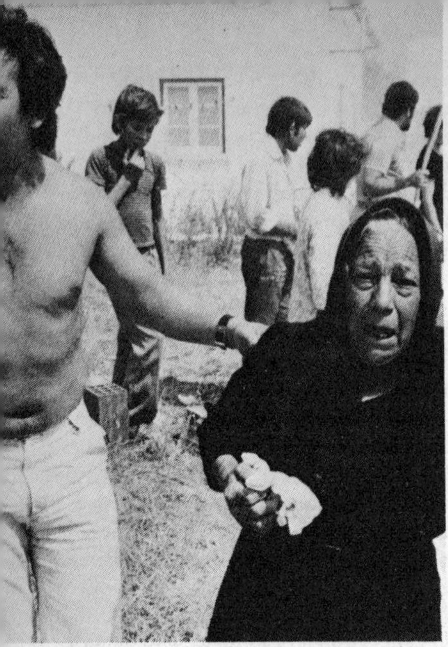

◁ 92 90 △ 91 ▽

90 + 91 Bindungen, die seit langer Zeit bestehen, zeigen weniger intensive Bindungszeichen als neubegonnene oder erst beginnende. Ältere Ehepaare sitzen ruhig und ohne deutliche Zeichen gegenseitiger Aufmerksamkeit (90), wie man sie von jungen Liebenden gewöhnt ist (91), beisammen.
Indirekte Bindungszeichen. Wenn ein Gegenstand von zwei Personen gemeinsam benutzt wird, dann fungiert er als Bindungszeichen (91).

92 Eine alte Frau in Nordportugal, die nach einem Feuer über die Straße geführt wird. Wenn wir das Bild genau betrachten, entnehmen wir dem Bindungszeichen, welcher Art die Beziehung zwischen der Alten und dem jungen Mann ist. Wie er ihr stützend seinen Arm »leiht«, weist darauf hin, daß er eher ein Fremder als ein naher Verwandter ist.

Antwort ist einfach: Zwar benimmt sich ein solches Paar weniger auffällig, aber es verrät doch durch viele kleine, halbverdeckte Hinweise die Tiefe seiner Bindung. Da sich beide ganz genau kennen, erahnen sie mit erstaunlicher Sicherheit, was der andere gerade vorhat. Solche Menschen brauchen ihre unmittelbar bevorstehenden Handlungen nicht auffällig anzukündigen.

Will ein Ehepaar z. B. eine gesellschaftliche Veranstaltung verlassen, dann kann es sein Aufbrechen mit Hilfe eines kaum wahrnehmbaren Blickkontakts synchronisieren. Bei alten Freunden reicht ein nur Sekundenbruchteile dauernder Anflug eines Lächelns aus, um per Blickkontakt über eine große Distanz die Reaktion abzustimmen. Die Art, wie bei einer Richtungsänderung auf der Straße ein Partner den anderen kopiert, läßt sofort

ein wechselseitiges unausgesprochenes Verständnis erkennen, das an die traumhaft sichere Richtungskoordination in Fischschwärmen erinnert.
Kehren wir nun zur anfangs gestellten Frage zurück: Wie kann man feststellen, ob ein junger Mann, der einer älteren Dame beim Überqueren der Straße behilflich ist, ihr Neffe ist oder ein völlig Fremder? Und wie kann man beurteilen, ob es sich bei denen, die einem Betrunkenen helfen, um Stammtischfreunde handelt oder um Fremde? Die Antwort ist hier besonders schwierig, denn Menschen, die sich in Schwierigkeiten befinden, lösen selbst bei völlig fremden Individuen relativ intime Reaktionen aus. Ein hilfloser älterer Mensch sendet pseudokindliche Signale aus, die wiederum pseudoelterliche Reaktionen auslösen. Der alten Dame und dem Betrunkenen werden also Hilfsaktionen zuteil, die wie Bindungszeichen anmuten, ohne Rücksicht darauf, ob nun solche persönlichen Bindungen bestehen oder nicht. Den Unterschied kann man hier nur aufgrund spezieller, unauffälliger Anhaltspunkte erkennen.
Im Fall der alten Dame wird der junge Mann, wenn er nur ein Passant ist, vermutlich *ihren* Arm fassen und ihn am Ellenbogen stützen; während er mit ihr auf die Straße geht, wird er auf einen leichten Abstand zwischen ihrem und seinem Körper achten. Handelt es sich aber um seine eigene Tante, dann wird sie vermutlich *seinen* Arm nehmen und sich bei ihm einhängen.
Der Grund für diesen Unterschied wird in der Anfangsphase dieses Vorgangs sichtbar. Sind sich beide fremd, dann herrscht zu Beginn der Begegnung besondere Höflichkeit: Die alte Dame bittet den jungen Mann um Hilfe, und er reagiert darauf, indem er sie am Arm nimmt und diesen stützt. Besteht aber zwischen beiden eine altvertraute verwandtschaftliche Bindung, dann geschieht das Überqueren der Straße ohne jede einleitende Zeremonie. Die alte Dame nimmt einfach den Arm ihres Neffen und hängt sich bei ihm ein; beider Verhalten wird automatisch synchronisiert, ohne daß das Bedürfnis nach einem Wortwechsel besteht.
Im Fall des Betrunkenen gelten die gleichen Regeln, aber hier ergibt sich noch zusätzlich das Problem, daß er möglicherweise überhaupt nicht mehr imstande ist, sich an seine Freunde zu klammern und so die Hilfsaktion einzuleiten. Befindet er sich in diesem fortgeschrittenen Zustand der Trunkenheit, dann muß man nach anderen Anhaltspunkten suchen und findet sie nicht in der Stützhaltung selbst, sondern in den Gesichtern der Helfenden. Handelt es sich um einen alten Zechkumpan, dann werden die Helfer lächeln und scherzen und versuchen, den sichtbaren Unterschied zwischen dem eigenen kontrollierten Verhalten und dem des hilflosen Freundes dadurch zu verwischen, daß sie diese Episode nicht allzu ernst nehmen, sondern ihr die humorvolle Seite abzugewinnen versuchen. Ist der Betrunkene aber ein Fremder, dann wird sich auf den Gesichtern der Helfer deutlich weniger Belustigung abzeichnen, sondern eher Sorge oder gar unverhohle-

ner Abscheu. Dieser Kontrast wird gelegentlich von Kriminalschriftstellern als Trick benutzt, um auf halbwegs plausible Art das Wegschaffen einer Leiche vor Augenzeugen zu schildern: Die falschen »Helfer«, die die Leiche zwischen sich stützen, lachen und scherzen und erwecken auf diese Weise den Eindruck, als handle es sich bei dem Toten um einen alten Freund, den man nur heimbringen will, wo er seinen Rausch ausschlafen kann. Der Eindruck einer persönlichen Bindung ist in diesem Fall wichtig, um unerwünschte Hilfe von seiten Dritter zu vermeiden. Täuscht man nämlich engere Bindungen vor, dann fühlen sich Außenstehende weniger zum Eingreifen veranlaßt, weil sie weniger Verantwortungsgefühl für den hilflosen Menschen empfinden.

Auf diese und auf hundert andere Weisen entziffern wir die Bindungszeichen der Menschen, denen wir begegnen. Es konnte an dieser Stelle natürlich nur ein geringer Teil der Faktoren ausgewählt und besprochen werden, die tatsächlich beteiligt sind, wenn wir uns Urteile über den Charakter von beobachteten Bindungen bilden. Im täglichen Leben erfassen wir manchmal ein Dutzend oder mehr solcher Anhaltspunkte gleichzeitig und wägen sie unbewußt gegeneinander ab, um die richtige Antwort zu finden. Das gilt ganz besonders für Menschen, die aufgrund ihres Berufs für die Details und Feinheiten der Bindungszeichen besonders empfänglich sind. Die unbestrittenen Meister auf diesem Gebiet sind wohl die Portiers und die Angestellten an Hotelrezeptionen; sie sehen täglich viele Paare kommen und gehen und können beinahe auf den ersten Blick feststellen, ob bei einem Paar beide Partner miteinander verheiratet sind, ob sie verheiratet sind, aber nicht miteinander, ob einer verheiratet ist und der andere ledig, ob beide ledig sind und nur vorgeben, miteinander verheiratet zu sein, oder ob beide tatsächlich gerade geheiratet haben und sich auf der Hochzeitsreise befinden. Der schlimmste Fehler eines »falschen« Ehepaars ist es, allzu auffällig zärtlich zueinander zu sein. Der zweitgrößte Fehler ist das entgegengesetzte Extrem, nämlich zu versuchen, allzu lässig miteinander umzugehen. Sie können zwar die verschiedenen Körperhaltungen nachahmen, aber dabei übersehen sie meist den prägnanten Einklang, der zwischen einem länger verbundenen Paar besteht.

Es gibt noch viele Beispiele für Täuschung und Betrug mit Hilfe angeblicher Bindungszeichen, und manche dieser Tricks erfordern gar besondere Übung oder professionelle Erfahrung. Die Welt der Geheimdienste ist voll von Manövern dieser Art, etwa wenn zwei Agenten sich treffen und unauffällig ihre Informationen austauschen, wobei sie die wirklich zwischen ihnen bestehenden Bindungen verbergen oder irgendwelche anderen Bindungen vortäuschen müssen. Auch Polizisten in getarntem Einsatz müssen darauf geschult sein, sich nicht durch Bindungszeichen irgendwelcher Art zu verraten. Eine einzige unbedachte Geste könnte über ein Menschenleben entscheiden.

Gelegentlich kann die Täuschung auch einmal umgekehrt funktionieren, kann bewußt eine nicht bestehende Bindung simuliert werden, indem man zum Beispiel mit Hilfe eines »Bindungszeichen-Tricks« einen Kriminellen bei seinen Kollegen in Verruf bringt. Er braucht nur bei einer freundschaftlichen Interaktion mit einem Polizisten beobachtet zu werden. In Wirklichkeit mag diese Begegnung durchaus feindseliger Natur gewesen sein, aber wenn der Polizist dem Kriminellen beim Abschied bewußt zulächelt, zuwinkt oder ihm sogar etwas ins Ohr flüstert und wenn dies von einem der Kumpane des Kriminellen beobachtet wird, dann fällt es diesem schwer, seine Freunde aus der Unterwelt davon zu überzeugen, daß zwischen ihm und dem Hüter des Gesetzes keine heimliche Verbindung besteht. Ein kurzes Bindungszeichen kann in einem solchen Fall mehr bewirken als tausend Worte.
Irreführende Bindungszeichen sind auch bei Schmugglern üblich. Ein einzelner wird eher verdächtigt, daher passiert der professionelle Schmuggler die Grenzkontrolle mit Weib und Kind und hält möglichst noch ein Baby im Arm, während er das Heroin in einer Körperpuderdose versteckt hat.
Extreme Bindungszeichen dieser Art mögen in Romanen häufiger vorkommen als im wirklichen Leben, aber eine weniger dramatische Irreführung dieser Art benutzt mancher gesetzestreue Bürger, der gern seinen sozialen Status heben möchte. Wir alle kennen die Typen, die bei einer kurzen Unterredung die Namen wichtiger Freunde ins Gespräch einfließen lassen, wobei sie natürlich die Bindung zu diesen Berühmtheiten stark übertreiben. Menschen mit gesellschaftlichen Ambitionen achten auch darauf, daß sie sich mit den »richtigen« Leuten sehen lassen, mit den »falschen« dagegen möglichst nicht. Exklusive Klubs und Gesellschaften beziehen daraus ihre Existenzberechtigung.
Wenn ein »Fräulein« zur »Frau« wird, ist ihre neue Anrede – selbst in Abwesenheit ihres Mannes – ein permanentes Bindungszeichen. Neben der neuen Anredeform trägt sie auch einen Ehering anstelle jener körperlichen Bindungszeichen, die der Ehemann im Falle seiner Anwesenheit mit ihr teilen würde. In einigen Gegenden tragen die unverheirateten Frauen einen bestimmten Hut oder irgendeinen Schmuckgegenstand, der sie von den verheirateten Frauen unterscheidet. In anderen bringt eine Witwe die Bindung zu ihrem toten Mann dadurch zum Ausdruck, daß sie ihr Leben lang schwarze Kleidung trägt.
In der Provinz gibt man häufig ein Bindungszeichen selbst dann vor, wenn in Wirklichkeit gar keine entsprechende Bindung besteht. Eine erwachsene »alte Jungfer« fühlt sich gesellschaftlich oft so abgewertet, daß sie lieber ein Bindungszeichen *ohne* Bindung trägt als gar keines: Sie nennt sich dann »Frau X« statt »Fräulein X«. Hat ein junges Mädchen keinen Freund, dann kann es mit seinem Bruder als »Scheinfreund« in der Öffentlichkeit auftreten, um den Eindruck zu erwecken, es habe einen Begleiter. Ein anderes

Mädchen gestattet vielleicht einem Jungen, den es nicht mag, in der Öffentlichkeit gewisse Intimitäten, nur um öffentlich Bindungszeichen zu signalisieren wie seine glücklicheren Freundinnen. Es könnte sich sogar dazu durchringen, diesen Mann zu heiraten – nicht des Geldes, der Sicherheit oder der Liebe wegen, sondern bloß, um in der Öffentlichkeit Bindungszeichen vorweisen zu können, wie die Gesellschaft sie von einer erfolgreichen Frau erwartet.

Es kommt vor, daß nach außen hin die normalen Bindungszeichen einer Ehe als Deckmantel für private Homosexualität dienen. Diese Ehe erleichtert es einem Homosexuellen oder einer lesbischen Frau unter gewissen gesellschaftlichen Bedingungen, ihren privaten Neigungen nachzugehen, wenn sie in der Öffentlichkeit die akzeptierten heterosexuellen Bindungszeichen vorweisen können.

Bisher war von Bindungszeichen nur ganz allgemein die Rede; es wurde nicht der Versuch gemacht, sie in verschiedene Kategorien zu gliedern. Das Problem besteht darin, daß fast jede Handlung unter gewissen Voraussetzungen als Bindungszeichen wirksam werden kann. Alles, was ein Paar gemeinsam tut oder läßt, kann Hinweise auf die Art seiner Beziehung geben. Trotzdem läßt sich eine zweckmäßige, wenn auch etwas vereinfachte Klassifizierung vornehmen:

(1) *Indirekte Bindungszeichen:* Objekte, die auf eine Bindung zwischen zwei Menschen schließen lassen.

a) Wenn das Paar anwesend ist: Hier handelt es sich um Objekte, die von zwei Menschen gemeinsam benutzt werden – ein Glas beim Trinken, ein Bett beim Schlafen, ein Tisch beim Essen im Lokal oder ein Handtuch beim Baden. Daran wird eine Bindung zwischen den gemeinsamen Benutzern sichtbar, selbst wenn man keine Bindungszeichen in ihren Handlungen beobachten kann.

b) Wenn das Paar abwesend ist: Auch wenn ein Paar oder einer der Partner nicht anwesend ist, können bestimmte Objekte signalisieren, daß tatsächlich eine Bindung besteht – der herumliegende Verlobungs- oder Ehering, das Hochzeitsfoto, die Eintragung im Telefonheft, das Bild der gemeinsamen Kinder auf dem Schreibtisch, das in einen Baum geschnitzte Herz mit Initialen, die Widmung in einem Buch oder die Tätowierung auf dem Seemannsarm.

(2) *Direkte Bindungszeichen:* Handlungen, die auf eine Bindung zwischen zwei Menschen schließen lassen:

a) Körpernähe und Körperorientierung; b) gemeinsame Ausdrucksweisen und Gesten; c) verbale Unterhaltung und d) Körperkontakte.

Die letzte Kategorie – der Körperkontakt – ist wohl die interessanteste von allen. Hier kann man eine Vielzahl eindeutiger Handlungen beobachten, und jede vermittelt Informationen über das Wesen einer bestimmten Beziehung. Diese Handlungen werden im folgenden genauer untersucht.

## Bindungszeichen mit Körperkontakt

### Wie Partner in der Öffentlichkeit einander berühren

Von einem Bindungszeichen mit Körperkontakt kann man immer dann sprechen, wenn die Bindung zwischen zwei Menschen in Form gegenseitiger körperlicher Berührung zum Ausdruck kommt. Dabei überwindet die Anziehungskraft dieser Bindung die natürliche Neigung jedes Individuums, seinen »persönlichen Raum« zu schützen. Da zwischen dem »Auf-Abstand-Halten« und der »Kontaktaufnahme« ein grundsätzlicher Konflikt besteht, gibt es eine Vielzahl unterschiedlich intensiver freundschaftlicher Berührungen.

Untersuchungen haben ergeben, daß insgesamt 457 Arten von Körperkontakten unterscheidbar sind, aber viele kommen nur sehr selten vor und sind daher bedeutungslos. Bei anderen handelt es sich um spezielle Berührungsarten durch Fachleute wie Ärzte, Priester und Friseure; wieder andere finden nur im Schlafzimmer statt und können nicht als öffentlich sichtbare Zeichen einer persönlichen Bindung gewertet werden. Die übrigen sozialen Berührungen lassen sich in vierzehn Gruppen einteilen. Zu ihnen gehören die meisten unserer Bindungszeichen mit Körperkontakt.

1. *Das Händeschütteln.* Es wird immer dann angewandt, wenn eine persönliche Bindung nicht vorhanden oder nur schwach ausgeprägt ist oder eine längere Trennung stattgefunden hat. Da es sich hier um eine übliche Begrüßungsformalität handelt, ist sie als Bindungszeichen nur durch ihre Erweiterungen interessant. Wie stark eine sich anbahnende Bindung zu werden verspricht, bzw. wie stark eine vergangene Bindung war, ist daraus zu ersehen, wie weit man über das bloße Händeschütteln hinausgeht. Stärkere Gefühle gehen ohnehin über formelle Höflichkeit hinaus.

Die häufigste Verstärkung des Händeschüttelns ist der zusätzliche Händedruck mit der linken Hand. Während sich wie üblich die rechten Hände treffen, kommt auch eine linke Hand nach vorn, um entweder die beiden Rechten oder aber den rechten Arm bzw. die rechte Schulter des Partners zu fassen. Bei großer Intensität können die beiden einander schüttelnden Rechten sogar zwischen den beiden sich nähernden Oberkörpern eingeklemmt werden, weil die beiden Linken je eine Schulter »umarmen«. Dabei werden häufig noch die Wangen aneinandergedrückt, oder man gibt sich einen Wangenkuß.

Der Begrüßende steigert sich hier vorsichtig. Er spürt eine rasch zunehmende herzliche Empfindung für den Begrüßten, so daß das Händeschütteln schließlich in eine Umarmung mündet. Im Gegensatz dazu hätte eine bereits vor der Begrüßung bestehende Empfindung dieser Art dazu geführt, daß der Begrüßende spontan beide Arme zu einer vollen Umarmung ausgestreckt hätte; das formelle Händeschütteln wäre dabei völlig unterblieben.

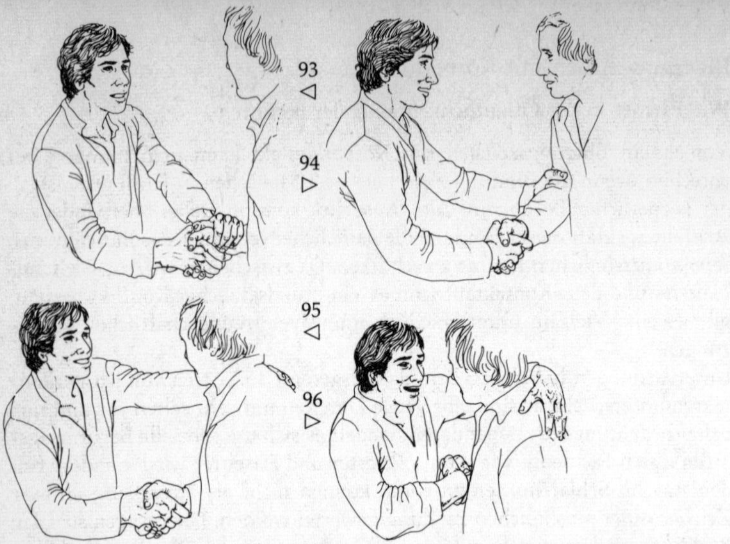


93–96 Das verstärkte Händeschütteln. Da das einfache Händeschütteln eine übliche Förmlichkeit ist, drückt man Herzlichkeit durch eine Verstärkung der Begrüßungshandlung aus. Dies geschieht zunehmend durch das Umfassen der Hand (93), des Arms (94), der Schulter (95) sowie durch die Schulterumarmung (96).

Die Analyse von Filmszenen, in denen sich Menschen relativ zurückhaltend die Hände schütteln, hat ergeben, daß sogar bei Leuten, die persönlich keineswegs zu spontanen Umarmungen neigen, ein erkennbares Vorwärtsbeugen des Körpers zum andern hin festzustellen ist – ein paar kleine Intentionsbewegungen genügen, um zu verraten, daß hier vielleicht eine insgeheim gewünschte Umarmung unterlassen wurde.

2. *Das körperliche Führen.* Hier handelt es sich um eine vertrauliche Version des Zeigens in Verbindung mit Körperkontakt. Man lenkt seinen Begleiter durch einen leichten Druck auf den Körper in eine bestimmte Richtung. Das geschieht am häufigsten durch einen leichten Druck mit der Hand auf den Rücken des Partners. Üblich ist auch das Umfassen seines Armes mit leichtem Druck nach vorn bzw. das etwas ungeniertere Ziehen an einer Hand. Man bringt den Partner nicht mit Gewalt in die gewünschte Richtung, sondern mit Hilfe einer diskreten körperlichen Andeutung. Im Prinzip handelt es sich hier um eine wortlose Erwachsenenversion des aktiveren Führens der Kinder durch die Eltern. Diese Handlung drückt im allgemeinen aus: »Ich habe die Sache unter Kontrolle.« Sie wird daher nur selten von Untergebenen gegenüber Vorgesetzten oder von Gästen gegenüber ihren Gastgebern angewandt. Der Gastgeber bringt hingegen in milder Form seine Dominanz gegenüber dem Gast zum Ausdruck, der sich vorübergehend auf fremdem »Territorium« und daher in einer schwächeren

Position befindet. Selbst bei Ehepaaren kommt hier eine zeitweilige Dominanz des einen Partners zum Ausdruck. Die Frau zeigt auf diese Weise dem Betrachter ein pseudomütterliches Bindungszeichen, während der Mann damit seinem Tun ein »herrscherliches« Flair verleiht (siehe auch Farbabbildung F 20, Seite 186).

3. *Der Klaps.* Eine andere, ebenfalls für Eltern typische Handlung, der Klaps, ist eine Art einhändiger Miniaturumarmung, bei der der übrige Körper unbeteiligt bleibt. Mit einem Klaps kann man Begrüßung, Glückwunsch, Trost, Liebe und freundschaftliche Gesinnung ausdrücken. Bei Erwachsenen hat diese Geste einen ebenso pseudoelterlichen Beigeschmack wie die Körperführung. Kindern kann man einen Klaps auf fast jeden Körperteil geben, bei Erwachsenen beschränkt sich das »Klaps-Areal« jedoch auf Hand, Arm, Schulter oder Rücken, wenn der Klaps »neutralen« Charakter haben soll. Gibt man einem Erwachsenen einen Klaps auf den Kopf, das Hinterteil, die Oberschenkel oder die Knie, ist das entweder herablassend oder sexuell gemeint. Eine interessante Ausnahme von dieser Regel ist der Klaps auf den Kopf, den Fußballer einem Torschützen geben; das ist nicht ironisch, sondern als Gratulation gemeint. Es scheint sich dabei um ein Relikt aus der Schülerzeit zu handeln. Bei Jungen kann man diesen Kopfklaps beobachten, wobei sie wohl eine wohlwollende Geste ihrer Väter nachahmen: »Was für ein kluger Junge!« Diese Tradition bleibt anscheinend auf dem Fußballplatz erhalten.

4. *Das Unterhaken.* Das wohl am häufigsten in der Öffentlichkeit zur Schau gestellte Bindungszeichen ist das Unterhaken. Es ist im Prinzip ein Signal für koordiniertes gemeinsames Gehen, bei dem ein Partner eine sanfte Kontrolle über den anderen ausübt. Zumeist ist es die Frau, die ihre Hand am gebeugten Arm des Mannes »einhängt«, so, als suche sie Schutz und Stütze. In Wirklichkeit geschieht das jedoch nur rein symbolisch: Diese Geste ist lediglich ein visuelles Signal für emotionale Bindung, die man anderen zur Kenntnis bringen möchte. Nur bei älteren und gebrechlichen Menschen steht der rein körperliche Aspekt im Vordergrund. Gesunde junge Paare gehen selten Arm in Arm, wenn sie allein sind; sie reservieren diese Geste für gesellschaftliche Anlässe formeller Art, wie das Betreten einer Kirche, oder mehr zwangloser Art, wie das Bummeln vor Schaufensterauslagen. Dieses Bindungszeichen signalisiert praktisch gegenseitiges Sichbesitzen.

5. *Das Arm-um-die-Schulter-Legen.* Da Männer im allgemeinen größer sind als Frauen, findet man dieses Bindungszeichen häufiger bei Männern, die damit ihre Beziehung zu einer Frau ausdrücken. Es hat etwas »Männliches« an sich, gilt aber auch als Ausdruck »enger kameradschaftlicher Beziehungen«. Diese Halb-Umarmung ist – im Gegensatz zur vollen frontalen Umarmung – nicht nur im Stehen, sondern auch beim Gehen möglich. Man sieht sie auch bei Männern, die eng nebeneinander hergehen, sie kommt

aber insgesamt nicht sehr häufig vor. Häufiger ist eine »verkleinerte« Form, bei der meist ein Mann die Hand auf die Schulter des anderen legt. Sie ist typisch für Situationen, in denen einer eifrig etwas erläutert und damit den zweiten zu überzeugen versucht. Er kann auf diese Weise die Bewegungsfreiheit seines Partners sanft einschränken und ihn in seiner unmittelbaren Nähe festhalten, so daß er ihm konzentriert zuhören muß.

6. *Die Umarmung.* Umarmt und gedrückt zu werden ist ein sehr starkes Kindheitserlebnis; zwischen Erwachsenen bleibt es auf Augenblicke intensiver emotionaler Empfindung beschränkt. Nur junge Liebende zeigen dieses Bindungszeichen häufiger, denn sie befinden sich bei jedem Zusammensein in einem Dauerzustand hochintensiven Gefühls. Bei Erwachsenen ist dieses Bindungszeichen normalerweise Teil ihres privaten Sexuallebens, ansonsten bleibt es auf Abschied und Wiedersehen beschränkt – auf Augenblicke also, in denen ihre Bindung durch räumliche Trennung unterbrochen oder durch die Rückkehr körperlich wieder geschlossen wird. Bei einer unmittelbar bevorstehenden Trennung fühlt jedes Paar das dringende Bedürfnis, seine gegenseitige Bindung durch eine intensive Umarmung zum Ausdruck zu bringen – gewissermaßen als Entschädigung und Vorschuß für die ihm zeitweise entzogenen täglichen Körperkontakte. Bei der Wiedervereinigung wiederholt dieses Paar eine kleine Paarbindungszeremonie durch erneute liebevolle Umarmung.

Zu den Ausnahmen von dieser Regel gehört das Tanzen mit Körperkontakt. Es handelt sich hier um eine ritualisierte Darbietung des vollen, frontalen Körperkontakts, bei dem das Element des Umschlingens mit den Armen »gestutzt« ist. Denn man hat den Eindruck, als wollten die Tanzenden sich umarmen, würden aber durch den Zusammenstoß ihrer Hände beim Tanzen daran gehindert! Diese erstarrte Halbumarmung schafft Distanz, die auch für vergleichsweise fremde Menschen als »akzeptabel« angesehen wird. Die Tanzenden erfreuen sich der Andeutung einer echten Umarmung, ohne die volle Bedeutung dieses Bindungszeichens zu »riskieren«.

Eine zweite Ausnahme bildet die »Triumphzeremonie« beim modernen Fußballspiel nach einem Torerfolg. Intensive Emotionen kommen hier nur kurz ins Spiel, wenn die Mitspieler den Torschützen vehement umarmen. Diese Gesten sind jedoch in erster Linie als Schaueffekt für die Zuschauer und die Klubanhänger gedacht.

Eine weitere Ausnahme sind die Begrüßungs- und Abschiedsumarmungen bei Partys. Hier ist die Sachlage anders als im Fall der Fußball-Triumphzeremonie: Es sind überhaupt keine intensiven Emotionen im Spiel; stattdessen herrscht ein starkes Element des Kommens, Gehens und Wiedersehens vor. Die ankommenden und sich verabschiedenden Gäste wecken bei den anderen Gästen oder bei den Gastgebern kaum echte Gefühle, doch Umarmungen finden am laufenden Band statt. Bei genauerem Hinsehen erkennt man allerdings, daß es sich nicht um echte Umarmungen handelt,

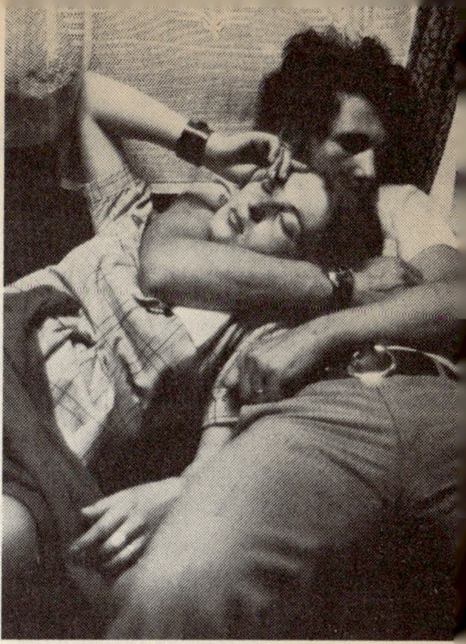

97 △ 99 ▽

98 △ 100 ▽

97 Das Unterhaken, zwischen Mann und Frau oder zwischen zwei Frauen von förmlichem Charakter, hat zwischen Männern einen besonderen Beigeschmack.

98 Die Halsumarmung hat so viel Ähnlichkeit mit einer Würgehandlung, daß sie selten und nur dort vorkommt, wo vollkommenes Vertrauen herrscht.

99 Umarmungen zwischen Männern können auch im Westen in Momenten der Begeisterung auf dem Fußballfeld beobachtet werden, wo die maskuline Atmosphäre solche Gesten zuläßt, ohne die Gefahr von Mißdeutungen heraufzubeschwören.

100 Der Kuß als öffentliches Bindungszeichen zeigt von Land zu Land Abwandlungen. Vielerorts ist der Wangenkuß in der Öffentlichkeit häufiger als der Mundkuß.

sondern eher um angedeutete wie beim Tanzen. Die Arme werden nur lose an den Körper des anderen gelegt, die Wangen werden eher gestreift als geküßt, die Umarmung geht selten so weit, daß die Körpervorderseiten einander berühren, und sie dauert in der Regel nur einen flüchtigen Moment. Mit anderen Worten: Der Umarmungskontakt bei Ankunft und Abschied auf Partys ist fast ebenso formalisiert wie das Händeschütteln; er drückt dezent eine momentane Beziehung aus, die mehr ein bloßes Händeschütteln, aber weniger als leidenschaftliche Umarmung verlangt.

7. *Das Händchenhalten.* Den Vorgang des Händchenhaltens erleben wir zum erstenmal, wenn wir als Kinder die erregende neue Welt der aufrechten Fortbewegung erforschen. Seine Funktion ist dabei, uns am Umfallen zu hindern. Ältere Kinder will man damit in unmittelbarer Nähe halten, wenn man sich auf überfüllten Gehsteigen oder Plätzen befindet, oder man will sie davon abhalten, plötzlich auf eine verkehrsreiche Straße zu laufen. Selbst wenn die Kinder unabhängiger werden, dient dieser Kontakt noch als besonderer Schutz beim Überqueren einer Straße. In der Jugendzeit verschwindet diese »Elterngeste« zunächst und taucht als Bindungszeichen bei jungen Liebenden wieder auf. Jetzt ist es jedoch keine einseitige, sondern eine zweiseitige bewußte Handlung: Jeder Partner tut genau das gleiche, und darin spiegelt sich die beiderseits gleich starke Bindung. Es besteht ein prinzipieller Unterschied zum Bindungszeichen des Unterhakens, bei dem ein Partner eine dominierende Beschützerrolle einnimmt und der andere die des Beschützten. »Händchenhalter« interessieren sich nicht für Statusfragen. Sie befinden sich noch in jener paradiesischen Phase, wo einer sich dem anderen öffnet und anbietet. Ihnen geht es nicht darum, »die Oberhand zu behalten«, und tatsächlich gibt es dabei ja auch keine obere Hand.

8. *Die Taillenumarmung.* Ein händchenhaltendes Paar hat beim Gehen keinen zusätzlichen Körperkontakt: Sie gehen nebeneinander her und halten Abstand. Bei der Taillenumarmung verschwindet dieser Zwischenraum; die beiden Partner drücken ihre Körper seitlich aneinander. Der um die Taille des Partners gelegte Arm zeigt deutlich an, daß die Bindung zwischen beiden tief und stark ist. Das Gehen wird dadurch natürlich erschwert. Man hat den Eindruck, als wollten beide Partner sich umarmen und doch dabei weitergehen, wobei das Um-die-Taille-Fassen ein Kompromiß zwischen diesen beiden widerstreitenden Wunschvorstellungen ist.

Ebenso wie das Händchenhalten ist auch die Taillenumarmung fast immer ein heterosexuelles Bindungszeichen und steht daher in starkem Gegensatz zum Arm-um-die-Schulter-Legen. Die Verlagerung der Berührung von der »freundschaftlichen Schulter« auf die »erotische Hüfte« bewirkt eine entscheidende Bedeutungsveränderung des Bindungszeichens. Ausschlaggebend scheint zu sein, daß die Taille näher an der primären Genitalzone liegt und daher – ähnlich wie Hinterbacken und Oberschenkel – zwangsläufig zu einer sexuellen Kontaktzone wird.

9. *Der Kuß.* Das Berühren des Partners mit den Lippen ist kein einfaches Bindungszeichen, sondern ein ganzes Bündel möglicher Zeichen – je nach der mit den Lippen berührten Körperzone. Die intimste Form des in der Öffentlichkeit gezeigten Kusses ist der Mund-zu-Mund-Kuß, der daher auch als Bindungszeichen fungiert. Beim Kuß handelt es sich, wie wir gesehen haben, um eine Relikt-Geste: Es war einst allgemein üblich, daß die Mütter die Babynahrung im Munde vorkauten und dann von Mund zu Mund ihr Kind fütterten. Bei vielen Stammesgesellschaften und in einigen europäischen Bauerngegenden ist das auch heute noch der Fall. Das Kind reagiert auf den angebotenen Mund mit suchenden Bewegungen seiner Zunge im Mund der Mutter. Vermutlich ist es ein angeborenes Verhaltensmuster unserer Art, und die Erwachsenenversion dieses Verhaltensmusters kennen wir heute noch in Form des Zungenkusses bei Liebenden – ein verblüffendes Beispiel dafür, wie eine Eltern-Kind-Beziehung später als Intimität bei Erwachsenen wieder auftaucht. Teils wegen der in unserer Kultur geltenden Hygienevorstellungen, teils wegen der mit dem Zungenkuß verbundenen sexuellen Erregung bleibt diese Art von Kuß in der Regel auf Paare mit sehr starker Bindung beschränkt. Das sexuelle Element weist die betreffenden Paare als eindeutig heterosexuell aus. Aber in einigen Ländern kann man auch zwischen männlichen Erwachsenen leidenschaftliche Küsse von Mund zu Mund beobachten – wobei keinerlei sexuelles Element mitzuspielen scheint (siehe auch Farbabbildung F 21, Seite 187).
Junge Liebende küssen sich häufig schon zu Beginn ihrer Paarbindung, allerdings oft »abgekürzt« nur mit den Lippen. Paare, die schon längere Zeit zusammen sind, reduzieren die Intensität des Kusses in der Öffentlichkeit auf eine kurze Lippenberührung und beschränken ihn auf Begrüßungs- und Abschiedsszenen, außer wenn sie allein sind. Ein Paar, das sich in der Öffentlichkeit lange und leidenschaftlich küßt, befindet sich mit Sicherheit noch im Prozeß der Paarbindung. Ältere Paare küssen sich in der Öffentlichkeit nur dann derart intensiv, wenn sie sich für einen längeren Zeitraum voneinander verabschieden oder nach längerer Trennung wiedersehen oder aber nach einem intensiven emotionalen Erlebnis – einem Triumph, einem Unglück oder einer Rettung aus höchster Gefahr. Dies sind dann von ihnen sehr deutlich gesetzte Bindungszeichen.
Eine abgewandelte, weniger intensive Form des Mund-zu-Mund-Kusses ist der gegenseitige Wangenkuß. Gelegentlich benutzen ihn verheiratete Paare als zarten Kontakt, aber am typischsten ist er wohl für Begrüßungs- und Abschiedsszenen unter Verwandten und Freunden. Er ist eigentlich mehr ein Mundkuß-Ersatz als ein gezielter Wangenkuß. Seine Flüchtigkeit läßt ihn für nichtsexuelle Kontake geeignet erscheinen, besonders für gesellschaftliche Anlässe aller Art.
Andere Kußformen lassen sich danach beurteilen, wie hoch oder niedrig die Körperstelle liegt, die geküßt wird. Dies sind die »Statusküsse«, die mit dem

elterlichen Kuß auf den Scheitel des Kindes beginnen. Es handelt sich hier um einen herablassenden Kuß, der auch unter Erwachsenen in der Regel eine pseudoelternhaft herablassende Wirkung hat.
Das gleiche gilt für den Kuß auf die Stirn oder den Kuß auf die Nasenspitze. Der Handkuß – einem tiefer gelegenen Körperteil gewidmet – bedeutet Verehrung oder formelle Hochachtung; das wird noch durch die Tatsache unterstrichen, daß man sich dabei bücken muß. In früherer Zeit, als der Handkuß Damen gegenüber auch für höherrangige Männer obligatorisch war, lösten diese das Statusproblem dadurch, daß sie die Hand der zu küssenden Dame zum Mund emporhoben und es auf diese Weise vermieden, sich bücken zu müssen.
10. *Die Berührung des Kopfes mit der Hand.* Berührt man den Kopf des Partners mit der Hand, dann ist das eine intimere Geste, als es zunächst den Anschein haben mag. Die Intimität dieses Bindungszeichens basiert auf dem implizierten Vertrauen, denn der Kopf ist der empfindlichste Körperteil, in dem sich alle wichtigen Sinnesorgane befinden, und die Hand ist der potentiell gefährlichste Teil des Körpers. Die Berührung des Kopfes durch die Hand des anderen setzt daher ein enges Vertrauensverhältnis zwischen den beiden Beteiligten voraus. Versucht man den Kopf eines fremden Menschen zu berühren, nimmt dieser sofort eine defensive Haltung ein. Das ist auf eine unbewußte Empfindlichkeit gegenüber jeder physischen Bedrohung unseres Kopfes zurückzuführen. Nur unter engen und alten Freunden, zwischen Liebenden, Eheleuten und in der Eltern-Kind-Beziehung gestatten wir die Berührung unseres Kopfes durch eine Hand, die nicht unsere eigene ist.
Selbst die flüchtigste Hand-Kopf-Berührung bedeutet daher ein Bindungszeichen, das weit stärker und tieferreichend ist, als man es nach der alltäglich wirkenden Geste glauben möchte.
11. *Kopf-an-Kopf-Kontakt.* Wenn die Köpfe zweier Partner sich berühren, ist das sozusagen die »chronische« Version des »akuten« Kusses. Wie der Hand-Kopf-Berührung begegnet man auch dieser Handlung häufiger bei jungen Liebenden als bei älteren Paaren. Dieses Bindungszeichen behindert das betreffende Paar bei anderen Tätigkeiten. Wenn es die Köpfe zusammensteckt oder Wange an Wange dasitzt, scheint es sagen zu wollen: »Für uns ist es wichtiger, uns anzufassen und einander nahe zu sein, als auf das zu achten, was rings um uns herum vorgeht!« Mit diesem Signal teilen die beiden Partner mit, daß sie die übrige Welt aus ihrem Gesichtskreis auszuschließen wünschen.
Diese Tatsache wird oft noch dadurch unterstrichen, daß beide die Augen schließen. Mehr als bei anderen Bindungszeichen Liebender handelt es sich hier darum, die übrige Welt von diesem Paar fernzuhalten.
12. *Die Liebkosung.* Sanftes Streicheln, Reiben und Drücken sowie das »Entdecken« des Körpers eines Partners mit der Hand oder der Nase, der

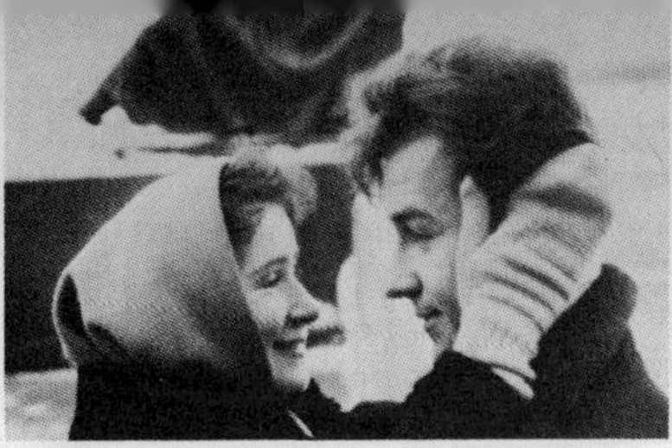

101 △ 102 ▽ 103 ▷

101 Da der Kopf einer der empfindlichsten und bestbehüteten Bereiche des menschlichen Körpers ist, stellt das Zulassen einer Berührung am Kopf einen Vertrauensbeweis dar, der enge Verbundenheit widerspiegelt.
102 Streicheln und Liebkosen sind sexuell erregend genug, um in der Öffentlichkeit strengen Einschränkungen zu unterliegen. In manchen zwanglosen Situationen sieht man es jedoch bei weniger gehemmten Partnern.
103 Die Körperstütze. Als Kinder halten die Eltern uns auf dem Schoß, und jede ähnliche einem Erwachsenen erwiesene Hilfestellung ruft bei diesem sofort ein »nostalgisches« Geborgenheitsgefühl wach. Der Unterstützte sendet automatisch kindliche Signale aus.

Zunge oder dem Fuß – all das hat stets eine sexuelle Färbung und kann leicht zu körperlicher Erregung führen. In der Öffentlichkeit ist die Liebkosung fast ausschließlich als Bindungszeichen junger Liebender zu sehen, deren Beziehung einen Intensitätsgrad erreicht, der sie praktisch die übrige Welt um sich herum vergessen und ausschließlich auf die Erforschung ihrer Körper und Reaktionen konzentrieren läßt. Ausnahmen von dieser Regel kann man gelegentlich bei gesellschaftlichen Zusammenkünften beobachten, wenn ein Partner eines älteren verheirateten Paares einen Körperteil des anderen fast selbstvergessen liebkost. Das ist für die übrigen Anwesenden ein unbewußtes Signal für die Tiefe der zwischen beiden bestehenden Bindung. Es ist sozusagen nur die Spitze eines Eisbergs, die die anderen hier sehen und die nur gelegentlich demonstrativ gezeigt wird.

13. *Die Körperstütze.* Wenn Kinder noch sehr klein oder wenn sie müde sind, sitzen sie auf dem Schoß ihrer Eltern oder lassen sich von ihnen tragen. Dieses Verhaltensmuster wiederholt sich häufig während der Zeit

des Heranwachsens, wenn ein Mädchen auf einem Jungen reitet oder sich von ihm ein Stückchen tragen läßt. Es wiederholt sich als Ritual, wenn die Braut vom Bräutigam über die Schwelle getragen wird. Im übrigen bleibt es in der Welt der Erwachsenen auf Situationen der Hilfsbedürftigkeit beschränkt, wenn beispielsweise jemand ohnmächtig oder krank wird oder wenn er betrunken ist. Da es sich in diesen Fällen immer um eine Notlage handelt, kann man aus unterstützenden Handlungen keinen Schluß auf irgendeine Bindung ziehen, denn die Helfer können auch völlig fremde Menschen sein. Das intime Verhaltensmuster aus der Kindheit bleibt also nicht wie andere bis in die Erwachsenenzeit hinein als Bindungszeichen erhalten.

14. *Der Scheinangriff.* Zwischen Erwachsenen kommt es häufig vor, daß sie sich einen Stoß mit dem Arm versetzen, sich am Ohr knabbern, das Haar zerzausen, einander schieben, drücken und stoßen, doch werden diese Handlungen so abgemildert, daß sie nicht weh tun. Sie werden nicht als feindselige Akte, sondern als Freiheiten verstanden, die sich Freunde untereinander herausnehmen. Als Bindungszeichen signalisieren sie, daß derjenige, der solche Scheinangriffe führt, mit dem »Opfer« so stark verbunden ist, daß auch nicht die geringste Gefahr besteht, ein solches Verhalten könnte mißdeutet werden. Es handelt sich vielmehr um Demonstrationen großer Vertrautheit und der Sicherheit, daß der Partner »es nicht übelnehmen« wird.

Manchmal sind diese Scheinangriffe die einzige Möglichkeit, mit der ein Mensch zu einem anderen körperlichen Kontakt aufnehmen kann – beispielsweise ein Vater zu seinem heranwachsenden Sohn –, weil eine allzu offene liebevolle Berührung peinlich wäre.

Dieser kurze Überblick über einige der häufigeren sozialen Bindungszeichen vereinfacht natürlich stark. Analysiert man Handlungen dieses Typs objektiv, dann erweist sich ihre Subtilität und Vielfalt als geradezu verblüffend. Das kommt daher, daß wir als Art uns so intensiv lieben und binden können und außerdem ein so komplexes Sozialleben haben.

Jeder von uns hat Dutzende unterschiedlicher zwischenmenschlicher Beziehungen – mit Ehepartnern, Kindern, Eltern, Verwandten, Freunden, Nachbarn, Kollegen, Kunden, Lehrern, Studenten, Arbeitgebern, Untergebenen usw. Wir sind uns nicht nur unserer Beziehungen zu allen uns persönlich bekannten Menschen, sondern auch ihrer Beziehungen untereinander bewußt. Immer wenn wir an einer gesellschaftlichen Zusammenkunft teilnehmen, vermitteln unsere Sinnesorgane unserem Gehirn neue Informationen über diese sich ständig verändernden Beziehungen. Täglich »empfangen« wir Tausende von verschiedenen Bindungszeichen, und täglich »senden« wir selbst Tausende an unsere Mitmenschen. Sie sagen uns nicht nur, wer wen wie sehr liebt, sondern helfen uns auch, uns in das komplexe soziale Geflecht einzufügen und diese Integration anderen zu demonstrieren.

## Selbstkontakte

### Wie und warum wir uns selbst berühren

Von Selbstkontakt spricht man, wenn wir unseren eigenen Körper berühren. Er steht im Gegensatz zum Fremdkontakt, bei dem wir den Körper eines anderen berühren. Wenn wir körperlichen Kontakt zu einem anderen Menschen aufnehmen, sind wir uns in der Regel dessen bewußt, was wir tun – mag es sich dabei um einen freundschaftlichen Klaps handeln, um eine zärtliche Liebkosung oder auch um einen feindseligen Schlag. Beim Selbstkontakt dagegen machen wir uns im allgemeinen keine besonderen Gedanken. Wenn wir uns selbst streicheln und umarmen, dann greifen wir ja nicht in die Privatsphäre eines anderen Menschen ein. Die Tatsache, daß wir unbewußt handeln, wenn wir uns selbst berühren, bedeutet allerdings nicht, daß dies unwichtig oder unsinnig sei. Diese Berührungen lassen im Gegenteil Schlüsse auf unsere seelische Verfassung zu.

Die häufigste Form des Selbstkontakts ist die Zärtlichkeit zu uns selbst; abgesehen von den Handlungen, mit deren Hilfe wir unseren Körper schützen oder pflegen, gehören zu diesem Typus die meisten Berührungen unseres eigenen Körpers. Diese »Selbstintimitäten« kann man als Bewegungen bezeichnen, die Behagen bereiten, weil sie *unbewußte Nachahmungen einer Berührung durch andere Menschen sind.*

Bei einer solchen Selbstintimität benutzen wir einen Teil unseres Körpers, als gehöre er einem uns tröstenden Mitmenschen. Während unserer Kindheit kuscheln und umarmen uns unsere Eltern; sie wiegen uns sanft hin und her, wenn wir erschrocken oder verletzt sind. Sie streicheln und liebkosen uns, und sie geben uns ein Gefühl der Sicherheit, des Geliebtwerdens und des Gebrauchtwerdens. Als Erwachsene fühlen wir uns häufig verunsichert und haben das Bedürfnis nach Wärme und Liebe. Nur: Die elterlichen Arme sind nicht da, um uns zu schützen. Aber wir haben unsere eigenen Arme, und diese benutzen wir als eine Art Ersatz. Wir umarmen unseren eigenen Körper und wiegen ihn sanft hin und her, oder wir umfassen eine Hand ganz fest mit der anderen und fühlen uns beruhigt.

Auf unterschiedliche Weise verhalten wir uns so, als bestünden wir aus zwei Personen. Meist handelt es sich bei unseren Selbstberührungen nur um flüchtige Kontakte, aber wir empfinden dabei mehr Sicherheit und Behagen. Am häufigsten berühren wir mit der Hand unseren Kopf – das gilt vor allem für Stadtbewohner. Sie müssen tagsüber die meiste Zeit in geschlossenen Räumen verbringen und sitzen oft mit einer Anzahl von Kollegen an einem Tisch oder Schreibtisch. Häufig empfinden sie Streß- und Konfliktzustände oder Langeweile, und dann fährt man sich mit der Hand an den Kopf. Man kann mit ihr den Kopf stützen, sich nachdenklich mit der Hand über das Gesicht streichen oder auch die Knöchel leicht gegen die Lippen drücken. Die stützende Hand weckt das Gefühl, man könne wieder

104
◁

105
▷

104–106 Drei Formen des Selbstkontakts, die in Augenblicken der Anspannung eine gewisse Beruhigung bewirken: Die an die Lippen gepreßten Finger wecken Erinnerungen an Momente der Sicherheit an der Mutterbrust (104), während die das Kinn reibende Hand eine Liebkosung nachahmt (105). Die Selbstumarmung (106) ist eine extreme Form des Selbstkontakts, bei der der eigene Körper so umschlungen wird, daß fast der Eindruck zweier einander umarmender Körper entsteht.

den Kopf an die breite elterliche Brust drücken. Die streichelnde Hand gibt die Empfindung einer elterlichen Liebkosung, und die an die Lippen gedrückten Fingergelenke weisen – wie viele andere Arten des Mundkontakts – zurück auf das kindliche Saugen an der Mutterbrust (oder auf den Mund des Liebhabers bzw. der Geliebten).

Der Untersuchung von Hunderten derartiger Hand-Kopf-Gesten kann man entnehmen, mit welchen Bewegungen man sich als Erwachsener in dieser Streß-Gesellschaft am häufigsten ein wenig Trost und Beruhigung verschafft. In der Rangfolge ihrer Häufigkeit sind das (1) die Kieferstütze, (2) die Kinnstütze, (3) die Haarberührung, (4) die Wangenstütze, (5) die Mundberührung und (6) die Schläfenstütze. All diese Gesten treten gleichermaßen bei erwachsenen Männern und Frauen auf, nur bei der Haarberührung besteht ein 3:1-Verhältnis zugunsten der Frauen, bei der Schläfenstütze ein 2:1-Verhältnis zugunsten der Männer.

Auch die Geste des Armekreuzens, die sozusagen eine Schutzbarriere vor der Brust aufrichtet, bietet den Beruhigungseffekt des Selbstkontakts und ist eine halbe Selbstumarmung. Jede Bewegung, die einen Körperteil mit einem anderen in Berührung bringt, kann ein gewisses Sicherheitsempfinden auslösen. In Spannungsmomenten neigen Menschen dazu, sich selbst »an der Hand zu halten«, sei es durch Falten oder Ineinanderlegen der Hände. Auch alle Formen des Kreuzens der Beine schaffen Selbstintimität, wobei die Oberfläche des einen Beins einen beruhigenden Druck auf die des anderen ausübt. Klammert jemand ein Bein fest um das andere, dann wird dieser Druck noch verstärkt, und man spürt, daß der Betreffende dringend Trost und Zuspruch braucht.

Bestimmte Beinhaltungen machen – aus welchem Grund auch immer – einen völlig femininen Eindruck. Dazu gehören das Umarmen der angezogenen Beine und das Umfassen der Oberschenkel. Bei der ersten Haltung werden beide Beine hochgezogen, bis sie die Brust berühren; dann schlingt

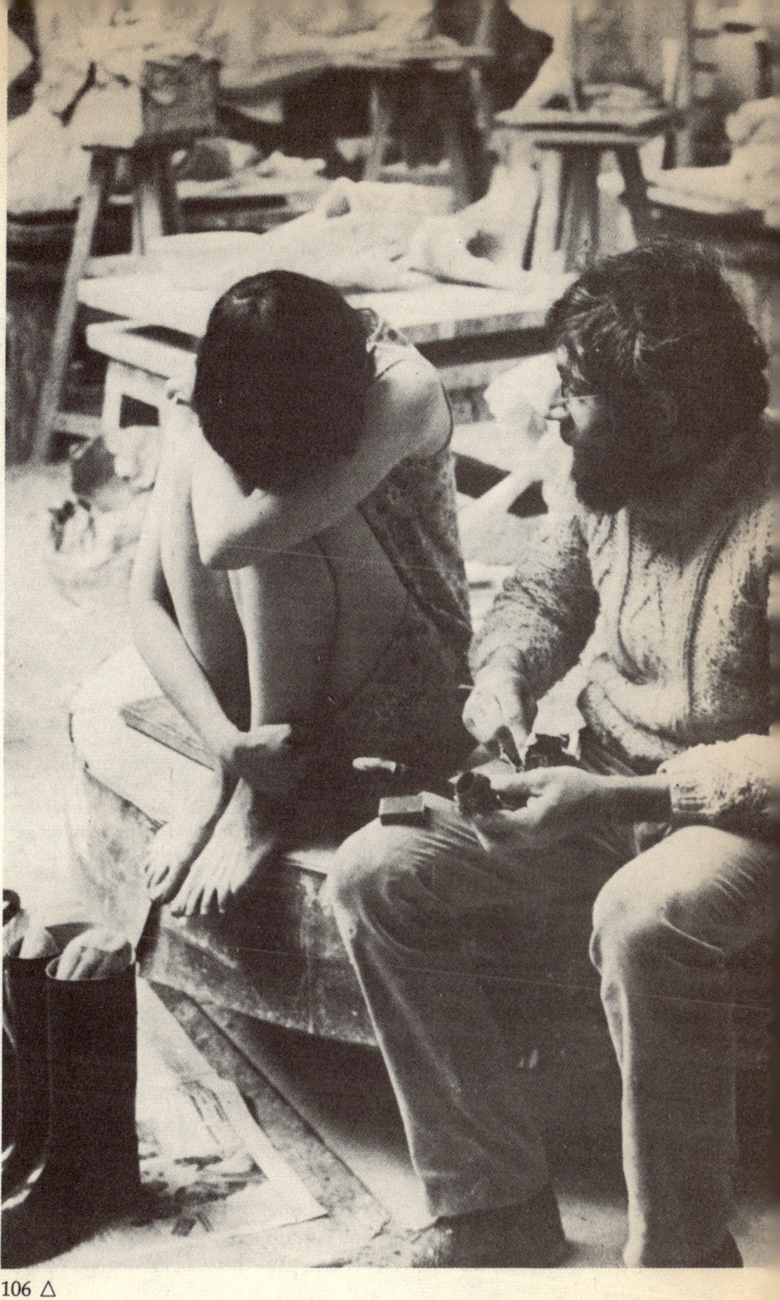

106 △

107 Fotomodelle nützen, wenn sie eine sexuell einladende Pose einnehmen sollen, oft die suggestive Kraft des Selbstkontakts aus. Hier geben die an die Schenkel gelegten Hände und das auf die hochgezogene Schulter gelegte Kinn zu verstehen: »Ich möchte, daß du mich berührst.«

man seine Arme um die Beine und läßt den Kopf auf die Knie herabsinken. Dies ist wohl die wirkungsvollste Art, aus seinem eigenen Körper eine zweite Person zu schaffen. Die hochgezogenen Beine ergeben eine Form, die sich umarmen läßt, an die man lehnen und so ein wenig ausruhen kann. Arme, Oberkörper und Kopf empfinden das Behagen des Körperkontakts. Trotzdem ist diese Haltung bei Männern nicht sehr beliebt: Sie überwiegt bei Frauen gegenüber Männern etwa im Verhältnis 19:1. Der Grund ist wohl, daß bei dieser Pose der Zusammenhang mit der Kindheitsphase allzu deutlich zum Audruck kommt, und das möchten Männer gern vermeiden.

Ein anderer Selbstkontakt von stark femininer Färbung ist die Geste des Herabsenkens des Kopfes auf die eigene Schulter: Diese ist dann Ersatz für die Schulter der Mutter oder des Geliebten. Eine dritte überwiegend weibliche Haltung ist das Umfassen der Oberschenkel mit den Händen. Obschon auch sie bei Frauen zehnmal häufiger vorkommt als bei Männern, läßt sie sich nicht so wie die bisher genannten Haltungen erklären. Sie erinnert weit weniger an die Kindheitsphase, und doch zeigen die Männer auch hier Zurückhaltung. Der Unterschied zu den anderen Posen könnte in einem leicht einsehbaren erotischen Moment liegen. Beim Liebesvorspiel ist es meist der Mann, der mit seiner Hand die Oberschenkel der Angebeteten liebkost, und daher ist es gerade die Frau, die diese Art Körperkontakt nachvollzieht, wenn sie sich selbst berührt.

Schließlich gibt es noch die spezielle Form des sexuellen Selbstkontakts: die Masturbation. Hier ist die Verwendung der Hand als Ersatz für einen Partner ganz offensichtlich. Diese Tatsache macht die Masturbation eindeutig zu einer vorübergehenden Alternative zum sexuellen Fremdkontakt. Da sich in ihr das Fehlen eines Sexualpartners widerspiegelt und die mangelnde Fähigkeit, einen zu finden, ist die Masturbation mit Schande verbunden und zu Unrecht verurteilt worden. Für diejenigen, die keinen Partner besitzen, ist sie eine völlig harmlose Methode, sexuelle Spannungszustände zu lösen; sie hat – trotz zahlreicher gegenteiliger Behauptungen – keine nachteiligen Folgen. Natürlich ist sie offiziell nicht immer deswegen verurteilt worden, weil sie ein Ersatz für Geschlechtsverkehr ist. Viele andere Gründe sind im Lauf der Zeit gegen die Masturbation ins Feld geführt worden, und als Preis, den man für einen derartigen »Selbstmißbrauch« zahlen müsse, wurden von der Blindheit bis zum Wahnsinn so ziemlich alle schweren Krankheiten angedroht.

Natürlich können wir heute über derartig abwegige Urteile nur lachen, aber zu ihrer Zeit wurden sie durchaus ernst genommen: Darin spiegelt sich eine weitverbreitete Feindseligkeit gegenüber jeder Art körperlichen Selbstkontakts zur eigenen Befriedigung wider. Wenn ein Erwachsener das Bedürfnis zeigt, sich das Empfinden der Beruhigung und der Selbstgewißheit dadurch zu geben, daß er oder sie seinen oder ihren eigenen Körper mit Zärtlichkeiten bedenkt, dann betrachtet man das auch heute noch weithin als ein Anzeichen für Unreife und Verweichlichung. Allerdings hat das nicht verhindert, daß Erwachsene Angst- und Streßempfindungen haben, und es somit zu Selbstkontakten kommt. Ist der Ursprung einer Selbstintimität nur hinreichend dunkel, wie etwa beim Wangenstreicheln, dann kümmert sich niemand darum oder um etwaige schädliche Folgen. Die unauffälligeren Formen des Selbstkontakts werden daher unbedenklich von Männern und Frauen praktiziert. Nur wenn Ursprung oder Funktionen dieser Selbstkontakte allzu offenkundig werden, stört man sich an ihnen und verurteilt sie. Wo immer in der Welt heutzutage Erwachsene das Bedürfnis nach etwas körperlicher Liebe verspüren, stützen und umfassen, streicheln und umarmen sie daher sich selbst und genießen dabei – zumindest für kurze Zeit – eine echte Befriedigung.

# Ungewollte nichtverbale Informationen

## Reaktionen, die uns unbemerkt entlarven

Bei vielen Gelegenheiten möchten wir gern unsere wahren Gefühle verbergen, aber es will uns irgendwie nicht recht gelingen. Versucht eine trauernde Mutter ihre Trauer vor den Kindern zu verbergen, dann sagt man, sie »setzt ein tapferes Gesicht auf«, so als ziehe sie eine Maske mit falschem Gesichtsausdruck über das Gesicht mit ihren wahren Empfindungen. Wenn es uns aber nicht gelingt, jemanden auf diese Weise zu täuschen, wie sickern dann Informationen über unsere wahren Empfindungen durch? Was liegt dem zugrunde, und wie können wir feststellen, ob jemand lügt oder nicht?

Im Fall der trauernden Mutter versagt die Täuschung, weil sie nicht unbedingt erforderlich ist. Gelänge es der Mutter allzu gut, ihren Schmerz zu verbergen, dann würde man ihr Mangel an Gefühl vorwerfen. Wäre aber nicht wenigstens ihre Bemühung um eine derartige Täuschung erkennbar, dann würde man ihr Mangel an Mut und Selbstzucht vorwerfen. Ihr »tapferes Gesicht« ist daher eine typische Pseudo-Täuschung, bei der der Täuschende keineswegs unglücklich darüber ist, daß man ihn »entlarvt«. Bewußt oder unbewußt wünscht sie, daß man ihr gezwungenes Lächeln als solches erkennt.

Was geschieht aber, wenn eine Notwendigkeit zu erfolgreicher Täuschung besteht? Der Angeklagte in einem Mordprozeß, der sehr wohl weiß, daß er schuldig ist, jedoch seine Unschuld verzweifelt beteuert, steht unter einem ungeheuren Druck, diese Täuschung glaubhaft erscheinen zu lassen. Er lügt bei seinen Wortaussagen und muß dazu passende, überzeugende Körperbewegungen machen. Wie schafft er das? Er kann seine Worte unter Kontrolle halten, aber kann er das auch mit seinem Körper?

Nun, er kann zweifellos einige Teile besser unter Kontrolle halten als andere. Er kann *die* Körperteile leichter disziplinieren, deren Bewegungen er sich im Alltagsleben am stärksten bewußt ist. Er kennt sein Lächeln und sein Stirnrunzeln – er sieht das ja häufig im Spiegel – und ist sich seines Gesichtsausdrucks am sichersten. Daher kann er am besten mit seinem Gesicht lügen.

Seine allgemeine Körperhaltung kann wertvolle Hinweise geben, denn er ist sich nicht immer des Grads seiner Steifheit, seiner Wachsamkeit oder seines Sichgehenlassens bewußt. Der Schlüsselwert dieser Körperhaltungen wird aber stark durch eine Reihe gesellschaftlicher Regeln reduziert, die bestimmte stereotype Posen in bestimmten Situationen vorschreiben. Von einem Angeklagten in einem Mordprozeß erwartet man beispielsweise, daß er – ohne Rücksicht auf seine Schuld oder Unschuld – steif dasteht oder dasitzt, und diese Tatsache kann den Signalwert seiner Körperhaltung völlig entwerten.

Handbewegungen und Handhaltung verraten über Täuschungsmanöver schon mehr, denn der angeklagte Mörder ist sich ihrer nicht so sehr bewußt, und es gibt im allgemeinen keine festen Regeln, die seine Handsignale entwerten könnten. Ein Soldat hätte es da mit einer Lüge leichter, denn er muß nach dem Militärkodex in der bewegungslosen Grundstellung verharren. Aber normalerweise macht der Angeklagte einige Gesten, und diese sollte man nach Hinweisen auf Täuschungsmanöver gründlich studieren.

Beine und Füße des Angeklagten sind von ganz besonderem Interesse, denn gerade der Bewegungen dieses Körperbereichs ist man sich am wenigsten bewußt. Häufig bleibt allerdings die Sicht auf seine unteren Körperregionen versperrt. Andernfalls könnten sie entscheidende Informationen vermitteln. Das ist auch der Grund, warum Menschen sich während eines Interviews oder geschäftlicher Verhandlungen am wohlsten hinter Schreibtischen oder Tischen fühlen, die als Schutzschirm der unteren Region fungieren. Bei Interviews setzt man daher die Kandidaten bisweilen auf einen in der Mitte des Raumes stehenden Stuhl, damit ihr ganzer Körper der Sicht preisgegeben ist.

Am besten kann man also jemanden täuschen, wenn man seine Signale auf Worte und den Gesichtsausdruck beschränkt. Am wirkungsvollsten gelingt das, wenn man den Rest des Körpers entweder ganz verbirgt oder aber ihn mit einer komplizierten mechanischen Aufgabe beschäftigt, die körperliche Geschicklichkeit verlangt. Wenn man also lügen will, dann sollte man das per Telefon tun oder wenn man über eine Mauer schaut – oder aber, wenn man seinen Wagen in eine enge Parklücke manövriert. Ist jedoch der ganze Körper sichtbar, dann muß man ihn, wenn man Erfolg haben will, auch komplett in sein Täuschungsmanöver einbeziehen.

Dieses »Lügen mit dem ganzen Körper« ist für die meisten von uns schwierig, weil wir darin wenig Übung haben. Im täglichen Leben kommt es nicht allzu häufig vor, daß ein bewußtes Täuschungsmanöver mit allen Konsequenzen durchgespielt werden muß. Sicherlich belügen wir alle uns manchmal selbst, aber das ist etwas anderes. Sicherlich spielen wir alle auch mehr oder weniger unbewußt eine Rolle, aber auch das ist etwas ganz anderes als eine vorsätzlich herbeigeführte und durchgehaltene Täuschung. Wenn wir eine bewußte Lüge oder Täuschung versuchen, tun wir das häufig in recht unzulänglicher Weise, und nur das mangelnde Beobachtungsvermögen unserer Mitmenschen schützt uns vor Entlarvung. Häufig leiden sie aber auch weniger an mangelndem Beobachtungsvermögen, als wir meinen: Sie erkennen unser Täuschungsmanöver, lassen uns das aber nicht merken. Man erkennt zwar unsere Lügen, aber man widerspricht uns nicht. Dafür gibt es zwei mögliche Gründe: Entweder ist es unseren Gesprächspartnern zu peinlich, das Täuschungsmanöver aufzudecken, oder sie sind durch unser Verhalten dermaßen verwirrt, daß sie gar nicht in der Lage sind, unsere Lüge genau zu identifizieren. Wenn ihnen das Täuschungsmanöver peinlich ist, wissen sie sehr wohl, was vor sich geht, aber sie finden es angenehmer, die Täuschung hinzunehmen, als die von uns aufgerichtete Fassade zu zerstören. Dies gilt vor allem für unwichtige Notlügen bei gesellschaftlichen Anlässen. Wenn wir etwa zum Essen eingeladen sind und die Gastgeberin uns auffordert, noch eine zweite Portion von einem völlig ungenießbaren Gericht zu nehmen, dann lehnen wir dankend ab und behelfen uns mit der Notlüge, wir müßten kalorienbewußt essen oder Diät einhalten. Zwar durchschaut die Gastgeberin häufig dieses Manöver, aber um keinen Mißton aufkommen zu lassen, widerspricht sie uns nicht, sondern schaltet in ihrer Unterhaltung auf die Vorzüge von Diätplänen um. Jetzt lügen beide, und beide wissen es, aber jeder möchte gern den anderen in Frieden lassen. Hier handelt es sich um den Typ der kooperativen Lüge, die bei vielen gesellschaftlichen Anlässen eine große Rolle spielt.

Der zweite Grund dafür, daß eine Lüge unwidersprochen bleibt, ist der, daß sie sich nicht korrekt identifizieren läßt. Das Verhalten des Lügners ist für seine Mitmenschen zu verwirrend, als daß sie sich darin auskennen könnten. Sie wissen zwar, daß er nicht die Wahrheit sagt, da seine Körpersignale widersprüchlich sind und auch nicht mit seinen verbalen Signalen übereinstimmen, aber sie können dennoch nicht erkennen, was er verbergen will. Betritt ein solcher Mensch den Raum, fühlen sich die anderen zunehmend unbehaglich. Könnte man wenigstens den hinter der erfolglosen Lüge steckenden wahren Sachverhalt erkennen, dann wüßte man, was man zu tun hätte – entweder kooperieren oder widersprechen –, aber man fühlt sich wie in einer Falle gefangen. Ein gutes Beispiel dafür bietet ein gesellschaftliches Beisammensein, bei dem ein Gast, der gerade privat von einem schweren Schlag getroffen worden ist, so tut, als sei er restlos glücklich und zufrieden. Seine Täuschungsmanöver kann er aber nicht durchhalten; immer wieder steigen seine wahren Gefühle in ihm hoch, und er fällt von einem Extrem ins andere. Den ganzen Abend über vermeiden die anderen, ihn herauszufordern. Geht dieser Gast dann endlich, atmen alle erleichtert auf: Sie können sich nun entspannen und offen Spekulationen über sein Problem anstellen.

Daß wir so ungern den Lügen anderer öffentlich widersprechen, führt dazu, daß die Qualität der gewöhnlichen gesellschaftlichen Lüge nicht gerade »erstklassig« ist. Wir haben darin nicht nur nicht genügend Übung, sondern werden auch nicht ernsthaft genug getestet. Daher kann man die meisten von uns in die Kategorie der »Amateurtäuscher« einstufen; wir könnten eine ganze Menge von der abgebrühten Minderheit der »Profitäuscher« lernen.

Professionelle Täuscher sind all diejenigen, deren Beruf wiederholte und anhaltende Täuschungsmanöver verlangt, und zwar Täuschungsmanöver, die man entdecken und denen man widersprechen kann. Wenn sie nicht

108 Ungewollte nichtverbale Informationen auf der gesellschaftlichen Bühne. Wir alle bemühen uns nach Kräften, höflich zu sein, aber manchmal läßt uns das Lächeln im Stich. Oft werden unsere ungewollten Signale bemerkt, bleiben aber ungestraft, weil sie Teil eines »gemeinschaftlichen Betrugs« sind.

imstande sind, erfolgreich zu lügen und ihre Lügen auch durchzuhalten, sind sie in ihrem Beruf zum Mißerfolg verurteilt. Sie müssen im richtigen Augenblick und mit ihrem ganzen Körper lügen können. Dazu gehört jahrelanges Training, in dessen Verlauf man die bewußte Täuschung zu einer Art »Kunst« entwickeln kann. Ich denke hier nicht nur an die großen Schauspieler und Schauspielerinnen, sondern auch an andere Super-Täuscher wie Berufsdiplomaten und Politiker, Rechtsanwälte und Zauberer, Gebrauchtwagenhändler und Immobilienmakler. Für sie alle gehören Täuschungsmanöver und Lügen zum Alltagsleben, und sie verfeinern ihre »Kunst« allmählich so, daß man sich noch geschmeichelt fühlt, von derartigen Meistern ihrer Kunst übers Ohr gehauen zu werden.
Die Kluft zwischen den Amateurtäuschern und den Profitäuschern ist viel größer, als erstere sich vorstellen können. Aussprüche wie »Jeder kann in einem Film mitwirken« oder »Diplomaten haben ein herrliches Leben, sie trinken nur Champagner und nehmen ständig an irgendwelchen Empfängen teil« beweisen das. Fordert man beispielsweise einen solchen Amateurtäuscher auf, einmal zwanglos und entspannt über eine Bühne zu gehen, dann versagt er. Er schlendert nicht so zwanglos wie sonst mit einem Freund die Straße entlang, sondern schreitet, beobachtet von einem großen Publikum, steif und gestelzt daher. Er fühlt sich nicht entspannt und kann deshalb mit seinem Körper keine Entspanntheitssignale übermitteln; und je mehr er es mit Gewalt versucht, desto schlimmer wird das Ganze.

Wie kann man nun derartige Täuschungen durchschauen? Wir können uns hier auf die Experimente einiger amerikanischer Forscher stützen. Sie haben Schwestern, die sich noch in der Berufsausbildung befanden, gebeten, über einige Filme, die man ihnen zeigte, falsche Angaben zu machen wie auch die Wahrheit zu erzählen. Man zeigte ihnen Filme von Operationen, bei denen viel Blut floß und als Kontrast harmlose und angenehme Szenen. Dann wurden sie aufgefordert zu schildern, was sie gesehen hatten, einmal wahrheitsgemäß, einmal wahrheitswidrig. Dabei wurden ihre Handlungen und ihr Gesichtsausdruck von versteckten Kameras aufgezeichnet. So war man in der Lage, alle Handlungen im Zusammenhang mit wahren Aussagen ebenso zu analysieren wie die im Zusammenhang mit bewußten Lügen, und man konnte die Unterschiede zwischen beiden ermitteln.

Die Schwesternschülerinnen versuchten mit allen Mitteln, ihre Lügen zu verbergen, denn man hatte ihnen gesagt, ihr Geschick im Täuschen anderer sei von großer Bedeutung für ihre zukünftige Karriere. Das ist es in der Tat, denn ängstlichen Patienten muß man öfters versichern, daß sie sich auf dem Weg der Besserung befänden oder daß eine an sich riskante Operation durchaus ungefährlich sei. Die Patienten wollen das unbedingt hören, halten aber gleichzeitig Ausschau nach dem geringsten Anzeichen von Pessimismus. Um eine gute Krankenschwester zu sein, muß man tatsächlich ausgezeichnet lügen können. Es stellte sich später sogar heraus, daß die Schwesternschülerinnen, die sich beim Filmtest als die besten Lügnerinnen erwiesen hatten, auch die besten Examina machten.

Aber auch die besten Lügnerinnen waren keine perfekten Lügnerinnen, und es gelang den Wissenschaftlern, eine Reihe entscheidender Unterschiede zwischen den körperlichen Signalen beim Erzählen der Wahrheit und denen beim Lügen festzustellen. Es handelt sich um folgende:

1. Beim Lügen nahm die Häufigkeit der von den Schwestern mit den Händen gemachten einfachen Gesten ab. Die Handbewegungen, mit denen sie normalerweise ihre verbalen Aussagen unterstrichen, waren erheblich reduziert. Der Grund dafür ist, daß die Handgesten, die gesprochene Worte »illustrierend« begleiten, von uns nicht identifiziert werden. Wir wissen zwar, daß wir beim Sprechen mit unseren Händen »in der Luft herumfuchteln«, aber wir wissen nicht exakt, was sie tun. Uns ist nur bewußt, *daß* wir mit ihnen etwas tun, aber nicht, *was* wir mit ihnen tun, und das weckt in uns einen gewissen Argwohn gegenüber der möglichen Durchsichtigkeit solcher Gesten. Unbewußt haben wir das Gefühl, wir könnten uns durch sie verraten, und daher unterdrücken wir sie. Das ist allerdings keineswegs leicht. Wir können die Hände verbergen, uns auf sie setzen oder sie tief in die Taschen stecken. Wir können sie auch einfach gegenseitig festhalten und so an jeder Bewegung hindern. Aber ein geschulter Beobachter läßt sich dadurch nicht hinters Licht führen; er weiß, daß irgend etwas nicht in Ordnung ist, wenn die Hände im übertragenen Sinn erstarrt sind.

2. Beim Lügen erhöhte sich bei den Schwestern die Häufigkeit der Selbstkontakte mit der Hand im Gesicht. Während wir uns unterhalten, berühren wir alle gelegentlich unser Gesicht mit der Hand, aber während eines Täuschungsmanövers nimmt die Häufigkeit dieser Handlungen rapide zu. Einige Gesten sind dabei beliebter als andere. Bei Täuschungsmanövern sind am häufigsten: das Kinnstreicheln, das Lippenzusammendrücken, das Mundbedecken, die Nasenberührung, das Wangenreiben, das Kratzen an den Augenbrauen, das Ziehen am Ohrläppchen und das Haarstreichen. Eine besondere Häufigkeitszunahme konnte man bei der Nasenberührung und beim Mundbedecken feststellen.

Das Bedecken des Mundes ist die leichter zu verstehende Geste. Aus dem Mund kommen lügenhafte Worte; der Teil des Gehirns, dem dabei »unbehaglich zumute« ist, übermittelt eine Botschaft an die Hand, diesen Vorgang gewissermaßen zu vertuschen. Unbewußt hebt sich die Hand des Lügenden zum Mund, als wolle sie die Worte zurückhalten. Andererseits hat der Sprechende natürlich ein Interesse daran, nicht ins Stocken zu geraten: Der andere Teil seines Gehirns besteht darauf, daß die lügnerischen Worte weiterhin aus dem Mund fließen. Was bei diesem inneren Konflikt herauskommt, ist dann eben ein halbherziger Kompromiß. Die Hand geht zwar zum Mund, bedeckt ihn aber nicht ganz. Es lassen sich hier verschiedene Formen unterscheiden: Die Finger legen sich fächerartig über die Lippen; der Zeigefinger ruht auf der Oberlippe; oder die Hand liegt unmittelbar neben dem Mund.

Wenn man jemand dabei beobachtet, daß er die Geste des teilweisen Mundbedeckens benutzt, bedeutet das allerdings nicht zwangsläufig, daß diese Person lügt. Es bedeutet lediglich, daß die Wahrscheinlichkeit dafür größer ist als in den Augenblicken, in denen der Betreffende die Hand nicht zum Mund führt.

Das Mundbedecken hat allerdings eine Schwäche – die übermittelte Bedeutung ist allzu transparent. Wird es von einem Kind ungeschickt angewandt, dann sagt man ihm gewöhnlich: »Hör auf, hinter vorgehaltener Hand zu murmeln – was versuchst du denn zu verbergen?« Bei den raffiniert abgewandelten Hand-Mund-Gesten der Erwachsenen besteht diese Gefahr des offenen Anzweifelns nicht so sehr, aber auch sie sind noch allzu verräterisch. Das kann man durch gesteigerte Abwendung der Hand vermeiden – und damit kommen wir zur anderen Schlüsselgeste: der Nasenberührung.

Mehrere Beobachter haben festgestellt, daß Nasenberührung und Betrugsmanöver in bemerkenswerter Weise zusammengehen, aber bisher hat noch niemand eine Erklärung für diesen Sachverhalt geben können. Eine zweifache Antwort ist wahrscheinlich: Die Hand, die gehoben wird, um die aus dem Mund kommende Lüge zurückzuhalten, muß irgendwie abgelenkt werden, und dafür bietet sich die naheliegende Nase an. Sie ragt aus dem

109 △ 110 ▽ 111 △

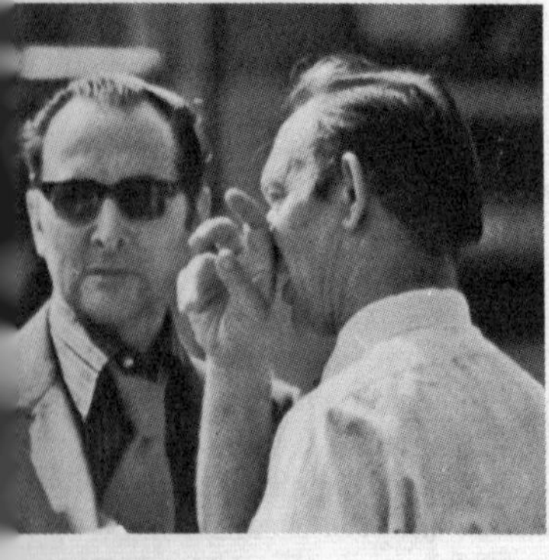

109–111 Die Nasenberührung, ein Verhaltensmuster, das bevorzugt in Streßsituationen auftritt. Wenn die Gedanken eines Menschen nicht seiner äußerlich bewahrten Ruhe entsprechen, kann es sein, daß er dies durch Berühren (109), Reiben (110) oder Kneifen (111) der Nase unbewußt verrät. Der Grund hierfür ist noch nicht bekannt.

Gesicht heraus und befindet sich unmittelbar über dem Mund; die Hand braucht daher nur wenige Zentimeter über die Lippen hinaus gehoben zu werden und kann dabei weiterhin einen Teil der Mundpartie bedecken, während sie sich offensichtlich mit der Nase zu beschäftigen scheint.
Als getarntes Mundbedecken ist die Nasenberührung die am häufigsten bei Täuschungsmanövern verwendete Geste geworden, aber es gibt noch einen zweiten Grund für ihre Beliebtheit. Im Augenblick einer bewußten Lüge erhöht sich selbst bei den erfahrensten Lügnern die nervöse Spannung. Das führt wiederum zu geringfügigen physiologischen Veränderungen u. a. in der Nase, die ihrerseits ein Nasenkitzeln hervorrufen. Auch wenn dieser Vorgang kaum wahrnehmbar ist und wir uns seiner kaum bewußt sind, kann er dazu führen, daß die Nase eine gewisse Anziehungskraft auf die

sich hebende Hand ausübt. Das Kitzeln leitet diese Handbewegung nicht zwangsläufig ein, aber es trägt dazu bei, daß die Hand zur Nase geführt wird, wenn sie zur Geste des Mundbedeckens ansetzt, jedoch eine Ablenkung vom Mund gewünscht ist.

3. Beim Lügen zeigten die Schwesternschülerinnen eine Zunahme der seitlichen Körperbewegungen. Ein Kind, das in seinem Stuhl hin und her rutscht, möchte für sein Leben gern weg, und alle Eltern erkennen derartige Symptome von innerer Unruhe sofort. Bei Erwachsenen werden solche Bewegungen reduziert oder ganz unterdrückt, aber sie verschwinden nicht völlig. Bei genauer Beobachtung erkennt man, daß der Erwachsene winzige, rudimentäre Körperverlagerungen beim Lügen häufiger macht, als wenn er die Wahrheit sagt. Es handelt sich dabei nur um geringfügige Veränderungen in der Ruhehaltung des Körpers, wenn der Sprechende etwa von einer Sitzposition in eine andere übergeht.

Diese unauffälligen Körperverlagerungen bedeuten soviel wie: »Ich wünschte, ich wäre ein(e) andere(r)«, und bei den Haltungsänderungen handelt es sich um stark verhaltene Fluchtbewegungen.

4. Beim Lügen machten die Schwesternschülerinnen stärkeren Gebrauch von einer ganz speziellen Handbewegung – dem Zucken mit den Händen. Während die Häufigkeit anderer Gesten abnahm, wurde diese häufiger. Es schien fast so, als wollten die Hände jede Verantwortung für die gleichzeitigen verbalen Aussagen ablehnen.

5. Beim Lügen war im Gesichtsausdruck der Schwesternschülerinnen kaum ein Unterschied gegenüber dem Ausdruck beim Sagen der Wahrheit zu bemerken – kaum, aber doch etwas! Denn auch in den selbstbewußtesten Gesichtern waren winzige Ausdrucksänderungen zu erkennen, die die Wahrheit verrieten. Diese Veränderungen waren so kurz und vollzogen sich derart rasch, daß sie von dafür nicht besonders ausgebildeten Beobachtern gar nicht bemerkt werden konnten. Nach einer Spezialausbildung mit Hilfe von Zeitlupenaufnahmen waren sie jedoch in der Lage, diese Veränderungen auch in Normalfilmen von Interviews zu erkennen.

Die geringfügigen Veränderungen werden durch die blitzartige Fähigkeit des Gesichts verursacht, innere Gefühle zu spiegeln. Wenn eine Stimmungsänderung eintritt, wird sie im Bruchteil einer Sekunde durch die Gesichtsmuskeln registriert. Die vom Gehirn übermittelte Gegenbotschaft, sich diese Veränderung nicht anmerken zu lassen, kommt häufig um Sekundenbruchteile zu spät. Der Gesichtsausdruck beginnt sich zu verändern, aber innerhalb von Sekundenbruchteilen wird diese Veränderung jäh abgebrochen. Während dieses Minizeitraums ist aber eine winzige und flüchtige Ausdrucksandeutung erkennbar. Sie wird allerdings so rasch unterdrückt, daß die meisten Menschen sie überhaupt nicht bemerken; bei sorgfältiger Beobachtung *kann* man sie jedoch entdecken, und sie ist dann einer der besten Anhaltspunkte für Täuschungsmanöver oder Lügen.

Es gibt allerdings einen ernst zu nehmenden kritischen Einwand. Die amerikanischen Wissenschaftler haben zwar im Rahmen der durch den Test selbst gesetzten Grenzen gute Arbeit geleistet. Man erfährt, was geschieht, wenn Menschen lügen, und auch, daß aufgrund gewisser Körperbewegungen ein perfekter Täuschungsvorgang nicht gelingt. Wir können die geringfügigsten Handlungen erkennen, die einen Täuschungsvorgang begleiten. Aber das ist auch alles, was dieser Test leistet; er verrät uns nicht, ob Lügen der einzige Vorgang ist, bei dem sich derartige Verhaltensänderungen ergeben. Der Test beweist, daß eine Zunahme der Hand-Kopf-Bewegungen sowie eine sonstige Abnahme von Gesten erfolgt, wenn Menschen zu lügen anfangen, aber er schließt keineswegs die Möglichkeit aus, daß das Lügen nur *eine* der Voraussetzungen sein könnte, die diese Wirkung hervorbringen. Ist das Lügen der Schlüsselfaktor oder nur ein Teil davon?
Andere empirische Untersuchungen scheinen zu bestätigen, daß das Lügen nur *einer* der bedingenden Faktoren ist. Ein Beispiel: Zwei Menschen sprechen friedlich miteinander; plötzlich bricht einer von ihnen in eine grobe Beleidigung aus. Diese Beleidigung kommt völlig unerwartet, und der Beleidigte antwortet darauf überhaupt nicht, während die Beleidigungen weiter auf ihn einprasseln. Schließlich antwortet er kühl und gefaßt. Während dieses Gesprächs gibt es einen Augenblick höchster Spannung – den der ersten Beleidigung; genau in diesem Augenblick führt der Beleidigte seine Hand zum Gesicht empor und berührt mit ihr einen Nasenflügel. Es handelt sich um die Nasenberührung, von der wir bereits wissen, daß sie auch in Augenblicken des Lügens auftaucht. Aber dieser Mann hier kann gar nicht lügen, denn er schweigt ja. Lange bevor er antwortet, hat seine Hand die Nase wieder verlassen, und wenn er seine Antwort gibt, ist er wieder kühl und gefaßt.
Ein zweites Beispiel: Ein Mann interviewt einen anderen. Der Interviewer stellt simple Fragen und erhält direkte Antworten. Dann stellt er plötzlich eine schwierige Frage. Während der Interviewte zögernd zu seiner Antwort ansetzt, hebt er rasch eine Hand hoch und berührt damit die Nase. Aber er hat keineswegs die Absicht zu lügen. Die gestellte Frage erfordert keine Lüge, sondern eine komplizierte Antwort, über die er erst sorgfältig nachdenken muß.
In beiden Beispielen ist kein Täuschungsmanöver im Spiel, und doch erinnert die Nasenberührung in erstaunlichem Maße an die Geste beim Lügen. Was haben diese drei Situationen gemeinsam? Alle beginnen mit einem starken Spannungsmoment. Der Beleidigte, der sich an die Nase faßt, schweigt zwar, aber innerlich ist er erschüttert über die völlig unerwartete Attacke. Sein Gehirn »kocht«, aber nach außen hin bleibt er gefaßt. Sein inneres Verhalten (sein Denken) und sein äußeres Verhalten (seine Untätigkeit) stimmen nicht überein. Ähnlich ergibt sich auch beim Interviewten, wenn plötzlich eine schwierige Frage gestellt wird, eine Diskrepanz zwi-

schen Gedanken und Handlung. Er versucht, freimütig und gefaßt zu antworten, aber innerlich arbeitet sein Gehirn wie wild, um mit der komplexen Frage fertig zu werden.
Vergleicht man die beiden Situationen mit dem Lügen, dann wird deutlich, daß alle Wesentliches gemeinsam haben. Bei einem bewußten Täuschungsmanöver kommt es darauf an, daß das, was sich im Gehirn abspielt, im äußeren verbalen Verhalten nicht zum Ausdruck kommt. Wir sagen etwas anderes, als wir denken. Die Behauptung, die Nasenberührung sei ein Beweis für das Lügen, stellt daher eine unzulässige Vereinfachung dar. Man sollte statt dessen sagen, die Nasenberührung und andere, ähnliche Gesten spiegeln die Tatsache wider, daß gewaltsam eine Diskrepanz herbeigeführt wird zwischen den inneren Gedanken und den äußeren Handlungen. Dies kann man nur als Täuschung in einer allgemeineren Bedeutung bezeichnen; und aktives Lügen ist nur eine ganz spezielle Form dieses Zustands. Wenn wir nach außen hin ruhig zu erscheinen versuchen, während wir uns innerlich mit einer Beleidigung oder mit einer schwierigen Frage auseinandersetzen, dann führen wir im gewissen Sinn ein Täuschungsmanöver durch, aber man kann nicht behaupten, daß wir lügen. Mit anderen Worten: Zur Unehrlichkeit gehört mehr als nur die Tatsache, daß man falsche Aussagen macht. Wenn wir also mit Hilfe eines Experiments das Lügen testen wollen, laufen wir Gefahr, die allgemeinere Bedeutung des von uns beobachteten Verhaltens außer acht zu lassen.
Was an nichtverbalen Informationen nach außen hin erkennbar wird, ist also nicht nur das Lügen, sondern ein grundlegender akuter Konflikt zwischen Innerem und Äußerem, wobei Gedanken und Verhalten in einem bestimmten Spannungsmoment nicht übereinstimmen. Das bedeutet zwar, daß wir nicht mit Sicherheit sagen können, ob jemand, der sich an die Nase faßt, tatsächlich lügt, aber man kann sicher sein, daß in seinem Gehirn irgend etwas vorgeht, was nicht nach außen dringen soll und auch nicht verbal mitgeteilt wird. Der Betreffende lügt nicht im strengen Sinn des Wortes, aber er verbirgt etwas vor uns; dadurch jedoch, daß er sich an die Nase faßt, gelangt diese Tatsache ungewollt nach außen.

## Widersprüchliche Signale

### Wenn wir gleichzeitig zwei gegensätzliche Signale geben

Wenn wir unaufrichtig sind, klafft unser Verhalten oft auseinander. Statt harmonisch aufeinander abgestimmt zu sein, setzen sich unsere Handlungen aus widersprüchlichen Einzelteilen zusammen, und der Beobachter spürt, daß etwas nicht stimmt. Nehmen wir ein etwas übertriebenes Beispiel: Ein Mann lächelt freundlich, aber gleichzeitig ballt er die Fäuste. Sein Gesicht sagt: »Ich bin zufrieden«, aber seine Hände sagen: »Ich bin zornig.« Wie sollen wir auf derart widersprüchliche Signale reagieren? Sollen wir einer Geste trauen oder gar beiden oder keiner?
Zur Beantwortung dieser Frage ist es notwendig, zwischen *ambivalenten* und *widersprüchlichen* Signalen klar zu unterscheiden. Bei beiden werden einander widersprechende Elemente sichtbar, aber bei ambivalenten Signalen ist die Ursache der Widersprüchlichkeit eine gemischte Stimmung. Nehmen wir an, ein brutaler Schläger beleidigt die Frau eines Mannes. Dieser Mann hat seinerseits echte Angst vor dem Rüpel, zugleich ist er aber wütend auf ihn. Die Angst zwingt ihn zur Defensive, die ausgelöste Aggression dagegen macht ihn angriffslustig. Sein Körper gehorcht beiden Impulsen gleichzeitig: Er nimmt eine ambivalente Drohhaltung ein. Dieses ambivalente Signal besteht aus einer Mischung von Intentionsbewegungen von Angriff und Rückzug. Er geht vorsichtig zurück, zeigt dem Kriminellen aber zugleich ein wütendes Gesicht und die schlagbereite Faust. Der Schläger versteht beide Signale und muß sie gegeneinander abwägen. Er nimmt beide als echt und schätzt ab, welcher Impuls stärker ist. Kann er eine weitere Beleidigung riskieren, oder würde diese den Mann zu einem wütenden Gegenangriff treiben?
Erinnern wir uns an das oben angeführte Beispiel: Ein Mann lächelt und ballt gleichzeitig die Faust. Kann er wirklich gleichzeitig zufrieden und verärgert sein, oder ist ein Signal echt und das andere falsch? Es ist wahrscheinlicher, daß dieser Mann tatsächlich wütend ist, aber versucht, diese Tatsache durch eine gestische Lüge in Form eines falschen Lächelns zu vertuschen. Hier handelt es sich also nicht um ein ambivalentes Signal, das auf *einer* gemischten, sondern um ein widersprüchliches Signal, das auf *einer* echten Stimmung basiert, die nur bewußt von einer Lüge äußerlich überlagert wird.
Natürlich könnte man auch sagen, der lächelnde Mann mit der geballten Faust sei wirklich freundlich gestimmt, aber aus irgendeinem Grund gebe er sich nach außen hin feindselig – das Lächeln entspreche also seiner Stimmung, die geballten Fäuste stellten eine bewußte Täuschung dar. Um zwischen diesen beiden Möglichkeiten zu entscheiden, müssen wir uns in Erinnerung rufen, was wir über ungewollte nichtverbale Information erfahren haben. Danach müssen bei einem widersprüchlichen Signal die beiden riva-

112 Der Mann, der mit geballter Faust den Frieden fordert, übermittelt ein widersprüchliches Signal besonderer Art. Wir sehen, daß seine emotionale Verfassung im Widerstreit mit der Bedeutung seiner Worte steht, und sind gezwungen, seinen Körpersignalen mehr Glauben zu schenken, als ihm lieb sein mag.

lisierenden Elemente darauf geprüft werden, ob sie von einem Profilügner oder von einem Amateur stammen. Je mehr sich jemand einer bestimmten Handlung bewußt ist, desto wahrscheinlicher handelt es sich um eine »Körperlüge«. Unbewußte Gesten lassen sich kaum vortäuschen; in ihnen spiegelt sich daher die echte innere Stimmung wider.

Wenn man dies im Auge behält, kann man für verschiedene Typen von Gesten eine *Glaubhaftigkeitsskala* aufstellen. Wenn man mit den glaubhaftesten Handlungen beginnt und mit den am wenigsten glaubhaften abschließt, ergibt sich folgende Reihenfolge:

(1) Autonome Signale, (2) Bein- und Fuß-Signale, (3) Körpersignale, (4) nichtidentifiziertes Gestikulieren, (5) klar verständliche Handgesten, (6) Gesichtsausdrücke, (7) verbale Formulierungen.

Natürlich ist das eine grobe Vereinfachung, aber solange wir darüber nicht mehr wissen, kann diese Skala als Richtlinie dienen. Beobachtet man z. B. ein widersprüchliches Signal, das aus den Elementen 1, 3, 6 und 7 besteht, so kann man mit einiger Sicherheit auf die Botschaften von 1 und 3 vertrauen und die von 6 und 7 außer acht lassen. Die sieben Gruppen lassen sich kurz so charakterisieren:

1. *Autonome Signale.* Dies sind die verläßlichsten Signale: Selbst wenn wir sie bewußt »erleben«, gelingt es uns nur selten, sie unter Kontrolle zu bringen. Es ist nahezu unmöglich, absichtlich zu schwitzen oder seine Wan-

gen blaß werden zu lassen. Nur eine wirklich große Schauspielerin kann in der Regel auf Bestellung weinen, und auch das gelingt ihr nur, weil sie sich bewußt in eine wirklich traurige Stimmung versetzt. Aber selbst in dieser glaubwürdigsten Kategorie gibt es ein oder zwei Täuschungsmöglichkeiten. Wir alle können beispielsweise bewußt keuchen, schwer atmen oder nach Luft ringen. Dennoch mißbrauchen wir diese Handlungen kaum als gewöhnliche Täuschungsmittel. Es bedarf nämlich beträchtlicher Konzentration, um bewußt ein falsches Atemtempo beizubehalten und dabei auch noch die übrigen Täuschungselemente erfolgreich einzusetzen. So ist auch die Atemweise ein ziemlich sicherer Hinweis auf die wirklich vorherrschende Stimmung.

Diese automatischen Signale resultieren aus physiologischen Veränderungen, die nicht unserer bewußten Kontrolle unterliegen, und sie sind daher besonders nützlich, wenn man versucht, die echten und die falschen Elemente in einem widersprüchlichen Signal zu unterscheiden. Allerdings sind sie unglücklicherweise auf die stark emotional bestimmten Situationen beschränkt. In weniger dramatischen Situationen müssen wir uns an andere körperliche Signale halten.

2. *Bein- und Fuß-Signale.* Wenn wir ganz normal zusammensitzen und miteinander plaudern, scheinen gerade die unteren Körperteile am leichtesten der bewußten Kontrolle zu entgleiten. Der Hauptgrund ist offenbar, daß wir uns vor allem auf das Gesicht des Gesprächspartners konzentrieren. Auch wenn wir den ganzen Körper eines Menschen sehen, konzentrieren wir unsere Aufmerksamkeit vornehmlich auf die Kopfgegend. Je weiter ein Körperteil vom Gesicht entfernt ist, desto weniger Bedeutung messen wir ihm bei. Am weitesten entfernt sind die Füße: Daher hat man kaum einen Grund, seine Fußbewegungen bewußt zu kontrollieren. Sie liefern daher wertvolle Hinweise auf die wirkliche Stimmung der betreffenden Person.

Ein Beispiel für solch ein eindeutiges Fuß-Signal: Ein Mann hört geduldig und scheinbar interessiert unseren Ausführungen zu, lächelt und nickt von Zeit zu Zeit zustimmend – aber gleichzeitig bewegt er seine Füße rhythmisch auf und ab. Ein berühmter amerikanischer Fernsehmoderator zeigt diese verräterische Fußgeste so auffällig, daß man ihm vorgeschlagen hat, das Wort »HILFE« auf seinen Schuhsohlen anbringen zu lassen. Täte er das, würde durch dieses wiederholte »HILFE«-Signal die überlegene kühle Gelassenheit seines Oberkörpers völlig unglaubwürdig. Ohne diese optische Unterstützung bleibt den meisten Zuschauern jedoch völlig undurchschaubar, welches Interview er als eine Qual empfindet, der er am liebsten entfliehen möchte, denn die Zuschauer konzentrieren sich ja ausschließlich auf seinen Oberkörper.

Andere verräterische Fußbewegungen sind kleine, aggressive Fußtritte in die Luft, die freundschaftlich wirkende Haltungen des Oberkörpers begleiten können. Hier sind die »feindseligen Füße« der zuverlässigere Hinweis, und die Freundlichkeit muß als aufgesetzt gelten. Dann gibt es auch angespannt pressende Beinhaltungen, die im Gegensatz zu einem entspannten Gesichtsausdruck stehen, sowie rastlose Haltungsänderungen der Beine und wiederholte ruckartige Fußbewegungen, die bei jemandem, der glücklich zu sein vorgibt, auf einen blockierten Fluchtversuch hindeuten. Schließlich kann man noch sexuell motivierte Beinbewegungen beobachten, die im Gegensatz zur korrekten Haltung des Oberkörpers stehen. Zu diesen erotischen Beinsignalen gehören vielsagende Beinhaltungen mit Selbstkontakt: Reiben oder Streicheln eines Beins mit dem anderen oder mit der Hand. Beobachtet man das bei einem Mädchen mit völlig unerotischer oder antierotischer Haltung des Oberkörpers, dann reagiert es vermutlich innerlich sexuell stärker, als es äußerlich zugeben möchte.

3. *Körpersignale.* Die allgemeine Körperhaltung in einer zwanglosen Situation gibt Hinweise auf die Stimmung, denn in ihr spiegelt sich die Muskelanspannung des gesamten Körpers wider. Ein erregter Mensch bringt es nur schwer fertig, absichtlich in sich zusammenzusinken. Ebenso ist es für einen gelangweilten Menschen schwierig, seinem Körper eine aufmerksame Haltung zu geben. Beobachtet man etwa, wie ein gelangweilter jüngerer Kollege den langweiligen Ausführungen eines älteren Kollegen aufmerksam zuhört, dann stellt man zwar fest, daß der jüngere gelegentlich nickt, lächelt, zustimmend murmelt und sich sogar gespannt vorbeugt – trotzdem können ihn seine sonstigen Körpersignale verraten. Er kann es sich zwar nicht leisten, völlig in sich zusammenzusacken, denn das wäre allzu verräterisch. Aber immer wieder beginnt ihm die Kontrolle über seinen Oberkörper zu entgleiten, und dieser sinkt fast unmerklich in sich zusammen. Immer wieder »reißt er sich« rechtzeitig mit einem Ruck »zusammen«. Gelingt es ihm, diese Bewegung mit vehementer Zustimmung zu verbinden, indem er etwa kräftig mit dem Kopf nickt, scheint das Ganze Bestandteil eines Bestätigungssignals zu sein. Ist der ältere Kollege allzusehr mit seinen eigenen langweiligen Ausführungen beschäftigt, bemerkt er unter Umständen überhaupt nichts. Führt der jüngere Kollege seine Bewegungen jedoch nicht mit der nötigen Raffinesse durch, so daß sie bemerkt werden, dann fühlt sich der ältere Kollege plötzlich unbehaglich, ohne im Grunde zu wissen warum, und murmelt so etwas wie: »Ach, jetzt habe ich aber genug geredet ...«. Der jüngere Kollege streitet das natürlich sofort kategorisch ab und reißt sich energisch zusammen, um wieder eine angemessen aufmerksame Haltung einzunehmen.

4. *Nichtidentifiziertes Gestikulieren.* Die Hände haben wir etwas stärker unter Kontrolle als Füße, Beine und Oberkörper, wenn auch nur, weil sie häufiger im Blickfeld sind. Fuchteln wir mit den Händen beim Sprechen herum, dann nehmen wir die vor unseren Augen ablaufenden Bewegungen wahr. Wir konzentrieren uns nicht auf sie, aber wir sehen sie »mit halbem Auge«, und daher sind sie uns auch nur halb bewußt. Viele Handbewegun-

gen sind unbestimmt und vage, ein unregelmäßiges Auf- und Abflattern, für das es keinen Namen gibt: Dies sind die am wenigsten unter unserer Kontrolle stehenden manuellen Gesten. Der Politiker, der während seiner Rede über die friedliche Koexistenz wütend in die Luft sticht, zeigt ein widersprüchliches Signal, bei dem man eher den Händen trauen sollte als seiner Stimme.

5. *Klar verständliche Handgesten.* Viele Handbewegungen sind präzise Zeichen, die wie Embleme wirken. Es handelt sich bei ihnen um feststehende, bewußt ausgeführte Gesten. Ein gutes Beispiel dafür ist das V-Zeichen für »Sieg« (V = *victory*). Auch wenn wir solche Gesten nicht planen, sind wir uns ihrer doch voll bewußt. Sie unterscheiden sich stark vom gewöhnlichen Gestikulieren, dessen wir uns nur vage bewußt werden. Gerade deshalb aber kann man ihnen nicht trauen, wenn sie als Element eines widersprüchlichen Signals auftreten. Es gibt keine Garantie für ihren Wahrheitsgehalt. Sie sind ebenso verdächtig wie jede Art von Gesichtsausdruck, und man sollte sie im allgemeinen zugunsten der anderen – bereits erörterten – Signale ignorieren. Zeigt ein unterlegener Politiker das V-Zeichen, dann mag sich darin sein unbezähmbarer Kampfgeist widerspiegeln, aber es gibt mit Sicherheit nicht seinen emotionalen Zustand in diesem Augenblick wieder. Andere Signale für »Niederlage«, die das V-Zeichen begleiten, sagen die Wahrheit, wobei das Zusammensacken des Körpers als einer der sichersten Anhaltspunkte gelten kann.

6. *Gesichtsausdrücke.* Wir sind uns dessen, was in unserem Gesicht vorgeht, in so starkem Maße bewußt, daß es uns leichtfällt, mit Hilfe unseres Gesichtsausdrucks Täuschungsmanöver durchzuführen. Bei einem widersprüchlichen Signal kann man vom Gesicht wenig Aufschluß erwarten. Man kann die Gesichtsausdrücke in zwei Kategorien einteilen. Wie schon bei den Handgesten gibt es auch hier klar erkennbare und nichtidentifizierte Formen. Bei den ersteren handelt es sich sozusagen um »sorgfältig geplante« Gesten, die wir leicht vortäuschen können. Dazu gehören etwa das Lächeln, das Lachen, das Stirnrunzeln und das Schmollen. Da diese Gesten eine feste Bezeichnung tragen, scheinen wir in der Lage zu sein, sie um so leichter manipulieren zu können. Wir sagen beispielsweise: »Lächle ihm mal zu!« oder »Ich fürchte, ich muß lachen!«, und das deutet darauf hin, daß wir ein festes, jederzeit »einschaltbares« Vorstellungsbild von diesen Ausdrucksformen haben, die wir nicht stimmungsgetrieben, sondern bewußt kalkuliert einsetzen. Andere Gesichtsausdrücke, die wir niemals eindeutig identifiziert haben, sind weit schwieriger vorzutäuschen. In diese Kategorie fallen etwa Gesichtsveränderungen wie Zusammenkneifen der Augen, Anspannen der Stirnhaut, leichtes Einziehen der Lippen oder geringfügiges Anspannen der Kiefermuskeln.

Das Gesicht hat eine so komplexe und variationsfähige Aussagekraft, es verfügt über so viele Möglichkeiten winziger Anspannungs- oder Entspannungszeichen, es zeigt ein Zucken hier oder ein Dehnen dort, daß sich ein Wechsel der Stimmung in ihm abzeichnen kann, ohne daß es dabei zu einer merklichen Ausdrucksveränderung im Sinne eines auffälligen Mienenspiels zu kommen braucht. Ein aufgesetztes strahlendes Lächeln oder ein gewollt zorniges Stirnrunzeln mögen vorübergehend von jenen kleinen muskulären Anzeichen ablenken, aber dem geübten und aufmerksamen Beobachter entgehen sie dennoch nicht.

Täuscht man beispielsweise ein strahlendes Lächeln vor, obwohl man innerlich traurig und deprimiert ist, dann erfährt dieses Lächeln durch winzige, kaum identifizierbare Spannungen im Gesicht wahrscheinlich eine leichte Verzerrung. Es gibt zwei häufige Arten derartiger Verzerrung. Am weitesten verbreitet ist das Lächeln mit herabgezogenen Mundwinkeln. Aus irgendeinem Grund ist es weit schwieriger, das Hochziehen der Mundwinkel zu imitieren, wenn man innerlich traurig oder deprimiert ist, als die übrigen Elemente eines Lächelns nachzuahmen. Das ganze Gesicht kann glücklich strahlen, die Lachfältchen können sich um die Augen bilden, und doch ist es nicht möglich, die Mundwinkel emporzuziehen – in jene Stellung, die den übrigen Gesichtszügen beim Lächeln entsprechen würde. Seltener kommt es vor, daß man mit *einem* Mundwinkel das vorgetäuschte Lächeln schafft, während der andere Mundwinkel sich weigert; auf diese Weise kommt das wohlbekannte schiefe »betrügerische Lächeln« zustande.

Man kann zusammenfassend sagen, daß immer dann, wenn ein widersprüchliches Signal übermittelt wird, in dem nicht beide Aussagen wahr sein können, sich das falsche Signal in der Regel mit Hilfe dieser Glaubhaftigkeitsskala identifizieren läßt. Es haben sich drei allgemeine Grundsätze ergeben: Die Wahrscheinlichkeit dafür, daß eine Handlung die wahre innere Stimmung widerspiegelt, ist um so größer, (1) je weiter vom Gesicht entfernt sie abläuft; (2) je weniger sich der Betreffende dieser Handlung bewußt ist, und (3) wenn der Fall vorliegt, daß es sich um eine nichtidentifizierte unbenannte Geste handelt, die noch nicht zum festen Verhaltensrepertoire weiter Bevölkerungsschichten gehört.

Es ist also vergleichsweise leicht, die wahre Bedeutung widersprüchlicher Signale zu erkennen. Sehen wir ein lachendes Gesicht, aber einen steifen, unbeweglichen Körper, dann werden wir mehr dem Körper trauen als dem Gesicht. Ist das Gesicht wütend, die Hände jedoch in der Bittstellung eines Bettlers, dann kann man den Händen mehr trauen als dem Gesicht. Selbst wenn die beiden widersprüchlichen Signale aus dem Kopfbereich kommen, können wir eine Entscheidung fällen. Beobachten wir beispielsweise einen schüchtern gesenkten Kopf, aus dem uns die Augen kühn aufwärts anblikken, dann können wir uns auf die Augen verlassen. Das können wir getrost tun, weil das schüchterne Senken des Kopfes eine sorgfältig geplante Geste ist; sie läßt sich deswegen leicht in ein bewußtes Täuschungsmanöver einbeziehen. Dies ist auch ein perfektes Beispiel dafür, wie widersprüchliche

Signale für den Beobachter auseinanderklaffen können. Senkt man den Kopf *und* die Augen, so ist das eine wirklich schüchterne Reaktion, und sie ist durchaus wirkungsvoll. Auch wenn man mit erhobenem Kopf und forschem Blick jemandem ins Gesicht sieht, erweckt das den Eindruck der Echtheit. Tut man aber beides zugleich, dann weckt man widersprüchliche Empfindungen beim Beobachter, bei denen er sich unbehaglich fühlt und aus denen er seine Schlüsse zieht.

113 ◁

114 ▷

113 + 114 Eine kokette Miene setzt sich aus zwei widersprüchlichen Signalen zusammen, dem scheu gesenkten Kopf (113) und einem herausfordernden Blick (114). Das macht den Unterschied zu einem wirklich scheuen Ausdruck aus, bei dem auch die Augen niedergeschlagen sind.

115 ◁

Seite 170: 115 Das gefrorene Lächeln, das die erwartete Qualität nicht erreicht. Wenn dem Gesicht etwa einem Fotografen zuliebe ein Lächeln aufgezwungen wird, dann beginnt dieses schnell zu verblassen. Das passiert nicht nur dem Unerfahrenen, sondern auch professionellen Modellen und bekannten Personen des öffentlichen Lebens.

## Unbefriedigende Signale

### Wenn wir trotz Bemühung zu schwach reagieren

Ein unbefriedigendes Signal ist ein Zeichen, das nicht den normalen Intensitätsgrad erreicht: Es bleibt in gewisser Weise hinter der Erwartung zurück.

Das »An- und Abschalten« des Lächelns nach Belieben auf einem ansonsten unbewegten Gesicht ist dafür ein gutes Beispiel. Im Gegensatz dazu entfaltet sich echtes Lächeln langsamer bis zu seiner vollen Stärke und läßt ebenso langsam wieder nach. Es kommt sogar vor, daß jemand immer noch lächelt, wenn sein Freund, den er eben getroffen hat, schon längst außer Sichtweite ist. Das beliebig an- und abgeschaltete Lächeln dauert dagegen häufig weniger als eine Sekunde und kann leicht zu einer Beleidigung werden, wenn man es noch im Blickfeld des anderen abschaltet.

Auch die Blickverbindung, die man nicht so lange aufrechterhält, wie es eigentlich angemessen wäre, ist ein unbefriedigendes Signal. Der reduzierte Augenkontakt löst ein unbehagliches Gefühl aus, und wenn unser Partner dabei bleibt, haben wir – häufig unbewußt – das Gefühl, man wolle uns hintergehen.

Der Grund für das Auftreten unbefriedigender Signale liegt darin, daß die wahre Stimmung eines Menschen bisweilen nicht mit seiner Selbstdarstellung übereinstimmt. Er versucht, die äußeren Zeichen eines von ihm in Wirklichkeit nicht erlebten inneren Gefühls nachzuahmen, aber es gelingt ihm nicht recht. Er weiß, daß ein gewisser Zusammenhang zwischen seiner inneren Stimmung und der Intensität z. B. des Lächelns besteht: Ist er angenehm berührt, reagiert er mit einem leichten Lächeln, ist er aber höchst erfreut, reagiert er mit breitem Grinsen. Dennoch braucht er niemals die feineren Abstufungen dieses Zusammenhangs bewußt zu verstehen.

Täuscht er ein Lächeln vor, dann produziert er zwangsläufig ein Signal, das in einem bestimmten Detail nur eine dürftige Kopie des echten Lächelns ist. Diese Unzulänglichkeit kann von Fall zu Fall verschieden ausfallen. Neben dem an- und abgeschalteten Lächeln gibt es noch das erstarrte Lächeln; hier ist die Zeitdauer angemessen, aber es mangelt entschieden an Intensität. Wenn jemand ein Lächeln *vortäuscht,* behandelt er dieses Signal nicht als eine komplexe Geste: Er müßte alle Elemente des Lächelns in angemessener Intensität nachahmen, um Erfolg zu haben. Außerdem muß das Lächeln sich, um die erforderliche Ausdrucksstärke zu erreichen, langsam entfalten und ebenso wieder abklingen.

Das klingt nicht nur kompliziert, es *ist* tatsächlich auch kompliziert. Wir sollten uns nicht darüber wundern, daß wir so häufig einem unzulänglichen Signal begegnen, sondern eher darüber erstaunt sein, daß es Menschen so oft gelingt, ein Lächeln perfekt vorzutäuschen.

In einer Zeit, in der es Teleobjektive gibt, sind sich die Schauspieler und Schauspielerinnen dieses Problems besonders bewußt. Der Bühnenschauspieler ist schon immer gezwungen gewesen, seine Bewegungen und Gesten maßlos zu überspielen. Lächelt der Held seine Angebetete an oder zürnt er einem Schurken, dann muß das auch noch ein Zuschauer in der hintersten Parkettreihe sehen können, und das, obwohl die Schauspielerkollegin, die er anlächelt, unmittelbar vor ihm steht. Dasselbe galt auch für die frühen Filme, aber mit der Erfindung des Teleobjektivs mußte der Film- oder Fernsehschauspieler die »Große Manier« vergessen und sich darauf konzentrieren, Gesten und Gesichtsausdrücke möglichst perfekt nachzuahmen. Das erforderte besondere Fähigkeiten und eine neue Art von Schauspielern, denn wenn man bewußte Übertreibungen vermied, bestand die Gefahr, daß die Darstellung hölzern und ausdrucksarm wirkte. Bei schlechten Filmschauspielern kann man heutzutage beide Fehler sehen. Die Darsteller betonen entweder ihre Bewegungen allzusehr oder sie zeigen immer wieder unbefriedigende Gesten. Im letzteren Fall bringen sie die Hauptsignale meist gut, unterspielen aber die Nebensignale: Ihre Gesichter wirken echt, während ihre beiläufigen Handbewegungen unbefriedigend bleiben.
Für den, der kein Filmschauspieler ist, gibt es solche Schwierigkeiten nicht. Doch haben wir es mit diesem Problem gewöhnlich dann zu tun, wenn wir bei gesellschaftlichem Umgang höflich zu sein und unsere wahren Empfindungen zu unterdrücken haben. Es gibt jedoch eine geradezu klassische Situation, in der wir alle – zumindest für einige Augenblicke – die ungeheure Herausforderung kennenlernen können, der sich ein moderner Schauspieler vor der Kamera stellt. Das ist der Augenblick, wenn ein Familienfoto gemacht werden soll. Der Fotograf bittet uns zu lächeln, dann fängt er an, an seinem Apparat zu hantieren. Wir setzen ein falsches Lächeln auf und versuchen es nach besten Kräften zu halten, aber das ist – wie man in jedem Familienalbum feststellen kann – durchaus keine leichte Aufgabe. Ein guter Fotograf wird mit einem Witz versuchen, uns im richtigen Augenblick zum Lächeln zu bringen, wenn er aufs Knöpfchen drückt; später erkennt man dann den Unterschied zwischen diesem Foto und einem der üblichen Familienschnappschüsse.
Der Hauptgrund für das Entstehen unbefriedigender Signale ist also, daß wir uns der Feinheiten unserer Gesten und Ausdrucksformen nicht bewußt sind und sie deshalb gegen unsere eigene innere Stimmung nicht lupenrein vorspielen können. Ein anderer Faktor ist der innere Gegendruck, der von unserer wahren Stimmung ausgeübt wird. Wenn es sich dabei um eine entgegengesetzte Stimmungslage handelt – wir sind beispielsweise traurig, geben uns aber fröhlich –, ist es wahrscheinlich, daß sich in unsere fröhlich gemeinten Körperbewegungen eine gegensätzliche Tendenz einschleicht, die von unserer inneren Stimmung ausgeht; die simulierten Handlungen erfüllen dann nicht die Erwartungen.

Wenn wir von bestimmten »Erwartungen« sprechen, so ist damit gemeint, daß es für bestimmte Handlungen eine allgemein akzeptierte Form gibt. Das heißt, es besteht – zu Recht – die Vermutung, daß wir alle ein echtes Lächeln sofort erkennen, ein Wissen, das wir aus unserem ständigen Zusammensein mit anderen Mitgliedern unserer Gesellschaft ziehen. Führen wir das Beispiel mit dem Lächeln fort: Aus Untersuchungen an Blindgeborenen ergibt sich einwandfrei, daß das Lächeln eine angeborene Reaktion ist; aber jeder, der schon einmal mit einem Blinden gesprochen hat, weiß, daß das Lächeln eines Blinden sehr seltsam ist. Es fehlen ihm die subtilen Nuancen eines normalen Lächelns. Es hat den Anschein, als erbten wir nur die Rohbestandteile dieser Geste und vervollkommneten sie durch unsere sozialen Erfahrungen. Wir tun das unbewußt, und daher auch die Probleme, wenn wir versuchen, ein Lächeln vorzuspielen. Dieser Vervollkommnungsprozeß kann natürlich von Kultur zu Kultur verschieden ausfallen – je nach den lokal geltenden Verhaltensregeln. Daraus ergibt sich eine neue Komplikation beim Erkennen unbefriedigender Signale auf Reisen. So kann es in bestimmten Kulturen üblich sein, das Lächeln zu dämpfen und herabzuspielen, auch dann, wenn man wirklich glücklich ist. Begegnen wir jemandem aus einer solchen Kultur, könnten wir unter Umständen ein unbefriedigendes Signal vermuten, das auf eine Täuschung hindeutet, während wir in Wirklichkeit ein zwar echtes, aber »gedämpftes« Lächeln erblicken.

Probleme dieser Art können – ganz abgesehen von mangelnden Sprachkenntnissen – zu Schwierigkeiten im Umgang mit Ausländern führen. Das gilt ganz besonders für Touristen, die ihr Leben nur innerhalb der eigenen sozialen Gruppe verbringen und nun einen kurzen Auslandsurlaub machen. Beobachtet man die Gesichter solcher Menschen, wenn sie sich mit ihren ausländischen Gastgebern unterhalten, dann bemerkt man ein seltsames Phänomen: Die Touristen erkennen, daß ihnen die subtilen Nuancen der aus der Heimat vertrauten sozialen Verkehrsformen hier nicht zu Gebote stehen. Um der Gefahr zu entgehen, zufällig und unbeabsichtigt unbefriedigende Gesten zu verwenden, greifen sie zu einem Mittel, das ebenso primitiv wie wirksam ist: Sie übertreiben alles maßlos! Sie sprechen nicht nur lauter und lachen geräuschvoller, sie lächeln auch intensiver, nicken heftiger und überspielen alle freundlichen Gesten. Da ihnen nicht die Zeit zur Verfügung steht, den lokalen »nichtverbalen Dialekt« zu erlernen, haben sie intuitiv das Gefühl, diese Übertreibungen stellten die zweckmäßigste Verhaltensweise dar. Aber mit der Überbetonung all ihrer Handlungen tappen sie leicht in eine andere Falle. Denn das Übertreiben eines visuellen Signals kann ebenso künstlich wirken wie das Untertreiben.

## Übertriebene Signale

### Wenn wir zu stark reagieren

Ein übertriebenes Signal ist eine Handlung, die im Verhältnis zu ihrer Aussage stark überzogen wird.

Jemand, der über einen mittelmäßigen Witz allzu laut und allzu lange lacht, macht sich sofort verdächtig. Man hat intuitiv das Gefühl, daß er sich überhaupt nicht amüsiert, aber diese Tatsache durch eine übertriebene Reaktion gern verbergen möchte. Oder man glaubt zu spüren, daß er vielleicht mit seinen Gedanken woanders war und nun, weil er den Witz nicht richtig mitbekommen hat, quasi zur Sicherheit übertrieben mitlacht. Oder er hat vielleicht den Witz nicht begriffen und versucht das zu überspielen. Obgleich wir also nicht sicher sind, warum er sich so verhält, können wir doch davon ausgehen, daß er seine übertriebene Reaktion nur spielt.

Wie bei den unbefriedigenden Signalen spiegelt sich auch hier ein Versagen des Handelnden: Er kann die Intensität seiner vorgetäuschten Reaktion nicht richtig einschätzen. Für unbefriedigende Signale gab es zwei Gründe: Man ist sich der Subtilität einer echten Reaktion nicht bewußt, und die verborgene innere Stimmung übt eine dämpfende Wirkung aus. Der erste Grund findet sich auch bei übertriebenen Signalen, der zweite allerdings nicht. »Übertreiben« wir eine Reaktion, dann mag darin unsere Unfähigkeit zum Ausdruck kommen, eine echte Reaktion perfekt zu kopieren, aber mit Sicherheit werden wir dabei nicht von unserer inneren Stimmung gebremst. Im Gegenteil. Es ist, als sagten wir uns: »Ich werde so tun, als sei ich nicht traurig, indem ich lache. Da aber meine Traurigkeit die Oberhand gewinnen und mein Lachen abschwächen könnte, werde ich so laut und so lange lachen, daß auch mein tiefster innerster Kummer dieses Lachen nicht ersticken kann.«

Unglücklicherweise schlägt dieser Kompensationsprozeß allzu leicht in Überkompensation um, und das Täuschungsmanöver wird für alle erkennbar. Der falsch Lachende ist unfähig, ausgewogen zu handeln. Er sagt sich (natürlich unbewußt): »Dieser Witz hat ein Lachen 4. Grades verdient, aber ich leide unter Traurigkeit 3. Grades. Daher muß ich ein Lachen 7. Grades anschlagen, um zu einem Ausgleich zu kommen.« Theoretisch sollte das funktionieren, aber in der Praxis ist es außerordentlich schwer, verschiedene Stimmungen und Handlungen auf diese Weise gegeneinander aufzuwiegen, und der Simulant geht häufig zu weit. Sein Beweggrund ist in diesem Fall das Bedürfnis, einen möglichst wirkungsvollen »inneren Damm« gegen den Zusammenbruch seiner Hemmungen aufzurichten – jener Hemmungen, die er braucht, um seine wirkliche Stimmung nicht zum Vorschein kommen zu lassen.

Es gibt einige gute Beispiele für übertriebene Signale im Verhalten von Frauen, die ihre sexuellen oder besser gesagt antisexuellen Signale allzu

116 ◁

117 ▷

116 + 117 Übertriebene Signale sind immer dann zu beobachten, wenn der einzelne auf eine Situation in überspitzter Weise reagiert – mit einer Pose (116) oder einem Lachen (117). Ein solches Verhalten verrät uns, daß die gezeigten Gefühle nicht in genügender Stärke vorhanden sind und deshalb ein Kompensationsvorgang eingesetzt hat, der übers Ziel hinausschießt.

demonstrativ abgeben. Ein typisches Beispiel dafür ist das Mädchen, das fortwährend an seinem Rock herumfummelt und ihn immer wieder straffzieht, obwohl er beim Sitzen gar nicht hochgerutscht ist, oder ein Mädchen, das seine Beine so stark zusammenpreßt, als wolle es mit den Oberschenkeln eine Walnuß knacken. In Gegenwart eines ihr gegenübersitzenden Mannes, der weder vor dem Mädchen auf die Knie geht, um ihr unter den Rock zu schauen, noch versucht, ihre Beine gewaltsam auseinanderzuziehen, sind diese Verhaltensweisen des Mädchens eindeutig übertrieben. Als sexuelles Signal stehen derartige Posen in ihrer Intensität nur der Stellung nach, bei der das Mädchen seine Beine so weit spreizt, daß man bis zur Schamgegend sehen kann. Als nichtsexuelle Signale sind diese Handlungen, wie die meisten antisexuellen Signale, totale Mißerfolge. (Aus ähnlichem Grund ist übrigens der Übereifer von Pornographiegegnern auch denen verdächtig, die in gemäßigter Form durchaus die gleichen Ansichten vertreten.)

Wie bei unbefriedigenden Signalen besteht auch bei übertriebenen Signalen die Gefahr eines Mißverständnisses, wenn sich Angehörige verschiedenartiger Kulturen begegnen. Treffen wir einen Menschen, der allzu laut lacht oder allzulange Hände schüttelt, dann kann das einfach die in seinem Kulturkreis übliche Norm sein, nach der diese Handlungen nicht in so stark gedämpfter Form ablaufen wie bei uns. Doch kommen derartige Mißverständnisse nicht sehr häufig vor, da wir recht genau die Echtheit des gesamten Verhaltensmusters eines Menschen spüren. Wir nutzen etwa Anhaltspunkte wie das Fehlen widersprüchlicher Signale und können so Handlungen als »täuschungsfrei« richtig einschätzen. Trotzdem kann es sein, daß wir uns in der Gegenwart dieses Mannes nicht gerade wohl fühlen. Wir vertrauen ihm, aber es fällt uns schwer, uns schnell an seine intensiven Signale zu gewöhnen. Wir finden ihn ungestüm und roh, während er selbst seinen Freunden zweifellos erzählen wird, wir seien steif, kühl und zurückhaltend.

Bei Debatten über interkulturelle Zusammenhänge hat man sowohl den demonstrativen als auch den reservierten Verhaltenstyp verteidigt. Angehörige »demonstrativer Kulturen« werfen den Mitgliedern visuell gedämpfter Kulturen vor, sie seien sehr zurückhaltend und neigten so wenig zur Übermittlung äußerer Signale, daß ihnen jedes Täuschungsmanöver leichtfalle. Wenn sie so wenig Emotion zeigten, könnten sie leicht verbergen, ob überhaupt Emotionen vorhanden seien. Angehörige »reservierter Kulturen« werfen ihren Opponenten vor, ihre starken Emotionen anläßlich trivialer Dinge zeigten nur, daß sie nicht unterscheiden könnten, wann solche Emotionen wirklich ernst zu nehmen seien und wann nicht. Jeder, der eine Zeitlang in Kulturen beiden Typs gelebt hat, weiß, daß beide Ansichten irrig sind. In jeder Kultur gibt es eine klare Skala visueller Ausdrucksformen, von maßvoll bis überstark, und man lernt mit der Zeit, sich auf die spezielle »Wellenlänge« jeder Kultur einzustellen, in der man lebt. Hat man das einmal gelernt – was nicht leichter ist als das Erlernen einer fremden Sprache –, dann ist man durchaus in der Lage, Täuschungsmanöver ebenso zu entdecken wie ungewollte nichtverbale Informationen, widersprüchliche, unbefriedigende und übertriebene Signale.

Diese Grundformen, die das Durchschauen jeder Handlung ermöglichen, sind in allen Kulturen die gleichen, wie zurückhaltend oder übertrieben ihre unterschiedlichen Gesten auch sein mögen.

## Statusdarstellung

### Wie wir unseren Rang in der sozialen Hackordnung kundgeben

Die Statusdarstellung dient der Demonstration eines bestimmten sozialen Ranges. In primitiven Gesellschaften erkämpft man Dominanz mit Hilfe nackter Gewalt. Das stärkste Mitglied einer Gruppe erreicht den obersten Rang der »Hackordnung«, das schwächste fällt auf den niedrigsten. In den modernen Gesellschaften sind an die Stelle der rein physischen Stärke andere Formen der Dominanz getreten. Die Muskelkraft ist der ererbten Macht, der organisatorischen Macht und der schöpferischen Macht gewichen. Längst überflügelt sind die stärksten Muskelprotze heutzutage von den Spitzen-Erben, den Spitzen-Managern und den Spitzen-Talenten. Jede dieser Gruppen mit hohem Status hat ihre eigenen Formen der Dominanzdarstellung. Statt der Muskelpakete stellt der Erbe nun seine Ahnentafel, der Manager seinen Einfluß und das begabte Talent seine Werke zur Schau.

Die Behauptung, bei der Statusdarstellung sei das Geld an die Stelle der Muskeln getreten, ist nicht ganz zutreffend. Es gibt bankrotte Aristokraten, schlechtbezahlte Politiker und verarmte Genies, die aufgrund ihrer Familienzugehörigkeit, ihrer Machtbefugnisse oder ihrer schöpferischen Fähigkeiten dennoch hohes Ansehen genießen. Aber man muß einräumen, daß man in dem »Rattenkampf« um einen hohen sozialen Status sozusagen doppelt gesegnet ist, wenn man zugleich reich *und* adlig, reich *und* mächtig oder reich *und* superintelligent ist. Natürlich wird man darum auch beneidet, und der anfängliche Heiligenschein wird allzu leicht zur Halsschlinge. Daher ist die Statusdarstellung zunehmend subtiler geworden. Früher konnten die Herrschenden ihre Dominanz rücksichtslos zur Schau stellen. Alle konnten ihre Kleidung, ihre Juwelen, Paläste und Vergnügungen jederzeit sehen. Das war möglich, weil sie sich Leibwachen und Folterkammern hielten, in denen man mit jeder Art von Aufsässigkeit leicht fertig wurde. Aber vor ein paar hundert Jahren begannen die Untertanen gegen ihre Herren aufzumucken. Stark durch ihre vereinte Kraft und große Zahl, stürzten sie die Tyrannen alten Stils vom Sockel. Seither sind die Herrschenden neuen Stils gezwungen, ihr einem hohen Status entsprechendes Leben viel schlauer und finessenreicher zu führen. Gerade dieser Umstand macht die Betrachtung der modernen Statusdarstellung zu einer so faszinierenden »Spurenverfolgung«.

Für die Erben von einst bedeutet die neue Situation Pomp ohne Macht, und für die Manager Macht ohne Pomp. Die regierenden königlichen Familien zelebrieren immer noch die Rituale von einst und setzen der grauen Welt von heute damit einige Farbtupfer auf; aber wirkliche Regierungsgewalt besitzen sie nicht mehr. Dagegen verfügen die politischen Führer immer noch über beträchtliche Machtbefugnisse, aber sie achten sorgfätig darauf,

118 △ 119 ▽ 120 ▽

118 Macht ohne Pomp. Moderne Präsidenten besitzen viel Macht, tragen jedoch unauffällige, einfache Kleidung. Allerdings kann hier die Kostümpracht auf die Leibwache übertragen werden.

119 Manche Persönlichkeiten haben es nicht nötig, ihren sozialen Status durch Prachtentfaltung zur Schau zu stellen. Die Macht, eine Pressekonferenz einzuberufen, zu der Reporter aus aller Welt herbeiströmen, ist Beweis genug.

120 Bei vielen, die es gesellschaftlich »geschafft« haben, hat das Automobil die Rolle der aufwendigen Kostüme früherer Zeiten übernommen.

daß sie diese im grauen Flanellanzug ausüben. Die Prachtentfaltung eines hohen Status kann also immer noch ein beträchtliches Ausmaß annehmen, vorausgesetzt, sie ist nicht viel mehr als eine theatralische Vorführung; steht jedoch echte Macht dahinter, muß die Statusentfaltung in angemessen gedämpfter Form erfolgen (siehe auch Farbabbildung F 23, Seite 188).
Diese »Dämpfung« der Statusdarstellung kann auf verschiedene Weise geschehen. Eine besteht darin, die Machtentfaltung von der Person loszulösen. Ein Präsident oder Staatsoberhaupt kleidet sich unauffällig und reist in einem schwarzen Wagen. Es gibt keine goldenen Kronen und prachtvollen Kutschen mehr. Er lächelt und betätigt sich als Händeschüttler. Die Herrenmanieren von einst sind verschwunden, und es braucht auch niemand mehr vor einem Präsidenten auf die Knie zu fallen. Aber alles, was er tut, wird vor einer eindrucksvollen Kulisse zahlreicher Berater und Leibwächter abgewickelt. Die Polizei sorgt dafür, daß er sich überall störungsfrei bewegen kann, und persönliche Mitarbeiter schützen ihn vor unliebsamen Zwischenfällen.
Steigen wir auf der Leiter der Hackordnung etwas weiter nach unten – weg von Königen und Präsidenten –, dann begegnen wir einer anderen Art von »Dämpfung«. Es ist das »In-Sein«. Es handelt sich dabei um eine Handlung oder ein Objekt, das deswegen hohen Status anzeigt, weil es ausschließlich von Leuten mit hohem Status ausgeführt oder besessen wird. Es ist nicht immer etwas Kostspieliges, aber stets etwas Modisches. Es können dies Getränke, Restaurants, Fahrzeuge, Ferienorte oder Kleidungsstücke sein, die gerade »in« sind. »In« ist eine Abkürzung für »eingeweiht«, und nur die Elitegruppe von Menschen mit hohem Status ist sozusagen »eingeweiht«. Diese Technik der Statusdarstellung ist besonders beliebt bei Erben, die nicht aus königlichen Häusern stammen – bei Erben und Erbinnen großer Familienvermögen, den Kindern der Reichen und den Angehörigen der sogenannten »oberen Zehntausend«. Das ist die Welt des Jet-Set, die ähnlich wie die Angehörigen von Königsfamilien keine wirkliche Macht besitzen; für sie gibt es nur gesellschaftliche Vergünstigungen. Aber im Gegensatz zum heutigen Hochadel vermeiden die Playboys und Partygirls formelle Rituale und öffentliche Zeremonien. Das Besondere ihrer Welt ist deren Exklusivität – sie schließen die Außenwelt aus und beschränken sich auf Statusdarstellung in ihrer eigenen Aktionssphäre. Ihre Exzesse geschehen gedämpft, weil höchst privat. Natürlich wäre es ihnen angenehmer, wenn die Statusdemonstration sich vor einem größeren Publikum abspielen könnte, aber das birgt Gefahren: Bei zunehmendem Neid könnte irgendwann wieder die Guillotine hervorgeholt werden.
Da jedoch die Neider in der Regel auch zur Nachahmung neigen, ergeben sich Probleme. Die Ausgeschlossenen versuchen diejenigen zu kopieren, die »in« sind. In einem schwach beleuchteten neugebauten Schlachthaus (dem letzten Schrei von Restaurant) sitzen zwei, die einen hohen Status zur

Schau stellen. Sie trinken Hirschhorn-Fizz (den neuesten In-Drink) und tragen sudanesische Holzperlen (den neuesten In-Schmuck) zu groben schwarzen Pullovern (dem neuesten In-Kostüm). Nur diejenigen, die wirklich »in« sind, kennen diese neuesten Modegags, aber die Klatschkolumnisten veröffentlichen eifrig alle Details. Schon kurz darauf ist alles bekannt, und die Nachahmer bevölkern den modischen Treff. Die wirklichen In-Leute müssen weiterziehen, und so beginnt der Kreislauf von vorn.
Es wäre naiv zu glauben, diese In-Leute scheuten tatsächlich die Publicity. Sie ziehen mit der vorgeblichen Scheu nur eine Show ab. Dann können sie sich mit Recht darüber beklagen, daß alle anderen ihre Kleidung nachahmten und ihre Lieblingsrestaurants von Nachahmerhorden frequentiert würden. So können sie Auslöser und Anführer aller möglichen modischen Richtungen werden, ohne daß sie nach außen hin den Eindruck erwecken, es wirklich sein zu wollen.
Wenden wir uns den Managern zu, dann können wir ähnliche Beobachtungen machen: Auch bei ihnen wird großer Wert auf »eingeschränkte Statusdarstellung« gelegt. Unterhalb der Ebene von Staatspräsidenten und Premierministern sind die wichtigsten Machtmanager die Industriemagnaten und ihre Geschäftsführer, die Bevollmächtigten und die Spitzenangestellten, die Gewerkschaftsbosse und die Bankiers. Das ist die Gruppe der Mächtigen ohne Pomp, unscheinbare Privatleute mit ungeheurem Einfluß, die ihre Statusdarstellung auf ihre unmittelbaren Untergebenen beschränken. In ihren Privatbüros demonstrieren sie ihre Macht diskret und auf vielfache Weise. Der Außenwelt würde vieles sinnlos erscheinen, aber die, die in unmittelbarer Nähe der wirtschaftlichen Machtzentren arbeiten, kennen die Zeichen und sind entsprechend beeindruckt.
Einige Beispiele: Da gibt es beispielsweise die »Schuh-Show«. Schuhe von Managern der höchsten Etage sind stets blitzblank geputzt, und Kenneraugen können feststellen, daß sie nur von den besten Meistern der Schuhbranche stammen. Wie alle dominanten Primaten sind auch die obersten Machtträger stets äußerst gepflegt, wobei – im Gegensatz zu den niederen Rängen – auch auf das kleinste Detail Wert gelegt wird. Dann gibt es noch die »Telefon-Show«: Man hat mehr Telefone auf seinem Schreibtisch zu stehen, als eigentlich nötig wären – dazu gehört auch eine Art »rotes Telefon«, das eine direkte Verbindung zu einer bestimmten Privatnummer herstellt. Die Telefonnummer wird von einem ranghohen Manager niemals selbst gewählt – das muß ein anderer für ihn tun, auch wenn die Anweisung dazu länger dauert als das eigentliche Wählen. Jede »manuelle Arbeit«, also auch das Bedienen des Telefons, hat den Beigeschmack eines niederen sozialen Status. Sobald die beiden Sekretärinnen die Verbindung zwischen ihren beiden Chefs hergestellt haben, entbrennt der Kampf darum, wer zuerst sprechen muß. Ein hoher Rang erfordert, daß der andere sich zuerst am Telefon meldet, so daß er zunächst mit der fremden Sekretärin sprechen

muß, während man selbst nicht dazu gezwungen ist. Das Autotelefon liefert ein weiteres Statussymbol, die spezielle Dachantenne; funktionslose Attrappen verkaufen sich blendend.
Dann gibt es noch die »Aktentaschen-Show«. Angestellte niederen Ranges müssen sich mit zahlreichen Details befassen (Vernachlässigung von Details gilt als Indiz für sehr hohen Status) und deshalb Aktentaschen umhertragen, die mit Material vollgestopft sind. Je höher man in der Hackordnung aufsteigt, desto dünner werden auch die Aktenköfferchen, um zu zeigen, daß man nur wenige wichtige Papiere mit sich führt. Der Spitzenmanager trägt überhaupt nichts mehr selbst. In der Welt der Menschen mit dominantem Status ist es tabu, irgendwelche Geschäftspapiere oder -akten mit sich herumzutragen. Die Männer, die Aktentaschen tragen, sind in der Geschäftswelt sozusagen die Speerträger. Sie beschützen die Generale, aber sie selbst haben diesen Rang nicht.
Ein weiterer Bereich erbitterter Statuskämpfe sind die Sitzmöbel in den Büros. Unter dem Vorwand, ihren Gästen teure und bequeme Sessel zur Verfügung zu stellen, bieten Spitzenmanager Sitzgelegenheiten mit weicher und tiefliegender Sitzfläche an, in denen Gesprächspartner dann fast bis zum Fußboden einsinken. Sitzen sowohl der Gastgeber als auch der Besucher, dann bedeutet das, daß der Spitzenmanager tatsächlich oben (auf seinem Bürostuhl), hoch über seinem Gast thront und auf ihn herabblicken kann. Das ist sozusagen das moderne Äquivalent für das bei früheren Herrschern übliche Verlangen, daß der Gast vor ihnen niederknien oder sich gar zu Boden werfen mußte; hier wird die notwendige Erniedrigung des Körpers lediglich als Komfort getarnt.
Auf diese und andere Weise demonstrieren heutzutage die Machtmanager ihren Status. Für Außenseiter wären die Feinheiten des Systems unverständlich, und auch innerhalb der Geschäftswelt gibt es zahlreiche Unterschiede, sowohl zwischen den Ländern als auch zwischen den einzelnen Unternehmen. Viele Merkmale für einen hohen Status sind absolut willkürlich und basieren darauf, was die Herren in den obersten Rängen unter Spitzenkennzeichen verstehen. Trotzdem gibt es einige allgemeine Prinzipien, die den Wirrwarr dieses Signalsystems durchziehen. Dazu gehören Zeit und Service: Es muß immer weniger Zeit vorhanden sein als benötigt, aber mehr Service, als sinnvoll wäre. Der Spitzenmanager muß stets den Eindruck erwecken, als sei er unglaublich beschäftigt. Untergebene müssen grundsätzlich warten, der Terminkalender muß stets überfüllt sein, Gespräche dürfen nur kurz sein. Befindet sich der Spitzenmanager nicht in seinem Machtzentrum, kann er Däumchen drehen, aber im Dienst muß eine exakte Tageseinteilung sein Wirken bestimmen; andernfalls würde er ja eingestehen, die Nachfrage nach seinen Qualitäten sei nicht so groß. Das gleiche gilt übrigens auch für viele »Erben« und für die Angehörigen der »oberen Zehntausend«, die ständig für gesellschaftlichen Wirbel sorgen müssen,

damit das »Volk« erkennt, wie sehr man sich um ihre strahlenden Persönlichkeiten reißt.

Der Service ist für wirklich dominante Personen von noch entscheidenderer Bedeutung. Dienstpersonal ist stets wichtig gewesen, aber in vergangenen Zeiten konnten nicht nur die obersten Ränge der gesellschaftlichen Hackordnung Dienstboten beschäftigen, sondern auch die mittleren Schichten. Jetzt sind Dienstboten dünner gesät, und daher eignen sie sich besser dazu, hohen Status zu demonstrieren: Der Wagen mit Chauffeur ist ein nahezu obligatorisches Statussymbol für wirkliche Macht und Autorität. In London bestand unlängst ein hochgeschätzter Forscher darauf, von einer Verabredung zur anderen zu Fuß zu gehen. Das rief unter den Kollegen von hohem gesellschaftlichem Rang nur Kopfschütteln und sogar Feindseligkeit hervor – obwohl man heute im Zentrum einer Großstadt als Fußgänger rascher zum Ziel kommt als im Auto. Wogegen sich die anderen wandten war die Tatsache, daß ein Fußgänger wie der andere aussieht, und daß daher die Demonstration des hohen Status verlorengeht: das Fahren in einem Wagen mit Chauffeur, der einem auch die Türe öffnet und schließt.

Bisher sind die künstlerischen Talente nicht behandelt worden, denn sie sind ein Sonderfall. Ihre Statusdarstellung geschieht durch ihre Werke: Der Komponist führt seine Kompositionen vor, der Wissenschaftler seine Entdeckungen, der Bildhauer seine Statuen, der Maler seine Gemälde, der Architekt seine Bauten usw. Sie werden nicht nach der Art ihres Benehmens eingestuft, sondern nach der Qualität der von ihnen geschaffenen Werke. Die Erben und die Manager schaffen bezeichnenderweise keine Dinge, die sie überleben. Wenn sie sterben, sterben auch die mit ihnen verbundenen gesellschaftlichen Ereignisse und die von ihnen getätigten Geschäftsabschlüsse; aber an die schöpferischen Talente erinnert man sich noch (und manchmal sogar noch mehr) nach ihrem Tode, denn ihre großen Werke bleiben uns erhalten. Das verschafft ihnen in gesellschaftlicher Hinsicht einen solchen Vorteil gegenüber den beiden anderen Gruppen, daß sie sich nur selten die Mühe machen, auf andre Weise ihre Dominanz zur Schau zu stellen. Ihre mangelnde Beachtung der üblichen Statussymbole wird fast schon für sich selbst zu einer Art Statusdarstellung. Für sie sind exzentrische Kleidung und exzentrisches Verhalten selbstverständlich, und sie genießen ein anderen Zeitgenossen unbekanntes Maß gesellschaftlicher Freiheiten. Ihre Werke sprechen sozusagen für sie.

Wie sieht es nun bei den unteren Rängen der gesellschaftlichen Hierarchie aus? Es befinden sich ja keineswegs alle ihre Mitglieder auf der untersten Ebene der Hackordnung, zwischen ihnen bestehen Statusunterschiede, die auf vielfache und charakteristische Weise zum Ausdruck kommen. Da gibt es zunächst den *Nachahmer*, der einer Art Dominanz-Mimikry frönt. Er kopiert mit minderwertigen Stücken die Aktivitäten von Menschen mit hohem Status. Kann er sich beispielsweise kein echtes Gemälde leisten,

121 Ein Mann der oberen Zehntausend auf dem Fahrzeug der unteren Zehntausend: Obwohl er im Begriff ist, oberster Richter von England zu werden, fährt Quentin Hogg, früher Peer und Minister, mit dem Fahrrad durch die Straßen Londons.

dann kauft er eine Reproduktion und hängt sie sich an die Wand. Wenn er sich keine echten Perlen leisten kann, kauft er seiner Frau eben unechte. Sein Haus ist angefüllt mit falschen Antiquitäten, mit Plastik statt Holz und mit Kunstleder. Einem echten Stück zieht er Kostspieligkeit nur vortäuschende Produkte vor.

Dann gibt es den *Prahler.* Auffällige Prahlerei ist die typische Statusdarstellung kleiner Jungen, aber das läßt mit zunehmendem Alter nach. Hält diese Prahlerei an, wird sie subtiler. Da passiert es etwa, daß der Betreffende beiläufig Namen berühmter Leute erwähnt, mit denen er befreundet oder bekannt sei. Doch sind auch Menschen von hohem gesellschaftlichem Rang dagegen nicht gefeit, aber in der Regel richten sie es so ein, daß ein anderer für sie die Prahlerei übernimmt. Dieser gehört bereits in eine dritte Kategorie: die der *Schmeichler.* Dominierende Menschen haben immer gern ein paar Begleiter bei sich, die Lobeshymnen auf sie singen, und mit Hilfe einer geschickten Anwendung dieses Tricks können Denunzianten ihren eigenen Status bis zu einem gewissen Grad verbessern.

Daneben gibt es noch den *Witzbold,* einen weiteren Typ von geringem Status, dem es gelingt, seinen gesellschaftlichen Rang dadurch geringfügig zu verbessern, daß er seine Mitmenschen unterhält und dadurch die Nachfrage nach seiner eigenen Person erheblich steigert.

Da ist sodann der *Dauerredner:* ein Typ von Mensch, der niemals aufhört zu reden, und dem es auf diese Weise gelingt, in weit größerem Maße, als es ihm zukäme, in den Mittelpunkt der allgemeinen Aufmerksamkeit zu rücken.

Schließlich gibt es noch den *Diskutierer:* Er wartet nur darauf, bei gesellschaftlichen Anlässen einen Wortstreit vom Zaun brechen zu können. Dadurch zieht er die Aufmerksamkeit der Gesellschaft, die ihn sonst nicht beachten würde, auf sich und erhöht ein wenig seinen eigenen sozialen Rang.

Wir alle kennen diese Typen und begegnen ihnen täglich, aber wir können uns glücklich schätzen, wenn wir niemals einer anderen Form von Statusdemonstration begegnen: der des Neo-Primitiven, der verzweifelt auf die urzeitliche Muskelkraft zurückgreift, um überhaupt eine Art von persönlicher Dominanz zu demonstrieren. Es handelt sich hierbei um die Gruppe der Straßenräuber, Vergewaltiger und Schläger. Sie alle wollen – wenigstens für einen kurzen Augenblick – die Lust der gewalttätigen Überlegenheit über einen anderen Menschen spüren. Die Tatsache, daß es sich hier um die Beherrschung anderer mit Hilfe der denkbar brutalsten Mittel handelt, schreckt sie von ihrem Tun nicht ab. In der Regel ist das alles, was sie erreichen können und auch erreichen wollen.

Im Falle der Vergewaltigung ist dieses frustrierte Bedürfnis nach persönlicher Dominanz das häufigste Motiv. Einem sexhungrigen Mann sollte es in der heutigen Zeit ohne größere Schwierigkeiten möglich sein, eine Prostituierte zu finden, die bereit ist, sein Bedürfnis zu befriedigen. Aber dem Vergewaltiger kommt es ja nicht so sehr auf sexuelle Erleichterung an als vielmehr auf die totale Unterwerfung und Erniedrigung seines Opfers. Nur wenn ihm das in extremem Maße gelingt, kann er eine zumindest vorübergehende Statuserhöhung empfinden. Es handelt sich hier um Status-Sex, und dieses Verhaltensmuster ist keineswegs ausschließlich auf den Menschen beschränkt. Sex wird von vielen anderen Primatenarten auf die gleiche Weise eingesetzt – als eine Methode zur Demonstration der eigenen Dominanz. Bei anderen Arten ist daraus eine in hohem Maße stilisierte Verhaltensweise geworden, bei der das aufreitende Männchen nur symbolisch ein paar Beckenstöße ausführt, ohne jedoch eine Begattung zu versuchen. Tatsächlich kann es sich bei dem »vergewaltigenden« Affen sowohl um ein Männchen als auch um ein Weibchen handeln, und auch das »vergewaltigte« Tier kann männlich oder weiblich sein. Wichtig ist nur, daß das oben befindliche Tier das dominierende ist und das untere das unterworfene. Tragischerweise gibt es bei unserer Art eine solche Stilisierung nicht, und daher wird diese bei Affen und Menschenaffen eher alltägliche Handlung beim Menschen zu einer traumatischen und brutalen Attacke. Zum Glück spielt heute bei der Statusdarstellung im normalen gesellschaftlichen Leben die Muskelkraft keine große Rolle mehr. Wir leben in einer beherrschten und faszinierend komplexen Welt der verbalen Kommunikation und des visuellen Rituals (siehe auch Farbabbildung F 22, Seite 187).

## Die Verteidigung eines abgegrenzten Gebietes

Ein Territorium oder Revier ist ein verteidigtes Gebiet. Im weitesten Sinne gibt es beim Menschen drei verschiedene Arten von Territorien. Das Stammes-, das Familien- und das persönliche Territorium.

Es kommt selten vor, daß Menschen sich auf einen körperlichen Kampf einlassen, um den in ihrem »Besitz« befindlichen Raum zu verteidigen, aber wenn es zum Äußersten kommt, tun sie es doch. Die Invasionsarmee, die in fremdes Hoheitsgebiet eindringt, die Bande, die in den Nachbarbezirk einfällt, der Dieb, der in einen fremden Obstgarten klettert, der Einbrecher, der in ein fremdes Haus eindringt, der Kraftprotz, der sich unberechtigt an die Spitze einer wartenden Menschenschlange drängt, der Fahrer, der jemandem eine freie Parklücke wegzuschnappen versucht – sie alle werden auf Widerstand treffen, der von energischer Abwehr bis zu gewalttätiger Raserei reichen kann. Das Bedürfnis, ein angestammtes Territorium zu verteidigen, kann so stark sein, daß ein sonst friedlicher Bürger seine Selbstkontrolle verliert und alle Hemmungen fallenläßt, selbst wenn das Recht auf seiten des Eindringlings ist. Der Versuch, eine Familie zwangsweise aus ihrer Wohnung zu befördern, kann zu einer Art Belagerungszustand ausarten, der an die Verteidigung einer mittelalterlichen Festung erinnert.

Die Tatsache, daß so etwas nur selten vorkommt, ist ein Beweis für die Wirksamkeit territorialer Signale, die als System zur Verhinderung von Streitigkeiten fungieren. Manchmal wird zynisch festgestellt, »Eigentum ist Diebstahl«, aber in Wirklichkeit ist genau das Gegenteil der Fall. Besitz im Sinne von »Raum, den man besitzt« und der als solcher nach außen gekennzeichnet wird, ist eine spezielle Form des Verteilungssystems, das

122 Wo rationelles Bauen zu unpersönlicher Uniformität wie hier geführt hat, wehrt sich der einzelne durch persönliche Territoriumsmarkierung, z. B. individuelle Farbgebung, und versucht so unermüdlich, seinem Revier eine persönliche Note zu geben.

Kämpfe eher verhindert, als daß es sie verursacht. Der Mensch ist ein kooperatives Wesen, aber er hat auch ein Wettbewerbsstreben, und sein Kampf um eine bevorzugte Stellung muß in irgendeiner Form strukturiert werden, wenn es dabei nicht zu einem Chaos kommen soll. Die Errichtung von territorialen Rechten stellt eine derartige Struktur dar. Sie schränkt das Dominanzstreben geographisch ein. Selbst wenn ich schwach und unintelligent bin und Sie mir, wenn wir uns auf neutralem Grund begegnen, überlegen sind, kann ich doch meine dominierende Rolle herzhaft genießen, sobald ich mich auf meine private »Basis« zurückziehe. Auch das bescheidenste Heim ist eine Burg!

Gewiß könnte ich eingeschüchtert werden, wenn eine besonders dominante Person in meine heimische Basis eindringt; aber ihr Vordringen ist auch für sie selbst gefährlich, und sie wird es sich zweimal überlegen, bevor sie ihr Vorhaben tatsächlich ausführt. Sie weiß, daß es, wenn ich im Zentrum meines eigenen Territoriums angegriffen werde, leicht zu einem erbitterten Kampf kommen kann – symbolisch oder real – und daß dieser verheerende Folgen für beide haben kann.

Jedes Territorium muß als solches deutlich gekennzeichnet werden, damit dieser Abwehrmechanismus wirkt. So wie der Hund sein »Revier« markiert, indem er sein Bein an bestimmten Bäumen hebt und seine »persönliche Duftnote« hinterläßt, so verbreitet auch der Mensch überall in seinem Territorium symbolisch seine persönliche Note. Da wir aber vorwiegend auf visuelle Signale reagieren, benutzen wir diese in erster Linie. Wie tun wir das nun im Stammes- und im persönlichen Bereich?

1. Das *Stammesterritorium.* Im Verlauf unserer Entwicklung haben wir viele Millionen Jahre als »Stammeswesen« gelebt, und zwar in vergleichsweise kleinen Gruppen von vermutlich weniger als hundert Personen. Das ist unsere fundamentale soziale Einheit: die Gruppe, in der jeder jeden kennt. Im wesentlichen bestand das Stammesterritorium aus einer Art »Heimatbasis«, die von einem umfangreichen Jagdgebiet umgeben war. Jeder benachbarte Stamm, der versuchte, auf dieses Stammesgebiet vorzudringen, wurde vertrieben. Als diese frühen Stämme sich zu landwirtschaftlichen Superstämmen und schließlich zu Industrienationen entwickelten, wurde das territoriale Verteidigungssystem immer kunstvoller ausgestaltet. Aus den winzigen Heimatbasen von einst wurde die riesige Hauptstadt, aus der Kriegsbemalung wurden Flaggen, Embleme, Uniformen und militärische Rangabzeichen, und aus dem Kriegsgeschrei wurden Nationalhymnen, Marschlieder und Trompetensignale. Die territorialen Grenzlinien verfestigten sich zu starr festgelegten Grenzen, an denen Wachen sichtbar patrouillierten und teilweise Verteidigungsanlagen errichtet wurden und wo es heute noch Zollschranken gibt.

Heute hat jede Nation ihre eigene Flagge, aber Patriotismus allein reicht nicht aus. Der Stammesjäger der Urzeit, der noch in jedem Bürger von

F19 Bindungszeichen weisen auf das Vorhandensein persönlicher Beziehungen hin. Die einfachste Form des Bindungszeichens ist körperliche Nähe. Sie erfordert nicht unbedingt Körperkontakt, sondern lediglich das deutlich engere Zusammenliegen mit einem Gefährten.

F20 Das körperliche Führen ist eine Berührungsversion des Wegweisens. Die Hand übt einen leichten Druck auf den Rücken des Begleiters aus und führt ihn in die vorgesehene Richtung, wobei sie gleichzeitig in zurückhaltender Form eine Umarmung andeutet.

F21 In manchen Ländern, wie im Jemen, ist der Kuß zwischen Männern an der Tagesordnung.

F22 Die Spitzentalente können sich Extravaganzen erlauben, denen nachzueifern für Spitzenmanager nicht ratsam wäre. Bestehende Konventionen mißachtet Dali nicht nur durch sein exzentrisches Auftreten, sondern auch durch die Ausstattung seines Hauses in Katalonien.

F23 Pomp ohne Macht. Königliche und hochadelige Prachtentfaltung heute; Kostümherrlichkeit, aber Mangel an tatsächlicher politischer Macht: Königin Elizabeth II. bei der Eröffnung einer Sitzungsperiode des britischen Parlaments.

F24 Wenn die menschliche Familie sich aus ihrem Nest hervorwagt, richtet sie sich oft ein vorübergehendes Revier ein, wie an diesem Strand. Jede Heimatbasis ist mit persönlichen Habseligkeiten markiert, die den besetzten Platz auch in Abwesenheit seiner »Besitzer« schützen.

F25 Kreischende Mädchen auf dem Karussell. Bei Frauen ist das Schreien in dieser Situation häufiger als bei Männern, bei denen es eher in Momenten großen Schmerzes als in Augenblicken großer Angst aufzutreten scheint.

F26 + F27 Welches dieser zwei Mädchen finden Sie anziehender? Die meisten Leute entscheiden sich, ohne daß sie zu sagen wüßten warum, für das rechts abgebildete Mädchen. Der einzige Unterschied zwischen beiden Fotos ist die Pupillengröße.

Beim rechten Bild sind die Augen so retuschiert worden, daß die Pupillen größer sind, und das macht die erhöhte Anziehungskraft aus. Vor allem die Männer fanden das Mädchen mit den vergrößerten Pupillen noch attraktiver, als es ohnehin schon war.

F28 ◁

F29 ▷

F28 Die abwehrende Geste der »gehörnten Hand« oder »Cornuta«-Geste trifft man heute noch in Italien an; sie kann in Gestalt eines ausgestopften Handschuhs vorkommen, der, wie in Malta, auf den Steven eines Wassertaxis gemalt ist.
F29 Ein maltesisches Fischerboot trägt ein schützendes Augenpaar, um den »bösen Blick« abzuwehren; diese Tradition reicht bis zu den alten Ägyptern zurück und wird in vielen Teilen des Mittelmeergebiets noch immer gepflegt.

F30 Die Verbeugung – eine uralte und weitverbreitete Form demütiger Körperverkleinerung, bei der auch die Augen gesenkt und das Gesicht dem Blick entzogen wird. Das Beispiel stammt aus dem Iran.

heute schlummert, ist nicht damit zufrieden, daß er Mitglied einer solchen riesigen Anhäufung von Individuen ist, von denen ihm die meisten nicht persönlich bekannt sind. Er mag sich alle Mühe geben, ein Gefühl für seine Zugehörigkeit zu einer territorialen Verteidigungsgemeinschaft zu entwikkeln, aber die Situation hat doch inzwischen unmenschliche Dimensionen angenommen. Es ist schwer, für einen »Stamm« mit 50 Millionen Mitgliedern ein gewisses Zugehörigkeitsgefühl zu empfinden. Also bildet man Untergruppen, die dem ursprünglichen System verwandter, weil kleiner sind und in denen man alle Mitglieder persönlich kennt: lokale Klubs, Sportvereine, Jugendgruppen, Gewerkschaften, politische Parteien, studentische Verbindungen, soziale Cliquen, Protestgruppen, Bürgerinitiativen usw. Es kommt wirklich selten vor, daß jemand nicht zumindest einer solchen Splittergruppe angehört, der er die Stammestreue hält und die ihm ein Gefühl der Bruderschaft gibt. Typisch für alle diese Gruppen ist die Entwicklung von territorialen Signalen – Abzeichen, Uniformen, Hauptquartieren, Flaggen, Slogans usw. Hier vollzieht sich das eigentliche Stammesgeschehen, und nur wenn ein Krieg ausbricht, verlagert sich das Geschehen auf die höherrangige Ebene der gesamten Nation.

Jeder dieser modernen Pseudo-Stämme errichtet seine eigene Heimatbasis. In extremen Fällen werden alle Nichtmitglieder rigoros ausgeschlossen, in anderen können sie wenigstens als Gäste oder Besucher mit beschränkten Rechten und unter Anerkennung eines bestimmten Kontroll- und Regelsystems zugelassen werden. In vieler Hinsicht weisen solche abgeschlossenen Untergruppen die Merkmale eines Miniaturstaates auf: Sie haben ihre eigene Flagge, ihr Wappen und ihre Grenzposten. Der exklusive Klub hat sogar seine eigene Zollgrenze: Hier überprüft der Pförtner den Mitgliedsausweis und hindert Außenstehende am Eintritt. Es gibt sozusagen auch eine Regierung: die Klubleitung mit ihren Vorstandsmitgliedern. Häufig zieren Bilder früherer Klubpräsidenten die Wände in den Klubräumen: die Darstellung der Stammesältesten. Im Zentrum dieser streng abgegrenzten Territorien hat man ein starkes Gefühl der Sicherheit und der eigenen Bedeutung, man ist bereit zur Verteidigung gegenüber der Außenwelt. Man spricht im Klub gern darüber, wie schön es doch hier sei im Vergleich zur »übrigen Welt«, die jenseits der Klubpforte beginnt.

In gesellschaftlichen Organisationen mit strengem Klassensystem – wie militärischen Einheiten oder großen Wirtschaftskonzernen – gibt es viele (häufig unausgesprochene) territoriale Regeln, die eine Machtbeschränkung der offiziellen Hierarchie mit sich bringen. Personen von hohem gesellschaftlichem Status wie etwa Offiziere oder Manager könnten theoretisch alle Regionen betreten, in denen sich die unteren Ränge der betreffenden Hierarchie aufhalten, aber sie erlegen sich hier selbst verblüffende Beschränkungen auf. Ein Offizier betritt nur selten die Unteroffiziersmesse, es sei denn zu einer offiziellen Inspektion. Er respektiert dieses fremde Territorium, obwohl er aufgrund seiner Dominanz das Recht und die Macht hätte, es zu betreten. Und in Wirtschaftsbetrieben liegt ein Teil der Anziehungskraft der Gewerkschaften – neben ihren sonstigen Funktionen – darin, daß sie durch Funktionäre, Zentralen und Sitzungen den Arbeitnehmervertretern eine Art territorialer Gewalt verleihen. Es sieht fast so aus, als bestünde jede militärische Organisation und jeder Industriekonzern aus zwei miteinander kriegführenden Stämmen: die Offiziere gegen die anderen Dienstgrade und die Manager gegen die Arbeitnehmer. Jeder von ihnen hat innerhalb des betreffenden Systems seine eigene Heimatbasis, und die territorialen Verteidigungslinien decken sich voll mit der – oberflächlich betrachtet – sozialen Hierarchie. Bei den Verhandlungen zwischen Management und Gewerkschaften werden die Stammeskämpfe auf dem neutralen Grund eines Konferenztisches ausgefochten, und diese drehen sich nicht nur um Löhne und Arbeitsbedingungen, sondern auch um territoriale Probleme. Gibt eine Seite allzu rasch den Forderungen der Gegenseite nach, dann fühlen sich die »Sieger« seltsam enttäuscht und argwöhnen einen »Trick«. Was ihnen fehlt, ist die sich länger hinziehende Abfolge von Ritual und Gegenritual, die ihre beiderseitige territoriale Gruppenidentität aufrechterhält.

In ähnlicher Weise geht es bei vielen feindseligen Handlungen zwischen Sportfans und Teenagerbanden in erster Linie darum, das eigene Gruppenimage vor den Rivalen zur Geltung zu bringen. Nur in den seltensten Fällen attackiert man das gegnerische Hauptquartier und unterwirft sich die Gegner. Man begnügt sich mit kleinen Grenzgefechten zwischen den beiden Territorien. Das gilt ganz besonders für Fußballspiele, bei denen das Klubhauptquartier sozusagen vorübergehend ins Stadion, auf bestimmte Stehplatzränge verlegt wird; dort spielen sich dann an den offiziellen Grenzlinien der rivalisierenden Fans kleinere, gelegentlich auch größere Rangeleien ab, die allerdings von den Zeitungsreportern meist sensationell aufgebauscht werden. Berücksichtigt man nämlich die Gesamtzahl der Zuschauer, dann handelt es sich bei denen, die an den Ausschreitungen beteiligt sind, nur um einen winzigen Bruchteil. Tausendmal zahlreicher sind die territorialen Kriegsrufe, -tänze, -lieder und -gesten.

2. Das *Familienterritorium*. Die Familie ist im Prinzip eine Fortpflanzungseinheit, das Familienterritorium eine Aufzuchtstätte. Im Zentrum dieses Raumes befindet sich das Nest – unser Schlafzimmer, wo wir uns, ins Bett verpackt, territorial am sichersten fühlen. In einem typischen Haus befindet sich das Schlafzimmer im oberen Stockwerk, wie es sich für ein sicher gebautes Nest gehört. Es ist damit weit weg von der Eingangshalle, in der gelegentlich Kontakt mit der Außenwelt aufgenommen wird. Die weniger privaten Empfangsräume, zu denen auch Außenstehende Zutritt haben, bilden die nächste Verteidigungslinie. Rings um die Mauern des Hauses findet sich meist ein symbolisches Relikt der einstigen Jagdgründe – ein

Garten. Die Pflanzen und Tiere haben heute meist keinen Wert mehr für die Ernährung, eher einen dekorativen und symbolischen: Blumen und Heimtiere! Aber wie jeder territorial abgegrenzte Raum hat auch der Garten eine klar erkennbare Grenzlinie – den Gartenzaun. Nach außen hin ist das die Markierungslinie, die die private Welt der Familie von der Welt draußen abgrenzt. Jeder Fremde, der diese Linie überschreitet, gerät dadurch sofort in einen gewissen Nachteil. Überschreitet er die Schwelle des Hauses, schwindet seine Dominanz spürbar. Er betritt ein Gebiet, in dem er um Erlaubnis bitten muß, wenn er die einfachsten Dinge tun will, die ihm woanders rechtmäßig zustünden. Ohne auch nur einen Finger zu krümmen, üben die Revierbesitzer ihre Dominanz aus. Das geschieht mit Hilfe von Hunderten kleiner optischer Eigentumsmarkierungen, die sie in ihrem Familienterritorium angebracht haben: Möbel, Farben, Muster machen es zu einer nur ihnen gehörigen Heimatbasis.

Es ist eine der Tragödien der modernen Architektur, daß sie zu einer Standardisierung dieser lebenswichtigen territorialen Wohneinheiten geführt hat. Jede Wohnung sollte nur ganz allgemein anderen Wohnungen ähnlich sein, im Detail sollte sie jedoch möglichst viele Unterschiede besitzen, die sie zu einem Heim ganz besonderer Prägung machen. Unglücklicherweise ist es billiger, eine gleichförmige Häuserreihe oder einen Wohnblock zu bauen, in denen alle Wohneinheiten der Familien identisch sind; aber der territoriale Antrieb rebelliert gegen diesen Trend, und die Hauseigentümer kämpfen darum, ihre eigene besondere »Markierung« an dem in Massenbauweise hergestellten Eigentum anzubringen. Nur wenn sie diesen Nestausbau zuwege gebracht haben, fühlen sie sich daheim und sicher.

Wenn eine Familie eine Reise macht, wiederholt sich dieser Prozeß *en miniature*. Selbst bei einem Tagesausflug ans Wasser beladen sie ihren Wagen mit ihrer persönlichen Habe, wodurch er vorübergehend die Funktion eines beweglichen Territoriums erhält. Am Strand stecken sie sofort ein eigenes kleines Revier ab und markieren es mit Handtüchern, Körben und Decken, zu denen sie wieder zurückkehren können. Auch wenn sie sich alle gleichzeitig in die Wellen stürzen, behält ihr Revier seine charakteristische territoriale Qualität, und neu ankommende Familien erkennen das dadurch an, daß sie ihre eigenen Reviere in respektvoller Entfernung abstecken. Nur wenn bereits der gesamte Platz mit solchen Markierungen überfüllt ist, lassen sich Neuankömmlinge in den Räumen zwischen den einzelnen markierten Revieren nieder. Dabei haben sie vorübergehend das Gefühl, als seien sie Eindringlinge; und die Reviereigentümer haben das Gefühl einer Invasion, obwohl sie persönlich unbehelligt bleiben (siehe auch Farbabbildung F 24, Seite 189).

Dieselben territorialen Rituale wiederholen sich überall dort, wo sich Familien und Gruppen als voneinander abgekapselte Einheiten vorübergehend niederlassen – in Parks, auf Wiesen und Feldern, an Flußufern, auf Campingplätzen usw. Aber wenn die Rivalität um eingegrenzte Reviere auch zu milden Formen der Auseinandersetzung und Feindseligkeit führen kann, so ist es doch ebenso unbestreitbar, daß es ohne dieses System der Raumaufteilung und territorialen Verfügungsgewalt vermutlich zu einem chaotischen Durcheinander käme.

3. Der *persönliche Umraum*. Wenn jemand ein Wartezimmer betritt und sich an einem Ende einer ganzen Reihe leerer Stühle hinsetzt, kann man leicht voraussagen, wo der nächste sich niederlassen wird – nämlich nicht am entgegengesetzten Ende und auch nicht unmittelbar neben dem ersten Patienten, sondern etwa in der Mitte zwischen diesen beiden Positionen. Der nächste sucht sich die nächstgrößte Lücke, und das geht dann immer so weiter, bis der letzte Ankömmling, für den nur noch ein Stuhl frei ist, sich gezwungen sieht, unmittelbar neben dem ersten Patienten Platz zu nehmen. Ähnliche Verhaltensweisen lassen sich im Kino, in öffentlichen Pissoirs, im Flugzeug, in der Eisenbahn und im Bus beobachten. Darin spiegelt sich die Tatsache wider, daß wir alle sozusagen ein tragbares Territorium mit uns führen, das man als persönlichen Umraum bezeichnen könnte. Dringt ein anderer Mensch in diesen Umraum ein, dann fühlen wir uns bedroht. Hält er sich übermäßig weit von diesen Grenzen entfernt, empfinden wir das als Ablehnung. Daraus ergibt sich eine ganze Reihe feiner räumlicher Anpassungen, die sich in der Regel unbewußt vollziehen und meist zu tragbaren Kompromissen führen. Nur wenn ein Raum überfüllt ist, gestatten wir eine Verkleinerung unseres persönlichen Umraums. Während der Stoßzeit lassen wir in der überfüllten S-Bahn, Straßenbahn oder im Fahrstuhl sogar Körperkontakt zu und geben unseren Umraum ganz auf, aber wir entwickeln dabei ganz bestimmte Techniken. Die Methode besteht im Prinzip darin, daß wir die anderen Körper sozusagen als Unpersonen behandeln. Wir ignorieren sie bewußt, und sie tun das gleiche. Wir schauen ausdruckslos weg, starren an die Decke oder auf den Fußboden und reduzieren unsere Körperbewegungen auf ein Minimum. Wie Sardinen in eine Büchse gepreßt, verhalten wir uns ganz still und geben möglichst wenige soziale Signale.

Selbst bei einer weniger starken Ansammlung neigen wir dazu, unsere sozialen Interaktionen einzuschränken. Beobachtungen haben ergeben, daß Kinder, wenn sie in großen Spielgruppen dicht zusammen sind, weniger soziale Kontakte miteinander haben, obwohl sich theoretisch hier mehr Gelegenheit dazu böte. Gleichzeitig macht sich in solchen dichtgedrängten Gruppen eine stärkere Neigung zu aggressiven und destruktiven Verhaltensweisen beim Spielen bemerkbar. Der persönliche Umraum – die Ellbogenfreiheit – ist für den Menschen ein lebenswichtiges Bedürfnis, das sich nicht ignorieren läßt, ohne daß es zu Schwierigkeiten kommt.

Natürlich genießen wir auch alle die Erregung, Teil einer Menschenmenge zu sein. Aber es gibt solche und solche Mengen. Es ist uns angenehm, wenn

123 Der persönliche Umraum umgibt wie eine unsichtbare »Revierblase« jeden Körper. Dies wird an den Zwischenräumen deutlich, die die in der Schlange Stehenden zwischen sich lassen. In dieses mobile persönliche Territorium einzudringen hieße, seinen Inhaber zu bedrohen, und würde sofort Spannungen heraufbeschwören.

wir uns in einer Zuschauermenge befinden, weniger erfreulich finden wir eine Menschenmenge zur Hauptverkehrszeit. Der Unterschied liegt darin, daß in einer Zuschauermenge alle in die gleiche Richtung blicken und ihr Interesse auf einen mehr oder weniger entfernten Punkt konzentrieren. Wenn wir beispielsweise einen Theater- oder Kinobesuch machen, mag es anfänglich zu kleineren Feindschaftsbezeigungen gegenüber dem Fremden kommen, der unmittelbar vor uns sitzt oder der sich in den Sitz neben uns zwängt. Die gemeinsame Armlehne kann zum Gegenstand eines höflich, aber hartnäckig geführten Grenzdisputs werden. Diese territorialen Reibereien sind jedoch vergessen, sobald der Vorhang aufgeht und das Interesse sich auf die Bühne verlagert. Nun kümmert man sich nicht mehr so sehr um den unmittelbaren persönlichen Umraum, die räumliche Bezugsperson ist nicht mehr der Platznachbar, sondern der Schauspieler auf der Bühne, und der räumliche Abstand zu ihm ist uns eher zu groß als zu klein. Während der Stoßzeit im Berufsverkehr konkurriert man dagegen die ganze Zeit über mit allen Nachbarn um sein Stückchen persönlichen Umraum und besitzt keine Ausweichmöglichkeit.

Wer sich häufig in solchen überfüllten Räumen und Verkehrsmitteln aufhalten muß, kann sich der Situation allmählich besser anpassen, aber niemand wird jemals völlig immun gegenüber Einschränkungen seines persönlichen Umraums. Dazu sind solche Einschränkungen für uns viel zu sehr mit emotionalen Reaktionen, sei es feindseliger, sei es liebevoller Art, gekoppelt. Unsere gesamte Kindheit ist geprägt durch die Erfahrung körperlichen Kontakts: Sowohl beim Liebkostwerden als auch beim Geschlagenwerden hat man uns festgehalten, und auch als Erwachsene verbinden wir mit jedem Einbruch in unseren persönlichen Umraum die Erwartung, es werde zu einer Eskalation in Richtung auf einen dieser beiden emotional hochgeladenen Pole kommen. Auch wenn die Motive des sich Nähernden weder feindseliger noch sexueller Natur sind, fällt es uns schwer, unsere negative Reaktion auf ihre Annäherung zu unterdrücken. Unglücklicherweise bestehen in verschiedenen Ländern unterschiedliche Auffassungen darüber, wann ein anderer einem zu nahe kommt. Man kann seine eigene Raumreaktion leicht überprüfen: Wenn man im Freien mit einem Menschen spricht und seinen Arm ausstreckt, dann kann man feststellen, mit welchem Teil des Arms man die Schulter seines Gesprächspartners berührt. In Westeuropa geht das gerade mit ausgestreckten Fingerspitzen, in Osteuropa mit dem Handgelenk und in den Mittelmeerländern – in denen man sich viel näher kommt – etwa mit dem Ellenbogen.

Daher entstehen gewisse Schwierigkeiten, wenn sich zwei Menschen aus verschiedenen Kulturen miteinander unterhalten. Redet beispielsweise ein britischer Diplomat freundlich mit einem italienischen oder arabischen Diplomaten, dann empfindet er bald ein gewisses Unbehagen, und ohne zu wissen warum, weicht er langsam vor seinem Gesprächspartner zurück. Rückt dieser daraufhin wieder ein Stückchen näher, weicht der Brite abermals zurück. Jeder versucht auf seine Weise, eine Beziehung zwischen den persönlichen Territorien herzustellen, die seiner Gewohnheit entspricht, doch ist das unmöglich. Der Brite fühlt sich bedroht, wenn der Araber näherrückt, und der Araber fühlt sich zurückgewiesen, wenn der Brite zurückweicht. Diese kleinen Unterschiede in der Auffassung vom persönlichen Umraum werden auch weiterhin als Entfremdungsfaktor wirken und können durchaus diplomatische Harmonie und andere internationale Transaktionen stören, wenn die bestehenden Differenzen nicht bewußt sind und Kompromisse gemacht werden.

Wenn es schon bei der Konversation Probleme gibt, dann gibt es natürlich noch größere Revierschwierigkeiten dort, wo die Menschen in einem gemeinsamen Raum zusammenarbeiten müssen. Sitzt man eng beieinander, entsteht ein gewisser Druck auf die unsichtbaren Grenzen unseres persönlichen Umraums, und es ist schwierig, sich auf die Arbeit zu konzentrieren. Dieses Problem wird durch Abschirmung gelöst. Am besten kann man sich natürlich durch einen kleinen Privatraum abschirmen – in einer Studentenbude, einem Privatbüro, einem Arbeitszimmer oder einem Atelier; die Besitzer anderer privater Territorien bleiben auf diese Weise unsichtbar. Das ist für jede Art individueller Arbeit die ideale Situation, aber diejenigen, die sich einen Raum teilen müssen, genießen derartigen Luxus nicht. Sie müssen sich sozusagen symbolisch abschirmen.

124 ◁

125 ▷

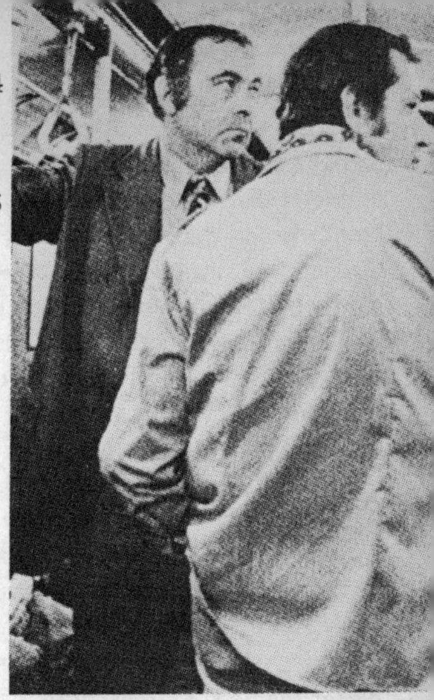

124 Die »Scheuklappenhaltung«, durch die das Bedürfnis nach einem privaten Territorium zum Ausdruck gebracht wird – eine deutliche Warnung vor »unbefugtem Eindringen«.

125 Menschen, die auf beschränktem Raum zusammengedrängt sind, bewahren ihre territoriale Distanz dadurch, daß sie ihr Gegenüber geflissentlich übersehen und zur Nicht-Person degradieren. Blickkontakte werden vermieden, und die Gesichter sind ohne Ausdruck.

In manchen Fällen können sie kleine Barrieren mit Hilfe von Wandschirmen oder Trennwänden errichten, die die unsichtbaren Grenzlinien ihres persönlichen Umraums sichtbar machen. Wenn das nicht möglich ist, muß man nach anderen Möglichkeiten Ausschau halten. Eine davon ist der sogenannte Lieblingsgegenstand. Jeder der sich den Raum Teilenden entwickelt eine Vorliebe für einen bestimmten Stuhl, Tisch oder für eine bestimmte Nische und bringt diese Neigung so oft zum Ausdruck, bis sie zu einem festen Verhaltensmuster wird. Die anderen respektieren das, und es gibt weniger Reibereien.

Häufig wird dieses System förmlich vereinbart (»Dies ist mein Schreibtisch, das der Ihre«), aber auch wenn das nicht der Fall ist, entwickelt sich eine Vorliebe für gewisse Lieblingsobjekte oder Lieblingsplätze. In einer öffentlichen Bibliothek, in einer Offiziers- oder Unteroffiziersmesse oder in einem Sitzungssaal werden bestimmte Sitzplätze fast zu einem persönlichen Eigentum bestimmter Personen. In der Familienwohnung hat Vater seinen Lieblingsplatz, auf dem er zum Zeitunglesen oder zum Fernsehen Platz nimmt. Eine weitere Abschirmungstechnik ist die »Scheuklappenhaltung«. Genau wie man einem Pferd, das übersensibel auf die Nähe anderer Pferde reagiert, ein Paar Scheuklappen anlegt, die seinen Blickwinkel verengen, setzen sich auch manche Menschen beim Studium in öffentlichen Räumlichkeiten mit Hilfe der Hände »Scheuklappen« auf. Sie sitzen mit den Ellbogen auf den Tisch gestützt und halten den Kopf so zwischen den Händen, daß den Augen das seitliche Blickfeld genommen wird.

Eine dritte Methode zur Durchsetzung und Verteidigung des Körperterritoriums besteht in der Verwendung persönlicher Markierungen. Bücher, Papiere und andere persönliche Habseligkeiten werden über den Lieblingsplatz ausgebreitet, um ihn in den Augen der anderen deutlicher als persönliches Eigentum erscheinen zu lassen. Das Ausbreiten persönlicher Habseligkeiten ist ebenfalls ein bekannter und beliebter Trick in öffentlichen Verkehrsmitteln; der Reisende versucht auf diese Weise den Eindruck zu erwecken, der Platz oder die Plätze neben ihm seien bereits besetzt. In vielen Fällen dienen sorgfältig arrangierte persönliche Markierungen selbst in Abwesenheit des Besitzers als wirkungsvolle territoriale Besitzzeichen. Untersuchungen in einer Bibliothek haben ergeben, daß die Plazierung eines Stapels von Zeitschriften und Büchern an einem bestimmten Sitzplatz dafür sorgte, daß dieser Platz im Durchschnitt 77 Minuten lang reserviert blieb. Hängte man zusätzlich noch ein Sakko über den davorstehenden Stuhl, dann hielt dieser Reservierungseffekt sogar über zwei Stunden lang an.

Auf diese Weise verstärken wir den Schutz unseres persönlichen Umraums und halten Eindringlinge mit einem minimalen Aufwand an offener Feindseligkeit ab. Wie stets beim territorialen Verhalten ist es das Ziel, das Revier lieber mit Signalen als mit Fäusten zu verteidigen; und dieses System der Raumteilung ist auf Stammesebene, Familienebene und persönlicher Ebene erstaunlich wirksam. Oft scheint allerdings das Gegenteil der Fall zu sein, da die Zeitungen sowie Rundfunk und Fernsehen die Ausnahmen übertreiben. Sie befassen sich vor allem mit den Fällen, in denen diese Signale nicht beachtet wurden und Kriege ausbrachen, Gruppen oder Banden sich gegenseitig bekämpften und Nachbarsfamilien miteinander stritten oder Kollegen in Streit miteinander geraten sind; doch in Wirklichkeit entfallen auf jedes Signal, das seine Wirkung verfehlt hat, Millionen anderer Signale, die wirkungsvoll waren. Diese Fälle finden zwar in den Nachrichten meist keine Erwähnung, aber sie sind kennzeichnend für die menschliche Gesellschaft – der Gesellschaft eines bemerkenswerten territorial orientierten Säugetiers.

## Barriere-Signale

### Körperschutzhandlungen in sozialen Situationen

Hinter einer Barriere fühlen sich die Menschen sicherer. Ist eine soziale Situation in irgendeiner Form bedrohlich, entsteht sofort das Bedürfnis, ein Hindernis zu errichten. Ein kleines Kind, das sich einem Fremden gegenübersieht, löst dieses Problem in der Regel dadurch, daß es sich hinter der Mutter versteckt und von dort verstohlene Blicke auf den Fremden wirft, um festzustellen, was dieser vorhat. Ist der Körper der Mutter nicht verfügbar, genügt auch ein Stuhl oder irgendein anderes Möbelstück. Wenn der Fremde näherkommt, muß auch das spähende Gesicht versteckt werden. Läßt sich der Eindringling trotz dieser deutlichen Angstsignale nicht von seiner Annäherung abhalten, dann bleibt nichts anderes übrig, als zu schreien oder zu fliehen.

Dieses Verhaltensmuster bildet sich während des Heranwachsens allmählich zurück; bei kichernden oder errötenden Teenagern ist es noch im Hand- und Heftvorhalten zu erkennen. Bis wir erwachsen sind, soll es nach der gesellschaftlichen Konvention ganz verschwunden sein, und wir treten unseren Gästen, Gastgebern, Gefährten, Verwandten, Kollegen, Kunden, Klienten und Freunden unerschrocken entgegen. Aber bei sozialen Zusammenkünften treten für jeden von uns auch heute noch Situationen auf, in denen wir als Kinder ängstlich die Flucht ergriffen und uns versteckt hätten. In diesem Sinne geben soziale Ereignisse immer Anlaß zu gewissen Befürchtungen. Während unsere kindlichen Ängste also nach wie vor bestehenbleiben, ist ihr Ausdruck abgeblockt. Unsere Erwachsenenrolle verlangt, daß wir uns unter Kontrolle haben und das primitive Bedürfnis, wegzulaufen und uns zu verstecken, unterdrücken. Je formeller die Situation und je dominierender oder fremdartiger uns die anderen vorkommen, desto problematischer wird für uns der Augenblick der ersten Begegnung. Beobachtet man Menschen in solchen Situationen, dann kann man entdecken, wie sie sich sozusagen »hinter den Rockschößen der Mutter verstecken.« Die ursprünglichen Handlungen sind noch erkennbar, aber jetzt in weniger auffällige Bewegungen und Haltungen umgewandelt. Es sind die Barriere-Signale des Erwachsenenlebens.

Die beliebteste Form eines Barriere-Signals ist das »Kreuzen vor dem Körper«. Dabei werden die Hände oder Arme vor dem Körper in Kontakt gebracht und bilden einen Puffer oder eine Stoßstange. Es handelt sich allerdings nicht um eine Körperhaltung zur Abwehr anderer Personen, wie man etwa einen Unterarm schräg zum Körper horizontal ausstreckt, um sich den Weg durch eine dichtgedrängte Menge zu bahnen. Vielmehr wird eine solche Barriere über eine gewisse Entfernung hin aufgebaut, beispielsweise wenn ein nervöser Gast auf einen dominierenden Gastgeber zugeht. Diese Handlung geschieht ganz unbewußt; wenn man den Betreffenden unmittelbar danach fragt, wird er sich dieser Geste meist nicht mehr erinnern. Sie ist stets in irgendeiner Form getarnt, denn wenn man sie als primitive Abwehrgeste deutlich zeigte, wäre sie allzu leicht durchschaubar. Die Tarnung unterscheidet sich teilweise charakteristisch von Person zu Person. Hier ein Beispiel:

Bei einem Galaempfang steigt der Ehrengast aus seiner offiziellen Limousine. Bevor er dem Empfangskomitee gegenübertreten und es mit Händeschütteln begrüßen kann, muß er allein den Weg bis zum Haupteingang des Gebäudes zurücklegen, in dem der Empfang stattfinden soll. Eine riesige Menschenmenge beobachtet seine Ankunft, die Kameras der Pressefotografen blitzen. Selbst der erfahrenste Prominente wird in einem solchen Augenblick ein wenig nervös, und die leichte Unsicherheit, die er empfindet, kommt meist gerade in dem Augenblick zum Ausdruck, wenn er den freien Raum bis zum Eingang des Gebäudes etwa zur Hälfte durchschritten hat. Im Gehen greift seine rechte Hand quer vor dem Körper nach links und hantiert am Manschettenknopf. Dort verharrt sie einige Augenblicke, und schon ist er nahe genug am Empfangskomitee, um die Hand zum ersten Händeschütteln ausstrecken zu können.

Bei einem ähnlichen Anlaß sei der Ehrengast eine Frau. Genau an jenem Punkt, wo ihr männlicher Widerpart am Manschettenknopf herumhantiert hätte, greift sie mit der rechten Hand quer vor dem Körper nach links und rückt die am linken Arm hängende Handtasche ein wenig zurecht.

Es gibt natürlich eine ganze Reihe Variationen über dieses Thema. Aber allen Fällen ist ein Merkmal gemeinsam: Im Augenblick der größten Nervosität kommt es zu einem »Kreuzen vor dem Körper«, wobei ein Arm quer vor dem eigenen Körper Kontakt mit dem anderen Arm aufnimmt und auf diese Weise für kurze Zeit eine Barriere errichtet.

Manchmal ist diese Barriere lückenhaft. Ein Arm wird quer nach vorn geschwungen, nimmt aber keinen Kontakt mit dem anderen Arm auf. Statt dessen wird er mit dem Zurechtrücken irgendeiner Kleinigkeit an der Kleidung auf der anderen Körperseite beschäftigt. Noch besser ist die Tarnung, wenn die Hand vor dem Körper zur anderen Seite ausgestreckt und gehoben wird, nur um die entgegengesetzte Seite des Kopfes leicht zu berühren oder zu streichen.

Bei weniger erfahrenen Personen kann man aber auch ein »Kreuzen vor dem Körper« beobachten, das nicht so gut getarnt ist. So betritt beispielsweise ein Mann ein Restaurant, und während er eine freie Fläche überquert, reibt er seine Hände, als ob er sie wäscht. Oder er hält beim Durchqueren des Raumes seine Hände fest umklammert vor seinem Körper.

Interessanterweise haben Beobachtungen ergeben, daß es bei einer Begrüßungssituation höchst unwahrscheinlich ist, daß sowohl der Grüßende als auch der Begrüßte solche Gesten macht. Ohne Rücksicht auf seinen Status ist es nahezu immer der Neuankömmling, der diese Bewegung des »Kreu-

126 △ 128 ▽ 127 △ 129 ▽

126–128 Das »Kreuzen vor dem Körper« – eine in Augenblicken der Spannung vorübergehend aufgebaute Barriere. Wenn Menschen sich bloßgestellt oder bedroht fühlen, errichten sie körperliche Barrieren. Das kann durch einfaches Verschränken der Arme geschehen, aber auch als kleine »Korrekturgeste« getarnt sein: als ein Manschetten- (126) oder Handtasche-Zurechtrücken (127) oder eine Armbandüberprüfung (128). Auch erfahrene Personen des öffentlichen Lebens zeigen dieses Bedürfnis, besonders häufig in Augenblicken, in denen sie den Ort einer formellen Veranstaltung betreten.

129 Mädchen in freizügigen Kleidern, die die Oberschenkel freigeben, zeigen oft ein spezielles Barriere-Signal zum Schutz ihrer Genitalzone. Sie klemmen die aneinandergepreßten Arme als »Schild« zwischen ihre Schenkel oder ihre Knie.

130 Das Barriere-Signal des sitzenden Mannes ist das vom Nebenmann abgewandte, übergeschlagene Bein.

zens vor dem Körper« macht, denn er ist es ja, der in das Territorium des Begrüßungskomitees eindringt. Sie waren auf jeden Fall zuerst da und besitzen daher auch zumindest vorübergehend das Heimrecht auf diesem Territorium. Das verleiht ihnen im Augenblick der Begrüßung eine unbestreitbare Dominanz. Nur wenn sie sich gegenüber dem Ankömmling in einer extrem untergeordneten oder schwierigen Position befinden, besteht die Möglichkeit, daß sie selbst die Aktion des »Kreuzens vor der Brust« ausführen. In diesem Fall entfällt natürlich diese Geste beim Neuankömmling.

Diese Beobachtungen sagen uns etwas über die Geheimsprache der Barriere-Signale, und sie deuten darauf hin, daß ihre Bedeutung immer verstanden wird, obwohl Senden und Empfang dieser Signale sich unbewußt vollziehen. Die Bedeutung ist: »Ich bin zwar etwas nervös, aber ich werde mich nicht zurückziehen.« Das ist zweifellos ein gewisser Akt der Unterwerfung, der dem anderen das Gefühl einer leichten Dominanz und eines gewissen Behagens gibt.

Die Situation ändert sich, wenn die Begrüßungszeremonie vorüber ist und die Menschen im Gespräch in Gruppen zusammenstehen. Wenn sich jetzt jemand allzu nahe an einen anderen herandrängt, vielleicht nur, um im allgemeinen Stimmengewirr besser zu hören, könnte der bedrängte Mitmensch unter Umständen die gleiche Art von Bedrohung empfinden wie der Ehrengast, als dieser auf das Empfangskomitee zuging. Er kann aber nicht so lange an seinen Manschettenknöpfen hantieren, wie der andere ihn bedrängt. Der Typ der Körperbarriere, der in dieser Situation bevorzugt wird, ist das Kreuzen der Arme vor der Brust. Diese Haltung – ein perfektes, frontales Barriere-Signal – kann länger beibehalten werden, ohne unangenehm zu wirken. Unbewußt vermittelt sie die Botschaft »Komm nicht näher!« und wird bei überfüllten Veranstaltungen häufig angewandt. Sie wird auch von Leibwächtern benutzt, die vor einem geschützten Gebäudeeingang stehen.

Das Mittel des Armekreuzens läßt sich auch im Sitzen anwenden, wenn ein Mitmensch einem zu nahe rückt, und noch dadurch ergänzen, daß man die Beine zu der diesem Mitmenschen abgewandten Seite hin kreuzt. Eine weitere Variante ist, die fest gefalteten Hände in den Schoß zu legen und zwischen den Beinen fest zusammenzupressen, als wolle man die Genitalien schützen. Die durch diese Art von Barriere übermittelte Botschaft ist deutlich genug, obwohl sich keiner der beiden Beteiligten dieser Tatsache bewußt wird. Das wohl wichtigste Barriere-Signal für sitzende Menschen ist jedoch der Schreibtisch, jenes allgegenwärtige Möbelstück. Mancher Geschäftsmann würde sich ohne Schreibtisch geradezu nackt vorkommen; täglich verbirgt er sich dankbar hinter ihm und benutzt ihn wie einen riesigen, hölzernen Keuschheitsgürtel. Wenn er hinter dem Schreibtisch sitzt, fühlt er sich voll abgeschirmt von dem Besucher, der auf der anderen Seite offen und ungeschützt dasitzt. Der Schreibtisch ist die vollkommenste Barriere, sowohl in physischer als auch in psychischer Hinsicht, und er verschafft dem, der dahinter sitzt, ein unmittelbares und anhaltendes Gefühl der Sicherheit, solange er sich von ihm wie von einem festen Wall umgeben fühlt.

## Abwehrverhalten

### Unsere Reaktion auf echte und vorgestellte Gefahren

Wie jede andere Spezies versucht auch der Mensch sich zu schützen, wenn Gefahr droht. Der menschliche Körper ist außerordentlich leicht verwundbar und besitzt keinen natürlichen »Panzer«. Eine Art Panzer ist am ehesten noch das harte Knochengehäuse um das Gehirn und die fünf knochigen Ausbuchtungen rings um die Augen – die Augenbrauenknochen, die Backenknochen und der Nasenrücken. Sie alle mildern die Wirkung gegen den Kopf geführter Schläge und vergrößern die Chance, daß wir nach einem körperlichen Angriff noch imstande sind, klar zu denken und zu sehen.
Ergänzt wird dieses der Verteidigung dienende Knochensystem durch zahlreiche Abwehrhandlungen, die sich überall auf der Welt gleichen. Vom Alter von vier Jahren an besitzt jeder gesunde Mensch das charakteristische Verhaltensmuster des Zusammenzuckens in dem Augenblick, wo plötzlich eine Gefahr droht. Diese auf Sekundenbruchteile beschränkte Reaktion demonstriert man am besten dadurch, daß man hinter einem Menschen, der sich gerade fotografieren läßt, unerwartet einen Revolver abfeuert. Wird die Kamera im gleichen Augenblick ausgelöst, ist es möglich, das Verhaltensmuster unserer Spezies bei plötzlichem Erschrecken auf dem Film festzuhalten. Es ist stets das gleiche: Die Augen werden geschlossen, der Mund aufgerissen, Kopf und Hals nach vorn gestoßen, die Schultern hochgezogen und ebenfalls nach vorn geneigt, die Arme werden gebeugt, die Fäuste geballt, der Rumpf bewegt sich ruckartig nach vorn, die Bauchregion wird eingezogen und die Knie leicht gebeugt.
Dieses Abwehrmuster ist deutlich die erste Phase eines defensiven Zusammenkauerns, bei der der Körper kleiner, zusammengekrümmt und angespannt wird in Erwartung eines Schlages, und bei der die Augen sich sofort schützen, die Schultern und Arme hingegen sich darauf einrichten, dem Kopf Deckung zu bieten.
Eine Erweiterung dieses Schreckverhaltens kann man bei jedem Aufruhr erleben oder wenn harte Gegenstände durch die Luft fliegen. Der Kopf wird noch tiefer eingezogen, und die Arme werden rasch gehoben, um das Gesicht zu schützen. Selbst bei dem formalisierten Verhalten im Boxring nimmt der Boxer in der Verteidigungsstellung eine ähnliche Haltung ein: Auch bei seinen Schutzmaßnahmen gegen heftige Schläge hat der Kopf Vorrang.
In einem anderen speziellen Zusammenhang ändern sich die Prioritäten der körperlichen Abwehr. Wenn Fußballspieler bei einem Freistoß der gegnerischen Mannschaft eine Mauer bilden, stellen sie sich in einer Linie mit dem Gesicht zu dem Schützen auf, so daß sie Gefahr laufen, von dem mit aller Kraft getretenen Ball getroffen zu werden. Anstatt aber ihr Gesicht zu schützen, halten die Spieler die Hände vor die Genitalien. Da das »Geschoß«

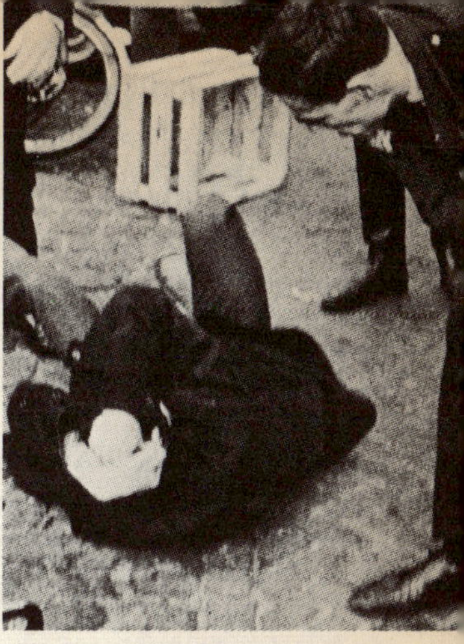

131 △ 133 ▽ 132 △ 134 ▽

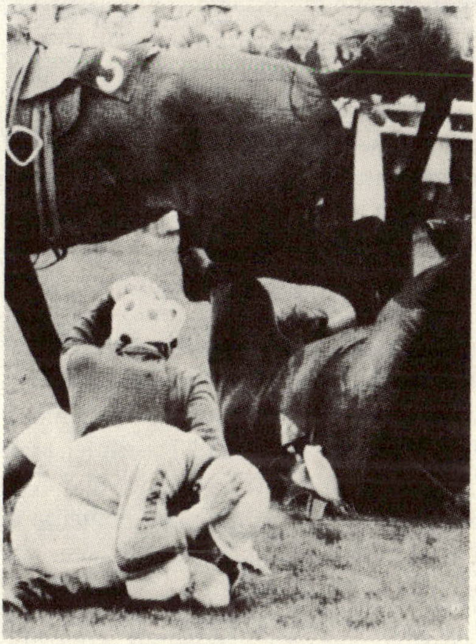

131–134 Wenn es die Zeit zuläßt, besteht die grundlegende Abwehrreaktion darin, den Körper einem möglichen Angriff zu entziehen. Auf dem klassischen Kriegsfoto (131) suchen englische Kinder Schutz, indem sie sich in einen Graben ducken. Wenn es nicht möglich ist, sich einem körperlichen Angriff zu entziehen, besteht die typische Reaktion darin, Gesicht und Kopf zu bedecken und sich zusammenzurollen, wie es hier bei Demonstranten in Amsterdam (132) und bei einem vom Pferd gefallenen Jockey auf der Rennbahn (133) zu sehen ist. Englische Fußballspieler, die beim Freistoß eine Mauer bilden, schützen nicht das Gesicht, sondern die Geschlechtsorgane (134). Fußballspielende Frauen schützen in der gleichen Situation den Busen.

in diesem Fall sichtbar ist, können sie seinen Weg verfolgen und, wenn es in Kopfhöhe ankommt, durch rasches Ducken oder Senken des Kopfes einen Gesichtstreffer vermeiden. Die Hände sind also für eine andere Körperregion verfügbar, die nicht so leicht durch eine rasche Bewegung außer Gefahr gebracht werden kann. Es dauert ein paar Zehntelsekunden länger, den Rumpf zur Seite zu drehen, als den Kopf zu senken, so daß die Genitalgegend in diesem Fall zur verwundbarsten Zone wird. Auf Fotos, die die »Mauer« im Augenblick des Schusses zeigen, ist dennoch zu sehen, daß zusätzlich zu den vorgehaltenen Händen das typische Schema des Schreckverhaltens abläuft: die Schultern werden hochgezogen und die Gesichtsmuskeln straffen sich. Auch die kopfballgewöhnten Fußballspieler zeigen also für einen Sekundenbruchteil die klassische Abwehrreaktion.
Im Augenblick eines heftigen körperlichen Angriffs bleibt das Opfer in der Regel stumm, aber in den sich anschließenden Augenblicken des Fliehens, der Panik oder der vorübergehenden Verschnaufpause kommt es häufig zu einer anderen Abwehrgeste – dem Schrei. Es ist ein Angstschrei, den wir nicht nur mit Affen und Menschenaffen, sondern mit vielen anderen Säugetierarten gemeinsam haben. Es ist für die Artgenossen ein Signal, entweder dem Bedrängten zu Hilfe zu kommen oder sich selbst zu schützen, und als solches ist es wohl das unspezifischste Signal in der Tierwelt. Es ist so wenig typisch für eine bestimmte Spezies, daß wir seine Bedeutung immer erkennen, gleich von welchem Tier der Schrei ausgestoßen wird. Er variiert natürlich von Fall zu Fall: Manchmal klingt er wie ein Winseln, ein andermal wie schrilles Kreischen, aber über die Bedeutung – Schmerz und Angst – besteht keinerlei Zweifel. Beim Menschen scheint es beim Angstschrei einen Unterschied zwischen den Geschlechtern zu geben, und zwar nicht nur in der Stimmhöhe, sondern auch in der Schreihäufigkeit. Erwachsene Männer schreien meist unter großen Schmerzen, aber weniger häufig in Augenblicken der Panik und der Angst. Kinder und Frauen benutzen den Schrei dagegen in beiden Situationen. Dieser Unterschied läßt sich leicht in Vergnügungsparks feststellen, wo es Achterbahnen, Riesenräder und Geisterbahnen gibt; hier hört man häufig die spitzen Schreie von Frauen und Mädchen, die die Erregung dieser »sicheren« Panik genießen, aber die Schreie von Männern fehlen (siehe auch Farbabbildung F 25, Seite 189).
Fordert man Menschen auf, ihre Ängste und die Dinge zu nennen, die ihnen am meisten Furcht und Schrecken einflößen, dann sind die Antworten im Vergleich zur modernen Welt, in der wir leben, seltsam unrealistisch. Statt die eigentlichen Todesursachen von heute aufzuzählen – schnelle Autos, Sprengbomben und Sprengladungen, Messer und Kugeln, Umweltverschmutzung und den durch die Übervölkerung bedingten Streß der Großstädte –, neigen sie dazu, so altertümliche Schrecken aufzuzählen, wie schleichende, kriechende und krabbelnde Tiere, Ungeziefer und Insekten, Donner und Blitz, geschlossene Räume und große Höhen. Das bedeutet

freilich nicht, daß sie keine Angst vor den Gefahren der modernen Zivilisation hätten, sondern eher, daß sie das Naheliegende verdrängen und in den Tiefen ihres Bewußtseins nach den lauernden Überresten unerklärlicher Angst- und Ekelzustände suchen. Aus diesem Stoff werden Horrorfilme gemacht, denn es handelt sich hier um Vorstellungsbilder, die trotz ihrer Ausgefallenheit als ernste Bedrohung immer noch im menschlichen Gehirn herumspuken.

Die bei weitem größte Angst haben die Menschen vor Schlangen. Das gilt nicht nur für Länder, in denen es wirklich gefährliche Reptilien gibt, sondern auch für Länder wie Großbritannien, wo während einer einjährigen Reise durch die ländlichen Gebiete die Chance etwa 1:500 Millionen ist, von einer Schlange getötet zu werden. Selbst in den Vereinigten Staaten mit ihren todbringenden Klapperschlangen betrüge diese Chance nur etwa 1:6 Millionen. Auch in diesen Ländern steht stets die Schlange an der Spitze aller angsteinjagenden Dinge, und diese Haßskala führt die Schlange mit Längen an. Die Reaktion der Bevölkerung auf Schlangen ist so stark, daß in Großbritannien nicht weniger als 19% aller Fernsehzuschauer zugaben, daß sie immer dann, wenn eine Schlange auf dem Bildschirm erscheine, entweder wegschauen oder den Fernseher abschalten.

Als Abwehrreaktion war diese Angst vor Schlangen von großem Nutzen für unsere frühen Vorfahren, als sie von den Bäumen herabkletterten und sich in die Ebenen vorwagten. Dieser Vorteil blieb auch während der mehrere Millionen Jahre dauernden Entwicklungsphase zum modernen Menschen bestehen, und der Schlangenhaß war in der Tat wohl ein Schlüsselelement in der Erfolgsgeschichte des frühzeitlichen Menschen. Aber die Tatsache, daß diese Angst in derart intensiver Form auch in der modernen Gesellschaft erhalten geblieben ist, scheint darauf hinzudeuten, daß sie nicht nur lebenswichtig war, sondern zu einem vererbten Verhalten der menschlichen Spezies geworden ist. Es gibt dafür keinen definitiven Beweis, aber das vorhandene Beweismaterial deutet sehr darauf hin.

Bis zum Alter von zwei Jahren zeigen Kleinkinder keine Furcht vor Schlangen, aber schon mit drei ist eine gewisse Vorsicht, mit vier schließlich starke Angst vorhanden. Diese erreicht ihren Höhepunkt bei Sechsjährigen und läßt dann langsam bis zum vierzehnten Lebensjahr nach. Dabei gibt es kaum Unterschiede zwischen den Geschlechtern, obwohl Mädchen auf jeder Altersstufe eine etwas stärkere Reaktion als Jungen zeigen. Auch die Pubertät bringt keine deutliche Änderung der Schlangenfurcht: Die Freudsche Deutung der Schlange als Phallus-Symbol paßt nicht in dieses Bild. Hingegen paßt die Alterskurve der Angst vor Schlangen genau zu der Risikosituation von Kindern in primitiven Gesellschaften: Der ganz kleine Säugling wird von der Mutter sorgfältig behütet. Das ältere Kind kann auf sich selbst aufpassen. Aber Kinder der mittleren Altersstufe, die heute noch die stärkste Angstreaktion zeigen, bringen sich selbst in höchste Gefahr, gebissen zu

135 Das furchteinflößendste Tier für den Menschen ist die Schlange. Das gilt auch für Länder, in denen statistisch eine größere Chance besteht, vom Blitz erschlagen als von einem giftigen Reptil gebissen zu werden.

werden, weil sie sich mit Vorliebe auf unerlaubte Streifzüge davonmachen.

Zu anderen Tieren, gegen die ein stark ausgeprägtes Haßgefühl beim Menschen besteht, gehören Spinnen und Ratten sowie sonstige kleine Kriech- und Krabbeltiere, die in die Häuser eindringen. Kleines Getier, das in Kontakt mit unserer Haut kommt, löst eine unmittelbare und charakteristische Abwehrreaktion aus, und zwar in Form einer raschen, ruckartigen Handbewegung, die sehr dem automatischen Schwanzschlag von Huftieren entspricht, mit der sie sich von lästigen Fliegen befreien. Diese Reaktion ist so stark und bei manchen Menschen derart unkontrolliert, daß sie eine ernste Gefahr für Autofahrer bedeutet, wenn eine Wespe oder Biene in einen fahrenden Wagen eindringt. Auch in diesem Fall scheint es sich um eine Reaktion zu handeln, die wir von unseren frühgeschichtlichen Vorfahren ererbt haben und die wir trotz unserer entschieden genaueren Kenntnisse des Insektenlebens nur schwer abzuschütteln vermögen.

Es läßt sich schwerlich mit Sicherheit sagen, welche unserer heutigen Reaktionen man auf die Urangst vor jenen frühgeschichtlichen Raubtieren zurückführen kann, die sich einst an unsere Vorfahren heimlich herangeschlichen haben. Löwen, Tiger und Krokodile nehmen in der Haßskala der heutigen Kinder nur einen mäßig hohen Rang ein, ihnen bringt man niemals solch intensive Haßgefühle entgegen wie beispielsweise Schlangen und Spinnen. Möglicherweise läßt sich das darauf zurückführen, daß es sich bei den großen Raubtieren um auffällige Gegner handelte, mit denen man auf andere Weise fertig wurde. Giftschlangen und Giftspinnen hingegen, die in die Siedlungen hineinkrochen oder plötzlich im Gras auftauchten, lösten in weit stärkerem Maße jenes plötzliche Schaudern und jene panische Selbstschutzreaktion aus, die auch heute noch im Bewußtsein des modernen Menschen »auf Wache liegen«. Eine für den Menschen spezifische Abwehrreaktion ist der Aberglaube. Während er ständig damit beschäftigt war, die Technologie des zweckmäßigen Körperschutzes zu verbessern – von Schilden zu kugelsicheren Westen und von Rüstungen zu Atombunkern –, war er gleichzeitig fortgesetzt damit beschäftigt, seltsame magische Abwehrhandlungen zu ersinnen. Diese abergläubischen Praktiken tauchen in allen Epochen und in allen Kulturkreisen auf. Sie sind so zahlreich und vielfältig, daß dickleibige Bücher darüber geschrieben wurden. Sie sind fast alle völlig zweck- und sinnlos, außer in einer Hinsicht: Sie bewirken, daß derjenige, der solche Handlungen ausführt, sich in der feindseligen und mysteriösen Welt etwas weniger unsicher fühlt. Es ist nicht nötig, hier alle diese Praktiken aufzuführen. Sie bestehen alle in irgendeiner Tätigkeit, deren Vollzug alles Unglück in der Zukunft verhindern soll. Die Tatsache, daß niemals irgendein logischer Zusammenhang zwischen der Handlung selbst und ihrem Ergebnis besteht, hält niemanden davon ab, abergläubisch zu sein. Man kann solche Handlungen ganz leicht auslösen. Wenn man jemandem sagt, er solle eine Münze in einen Brunnen werfen, denn das werde ihm Glück bringen, oder jemand werde, wenn er alle Kerzen auf einer Geburtstagstorte ausblase, einen geheimen Wunsch erfüllt bekommen, dann wird man nur allzu bereit sein, das zu tun. Selbst wenn das Ganze nicht klappt, hat man doch das gute Gefühl, an einem reizvollen Brauch, der einen gesellschaftlichen Anlaß überhöht hat, gemeinsam teilgenommen zu haben.

Überraschend an den abergläubischen Praktiken ist, daß sie selbst bei den logischsten, kaltblütigsten, praktisch orientierten und höchst unromantischen Großstädtern eine erstaunliche Überlebensrate zeigen. Fast überall gibt es heutzutage eine unauffällige Abwehrgeste, die aus früherer Zeit überlebt hat, etwa das »Klopfen auf Holz«, wenn man sich irgendeiner Sache rühmt (man berührte die heilige Eiche, um den Gott Thor zu besänftigen), oder der Zuruf »Gesundheit«, wenn jemand niest (denn das Niesen könnte ja das erste Anzeichen einer Erkrankung sein), oder aber das Berühren von Eisen, um Glück zu haben (man hielt Eisen früher für ein magisches Metall mit übernatürlichen Kräften). Man begegnet in der modernen Zivilisation einer ganzen Reihe derartiger Praktiken. In jedem Gebiet gibt es ein oder zwei solche Lieblingsgesten, und fast immer kennen die Leute, die sie benutzen, deren ursprüngliche Bedeutung nicht mehr. Sie lachen zwar dabei und geben zu, wie töricht das Ganze ist, aber sie tun es eben doch.

Eine spezielle Form des Abwehrverhaltens ist das Tragen eines Amuletts, eines Talismans oder Maskottchens. Es gibt buchstäblich Hunderte, wenn nicht gar Tausende von verschiedenen »Glückssymbolen«, die im Laufe der Jahrhunderte von Menschen in verschiedensten Ländern getragen wurden, und obwohl wir in einem wissenschaftlichen Zeitalter leben, ist diese Sitte auch heute noch überall lebendig. Die Menschen geben zu, daß das barer Unsinn sei, aber sie klammern sich weiter daran.

Eine interessante Form des Amuletts ist die »erstarrte Geste«, ein Glücksbringer in Form einer Hand, die ein bestimmtes Zeichen macht. Der Besitzer eines solchen Amuletts macht sozusagen *ständig* die betreffende Schutzgeste, wenn er es trägt. Anstatt die Handbewegung in dem Augenblick auszuführen, wenn man Glück braucht, um ein Unheil abzuwenden, macht die Hand diese Geste fortwährend und gewährt daher, wie es heißt, permanenten Schutz. Reist man kreuz und quer durch Europa, kann man feststellen, daß derzeit mindestens zehn Versionen einer solchen »erstarrten Geste« im Handel sind. Sie bieten auf unterschiedliche Weise Schutz (siehe auch Farbabbildung F 28, Seite 192). Manche von ihnen sind einfach fröhliche, optimistische Gesten wie das V-Zeichen für *victory* (»Sieg«), das Zeichen des nach oben gerichteten Daumens oder das kreisförmige O.K.-Zeichen. Andere, beispielsweise die Hand mit Hörnern oder die griechische *moutza*-Geste, richten sich drohend gegen ein imaginäres Übel. Dann gibt es noch eine Art, die versucht, den »bösen Blick« abzuwenden. Grundlage des Glaubens an den bösen Blick ist die Annahme, einige Menschen besäßen einen Blick, der Unglück heraufbeschwören könne. Zum Schutz dagegen muß man entweder ihrem Blick ausweichen oder dafür sorgen, daß man von ihrem bösen Blick nicht getroffen wird. Kann man sie davon abhalten, einem fortgesetzt in die Augen zu starren, ist man in Sicherheit; daher trägt man geeignete Gesten als Amulette, die so stark sind, daß sie den bösen Blick eines anderen Menschen anziehen. Trägt man eine obszöne Geste wie das Feigenzeichen als Amulett, kann man mit seiner Hilfe den bösen Blick ablenken, der sich zwangsläufig zu der obszönen Geste hingezogen fühlt und daher nicht in der Lage ist, einem selbst direkt ins Auge zu schauen. Man kann aber auch ein Augenamulett tragen, denn dieses Auge ist stärker als der »böse Blick« und wird ihn zum Wegblicken zwingen.

Der Glaube an den bösen Blick ist in den Mittelmeerländern auch heute noch stark verbreitet und wird sogar von sehr gebildeten Leuten ernstgenommen. Alles beginnt in der Regel mit einem puren Zufall. Ein Mensch stattet einer Familie einen Besuch ab, und kurz nach seiner Abreise gibt es plötzlich einen Todesfall in der Familie oder unter den Tieren bzw. irgendein anderes Unheil. Sogleich beginnen alle darüber nachzudenken, ob nicht der betreffende Besucher den bösen Blick hat. Kommt er später wieder einmal vorbei, und ereignet sich erneut ein Unglück, dann wird die Vermutung zur Gewißheit, und diese Familie wird alles tun, um einen dritten Besuch zu verhindern. Muß man ihm dennoch persönlich gegenübertreten,

ergreift man alle nur denkbaren Vorsichtsmaßnahmen mit Hilfe von Amuletten oder anderen Glücksbringern. In verschiedenen Ländern schützen Fischer ihre Boote gegen den bösen Blick und einen so verursachten Schaden dadurch, daß sie am Bug ein Paar künstlicher Augen anbringen, die den bösen Blick eines potentiellen Feindes übertrumpfen. Dieser Brauch, den man bereits im alten Ägypten kannte, ist auch heute noch in vielen Gegenden lebendig. In anderen Landstrichen schützt man die Häuser vor dem bösen Blick, indem man am Hausdach Tierhörner oder Geweihe anbringt: die gesteigerte Hörnergeste als Symbol für die permanente Abwehr unbekannter Gegner (siehe auch Farbabbildung F 29, Seite 192).
In diesen Abwehrreaktionen spiegelt sich die menschliche Zwangsvorstellung von potentiellen Gefahren ebenso wider wie das Vorhersehen irgendeines unbeschreibbaren Angriffs. Die moderne Gesellschaft hat für uns besondere Schutzeinrichtungen geschaffen, Polizei, Gerichte, Versicherungen, Sicherheitsbestimmungen usw., die uns eigentlich einen ruhigen Schlaf bescheren sollten; der Fortschritt der Wissenschaft hat uns ein besseres Verständnis unserer Umwelt ermöglicht; aber trotz allem haben wir Menschen uns eine tierhafte Wachsamkeit gegenüber plötzlich auftretenden, unerklärlichen Gefahren bewahrt und zahlreiche Abwehrreaktionen beibehalten.

## Demutsverhalten

### Wie wir Kritiker oder Angreifer besänftigen

Wenn jemand angegriffen wird, hat er fünf Alternativen: Er kann fliehen, kämpfen, sich verstecken, Hilfe herbeirufen oder versuchen, den Angreifer zu besänftigen. Ist der Gegner zu stark, um den Kampf zu bestehen, gibt es keine Möglichkeit zu fliehen oder sich zu verstecken, und ist niemand da, der zu Hilfe eilen könnte, dann ist die Besänftigung des Gegners die einzige Lösung. Gerade in solchen Situationen tritt das Demutsverhalten auf.

Die passive Unterwerfung ist beim Menschen weitgehend die gleiche wie bei den anderen Säugetieren. In extremen Fällen nimmt es folgende Formen an: Sich-Zusammenkrümmen, Sich-Ducken, Auf-allen-vieren-Kriechen, Wimmern und Versuche, die verletzlichsten Teile des Körpers zu schützen. Das einzige speziell menschliche Element, das hinzu kommt, ist das verbale Anflehen und Betteln um Gnade.

Ein in die Enge getriebener Mensch, der zu solchen extremen Verhaltensweisen gezwungen ist, bietet einen bemitleidenswerten Anblick, und das ist genau der Zweck der Demutsgestik im Interesse des Überlebens. Um erfolgreich zu sein, muß sie das betreffende Individuum als so wehrlos erscheinen lassen, daß es sich kaum lohnt, es überhaupt noch anzugreifen. Mit diesem Schaubild der totalen Niederlage vermeidet man die Erfahrung der tatsächlichen Niederlage.

Der Erfolg der Demutsgestik beruht auf der Verwendung jener Signale, die das genaue Gegenteil der Drohsignale unserer Spezies sind. Der Drohende baut sich breit vor seinem Gegner auf, den Körper angespannt, den Brustkasten aufgepumpt, mit funkelndem Blick, geballten Fäusten und tiefer, schnarrender Stimme. Der sich demütigende Mensch versucht seinen Körper so klein und schlaff wie möglich erscheinen zu lassen, die Schultern sind gekrümmt, das Gesicht zuckt, die Hände sind gespreizt, und die Stimme ist hoch und weinerlich. Auf diese Weise kann er das Signal deutlich übermitteln, daß er nicht als Gegner behandelt werden will.

Der wesentlichste Aspekt der Unterwerfung ist, daß man sich möglichst klein macht. Das erreicht man auf zweifache Weise: Man krümmt den Körper zusammen und erniedrigt ihn gegenüber dem Angreifer. Beide Elemente findet man in extremer Form bei jemandem, der im Staub auf allen vieren kriecht, wimmernd und den Körper zusammengekrümmt. Weniger dramatische Varianten kann man in alltäglichen Straßenszenen beobachten. Der immerwährende Verlierer, der gesellschaftliche Versager, der unterdrückte Untergebene – sie alle gehen stets vorgebeugt mit runden Schultern und nach vorn gesenktem Nacken, ihre Haltung drückt einen »Nonstop-Zusammenbruch« aus. Das Senken und Zusammenkrümmen des Körpers sind hier keine akuten Erscheinungen, sondern chronisch, ebenso wie ihr Zustand der Unterwerfung chronisch ist. Die Vorgesetzten dieser »Bücklinge«, die zurückhaltenden Tyrannen, die sie unterdrücken, drohen natürlich niemals damit, sie körperlich anzugreifen. Es kommt zu keinem plötzlichen, wütenden Entscheidungskampf, bei dem die Fäuste nur so fliegen. Herrschen und Beherrschtwerden ist ein dezenter Dauervorgang, und dessen dadurch keineswegs geringere Wirkung spiegelt sich entsprechend in gemäßigter lang anhaltender Demutsgestik wider.

Die Sprache selbst ist voller Bezüge auf symbolische Größe und Kleinheit. Man sagt beispielsweise: »Er ist ein großer Geschäftsmann«, »Er hat einen großen Namen auf seinem Fachgebiet«. »Er ist ein kleiner Fisch« oder »In seiner Gegenwart fühle ich mich ganz klein!« In keinem dieser Fälle meinen wir die tatsächliche Körpergröße dessen, von dem wir reden; die Größe ist vielmehr stets ein Symbol für dominanten oder untergeordneten Status.

So fest verankert ist die Vorstellung, die Kleinheit mit dem Untertanen identifiziert, daß sie tatsächlich die Erfolgschancen beeinträchtigt. Neuere Untersuchungen haben beispielsweise ergeben, daß in der Regel Bischöfe größer sind als einfache Geistliche, Universitätspräsidenten größer als College-Präsidenten und Verkaufsleiter größer als Verkäufer. Sehr ehrgeizige körperlich kleine Menschen sind außerdem berüchtigt für den rücksichtslosen Selbstbehauptungswillen, den sie nach erfolgreichem Weg zur Spitze an den Tag legen; das deutet darauf hin, daß sie massive Kompensation für ihre kleine Statur brauchen. Während sich körperlich große Personen in den höchsten Etagen Entspanntheit leisten können, bleiben körperlich kleine Tyrannen ständig angespannt, um ihre Position stets erneut zwanghaft zu bestätigen. Statistische Zahlen zeigen, daß es für das Vorwärtskommen besser ist, wenn man einen Kopf größer ist.

Wenn das Kleinsein zwangsläufig den Eindruck der Demut und der Unterwerfungsbereitschaft vermittelt, dann ist es auch möglich, eine momentane unterwürfige Stimmung dadurch zu signalisieren, daß man seinen Körper bewußt beugt. Wenn ein geschlagener Mann, dem keine andere Wahl bleibt, passiv auf dem Fußboden kauert, kann der Überlegene, der seine Dominanz vorübergehend aufgeben möchte, dies durch eine kurze stilisierte Geste der Körperneigung anzeigen. Hier handelt es sich um freiwilliges, aktives Demutsverhalten – die Welt der Verbeugungen und Kratzfüße –, das auch heute noch bei gesellschaftlichen Anlässen eine bedeutende Rolle spielt.

136 Zwei Männer begegnen einander, von denen jeder glaubt, daß der andere sozial höher stehe – eine frühe (1906) Radierung des Malers Paul Klee, die eine übertriebene Verbeugungsszene zeigt, bei der jeder Beteiligte sich kleiner als sein Gegenüber machen will.

Die mildeste Form solchen Verhaltens zeigt ein diensteifriger Untergebener, wenn er seinen Körper leicht vorbeugt, während er zu einer Person mit höherem Status spricht. Es gibt zahlreiche Anzeigen mit dieser Anbiederungsmasche: Sie zeigen einen lächelnden Verkäufer, der seinen Körper leicht dem Leser oder Betrachter zuneigt. Er macht keine klare Verneigung. Die Verkäufer in Kaufhäusern und Geschäften stehen heutzutage meist selbstbewußt und aufrecht da, aber noch vor nicht allzu langer Zeit verbeugten sie sich wiederholt vor dem geschätzten Kunden bei der Begrüßung und geleiteten ihn zum Ausgang, wo sie ihn devot wieder verabschiedeten. In einigen Geschäften wird diese alte Sitte auch heute noch gepflegt.
Eine volle Verneigung macht man in der Regel nur noch bei formellen Anlässen. Der Körper beugt sich in der Taille, der Kopf neigt sich noch etwas stärker als der Oberkörper. Diese Geste ist direkt auf die dominierende Figur gerichtet, die sie in einer abgeschwächten Form erwidern kann. Das allmähliche Verschwinden der Verbeugung vollzieht sich in verschiedenen Kulturen mit unterschiedlicher Geschwindigkeit. Am häufigsten trifft man sie heute noch in Japan und Deutschland, am wenigsten in den Vereinigten Staaten. Viele Japaner und Deutsche verbeugen sich noch heute bei relativ alltäglichen Anlässen, etwa wenn sie jemandem vorgestellt werden; ein Amerikaner dageben verbeugt sich so gut wie nie, außer wenn er sich über jemanden lustig machen will. In anderen Kulturen sieht man beim Begrüßen noch die leichte Kopfneigung, die volle Verbeugung jedoch bleibt für besondere Anlässe reserviert, wie etwa die Begrüßung hoher Persönlichkeiten bei zeremoniellen Anlässen. Nur im Theater und im Konzertsaal hat sich in allen Kulturen die volle Verbeugung bis auf den heutigen Tag erhalten, wenn die Künstler sich für den Applaus beim Publikum bedanken. (Siehe auch Farbabbildung F 30, Seite 192).
In Gegenden, wo Männer noch Hut tragen, ist das Ziehen des Hutes – mit oder ohne Verneigung – eine weitere Technik zur Körperverkleinerung und damit eine symbolische Demutsgebärde. In früheren Jahrhunderten war die Verbeugung so tief, daß der gezogene Hut fast den Erdboden berührte. Heute reduziert man diese Geste, wo sie überlebt hat, oft auf ein leichtes Berühren der Hutkrempe mit den Fingern: eine angedeutete Andeutung!
In Ländern, in denen es noch eine Königsfamilie gibt, kann man verschiedene Formen der Verbeugung als archaisches Relikt in der modernen Zeit beobachten. Lokale Würdenträger begrüßen Mitglieder der Königsfamilie in der Regel mit einer sehr tiefen Verneigung aus der Hüfte; wer dem Hofe nähersteht, verhält sich anders: Wahrscheinlich, weil sie sich öfter verneigen müssen, kürzen diese Menschen die tiefe Verbeugung zu einer Neigung des Kopfes ab; aber um ihren Gehorsam gegenüber der Krone zum Ausdruck zu bringen, senken und heben sie den Kopf mit einer raschen, heftigen Bewegung. So kommt gleichzeitg ihre Nähe zum Hofe und ihre Unterwürfigkeit gegenüber der Krone zum Ausdruck.

Damen, die Mitgliedern des Königshauses vorgestellt werden, machen in der Regel noch den Hofknicks; allerdings kommt diese Form der Körperneigung in anderen, weniger formellen Zusammenhängen nur sehr selten vor. Der moderne Hofknicks, bei dem der Oberkörper aufrecht bleibt, der Körper aber nach unten sinkt, hat eine lange und interessante Geschichte. Der Körper wird gesenkt, indem man einen Fuß ein wenig zurücksetzt und dann beide Knie beugt. Es handelt sich hier um eine Absichtsbewegung des Niederkniens. Das Niederknien war in frühgeschichtlicher Zeit üblich, wenn man seinem Herrn gegenübertrat; dabei sank der Betreffende vor dem Überlegenen mit beiden Knien auf den Erdboden. Im Mittelalter kniete man nur noch mit einem Knie nieder. Dies wurde damit begründet, daß das Niederknien mit beiden Knien Gott vorbehalten sei und daß für weltliche Herrscher das Niederknien mit einem Knie ausreiche.

Zu Shakespeares Zeit war dieses Niederknien in den meisten Fällen bereits durch den Knicks ersetzt. Sowohl die Damen als auch die Herren benutzten den Hofknicks als symbolisches Niederknien; sie beugten die Knie und verneigten sich gleichzeitig. Bis zum 17. Jahrhundert war diese Gleichheit der Geschlechter verschwunden. Die Männer konzentrierten sich auf die Verneigung und ließen die Kniebeuge weg, während die Frauen die Kniebeuge beibehielten und die Verneigung wegließen oder zumindest reduzierten. In der Regel blieb nur eine leichte Neigung des Körpers und das Niederschlagen der Augen übrig. Diese Unterscheidung zwischen den Geschlechtern sollte auf Dauer erhalten bleiben – mit Ausnahme im Theater, in dem heute die Schauspielerinnen häufig an der Seite ihrer männlichen Kollegen wie diese eine Verbeugung machen.

Die Geschichte der Demutsgesten zeigt daher von der Antike bis zur Moderne ein ständiges Nachlassen der Unterwürfigkeit und der tiefen Körperneigung. Nur der liebe Gott scheint dieser Tendenz getrotzt und seinen alten Status beibehalten zu haben: Auch heute noch knien die Gläubigen auf beiden Knien nieder, während weltliche Herrscher sich mit gemäßigteren Höflichkeiten begnügen müssen. Eine der Ausnahmen bildet die Zeremonie des Ritterschlags, bei der dem Herrscher auch heute noch ein halber Kniefall mit gesenktem Haupt erwiesen wird. Aber selbst hier ist das Niederknien durch einen gepolsterten Schemel für das rechte Knie gemildert, so daß dieses nicht ganz bis auf Bodentiefe gesenkt werden muß.

Um wirklich erniedrigenden Demutsgebärden bei formellen Anlässen zu begegnen, muß man weit in der Geschichte zurückgehen. Dann allerdings beginnt sogar der volle Kniefall noch zurückhaltend zu wirken. Allmächtige Kaiser und Fürsten nämlich forderten und bekamen von Untertanen, die sich ihnen nähern wollten, die volle Prostration. In den antiken Königreichen wurde diese erniedrigende Handlung von Sklaven gegenüber ihren Herren, von Gefangenen gegenüber den Siegern und von Bediensteten gegenüber ihren Vorgesetzten vollführt. Bei der Prostration wurde der Körper

137 ◁

138 ▷

137 + 138 Der Knicks, der gewöhnlich für Hoheiten reserviert ist (137), aber auch anderen hochgestellten Personen erwiesen wird (138), war einst bei Männern und Frauen gebräuchlich, bis er beim Mann durch die Verbeugung ersetzt wurde. Ursprünglich ist der Knicks eine Intentionsbewegung, die einen Kniefall andeutet.

mit dem Gesicht nach unten flach auf dem Erdboden ausgestreckt: Das ist die extremste Form der Erniedrigung. Mit der Abnahme der Macht der Despoten wurde auch die Prostration immer seltener, aber ebenso wie das Niederknien mit beiden Knien oder mit einem Knie tritt sie heute noch in einigen wenigen Ausnahmefällen auf, so z. B. beim Ordinationsritus für Priester der katholischen Kirche.

Im Orient gab es eine Art Semiprostration, den sogenannten »Kotau«, bei dem der Körper allerdings nicht flach auf der Erde liegt; er sinkt zuerst auf beide Knie nieder und beugt sich dann so weit vorwärts, bis die Stirn den Boden berührt. Auch diese Geste hat als Gebetshaltung bis heute überlebt. Auch der »Salam-Gruß« scheint eine verkürzte Form des Kotaus zu sein, ebenso wie das Beugen des Kopfes heutzutage eine symbolische Geste für das beidseitige Niederknien ist. Beim orientalischen Salam-Gruß wird die Hand zuerst auf die Brust, dann auf den Mund und schließlich auf die Stirn gelegt, und darauf folgt eine Verneigung des Kopfes. Das Auflegen der Hand ist dabei ein Symbol für das Pressen des Körpers auf den Erdboden. Der Salam-Gruß besagt soviel wie: »Ich würde mit diesen Körperteilen für Sie den Fußboden berühren«, wobei die leichte Neigung des Kopfes die vorhandene Absicht anzeigt. Der Salam-Gruß ist noch nicht völlig ausgestorben, aber die modernen Araber begrüßen sich schon häufig mit Händedruck.

Ein ähnliches Schicksal war der Kontaktform des Kusses beschieden. Im Altertum küßten sich Männer gleichen Ranges entweder auf die Wangen

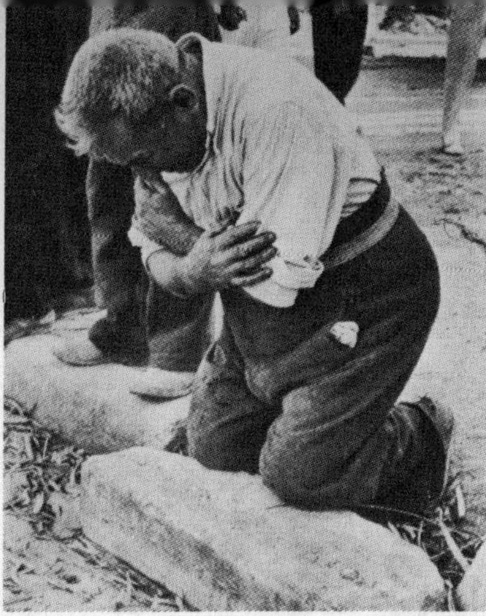

139
◁

140
▷

139 + 140 Das Knien (139), das heute ausschließlich Gott erwiesen wird, galt früher auch Königen. Heutzutage muß die königliche Hoheit mit einem halben Kniefall vorliebnehmen (140), wie hier bei einer Ritterschlag-Zeremonie (in der der Monarch vom Generalgouverneur repräsentiert wird).

oder auf den Mund; dagegen waren niedrigeren Personen derartige Vertrautheiten gegenüber höheren untersagt. Je niedriger der Rang, desto tiefer hatte man den Kuß anzubringen. Die untersten Sklavenränge durften allenfalls den »Staub küssen«, d. h. den Erdboden in unmittelbarer Nähe der Füße ihres Herrn. Mit dem Status der Küssenden stieg auch die zu küssende Stelle. Sie wanderte von den Füßen über den Saum des Gewandes und das Knie bis hin zur Hand. So durften beispielsweise in früherer Zeit Bischöfe dem Papst das Knie küssen, die gewöhnlichen Sterblichen mußten sich damit begnügen, das gestickte Kreuz auf seinem rechten Schuh zu küssen.

Der Handkuß ist die mildeste Form des demütigen Kusses und hat sich bis heute erhalten. In manchen Ländern ist es durchaus noch üblich, daß Herren einer Dame bei der Begrüßung die Hand küssen; allerdings geschieht das von seiten jüngerer Männer immer seltener, denn die jüngere Frau hat bei ihrem Streben nach wirtschaftlicher Gleichberechtigung langsam, aber sicher ihre gesellschaftliche Überlegenheit aufgeben müssen. Auch der Papst hat auf der Kußskala einige Punkte eingebüßt; wer zur Privataudienz zugelassen wird, darf ihm heute sogar den Ring an der Hand küssen. Wenn er das tut, muß er allerdings mit beiden Knien niederknien – eine formelle Höflichkeitsgeste, die der Papst heute ausschließlich mit Gott teilt.

Es gibt allerdings einen Widerspruch bei der Demutsgebärde des Körperbeugens, den man nicht übersehen kann. Wenn ein Mensch von niederem Rang einem ranghöheren begegnet, muß der niederrangige seinen Körper

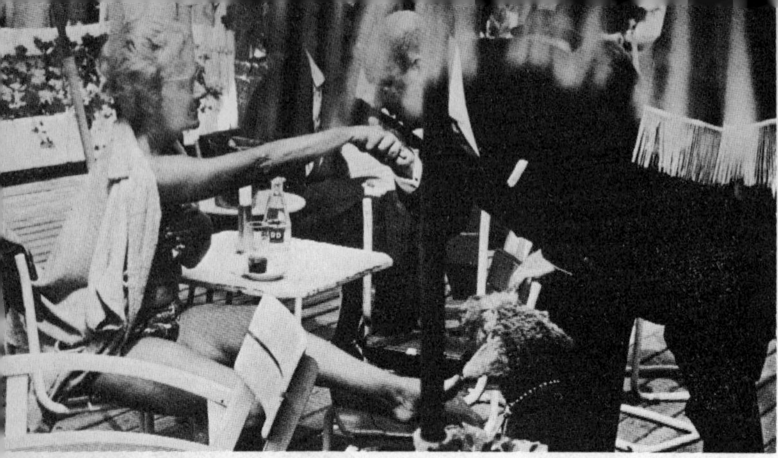

141 △ 142 ▽

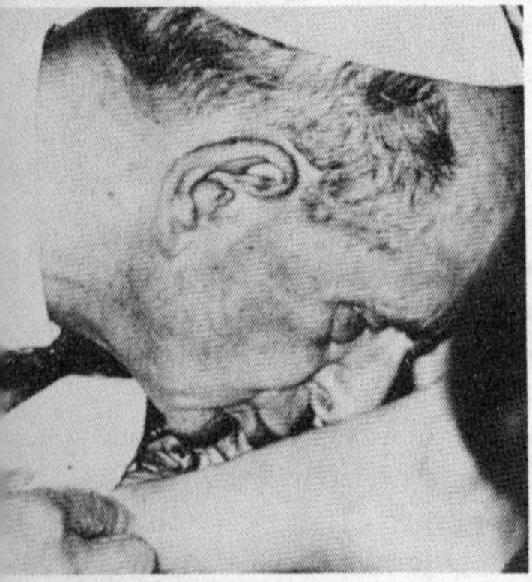

141 + 142 Je tiefer der Kuß angesetzt wird, desto tiefere Demut zeigt er an. Der Handkuß (141) zwingt den Küssenden halbwegs gen Boden, wird aber vom Fußkuß weit übertroffen (142), wie ihn Papst Paul VI. in einem symbolischen Akt während der Heiligen Woche vollzieht.

in irgendeiner Form neigen; wenn aber der höherrangige einen geschlossenen Raum betritt, in dem ein Mensch von niederem Rang sitzt, muß letzterer aufstehen. Das Aufstehen zur Begrüßung eines Besuchers ist heute noch eine weit verbreitete Höflichkeitsgeste auch in Ländern, in denen das Körperneigen relativ selten vorkommt. Je untergeordneter ein Mensch ist, desto unwahrscheinlicher ist es auch, daß er in Gegenwart eines stehenden Mitmenschen sitzen bleiben wird. Da der Akt des Aufstehens die Körpergröße ja nicht verringert, sondern erhöht, scheint dieser Vorgang gegen die allgemeine Regel zu verstoßen: Unterwürfigkeit = Kleinheit. Die Erklärung liegt darin, daß hier zwei verschiedene Systeme am Werk sind. Nach dem ersten System muß sich, wenn sich zwei Menschen begegnen, der niederrangige verbeugen; nach dem zweiten muß, wenn jemand in einer Gruppe eine entspannte Haltung einnimmt, dies immer die dominante Per-

son sein. Da Sitzen entspannender ist als Stehen, ist der Akt des Sitzens dem des Stehens überlegen. Herren und Meister sitzen, das Dienstpersonal hingegen steht und kümmert sich um die Bedürfnisse des Herrn. Allerdings entsteht hier ein Widerspruch zwischen beiden Systemen, denn der Körperhaltung nach befindet man sich beim Sitzen tiefer als beim Stehen. Genau aus diesem Grund muß der Unterwürfige, der seinen Körper demütig neigt, bestimmte Haltungen einnehmen (Knien, Sichverneigen, Kotau oder Knicks), die nichts mit Entspanntheit oder Sitzen zu tun haben.
Wesentlich für eine Demutsgebärde und das Neigen des Körpers ist also, daß dies unbequem ist und wehrlos macht. Eine dominante Person kann sich bequem auf ein Polster niederlassen, ohne dadurch ihren Status zu verlieren. Es gibt eine uralte Erfindung, die beide Systeme verbindet: den Thron. Wenn man auf einem besonderen Stuhl auf einer erhöhten Plattform sitzt, kann man auch im Sitzen dominieren, da man körperlich noch höher aufragt als die Untergebenen. Natürlich war dies bald die Lieblingspose sämtlicher Monarchen, Despoten und sonstiger Herrscher auf der ganzen Welt. Der Thron ist ein so starkes Statussymbol, daß er in vielen Kulturen immer dann erfunden wurde, wenn die starke Hervorhebung eines hohen Ranges nötig wurde.
Berücksichtigt man diese allgemeinen Prinzipien des Demutsverhaltens, sollte man in der Lage sein, eine Situation bewußt so zu manipulieren, daß sie die gewünschte Besänftigung herbeiführt. Wird beispielsweise ein Autofahrer von einem Polizisten wegen Geschwindigkeitsüberschreitung angehalten, dann reagiert der Fahrer meist so, daß er sich im Sitzen mit dem Polizisten herumstreitet, Entschuldigungen vorbringt und sich weigert, seinen Fehler zuzugeben. Diese Reaktion ist im Prinzip die eines unbezwungenen Rivalen, und der Polizist sieht sich nun gezwungen, zurückzuschlagen. Ist die Geschwindigkeitsüberschreitung bewiesen, befindet sich der Polizist in einer unbestreitbar dominanten Position, und die einzige Hoffnung, ihn zu besänftigen und einer Geldbuße zu entgehen, liegt in einer ausgesprochenen Demutsrolle. Der Fahrer sollte also: (1) seinen Wagen verlassen, der sein persönliches Territorium darstellt und ihm einen zu hohen Status gibt; (2) dem Polizisten entgegengehen, bevor dieser auf den Wagen zugeht – denn je mehr dieser sich bewegen muß, desto unbequemer für ihn, und das stimmt ihn feindselig; (3) eine schlaffe Körperhaltung einnehmen und den Körper mit ängstlichem Gesichtsausdruck leicht vorbeugen – so übermittelt er Unterlegenheitssignale; (4) auch verbale Demutsgebärden benutzen, d. h. den Fehler klar zugeben und auf eine grobe persönliche Unaufmerksamkeit zurückführen, sich dabei über sich selbst lustig machen und dem Polizisten unverhohlen schmeicheln – all dies verringert den Status des Fahrers und erhöht zugleich den des Polizisten.
Bei gleichzeitiger Anwendung all dieser Methoden macht es der Fahrer dem Polizisten äußerst schwer, sich feindselig zu verhalten und auf der Geld-

buße zu bestehen. Er wird sich entgegen seinen eigenen Vorsätzen besänftigt fühlen. Der Fahrer hat nämlich dadurch, daß er seine privilegierte Sitzposition im Auto aufgegeben, seine territoriale Schutzzone verlassen, draußen eine gebeugte Körperhaltung eingenommen und dazu noch mit verbalen Mitteln, durch Schmeicheln oder Selbstkritik, seine Demut zum Ausdruck gebracht hat, all jene Eigenschaften abgelegt, die ihn zu einem Gegner stempeln könnten, und sich damit in eine fast unangreifbare Position gerettet.

Die ganz bewußte Anwendung von Demutsgebärden dieser Art kann bei Streitereien wahre Wunder wirken – nicht nur zwischen Autofahrern und Polizisten, sondern auch zwischen Eltern und Kindern, Nachbarn, Freunden, Liebenden und Verwandten.

Es ist erstaunlich, wie rasch angesichts totaler Unterwürfigkeit jede Feindseligkeit erstirbt. Allerdings kann das auch ein recht unangenehmes Erlebnis sein. Denn es ist schwierig, sich unterwürfig zu geben, ohne es auch innerlich zu empfinden. Man erholt sich zwar rasch wieder davon, aber im Augenblick kann dieser Vorgang doch sehr lästig sein. Deshalb zieht es mancher Fahrer vor, den Polizisten anzuschreien und dann die Strafe zu zahlen.

Die wohl seltsamste Form des Demutsverhaltens ist die Reaktion eines Patienten im Hypnosezustand. Der Hypnotiseur löst beim Medium einen tiefsitzenden Mechanismus der Selbstunterwerfung aus, und zwar mit Hilfe verbaler und visueller Dominanzsignale. Es gibt keinen schüchternen, bescheidenen oder zaudernden Hypnotiseur! Er muß von Anfang an scharfe Kommandos geben, dem anderen seinen Willen aufzwingen und stets die Situation unter Kontrolle haben. Er fordert absoluten Gehorsam und sagt etwa: »Hören Sie auf meine Stimme!« »Sie werden jetzt spüren ...«. Er benutzt niemals Formulierungen wie etwa: »Bitte, hören Sie ...« oder »Sie spüren jetzt vielleicht ...«. Es gibt weder Zweifel noch Debatten, nur genaue Instruktionen. Diese Methoden rufen tatsächlich beim Medium einen Zustand totaler Demut und Unterwerfung hervor, und der Hypnotisierte führt dann jeden Befehl aus, wie es seit den vergangenen Zeiten der Sklavenhaltung nicht mehr zu sehen war.

In gemilderter Form ist dies auch das Geheimnis des Erfolges vieler hochrangiger Mitglieder der modernen Gesellschaft. Der Industriemagnat, der Mafiaboß, der bedeutende Schauspieler, der kommandierende General und der politische Tyrann – sie alle strahlen ein bestimmtes Gefühl der Bedrohung aus, das irgendwie in unseren fundamentalen Unterwerfungsmechanismus »einrastet« und dort einen leicht hypnoseartigen Zustand auslöst. Die stärksten Waffen, die uns dagegen zur Verfügung stehen, sind und bleiben Respektlosigkeit und Mißachtung. Wo immer diese Haltungen verlorengehen, ist eine Gesellschaft bald durch ein totales Demutsverhalten gefährlich bedroht.

## Religiöse Schaustellungen

### Handlungen zur Besänftigung vorgestellter Gottheiten

Im Unterschied zu religiösen Glaubensüberzeugungen handelt es sich bei religiösen Schaustellungen um Demutsakte gegenüber dominanten Wesen, die man Götter nennt. Dazu gehören verschiedene Formen der Körpererniedrigung wie das Knien, der Kotau, der Salam-Gruß und die Prostration; ferner liturgische Gesänge, Rituale der Selbsterniedrigung und des Opferns sowie die Darbringung von Geschenken für die Götter und symbolische Ergebenheitsgesten.

Zweck dieser Handlungen ist es, die superdominanten Wesen zu besänftigen und von ihnen Vergünstigungen zu erhalten oder zumindest Strafen abzuwenden. An sich sind diese Verhaltensmuster nichts Ungewöhnliches. In der Tierwelt unterwerfen sich niederrangige Individuen auf ähnliche Weise ihren stärkeren Artgenossen. Seltsam an dieser Art menschlichen Demutsverhaltens ist nur dieTatsache, daß sie dominanten Figuren gelten, die niemals persönlich anwesend sind. Sie werden ausschließlich durch Bildnisse oder Kultgegenstände repräsentiert und üben ihre Machtbefugnisse nur durch Mittelsmänner aus, die man als Priester o. ä. bezeichnet. Diese Mittelsmänner genießen in der Gesellschaft Einfluß und Ansehen, denn ein wenig färbt die Macht der Götter auch auf sie ab. Für die Priester ist es daher außerordentlich wichtig, dafür zu sorgen, daß die Glaubensanhänger den dominanten Göttern ständig gehorsam bleiben. Sie erreichen dies auf verschiedenen Wegen:

1. Sie ermutigen die Gläubigen, Anhänger rivalisierender Gottheiten sozial zu isolieren. Der Druck, den diese dabei ausüben, reicht von Mißbilligung über Zorn und Verachtung bis zu konsequenter Verfolgung. Auch Religionen, die Toleranz predigen, praktizieren häufig soziale Intoleranz. Die Loyalität gegenüber der gemeinsam verehrten lokalen Gottheit erfordert soziale Abgrenzung gegenüber den Andersgläubigen. Die Folge ist die Entstehung von Sekten und der Ausbruch sektiererischer Gewaltakte.
2. Sie konstruieren häufig schlüssiges Beweismaterial dafür, daß die Gottheiten übermütige Anhänger bestrafen können. Jede natürliche Katastrophe – Überschwemmung, Mißernte, Erdbeben, Hungersnot, Feuer usw. – wird dem Zorn der Götter zugeschrieben, die damit angeblich unbotmäßiges Verhalten bestrafen wollen. Die »Mittler« fördern jede Art von Aberglauben durch Ausschlachten seltsamer Zufälle und bauen auf die leichte Beeinflußbarkeit der Gläubigen.
3. Sie erfinden eine jenseitige Welt, in der die treuen Glaubensanhänger belohnt und die aufsässigen bestraft werden. Es gibt Beweise, daß der Glaube an ein Jenseits seit vielen Jahrtausenden existiert. Schon in der Steinzeit erhielten die Verstorbenen Grabbeigaben als Proviant für die Reise ins Jenseits, und dieser Brauch lebt – leicht verändert – noch heute fort.

143 Religiöse Schaustellung. Das Gebaren besteht im wesentlichen aus Demutsgesten, die einer übermächtigen Person erwiesen werden – der Gottheit. Bei diesem brasilianischen Bittgottesdienst nehmen die Gläubigen, wie bei vielen religiösen Zeremonien, eine unterwürfige, flehende Haltung ein.

Überraschend dabei ist die Feststellung, daß sich die sonst so intelligenten Menschen diesem Druck in so vielen Kulturen und Epochen unterwarfen. Mehrere Faktoren scheinen sich die Repräsentanten der Götter auf Erden dabei zunutze gemacht zu haben:
Der erste und wohl auch wichtigste Faktor ist das Zeitgefühl, das unsere Vorfahren entwickelt haben. Andere Tierarten beziehen sich bei ihrem Informationsaustausch immer auf die Gegenwart – in welcher Stimmung sie sich z. B. gerade befinden –, aber sie können nicht an die Zukunft denken. Der Mensch kann jedoch über seine eigene Sterblichkeit nachdenken, und diesen Gedanken findet er unerträglich. Jedes Tier schützt sich vor einer

unmittelbar drohenden Lebensgefahr. Es gibt viele Abwehrmechanismen (Flucht, Verstecken, Kampf, Totstellen usw.), aber alle sind Reaktionen auf unmittelbar drohende Gefahren. Wenn der Mensch über seinen künftigen Tod nachdenkt, scheint er ihn durch seine Gedanken quasi gegenwärtig zu machen. Er versucht ihn zu leugnen, kann aber natürlich nicht leugnen, daß sein Körper sterben und verwesen wird, denn dafür gibt es genügend Beweise. Deshalb löst er das Problem dadurch, daß er eine unsterbliche Seele erfindet, die in einem umfassenderen Sinne »er selbst« sei als sein Körper. Wenn es möglich ist, daß diese Seele in einem Jenseits überlebt, dann hat er sich bereits mit Erfolg gegen den drohenden Anschlag auf sein Leben behauptet.

Diese »Lösung« ist für die Priester, die die Götter auf Erden vertreten, eine gewaltige Hilfe. Sie brauchen ihre Anhänger nur immer wieder auf ihre Sterblichkeit hinzuweisen und sie davon zu überzeugen, daß im jenseitigen Leben gerade die von ihnen vertretenen Götter das Sagen haben. Den Rest besorgt das Schutzbedürfnis der Gläubigen.

Die zweite Stütze der Priester ist die menschliche *Neotenie*. Dabei handelt es sich um einen biologischen Zustand, dem man bei bestimmten Arten begegnet: jugendliche Merkmale des Tiers werden bis ins Erwachsenenalter beibehalten. Das ist das sogenannte »Peter-Pan-Syndrom« (Peter Pan wollte auch niemals erwachsen werden). Die betreffende Spezies wird niemals ganz »erwachsen«, sondern pflanzt sich in einer Art »jugendlichem« Zustand fort. Der Mensch ist in mehrfacher Hinsicht ein neotenischer Menschenaffe. Ein erwachsener Mensch ähnelt mehr einem jungen als einem erwachsenen Menschenaffen. Er besitzt die Neugier und Verspieltheit eines jungen Menschenaffen. Dieser verliert, wenn er erwachsen wird, seine kindliche Verspieltheit, der Mensch dagegen nicht.

Ähnlich sind auch Hunde in Wirklichkeit neotenische Wölfe. Der Mensch möchte, daß sein bester Freund so verspielt ist wie er selbst, daher züchtet er immer jugendlicher wirkende Hunde. Ein ausgewachsener domestizierter Hund springt und spielt mit seinem Herrn immer noch herum wie ein Wolfsjunges. Wenn junge Wölfe erwachsen werden, hören sie auf zu spielen. Erwachsene Hunde aber behalten, genau wie der Mensch, ihr kindliches Verhalten bei. Das heißt: Sie reagieren auf den Menschen immer so, als handle es sich bei ihm um Vater oder Mutter. Der Besitzer des Hundes wird so dessen dominierende Vater- bzw. Mutterfigur. Da der Hund ein neotenisches Wesen ist, kann er sich paaren und fortpflanzen, dabei aber immer noch auf die dominanten »Eltern« reagieren und ihnen gehorchen. Das macht ihn zum perfekten Haus- und Schoßtier, mit dem man praktisch alles machen kann. Mit anderen Worten: Für den Hund ist der Mensch ein Gott.

Die Entwicklung des Menschen zum neotenischen Menschenaffen hat ihn in eine ähnliche Lage gebracht wie den Hund. Er wird geschlechtsreif,

144 ◁

145 ▷

144 Die Macht der Götter spiegelt sich in ihrer Fähigkeit, große Menschenmassen zu gemeinschaftlicher Demutsbezeigung zu versammeln. Dazu werden große Zusammenkünfte organisiert, bei denen die Menschen Zeugen oder Teilnehmer religiöser Zeremonien werden.

145 Auch die neuen Gottheiten sind Riesen, die in Gestalt überlebensgroßer Standbilder über ihre Anhänger wachen oder wie die alten Pharaonen einbalsamiert werden. Titel und Sprüche ändern sich, aber die religiösen Grundmerkmale bleiben.

braucht aber immer noch einen Elternteil, sozusagen einen »Superelternteil«, der für ihn genauso eindrucksvoll sein muß, wie er selbst es für den Hund ist. Die Lösung war die Erfindung Gottes, entweder als Muttergottheit oder als Gottvater, oder sogar in Form einer ganzen göttlichen Familie. Wie wirkliche Eltern mußten auch sie belohnen und strafen und schützen, und wie den richtigen Eltern mußte man ihnen gehorchen.

Man muß sich fragen, warum nicht die wirklichen Menscheneltern diese Rolle übernehmen konnten. Nun, biologisch gesehen müssen die Eltern größer sein als ihre Nachkömmlinge, um eine wirkliche Elternfunktion ausüben zu können. Sie müssen stärker sein, um biologisch die Rolle als Schutzmacht zu übernehmen. Aber sobald die Kinder erwachsen und ebensogroß wie ihre Eltern sind und nun auch ihrerseits Nachkommen zeugen, ist das Elternbild der Jungen dahin.

Dagegen sind Götter und Göttinnen riesengroß. Wie die Eltern sind sie »hoch droben«, und wir müssen zu ihnen emporschauen. Außerdem sind sie allmächtig. Wie alt wir auch werden, wir können sie stets »Heilige Mutter« bzw. »Heiliger Vater« nennen und ein kindliches Vertrauen in sie setzen – oder in ihre Repräsentanten auf Erden, die selbst oft ähnliche Titel annehmen.

Die dritte Stütze der Priester ist die hochentwickelte Bereitschaft des Menschen zur Kooperation. Als unsere Vorfahren Jäger wurden, waren sie zu einer engeren Zusammenarbeit gezwungen als jemals zuvor. Ein Hordenführer mußte sich nicht nur auf den passiven Gehorsam, sondern auch auf die aktive Mitarbeit seiner Gefährten verlassen können. Die intelligente Zusammenarbeit, die die Jagdgruppe dringend benötigte, konnte sich natürlich nachteilig auf die unerläßliche Gruppenbindung auswirken. Denn blinder Glaube und kritische Intelligenz paßten schlecht zusammen. Die Lösung bestand darin, den blinden Glauben auf einen Superführer – ein göttliches Wesen – zu übertragen und so den Gruppenmitgliedern die intelligente Zusammenarbeit untereinander zu ermöglichen.
Diese drei Hauptfaktoren unterstützten also die heiligen Männer bei ihrer erfolgreichen Durchsetzung der Götterfiguren und des religiösen Verhaltens: das Bedürfnis des Menschen, sich vor der Bedrohung durch den Tod zu schützen, seine Sehnsucht nach einem Superelternteil und schließlich sein Wunsch nach einem Superführer. Ein Gott, der diese Bedürfnisse befriedigt, löst beim Menschentier eine übermächtige religiöse Reaktion aus.
Wichtig war für die Priester vor allem, daß sie für eindrucksvolle Rituale sorgten. In nahezu allen Religionen gibt es feierliche Zeremonien, bei denen sich die Anhänger einer bestimmten Gottheit vielschichtigen Gruppenaktivitäten hingeben können. Dies ist ein wesentlicher Faktor für die Machtdemonstration der Götter (es muß gezeigt werden, daß sie in der Lage sind, eine große Anzahl von Menschen gleichzeitig zu beherrschen und ihnen Demutsverhalten abzuverlangen), aber es handelt sich hier auch um eine Methode zur Stärkung der sozialen Bindung durch gemeinsame Glaubensvorstellungen.
Da die Götter zugleich Supereltern und Superführer sind, müssen sie auch großartige Häuser besitzen, in denen ihre Anhänger ihnen einen Besuch abstatten können. Ein Besucher aus dem Weltall, der im Tiefflug über eine menschliche Niederlassung hinwegfliegt und der unsere Lebensweise nicht kennt, würde sofort feststellen, daß in vielen Dörfern und kleineren und größeren Städten ein oder mehrere Gebäude größer und höher sind als alle übrigen. Bei diesen Häusern – dem Tempeln, Kirchen, Moscheen und Kathedralen – müßte es sich demnach um Bauten handeln, die offenbar für Riesen errichtet worden sind. Aber der Besucher aus dem Weltenraum würde bei genauerer Untersuchung überrascht feststellen, daß diese Riesen offenbar nie zu Hause sind. Ihre Anhänger besuchen sie zwar einzeln und in Massen und verneigen sich vor ihnen, aber die Riesen selbst bleiben stets unsichtbar. Nur ihre glockenartigen Rufe hört man des öfteren weit übers Land. Der Mensch ist in der Tat ein ziemlich phantasiebegabtes Wesen.

## Altruistisches Verhalten

### Wie wir anderen zu unseren eigenen Lasten helfen

Altruismus ist selbstloses Handeln. Als Verhaltensmuster muß die altruistische Handlung durch zwei Eigenschaften gekennzeichnet sein: Sie muß dem Wohl eines anderen dienen und dem Wohltäter zum Nachteil gereichen. Sie ist nicht einfach ein Zeichen der Hilfsbereitschaft, sondern geht auch zu eigenen Lasten.

Hinter dieser relativ einfachen Definition verbirgt sich ein schwieriges biologisches Problem. Schade ich mir selbst, um einem anderen zu helfen, dann erhöhe ich dessen Erfolgschancen im Vergleich zu meinen eigenen. Evolutionsmäßig bedeutet dies, daß seine Nachkommen bessere Erfolgsaussichten haben werden als meine eigenen. Weil ich mich altruistisch verhalten habe, besitzt die genetische Linie des anderen eine bessere Überlebenschance. Nach einer gewissen Zeit wird meine »selbstlose« Linie aussterben, während die andere »selbstsüchtige« Linie überleben wird. In evolutionärer Hinsicht ist also Altruismus keineswegs empfehlenswert.

Da die Menschen eine Tierart sind, deren Vorfahren den langen Kampf ums Überleben im Verlauf der Entwicklungsgeschichte gewonnen haben, können sie genetisch nicht auf echten Altruismus hin programmiert sein. Nach der Evolutionstheorie müßten sie wie alle anderen Tiere in ihren Handlungen vollkommen selbstbezogen sein.

Dieses auf der biologischen Evolution basierende Argument ist insoweit durchaus überzeugend, aber es hat den Anschein, als erkläre es viele der »edleren Züge« der Menschheit nicht. Wenn ein Mensch ein brennendes Haus erblickt und darin seine kleine Tochter, einen guten Freund, einen völlig fremden Menschen oder gar ein schreiendes Kätzchen sieht, wird er sofort in das Gebäude stürzen und Leben zu retten versuchen – auch auf die Gefahr eigener schwerer Verbrennungen hin. Wie kann man derartiges Handeln als »selbstsüchtig« bezeichnen? Man kann das in der Tat, aber das setzt eine besondere Definition des Begriffs »selbst« voraus.

Wenn Sie an Ihr »Selbst« denken, dann denken Sie vermutlich an Ihren lebenden Körper in diesem Augenblick. Aber biologisch ist es richtiger, sich selbst nur als zeitweilige Behausung, als Behälter seiner Gene zu sehen, und deswegen als grundsätzlich austauschbar. Die Gene selbst – das genetische Material, das wir von unseren Eltern geerbt haben und unseren Kindern weitergeben – sind in gewissem Sinne unsterblich. Unsere Körper sind lediglich eine Art Zwischenträger, die unsere Gene dazu benutzen, sich von einer Generation an die nächste weitergeben zu lassen. Sie und nicht wir selbst sind die Grundelemente der Evolution. Wir sind nur ihre Wächter und schützen die Gene vor jeder Zerstörung.

Man sollte sich vernünftigerweise klarmachen, daß die unsterbliche Seele des Menschen, die viele Religionen beim Tod in den Himmel (oder die

146 ◁

147 ▷

146 Die hingebungsvolle Mutterliebe ist in gewissem Sinn auch genetische Selbstfürsorge, weil die Kinder unsere Gene um eine Station weiterbefördern. Jeder von uns ist ein nur vorübergehender, flüchtiger Behälter des genetischen Materials.
147 Diese Nonne, die in einer afrikanischen Lepraklinik arbeitet, widmet ihr Leben anderen Menschen; aber sie sieht in ihnen symbolische Kinder Gottes, wie sie selbst eines ist. Auf diese Weise werden sie alle zu Mitgliedern ihrer eigenen Familie.

Hölle, je nachdem) auf- (bzw. nieder-)fahren lassen, nichts anderes ist als eine idealisierte Vorstellung, der in Wirklichkeit die männlichen Samen und das weibliche Ei entsprechen, und daß sie den Körper nicht im Moment des Todes, sondern beim Begattungs- bzw. Geburtsakt verläßt. Wenn man den Gedanken noch etwas weiter spinnt, muß man sagen, daß es natürlich auch eine Art »Leben nach dem Tode« gibt, aber nicht in einem mysteriösen Jenseits, sondern hier, im Himmel (oder der Hölle) der Säuglingsstation oder des Spielplatzes, wo unsere Gene ihre unendliche Reise durch den Tunnel der Zeit fortsetzen, umquartiert jetzt in die neuen Behälter aus Fleisch, die wir Kinder nennen.
Genetisch gesehen sind also unsere Kinder wir selbst, oder besser gesagt: die Hälfte von uns, denn unser Partner hat ja auch zur Hälfte Anteil an den Genen des Kindes. So betrachtet erscheint unsere scheinbar selbstlose elterliche Fürsorge im Grunde nur als *genetische Selbstfürsorge*. Der Mann, der seine Tochter aus den brennenden Flammen rettet, rettet im Grunde also nur seine eigenen Gene in ihrem neuen Körperbehälter. Und die Rettung seiner eigenen Gene ist biologisch gesehen keineswegs altruistisch, sondern durchaus selbstsüchtig.
Wenn aber dieser Mann nicht seine eigene Tochter rettet, sondern einen Freund, inwiefern ist diese Tat dann noch selbstsüchtig? Die Antwort findet man in der Frühgeschichte der Menschheit. Mehr als eine Million Jahre

lang war der Mensch ein einfaches Stammeswesen, das in kleinen Gruppen zusammenlebte, in denen jeder jeden kannte, und in der jeder mit jedem anderen Gruppenmitglied genetisch eng verwandt war. Trotz einer gewissen Fortpflanzungsquote mit Nichtgruppenmitgliedern war die Lage doch so, daß jedes Stammesmitglied ein zumindest entfernter Verwandter jedes anderen Stammesmitglieds war. Daher war hinsichtlich der anderen Stammesmitglieder ein gewisses Maß an Altruismus durchaus angebracht. Man reagierte möglicherweise auf deren Hilferuf nicht mit der gleichen Intensität wie bei den eigenen Kindern, ließ ihnen aber auch – aus Streben nach genetischer Selbsterhaltung – ein gewisses Maß an Hilfe zukommen.

Natürlich handelt es sich dabei nicht um einen überlegten Vorgang; alles geschieht unbewußt und basiert auf einer Emotion, die wir »Liebe« nennen. Wenn wir selbstlos für unsere Kinder da sind, handeln wir »aus Liebe« zu ihnen, und wenn wir unseren Freunden helfen, dann tun wir das aus »Liebe zu unseren Mitmenschen«. Dies sind angeborene Tendenzen: Wenn wir Hilferufe hören, dann spüren wir unwiderstehlich, wie wir diesem tiefreichenden Drang in uns nachgeben – ohne zu fragen und nachzudenken. Nur weil wir uns selbst nicht als Gene-Mechanismen sehen, sondern als Persönlichkeiten, betrachten wir diese »Liebeshandlungen« nicht als selbstsüchtig, sondern als altruistisch.

Wie kommt es nun, daß wir auch einen Fremden aus dem Feuer retten? Dieser Fremde ist sehr wahrscheinlich mit dem Retter genetisch nicht verwandt, weshalb diese Handlung also wirklich selbstlos sein müßte. Die Antwort lautet: Ja, aber nur rein zufällig.

Dieser Zufall entstand durch das rapide Bevölkerungswachstum der letzten paar Jahrtausende. Millionen Jahre lang war der Mensch stammesorientiert, und sein angeborener Drang, Mitmenschen zu helfen, bedeutete automatisch, daß er dabei zumindest entfernt genetisch verwandten Menschen half. Eine Selektion war damals nicht erforderlich, denn es gab keine Fremden, die irgendwelche Probleme heraufbeschworen hätten. Aber mit der städtischen Bevölkerungsexplosion fand sich der Mensch bald in riesigen Gemeinschaften wieder, umgeben von Fremden und ohne ausreichende Zeit für eine Anpassung seiner genetischen Anlagen an die völlig neuen Verhältnisse. Sein Altruismus umschloß also zwangsläufig auch alle seine neuen Mitbürger, obschon viele sicherlich genetisch mit ihm *nicht* verwandt waren.

Politiker, die diesen uralten Drang ausbeuteten, konnten das System der gegenseitigen Hilfe leicht noch weiter ausdehnen und auf eine nationale Ebene emporheben: Der »Patriotismus« entstand, Männer starben für ihr Vaterland, als handle es sich dabei um ihren eigenen Stamm oder ihre Familie.

Der Mann, der eine kleine Katze aus dem Feuer rettet, ist ein Sonderfall. Für viele Menschen sind kleine Tiere eine Art Kinderersatz, und ihnen wird die gleiche Liebe und Pflege zuteil wie wirklichen Kindern. Daß der Mann die kleine Katze rettet, kann man damit erklären, daß er einem symbolischen Kind hilft. Dieser Prozeß des Symbolisierens ist beim Menschentier stark ausgebildet und ist auch für die Ausbreitung der Hilfsbereitschaft unter den Menschen verantwortlich.

Damit läßt sich vor allem die Bereitschaft erklären, für »eine Sache« zu sterben. Dies hat immer den Anschein eines absolut altruistischen Verhaltens. Aber die sorgfältige Untersuchung zeigt, daß immer eine bestimmte Symbolik zugrunde liegt. Eine Nonne, die ihr Leben für Christus hingibt, betrachtet sich als »Braut Christi« und alle Menschen als »Kinder« Gottes. Mit dieser Symbolik hat sie die ganze Menschheit in ihren »Familienkreis« einbezogen, und der von ihr geübte Altruismus ist auf diese symbolische Familie bezogen, die für sie ebenso Wirklichkeit werden kann wie für andere ihre natürliche Familie.

Auf diese Weise ist es möglich, die biologischen Grundlagen des scheinbar altruistischen menschlichen Verhaltens zu erklären. Dadurch sollen Handlungen dieser Art keineswegs herabgesetzt werden; es soll nur gezeigt werden, daß die üblichen Erklärungen unnötig sind. So stellt man oft fest, der Mensch sei im Grunde böse, und seine guten Taten seien die Folge der Lehren von Moralisten, Philosophen und Priestern. Überließe man ihn sich selbst, würde er zunehmend gewalttätig und grausam. Die biologische Wahrheit scheint indessen ganz anders auszusehen. Da die Selbstsucht nicht eine persönliche Eigenschaft, sondern genetisch bedingt ist, zeigt der Mensch die natürliche Tendenz, seinen Blutsverwandten und daher auch seinem ganzen Stamm zu helfen. Da die ursprünglichen Stämme inzwischen zu riesigen Nationen angeschwollen sind, wird auch unsere Hilfsbereitschaft immer weiter ausgedehnt – unterstützt von unserer Tendenz, Ersatzobjekte symbolisch anstelle der Wirklichkeit zu setzen. Das bedeutet, daß wir heute von Natur aus eine ungewöhnlich hilfsbereite Spezies sind. Bricht diese Hilfsbereitschaft einmal zusammen, dann ist das nicht auf unseren rücksichtslosen angeborenen »Selbstbehauptungswillen« zurückzuführen, sondern auf die unerträglichen Spannungen, denen wir heute in der gestreßten und übervölkerten Welt ausgesetzt sind.

Es wäre dennoch falsch, die Hilfsbereitschaft des Menschen zu überschätzen. Er ist auch in hohem Maße konkurrenzorientiert. Unter normalen Bedingungen gleichen sich diese rivalisierenden Tendenzen aus; darauf beruht in hohem Maße der Umgang der Menschen miteinander – und zwar in Form des *Geschäftsverhaltens:* »Ich kratze dir den Rücken, wenn du meinen kratzt. Mein Verhalten hilft dem anderen, aber es dient auch zugleich mir selbst und ist deshalb nicht altruistisch. Dieses kooperative Verhalten ist wohl kennzeichnend für den täglichen »Sozialverkehr«. Es ist die Grundlage für Handel und Gewerbe, und es erklärt, warum diese Tätigkeiten nicht mit größerer Rücksichtslosigkeit geführt werden. Würde das Wettbewerbselement nicht durch den natürlichen Drang zu gegenseitiger Hilfe gezügelt, wären die Geschäftspraktiken bald sehr viel brutaler, als es heute ohnehin schon der Fall ist.

Eine wichtige Ausweitung der zweiseitigen Kooperation ist die verzögerte oder nichtspezifische Kooperation. Man hilft einem Mitmenschen jetzt, obschon er einem diese Hilfe nicht gleich erwidern kann. Und das tut man täglich für viele Leute. Eines Tages wird man dann selbst Hilfe benötigen, und sie wird uns dann aufgrund eines langfristigen Geschäfts auch tatsächlich zuteil. Wir führen natürlich nicht Buch darüber, wer uns was schuldet. Der Person, die mir später einmal hilft, habe ich möglicherweise selbst nie geholfen! In einer Gemeinschaft wird also ein dichtmaschiges Netz sozialer »Schulden« aufgebaut, und von diesem System profitieren schließlich alle Mitglieder der Gesellschaft. Man bezeichnet dies als »reziproken Altruismus«. Aber ein echter Altruismus ist auch das nicht, denn eines Tages wird man für seine Hilfsbereitschaft in irgendeiner Form belohnt.

Die stillschweigende Voraussetzung einer verzögerten Belohnung dieser Art ist häufig das verborgene Motiv für viele Handlungen, die den Anspruch erheben, rein altruistischer Natur zu sein. Viele Länder belohnen besondere Dienste, die ein Bürger für die Gemeinschaft geleistet hat, mit offiziellen Ehrungen und Auszeichnungen. Aber häufig wurden diese Dienste ganz bewußt geleistet, weil man diese Auszeichnung erhalten wollte. Nur vergleichsweise wenig »öffentliche Ehrungen« kommen tatsächlich überraschend. Auch viele andere »gute Werke« tut man im Hinblick auf die spätere Belohnung durch die Gesellschaft (oder im Himmel). Diese Werke sind deswegen keinesfalls weniger gut.

Die folgende Tabelle verdeutlicht die Beziehung zwischen Wettbewerbsstreben und Hilfsbereitschaft sowie ihre Zwischenstufen:

| | | | |
|---|---|---|---|
| 1 Selbstbehauptungsverhalten | zu meinem Nutzen | auf anderer Kosten | gemäßigtes Wettbewerbsstreben bis Vollkriminalität |
| 2 Selbstgenügsames Verhalten | zu meinem Nutzen | ohne Einfluß auf andere | private, nichtsoziale Befriedigungen |
| 3 Kooperatives Verhalten | zu meinem Nutzen | zu anderer Nutzen | Geschäfte, Handel, Tausch und Verhandlung |
| 4 Entgegenkommendes Verhalten | ohne Einfluß auf mich | zu anderer Nutzen | Freundlichkeit und Großzügigkeit |
| 5 »Altruistisches« Verhalten | auf meine Kosten | zu anderer Nutzen | liebevolle Hingabe, Menschenfreundlichkeit, Selbstaufopferung und Patriotismus |

## Kampfverhalten

### Haken und Gerade – die Biologie des Menschenkampfes

Jeder Kampf resultiert aus dem Versagen von Drohgebärden. Wenn ein Streit sich mit Hilfe von Drohungen nicht lösen läßt, werden außergewöhnliche Maßnahmen erforderlich, und der Konflikt kann sich zu einem massiven körperlichen Angriff ausweiten. Das kommt in menschlichen Gesellschaften außerordentlich selten vor, denn sie sind – trotz verbreiteter gegenteiliger Feststellungen – erstaunlich friedlich, und dafür gibt es einen biologischen Grund. Bei jeder körperlichen Attacke besteht das Risiko, daß beide Kämpfer Verletzungen erleiden. Wie überlegen ein Angreifer auch sein mag, es gibt keine Garantie, daß er beim Kampf nicht auch selbst verletzt wird, denn sein unterlegener Gegner könnte zu verzweifelten Verteidigungsmaßnahmen getrieben werden, die dem Angreifer bleibenden Schaden zufügen.

Aus diesem Grunde kommen im Alltag Drohungen weit häufiger vor als Kämpfe. Kämpfe ohne Waffen sind tatsächlich so selten, daß exakte Beobachtungen schwierig sind. Die meisten Menschen beziehen ihre Informationen darüber aus stilisierten Schlägereien im Kino oder Fernsehen. Im Vergleich zu den wirklichen Vorgängen sind dies jedoch fast Ballettvorführungen, bei denen sich die beiden Kontrahenten in rhythmischem Wechsel niederschlagen und wieder erheben. Ebenso wie beim Ballett die normalen Körperbewegungen übertrieben werden, sind die Bewegungsabläufe hier verlangsamt und zugleich übertrieben, um den Kampf optisch eindrucksvoller zu gestalten. Bei einer echten Kneipenschlägerei spielt sich alles rascher ab. Der Angreifer explodiert buchstäblich in einer blitzschnellen Serie von Hieben und Tritten. Die Aktionen folgen rasch aufeinander, um einem Zurückschlagen zuvorzukommen. Das Opfer kann auf dreierlei Weise reagieren. Entweder es zieht sich zurück und versucht, außer Reichweite zu gelangen; oder es schützt seinen Körper nach besten Kräften; oder es packt den Angreifer und versucht, die Attacke in einen Ringkampf umzufunktionieren. Weicht das Opfer zurück, flieht es oder schützt es sich nur defensiv, kann der Angriff rasch beendet sein, denn er hat sein Ziel innerhalb weniger Sekunden erreicht. Schlägt das Opfer zurück, kann der sich daraus entwickelnde Ringkampf eine Weile andauern, häufig auf dem Fußboden, wobei zu den ursprünglichen Faustschlägen und Ringergriffen häufig noch Haarezerren, Kratzen und Beißen hinzukommen. In der stilisierten Filmschlägerei beginnt ein Kampf häufig damit, daß einer der Streitenden dem andern einen saftigen Kinnhaken verabreicht; auf diesen weit ausgeholten Schwinger folgt zunächst kein zweiter Hieb. Diese Angriffsmethode ist in beinahe jeder Hinsicht unzweckmäßig: Das weite Ausholen mit dem Arm wäre für einen wirklichen Gegner eine viel zu deutliche Warnung; es wäre ihm ein leichtes, auszuweichen, und der Schlag ginge ins Leere. Zudem würde der

148 ◁

149 ▷

148 Echte Kämpfe in der Öffentlichkeit sehen ganz anders aus als die hochstilisierten Schlägereien in Hollywood-Filmen. Anstelle mannhafter Kinnhaken sieht man meist nur unbeholfene Ringkämpfe am Boden.
149 Bei wirklichen Kämpfen verfolgen die Umstehenden gespannt das Geschehen. Sie wogen vor und zurück, je nachdem, wohin sich der Schwerpunkt der Gewalttätigkeit verlagert, und sind hin und her gerissen zwischen dem Verlangen nach Teilnahme und schützendem Rückzug.

Angreifer durch die Reichweite und die Wucht des Hiebes leicht aus dem Gleichgewicht geraten und böte dadurch ein leichtes Ziel für einen Gegenangriff. Dieselbe nachteilige Wirkung hat die kleine Pause nach dem ersten Treffer sowie auch die Langsamkeit des ganzen Angriffs. In der Kinoschlägerei folgt nach dem ersten Kinnhaken ein mehr oder weniger ausgeglichener Schlagabtausch, wobei der ganze Vorgang, verglichen mit einem wirklichen Kampf, gleichsam in Zeitlupe abläuft.
Bei richtigen Straßen- oder Wirtshausschlägereien sind die beiden Kämpfer häufig von Zuschauern umgeben, die einen schweren Konflikt ausstehen, ob sie die Schlägerei beobachten oder sich vom Geschehen zurückziehen sollen. Die Folge ist ein rhythmisches Hin und Her der Zuschauergruppe, während sich die beiden Kämpfenden eine Gasse durch die Menge bahnen. Eine Gruppe drängt vorwärts, die andere weicht entsetzt zurück. Läßt der Kampf nach, übernimmt die Zuschauergruppe eine neue Rolle: Sie verhindert ein erneutes Ausbrechen des Kampfes dadurch, daß sie eine Art Schutzwand bildet, die die Kampfhähne vorübergehend trennt. Diese Pause kann von einem der beiden Kämpfer zum raschen Abbruch des Kampfes benutzt werden. Die bemerkenswerte Schnelligkeit und kurze Dauer eines solchen unbewaffneten Kampfes trägt auch dazu bei, daß Zuschauer nur selten aktiv eingreifen. Vorwürfe, sie hätten einen solchen Kampf verhindern sollen, sind in der Regel ungerechtfertigt.

150 ◁

151 ▷

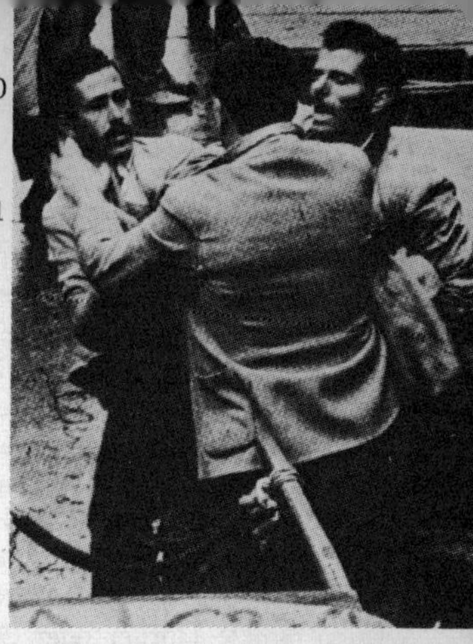

150 Der von oben geführte Armhieb scheint eine angeborene Angriffsform unserer Spezies zu sein. Er taucht bereits in Kindergartenkämpfen auf und ist in beinahe jeder spontanen Kampf- oder Aufruhrsituation zu beobachten.

151 Der Kampf entwickelte sich als Mittel zur Beilegung persönlicher Differenzen in Fällen, wo alle anderen Möglichkeiten versagten. Der unbewaffnete persönliche Kampf ist im Alltag selten. Wo er vorkommt, ist er meist nur ein unblutiger Schlagabtausch wie bei dieser Auseinandersetzung auf einem Marktplatz.

Im Kampfverhalten von Kleinkindern erkennen wir ein ganz ähnliches Verhaltensmuster. Bei Streitereien zwischen Kindern im Kindergartenalter geht es meist um den Besitz irgendeines Gegenstandes. Ein Kind versucht einem anderen Kind dessen Eigentum wegzunehmen. Es erfolgt ein rascher Angriff, und schon ist alles vorüber: Ein Kind hat den begehrten Gegenstand, das andere steht dabei, hat ein rotes Gesicht und heult. Die Kinder können sich beim Angriff schubsen, treten, beißen und an den Haaren ziehen, aber am häufigsten ist der Schlag mit dem erhobenen Arm. Dabei schlägt die untere Seite der erhobenen Faust auf den Körper des Widersachers ein. Das Ganze beginnt damit, daß der Arm im Ellenbogengelenk geknickt und senkrecht über den Kopf hochgehoben wird; aus dieser Position schlägt er auf den nächsten erreichbaren Körperteil des Widersachers ein. Diese Schlagform scheint typisch zu sein nicht nur für alle Kinder auf der Welt, sondern ist offenbar ein angeborenes Angriffsmuster unserer Spezies. Interessanterweise behauptet sich dieser Schlag mit erhobenem Arm auch später noch, obwohl man inzwischen als Erwachsener spezialisierte Angriffsformen erlernt hat. Auf Fotos von Straßenunruhen sieht man beispielsweise, daß diese Schlagart die bevorzugte ist. Natürlich erzielt man mit ihr als Erwachsener eine größere Wirkung, vor allem dann, wenn man noch einen Stock oder einen metallenen Gegenstand zu Hilfe nimmt. Randalierer und Polizisten schlagen auf die gleiche Weise aufeinander ein:

Es regnet Schläge auf den Schädel der Kontrahenten. Das sieht ganz so aus, als kehre man hier zu »primitiveren« Kampfformen zurück, denn man könnte dem Gegner schwerere Verletzungen beibringen, wenn man mit der Waffe die Schläge nicht von oben nach unten, sondern von vorne auf die verwundbaren Stellen der Körpervorderseite führte. Eine voll ins Gesicht, gegen den Rumpf oder in die Genitalien gestoßene spitze oder scharfe Waffe hätte zweifellos schwerere Verletzungen zur Folge als ein stumpfes Gerät, das den knochenharten Schädel von oben trifft, und doch sind solche »fortgeschrittenen«, kulturell erworbenen Angriffsformen bei ungeordneten Straßenkämpfen bemerkenswert selten.

Mit der Erwähnung von Waffen kommen wir zu einer Form des Kampfverhaltens, die einzig dem Menschen vorbehalten ist und aus der sich besondere Probleme für unsere Art ergeben. Der menschliche Körper selbst besitzt keine besonders gefährlichen biologischen Waffen wie etwa scharfe Klauen, spitze Hörner oder Giftdrüsen, mit denen viele Tierarten töten können. Wenn wir aber den urzeitlichen unbewaffneten Zweikampf des Menschen mit unseren modernen Waffengängen vergleichen, wird klar, daß wir längst alle anderen Arten mit unserem Tötungspotential weit übertroffen haben. Durch die Erfindung von handwerklich, später industriell hergestellten Waffen haben wir eine Reihe schwerwiegender und katastrophaler Änderungen unseres Kampfverhaltens bewirkt:

1. Die Möglichkeit, mit unseren Angriffen andere zu verletzen, hat erheblich zugenommen. Wir haben unsere körperliche Aggression erst durch stumpfe, später spitze und schließlich durch Sprengwaffen verstärkt und damit ihre Wirkung im Laufe der Zeit immer zerstörerischer gemacht. Wir unterwerfen unsere Gegner nicht, wie andere Tierarten, sondern vernichten sie.

2. Infolge der Künstlichkeit dieser neuen Waffen haben wir die Möglichkeit einseitiger feindlicher Auseinandersetzungen geschaffen. Es gibt keine Garantie mehr dafür, daß beide Gegner gleich gut ausgerüstet sind. Wenn zwei Tiger miteinander kämpfen, besitzen sie die gleichen Waffen; es besteht daher zwischen ihnen ein auf der Ausgeglichenheit basierender Hemmungsmechanismus. Bei waffentragenden Menschen kann es dagegen, wenn zwei sich im Kampf treffen, leicht zu einer völlig unausgeglichenen Situation kommen; die überlegenen Waffen des einen nehmen ihm die Angst vor einem Gegenschlag und lösen in ihm eine ungezügelte Vernichtungswut aus.

3. Die ständig zunehmende Effizienz künstlich hergestellter Waffen bewirkt, daß immer weniger Mühe erforderlich ist, um einen vernichtenden Angriff zu führen. Anstelle des Muskelaufwands im unbewaffneten Kampf muß der moderne Waffenträger nur leicht den Zeigefinger krümmen, um eine Kugel in den Körper seines Gegners zu jagen. Einer solchen Handlung folgt keine Erschöpfung; man kommt nicht einmal in unmittelbaren Kon-

takt mit dem Körper seines Gegners. Genaugenommen kann man das Abschießen eines Menschen mit einem Gewehr überhaupt nicht als einen gewalttätigen Akt bezeichnen. Die Auswirkung ist zwar gewalttätig, aber die Handlung selbst ist ebenso leicht und ungefährlich wie das Heben einer Kaffeetasse. Dieser Mangel an körperlicher Anstrengung macht den aggressiven Akt sehr viel einfacher, und dies wiederum erhöht die Chancen, daß es tatsächlich zu einem Angriff kommt.

4. Wir haben die Reichweite unserer Waffen ständig vergrößert. Dieser Fortschritt begann damit, daß nicht mehr nur mit einem Gegenstand auf einen Gegner eingeschlagen, sondern er damit beworfen wurde. Dann erfand man Pfeile, und man konnte mit ihnen auf noch größere Entfernung den Gegner treffen. Mit der Erfindung des Schießpulvers kam ein weiterer großer »Sprung nach vorn«. Kugeln konnten auf eine Entfernung töten, über die es unmöglich war, das Opfer überhaupt zu erkennen. Das brachte ein unpersönliches Element in das Kampfgeschehen: Die Möglichkeit wurde ausgeschaltet, dem Gegner ein Beschwichtigungssignal zu geben. Auch auf die Weise wurden die normalen tierischen Hemmungsmechanismen bei Nahkampfsituationen drastisch reduziert.

5. Wir haben die Stärke der Distanzwaffen so weit erhöht, daß wir in Sekundenbruchteilen nicht nur einen, sondern viele Menschen vernichten können. Durch aus der Luft abgeworfene oder Zeitzünderbomben und mit der Einführung der chemischen Kriegführung haben wir die schärfste Form des entpersonalisierten und ungehemmten Kampfes geschaffen. Die Aktionen des Angreifers sind nunmehr total gewaltlos: In der Regel braucht man nur noch auf einen Knopf zu drücken. Der Angriff erfolgt dadurch aus großer Entfernung und mit solcher Schnelligkeit, daß irgendwelche Hemmungsmechanismen oder Kontrollen bis zum Erreichen des Angriffszieles völlig ausgeschlossen sind.

Zusammen haben diese fünf Faktoren das Kampfverhalten des Menschen verändert: Aus einem Besiegen durch Körpergewalt ist diskret durchgeführte Massenvernichtung geworden, aus dem Schlagen und Beherrschen des Gegners die beiläufige Auslöschung einer nicht in Sichtweite befindlichen fremden Horde. Glücklicherweise ist jedoch in dieser letzten Phase menschlichen Fortschritts ein neuer Hemmungsmechanismus geschaffen worden. Angesichts von Atomwaffen muß der Angreifer wieder um seine eigene Sicherheit besorgt sein, denn deren Zerstörungskraft ist so groß geworden, daß auch der erste »Knopfdrücker« damit rechnen muß, mit dem Rest der Welt in einer Zerstörungsorgie zugrunde zu gehen. Es ist wieder soweit, daß mit dem Angriffswunsch untrennbar auch die akute Angst des Angreifers vor der eigenen Vernichtung wachgerufen wird, wie das früher beim unbewaffneten Kampf der Fall war. Leider wird durch diese neueste Entwicklung im Kampfverhalten des Menschen die Möglichkeit eines Atomkrieges nicht ganz ausgeschaltet, sondern nur erheblich reduziert.

Ein Verhaltensmerkmal, das sich in chaotisch unkontrollierten Gruppenkämpfen stets als besonderer Komplikationsfaktor erwiesen hat, ist paradoxerweise nicht der Zorn unserer Spezies, sondern gerade ihr Hang zur Freundschaft. Das Loyalitätsgefühl gegenüber der Gruppe hat wiederholt zu Angriffen geführt, die nicht gegen einen Feind gerichtet waren, sondern der Unterstützung eines Gruppengefährten galten. Gerade dieser kooperative Geist hat es ermöglicht, aus einem begrenzten Zweikampf den Gruppenkampf und aus diesem schließlich den militärischen Chauvinismus entstehen zu lassen. Straff organisierte aggressive Streitkräfte können nicht auf persönlicher Basis operieren. Sie brauchen Disziplin und Loyalität gegenüber einer bestimmten Sache, zwei Dinge, die mit menschlichem Kampf ursprünglich nichts zu tun hatten. Sie entsprangen vielmehr dem Zusammenwirken innerhalb der Jagdgruppe, wo das Überleben von der absoluten Bindung an die Gruppe abhing; erst als aus Stämmen Superstämme wurden, Zivilisation und Technik ständig Fortschritte machten, wurden diese Haltungen in zunehmendem Maße militärisch genutzt.
Die Kombination von Fernangriff und Gruppenkooperation, die für die Situation des modernen Menschen typisch ist, führte dazu, daß wir stets anfällig für die Pressionen rücksichtsloser Anführer und für ihre Anliegen zu kämpfen bereit sind. Sie werden uns natürlich nicht auffordern, unsere Gegner mit blanken Händen und großer körperlicher Anstrengung zu besiegen, auch nicht aus unmittelbarer Nähe, wo wir die Folgen unseres Tuns beobachten könnten. Aber sie werden uns auffordern, andere zu töten, um unseren eigenen Kameraden zu helfen, die angeblich schwer leiden würden, wenn wir ihnen nicht zu Hilfe kämen. Dieses Argument hat stets gewirkt und wird es leider wohl auch in Zukunft tun. Wir können uns dagegen nur wehren, wenn wir uns fragen, ob wir persönlich Konflikte mit den Indianern haben, die zu töten wir aufgefordert sind, und ob die Gruppe, die wir verteidigen sollen, wirklich unsere eigene Stammesgruppe ist und nicht einfach irgendeine künstlich zusammengewürfelte Nationalgruppe, der auch Menschen angehören, die von der sogenannten Feindgruppe herstammen. Nur wenn wir das Verhaltensmuster des Kämpfens wieder als extreme Form persönlicher Auseinandersetzung begreifen, besteht die Hoffnung, daß wir von der unkontrollierten Grausamkeit unserer Schlachtfelder zur Mäßigung des Tierzweikampfes zurückkehren können.

## Triumphgebaren

### Wie Sieger feiern und Verlierer reagieren

Unmittelbar nach einem Sieg überkommt den Menschen eine Gefühlsaufwallung, die häufig zu Triumphgebaren führt. Die Skala ist breit: vom privaten freudigen Luftsprung reicht sie bis zur öffentlichen Siegesfeier im großen Stil. Die Ursache dieses Verhaltens ist der plötzliche Zuwachs an Dominanz für das triumphierende Individuum. Vor dem Sieg mußte es noch kämpfen, um zu gewinnen; jetzt ist es der Sieger, sein Status steigt sofort.

Da Haltungen, die einen hohen Status widerspiegeln, ganz allgemein aufrechter, eindrucksvoller und breiter sind als solche, die niedrigen Status andeuten, überrascht es nicht, daß auch in nahezu allen Augenblicken des Triumphes der Sieger seine Stimmung dadurch zum Ausdruck bringt, daß er sich irgendwie größer macht. Das kann durch Tanz und Freudensprünge geschehen oder, weniger dramatisch, durch Aufrechthalten des Kopfes. In vielen Fällen werden auch die Arme hoch über den Kopf gestreckt, und zwar so hoch wie es nur irgend geht.

Die genaue Form solchen Triumphverhaltens hängt von der Art des zu feiernden Sieges ab. Eine Kindermannschaft, die einen Wettbewerb gewonnen hat, wird wahrscheinlich wild auf und nieder hüpfen und dabei schreien und sich zurufen. Mit zunehmendem Alter werden Triumphausbrüche stärker unter Kontrolle gebracht; man feiert jetzt in scheinbarer Bescheidenheit. Bei Erwachsenen unterscheidet sich die Intensität eines solchen Triumphverhaltens von Fall zu Fall ganz erheblich. Boxer und Ringer heben in der Regel ihre ineinandergelegten Hände nach einem Sieg über den Kopf empor. Gelegentlich wird auch nur eine Hand erhoben, und bei bestimmten Wettkampfarten nimmt der Schiedsrichter nach dem Urteilsspruch die Hand des Siegers und hebt sie hoch.

Auch die Politiker sind dazu übergegangen, nach Siegen in Wahlnächten die ineinandergelegten Hände hochzustrecken, um kämpferisch zu wirken; vielleicht hoffen sie, auf diese Weise etwas von der Supermännlichkeit der Boxer zu erwerben. Häufig benutzen sie auch eine andere Geste: Sie heben beide Arme zum Himmel, wobei sie einen Winkel miteinander bilden und die Hände flach und die Finger gestreckt sind. Hier handelt es sich wohl um eine Variante des sonst mit den Fingern angedeuteten V-Zeichens für »Sieg« *(victory)*.

Am auffälligsten stellen jedoch heutzutage die Fußballspieler ihr Triumphgefühl zur Schau. Das ist nicht immer so gewesen. Noch vor einiger Zeit erhielt im britischen Fußball ein Torschütze nur einen leichten Klaps auf den Rücken und einen kurzen Glückwunsch. Aber mit der Zunahme von internationalen Fußballwettbewerben kamen auch die gestenreichen Fußballer aus den Mittelmeerländern und Südamerika nach Nordeuropa, und

152 Augenblicke des Triumphs sind oft durch Heben und Vergrößern des Körpers gekennzeichnet. Ein Olympiateilnehmer feiert seinen Sieg durch Hochreißen der Arme – ein Verhalten, das auch bei jubelnden Zuschauern bei sportlichen Ereignissen zu beobachten ist.

da wurde der Augenblick eines Torschusses zu einer wahren Triumphorgie. Der Torschütze machte, sobald der Ball im Netz zappelte, kehrt und rannte mit ausgestreckten Armen seinen weiter hinten postierten Mitspielern entgegen. Die Arme konnten dabei seitlich ausgebreitet oder nach oben gestreckt sein, je nachdem, ob es dem Jubelnden auf eine Umarmung seiner Mannschaftsgefährten oder auf eine himmelwärts gerichtete Geste der triumphalen Selbsterhöhung ankam. Der innere Konflikt zwischen diesen beiden Tendenzen zeichnete sich manchmal in einer Kombination dieser beiden Armhaltungen ab.

Wenn der Torschütze jubelnd, mit offenem Mund und breitem Lächeln auf seine Kameraden zulief, machte er gelegentlich noch einen Luftsprung und schlug dabei mit der emporgereckten Faust nach unten. Diese Geste ähnelt dem Schlag mit erhobenem Arm, wie er bei körperlichen Zweikämpfen üblich ist. Der Torschütze führt diesen Schlag sozusagen symbolisch gegen die Köpfe der gegnerischen Mannschaft.

Während der Torschütze noch wie ein Wilder zurückspurtet, rennen seine Mannschaftskameraden auf ihn zu, sie springen auf ihn, umarmen ihn, küssen ihn ab, zerzausen sein Haar, geben ihm freundschaftliche Klapse auf Kopf und Schultern und umdrängen ihn so, daß sich eine dichte Spielertraube bildet. Gelegentlich springt einer seiner Kameraden ihn auch mit Armen und Beinen an, so daß der Torschütze seinen gratulierenden Mitspieler buchstäblich über das Spielfeld trägt.

Es gab vor wenigen Jahren eine Phase, in der diese Gratulationsorgien so überhandnahmen, daß die Verletzungsgefahr für die Spieler nach einem erzielten Tor größer war als im Spiel selbst. Die Intensität des Triumphgebarens hat zwar seither ein wenig abgenommen, aber man kann noch in beinahe jedem wichtigen europäischen Fußballspiel ähnliche Szenen beobachten. Zum Verhaltensmuster des Triumphgebarens gehören mehrere Einzelelemente: die Erhöhung der Körpergröße des Siegers durch Luftsprünge und Emporheben der Arme, der aufwallende Drang zu starker Körperbewegung, indem der Torschütze vom Tor zurückrennt; der symbolische Siegerschlag mit erhobenem Arm nach unten; und schließlich die liebevollen (wenn auch stürmischen) Kontakte mit den Teamgefährten.

Dieses letzte Element ist besonders interessant, denn in Umarmung und Kopfberührung kommt ein für nordeuropäische Männer bemerkenswertes Maß intimen Körperkontakts zum Ausdruck. Bei normalen Anlässen würde man derartige Kontakte zwischen erwachsenen Männern für entschieden zu weibisch halten, und zwar wegen der Assoziation dieser Zärtlichkeiten mit Liebenden. Aber im Augenblick intensiver Emotion wie der unmittelbar nach einem Torerfolg und wegen der unbestreitbar kampfbetonten und maskulinen Situation sind die Fußballer sozusagen von den üblichen gesellschaftlichen Hemmungen befreit und können gegenüber ihrem erfolgreichen Mannschaftskameraden ihre Gefühle ungehindert zum Ausdruck

153 Wenn ein Fußballer ein entscheidendes Tor erzielt hat, reißt auch er die Arme im Triumphgebaren hoch, während ein Mannschaftskamerad seine Leistung würdigt, indem er ihn umarmt.

bringen. Selbst wenn sie, wie das gelegentlich geschieht, den Torschützen stürmisch abküssen, gilt dieses Verhalten als keineswegs unmännlich und kann in dieser Umgebung in keiner Weise mißverstanden werden.

In vielen Sportarten ist es üblich, daß man den Sieger auf den Schultern trägt oder ihn, für alle sichtbar, auf einem Wagen durch die Menge fahren läßt. Bei Autorennen sitzt der Sieger manchmal auf seinem Fahrzeug und dreht so eine Ehrenrunde, dabei hält er gelegentlich auch noch die schachbrettartig gemusterte Flagge hoch, mit der sein Sieg beim Passieren der Ziellinie abgewinkt wurde. Auch Pokalgewinner bei Mannschaftssportarten (Europapokal, Weltpokal) laufen bisweilen eine Ehrenrunde und halten dabei den gerade gewonnenen Pokal hoch, während die Zuschauer begeistert applaudieren (siehe auch Farbabbildung F 32, Seite 289).

Ohne es zu wissen, wiederholen die modernen Sportler dabei eine vereinfachte Form des römischen Triumphzuges, bei dem der siegreiche Feldherr durch einen Triumphbogen in Rom einmarschierte und durch die Straßen der Stadt zog. Dabei stand er auf einem vierspännigen, lorbeergeschmückten Triumphwagen, und ein Sklave hielt eine goldene Krone über sein Haupt. Der gottähnlich gekleidete Triumphator wurde mit der höchstmöglichen Statusentfaltung geehrt, die Rom zu bieten hatte. Solche Triumphe waren jedoch relativ selten und setzten außergewöhnliche kriegerische Erfolge voraus. Sie wurden nur einem Feldherrn zuteil, dessen Truppen in siegreichem Kampf mindestens 5000 feindliche Soldaten getötet, den Ausgang eines Krieges entscheidend beeinflußt oder den Herrschaftsbereich Roms durch die Einverleibung neueroberter Gebiete vergrößert hatten. Allerdings waren die Triumphzüge so stark formalisiert, daß sie jeden Hauch von Spontaneität und Emotionalität vermissen ließen. Manchmal dauerten die Vorbereitungen für einen solchen Triumphzug so lange, daß es Monate dauerte, bis der Triumphator, der geduldig vor den Toren der Stadt warten mußte, schließlich in die Stadt einziehen durfte. In einem Fall mußte der siegreiche Feldherr sogar drei Jahre warten, so daß man nur noch schwach an die spontanen Gefühlsäußerungen auf dem Fußballfeld erinnert wird, wo eine Verzögerung von drei Sekunden fast eine Ewigkeit ist.

Es gibt ein modernes Äquivalent für derartige Siegesparaden: Das ist die Begrüßungszeremonie, die eine Stadt einem Sportler oder einer Mannschaft bereitet, die einen außergewöhnlichen Erfolg errungen hat. Als Beispiel seien hier die Europapokalgewinner im Fußball genannt, die in offenen Wagen, von Honoratioren begleitet, durch ihre Heimatstadt fahren. Hier erkennt man noch einen Nachhall der römischen Triumphzüge ebenso wie beim Schmücken eines siegreichen Rennfahrers mit einem überdimensionalen Lorbeerkranz.

Eine neue Art der Triumphzeremonie hat sich bei den Rennfahrern erst in jüngster Zeit entwickelt. Wenn der Sieger auf einer erhöhten Plattform seinen Siegespokal erhält, bekommt er zugleich eine Riesenflasche Champagner, die er heftig schüttelt, dann öffnet und verspritzt. Dabei hält er den Daumen über die Flaschenöffnung, so daß sich ein langer, schaumiger Strahl über die Köpfe der unter ihm stehenden Zuschauer ergießt. Dies ist ein eindeutiges Symbol phallischer Ejakulation und entspricht der dominierenden Männlichkeit und dem in diesem Augenblick sehr hohen Status des Siegers.

Im Gegensatz dazu gibt es natürlich auch typische Körperhaltungen des Unterlegenen. Sie sind weniger auffällig, denn die meisten unterlegenen Sportler versuchen ihre Enttäuschung nach Kräften zu kaschieren und bringen sogar ein meist etwas verkrampftes Lächeln der Gratulation für den Sieger zustande. Das geschieht jedoch nur am Ende eines Wettbewerbs. Wenn es während eines Wettkampfes für den Gegner einen Augenblick besonderer Überlegenheit gibt, versucht man erst gar nicht, seine Enttäuschung zu verbergen. Schießt ein Fußballspieler das spielentscheidende Tor, spricht die enttäuschte Körperhaltung der gegnerischen Spieler Bände: Sie lassen die Köpfe hängen und starren buchstäblich auf den Boden. Ihre Gesichter sind ausdruckslos bis ernst, und häufig stützen sie die Hände in die Hüften. Diese Haltung ist ganz allgemein charakteristisch für Erschöpfung und Verwirrung; man kann sie in vielen Situationen dieser Art beobachten. Wie diese Haltung zu dieser Bedeutung gelangt ist, weiß man nicht. Dazu bedarf es weiterer Untersuchungen.

## Abschalten

### Handlungen, die visuelle Reize im Streßzustand abblocken

Das Sozialverhalten wird durch Abgabe und Aufnahme von Informationen bestimmt. Wir senden mit unseren Handlungen »Nachrichten« aus und entnehmen ebensolche Informationen aus den Handlungen der anderen. Geht alles gut, stellt sich ein gewisses Gleichgewicht ein, aber gelegentlich wird es gestört. Fühlen wir uns einsam, korrigieren wir das dadurch, daß wir mehr aus uns herausgehen: Wir vergrößern unsere Informationsabgabe. Leiden wir dagegen unter allzu starker Informationsaufnahme, fühlen wir uns gestreßt und versuchen, die Überreizung irgendwie zu blockieren. Dieser Blockierungsprozeß – das Abschalten – kann je nach den Umständen verschiedene Formen annehmen.

Die einfachste Lösung ist, uns aus der Gesellschaft so lange völlig zurückzuziehen, bis wir uns von der Reizüberfütterung so weit erholt haben, daß wir wieder in den Kampf ziehen können. Eine andere Möglichkeit besteht darin, daß wir krank werden und uns ins Bett legen, eine weitere, und zwar extreme, daß wir einen »Nervenzusammenbruch« bekommen.

Oder wir nehmen sogenannte Tranquilizer (psychische Beruhigungsmittel); wir können auch ab und zu zur Flasche greifen oder uns unter Drogeneinfluß setzen, um dem auf uns einstürzenden Chaos zu entgehen. Schließlich bleibt noch die Meditation, bei der wir uns ganz in uns zurückziehen und die Außenwelt eine Weile sich selbst überlassen.

Aber all diese Vorgänge gehen weit über die normalen Formen des Abschaltens hinaus, die wir im Alltagsleben benutzen. Wir mögen bisweilen zu der einen oder anderen der genannten Möglichkeiten getrieben werden, doch es sind drastische Lösungen für Extremfälle. Die weit häufiger vorkommenden leichteren Streßsituationen meistern wir flexibler. Ein weitverbreitetes Mittel ist, einfach die Augen zu schließen: Wir verschließen die Fenster vor den andrängenden visuellen Reizen. Wenn jemand auf einer Party nach etwas gefragt wird und ihm die Antwort nicht gleich einfällt, schließt er fest die Augen und forscht angestrengt in seinem Gedächtnis. Die von lärmenden Kindern umgebene geplagte Mutter preßt ihre Hände auf die Ohren und schreit: »Ich kann ja mein eigenes Wort nicht mehr verstehen!« Der Schauspieler, der seinen Text memoriert, bedeckt die Augen mit beiden Händen, um sich so besser konzentrieren zu können.

Dies sind offene und ehrliche, ungetarnte Formen des Abschaltens, die auch bereitwillig als solche anerkannt werden. Aber es gibt ein Abschalten, das interessanter ist; vier verschiedene kurze Handlungen, deren sich der Urheber kaum bewußt ist. Zunächst der ausweichende Blick: Während sich jemand mit uns unterhält, blickt er ungewöhnlich lange weg. Er kann offenbar unseren Blick nicht ertragen und starrt irgendeinen Gegenstand an der Seite oder auf dem Fußboden an. Zweitens: der Wechselblick, bei dem

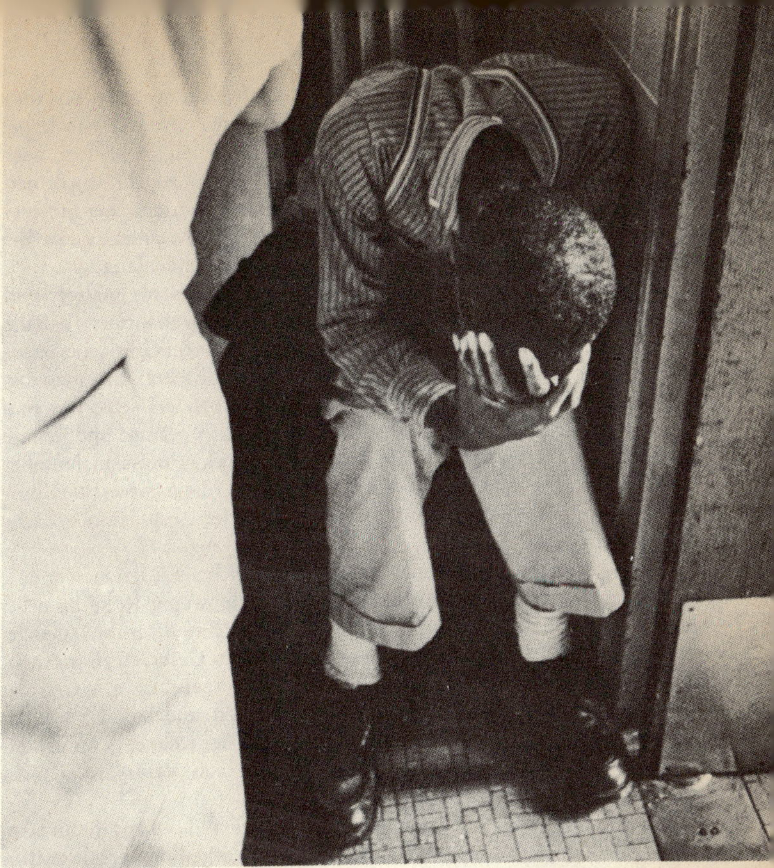

154 △ 155 ▽

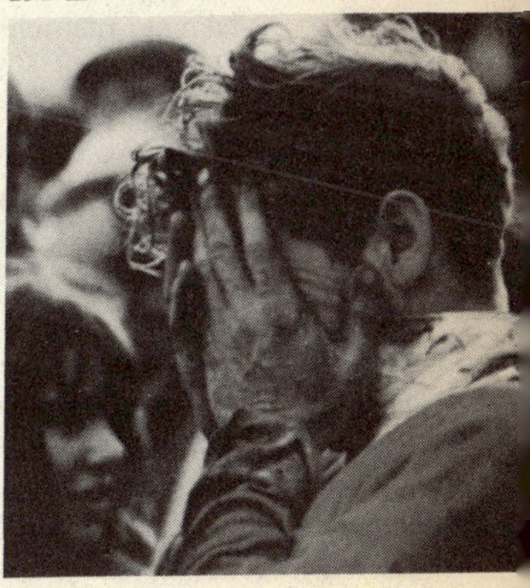

154 Das Abschalten ist ein Mittel, um sich vor überstarken Umweltreizen zu schützen. Für die meisten von uns ist es nicht mehr als eine gelegentliche, vorübergehende Reaktion. Für manchen jedoch, wie für diesen Geistesgestörten, kann es zum tragischen Lebensschicksal werden.

155 Eine normale Art des Abschaltens ist das Schließen oder Bedecken der Augen, das kurzzeitig alle visuellen Eindrücke ausschließt, weil das Gesehene entweder zu unangenehm oder zu erregend ist. Reizüberflutung erschwert das klare Denken, das Schließen der Augen erhöht die Konzentrationsfähigkeit.

jemand im schnellen Wechsel wegschaut und uns wieder anschaut und dies im Verlauf des Gesprächs laufend beibehält. Drittens: der Flackerblick, bei dem uns jemand so anschaut, als wolle er uns in die Augen blicken, aber seine Augenlider zucken krampfhaft, als ob er die Augen gleichzeitig öffnen und schließen wolle, und keines von beiden gelinge. Viertens: der Stotterblick, bei dem uns jemand ebenfalls voll anblickt, aber immer wieder die Lider wie zum Blinzeln schließt, aber dann gleich sekundenlang.

Diese vier Formen des Abschaltens empfinden wir allesamt als unangenehm und irritierend, ohne sagen zu können warum. Wir spüren intuitiv, daß die Person, mit der wir uns unterhalten, sich aus irgendeinem Grund aus unserer Gesellschaft zurückziehen möchte. Entweder sie fürchtet uns, mag uns nicht, fühlt sich gelangweilt oder möchte lieber woanders sein; nur rein äußerlich verhält sie sich so, als sei sie uns freundlich gesinnt und nehme voll an unserem Gespräch teil. Sie sendet ihre Blockierungssignale unbewußt aus, und wir empfangen sie ebenso unbewußt; die nichtverbale Kommunikation vollzieht sich unmittelbar unterhalb der Gesprächsoberfläche und wirkt irritierend.

Es ist gerade der innere Widerspruch, der uns in solchen Situationen ärgert. Gäbe unser Gesprächspartner offen zu, daß er ein wenig Ruhe braucht, könnten wir durchaus mit ihm mitfühlen. Doch auch wenn es ihm gelänge, seine Spannungen zu überwinden und sich ganz dem Gespräch zu widmen, bevor er sich schließlich zu einer Erholungspause zurückzieht, wären wir zufrieden. Wenn er aber Aufmerksamkeit heuchelt und uns dann durch seine Abschaltsignale unbewußt mitteilt, daß er lieber woanders wäre, können wir in unseren Reaktionen einen Unterton von Verärgerung nicht verbergen.

Bis zu einem gewissen Grad kann diese Feindseligkeit durchaus unfair sein, wenn das Abschalten unseres Partners sich mehr gegen den gesellschaftlichen Kontakt im allgemeinen als gegen uns richtet. Manche Menschen, die in höchstem Maße der menschlichen Gesellschaft überdrüssig sind und sich stark gestreßt fühlen, sind einfach nicht in der Lage, auf eine neue Gesprächssituation – wie aufregend oder amüsant sie auch immer sein mag – in angemessener Form einzugehen.

Diesen Personen bleiben als Ausweg zwangsläufig nur die Abschaltmethoden des »ausweichenden Blicks«, des »Wechselblicks«, des »Flackerblicks« oder des »Stotterblicks«. Das mag für andere ärgerlich sein, aber die betreffenden Personen kann es für kurze tröstliche Augenblicke daran erinnern, daß es auch noch Zurückgezogenheit und Ruhe gibt. Jeder durch ein solches Abschalten gewonnene Bruchteil einer Sekunde ist ein winziger, symbolischer Ausweg aus der Tyrannei gesellschaftlicher Verpflichtungen. Die Signalaufnahme wird dabei zumindest für einen kurzen Augenblick blockiert, und das trägt dazu bei, die für uns alle so wichtige Ausgewogenheit einigermaßen wiederherzustellen.

## Autonome Signale

### Körperliche Veränderungen als direkte Streßfolge

Jedesmal, wenn wir zu einer Handlung angeregt werden, gehen in unserem Körper einige grundlegende Veränderungen vor sich. Die Körpermaschinerie wird auf Hochtouren gebracht und ist nun bereit für die wahrscheinlich auf sie zukommenden erhöhten Anforderungen. Wenn wir uns wieder entspannen, fallen wir in einen langsameren Gang zurück. Diese Veränderungen unter Kontrolle zu halten, ist Aufgabe des vegetativen Nervensystems.

Dieses System besteht aus zwei einander entgegengesetzten Teilsystemen, dem für hohe Aktivität zuständigen *sympathischen* Nervensystem und dem auf gedämpfte Aktivität ausgerichteten *parasympathischen* Nervensystem: dem »Beschleuniger« und dem »Bremser«. Bei normaler Aktivität halten sich beide die Waage. Keines ist so stark, daß es den Einfluß des anderen ausschalten könnte. Man befindet sich in einem angenehmen Zwischenzustand. In diesem Zustand befinden wir uns die meiste Zeit; aber immer, wenn wir zu einer heftigen Aktivität angeregt werden, übernimmt das sympathische Nervensystem die Kontrolle und bewirkt die Ausschüttung von Adrenalin ins Blut, wobei es vorübergehend über das beruhigende parasympathische Nervensystem dominiert.

Dadurch ergeben sich eine ganze Reihe von Veränderungen. Der Blutkreislauf wird in erster Linie davon betroffen: Das Herz beginnt rascher und stärker zu schlagen, und die Blutgefäße verändern sich so, daß das Blut aus der Haut und den Eingeweiden in die Muskeln und ins Gehirn schießt. Die Verdauung wird verlangsamt, die Speichelproduktion reduziert. Mastdarm und Blase lassen sich nicht mehr leicht entleeren. Die in der Leber gespeicherten Kohlehydrate ergießen sich in den Blutstrom und erhöhen den Blutzuckerspiegel. Man atmet rascher und tiefer. Die Schweißproduktion wird auffallend erhöht.

All diese Veränderungen tragen dazu bei, den Körper auf erheblich gesteigerte Aktivität vorzubereiten. Plötzlich sind wir hellwach und aktionsbereit – das blutüberschwemmte Gehirn kann rascher denken, die Muskeln sind zu kräftigen Bewegungen bereit. Die sich hebenden und senkenden Lungen erhöhen die Sauerstoffzufuhr, die schweißüberströmte Haut sorgt für stärkere Kühlung.

Ganz offensichtlich besteht die primäre Aufgabe dieser Veränderungen nicht darin, visuelle Signale auszusenden. Doch tun sie es zwangsläufig. Wir können beobachten, wie jemand plötzlich einen Adrenalinstoß bekommt und er nichts dagegen unternehmen kann. Führt die Erregung des Körpers tatsächlich zu intensiver Aktivität, haben die autonomen Signale kaum Bedeutung. Die Tätigkeit selbst sagt uns alles, was wir wissen wollen. Aber gelegentlich wird diese Tätigkeit blockiert. Das Adrenalin schießt ins

156 △ 158 ▽ 157 △ 159 ▽

156–158 Wenn wir im Zustand der Anspannung einen Adrenalinstoß erhalten, verrät unser Körper durch vielerlei Veränderungen, daß wir unter Druck stehen. Eine dieser Veränderungen ist die geringere Speichelproduktion. Das macht unseren Mund trocken, was wiederum bewirkt, daß wir uns die Lippen lecken – ein bei Rednern in der Öffentlichkeit oft zu beobachtendes autonomes Signal.

159 Die Erregung bei einem besonderen Anlaß setzt Adrenalin frei. Dies führt zu erhöhter Blutzufuhr zum Gehirn; wenn die Anspannung aber zu lange dauert, gibt es einen »Rückschlag«, und das Blut fließt ab – manchmal so kräftig, daß eine Ohnmacht die Folge ist, besonders bei einer Überhitzung des Körpers.

Blut, der Körper bereitet sich auf eine intensive Aktion vor – aber sie bleibt aus. Dann können die autonomen Signale durchaus vielsagend sein.
Diese Situation tritt ein, wenn wir uns in einem Konfliktzustand befinden. Vielleicht hat uns irgend etwas erschreckt, und wir können nicht fliehen; oder etwas hat uns wütend gemacht, aber wir sind zu gehemmt, um anzugreifen. Da sitzen wir nun, der Körper arbeitet auf vollen Touren, und doch kommt es zu keiner Aktion. Wegen des Konflikts, in dem wir uns befinden, wollen wir uns unsere innere Erregung nicht anmerken lassen und versuchen, äußerlich einen ruhigen Eindruck zu machen. Das aber ist keineswegs leicht.
Nehmen wir als Beispiel den Fall, daß jemand in einer Fernsehsendung interviewt werden soll. Während er nervös auf seinen Auftritt wartet, kann er das Gefühl nicht loswerden, er werde von Millionen Menschen bedroht, die ihn kritisch musterten. Er bekommt es mit der Angst zu tun, und sein Körper bereitet sich automatisch auf eine überstürzte Flucht vor. Wenn er sich dann in den Interviewsessel setzt und die an ihn gerichteten Fragen beantwortet, ist sein Körper immer noch ganz auf Flucht eingestellt, aber er gibt sich die größte Mühe, äußerlich entspannt und ruhig zu erscheinen. Trotz aller Bemühung aber sind die autonomen Signale immer noch vorhanden. Am schwierigsten ist es, das Atemtempo zu kontrollieren. Selbst wenn er Berufsschauspieler ist und gelernt hat, seine Körperbewegungen gut unter Kontrolle zu halten, wird man ihm das raschere und übertriebene Heben und Senken der Brust beim Atmen anmerken. Versucht er bewußt, ganz zwanglos in seinem Stuhl zu sitzen, erscheint dieses Wogen der Brust als seltsamer Kontrast zu seiner lässigen Körperhaltung. Nur voluminöse Kleidung könnte diese Bewegung verbergen. Außerdem haben die Veränderungen in der Blutzirkulation dazu geführt, daß Blut aus der Haut abgezogen wurde und der Studiogast jetzt etwas bläßlich ist. Das kann durch ein gutes Make-up vor den Zuschauern verborgen werden. Wegen der reduzierten Speichelproduktion hat der Gast auch einen trockenen Mund und versucht in der Regel, dies während des Sprechens mit kleinen Zungen- und Lippenbewegungen auszugleichen.
Die Zunahme des Blutes in den Muskeln hat diese für kräftige Bewegungen fit gemacht: Solche Bewegungen machen sich jetzt in abgeschwächter Form bemerkbar. Sein Körper spannt sich, seine Glieder machen kleine, ruckartige Bewegungen oder drücken sich gegeneinander. Der Gast legt entweder seine Hände verkrampft ineinander, wobei eine Hand die andere fest umklammert, oder er kreuzt die Beine und preßt sie eng aneinander. Oder er tut beides gleichzeitig. Außerdem fängt das Kühlsystem seines Körpers an, wirksam zu werden: Er beginnt mehr als gewöhnlich zu schwitzen. Dabei kann er leicht zittern und ihm der »kalte Angstschweiß« auf die Stirn treten. Glücklicherweise bieten die heißen Studioscheinwerfer eine plausible Entschuldigung für das überstarke Schwitzen.

Wenn der Studiogast in dieser Zwangslage doch nur die intensive Aktivität, auf die sein Körper vorbereitet ist, auch zum Ausdruck bringen könnte. Dann nämlich könnte die durch die physiologische Vorbereitung aufgestaute Energie aufgebraucht werden. Aber das ist nicht der Fall, es bleibt ein Energieüberschuß, und das vegetative Nervensystem reagiert auf diese unausgewogene Situation, indem es das »Gegengift« – das parasympathische Nervensystem – aktiviert. Beide Systeme sind nun voll in Aktion, und das Pendel schwingt wild hin und her. Ausbrüche parasympathischer Aktivität wechseln in rascher Folge mit Augenblicken sympathischer Ermattung. In extremen Fällen kann es dabei zu schrecklichen Folgen kommen. Nehmen wir als Beispiel einen Autofahrer, der plötzlich ein Kind auf die Straße laufen sieht, voll in die Bremse tritt und gegen eine Wand schleudert. Als er aus dem Wagen steigt, ist er weiß wie Kalk. Im Augenblick der Panik ist sein Blutkreislauf mit Adrenalin überflutet worden, aber für ihn als Fahrer hat der Vorgang keinerlei körperliche Aktivität erfordert. Während er jetzt untätig dasteht, gewinnt das parasympathische Nervensystem das Übergewicht, die Anspannung der Eingeweide läßt plötzlich nach, und er macht sich buchstäblich in die Hosen; oder die durch den erhöhten Adrenalinspiegel aufgestaute Blasentätigkeit setzt plötzlich wieder ein, und ein Strom Urin ergießt sich. Der Blutkreislauf preßt das Blut wieder in die Haut und in die Eingeweide zurück: Das Gesicht des Fahrers rötet sich mit einemmal stark, die Haut fängt an zu brennen und er muß sich übergeben. Der plötzliche Blutabzug aus dem Gehirn kann wiederum eine Ohnmacht zur Folge haben. Der Atemrhythmus wechselt rasch, der Betroffene röchelt, keucht und stottert.

Manchmal können auch gegensätzliche Symptome gleichzeitig auftreten, wobei ein Teil des Körpers vom sympathischen und der andere vom parasympathischen Nervensystem kontrolliert wird. Normalerweise ist das undenkbar, aber in extremen Schock- und Konfliktsituationen geraten die beiden konkurrierenden Systeme außer Kontrolle; die Folge ist ein höchst unangenehmer Körperzustand.

In weniger angespannten Situationen kann es zu ähnlichen, jedoch abgemilderten Widersprüchen kommen. Wenden wir uns noch einmal unserem Interviewgast im Fernsehstudio zu: Wenn man ihn vor seinem Auftritt ungebührlich lange in seinem nervösen Erregungszustand läßt, kann es auch bei ihm zu einer Rebellion des parasympathischen Systems kommen. In diesem Fall kommt es zu einem Zusammenstoß beider Systeme. Die Folge ist, daß der Gast nun nicht mehr blaß und zitterig ist, sondern eine plötzliche Hitzeaufwallung verspürt. Statt des trockenen Mundes hat er einen Speichelüberfluß, und er spürt plötzlich den Drang, zur Toilette zu gehen. Es kann sogar zu einem leichten Ohnmachtsanfall kommen. Diese Symptome zeigen sich, wie gesagt, nicht in so starker Form wie bei dem Unfallfahrer.

In Kampfsituationen kommt es zu ganz ähnlichen Veränderungen. Wenn Angst und Aggression sich gegenseitig blockieren, und die erregten Individuen weder fliehen noch angreifen können, werden ihre Drohgebärden typischerweise von vielen der genannten autonomen Signale begleitet. Hier muß man vor allem auf die Gesichtsfarbe des drohenden Mannes achten. Ist er blaß, dann ist er gefährlicher, als wenn sein Gesicht gerötet wäre, denn die Blässe ist ein Symptom des hochaktiven Systems und bedeutet, daß er jetzt bereit ist zu kämpfen oder zu fliehen. Wenn ein Mann also blaß ist und drohend auf Sie zukommt, dann können Sie davon ausgehen, daß er wirklich angreifen wird. Wenn er aber hochrot anläuft, dann bedeutet dies, daß die parasympathische Reaktion bereits eingetreten ist, und er sich nicht mehr im Zustand voller Angriffsbereitschaft befindet. Interessant ist die Tatsache, daß wir einen Menschen mit rot angelaufenem Gesicht als »wütend« bezeichnen und ihn damit als den eigentlich Gefährlichen bezeichnen. Man darf ihn zugegebenermaßen nicht unterschätzen, denn das Stimmungspendel kann ja wieder zur Aktion zurückschwingen; aber die Rotfärbung seines Gesichts ist die Folge eines ohnmächtigen inneren Kampfes, der sich in Flüchen und Beschimpfungen Luft macht. Dieses Ringen ist gewiß beunruhigend, aber im Grunde eine Bestätigung des Sprichworts: »Hunde, die bellen, beißen nicht!« Jeder, der einmal von einem Hund gebissen worden ist, kann die Richtigkeit dieser Analogie bestätigen; denn ebensowenig beißt ein wütend bellender Hund einen Menschen wie ein laut schimpfender Mann mit gerötetem Gesicht und hochgeschwungenem Stock tatsächlich einen anderen schlägt.
Es gibt noch ein weiteres autonomes Signal, das hier erwähnt werden muß. Es ist relativ belanglos für das Menschentier, aber dennoch wichtig. Wenn Adrenalin in den Blutkreislauf eines Säugetiers strömt, sträuben sich dessen Haare. Es handelt sich dabei um einen Teil des Kühlungssystems: Die Hautoberfläche wird dadurch stärker der frischen Luft ausgesetzt. Bei vielen Arten hat das zu eindrucksvollen Haarsträubegebärden geführt: die Mähnen, Schöpfe und Haarbüsche wachsen beachtlich in solchen Fällen. Der Mensch ist mit seinem dürftigen Haarkleid etwas arm dran, aber auch unsere relativ kurzen Haare sträuben sich, wenn wir einen sehr starken Schock erleben. Wir empfinden diese Reaktion als kribbelndes Gefühl auf der Haut, vor allem im Nacken, und nehmen es als sicheres Anzeichen für eine machtvolle körperliche Veränderung, die in uns vor sich geht.

## Pupillensignale

### Pupillenweitung und -verengung zeigen Stimmungsänderungen an

Wenn wir ein menschliches Gesicht genau betrachten, bemerken wir viele ausdrucksvolle Details – die Falten der Stirn, die Größe der Augen, den Schwung der Lippen und das vorstehende Kinn. Diese Elemente verbinden sich für uns zu einem Gesichtsausdruck, aus dem wir die Stimmung eines Mitmenschen ablesen. Aber wir alle wissen, daß Menschen ganz bewußt ein glückliches oder trauriges Gesicht »machen« können, ohne daß sie tatsächlich glücklich oder traurig sind. Gesichter können lügen, und manchmal so perfekt, daß es uns schwerfällt, die wahren Gefühle des anderen zu erraten. Doch gibt es zumindest ein Gesichtssignal, das sich nicht »aufsetzen« läßt. Es ist unauffällig und sehr fein, und weil es die Wahrheit verrät, gilt ihm unser besonderes Interesse. Dieses Signal geben die Pupillen der Augen, und es hängt mit ihrem Öffnungsgrad – abhängig von der einfallenden Lichtmenge – zusammen.

Die menschlichen Pupillen erscheinen als schwarzer Punkt in der Mitte der farbigen Iris, und man weiß, daß sie Öffnungen sind, die mit wechselndem Lichteinfall größer oder kleiner werden. Bei gleißendem Sonnenlicht schrumpfen sie fast bis auf Stecknadelgröße zusammen – ihr Durchmesser beträgt dann etwa zwei Millimeter –, und in der Dämmerung erweitern sie sich bis auf etwa das Vierfache dieser Größe. Aber nicht nur durch den Lichteinfall wird die Pupillengröße beeinflußt, sondern auch durch emotionale Eindrücke. Gerade sie können die Größe der Pupillen auch bei gleichbleibendem Lichteinfall erheblich verändern; daher ist die Veränderung des Pupillendurchmessers eine Art Stimmungsbarometer. Sehen wir etwas, das uns – freudig oder beängstigend – erregt, dann erweitern sich die Pupillen stärker, als bei den herrschenden Lichtverhältnissen zu erwarten wäre. Wenn wir etwas sehen, das uns mißfällt, ziehen sich die Pupillen stärker zusammen. Diese Veränderungen geschehen normalerweise ohne unser Wissen, und da sie sich auch weitgehend unserer Kontrolle entziehen, geben sie verläßliche Hinweise auf unsere wahren Gefühle.

Die Pupillensignale werden nicht nur unbewußt »ausgestrahlt«, sie werden auch unbewußt empfangen. Zwei Menschen empfinden eine emotionale Erregung, wenn ihre Pupillen sich weiten, und eine Dämpfung ihrer Emotionen, wenn ihre Pupillen sich verengen. Es ist jedoch höchst unwahrscheinlich, daß sie diese Empfindungen mit den aufgenommenen Pupillensignalen in Verbindung bringen, denn es handelt sich hier um einen »geheimen« Signalaustausch unterhalb der Ebene angelernter Verhaltensweisen und aufgesetzter Gesichtsausdrücke.

In den letzten fünfzehn Jahren sind viele Experimente angestellt worden, um herauszufinden, wie diese unbewußten Pupillensignale zustande kommen. Bei den grundlegenden Labortests hat man Personen emotional erregende Bilder vorgelegt und dabei gleichzeitig mit Hilfe hochsensibler Meßgeräte Veränderungen ihrer Pupillen aufgezeichnet. Große Sorgfalt wurde darauf verwandt, daß keine Veränderung in der Stärke des einfallenden Lichts eintrat. Nur so konnte man sicher sein, daß jede Weitung oder Verengung der Pupillen ausschließlich auf die emotionale Einwirkung der verschiedenen Bilder zurückzuführen war.

Bei einem der ersten Experimente dieses Typs wurden Fotos von Babys gezeigt, und zwar ledigen Männern und Frauen, verheirateten Männern und Frauen, die noch keine Kinder hatten, sowie Männern und Frauen, die bereits Eltern waren. Bei den Frauen stellte man generell eine starke Erweiterung der Pupillen fest, unabhängig davon, ob sie ledig, verheiratet *und* kinderlos, oder selbst bereits Mütter waren. Bei Männern dagegen stellte man eine Verengung der Pupillen fest, wenn sie ledig oder verheiratet *und* kinderlos waren; dagegen zeigte sich eine starke Weitung der Pupillen, wenn sie verheiratet waren und selbst Kinder hatten. Mit anderen Worten, der Mann, der das Baby von Bekannten bewundert, tut das vermutlich nur aus Höflichkeit, Frauen dagegen meinen es ernst. Erst wenn der Mann selbst Vater ist, beginnt er, mit positiven Gefühlen, auf die Kinder anderer Leute zu reagieren. Dagegen scheint die Frau, auch bevor sie selbst ein Kind zur Welt gebracht hat, auf mütterliche Reaktionen programmiert zu sein.

In ähnlicher Weise hat man auch sexuelle Reaktionen getestet. Man hat Pin-up-Fotos von nackten Männern und Frauen sowohl Männern als auch Frauen vorgelegt und dabei festgestellt, daß Homosexuelle stets eine positive Pupillenreaktion – d. h. eine Weitung – erkennen ließen, wenn ihnen der nackte Körper eines Geschlechtsgenossen gezeigt wurde, während bei Heterosexuellen die Reaktion auf Nacktheit des eigenen Geschlechts negativ, bei Bildern des anderen Geschlechts dagegen immer positiv war.

Interessant an diesen Sexualtests war, daß Männer *und* Frauen gleichermaßen die Bilder nackter Körper viel erregender fanden als die von bekleideten Körpern. Männer machen daraus kein Geheimnis, und es gilt bei jungen Männern als durchaus natürlich, mit Bildern mehr oder minder bekleideter Mädchen ihre Zimmerwände zu tapezieren. Fotos von unbekleideten jungen Männern tauchen dagegen selten als Dekoration in den Zimmern junger Mädchen auf. Deshalb hat sich der Mythos gebildet, im Gegensatz zu Männern würden Frauen kaum durch den nackten Körper des anderen Geschlechts erregt. Die unbewußten Pupillensignale sprechen da eine andere Sprache.

Eine andere Art von »Irreführung« wurde aufgedeckt, als man liberal eingestellten Personen Fotos zeigte, auf denen schwarze Männer weiße Mädchen küßten. Obwohl sich bei der Befragung zu diesem Thema alle Versuchspersonen für rassische Gleichberechtigung ausgesprochen hatten, konnte man sie aufgrund ihrer Pupillenreaktionen in zwei Gruppen einteilen: solche, die wirklich durch und durch liberal gesonnen waren und deren positive Pupil-

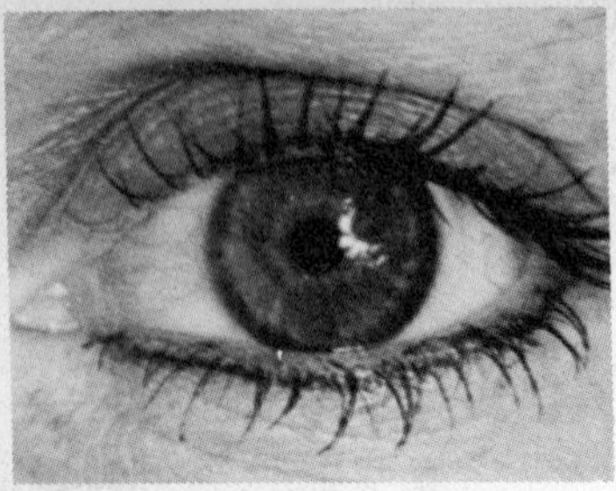

160 △ 161 ▽ 162 ▷

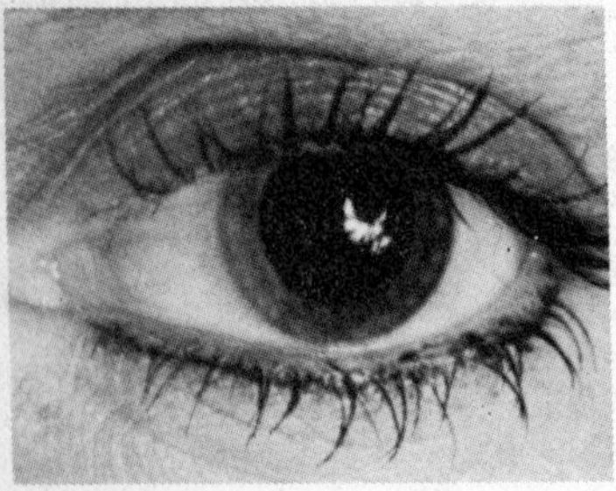

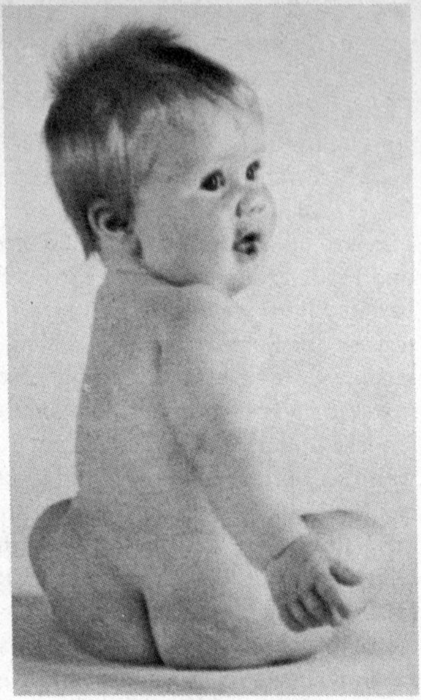

163 ▽

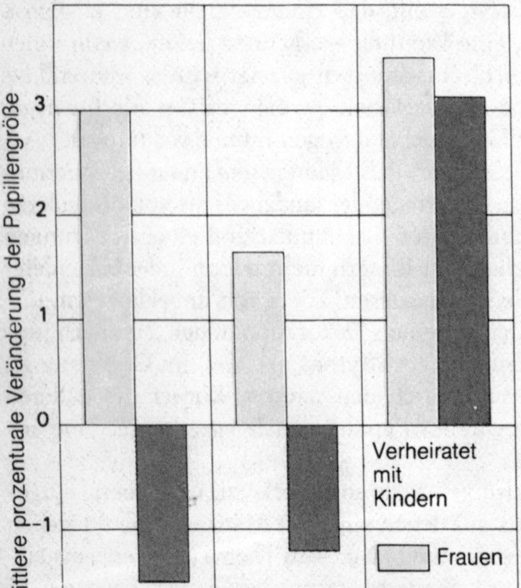


160–163 Wenn Sie das Bild eines Säuglings betrachten, wird die Größe Ihrer Pupillen sich leicht verändern. Ob sie sich erweitern oder zusammenziehen, hängt dabei von Ihrem Geschlecht ab und davon, ob Sie Kinder haben. Man hat herausgefunden, daß ein Säuglingsfoto sowohl bei alleinstehenden Frauen als auch bei verheirateten kinderlosen Frauen und bei Müttern eine Erweiterung der Pupillen hervorruft. Dagegen zeigten ledige und kinderlos verheiratete Männer eine Pupillenverkleinerung, und nur Väter reagierten mit Erweiterung (nach Hess).

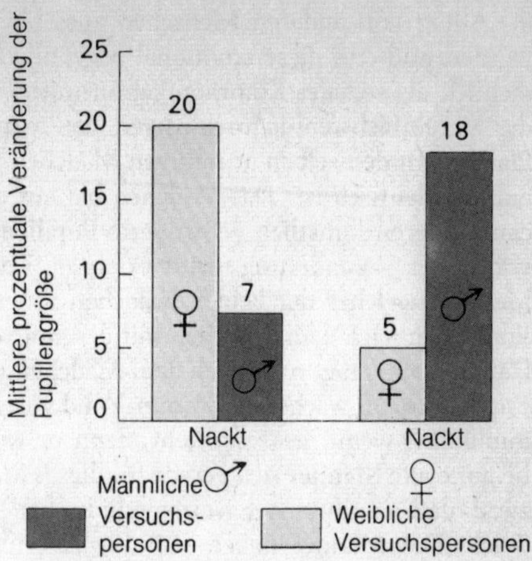


164 Sowohl Männer als auch Frauen reagieren stark auf Fotos nackter Menschen des anderen Geschlechts, wenn man ihre unbewußten Pupillenreaktionen mißt.

lenreaktion ihre Einstellung bestätigte, und die anderen, die nur pseudoliberal eingestellt waren, was ihre auf Stecknadelkopfgröße verengten Pupillen verrieten, wenn man sie mit diesen Schwarzweißfotos konfrontierte – obwohl sie verbal das Gegenteil behaupteten.

Bei einem anderen Experiment wurden die Testpersonen aufgefordert, ihre Lieblingsspeisen zu nennen; dann zeigte man ihnen Fotos dieser Speisen und beobachtete die Reaktion ihrer Pupillen. Bei den meisten Personen ergab sich eine vollkommene Übereinstimmung zwischen der mündlichen Aussage und der Pupillenreaktion. Aber bei einigen Versuchspersonen wollte es überhaupt nicht klappen; die Divergenz zwischen Aussage und Pupillenreaktion war um so überraschender, als es sich um ein völlig harmloses Experiment handelte. Wer wollte schon wegen seiner Lieblingsspeisen lügen? Die Lösung ergab sich aus einer nachfolgenden Befragung: Beinahe alle »Flunkerer« lebten streng nach Diät, hatten aber heimlich doch noch Sehnsucht nach bestimmten, ihnen inzwischen verbotenen und also nicht genannten Speisen. Bei ihnen stimmte jetzt die von der Vernunft diktierte Vorliebe nicht mehr mit der unbewußten Vorliebe überein.

Ein ähnlicher Widerspruch trat zutage, als man Versuchspersonen eine Reihe von Bildern verschiedener Frauen zeigte. Dazu gehörten attraktive Pin-up-Fotos, aber auch Whistlers berühmtes Bildnis seiner Mutter. Bei der verbalen Aussage erhielt Whistlers Bild eine sehr hohe Bewertung; diese sank jedoch gewaltig, als man die Weitungen und Verengungen der Pupillen bei den Versuchspersonen kontrollierte, als sie sich die verschiedenen Fotos betrachteten.

Bevor wir diese Pupillenreaktionen mit Recht als *Pupillensignale* bezeichnen, müssen wir erst nachweisen, daß sie tatsächlich bei sozialen Kontakten im Alltag von anderen Menschen ausschließlich mit den Augen erkannt werden und daß diese emotional begründeten Pupillenveränderungen tatsächlich als soziales Kommunikationsmittel verwendet werden. Man kann das am einfachsten dadurch zeigen, daß man einem großen Publikum zwei Plakate mit demselben attraktiven Mädchen vorführt, das bis auf eine Ausnahme identisch ist: Das Mädchen hat auf dem einen Plakat normale, auf dem anderen künstlich vergrößerte Pupillen. Das Publikum darf natürlich von dieser Veränderung nichts erfahren. Dann fragt man alle anwesenden Männer, welches der beiden Mädchen ihnen besser gefällt. Das Resultat: Fragt man nach dem Mädchen mit den normalen Augen, gehen nur wenige Hände hoch; fragt man nach dem Mädchen mit den künstlich vergrößerten Pupillen, dann wächst ein wahrer Wald von Händen. In der Regel lacht das Publikum, wenn dies geschieht, denn es weiß immer noch nicht, warum beinahe alle Männer sich gerade für dieses Mädchen entscheiden. Sie wissen zwar, daß sie überlistet worden sind, aber sie wissen nicht, mit welchem Trick. Die Männer haben sich für dasjenige Mädchen entschieden, das durch ihre eigene Gegenwart »sichtlich« erregt worden war, denn es richtete die Augen mit geweiteten Pupillen auf sie. Es war sozusagen »erregt durch das, was es sah«, weitete deshalb die Pupillen und machte sich auf diese Weise selbst noch attraktiver, als es ohnehin schon war (siehe auch Farbabbildung F 26 + F 27, Seite 190/191).

Das ist einer der Gründe, warum junge Liebende einander so lange in die Augen blicken. Unbewußt prüfen sie gegenseitig ihre Pupillenweitung. Je mehr *ihre* Pupillen sich aus emotionaler Erregung vergrößern, desto mehr bewirken sie, daß auch *seine* Pupillen sich weiten – und umgekehrt.

Bei einem anderen Experiment wurden die Pupillenreaktionen eingefleischter »Don Juans« getestet – von Männern also, die darauf ausgehen, ein Mädchen sexuell zu erobern und sich dann dem nächsten zuwenden. Diese Männer zeigten beim Test nicht die normalen Pupillenerweiterungen beim Betrachten von Fotos schöner Mädchen. Sie bevorzugten gegenüber den Mädchen mit geweiteten solche mit verengten Pupillen. Mit anderen Worten, sie wählten die *nicht* auf Liebe eingestellten Mädchen und gingen solchen Mädchen aus dem Weg, die zu anhänglich hätten werden können.

Da sich bei allen erwähnten Beispielen die Versuchspersonen der Vorgänge in den eigenen Pupillen und in denen der anderen (männlichen oder weiblichen) Testanten nicht bewußt waren, haben wir es hier vermutlich mit einer angeborenen Reaktionsweise der menschlichen Spezies zu tun. Diese Annahme wird durch Tests erhärtet, bei denen man statt der natürlichen »schematische« Augen benutzte. Man kann einen Kreis mit einem runden Punkt darin auf ein Stück Papier zeichnen und einer Testperson vorlegen, deren Pupillenreaktionen aufgezeichnet werden. Dabei zeigt sich, daß *ein* Kreis mit rundem Punkt sowie *drei* Kreise mit rundem Punkt weniger wirksam sind als *zwei* Kreise mit rundem Punkt. Im letzteren Fall reagiert

die Versuchsperson ebenfalls stärker, wenn man die runden Punkte vergrößert, als wenn man das gleiche bei *einem* Kreis oder bei *drei* Kreisen macht. Zwei Kreise mit rundem Punkt darin haben offenbar eine ganz spezielle Bedeutung für den Menschen. Er reagiert darauf in einer Weise, die er nicht selbst kontrollieren oder erlernen kann; diese Reaktion vollzieht sich völlig unbewußt. Daher haben wohl auch Babys in der Regel größere Pupillen als die Erwachsenen, denn sie wollen ja auf sich aufmerksam machen, um sicherzustellen, daß ihnen die größte Fürsorge und intensivste Liebe der Eltern zuteil wird. Mit diesem angeborenen Signal, das sie zwangsläufig liebenswerter macht, vergrößern sie ihre Überlebenschancen.
Obschon ernsthafte Forschung zum Thema der Pupillensignale erst seit den fünfziger Jahren betrieben wird, wurde dieses Signal in früheren Zeiten bereits bewußt manipuliert. Vor Hunderten von Jahren träufelten sich die Kurtisanen in Italien ein giftiges pflanzliches Präparat in die Augen, um ihre Pupillen zu weiten. Sie wollten damit ihre Schönheit erhöhen, und die Droge hieß deshalb »*Belladonna*« – was soviel heißt wie »schöne Frau«. Ein späteres Beispiel sind die Jadehändler im vorrevolutionären China; sie trugen absichtlich dunkle Brillen, um die Weitung ihrer Pupillen zu verbergen, die sich einstellte, wenn sie interessiert ein besonders wertvolles Stück Jade betrachteten. Vorher hatten die Jadeverkäufer ganz bewußt auf solche Pupillenweitungen geachtet, sie als Anzeichen eines besonderen Kaufinteresses gedeutet und den Kaufpreis entsprechend angehoben. Aber hier handelt es sich nur um ganz vereinzelte Beispiele.

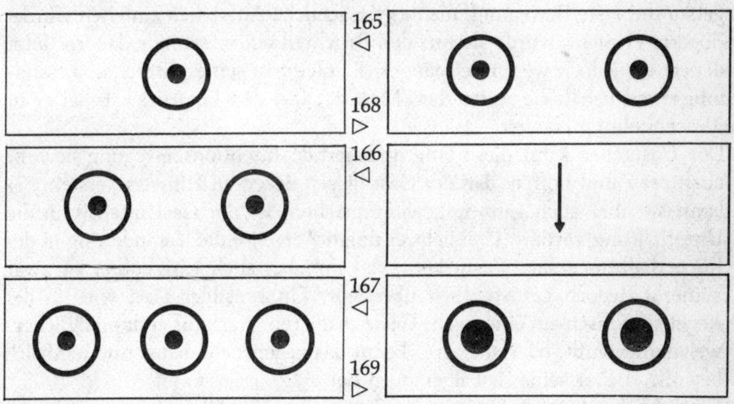


165–169 Ein abstraktes Augenmuster kann beim Betrachter eine Erweiterung der Pupillen bewirken. Ein »Augenpaar« ruft dabei eine stärkere Erweiterung hervor als ein einzelnes oder ein dreifaches »Auge« (165–167). Wenn diese gezeichneten Pupillen selbst wieder »erweitert« werden, sind es wiederum die »paarigen« Augen, die die stärkste Reaktion bewirken (168 + 169).

## Intentionsbewegungen

### Vorbereitungsgesten zeigen Absichten an

Wenn wir uns auf eine Handlung innerlich einstellen, machen wir häufig kleine vorbereitende Bewegungen. Sie können Hinweise dafür sein, was wir zu tun beabsichtigen. Man nennt sie deshalb Intentionsbewegungen. Wenn wir zu einer neuen Handlung fest entschlossen sind, gehen diese »einleitenden« Bewegungen nahtlos in das voll ausgeprägte Verhaltensmuster über. Wenn wir aber aus irgendeinem Anlaß zögern, vollziehen wir nur die Anfangsphase dieser Handlung: Wir beginnen sie und halten inne, wir beginnen erneut und halten wieder inne. Dies ist sozusagen ein doppelter Hinweis: Irgend etwas in uns drängt uns zum Handeln, aber etwas anderes hält uns davon ab.

Die klassische Intentionsbewegung in gesellschaftlichen Situationen ist der »Sesselgriff«. Gast und Gastgeber haben sich bereits eine Zeitlang unterhalten, aber der Gastgeber muß jetzt zu einer Verabredung. Sein Drang aufzustehen wird blockiert durch den Wunsch, seinen Gast nicht zu verletzen. Nähme er auf die Gefühle seines Gastes keine Rücksicht, würde er sich einfach aus seinem Sessel erheben und sein Weggehen ankündigen. Genau das will sein Körper eigentlich tun, aber die Höflichkeit läßt ihn wie festgeklebt am Sessel hängen und hindert ihn, sich zu erheben. In diesem Augenblick macht er eine Intentionsbewegung, den »Sesselgriff«. Er spricht weiter mit dem Gast und hört ihm zu, aber er lehnt sich vor und faßt die Sessellehnen (bzw. Stuhllehnen), als wolle er sich, auf sie gestützt, erheben. Das ist genau die erste Bewegung, die das tatsächliche Aufstehen einleiten würde. Zögerte er nicht, würde sie nur den Bruchteil einer Sekunde dauern. Jetzt dauert sie jedoch wesentlich länger. Er bleibt in seiner »Bereitschaftsstellung« und behält sie weiter bei. Man hat fast den Eindruck, als sei er in dieser Stellung erstarrt.

Der Gastgeber kann diese lang andauernde Intentionsbewegung bewußt ausführen und hoffen, daß der Gast diesen dezenten Hinweis versteht; er kann sie aber auch ganz unbewußt machen. Ist der Gast intensiv in die Unterhaltung vertieft, übersieht er möglicherweise die Veränderung in der Körperhaltung seines Gastgebers; es kann aber auch sein, daß er sie zwar bemerkt, jedoch geflissentlich übersieht. Ein sensibler Gast wird in der Regel sehr rasch auf eine solche Geste reagieren. Auch tut er das möglicherweise unbewußt, oder aber er erkennt das gegebene Zeichen und wird sich bewußt, daß er seine Zeit überzogen hat.

Tatsächlich reagieren wir in vielen Situationen des Alltagslebens auf Intentionsbewegungen und benutzen sie ebenso unbewußt. Jedesmal, wenn wir einen überfüllten Bürgersteig entlanggehen, reagieren wir auf die Intentionsbewegungen der anderen Passanten in unserer Nähe. Dadurch vermeiden wir körperliche Zusammenstöße ebenso wie mühsame Ausweichmanö-

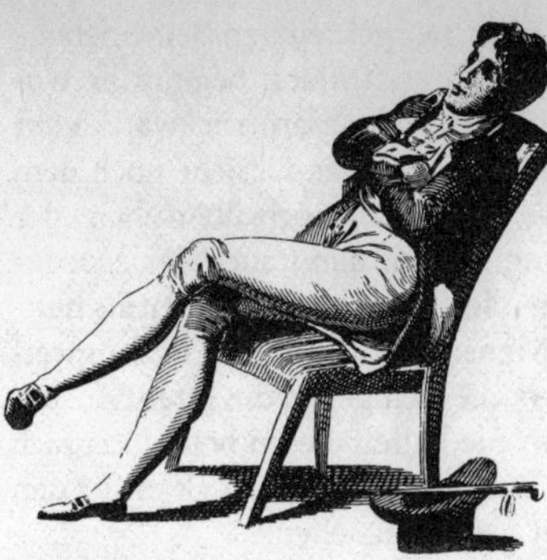

170 △

171 △ 172 ▽

170 + 171 Wenn wir insgeheim aufzustehen wünschen, bedienen wir uns der Intentionsbewegung des Aufstehens vom Stuhl, um so anzudeuten, daß uns an einer Beendigung des Gesprächs gelegen ist (nach Siddons, 1822).
172 Die rumänische Olympiasiegerin Nadia Comaneci greift in einer Intentionsbewegung an ihren Stuhl, um aufzustehen, als sie sieht, daß ihre Übung mit der Höchstnote bewertet worden ist.

ver im letzten Augenblick. Gelegentlich kommt es aber vor, daß dieses System nicht funktioniert: wenn wir die Intentionsbewegungen einer Person, die sich uns nähert, mißdeuten. Jeder kennt die Situation, wo zwei Menschen auf engem Raum aneinander vorbei müssen; beide wollen das auf der gleichen Seite. Wenn sie ihren gemeinsamen Irrtum bemerken, weichen beide gleichzeitig nach der anderen Seite aus und sehen sich im gleichen Dilemma. Zu diesem Zeitpunkt entschuldigen sich in der Regel beide, und dann wartet einer von ihnen ganz bewußt, bis der andere vorbeigegangen ist. Manchmal warten aber auch beide gleichzeitig, um den anderen als ersten vorbeigehen zu lassen. Sie haben jetzt einen Punkt erreicht, wo die einfache Handlung des Aneinandervorbeigehens zu einem verbalen Austausch wird, denn beide sagen: »Bitte, nach Ihnen!« Aber daß dies so selten vorkommt, ist ein Beweis dafür, wie sicher wir meist die Intentionsbewegungen anderer Menschen verstehen.
Manche Intentionsbewegungen sind subtiler, andere dagegen gröberer Natur. Jemand, der geduldig einem langweiligen Schwätzer zuhört, knöpft sich

vielleicht nur das Sakko zu oder stellt seine bisher gekreuzten Beine nebeneinander. Oder, falls das Gespräch im Stehen stattfindet, beginnt er womöglich, sich langsam zurückzuziehen, wobei er langsam rückwärts geht oder seinen Körper bereits abwendet, während er das Gesicht noch dem Sprecher zuwendet. Die ersten Hinweise kann man noch übersehen, der letztgenannte muß zwangsläufig Wirkung zeigen, denn auch der egozentrischste Redner muß diesen sich anbahnenden Rückzug zur Kenntnis nehmen. Unglücklicherweise wissen solche Menschen meist um ihre Langweiligkeit und bedienen sich daher Techniken, die sich gegen die Intentionsbewegungen des Gesprächspartners richten: Sie halten diesen beim Gespräch am Arm fest oder legen ihm eine Hand auf die Schulter, so daß es für den Betreffenden schwierig wird, sich diskret zurückzuziehen.
Vollends unmöglich wird das, wenn ein Mensch sich einen anderen im buchstäblichen Sinn »vorknöpft«. Dieser Ausdruck deutet auf den Brauch hin, jemanden am Jackenknopf festzuhalten, wenn man im voraus weiß, daß er das, was man ihm zu sagen hat, sich sicher nicht freiwillig anhören wird. Es lassen sich auf diese Weise zwar die subtileren Flucht-Intentionsbewegungen des Betreffenden nicht unterbinden, aber man kann ihn doch zumindest daran hindern, sich abzuwenden oder zurückzuweichen. Er muß, um loszukommen, schon zu recht verzweifelten Maßnahmen greifen, wie etwa jener in einer Anekdote aus dem Jahr 1880 verewigte Charles Lamb, der, als Coleridge ihn sich vorknöpfte ... den Jackenknopf abschnitt.
Das Gegenstück zu den Intentionsbewegungen des Fliehens bilden die Drohgebärden, die wir beobachten können, wenn jemand wütend wird. Die dezenteren Vorankündigungsgesten des Angriffs sind das Ballen der Fäuste oder das Weißwerden der Fingergelenke, während die Hand krampfhaft einen Gegenstand umklammert. Zu den deutlichsten Formen gehören das Anfauchen mit offenem Mund und der erhobene Arm. Das Anfauchen scheint ursprünglich die Intentionsbewegung des Beißens zu sein, das vermutlich in früher Zeit einmal eine der menschlichen Kampfformen war. Kleine Kinder benutzen das Beißen auch heute noch aggressiv, so daß man in Kindergärten stets auf gelegentliche »Beißer« achten muß. Erwachsene jedoch verlassen sich mehr auf ihre Hände als auf die Zähne, wenn es zu einem wirklichen Zweikampf kommt. Bei ihnen ist nur das »Anfauchen« als Intentionsgeste aus der frühgeschichtlichen Zeit geblieben. Es gibt hier allerdings einen gewissen Unterschied zwischen den Geschlechtern. Frauen haben schwächere Hände und Handgelenke als Männer, und bei ihnen kommt es hin und wieder vor, daß das Anfauchen nicht eine reine Intentionsgeste bleibt und zu einem wirklichen Biß ausartet. Vor einem Gericht wurde erst kürzlich eine Frau beschuldigt, ihrer Gesprächspartnerin ein Ohr abgebissen zu haben, als den beiden ein Streit (buchstäblich) entglitt.
Der erhobene Arm mit geballter Faust ist die Intentionsbewegung des für den Menschen typischen Schlags mit dem Arm. In ihrer abgeschwächten

Form besteht sie einfach aus einer leichten, nach oben gerichteten Bewegung des Unterarms, aber sie kann sich daraus auch weiterentwickeln: entweder zum Fäusteschütteln oder zum voll erhobenen Arm. Der gestreckte Arm mit geballter Faust wurde formalisiert zum kommunistischen Gruß und symbolisiert als solcher die Aggressivität der revolutionären kommunistischen Bewegung. Hier ist die Intentionsbewegung zu einem festen Emblem geworden und die Geste zum Selbstzweck. Mit ihr wird angedeutet, daß sich revolutionäre Aktivität der Vergangenheit sehr wohl in der Zukunft fortsetzen kann.

Beim Boxen ist die wichtigste Form der Intentionsbewegung nicht der Beginn einer ernstgemeinten Handlung, sondern einer Irreführung – der Finte. Der Boxer ist sich sehr wohl der Tatsache bewußt, daß sein Gegner auf jede noch so kleine Bewegung seiner Fäuste und seines Oberkörpers achtet, um daraus die Angriffsabsicht ablesen zu können, und er benutzt daher falsche Intentionsbewegungen als eine Art Falle. In der Regel kann man sagen, daß Boxer mit zunehmendem Gewicht auch in zunehmendem Maße die Intentionsbewegungen dem eigentlichen Schlag vorziehen. Bei Schwergewichtsmeisterschaften sind die echten Schläge sowohl für den Angreifenden als auch für den Angegriffenen so strapaziös, daß es oft ganze Runden gibt, in denen die Intentionsbewegungen weit häufiger sind als die tatsächlich erzielten Treffer – der Kampf besteht also meist aus Finten und Gegenfinten.

In der Leichtathletik gibt es keine Finten, aber der Start eines jeden Laufs sieht wie eine erstarrte Intentionsbewegung aus, wenn die Läufer auf das Kommando »Auf die Plätze!!« reagieren. Je kürzer die Laufstrecke, desto wichtiger wird die Intentionshaltung. Beim Hundertmeterlauf kann die Qualität der Absichtsbewegung – das plötzliche Vorschnellen beim Schuß des Starters – über Sieg oder Niederlage entscheiden. Die Anspannung vor dem Lauf ist so groß, daß es häufig zu Fehlstarts kommt, weil es einem Läufer nicht gelingt, seine »eingefrorene« Intentionsbewegung bis zum Startschuß durchzuhalten (siehe auch Farbabbildung F 31, Seite 289).

Es gibt eine besondere Art von Intentionsbewegungen, bei der man nicht eine, sondern zwei Handlungen gleichzeitig beginnt. Es besteht der Drang,

173 Finten sind vorgetäuschte Intentionsbewegungen, die den Widersacher verwirren sollen und sich bei vielen Sportarten sowie bei Kampfveranstaltungen finden.

174 Die Hockstellung kommt als Intentions-Rennen, etwa beim Start eines Langstreckenlaufs und als Intentions-Fangen vor, wie hier bei einem Kricketspiel.

zwei Dinge auf einmal zu tun. Der Körper gehorcht erst dem einen Impuls, dann dem anderen – in alternierender Folge. Wenn jemand sich gleichzeitig nach rechts und nach links bewegen will, aber eben nicht beides gleichzeitig kann, dann entscheidet er sich zunächst für eine Richtung – sagen wir: nach links. Aber dadurch bewegt er sich noch weiter von der rechten Seite weg, und das erhöht nur noch den Drang, sich nach dorthin zu bewegen. Er hält also in seiner Bewegung inne und bewegt sich nun in entgegengesetzter Richtung. Diese alternierenden Intentionsbewegungen oder ambivalenten Handlungen entwickeln häufig einen eigenen Rhythmus; das kann man nirgendwo besser beobachten als bei einer Rede oder einem Vortrag. Der Redner möchte stehenbleiben und seine Rede halten, gleichzeitig möchte er aber auch vor dem Publikum fliehen, denn jedes Publikum, auch wenn es noch so wohlwollend ist, erscheint der einsamen Gestalt als Bedrohung. Der Redner bleibt daher meist nicht ruhig stehen, sondern schwankt abwechselnd von links nach rechts. Sitzt er bei seiner Rede auf einem Drehstuhl, dann pendelt er möglicherweise von einer Seite zur anderen; er ist sich dessen zwar nicht bewußt, irritiert aber das Publikum erheblich. Aus diesem Grund haben einige Fernsehstudios inzwischen den Drehmechanismus ihrer Interviewstühle bewußt blockiert, um so zu verhindern, daß die interviewten Personen zu »rotieren« beginnen.

Wer an einer langweiligen Konferenz teilnimmt, kann sich die Zeit dadurch vertreiben, daß er eine Klassifizierung der verschiedenen Redner aufgrund ihrer wechselnden Intentionsbewegungen aufstellt. Es gibt da die verschiedensten Typen; die extremste Form ist der »Wanderer«, der von seinem

Rednerpult zuerst nach der einen, dann nach der anderen Seite des Podiums geht und wieder an sein Pult zurückkehrt. Ein bekannter Professor trieb es sogar noch weiter: Er ging immer bis zur Wand der Rednertribüne, löste dort die Kordel, mit der der Fenstervorhang zusammengehalten wurde, und hängte sie wieder ein; dann ging er auf die andere Seite und wiederholte dort die gleiche Tätigkeit; anschließend begab er sich an sein Rednerpult zurück. Er wiederholte diesen Vorgang mehrmals, hörte dabei aber niemals auf zu dozieren. Das Ganze erinnerte stark an eine Balzhandlung bei Tieren: Diese tänzeln beim Werbeverhalten erst nach links, dann nach rechts und wiederholen diesen Vorgang immer wieder; dabei gerät der Sexualdrang in Konflikt mit dem Fluchtdrang. Auf ganz ähnliche Weise zeigte hier der Professor seinen Konflikt zwischen dem Wunsch zu dozieren und dem Drang, vor seinem Publikum zu fliehen (vermutlich durch das Fenster!).
Zwar handelte es sich dabei um einen Extremfall, aber der Redner, der keine Intentionsbewegungen macht, ist eher die Ausnahme als die Regel. Fast immer hat der Bewegungsrhythmus eine bestimmte Geschwindigkeit, die für jeden einzelnen Redner so charakteristisch ist, daß sie sich sogar mit der Stoppuhr messen läßt. Ein Redner, dessen Rhythmus man mit der Stoppuhr festgehalten hatte, sprach zufällig gerade über das Thema der rhythmischen Bewegungen bei Tieren. An dem Punkt seiner Rede, wo er die Behauptung aufstellte, daß Primaten – Affen, Menschenaffen und Menschen – nicht so häufig wie andere Säugetierarten derartige rhythmische Bewegungen machen, wurde sein eigener Rhythmus unterbrochen und zeitweilig unterdrückt, als wollte er auf diese Weise einen Beweis für seine Behauptung erbringen. Diese Beobachtung unterstreicht nur noch, daß wir mit unserer Feststellung, wir führten gewisse Handlungen »unbewußt« aus, die Situation doch allzu sehr vereinfachen. Unser Bewußtsein mag diese Bewegungen zwar nicht registrieren, aber es hat den Anschein, als ob wir im Unterbewußtsein ganz genau wüßten, was wir tun. Vielleicht ist es gerade dieses unbewußte Wissen, das uns zu unseren kleinen rhythmischen Fluchtbewegungen veranlaßt. Es ist, als flüstere uns eine innere Stimme zu: »Sei unbesorgt, du könntest ja flüchten, wenn du es wirklich wolltest!« Jede rhythmische Erinnerung an diese Möglichkeit suggeriert uns ein Gefühl tröstlicher Zuversicht.
Es gibt einen Bereich menschlichen Verhaltens, bei dem dieser Handlungstyp ins Extrem gesteigert ist – das Tanzen. Nahezu jede Art von Tanz besteht im Grunde aus einer langen Reihe von Absichtsbewegungen. Anders ausgedrückt: Das Tanzen ist eine Fortbewegung, bei der wir an Ort und Stelle bleiben. Wir betreten die Tanzfläche, mischen uns unter die Tanzenden, und wenn das Musikstück zu Ende ist, befinden wir uns immer noch auf der Tanzfläche, obschon wir uns die ganze Zeit über fortbewegt haben. Objektiv betrachtet, ähnelt der Tanzende einem Papagei in einem kleinen Käfig, der ständig hin und her hüpft und flattert, aber nicht fortflie-

gen kann. Der Unterschied ist lediglich, daß wir uns freiwillig in eine solche Situation begeben. Wir finden Freude daran, und sogar das Zuschauen macht Spaß: Der Rhythmus der alternierenden Absichtsbewegungen ist zum befriedigenden Selbstzweck geworden.

Die Analyse der Volkstanzstile der ganzen Welt hat gezeigt, daß es bestimmte grundlegende Körperbewegungen gibt, die charakteristisch für die jeweilige Kultur sind. Die Tänze bestehen aus sich wiederholenden, abstrahierten Darstellungen vertrauter Alltagstätigkeiten. Wir finden Elemente aus dem Jagdleben, dem Sammeln von Nahrung und einer ganzen Anzahl weiterer Tätigkeiten aus dem häuslichen und landwirtschaftlichen Bereich. Auch das Werbeverhalten, die Paarung und andere soziale Handlungen sind Quelle bestimmter Tanzsequenzen, und die Befriedigung, die man bei ihrer stilisierten Ausführung als Teil eines musikalischen Rituals empfindet, ist die gleichzeitige Aktivierung der gesamten Gruppe. Es ist, als ob die Tanzhandlungen, die gleichzeitig, gemeinsam und in gleichem Rhythmus ausgeführt werden, dem Gruppengefühl und der gemeinsamen Lebensauffassung Nachdruck verliehen. Wenn alle gleichzeitig springen und sich drehen, fühlen sie sich als »ein Ganzes«, und alle werden befriedigt durch dieses Zusammengehörigkeitsgefühl, das mit dynamischen Körperbewegungen voll zum Ausdruck gebracht wird. Um dies zu erreichen, dürfen die einzelnen Tanzbewegungen nicht zu kunstvoll sein, und längere und komplizierte mimische Folgen müssen nach Möglichkeit vermieden werden. Im Volkstanz und Amateurtanz wurde eine leicht zu wiederholende Folge rhythmischer Bewegungsabläufe geschaffen, die sich aus der Alltagstätigkeit der Menschen herleiten und die Menschen gleichzeitig und als Ausdruck gemeinsamen physischen Erlebens ausführen. Man benutzt dabei die Bewegungselemente, die sich am leichtesten rhythmisch wiederholen lassen, und das sind in der Regel die Intentionsbewegungen. Natürlich tauchen gelegentlich auch spätere Stufen im Verhaltensablauf des Jagens, Kämpfens, Werbens usw. auf, aber im großen und ganzen werden die Vorbereitungs- und die Einleitungshandlungen benutzt. Beim Kriegstanz stoßen und springen die Krieger, als wollten sie sich in die Schlacht stürzen. Beim erotischen Werbetanz nähern sich die jungen Partner einander, bewegen sich wieder voneinander fort und nähern sich erneut. Beim Tanz im Saal führt der Mann seine Tänzerin über die Tanzfläche, als wolle er mit ihr irgendwohin gehen. Ihre Umarmung ist in gewissem Sinn die Verheißung eines fortgeschrittenen Stadiums der Intimität, aber dazu kommt es nicht. Statt dessen führt er sie immer von neuem auf der Tanzfläche herum. In Diskotheken kreisen die jungen Paare nicht auf der Tanzfläche; die Partner schauen sich beim Tanzen an und führen sexuelle Intentionsbewegungen und übertriebene Fortbewegungshandlungen auf der Stelle aus. Auch dabei sind Elemente erkennbar, die Abwenden vom Partner und erneutes Zuwenden tänzerisch signalisieren.

175 △ 176 ▽

175 + 176 Das Tanzen ist großenteils aus Intentionsbewegungen zusammengesetzt. Die Tänzer drehen sich in die eine oder andere Richtung, wie bei diesem Tanz aus Kenia (175), oder bilden Kreise und lösen sie wieder auf, wie bei den englischen Morris-Tänzern (176).

Gingen diese Tanzbewegungen zu weit und überschritten die Grenze der stilisierten Intentionsbewegungen, wäre die Tanzfläche bald von Schauspielern statt Tänzern überschwemmt – mit Leuten, die nach den Klängen der Musik verschiedene Tätigkeiten spielten: Arbeiten, Liebeswerben, Paarung oder Kampf. Das Verhalten wäre dann von den spezifischen Handlungsabläufen geprägt und verlöre seinen kollektiven, rhythmischen Wert. Gerade der vergleichsweise unspezifische und einfache Charakter der Intentionsbewegungen macht es möglich, den Tanz aus einer Reihe rhythmischer Bewegungsfolgen aufzubauen, ohne ihn allzusehr mit Mimik und Bedeutung zu belasten. Typische Einleitungsbewegungen für den Beginn jeder Handlung sind: Drehen, Kauern, Ausstrecken, Sprung, Hüpfen und Umwenden oder ein paar Schritte in eine und dann in die andere Richtung. Solche Bewegungsabläufe lassen sich leicht wiederholen, und deswegen bilden sie die Grundlage der meisten Tanzfolgen für Volks- und Amateurtänzer auf der ganzen Welt – sowohl im Dorf eines Eingeborenenstammes als auch in den Großstädten der industrialisierten Welt.

## Übersprunghandlungen

### Nervöse Ausweichhandlungen in Phasen höchster Spannung

Übersprunghandlungen sind kleine, scheinbar nicht zur Situation passende Bewegungen, die wir in Augenblicken eines inneren Konflikts oder aber der Frustration ausführen.

Ein nervöses Mädchen, das auf ein wichtiges Bewerbungsgespräch wartet, öffnet und schließt wiederholt sein Armband. Die Schließe ist völlig intakt, und auch das Armband war vollkommen in Ordnung, als sie begann, daran herumzuspielen. Das andauernde Klicken könnte sogar dazu führen, daß die Schließe beschädigt wird. Diese Handlungen kann man also nicht als »Ordnen der Kleidung« bezeichnen. Das Mädchen macht vielmehr sogenannte Übersprunghandlungen, und typisch dafür ist, daß es sich dessen vermutlich nicht einmal bewußt ist. Einerseits wartet es ungeduldig auf das bevorstehende Gespräch, andererseits ist es sehr ängstlich, möchte am liebsten fliehen und nie wieder hierher zurückkehren. Dieser innere Konflikt macht es dem Mädchen unmöglich, einfach still dazusitzen und zu warten, bis es an der Reihe ist. Es ist sehr erregt, kann aber im Augenblick nichts tun, um diesen Erregungszustand in wirkungsvolle Handlungen umzusetzen. Es kann z. B. nicht einfach in das Zimmer hineinmarschieren, oder einfach zum Ausgang laufen und fliehen. Es ist innerlich »festgefahren« und füllt dieses Verhaltensvakuum mit irrelevanten Bewegungen. Es ist so sehr auf Handeln eingestellt, da *jede* Handlung, wie sinnlos sie auch sein mag, dem Mädchen akzeptabler erscheint als bloße Untätigkeit.

Die Sekretärin, die dieses nervöse Mädchen beobachtet, kann natürlich die Signale deuten. Ihr ist klar, daß das rhythmische Klicken der Schließe einen inneren Konflikt anzeigt. Übersprunghandlungen werden also zu wichtigen sozialen Signalen, denn sie verraten anderen Menschen die Frustrationen ihrer Mitmenschen. Stewardessen von Fluggesellschaften werden beispielsweise daraufhin ausgebildet, solche auf innere Spannungen hindeutende Zeichen bei den Passagieren zu erkennen. Einige sind deutlich erkennbar, andere gut getarnt, denn die Passagiere wollen nicht gern zugeben, daß sie beim Besteigen eines Flugzeugs Angst haben. Ihr nervöses Herumfummeln ist ganz auf die Situation zugeschnitten, in dem unbewußten Versuch, es weniger sinnlos erscheinen zu lassen: Sie überprüfen wiederholt ihre Tikkets, nehmen die Pässe heraus und stecken sie wieder ein, hantieren immer wieder an ihrem Handgepäck herum, versichern sich, daß ihre Brieftasche auch noch an Ort und Stelle ist, lassen irgend etwas fallen und heben es wieder auf und erwecken ganz den Eindruck, als seien sie mit einer letzten Überprüfung vor dem Abflug beschäftigt. In Wirklichkeit ist alles bereits im Flughafengebäude überprüft worden, und eine erfahrene Stewardeß weiß, daß diese mit Übersprunghandlungen beschäftigten Passagiere innerlich stark angespannt sind und am liebsten aus dem Flugzeug fliehen würden.

Vergleiche zwischen dem Verhalten auf Bahnhöfen und auf Flughäfen haben ergeben, daß auf letzteren zehnmal mehr Übersprunghandlungen auftreten. Nur acht Prozent der Eisenbahnpassagiere zeigten vor der Abfahrt derartige Zeichen, dagegen stieg die Zahl auf einem Flughafen vor dem Transatlantikflug eines Jumbo-Jets auf achtzig Prozent. Neben dem wiederholten Überprüfen des Flugtickets konnte man noch eine ganze Reihe anderer nervöser Handlungen beobachten: Gesichtsberührungen, Kratzen am Kopf, Ziehen am Ohrläppchen und fahrige Handbewegungen.
Menschen, die sich des verräterischen Eindrucks derartiger Handlungen durchaus bewußt sind, können sie dennoch kaum völlig unterdrücken: In der Ecke der Abflughalle sitzt der Profi-Flugreisende – scheinbar ruhig und entspannt. Aber bei näherem Hinsehen fällt auf, daß er seine Zigarette seltsam raucht. Er tippt sie laufend an den Rand des Aschenbechers, um die Asche abzustreifen, aber an der Zigarette befindet sich überhaupt keine Asche. Das Ganze geschieht so unauffällig für andere, daß sein Image der Entspanntheit und Sicherheit kaum darunter leidet. Doch das dauernde Ascheabstreifen ist völlig sinnlos – nur als Übersprunghandlung besitzt es überhaupt eine Bedeutung.
Der Aschenbecher ist schweigender Zeuge auch anderer Übersprunghandlungen im Zusammenhang mit dem Rauchen: Die kaum angerauchte Zigarette wird ausgedrückt, als solle sie getötet werden. Die Berge in der Mitte zerbrochener Streichhölzer und die in die Asche gemalten Muster sprechen für sich. Der Akt des Rauchens selbst ist bei vielen eine Quelle von Übersprunghandlungen. Die Anzahl der gerauchten Zigaretten erhöht und vermindert sich bei ihnen nicht im Zusammenhang mit narkotisierendem Nikotinbedürfnis, sondern abhängig von den zu- und abnehmenden inneren Spannungen im Laufe des Tages. Es handelt sich hier um die Streßraucher (im Gegensatz zu den Drogenrauchern), und zumindest in diesem Zusammenhang kann das Rauchen eine wichtige Rolle in einer Gesellschaft spielen, in der die Menschen ständig unter Streß und Druck stehen. Denn es geht um viel mehr als um das bloße Inhalieren des Rauchs.
Da ist zunächst einmal das Suchen und Finden von Zigarettenpackung und Streichhölzern bzw. des Feuerzeugs; dann das Herausziehen der Zigarette aus der Packung; das Anzünden und Löschen der Flamme, das Wegwerfen des Streichholzes und Wegstecken der Zigarettenpackung; das Heranziehen des Aschenbechers in eine möglichst bequeme Position; das Abklopfen imaginärer Asche von der Kleidung und schließlich das mehr oder minder gedankenvolle Ausatmen des Rauchs. Zigarre und Pfeife bieten einen noch größeren Spielraum für Übersprunghandlungen beim Rauchen. Der Raucher besitzt in Augenblicken von Streß und Druck einen beträchtlichen Vorteil gegenüber dem Nichtraucher; er kann wenigstens den Eindruck erwecken, all sein Hantieren und Herumfummeln sei Bestandteil seines Rauchvergnügens und nicht eine Reaktion auf innere Konflikte.

177 △ 178 ▽

180 ▽ 179 △ 181 ▽

177 + 178 Wenn ein verdutzter Mann sich am Kopf kratzt, dann ist das eine Übersprunghandlung – eine kleine Geste, die einen inneren Konflikt widerspiegelt. Das kann bei der Konfrontation mit einem schwierigen Problem vorkommen oder in einem Augenblick sozialer Spannung.
179–181 Viele Menschen entwickeln persönliche Übersprunggewohnheiten: Sie klimpern in der Tasche mit Münzen oder glätten ihre gar nicht zerzausten Haare. Selten findet man einen Menschen, der nicht über einige solcher Ablenkungsbewegungen bei gesellschaftlichen Anlässen verfügt.

Dieser Aspekt der Übersprunghandlungen beim Menschen – die Art und Weise, wie diese Handlungen unbewußt ausgewählt werden, um die tieferliegenden emotionalen Konflikte zu verbergen –, hat zu einer ganzen Reihe fester gesellschaftlicher Praktiken geführt. Immer, wenn wir an gesellschaftlichen Ereignissen teilnehmen, befinden wir uns zwangsläufig in einem leichten Konfliktzustand. Ob wir nun Gast sind oder Gastgeber, wir fühlen uns leicht verunsichert und machen uns Sorgen, wie unser Auftreten ankommen wird. Es überrascht daher nicht, daß gesellschaftliche Zusammenkünfte ein wahrer Tummelplatz für Übersprunghandlungen sind: Während der Gastgeber durch das Zimmer geht, reibt er sich die Hände (Übersprung-Händewaschen); eine geladene Dame glättet sorgfältig ihr Kleid (Übersprung-Putzen); ein männlicher Gast streicht wiederholt seinen Bart (ebenfalls Übersprung-Putzen); der Gastgeber bereitet Drinks, die Gäste nippen daran (Übersprung-Trinken); die Gastgeberin bietet kleine Appetithappen an, die Gäste knabbern an ihnen (Übersprung-Essen).
Typisch ist, daß keine dieser Handlungen ihre primäre Funktion erfüllt. Der Gastgeber, der die Übersprunghandlung des Händewaschens macht, hat trockene und saubere Hände; die Dame, die ihr Kleid glättet, hat überhaupt keine Falten entdeckt; auch beim Bartstreicher war der Bart tadellos gepflegt; außerdem waren die Übersprungtrinker und Übersprungesser weder durstig noch hungrig. Aber all diese Handlungen trugen dadurch zur Minderung der Spannung bei, daß die Gruppe während der Anfangsphase der Party beschäftigt war.
Viele Menschen entwickeln in ihren Übersprungbewegungen ganz persönliche Gewohnheiten. Sie bevorzugen eine bestimmte Form, die sie immer dann anwenden, wenn sie in einen inneren Konflikt geraten. Beispiel dafür sind etwa: der Sportler, der unmittelbar vor Beginn eines wichtigen Wettkampfes intensiv Kaugummi kaut; der leitende Angestellte, der seine Brille mit dem Taschentuch säubert, bevor er in einer Sitzung eine schwierige Frage beantwortet; die Schauspielerin, die eine Haarsträhne um den Finger dreht, der Schüler, der an seinen Nägeln kaut; der Dozent, der seine Papiere auf dem Rednerpult fortgesetzt neu ordnet; der Interviewer im Fernsehen, der sorgfältig die Rückseite seiner Finger betrachtet; der Vorsitzende, der auf seinem Schreibblock kleine Männchen malt; der Lehrer, der penibel imaginäre Flusen von seinem Sakko zupft; und schließlich noch der Doktor, der fortgesetzt seine Armbanduhr aufzieht.
Ein Mensch, der keine solchen trivialen Handlungen zeigt, der ruhig und gelassen ist und bei gesellschaftlichen Anlässen ausschließlich auf die primären Handlungen achtet, ist entweder sozial dominierend oder aber sozial distanziert. Er steht entweder über jedem Konflikt oder außerhalb. Mag er nun ein Tyrann oder ein Industriemagnat, ein Heiliger oder ein Mystiker, ein Exzentriker oder ein Psychotiker sein – mit Sicherheit ist er nicht typisch für die überwiegende Mehrzahl der Menschen. Wir werden früher

oder später in unserem Alltagsleben dem Drang nachgeben, kleine, unwichtige Dinge zu tun, die in keinem Zusammenhang mit der Situation stehen und in völlig fremde Verhaltensabläufe eingeschoben werden, wo sie uns helfen, einen inneren Verhaltensstau aufgrund widersprüchlicher Antriebe zu vermeiden.
Das gilt keineswegs nur für die Spezies Mensch. Auch viele Tierarten zeigen charakteristische Übersprunghandlungen, wenn sie sich in einem Konfliktzustand befinden. Der Hauptunterschied zum Menschen ist der, daß die Tiere dabei nicht erlernte Verhaltensweisen in der Weise wie die Menschen verwenden und daß sie kaum individuelle Variationen kennen. Wenn ein Mitglied einer Tierart eine spezielle Übersprunghandlung zeigt, kann man mit ziemlicher Sicherheit voraussagen, daß auch die übrigen Mitglieder dieser Spezies dieselbe Bewegung ausführen, wenn sie sich in einer ähnlichen Konfliktsituation befinden.
Beim Menschen gibt es eine solche Voraussagbarkeit nicht, auch wenn ein oder zwei Beispiele ziemlich weit verbreitet zu sein scheinen. Das Übersprung-Gähnen, wenn man gelangweilt oder frustriert ist, scheint praktisch universal zu sein. Zweifellos ist dies eine Art Übersprung-Schlafen von niedrigem Intensitätsgrad. Es gibt interessante Berichte aus den letzten Kriegen, daß Soldaten gerade in dem Augenblick ein überwältigendes Schlafbedürfnis überfiel, als sie den Befehl zum Angriff erhielten. Dabei handelte es sich keineswegs um Drückebergerei oder echte Erschöpfung. Sobald die Soldaten den Angriff tatsächlich begonnen hatten, waren sie hellwach. Nur im Augenblick des Angriffsbefehls überkam sie das plötzliche Schlafbedürfnis. Dieses Verhaltensmuster teilen wir mit gewissen Vogelarten: Sie stecken ihren Kopf inmitten von Drohgebärden und Drohrufen vor dem Kampf plötzlich wie beim Schlafen kurz unter die Flügel.
In abgemilderter Form kann das menschliche Übersprung-Schlafen auch Fälle von unzulänglicher Arbeitsleistung erklären. Ist jemand frustriert und gerät deshalb in einen inneren Konfliktzustand, kann er in den Sog unkontrollierbarer Ermüdungserscheinungen geraten, die seine Tätigkeit ernsthaft beeinträchtigen. Das ist wohl der Grund dafür, daß wir sagen, einer Sache müde zu sein, wenn uns etwas langweilt. Wenn wir diesen Mechanismus besser verstehen würden, könnte sich das als nützlich im Hinblick auf Verteilung und Qualität der Arbeit erweisen (siehe auch Farbabbildung F 33, Seite 290).

## Ersatzhandlungen

### Handlungen, die Unbeteiligte treffen, aber nicht betreffen

Ersatzhandlungen sind nicht auf diejenige Person gerichtet, für die sie eigentlich bestimmt sind.

Das auffälligste Beispiel einer Ersatzhandlung ist die »umgelenkte Aggression«. Wenn jemand Sie so stark provoziert, daß Sie ihn am liebsten angreifen würden, sich aber wegen dessen dominanter Stellung fürchten, es zu tun, dann zeigt sich bei Ihnen die Tendenz, Ihre Wut an jemandem auszulassen, der Sie weniger einschüchtert. Dadurch wird zwar das ursprüngliche Problem keineswegs gelöst, aber Sie verschaffen sich eine gewisse Erleichterung.

Unglücklicherweise ist die umgelenkte Aggression ein weit verbreitetes Phänomen. Vermutlich ist sie die Ursache für die Mehrzahl aller aggressiven Handlungen. Der Grund ist einleuchtend: Nur eine Person, die einigermaßen sicher vor Vergeltungsaktionen ist, kann es sich wiederholt leisten, ihre Aggressionen offen zum Ausdruck zu bringen. Der Chef benimmt sich aggressiv gegenüber seinem Assistenten, denn er weiß, daß dieser es nicht wagen wird, ihm zu widersprechen. Dieser schluckt den Ärger widerwillig und läßt seinen Zorn an seiner Sekretärin aus. Diese schweigt im Augenblick, aber später läßt sie ihrerseits ihren Unmut am Büroboten aus. Der Bürobote, der den untersten Rang in der Bürohierarchie einnimmt, kann seine Aggression an niemandem auslassen; für ihn gilt: »Den letzten beißen die Hunde!«

Ein klassisches Beispiel für diese Art von Ersatzbefriedigung sind der aggressive, beruflich erfolglose Ehemann und seine unglückliche, verprügelte Ehefrau. Der Mann, der am Arbeitsplatz Demütigungen einstecken mußte, kommt wutschnaubend heim und reagiert seine Wut an seiner hilflosen Frau oder an den noch hilfloseren Kindern ab. Praktisch sind alle Fälle, in denen ein Ehemann Frau und Kinder schlägt, einfach umgelenkte Aggressionen – und das gilt auch für die meisten Fälle von Tierquälerei. Weniger Schaden richtet die umgelenkte Aggression an, die sich gegen leblose Objekte richtet. Beispiele: Der wütende Manager trommelt mit der Faust auf seinen Schreibtisch. Die rasende Ehefrau wirft eine kostbare Vase gegen die Wand. Ein kleiner Junge trampelt auf einem zerbrechlichen Spielzeug herum. Die überschäumende Aggression kann sich austoben, aber wenigstens muß darunter kein lebendes Wesen leiden. In einigen Fabriken soll es sogar »Aggressionszimmer« geben, in denen man – eine Art Sicherheitsventil für frustrierte Angestellte und Arbeiter – geeignete Schaufensterpuppen aufgestellt hat, die eigens zur Zerstörung bestimmt sind.

Ein Großteil der Gewaltausbrüche, die bei Unruhen, Vergewaltigungen und Raubüberfällen zum Ausdruck kommen, ist vermutlich auf den gleichen Mechanismus der Ersatzhandlung zurückzuführen. In der Presse werden

182 Aggression wird häufig umgelenkt. Anstatt den Verursacher seiner Wut anzugreifen, dirigiert der Wütende seinen Angriff auf ein weniger gefürchtetes Opfer um. Vielleicht geht er auf einen unschuldigen Zuschauer los oder auf ein lebloses Objekt, vielleicht gar auf sich selbst. Eine Vergewaltigung ist oft ein Ersatzangriff, der als sexuelle Handlung getarnt ist.

allerdings häufig nur oberflächliche Ursachen für derartige Vorfälle genannt: Politischer Protest für Unruhen, Sex für Vergewaltigungen und Diebstahlabsichten für Raubüberfälle. Aber unter der Oberfläche lauert häufig eine tiefergehende Ursache – das Bedürfnis, unerträgliche Frustrationen, die sich bei den Angreifern in ihrem Alltagsleben aufgestaut haben, an anderen »Objekten« abzureagieren.

Manchmal wird diese Ersatzbefriedigung in ihrer Ausführung stark verzögert. Hier kommen wir in den Bereich der Psychoanalyse: Leid und Ungerechtigkeiten, die man kleinen Kindern zugefügt hat, erweisen sich später als die eigentliche Ursache für Gewalttaten, wenn diese Kinder erwachsen sind.

Als Spezies scheinen wir nur allzu befähigt, aus unserem Herzen unter Umständen sogar lebenslang eine Mördergrube zu machen. Daher bleibt der Ersatzcharakter aggressiver Handlungen häufig verborgen.

Aggression ist nicht die einzige Verhaltensform, die eine Umlenkung erfah-

183 Eine weniger zerstörerische Form der Ersatzbefriedigung besteht darin, seine Gefühle an irgendwelchen Gegenständen auszulassen. So zerschmeißt etwa eine wütende Ehefrau eine Vase oder ein energischer Politiker malträtiert während des Vortrages das Rednerpult.

ren kann. Das gleiche gilt auch für elterliche und sexuelle Liebe. Stirbt ein geliebter Mensch oder ist er aus irgendeinem Grund abwesend, kann die ihm zugedachte Liebe auf ein Ersatzobjekt übertragen werden – wobei dieses Ersatzobjekt natürlich nicht um seiner selbst willen geliebt wird, sondern nur insoweit, als es dem geliebten ursprünglichen Objekt ähnelt. Da der Ersatz niemals dem Original völlig gleichkommt, ist das Resultat häufig unbefriedigend, wenn nicht gar katastrophal. Ein gutes Beispiel dafür ist das »Muttersöhnchen«, dessen stärkste Bezugsperson die eigene Mutter ist und das deren Eigenschaften auch bei seiner jungen Ehefrau sucht.

Die Ersatzhandlung ist ein höchst wirksamer Vorgang im Rahmen menschlichen Verhaltens. Sie kann blockierte Triebbedürfnisse zwar nicht stillen, sie aber doch zumindest beschwichtigen und auf Ersatzobjekte umleiten. Leider bringt sie wegen ihres fehlerhaften Mechanismus viele Gefahren und Enttäuschungen mit sich, was leicht an den physischen und psychischen »Narben« der menschlichen Gesellschaft abzulesen ist.

## Ablenkungsmanöver

Handlungen, die eine vorhandene Stimmung durch eine neue auslöschen

Ein Ablenkungsmanöver unterdrückt eine unerwünschte Stimmung, indem es eine andere, entgegenwirkende Stimmung entflammt. Wenn ich beispielsweise möchte, daß Sie Ihre gegenwärtige Tätigkeit einstellen, dann erreiche ich das am besten dadurch, daß ich in Ihnen den Wunsch erwecke, etwas anderes zu tun. Die neue Gefühlslage erstickt die vorhergehende Stimmung, die mir mißfallen hat: Sie lenkt Sie ab.

Wie jede Mutter früher oder später entdeckt, kann man bei kleinen Kindern eine unerfreuliche Situation am besten dadurch klären, daß man bei ihnen Interesse für etwas ganz anderes weckt – etwas, das sich möglichst stark von dem unterscheidet, was sie im Augenblick gerade tun. Mehr als jede direkte Methode erweist sich diese Strategie als erfolgreich beim Schlichten von Kämpfen, beim Beschwichtigen von Ängsten, Launen und Konfliktzuständen. Häufig schlagen Versuche, unerwünschte Dinge mit Hilfe von Drohungen, Forderungen oder Bitten abzustellen, glatt fehl, während man mit Hilfe eines Ablenkungsmanövers rasch zum Ziel kommt.

Ablenkungsmanöver arbeiten mit Hilfe des Konzentrationsprinzips, nach dem sich bei hohem Intensitätsgrad konkurrierende Triebe gegenseitig unterdrücken. Konzentrieren wir uns ganz fest auf eine spezielle Tätigkeit, dann schwinden die anderen Vorgänge um uns herum in zunehmendem Maß aus unserem Bewußtsein. Auch wenn eine Vielzahl von Reizen uns umgibt, macht uns doch unsere Zielstrebigkeit und Unbeirrtheit blind und taub ihnen gegenüber. Unser Gehirn arbeitet selektiv und befähigt uns, alle Ablenkungen zu ignorieren. Ein in hohem Maße schöpferischer Künstler, dessen Atelier sich in einem geradezu chaotischen Zustand befand, hat das einmal so ausgedrückt: »Wenn ich jeden Tag alles täte, was ich tun müßte, würde ich niemals etwas zuwege bringen.«

Dieses Konzentrationsniveau muß der Ablenkende ausnutzen, um den anderen zu einer Stimmungsänderung zu bewegen. Er muß das Reizniveau irgendeines neuen Elements in der Umgebung des Betreffenden so stark anheben, daß es in den bestehenden Konzentrationskreis eindringt und eine Sinnesänderung zugunsten des Ersatz-Verhaltensmusters bewirkt. Eine geplagte Mutter versucht das in der Regel mit einem aufregenden neuen Spielzeug oder mit dem Vorschlag für ein interessantes Spiel, dessen Anziehungskraft so stark ist, daß sie die bisherige »Vorliebe« des Kindes für Wut, Angst, Schmerz oder Quengeln sozusagen wegwischt. Das normale Kind reagiert so stark auf jedes neue Spiel oder Spielzeug, daß das nicht schwer zu erreichen ist. Bei Erwachsenen lassen sich allerdings Stimmungen nicht so leicht beeinflussen; aber es gibt Ablenkungsmanöver, mit deren Hilfe man auch bei ihnen einigermaßen sicher zum Erfolg kommen kann und die zu charakteristischen sozialen Verhaltensmustern geworden sind.

Am beliebtesten ist bei Erwachsenen die pseudokindliche Art der Ablenkung. Diese Methode wird am häufigsten von Ehefrauen gegenüber ihren Männern angewandt: Ihr Hauptbestandteil ist die Übernahme der Rolle des »kleinen hilflosen Mädchens«. Der erwachsene Mann findet dies unwiderstehlich, denn diese Rolle appelliert an seine zärtlichen Beschützergefühle und unterdrückt seine für den Erwachsenen typische Zurückhaltung. Dadurch, daß sie auf ihre Mädchensignale umschaltet, stimuliert die erwachsene Frau beim Mann dessen väterliche Reaktionen und funktioniert ihn sozusagen von einem kritischen Partner zu einem fürsorglichen Pseudovater um. Die Umgangssprache enthält eine Fülle von Koseworten, die zu dieser ablenkenden Strategie passen: Die Anreden »mein Kleines« oder »Baby« werden normalerweise nicht Kindern gegenüber gebraucht, sondern beziehen sich auf die erwachsene Partnerin, die ihrerseits ihrer »Tochterrolle« durch charakteristische Gesten gerecht wird. Sie zeigt schmollende Lippen, weit offene Augen und kindähnliche Körperhaltungen, also lauter aus der Kindheit stammende, jetzt in eine Ablenkungsstrategie eingebaute Verhaltensmuster. Häufig neigt sie den Kopf zur Seite: wie ein trostsuchendes kleines Mädchen, das sein Köpfchen an die Schulter des Vaters legt. Das ist eine nicht zu übersehende Bitte um Schutz und Zuwendung, und der Mann, der das Opfer dieser »Show« ist, wird, ohne zu wissen warum, von einem aufwallenden Gefühl väterlicher Fürsorge übermannt (siehe auch Farbabbildung F 36, Seite 291).
Auch erwachsene Männer zeigen gelegentlich derartige kindliche Verhaltensmuster, und manche Frauen sagen von der Ausstrahlung eines solchen Mannes, er komme ihnen wie ein »verlorener kleiner Junge« vor. Manche Männer benutzen ihr jungenhaftes Flair ganz bewußt als ein Mittel, um die mütterlichen Schutzinstinkte derjenigen Frauen wachzurufen, die sie in Wirklichkeit als Sexualobjekte begehren und die sie so schwach machen wollen.
Ähnliches geschieht auch bei jungen Liebenden: Dazu gehören ihre »Kindersprache«, ihre herzlichen Umarmungen, ihr Streicheln und Kraulen. Wie Vögel in der Paarungszeit füttern sie sich häufig gegenseitig und schenken sich Schokolade und Pralinen. Diese beiderseits zur Schau gestellten Fürsorge-Verhaltensmuster tragen dazu bei, den Weg der Paarbindung zu ebnen, denn sie reduzieren alle widerstrebenden Ängste und Sorgen, die möglicherweise unter der Oberfläche lauern.
Außer diesen pseudokindlichen und pseudoelterlichen werden in vielen Fällen auch pseudosexuelle Signale zur Ablenkung benutzt. Beispielhaft ist etwa der einer jungen Sekretärin gegebene Ratschlag: »Je mehr Tippfehler Sie gemacht haben, desto stärker sollten Sie Ihre Brust herausdrücken!« Sicher ist dies mehr ein Witz, aber er beschreibt ausgezeichnet die weitverbreitete Verwendung sexueller Signale zur Beschwichtigung männlicher Aggression.

## Verletzende Gesten

### Wie wir einander Respektlosigkeit und Verachtung zeigen

Es gibt zahllose Möglichkeiten, einen anderen Menschen zu verletzen oder zu beleidigen. Menschen können das besser als jede andere Tierart. Wir verfügen über eine breite Vielfalt herabwürdigender Signale – ohne daß wir überhaupt ein Wort sprechen müssen.

Fast jede Handlung kann, aus dem Zusammenhang gelöst, als verletzende Geste verwendet werden – zum falschen Zeitpunkt oder an der falschen Stelle. Die speziellen Beleidigungssignale, mit denen wir uns hier befassen, sind jedoch anders. Es sind Handlungen, mit denen man – ohne Rücksicht auf den jeweiligen Zusammenhang – *immer* eine herabwürdigende, beleidigende Wirkung erzielt. Sie sind von unterschiedlicher Intensität und reichen von milden Zurückweisungen bis hin zu rohen Einschüchterungsversuchen.

Sie unterscheiden sich auch von Gegend zu Gegend. Manche versteht man auf der ganzen Welt, so etwa ein verächtlich lächelndes und verzerrtes Gesicht, das sich uns heftig zuwendet. Aber es gibt viele andere Signale, die wir nur mit Hilfe besonderer Kenntnisse interpretieren könnten. Wie würden Sie beispielsweise eine Geste deuten, bei der die Fingerspitzen und der Daumen der linken Hand zusammengelegt werden und der ausgestreckte Finger der rechten Hand über diese gebündelten Fingerspitzen geführt wird? Wären die Begleithandlungen hinreichend unangenehm, könnte man vielleicht erraten, daß diese Geste herabwürdigend ist. Doch die genaue Bedeutung würde einem entgehen, wenn man nicht zufällig aus Saudiarabien käme. Dann wäre man allerdings schwer beleidigt, denn dieses Signal bedeutet: »Du bist ein Hurensohn!« Der Schlüssel zu diesem Symbolgehalt liegt in der Redewendung »Du hast fünf Väter!« – ausgedrückt durch die fünf Finger der linken Hand.

Dem Außenstehenden erscheinen Zeichen dieser Art so bedeutungslos, daß Einheimische durchaus in der Lage sind, einen Fremden zu beleidigen, ohne daß dieser es merkt. Natürlich kann es auch passieren, daß Fremde, ohne es zu wissen, durch eine bestimmte Geste die Einheimischen beleidigen. Eine genaue Kenntnis der verschiedenen verletzenden Signale ist daher doppelt nützlich. Um ihre Wirkungsweise zu verstehen, muß man sie in mehrere Kategorien einteilen:

1. Signale des Desinteresses. Man sagt, wenn die Gesellschaft jemandem ihre Verachtung kundtun wolle, ignoriere sie den Betreffenden zuerst, dann lache sie ihn aus, und wenn alles nichts nütze, greife sie ihn an. Das ist sicherlich eine starke Vereinfachung, aber es trifft zu, daß die mildeste und doch höchst negative Form der Beleidigung darin besteht, Desinteresse zu zeigen. Man tut das, indem man den Intensitätsgrad der erwarteten freundlichen Reaktionen leicht reduziert, während der Unterhaltung seltener zu-

stimmend nickt und lächelt, die Augen häufiger als üblich abschweifen läßt oder den Kopf bewußt und deutlich erkennbar abwendet.
Als im vergangenen Jahrhundert der soziale Snobismus seinen Höhepunkt erreichte, da erlangte ein Desinteresse-Signal den Status einer formellen Geste: das »Schneiden«. Es war für Begegnungen mit Personen reserviert, die man als gesellschaftlich unterlegen betrachtete, und bestand darin, daß man jemand sehen ließ, daß man ihn bemerkt hatte, dann jedoch den Kopf demonstrativ abwandte und ihn schlichtweg ignorierte. »Schneiden« und das Übersehen einer zum Gruß dargebotenen Hand werden heutzutage nur noch in extremen Fällen als übertriebene Formen demonstrativen Desinteresses praktiziert: Sie gehören im allgemeinen nicht mehr zum gesellschaftlichen Repertoire. Ihre Wirkung ist daher in den wenigen Fällen, wo sie noch angewandt werden, um so stärker. In der heutigen antisnobistischen Gesellschaft erwartet man, daß wir bei jedem gesellschaftlichen Treffen Interesse für alle Anwesenden zeigen; gelingt uns das nicht hinreichend, kann es auf einen sensiblen Artgenossen bereits als verletzende Geste wirken.
2. Signale der Langeweile. Wirkt gezeigtes Desinteresse nicht wie erwartet, dann braucht man eine stärkere Reaktion: offene Langeweile. Beliebtestes Signal hierfür ist das gespielte Gähnen, Alternativen sind tiefes Seufzen, glasiges In-die-Ferne-Starren oder ein wiederholter Blick auf die Armbanduhr. Letzteres kann allerdings auch zu Mißverständnissen führen. Wenn jemand einen voll ausgelasteten Terminkalender hat und unbedingt wissen muß, wie spät es inzwischen ist, dann schaut er nicht gern offen auf die Uhr, um nicht unabsichtlich jemanden zu beleidigen. Statt dessen versucht er, durch feine Armbewegungen und Kopfdrehungen einen heimlichen Blick auf seine Uhr zu »erschleichen«.
3. Signale der Ungeduld. Häufig werden kleine Bewegungen benutzt, um darauf hinzudeuten, daß man sich gern aus der gegenwärtigen Situation befreien möchte – so etwa Trommeln mit den Fingern, leichtes Klopfen mit dem Fuß oder wiederholtes Schlagen der Hände gegen den eigenen Körper. Es ist, als wolle ein Körperteil den Rhythmus sich entfernender Schritte angeben. Die trommelnden Finger sind wie kleine Füße, die auf der Stelle trippeln. Der klopfende Fuß macht sozusagen den ersten Schritt zur Flucht, aber er kommt nicht vorwärts und muß sich mit den entsprechenden Intentionsbewegungen begnügen. Wer derartige Signale beobachtet, ist sich klar darüber, daß der Signalgeber lieber an anderer Stelle wäre. Man hat diese Bewegungen zwar nicht exakt gemessen, aber man kann mit einiger Sicherheit sagen, daß das Tempo dieser Ungeduldsrhythmen etwa dem Takt raschen Gehens oder Laufens entspricht.
4. Überlegenheitssignale. Viele Menschen, die einen anderen beleidigen wollen, machen kleine Bewegungen, die sie »überlegen« erscheinen lassen. Die bekannteste ist das Zurückwerfen des Kopfes bei gleichzeitig halbge-

184 Sozial hochstehende Personen tendieren dazu, den Kopf weiter zurückzuwerfen als ihre niedrigerstehenden Begleiter. Das hat zu der Redensart »die Nase hochtragen« geführt. In übertriebener Form kann diese Haltung leicht beleidigend wirken.

schlossenen Augen: Ursache für die Entstehung der Redewendungen »auf jemanden herabschauen« und »die Nase hochtragen«. Es handelt sich hier um die übertriebene Form eines der Standardsignale für hohen Status. Bei der Darstellung ihres hohen Status tragen dominante Personen den Kopf hoch, die rangniederen lassen ihn eher hängen. Der Unterschied hoch/niedrig in der Kopfhaltung ist jedoch relativ geringfügig, so daß wir uns seiner selten bewußt werden. Unbewußt reagieren wir aber auch auf geringfügige Unterschiede recht stark. Betritt ein Mensch mit hängenden Schultern den Raum, dann wird er sich stärker bemühen müssen, unseren Respekt zu gewinnen, als ein Mann mit geraden Schultern und aufrechtem Gang. Sowohl er als auch wir werden uns dieser Tatsache nicht bewußt, aber unterschwellig ist dieses Gefühl wirksam. Wenn jemand einen anderen Menschen beleidigt, dann neigt er – ohne Rücksicht auf seinen sonstigen Status – dazu, den Kopf hochzuwerfen und diese Haltung noch zu übertreiben.

Es mag widersprüchlich erscheinen, wenn ein Mensch mit niedrigem Status eine solch übertriebene, für hohen Status typische Haltung einnimmt, aber in dem Augenblick, in dem er jemanden beleidigt, begibt er sich quasi außerhalb seiner normalen Statusrolle. In einem Anfall von Gereiztheit läßt er die üblichen Hemmungen fallen: Während seiner verbalen Attacke wirft er den Kopf zurück, und zwar in einer für ihn ungewohnten und übertriebe-

nen Form. Dies ist eine flüchtige »Erhöhung«, aber in ihr spiegelt sich deutlich der vorübergehende Verlust seiner Selbstkontrolle wider, die ihn außer sich geraten läßt.
Man kann beobachten, wie kleine Kinder, Teenager, Schüler und untergeordnete Angestellte, die normalerweise ihr Dominanzstreben im Zaum halten müssen, immer dann plötzlich Überlegenheitsgebaren zur Schau stellen, wenn sie sich bis an die Grenze ihrer Selbstbeherrschung getrieben fühlen und sich zu einer wahren Explosion verbaler Schmähungen hinreißen lassen. Mit erhobenem Kopf daherstürmend erscheinen sie ihren Kollegen möglicherweise geradezu lächerlich, weil der Gegensatz zwischen ihrer sonst bescheidenen Haltung und der jetzt superdominanten Kopf-in-die-Luft-Pose zu stark ist. Aber für die »Explodierten« selbst ist dies wirklich ein Augenblick der Dominanz, und sie fühlen sich dabei – wenn auch nur für einen Moment – völlig wohl.
Dies ist ein gutes Beispiel für ein wichtiges soziales Prinzip: Wenn wir uns unter Kontrolle haben, sehen wir unsere menschlichen Beziehungen langfristiger; in unseren leidenschaftlichen, stärker emotional bestimmten Augenblicken geben wir diese Haltung zugunsten einer kurzfristigen Sicht auf. Ein Mensch, der kühl bleibt, während sein Gegenüber die Beherrschung verliert und anfängt, Beleidigungen auszustoßen, kann den Gegensatz zwischen dem vorherigen und dem jetzigen unbeherrschten Verhalten des anderen beurteilen, und seine Reaktion berücksichtigt beides, die momentane Beleidigung und den Kontrast zum früheren Verhalten. Der Beleidiger hingegen nimmt nur seine augenblickliche Wut wahr. Später, wenn er sich beruhigt hat und wieder zu einer klareren Beurteilung des Vorgefallenen zurückgekehrt ist, wird auch er jenen Gegensatz spüren; er wird sich selbst nicht mehr verstehen können und dann zur Entschuldigung vorbringen, er habe »seinen Kopf verloren«.
Manche Menschen bauen ihr Dominanzverhalten noch weiter aus: Bei ihnen werden die sonst nur wenige Augenblicke anhaltenden Ausbrüche zu einer Art Lebensstil. Sie sondern sich ab, geben sich sarkastisch oder zynisch und tragen ständig eine arrogante Haltung zur Schau. In vielen Firmen und Berufsgruppen gibt es solche Typen, die ständig auf dem Sprung sind, jede auch noch so höfliche Annäherung mit ihren routinemäßigen Beleidigungen zu beantworten. Diese chronischen Giftzwerge werden zwar gefürchtet, hinter ihrem Rücken aber belächelt, und sind unbeliebt; sie selbst haben auf lange Sicht die freundschaftlichen Beziehungen zu ihren Mitmenschen aufgegeben zugunsten permanenter Hochnäsigkeit. Für sie werden ihre Dominanzsignale so sehr zum Normalelement ihrer Sozialkontakte, daß sie viel von ihrer Wirkung verlieren. »Laß ihn, der ist nun mal so«, sagt man meist über solche Leute, aber sie bleiben dennoch eine unerfreuliche Erscheinung. Auch durch noch so starken sozialen Anpassungsdruck läßt sich ihre feindliche Ausstrahlung nicht völlig beseitigen.

5. Deformierte Freundlichkeiten. Häufig nimmt die sarkastische Beleidigung die Form deformierter Freundlichkeiten an. Eine freundliche Reaktion wird bewußt so verändert, daß sie unerfreulich wirkt. Zwei weitverbreitete Beispiele sind das »gekünstelte Lächeln« und die »Wangenfalte«. In beiden Fällen handelt es sich um deformiertes Lächeln, bei dem nur einige Elemente dieses Signals beibehalten, andere dagegen weggelassen werden. Beim gekünstelten Lächeln werden die Mundwinkel wie beim gewöhnlichen Lächeln zurückgezogen, aber die Mittelpartie der Lippen stark geschürzt. Bei der »Wangenfalte« wird nur ein Mundwinkel zum Lächeln zurückgezogen, während alle anderen Elemente entfallen.
Deformierte Freundlichkeiten dieser Art sind besonders unerfreuliche Verletzungen, denn sie wirken so, als wolle man uns eine Belohnung anbieten, die man uns im letzten Moment entzieht.
Es gibt eine ganze Anzahl lokal begrenzter verletzender Gesten dieser Art. Ein gutes Beispiel dafür ist der »Daumennagel-Applaus«, mit dem man in einigen arabischen und spanisch-sprechenden Ländern Hohn und Spott zum Ausdruck bringt. Statt laut in die Handflächen zu klatschen, applaudiert der Spötter, indem er beide Daumennägel gegeneinander »schlägt«. In England und in anderen Ländern drückt man das gleiche durch Händeklatschen im Zeitlupentempo aus. Diese Gesten können aber in anderen Ländern völlig andere Bedeutung haben. So ist beispielsweise der »Daumennagel-Applaus« in Panama nur eine Form stillen Beifalls – ohne jeden Beigeschmack von Ironie oder Spott; in Rußland kann das langsame rhythmische Klatschen eine ganz besondere Auszeichnung bedeuten.
6. Signale gespielten Unbehagens. Hier benutzt der Verletzende übertriebene Signale des Unbehagens, um sein Mißfallen zum Ausdruck zu bringen. Er schlägt sich melodramatisch mit der Faust an die Stirn, bedeckt sein Gesicht mit beiden Händen und verzerrt die Gesichtszüge zu einem Ausdruck hilfloser Gequältheit – und weist mit diesen Übertreibungen nachdrücklich auf seinen Ärger hin. In subtilerer Form ist dies auch der schmerzliche Ausdruck des Märtyrers. Besonders beliebt ist diese Verletzungsmethode bei »leidenden« Eltern und Lehrern, die sie häufig gegenüber ihren Kindern oder Schülern anwenden. Sie beabsichtigen, mit ihrer Übertreibung die Dummheit noch größer erscheinen zu lassen, die ihnen diese unerträglichen »Schmerzen« zugefügt hat.
7. Zurückweisungssignale. Etwa in der Mitte zwischen Desinteresse und Beschimpfung gibt es einen Bereich abgeschwächter Beleidigung: Hier macht der Beleidiger nur eine Geste der gedämpften Ablehnung – ohne jede Androhung von Gewalt. Statt dessen gibt er dem anderen das Signal, sich zu entfernen: »Hau ab!« Dabei wird dem anderen häufig mit dem Daumen, aber auch mit der flachen Hand bedeutet, sich zu entfernen. Am verletzendsten ist wohl die Geste, bei der man den anderen andeutungsweise wie ein lästiges Insekt von der Kleidung wegwischt.

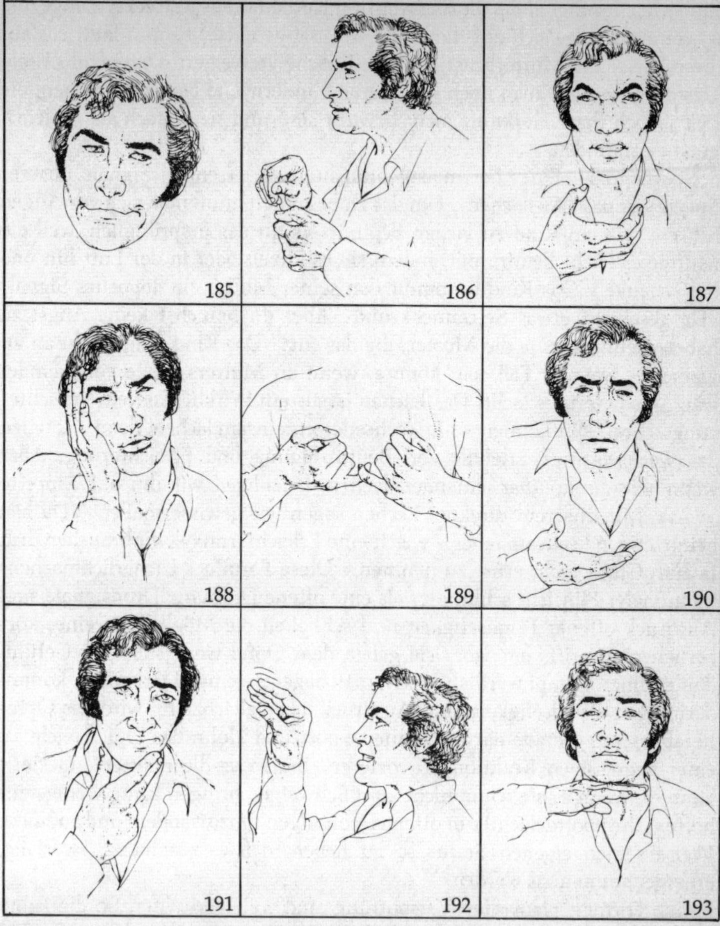


185–193 Die »Wangenfalte« (185) und der »Daumennagel-Applaus« (186) – beides sind deformierte Freundlichkeiten.
Symbolische Beleidigungen (187–193) unterscheiden sich von Kultur zu Kultur erheblich und verlieren oft außerhalb ihres Herkunftsbereichs jede Bedeutung. Beispiele sind das südamerikanische Kropf-Zeichen (187), das für Dummheit steht, das spanische Kindskopf-Zeichen (188), das »Unreife« bedeutet, das arabische Zeichen des Auseinanderreißens der kleinen Finger (189), das das Ende einer Freundschaft symbolisiert, die europäische Geste des »langen Bartes« (190), die zu verstehen gibt, daß man sich langweilt, oder deren österreichische Version (191), in der ein imaginärer Bart gekrault wird. Ferner die weitverbreitete »Gänsegeschnatter«-Geste (192), bei der die Hand einen plappernden Mund nachäfft, und die »Mir steht's bis hier«-Geste (193).

Ein spezielles Signal der Zurückweisung ist die herausgestreckte Zunge, die – wie erwähnt – sich auf die Geste des Babys zurückführen läßt, das auf diese Weise die Mutterbrust oder die Flasche verweigert. Diese frühe orale Geste findet man auch noch bei älteren Kindern und bei Erwachsenen, die sich jedoch ihrer Herkunft nicht bewußt sind und sie einfach als »beleidigend« empfinden.

8. Spottsignale. Eines der meistgebrauchten verletzenden Signale unserer Spezies ist das »Auslachen«. Um das zu begreifen, muß man sich vor Augen führen, wie ein Kind zu lachen beginnt. Es tut das ursprünglich, weil die Mutter es leicht beunruhigt, indem sie es kitzelt oder in der Luft hin und her schaukelt. Das Kind bekommt von seiner Mutter ein doppeltes Signal: »Da geschieht etwas Seltsames« und »Aber du brauchst keine Angst zu haben, denn es ist ja die Mutter, die das tut!« Das Kind fängt nicht an zu weinen – was der Fall sein könnte, wenn an Mutters Stelle ein Fremder wäre –, sondern es lacht. Das Lachen ist also in Wirklichkeit ein Erleichterungsschrei. Wir können als Erwachsene gemeinsam lachen, denn wir teilen das wechselseitige Erlebnis von Beunruhigung und Erleichterung. Aber wenn wir direkt *über* jemanden lachen, beleidigen wir ihn auf doppelte Weise. Mit unserem direkten Lachen sagen wir gewissermaßen: »Du bist beunruhigend seltsam, aber – welch eine Erleichterung – wir brauchen dich ja zum Glück nicht ernst zu nehmen.« Diese Form des Lächerlichmachens ist in vieler Hinsicht schlimmer als eine offene Drohung. Drohsignale sind Ausdruck offener Feindseligkeit und schließen die Möglichkeit eines körperlichen Angriffs ein; aber sie geben dem Opfer wenigstens das Gefühl, daß es einen Kampf wert ist. Macht man dagegen jemand lächerlich, kommt darin zwar Feindseligkeit zum Ausdruck, aber gleichzeitig wird das Opfer herabgesetzt. Gerade darum können Spott und Hohn das Opfer leicht zu einer aggressiven Reaktion provozieren. Indem es die Spötter attackiert, kann es, wenn es sie schon nicht zum Schweigen bringen kann, wenigstens hoffen, ihr Spottgelächter in offene Drohungen umzuwandeln und auf diese Weise seinen eigenen Status so zu heben, daß es zumindest »wert ist, ernstgenommen zu werden«.

Einige Formen planvoller Verspottung sind weit verbreitet. So die kaum verhohlene Belustigung, bei der man die Hand vor den Mund hält, aber ein unterdrücktes Lachen hören läßt. Oder man zwinkert dem Mitspötter scheinbar heimlich vielsagend zu, tut das aber so, daß das Opfer es bemerkt.

9. Symbolische Beleidigungen. Es gibt zahllose Möglichkeiten der Beleidigung durch symbolische Gesten. Wie zu erwarten, sind sie von Kultur zu Kultur sehr unterschiedlich, und viele sind außerhalb ihres Wirkungskreises ohne Bedeutung. Hier einige für Touristen reichlich verwirrende Gesten aus fremden Ländern:

In einigen südamerikanischen Ländern bedeutet eine becherförmig direkt unter das Kinn gehaltene Hand soviel wie Stupidität. Hier wird ein imaginärer Kropf angedeutet, der seinerseits als Symbol der Dummheit gilt. Als Symbol für die Unreife eines Menschen gilt in Teilen Spaniens der zur Seite geneigte Kopf, der sich auf eine Hand stützt. Man will damit andeuten, daß die betreffende Person noch ein Baby ist, das sich an seine Mutter anlehnt. Bei arabischen Kindern bedeutet das Ineinanderhaken der beiden kleinen Finger, gefolgt von abruptem Auseinanderreißen, das Ende einer Freundschaft. Zigeuner beleidigen, indem sie einen imaginären weichen Gegenstand in der Hand zusammenpressen und damit andeuten, daß die so geschmähte Person zu »weich« sei.

Eine in mehreren europäischen Ländern bei Männern weit verbreitete Spottgeste besteht darin, eine Hand mit nach oben gekehrter Handfläche vor die Brust zu halten. Damit soll angedeutet werden, wie weit ein imaginärer Bart wachsen könnte, während man dem langweiligen Reden des Opfers zuhört. Juden zeigen mit dem Zeigefinger einer Hand auf die nach oben gekehrte Handfläche der anderen Hand, um anzudeuten, daß daraus eher Gras wachsen wird, als daß sich die Ausführungen des verspotteten Redners erfüllen werden. In Österreich und Deutschland bedeutet das Streichen eines imaginären Bartes, daß etwas altmodisch oder abgedroschen ist. In Frankreich bedeutet das Spielen einer imaginären Flöte, daß jemand unaufhörlich redet und anfängt, lästig zu werden. Eine wesentlich weiter verbreitete Geste mit gleicher Bedeutung besteht darin, daß man eine Hand alternativ öffnet und schließt – wie einen plappernden Mund.

Weit verbreitet ist auch die Geste dafür, daß man jemanden »bis oben hin satt hat«. Dabei berührt man mit der Hand die Kehle oder den Scheitel. Diese Geste basiert auf dem Zeichen für Nahrungsverweigerung, das bedeutet, daß man nicht mehr essen kann und voll ist. Im übertragenen Sinne wird mit ihr auch die Ablehnung eines Gedankens ausgedrückt.

Es gibt viele Gesten, die andeuten, daß jemand »verrückt« sei. Dabei klopft man sich entweder leicht gegen die Schläfe oder macht dort schraubenartige Bewegungen mit dem Zeigefinger einer Hand. Allerdings kann es hier zu einiger Verwirrung kommen, denn in manchen Ländern – wie beispielsweise Holland – bedeutet dieses leichte Klopfen gegen die Schläfe nicht »blöde« oder »verrückt«, sondern intelligent. »Verrücktheit« zeigt man in Holland dadurch an, daß man mit dem Zeigefinger gegen die Stirnmitte klopft.

Die zahllosen Varianten zahlloser Beleidigungen würden ein dickes Buch füllen, aber es gibt noch eine wichtige Kategorie, die hier erwähnt werden muß: die »Tier«-Vergleiche. Dafür eignet sich jede Tierart, der sich etwas Nachteiliges anhängen läßt oder die als töricht, ungelenk, träge, schmutzig oder in irgendeiner Form als lächerlich gilt, so etwa der störrische Esel mit seinen langen Ohren. In Italien existieren drei Varianten, von denen nur eine weit verbreitet ist: Man legt die Hände an die Ohren und macht mit ihnen flappende Bewegungen. Diese Geste ist bei Kindern in vielen Ländern

194 △ 195 ▽

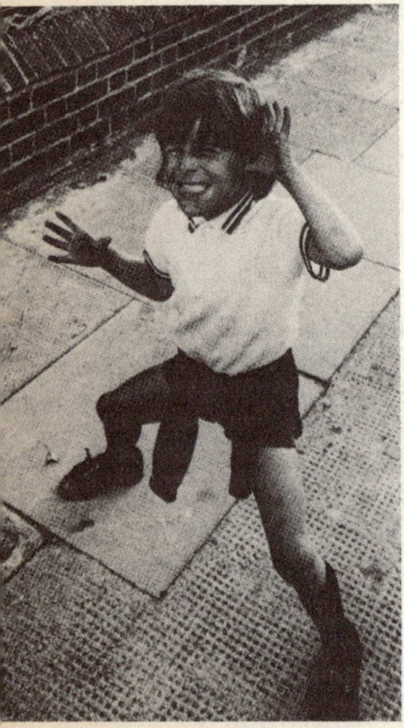

194 + 195 Tiernachahmungen werden oft als Beleidigungsgesten benutzt. Wenn ein Tier zum Sinnbild der Dummheit geworden ist wie der Esel, dann werden die gezeigten Eselsohren zur Beleidigung. Wie bei so vielen symbolischen Gesten ist es zweifelhaft, ob die Jungen sich der Herkunft ihrer Beleidigungssignale bewußt sind.

sehr beliebt, auch wenn sie häufig nicht wissen, daß sie einen Esel nachahmen. Inzwischen ist diese Geste in ganz Europa, in Amerika und auch in den arabischen Ländern verbreitet.

Das wohl beliebteste und am weitesten verbreitete »Tierzeichen« ist die sogenannte »lange Nase«, bei der der Daumen der senkrecht und fächerartig ausgebreiteten Hand an die Nase des Beleidigers angelegt wird. Man kann leicht erkennen, daß hier der kampflustig aufgerichtete Kamm eines Kampfhahnes dargestellt werden soll. Es gibt jedoch noch eine andere Erklärung, bei der man diese Geste zu dem uralten Brauch in Beziehung setzt, groteske, langnasige Figuren nachzuäffen (siehe auch Farbabbildung F 37, Seite 292).

Weniger verbreitet sind solche Tierzeichen wie die spanische »Laus«-Geste, bei der eine imaginäre Laus zwischen den Daumennägeln zerdrückt wird, oder das im Pandschab gebräuchliche Zeichen der »Schlangenzunge«, bei dem der ausgestreckte Zeigefinger zur Symbolisierung einer züngelnden Schlange schnell vor- und zurückbewegt wird.

10. Schmutzsignale. Bei einer Untersuchung von nahezu 200 Stammeskulturen auf der ganzen Welt hat man herauszufinden versucht, ob es irgendwelche global akzeptierten Merkmale menschlicher Schönheit gibt. Dabei entdeckte man, daß der einzige Aspekt körperlicher Attraktion, der weltweit Geltung besitzt, Sauberkeit und Freiheit von Krankheit sind. Da Schmutzigkeit also zugleich auch Häßlichkeit bedeutet, eignen sich Gesten, die in Zusammenhang mit Schmutz stehen, offensichtlich gut als verletzende Signale; man begegnet ihnen überall auf der Welt. Meist beziehen sie sich auf menschliche Abfallprodukte – Speichel, Nasenschleim, Urin und Exkremente –, aber gelegentlich betreffen sie auch Tierkot.

Wenn man sich in Syrien mit Daumen und Zeigefinger der rechten Hand in beide Nasenlöcher faßt, bedeutet das: »Scher dich zum Teufel!« Einer ähnlichen Geste begegnet man in Libyen, aber hier folgt ihr noch ein rascher Stoß des steif ausgestreckten Mittelfingers.

Bei den Zigeunern besteht eine unwiderrufliche Beleidigung, mit der man eine persönliche Beziehung beendet, darin, daß man imaginären Schmutz von der Kleidung schüttelt und danach auf den Erdboden spuckt. Auch das Ausspucken selbst gilt in den meisten Ländern als Schmähung; das gleiche gilt für stark übertriebenes Spucken, das zum Pseudoerbrechen wird.

Eine eher scherzhafte Beleidigungsgeste gibt es in den Vereinigten Staaten; sie besteht darin, daß man ein Hosenbein hochzieht, so als müsse man durch tiefen Kuhmist waten; bei einer anderen ebenfalls scherzhaften Beleidigungsgeste schaufelt man imaginären Kot über die Schulter.

Bei einer in England beliebten Fäkalgeste zieht man an einer imaginären Toilettenspülung und hält sich dabei die Nase zu. Eine einfachere Variante dieser Geste – das Zuhalten der Nase, als ob man sich vor einem üblen Geruch schützen müsse – gilt als besonders schlimme Beleidigung.

196

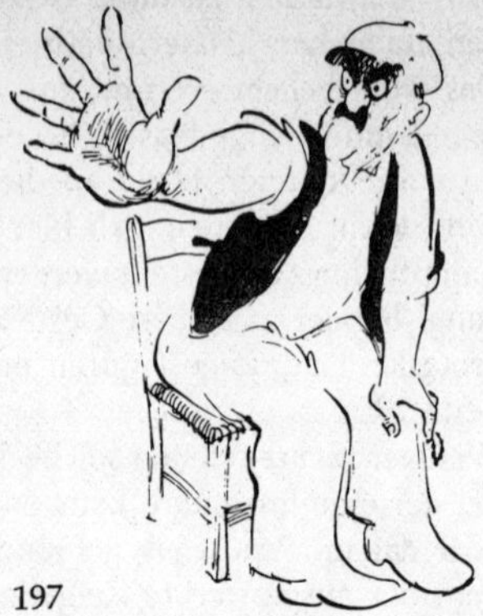

197

198

199

200

196–200 Die griechische *moutza*-Geste, die es in fünf verschiedenen Intensitätsstufen gibt. Die halbe *moutza:* »Geh halb zum Teufel!« (196); die einfache *moutza:* »Geh ganz zum Teufel!« (197); die doppelte *moutza:* »Geh zweimal zum Teufel!« (198); die dreifache *moutza:* »Geh dreimal zum Teufel!« (199); die vierfache *moutza:* »Geh viermal zum Teufel!« (200). Die am häufigsten vorkommende Variante ist die einfache, einhändige Form (nach Papas).

In Italien ist das *tirare-saliva* – das »Speichelwerfen« – eine beleidigende Drohgeste, bei der man mit einer Hand dem Mund Speichel »entnimmt« und ihn dann auf die zu verletzende Person wirft.
Wegen ihrer Durchsichtigkeit können die meisten dieser »Schmutz-Signale« auch von Menschen verstanden werden, die sie selber nicht anwenden und vorher nie gesehen haben. Aber es gibt eine spezielle Geste, die Ausländern immer Rätsel aufgibt, wenn sie sie zum erstenmal sehen. Es handelt sich um die bereits als Reliktgeste erörterte griechische *moutza*-Geste. Auf den ersten Blick wirkt sie eher harmlos; aber wenn sie von einem Griechen gegenüber einem Landsmann benutzt wird, hat sie eine massiv beleidigende Bedeutung, denn sie geht auf die in der Antike übliche Geste zurück, hilflosen Gefangenen Straßendreck ins Gesicht zu werfen. Heute hat sie in ihrer symbolischen Form verschiedene Intensitätsgrade: In ihrer schwächsten Form wird sie nur von Zeige- und Mittelfinger als »halber Wurf« angedeutet (= »Geh halb zum Teufel.«); in ihrer Standardform wird sie mit einer Hand ausgeführt (= »Geh ganz zum Teufel.«); in der verstärkten Version wird sie mit beiden Händen ausgeführt (= »Geh zweimal zum Teufel.«). In sitzender Position kann man auch noch einen oder beide Füße zusätzlich benutzen, dies häufig in leicht scherzhafter Form (= »Geh drei- bis viermal zum Teufel.«). Wegen der großen Bedeutung der *moutza*-Geste in Griechenland sollte man andere, ihr ähnliche Handbewegungen tunlichst vermeiden, wenn man sich nicht der Gefahr verblüffender und unerklärlicher Reaktionen aussetzen will.
Zwei besondere Formen der Verletzung und Beleidigung sind hier nicht berücksichtigt worden: Drohgebärden und obszöne Zeichen. Die Drohsignale bilden eine eigene Kategorie, weil ihre primäre Funktion eine andere ist: Es sind visuelle Warnungen vor einem möglichen körperlichen Angriff der drohenden Person. Eine echte verletzende Geste dagegen ist ein visueller Ersatz für einen physischen Angriff. In Wirklichkeit werden jedoch auch die meisten Drohsignale nicht in die Tat umgesetzt, so daß auch sie schließlich zum Ersatz tatsächlicher Attacken werden – gerade diese Tatsache macht sie den normalen Beleidigungsgesten verwandt.
Die obszönen Signale unterscheiden sich auf andere Weise. Heute ist eine Obszönität eine sexuelle Vulgärität. Dabei gibt es zwei Arten: die obszöne »Bemerkung« und die obszöne Beleidigung. Im ersten Fall kann eine sexuelle Geste als Kompliment oder als Aufforderung gedacht sein, ohne daß primär eine beleidigende Absicht im Spiel ist. Im zweiten Fall ist die sexuelle Geste direkt für einen anderen Menschen als gezielte Beleidigung gemeint.

## Drohgebärden

### Einschüchterungsversuche ohne körperliche Angriffe

Drohgebärden sind Warnsignale bei wachgerufener Aggressivität. Sie sind Handlungen, die, tatsächlich ausgeführt, zu echten Angriffen führen müßten. Sie werden jedoch »gebremst« und bleiben daher visuelle Signale. Die Drohbewegungen werden auf dreierlei Weise unter Kontrolle gehalten: Erstens gibt es die Intentionsbewegungen des Angreifens, die begonnen, aber nicht vollendet werden. Am bekanntesten ist die Drohung mit erhobenem Arm. Ein wütender Mensch hebt drohend seinen Arm, als wolle er auf seinen Gegner einschlagen, aber er hält mitten in der Bewegung inne. Alternativ könnte er auch mit der flachen Hand ausholen, als wolle er seinem Opfer ins Gesicht schlagen – doch dann läßt er sie »friedlich« sinken, ohne den geplanten Schlag auszuführen.

Eine theatralischere Intentionsbewegung des Angreifens ist die Haltung, bei der beide Hände klauenartig mit steifen und halb gekrümmten Fingern vor die Brust gehoben werden: wie Klauen, die bereit sind, zuzuschlagen. Oder man holt mit einem Bein aus, als ob man jemandem einen Tritt geben wolle. Alle diese Bewegungen signalisieren deutlich die feindselige Haltung des Angreifers und würden praktisch auf der ganzen Welt sofort begriffen.

Ebenso deutlich sind die aggressiven Leerlaufgesten. Es sind dies Handlungen, die zwar vollendet werden, aber ohne den Körper des Gegners zu berühren. Dazu gehört das wohlbekannte und häufig angewandte Fäusteschütteln, das zu einer Serie von Boxhieben in die Luft erweitert werden kann. Das geschieht oft in beträchtlicher Entfernung vom »Opfer« und hat eine so stark stilisierte Form, daß die Leerlaufschläge mit der Faust – im Gegensatz zu echten Schlägen beim Boxkampf – ein bloßes Vor- und Zurückstoßen des Armes geworden sind. Aber auch so sind sie unmißverständlich.

Es gibt noch eine Reihe weiterer Leerlaufgesten, zu denen unter anderem der italienische Handkantenschlag gehört, bei dem die steife flache Hand mehrmals in Richtung des Gegners geschlagen wird, als wolle man dessen Kopf mit der Axt abschlagen. Auch die Geste des Genickumdrehens ist heute so stark stilisiert, daß sie aussieht, als wringe man ein nasses Handtuch aus. Eine andere Bewegung, die ebenfalls symbolisch in der Luft ausgeführt wird, ist die Drohgebärde des Erwürgens, bei der die kräftig zupakkenden Hände um die imaginäre Kehle des Bedrohten gelegt werden und sie dann langsam zudrücken. In einigen Ländern ist die beliebteste Leerlaufgeste für Angriff das »Stechen« mit ausgestreckter Hand in Richtung auf die Augen des Gegners. Dabei werden Mittel- und Zeigefinger gespreizt und steif nach vorn gestoßen, so daß theoretisch jeder der beiden Finger in ein Auge des Gegners eindringen würde.

F31 Die Hockstellung kommt als Intentions-Rennen vor, etwa beim Start eines Langstreckenlaufs.

F32 Das Hochreißen der Arme im Triumph ist oft mit dem Hochhalten von Emblemen wie Fahnen oder Wimpeln verbunden. Dadurch können die Anhänger sich besser mit dem Erfolg ihres Idols identifizieren, wie hier mit dem Olympiasieger.

F33 Übersprung-Schlafen in Augenblicken des inneren Konflikts kommt selten vor, aber Gähnen ist eine verbreitete Übersprunghandlung.

F34 ◁

F35 ▷

F34 + F35 Ein weiteres Überbleibsel unserer primitiven Eßvergangenheit ist unsere deutliche Vorliebe für Nahrungsmittel in den Farben reifer Nüsse, Früchte und Wurzeln – weiß, rot, braun und gelb (F34). Wenn man uns dasselbe Essen in blauer Färbung (F35) vorsetzt, empfinden wir spontan Widerwillen. Auch heute, trotz der unbeschränkten technischen Färbungsmöglichkeiten, essen wir bemerkenswert wenig blaue Nahrung.

F36 Ablenkendes Verhalten erreicht sein Ziel, indem es die unerwünschte Stimmung eines Gefährten durch eine neue, anziehendere Stimmung ersetzt. Das Aufkommen der neuen Stimmung drängt die alte zurück. Eltern bedienen sich oft dieses Mittels, um das Interesse ihrer Kinder zu steuern, aber auch bei Erwachsenen findet sich dieses Verhalten. Eine Frau, die sich wie ein kleines Mädchen gibt, kann ihren Geliebten zu einem schützenden pseudoväterlichen Gebaren verleiten.

F37 Tiernachahmungen werden oft als Beleidigungsgesten benutzt. Der Ursprung der »langen Nase«, einer der verbreitetsten Beleidigungen auf der Welt, ist unklar. Am plausibelsten sind noch die Identifizierungen mit dem Kamm eines kämpfenden Hahns, mit einer langen, das Gesicht entstellenden Nase, einem verballhornten Gruß oder dem symbolischen Abfeuern eines Katapults.

F38 Sogar bei nacktlebenden Stämmen wie bei diesen brasilianischen Indianern regeln zahlreiche Tabus, wer wen wo anfassen darf. Auf der ganzen Welt sind es nur die Beziehungen zwischen Mutter und Kleinkind und zwischen Liebenden, die ein gegenseitiges Berühren des ganzen Körpers ohne Tabu-Einschränkungen zulassen. Ansonsten gilt eine abgestufte Skala von Tabu-Zonen.

F39
◁

F40
▷

F41
▽

F39–F41 Bekleidung erfüllt drei Hauptfunktionen: Sittsamkeit, Nützlichkeit (beides ohne Abbildung) und Schauwirkung (F39). Die meisten Bekleidungen erfüllen alle drei Funktionen zugleich, wenn auch die Schwerpunkte von Fall zu Fall anders verteilt sind. Aber immer übermittelt ein Kleidungsstück dem Betrachter eine Botschaft, verrät ihm etwas über die Lebensumstände, die Stimmung oder die Persönlichkeit seines Trägers.
Im 4. Jahrhundert n. Chr. badeten sizilianische Mädchen (F40) fast so wie moderne Frauen. In einer Situation, in der nur ein Mindestmaß an Kleidung erforderlich ist, wird ein einteiliger Bikini (F41) das zuletzt abgelegte Kleidungsstück sein.

F42 ◁

F43 ▷

F44 ◁

F45 ▷

F42–F45 Der Gebrauch von Perücken ist mindestens 5000 Jahre alt. In den 70er Jahren ist den Perücken die Gunst des Publikums wieder entzogen worden; statt dessen sind ausgefallene ethnische Haartrachten auf der Bildfläche erschienen (F42). Die Gesichtskosmetik ist dekorativ und wird mit großer Sorgfalt gehandhabt. Beispiel: Die weiße Haut japanischer Theaterschauspieler (F43). Selbst in den modernen westlichen Ländern sind bunte Gesichtsbemalungen Mode gewesen, aber in letzter Zeit hat sich ein Trend zu einem »natürlichen« Make-up durchgesetzt (F44).
Überall auf der Welt wurde und wird der Körper durch Bemalung verschönt. Die Farbe ist abwaschbar, so daß dieser Schmuck nicht zur Dauerverzierung gerät (F45).

F46 Wenn wir von Linkshändigkeit sprechen, denken wir vornehmlich ans Schreiben; es gibt indessen weit mehr alltägliche Handlungen, bei denen wir uns zwischen einer linkslastigen und einer rechtslastigen Ausführung zu entscheiden haben. Jedesmal, wenn wir so stehen, daß ein Bein die Hauptlast des Rumpfes trägt, stellen wir eine Hüfte weiter aus als die andere. Sind Sie rechtshüftig oder linkshüftig?

Ein Sonderfall des Leerlaufangriffs ist das Schütteln eines erhobenen Zeigefingers. Dabei ist der Zeigefinger eine Art Miniaturkeule geworden, mit der man dem Gegner symbolisch eins über den Kopf haut.
Die dritte Kategorie gehemmter Angriffsbewegungen besteht aus einer Vielzahl von Ersatzhandlungen, bei denen der Angriff zwar durchgeführt wird und auch trifft, jedoch nicht den Körper des Gegners. Statt dessen wird der Angriff auf ein anderes Ziel umgeleitet, oft auf den Körper des Angreifers selbst. So greift er sich etwa selbst an die Kehle, boxt sich in die eigene Hand, beißt sich in die Fingerknöchel oder schneidet sich mit dem Zeigefinger symbolisch die Kehle durch.
Auch hier gibt es lokale Varianten. So ist in Spanien besonders das Ersatzzermalmen beliebt, bei dem die Faust den Gegner auf der Handfläche der anderen Hand symbolisch zermalmt. Eine Leerlaufbißgeste hat in Italien folgende Form: Man hakt den Daumennagel hinter die obere Zahnreihe und läßt ihn dann kräftig in Richtung auf den Gegner vorschnellen. In Osteuropa und in einigen arabischen Ländern drückt man vielsagend mit dem Zeigefinger die eigene Nase platt. In Saudiarabien gibt es eine besonders blutrünstige Geste, bei der der Drohende sich auf die Lippe beißt, während er den Kopf heftig hin und her schüttelt, als versuche er, aus seinem »Opfer« ein Stück herauszureißen. Es gibt auch eine Ersatzhandlung mit spöttischem Unterton: Der Drohende schlägt mit einer Hand auf den Handrücken der anderen. Damit wird angedeutet, der Gegenspieler sei nicht vernünftiger als ein kleines Kind.
Begleitet werden diese Drohgebärden von verschiedenen typischen Gesichtsausdrücken, hoher Körperanspannung und übertriebenem Atem. Der Gesichtsausdruck wechselt, je nachdem, ob im Augenblick der Drang, anzugreifen, vorherrscht oder aber der Drang, zu fliehen. Denn in jedem Menschen, der einen anderen bedroht, wirkt zugleich der Drang, den anderen zu verletzen, und die Angst, selbst verletzt zu werden. Gewinnt eine Stimmungslage vorübergehend die Oberhand, beginnt sich auch der Gesichtsausdruck langsam zu verändern. Der feindselig Eingestellte, dessen Drang, anzugreifen, stärker ist als sein Wunsch, zu flüchten, neigt dazu, die Lippen zusammenzupressen, den Kopf vorzustrecken, die Stirn stark zu runzeln und blasser zu werden. Überwiegt aber die Angst vor dem Gegner, verändert sich sein Gesicht: der Mund nimmt eine Art Knurrstellung ein, bei der die Zähne stärker entblößt werden als sonst; er zieht den Nacken mehr nach hinten; die Augen starren weit offen; und die Haut beginnt sich langsam zu röten.
Eine bei Säugetieren häufige Drohgebärde, bei der die Spezies Mensch etwas zu kurz kommt, ist das Sträuben der Haare. Sie benutzen diese Gebärde eindrucksvoll bei feindseligen Begegnungen: Sie sträuben ihr Fell vollständig oder sie spreizen Pelzbüschel und fächern Haarmähnen weit auf. Dadurch wirken sie plötzlich viel größer und bedrohlicher. Ein Mann kann

201 △ 202 ▽ 203 ▽

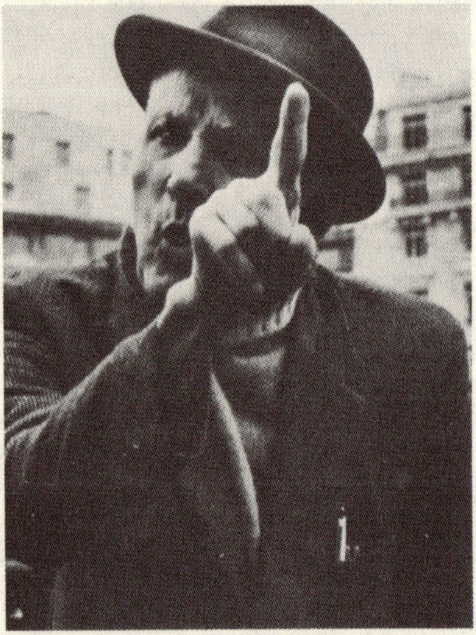

201 + 202 · Die Drohgebärde der erhobenen Faust ist in der ganzen Welt gebräuchlich. Ihre einschüchternde Wirkung hat sie zu einem besonderen Grußsymbol gemacht, dessen sich Kommunisten und Black-Power-Agitatoren bedienen, doch kommt sie weiterhin allgemein vor, wenn jemand optisch seinen Protest zum Ausdruck bringen will. Die hier gezeigten Beispiele stammen aus Italien (201). Eine geballte Faust (202) wirkt, auch wenn sie nicht erhoben wird, als gemäßigte Drohgebärde, weil sie stets eine gewisse Energie ausstrahlt. Ein Beispiel aus Nordirland.

203 Der ausgestreckte Zeigefinger taucht beim menschlichen Drohverhalten häufig auf; er stellt symbolisch einen Stock oder einen Dolch dar.

zwar seinen Brustkasten aufpumpen und sich zu voller Größe aufrichten, aber mit seinem unbehaarten Körper wirkt er trotzdem kaum größer und eindrucksvoller als sonst. Er hat vielleicht persönlich das Gefühl, daß sich seine Haare sträuben, aber als visuelle Drohung ist dies wirkungslos. Es gibt offenbar nur eine einzige Drohgebärde des Menschen, die man unter Umständen als »Haare sträuben« bezeichnen könnte, und selbst dabei handelt es sich um ein Haaresträuben ganz besonderer Art. Das ist eine französische Geste, die unter der Bezeichnung *la barbe* – »der Bart« – bekannt ist. Sie besteht darin, daß man die Finger einer Hand mit der Rückseite unter das Kinn legt und dann im Bogen nach vorn auf den Gegner zuschnellen läßt. Es handelt sich um eine Beleidigung, die ihre Herkunft nicht erkennen läßt, wenn sie von einem glattrasierten Mann ausgeführt wird. Beim bärtigen Mann kann man sie aber durchaus als eine Art Sträuben des Bartes in Richtung des Gegners auffassen. Beim Menschen ist der Bart ein eindeutig männliches Geschlechtsmerkmal, und das Sträuben des Bartes in Richtung des Gegners bedeutet soviel wie: »Ich werfe meine Männlichkeit gegen dich!« In anderen Ländern gibt es ein mögliches Überbleibsel in Form einer gereizten Kopfbewegung, bei der ein Mann sein Kinn voller Ärger hochstößt und dies mit einem leichten Schnalzlaut der Zunge begleitet.

Vergleicht man die menschliche Spezies mit anderen Tierarten, dann zeigt sich, daß wir nicht gerade reich mit körperlichen Drohgebärden gesegnet sind. Viele Vögel, Reptilien, Fische und Säugetiere zeigen ein ungeheuer eindrucksvolles Droh- und Imponierverhalten: Sie schütteln und rütteln sich, sie blähen sich auf, sie sträuben Flossen, Hauben und Mähnen und verändern jäh ihre Hautfarbe. Aber was dem Menschen an körperlichen Vorzügen dieser Art fehlt, macht er mit einer Vielzahl kultureller Erfindungen wieder wett. Er droht seinem Gegner mit wahren Wortkaskaden, er zeigt furchterregende Kriegsbemalungen, zieht bunte Uniformen an, rührt emsig Trommeln, stößt Kriegsschreie aus, stampft mit den Füßen, führt Kriegstänze auf, und er zeigt stolz seine Waffen. Auf nationaler Ebene führen diese Drohgebärden zu militärischen Paraden. Auf anderer Ebene kommen sie in Protestdemonstrationen zum Ausdruck, mit Fahnen, Spruchbändern, Abzeichen und rituellen Slogans, oder aber in den farbenfrohen Aufzügen von Fußballanhängern, die ihre Vereinsfahnen schwingen, die klatschen und schreien.

Man hat das Verhalten solcher Fans häufig als ungehörig und gewalttätig bezeichnet, aber jüngere Untersuchungen des aggressiven Verhaltens von Fußballfans und ähnlichen Gruppen haben gezeigt, daß die Zahl der tätlichen Auseinandersetzungen im Vergleich zur Zahl der Beteiligten und zur Dauer des Drohgebarens gering ist. Wie die Tiere blufft auch der Mensch weit häufiger durch Drohungen, als daß er gewalttätig wird. Geschichtsbücher und Zeitungen verfälschen durch die Auswahl ihrer Berichte dieses Bild, weil sie naturgemäß eher die spektakulären Ausnahmen als die alltäg-

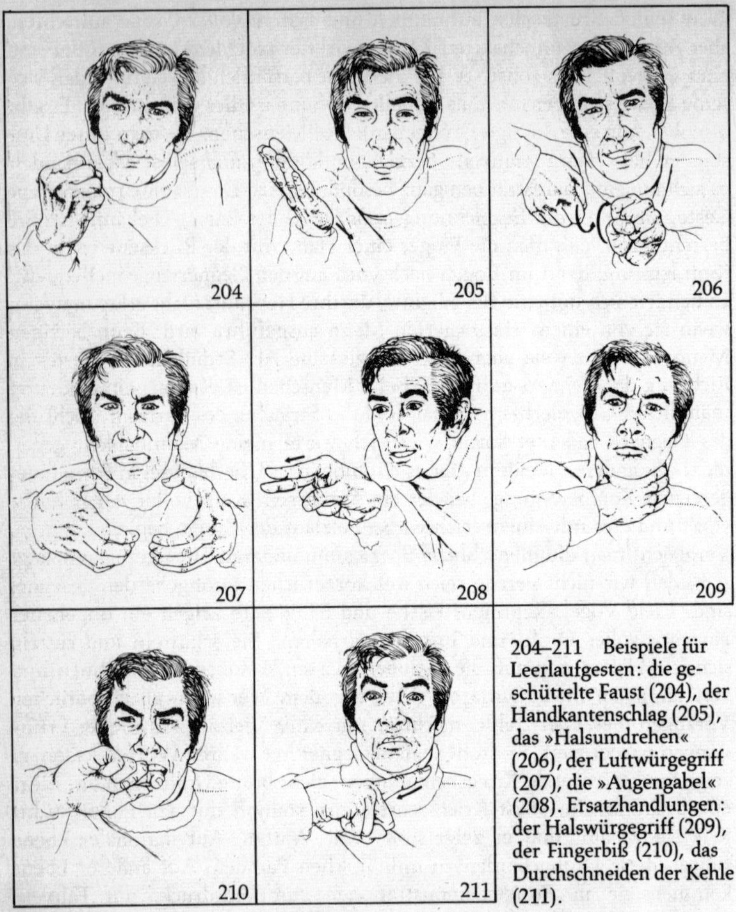

204–211 Beispiele für Leerlaufgesten: die geschüttelte Faust (204), der Handkantenschlag (205), das »Halsumdrehen« (206), der Luftwürgegriff (207), die »Augengabel« (208). Ersatzhandlungen: der Halswürgegriff (209), der Fingerbiß (210), das Durchschneiden der Kehle (211).

liche Regel festhalten. Trotz des heute vorherrschenden Gefühls, daß wir in einer gewalttätigen Zeit leben, sind wir in Wirklichkeit im Alltagsleben, weltweit betrachtet, eine recht friedliche Spezies. Wer das nicht glaubt, sollte sich einmal fragen, wie oft er in seinem Leben schon im Zorn Blut vergossen hat, wie oft er jemanden geschlagen, getreten, gebissen, gekratzt oder jemandem eine Rippe gebrochen hat. Vergleicht man das mit der Anzahl aller Fälle, in denen man in Wut geraten ist und in Streitigkeiten und Auseinandersetzungen verwickelt wurde, dann stellt sich gewiß heraus, daß wir Menschen – genau wie andere Tiere auch – in Aggressionsfällen weit häufiger drohen, als tatsächlich einen anderen Menschen angreifen.

## Obszöne Zeichen

### Die Symbolik sexueller Beleidigungen

Obszön sind sexuelle Handlungen, die auf den Betrachter abstoßend wirken. Jede Kultur hat ihre eigenen sexuellen Tabus; diese sind zwar von Ort zu Ort und von Zeit zu Zeit verschieden, aber ganz allgemein kann man sagen, daß die Wahrscheinlichkeit für das Verbot einer öffentlichen Zurschaustellung steigt, je weiter eine sexuelle Handlung geht. Die sexuelle Begegnung beginnt damit, daß die Liebenden Händchen halten, und endet damit, daß sie den Orgasmus erleben. Entsprechend bietet eine Handlung um so eher die Grundlage für eine obszöne Geste, je mehr sie sich der Orgasmusphase beim Geschlechtsakt nähert.

Obszönitäten kommen in zwei ganz verschiedenen Situationen vor. Im ersten Fall ist der Tenor vulgär-freundlich, im zweiten bewußt böswillig. In der freundlichen Situation kann ein Mann gegenüber einer Frau (oder umgekehrt) eine starke sexuelle Geste machen; dabei liegt die Obszönität in der Tatsache, daß ihre Beziehungen noch nicht jenes fortgeschrittene Stadium erreicht haben, in dem ein solches Zeichen – selbst im privaten Bereich – angebracht wäre. Da die Geste meist in der Öffentlichkeit gemacht wird, ist sie noch weniger annehmbar und, wenn auch nicht böse gemeint, dennoch beleidigend. Das klassische Beispiel dafür ist der Mann in der Bar, der gegenüber dem Mädchen, das ihm einen Drink serviert, eine solche Geste macht. Wegen des Berufs dieses Mädchens fühlt sich der Kunde dazu berechtigt, offen die Form ihrer Brüste mit seinen Händen nachzuahmen. Sein Verhalten ist nicht von vornherein verletzend gemeint, eher als eine Art Kompliment, aber wenn sich das Mädchen dadurch beleidigt fühlt, wird diese Geste zu einer Obszönität.

Häufiger kommen als Kompliment gedachte Obszönitäten in Situationen mit drei Personen vor. Zwei Männer beobachten ein sich näherndes Mädchen, und einer signalisiert seinem Kameraden mit der Hand, daß er gern mit diesem Mädchen ins Bett gehen würde. Diese Geste ist an sich ein Kompliment, das zeigt, daß das Mädchen sehr sexy ist; aber wenn sie die Geste bemerkt und sich darüber ärgert, weil das Bedürfnis nach dem der Kopulation vorausgehenden Liebesspiel brutal übergangen wird, dann wird auch diese Geste obszön.

Obszönitäten dieser Art unterscheiden sich von der bewußten sexuellen Beleidigung, die im Augenblick der Verärgerung oder des Zorns unmittelbar gegen das »Opfer« gerichtet wird. Hier besteht das Ziel darin, das abgefeimteste, am stärksten tabuierte Zeichen als symbolische Form des Angriffs zu verwenden. Anstatt das Opfer zu schlagen, beleidigt man es durch eine sexuelle Geste. Aus Erfahrung weiß man, daß starke sexuelle Obszönitäten auch eine starke Wirkung erzielen, und man muß sich fragen, warum das so ist.

Es ist ohne weiteres klar, daß Schmutzsignale wie Spucken oder Werfen mit Exkrementen beleidigenden Charakter haben. Aber warum müssen eigentlich sexuelle Handlungen die Quelle für beleidigende Gesten – und Wörter – sein? An der Sexualität ist nichts Schmutziges – warum wird also ein so weit verbreiteter Mißbrauch mit ihr getrieben?

Die Erklärung liegt darin, daß bei einer großen Zahl von Tierarten – einschließlich unserer nächsten Verwandten, der Menschenaffen – sexuelle Handlungen als Drohmittel Anwendung finden. Bei männlichen Affen kommt das Aufreiten häufig als Rangdemonstration vor: Das aufreitende Männchen macht ein paar kräftige Beckenstöße und steigt dann wieder ab. Es entsteht kein wirklicher sexueller Kontakt – nur die Bewegungen werden ausgeführt. Ein Mann, der eine obszöne Geste macht, führt im Prinzip nur eine spezielle Version der gleichen Handlung aus. Der männliche Affe will mit seiner Handlung Dominanz gegenüber dem rangniederen Affen zum Ausdruck bringen. Auf diese Weise wird der Akt der männlichen Erektion bzw. der Kopulation zum Symbol für die männliche Dominanz, der sich auch in völlig unsexuellen Situationen als Dominanzgeste verwenden läßt. Diese muß nicht einmal ausschließlich die *männliche* Dominanz repräsentieren; auch eine Frau kann gegenüber einem Mann eine phallische Geste machen und damit meinen: »Du kannst mir nicht bange machen; ich bin dir überlegen.«

Sexuelle Beleidigungen sind also Bestandteil unseres tierischen Erbgutes. Das bedeutet allerdings nicht, daß die einzelnen Gesten selbst angeboren sind. Nur der ihnen zugrunde liegende Mechanismus ist bei uns der gleiche wie bei unseren Verwandten, den Primaten. Die obszönen Gesten selbst sind sehr variabel und stark von den Traditionen der verschiedenen menschlichen Kulturen beeinflußt, in denen sie vorkommen. Es gibt fünf Hauptkategorien: männliche Phalluszeichen, weibliche Genitalöffnungszeichen, Kopulationszeichen, Masturbationszeichen und Tätschelzeichen.

Am einfachsten und beliebtesten sind die Phalluszeichen, denn sie erfordern nur die symbolische Darstellung einer Erektion. In verschiedenen Ländern wird das unterschiedlich getan, und zwar mit Hilfe von Körperteilen. Als symbolischer Phallus dient die Zunge, der Mittelfinger, Zeige- und Mittelfinger zusammen, der Daumen allein, die Faust oder aber der Unterarm.

Die älteste phallische Geste scheint der Stoß mit dem Mittelfinger zu sein. Sie war bereits den alten Römern bekannt, die den Mittelfinger als den unzüchtigen, obszönen Finger bezeichneten. Als Symbol einer phallischen Erektion ist er seit über 2000 Jahren in Gebrauch. Man unterscheidet heute zwei Formen dieser Geste. Bei der am weitesten verbreiteten Version wird die Handfläche nach oben gehalten, und alle Finger außer dem Mittelfinger werden gekrümmt. In dieser Haltung stößt man dann die Hand nach oben in die Luft oder aber in Richtung auf die zu beleidigende Person. Die Araber verwenden dagegen häufig eine umgekehrte Version: Sie halten die Hand-

212 ◁

213 ▷

212 + 213 Der Mittelfingerstoß (212), eine phallische Imponiergeste, ist über 2000 Jahre alt. Er ist noch heute weithin in Gebrauch. Hier demonstriert ihn ein amerikanischer Polizist (213) gegenüber Bürgerrechtlern. Der Mann vor ihm führt eine andere obszöne Geste vor – er kratzt sich zwischen den Beinen, eine in Mexiko sehr verbreitete Geste.

fläche nach unten, strecken alle Finger mit Ausnahme des Mittelfingers, der auf den Boden weist, aus und schnellen ihn mehrmals auf und ab, als wollten sie ihn in eine darunterliegende Figur hineinstoßen.
Ein eindrucksvolleres Phallussymbol entsteht, wenn man den ganzen Unterarm ruckweise nach oben stößt, wobei die geballte Faust die Eichel des symbolischen Penis bildet. Dieser Unterarmstoß ist in Frankreich, Italien, Spanien und Griechenland äußerst beliebt, wo er fast ausschließlich als Drohgebärde von Mann zu Mann benutzt wird.
Auch in England kennt man diese Geste sehr gut, aber hier ist es mehr eine krude Form der sexuellen Bewunderung und keine direkte Beleidigung. Die Franzosen benutzen sie gegenüber Menschen, von denen sie sich belästigt fühlen, und wollen damit sagen: »Scher dich zum Teufel!« Der Engländer richtet sie an seine Freunde, wenn alle gemeinsam ein attraktives Mädchen beobachten.
Die Geste wird in Richtung des Mädchens ausgeführt, aber sie gilt nicht eigentlich ihm. Es bemerkt sie unter Umständen überhaupt nicht. Ihre Bedeutung ist: »Das (die Erektion) ist es, was ich diesem Mädchen geben möchte.« Hier haben wir ein Beispiel dafür, wie die gleiche Geste in zwei Ländern zwei ganz verschiedene Aussagen vermitteln kann, selbst wenn die betreffende Handlung auf der gleichen Symbolik (Unterarm gleich Phallus) beruht.

Relativ selten kommt der nach oben gerichtete Daumenstoß vor. Er findet sich nur in wenigen Gegenden, wie etwa im südlichen Sardinien und in Nordgriechenland. Vielleicht ist das zumindest teilweise auf die zunehmende Popularität einer fast identischen Geste zurückzuführen – das berühmte Heben des Daumens bedeutet soviel wie »Alles in Ordnung«. Diese Geste scheint ihren Ursprung in England zu haben und hat sich inzwischen weit verbreitet; das führt dort, wo das ähnlich aussehende obszöne Daumenstoßzeichen bekannt ist, zu Mißverständnissen. Wer mit Hilfe des Daumenhebens in Sardinien per Anhalter fahren will, der muß sich auf einen langen Fußmarsch gefaßt machen, denn ein Autofahrer, den man mit einer obszönen Geste beleidigt, wird kaum anhalten.
Eine weitere Komplikation hat sich aus der Anwendung des mit zwei Fingern signalisierten V-Zeichens für »Sieg« *(victory)* ergeben. In den meisten Ländern kennt man dieses Siegeszeichen, das, während des Zweiten Weltkriegs durch Churchill berühmt gemacht, neuerdings auch als Friedenszeichen verwendet wird. Studenten, Rebellen, Politiker, Sportler und Präsidenten aller Art verwenden es gleichermaßen. In England existiert es jedoch in zwei verschiedenen Ausführungen: Bei der einen Version ist die Handfläche nach außen gerichtet, bei der zweiten ist sie dem Gesicht zugekehrt. Jeder Engländer weiß, daß nur das Zeichen mit nach außen gerichteter Handfläche ein Symbol für »Sieg« oder »Frieden« ist. Er weiß aber zugleich, daß das gleiche Zeichen mit nach innen gekehrter Handfläche die schlimmstmögliche obszöne Geste ist. Engländer sind im Ausland häufig völlig verblüfft, wenn etwa ein italienischer Autofahrer, dem sie diese wüste Beleidigung zuwerfen wollen, diese nicht versteht, sondern die Geste für das »Sieg«-Zeichen hält und ihnen freundlich zuwinkt. Er sieht eben nur das V-Zeichen aus Mittel- und Zeigefinger und achtet nicht auf die Stellung der Handfläche. Deshalb kann es für ihn nur »Sieg« bedeuten.
Es ist verblüffend, daß der Ursprung dieser obszönsten englischen Geste unklar ist. Der Engländer weiß, daß sie irgendwie phallischen Charakter hat, aber er kann nicht erklären, warum die beiden Finger in V-Form »gespalten« sind. Da der Engländer im Gegensatz zum Känguruh keinen gabelförmigen Penis hat, ist die Ableitung dieser Geste einigermaßen problematisch. Vier mögliche Erklärungen werden in Erwägung gezogen.
Die erste sieht in dieser Geste eine Erweiterung des Mittelfingerstoßes. Vor dem Zweiten Weltkrieg gab es in England eine Beleidigungsgeste mit zwei Fingern, die eine verstärkte Version des Stoßes mit dem Mittelfinger war. Dabei wurden Zeige- und Mittelfinger benutzt, aber nicht in V-Form geöffnet. Dieses obszöne Zeichen wird auch heute noch verwendet, ist aber weitgehend durch das beleidigende V-Zeichen ersetzt worden. Letzteres ließe sich als weitere »Vergrößerung« des symbolischen Phallus interpretieren. Zweitens besteht die Möglichkeit, daß es sich bei dem anzüglichen V-Zeichen um eine »Tochtergeste« handelt, die aus dem bekannten Mittelfinger-

214 △ 216 ▽ 215 △

214–216 Churchills V-Zeichen für *victory* (214) hat als Zeichen für Sieg und Frieden den Krieg überlebt. In England hat es jedoch ein obszönes Gegenstück – das beleidigende V-Zeichen (215). Bei ihm weist der Handrücken zum Adressaten, während beim »Victory«-Zeichen die Handfläche nach vorn zeigt. Dieser Unterschied ist in vielen Ländern kaum bekannt, weshalb es schon zu Mißverständnissen gekommen ist. Das obszöne V-Zeichen hat erst kürzlich in England von sich reden gemacht, als ein bekannter Sportler (216) es den Punktrichtern zeigte, die seine Leistung bewerteten. Die Herkunft des Zeichens ist ungewiß, es könnte jedoch eine abgewandelte Form des arabischen Nasenstoßes sein, bei dem die Finger in V-Form mehrmals so gegen das Gesicht geführt werden, daß die Nase wie ein Phallus wirkt.

217 Die phallische Zunge. Man kann nicht bei jeder Zungengeste sicher sein, ob es sich einfach um eine Grobheit oder um bewußten phallischen Symbolismus handelt, wenn auch die Situation und die Art der Zungenbewegungen normalerweise eine Entscheidung zulassen.

stoß und der Geste des Augenausstechens »gekreuzt« ist, bei der man die gabelförmig gespreizten Finger auf die Augen des Gegners zu stößt.
Drittens besteht die Möglichkeit, daß es sich bei dem V-Zeichen um eine bewußte Korrumpierung des Churchillschen V-Zeichens für »Sieg« handelt, wobei das Umdrehen der Handfläche einen umgekehrten Sieg bedeuten würde, also eine Niederlage der beleidigten Person, etwa wie O.K. das Gegenteil von K. o. ist. Diese Entwicklung könnte sehr wohl während des Zweiten Weltkrieges stattgefunden haben, aber sie hat offenbar die Popularität dieser Geste nur noch gesteigert, denn frühe Fotos des beleidigenden V-Zeichens belegen, daß diese Geste schon seit 1913 benutzt wird.
Die vierte Erklärung ist zugleich die wahrscheinlichste: Danach ist das beleidigende V-Zeichen die Vereinfachung einer obszönen Geste, die in arabischen Ländern verwendet wird; dabei werden die gabelförmig gespreizten Finger zur Nase des Gestikulierenden gehoben und aufwärts gegen sie gestoßen. Symbolisiert wird hier die Kopulation: Dabei repräsentiert die Nase den Phallus, die beiden gespreizten Finger die weibliche Vagina. Kürzt man diese Geste geringfügig ab, so daß der Kontakt mit der Nase unterbleibt, dann hat man genau die obszöne V-Geste. Vermutlich haben britische Soldaten, die in Arabien stationiert waren, dieses verkürzte Zeichen nach England mitgebracht, wo es dann endlos kopiert und seine ursprüngliche Form und Bedeutung vergessen wurden. Es könnte sich hier um einen weiteren Fall einer symbolischen Geste handeln, die sich von ihren Ursprüngen gelöst hat, ihre Wirkung aber beibehielt.
Außer Hand und Unterarm ist die Zunge ein Körperteil, der phallisches Potential hat. Das Herausstrecken der Zunge ist eine weitverbreitete Grobheit; in einigen Kulturen erhält diese Geste jedoch durch die Bewegung der Zunge einen ausgesprochen phallischen Charakter. In bestimmten romanischen Ländern gibt es das ausdrucksvolle Hineinziehen und Herausstrecken der Zunge bei geöffnetem Mund, das eine ausgesprochen erotische Bedeutung hat. Im Libanon kommt eine andere Bewegung vor, bei der die Zunge im offenen Mund von einer Seite zur anderen pendelt: Dies ist ein beleidigender Antrag eines Mannes an eine Frau.
Gesten, die sich auf die weiblichen Genitalien beziehen, kommen weniger häufig vor als phallische Zeichen. Rings um das Mittelmeer verwenden viele Menschen die »gequetschte Kreisgeste«, die wie ein breitgedrücktes O. K.-Zeichen aussieht. Der Kreis wird von Daumen und Zeigefinger gebildet, aber nicht ringförmig wie beim O. K.-Zeichen, sondern etwas zusammengedrückt, so daß er an die Umrißlinien der weiblichen Vagina erinnert. In Kolumbien kennt man ein ähnliches Zeichen mit gleicher Bedeutung, aber der »gequetschte Kreis« wird hier von beiden Händen gebildet, die man vor dem Körper zusammenführt.
Es gibt zwei Arten von Kopulationszeichen: solche, die die Einführung des Penis, und solche, die Beckenstöße symbolisieren. Das Eindringen des Phal-

lus ist der Schlüssel für das Verständnis des uralten Feigenzeichens, bei dem der »männliche« Daumen zwischen zwei »weiblichen« Fingern hervorsteht. Das geschieht mit geschlossener Hand, wobei der Daumen zwischen Zeige- und Mittelfinger in ähnlicher Form hindurchdringt wie der Penis durch die Schamlippen. Diese Geste war besonders im alten Rom beliebt. Heutzutage ist sie weltweit verbreitet, und zwar in Form von Glücksbringern. Kleine geschnitzte Hände, die das Feigenzeichen machen, werden in den Kuriositätenläden von London bis Rio verkauft, und die Träger sind sich – wie in vielen anderen Fällen auch – nicht der wahren Bedeutung dieses Zeichens bewußt. Man fragt sich unwillkürlich, wie ausgerechnet eine obszöne Kopulationsgeste zum Symbol für »Glück« geworden ist. Es scheint sich hier um ein »Ablenkungszeichen« zu handeln. In vielen Mittelmeerländern glaubte man nämlich an die Macht des »bösen Blicks«: Man nahm an, daß er Unglück bringen würde, wenn er einen direkt traf. Natürlich wußte man nicht immer genau, wer diese Macht des bösen Blicks besaß; also war es ratsam, ein Schutzmittel dagegen zu besitzen. Eine so schockierende Geste wie das Feigenzeichen mußte mit Sicherheit den bösen Blick auf sich ziehen. Dieser Glaube ist auch heute noch in einigen Teilen Siziliens lebendig, in anderen Gegenden aber hat das mit der Hand gemachte Feigenzeichen seine sexuelle Bedeutung behalten. In Griechenland und in der Türkei gilt es als sexuelle Beleidigung, in Tunesien und in Holland dagegen ist es in erster Linie eine sexuelle Aufforderung.

Fast alle Kopulationssignale außer dem Feigenzeichen enthalten das Element der Beckenstöße. Es gibt hier zahlreiche Varianten, die teils mit einer, teils mit beiden Händen ausgeführt werden. So wird beispielsweise eine Faust oder die gekrümmte Hand rasch und kräftig vor- und zurückgestoßen; oder ein Finger einer Hand wird in die eine Röhre bildende zweite Hand gesteckt und wieder herausgezogen. Eine sehr direkte Geste ist das Vorwärtsstoßen des Beckens selbst.

Homosexuelle Gesten zeigen in der Regel weibisches Verhalten und damit Schwächlichkeit bei Männern an; zu ihnen gehört die weitverbreitete flatternde Bewegung der Hände mit steifen Gelenken, geziertes Trippeln und Hüftwedeln. Daneben gibt es noch stärker formalisierte Gesten: Ein Mann führt seinen angeleckten kleinen Finger an der Augenbraue entlang – eine Beleidigung, die im Libanon häufig vorkommt, aber auch in anderen Gegenden verstanden wird. In Syrien wiederum tippt man wiederholt die Nasenspitze mit der Spitze des rechten Zeigefingers an. Das Zusammenlegen der Hände bei gleichzeitigem Wedeln mit dem Daumen wie bei Vogelschwingen wurde vorwiegend in Kolumbien beobachtet. Eine extreme Form der Obszönität, ein Zeichen für Sodomie, kennt man in Teilen Italiens: Man bildet mit der Hand eine Röhre und stößt sie dann horizontal hin und her. Führt man die gleiche Geste in vertikaler Richtung aus, dann wird sie zu einem weit verbreiteten Zeichen für Masturbation, wobei unterstellt

218 ▽ 219 △ 220 ▷

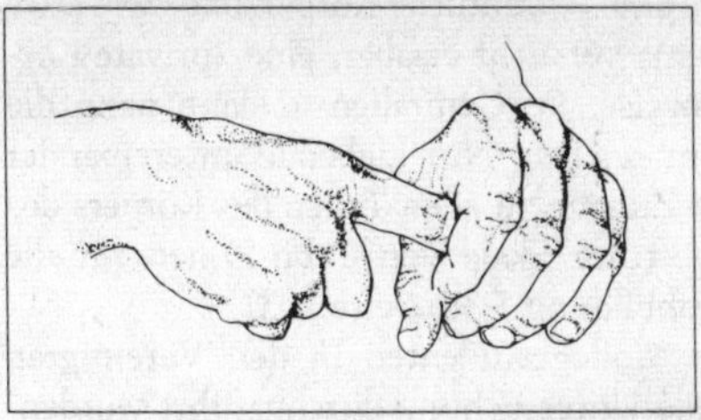

218–220 Koitus-Gesten mit einer oder beiden Händen sind weithin üblich und verbreitet. Sie reichen von der unverblümten Einführung des Zeigefingers (218) bis zum italienischen Handflächenschlag (219) und zum tunesischen Handwackeln (220).

wird, daß es der angegriffenen Person nicht gelingt, eine bessere Form der sexuellen Befriedigung zu finden.

Schließlich gibt es noch die Tätschelgesten. Dabei werden in der Regel die Hände benutzt, die imaginäre Brüste oder Hoden halten, drücken oder tätscheln. Wie andere Formen obszöner Signale schwanken auch diese sehr stark in ihrer Bedeutung, abhängig von der Situation, in der sie benutzt werden. Kombiniert mit anderen feindseligen Verhaltensweisen tragen sie zur Verstärkung und Intensivierung von Beleidigungen bei, macht man sie dagegen scherzhaft unter Freunden oder Kollegen, dann sind sie kaum mehr als der Ausdruck einer vulgären Intimität oder verdeutlichen gemeinsame Reaktionen auf Angehörige des anderen Geschlechts. In dieser Funktion kann man sie dazu verwenden, den zwanglosen Charakter einer Beziehung aufrechtzuerhalten oder zu verstärken.

Manchen Leuten mag selbst die Erörterung obszöner Gesten anstößig erscheinen. Da Anstößigkeit, gepaart mit Aggressivität, ja gerade das Hauptziel dieser Gesten ist, kann diese Reaktion kaum überraschen. Aber man sollte dabei doch eine wichtige Tatsache nicht übersehen: Keine Geste, wie obszön sie auch immer sein und wie unanständig ihre Aussage auch ausfallen mag, hat jemals zu Blutvergießen geführt. Es kann natürlich gelegentlich vorkommen, daß eine Geste Vergeltungsaktionen auslöst; aber im Prinzip sind obszöne Gesten ja gerade Ersatzhandlungen für wirkliche Aggressionen. Die soziale Bedeutung, die sie in dieser Hinsicht haben, ist wohl in der Vergangenheit unterschätzt worden.

## Tabu-Zonen

### Exterritoriale Bereiche des menschlichen Körpers

Eine Tabu-Zone ist eine Körperpartie, die von Artgenossen nicht berührt werden darf. Jeder von uns hat ein Gefühl dafür, aber die Intensität dieses Gefühls schwankt von Person zu Person, von Kultur zu Kultur und von Beziehung zu Beziehung. Unterschiede gibt es vor allem bezüglich der Körperteile. Berührt ein Artgenosse eine »öffentliche Körperzone« wie etwa die Hand, dann gibt es kein Problem; versucht er aber, eine »private Körperzone« zu berühren – beispielsweise die Genitalien –, dann kann die Reaktion von Verlegenheit bis Wut reichen. Nur Liebende untereinander und Eltern von Babys haben freien Zugang zu allen Teilen des Körpers des anderen. Ansonsten gilt eine abgestufte Skala von Tabu-Zonen für die Körperberührung (siehe auch Farbabbildung F 38, Seite 293).
Über die Tabu-Zonen graduierter Collegestudenten in den Vereinigten Staaten ist kürzlich eine eingehende Untersuchung durchgeführt worden. Man teilte ihre Körperfläche in zwölf Kontaktzonen ein und fragte sie dann, mit welchem Wahrscheinlichkeitsgrad sie in diesen Zonen von folgenden Menschen berührt würden: (1) von ihren Müttern, (2) von ihren Vätern, (3) von gleichgeschlechtlichen Freunden und (4) von befreundeten Personen des anderen Geschlechts. Es wurden vier Stufen von Berührungs-Tabus festgelegt: sehr häufige Berührung, mäßig häufige Berührung, seltene Berührung und so gut wie keine/gar keine Berührung.
Wie zu erwarten, erwiesen sich im allgemeinen die den Geschlechtsmerkmalen am nächsten gelegenen Körperbereiche als die stärksten Tabu-Zonen, die von ihnen am weitesten entfernten Zonen zeigten die schwächsten Tabus. Trotzdem gab es, je nach Art der vorhandenen Beziehung, einige deutliche Unterschiede, darunter die folgenden: (1) Mütter berühren ihre Söhne seltener als ihre Töchter *an den Haaren und Armen.* (2) Mütter berühren ihre Töchter seltener als ihre Söhne *an der Brust.* (3) Väter berühren ihre Söhne seltener als ihre Töchter *an den Haaren, im Gesicht, am Hals und an den Schultern.* (4) Befreundete Frauen berühren einander seltener als befreundete Männer *an den Schultern, an der Brust und an den Beinen.* (5) Befreundete Männer berühren einander seltener als befreundete Frauen *an den Haaren, im Gesicht, am Hals und am Unterarm.* (6) Frauen berühren ihre männlichen Freunde seltener als Männer befreundete Frauen *an den Knien.* (7) Männer berühren befreundete Frauen seltener als Frauen ihre befreundeten Männer *an Brust und Hüfte.*
Aus diesen Unterschieden ergibt sich die Folgerung, daß jede Art menschlicher Beziehung ihre eigene Kombination von »offenen Zonen« und »Tabu-Zonen« hat. Einige Unterschiede zwischen den Geschlechtern stellen kaum eine Überraschung dar, so beispielsweise das stärkere Tabu, das der weiblichen Brust anhaftet. Andere Unterschiede dagegen sind überraschender.

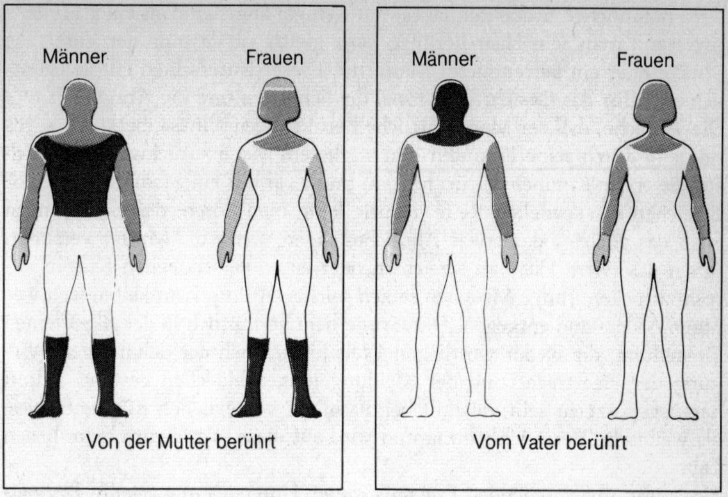


221 △ 223 ▽ 222 △ 224 ▽

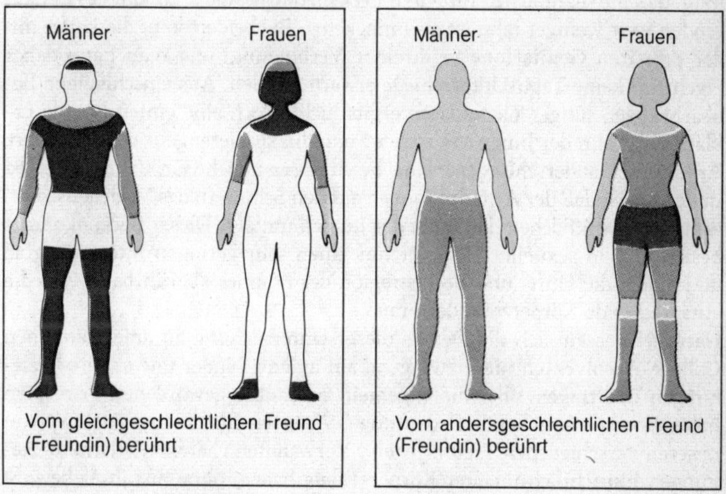


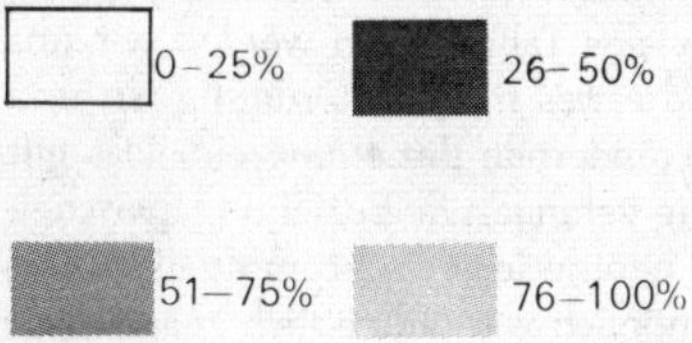


221–224 Je dunkler die einzelnen Zonen gefärbt sind, desto strenger ist das Tabu ihrer Berührung. Die Körperzonen unterscheiden sich hinsichtlich ihrer »Berührbarkeit« sowohl nach Geschlecht als auch nach der Beziehung zur berührenden Person (nach Jourard).

Dem männlichen Studenten ist es weit weniger angenehm als einer Studentin, wenn man sein Haar berührt, ganz gleich, ob das nun der Vater, die Mutter oder ein befreundeter Mann tut. Dieser Unterschied gilt gelegentlich auch für das Gesicht, den Hals, die Schultern und die Arme.

Die Tatsache, daß der Mann zärtliche Berührungen seines Oberkörpers – es sei denn durch seine Freundin – in stärkerem Maße zurückweist, läßt sich auf die frühe Kindheit zurückführen, und zwar auf ein Stadium lange vor Erreichen der sexuellen Reife. Häufig kann man hören, daß Schuljungen »Laß das doch!« oder etwas Ähnliches sagen, wenn die Mutter versucht, ihnen das wirre Haar zu streicheln oder einen verschobenen Kragen zurechtzurücken. Junge Mädchen setzen solchen Aufmerksamkeiten weit weniger Widerstand entgegen. Der Grund liegt vermutlich in der allgemeinen Einstellung, die in der westlichen Welt hinsichtlich der dekorativen Wirkung der Haartracht und der Kleidung junger Mädchen besteht. Adrett herausgeputzt zu sein, das gilt bereits in der vorsexuellen Kindheitsphase als weibische Verweichlichung und wird auf diese Weise zum männlichen Tabu.

Ein etwas überraschendes Ergebnis dieser Untersuchung ist die Feststellung, daß die männliche Hüft- und Beckenzone für die Freundin des Betreffenden weit weniger tabu ist als umgekehrt. Bei beiden steht die Hüfte mit der primären Genitalzone in direkter Verbindung, und man hätte daher eigentlich keine Tabu-Unterschiede erwarten sollen. Aus einschlägigen Beobachtungen junger Liebespaare ergibt sich jedoch eine einleuchtende Erklärung. Wenn der Junge mit seiner Freundin spazierengeht und beide ihre Arme umeinanderschlingen, dann bewirkt der übliche Größenunterschied in der Regel, daß der Arm des Jungen auf den Schultern des Mädchens ruht, während das Mädchen die Taille des Jungen umfaßt. Dieser Beckenkontakt besitzt also in sexueller Hinsicht nur einen sehr geringen Intensitätsgrad und macht die Hüft- und Beckenregion des Mannes »berührbarer« als die entsprechende Körperzone der Frau.

Natürlich lassen sich die Details dieser Untersuchung an amerikanischen College-Absolventen nicht zwingend auf andere Länder und andere Beziehungen übertragen, aber die allgemein erkennbar gewordenen Prinzipien haben doch weitreichende Bedeutung. Wir ersehen aus ihnen, daß wir mit unseren verschiedenen Freunden und Verwandten charakteristische Beziehungen hinsichtlich unserer Körper-Tabus haben, ohne uns ihrer bewußt zu sein, und daß wir entsprechende Kontaktsignale bei jeder Begegnung bemerken können. Bricht jemand eines der Tabus, dann werden wir uns sofort der Tatsache bewußt, daß irgend etwas nicht in Ordnung ist, und stimmen uns sorgfältig auf die sich verändernde Beziehung ein. Das gilt ganz besonders für die sich zwangsläufig verändernde Beziehung zwischen Eltern und Kind. Während das Kind heranwächst, schrumpft die totale Körperintimität, die nach der Geburt möglich war, allmählich zusammen.

Manchmal ist es ein Elternteil, der eine solche Beschränkung vornimmt. Das heranwachsende Kind ist grundsätzlich neugierig und untersucht früher oder später ganz unschuldig die Brüste oder die Genitalien eines Elternteils, nur um zu hören: »An dieser Stelle faß mich bitte nicht an.« Manchmal ist es aber auch das Kind, das ein neues Tabu einführt, so beispielsweise, wenn es sich der elterlichen Umarmung entwindet und durch diese »Laß-mich-los!«-Reaktion eine wachsende Unabhängigkeit zu erkennen gibt.

In manchen Kulturen vollzieht sich dieser Prozeß der Kontaktminderung weniger auffällig als in anderen. Im großen und ganzen ist man beispielsweise in Südeuropa weniger kontaktscheu als in Nordeuropa. Außerdem werden auch innerhalb eines bestimmten Kulturkreises die Körper-Tabus von manchen Familien strenger eingehalten als von anderen. Gelegentlich kommt es auch vor, daß in einer Kultur ein Tabu für eine bestimmte Körperregion besteht, die man in anderen Ländern als völlig harmlos ansehen würde. So ist beispielsweise in Japan der Nacken eines Mädchens ebenso streng tabu wie seine Brüste, und in Thailand betrachtet man den Scheitel eines Mädchens als unberührbar. Die Gründe sind ganz verschieden. In Japan gilt der Mädchennacken wegen seiner erotischen Wirkung als Tabu-Zone, in Thailand ist die Tabuierung auf religiöse Glaubensvorstellungen zurückzuführen.

Im allgemeinen zeigen Stammesgesellschaften eine weit freiere Einstellung zu Körperkontakten, als das in der Großstadt der Fall ist; dieser Dämpfungsprozeß ist sicherlich zum Großteil auf die Übervölkerung und Überfremdung der großen Städte zurückzuführen. Bei weiterem Bevölkerungszuwachs ist anzunehmen, daß alle Formen des Privaten einschließlich der körperlichen Privatsphäre noch stärker abgeschirmt werden. Gelegentlich kommt es zu aufflackernden Rebellionen gegen die jetzt herrschende Situation: In den 60er Jahren verbreiteten sich in den Vereinigten Staaten (und von dort aus über die ganze Welt) einige Gruppentherapie-Kulte, die verschiedene Rituale massenweiser Körperberührung einführten. Diese »Tätschelgruppen«, wie man sie scherzhaft bezeichnete, legten das intensive Bedürfnis des Menschen nach Körperkontakt bloß, aber gleichzeitig auch die strengen Restriktionen, die ihm innerhalb der sozialen Gemeinschaft auferlegt sind.

## Selbstentblößende Handlungen

### Wenn man die Anstandsgrenzen durchbricht

Nicht alle unsere Handlungen sind für die Öffentlichkeit bestimmt, und bei vielen würden wir es als entblößend empfinden, sie vor Zuschauern auszuführen. Wir stellen oft das »Private« dem »Öffentlichen« gegenüber, so als bestünde hier eine klare Grenze; in Wirklichkeit aber gibt es zwischen beiden Extremen eine ganze Skala von Zwischenstufen der »öffentlichen Entblößung«. An einem Ende finden sich die vollkommen privaten, einsamen Verrichtungen, wie etwa das Stuhl- und Wasserlassen, am andern die völlig öffentlichen Handlungen, wie etwa das Spazierengehen. Dazwischen aber liegen sehr viele Handlungen mit nur beschränktem Öffentlichkeitsgrad.

Wir passen uns in der Ausführung solcher »halböffentlicher« Handlungen gewöhnlich dem Vertrautheitsgrad des sozialen Umfelds sensibel an, in dem wir uns gerade bewegen. Im allgemeinen erlegen wir uns desto weniger Zurückhaltung auf, je besser wir die Leute kennen, mit denen wir zusammen sind. Sind wir mit den Anwesenden weniger bekannt, werden wir vorsichtiger und neigen dazu, bestimmte Handlungen zu unterlassen. Wenn wir uns unter fremden Menschen befinden, halten wir uns noch stärker zurück; immer mehr Handlungen unterbleiben, und wir werden steif und förmlich.

Die Viktorianische Zeit war von einem Zug zur immer stärkeren Zurückhaltung in der Öffentlichkeit beherrscht. Eine endlose Reihe von Anstandsregeln wurde eingeführt, denen zufolge dieses oder jenes Verhalten »in Gesellschaft« zu unterlassen war. Im Gegensatz dazu sind wir im 20. Jahrhundert immer »gelöster«, immer weniger förmlich geworden, und viele Handlungen sind auf der Skala zwischen Privatem und Öffentlichem in Richtung größerer »öffentlicher Entblößung« gewandert. Ich nenne Handlungen, die gerade einen Schritt in dieser Richtung getan haben, »selbstentblößende Handlungen«. Darunter sind also Handlungen zu verstehen, die, ohne für sich genommen außergewöhnlich zu sein, doch deshalb Aufmerksamkeit erregen, weil sie in einer stärker öffentlichen Situation vollzogen werden, als es erwartet wird.

Es gibt drei Grundtypen der Selbstentblößung: die unwissentliche, die willentliche und die versehentliche. Jeder von uns stellt sich von Zeit zu Zeit auf eine dieser drei Arten bloß und erregt in der einen oder anderen Weise damit Anstoß, daß er aus irgendeinem Grund in der Öffentlichkeit »zu weit geht«. Die Erinnerung an die schlimmsten Augenblicke dieser Art kann einem selbst Jahre später noch die Schamröte ins Gesicht treiben.

Wenden wir uns zunächst dem »unwissentlichen« Typ zu; es ist sogleich klar, daß dieser am häufigsten dann vorkommt, wenn wir in ungewohnte soziale Situationen versetzt werden, deren genaue Verhaltensregeln wir nicht kennen. Ein Mann, der nach einem guten Essen laut rülpst, weil er entweder aus einer Kultur oder einer Gesellschaftsschicht kommt, in der öffentlich gerülpst wird, wird in einer Eßrunde von »privaten Rülpsern« schockierend wirken; aber er wird nur dann bemerken, daß er sich eine Blöße gegeben hat, wenn die anderen auf sein Verhalten reagieren.

In einer statischen Gesellschaftsstruktur sind solche unwissentlichen Selbstentblößungen selten. Darin liegt der Hauptvorteil einer strengen Etikette. In einem sich schnell ändernden sozialen Umfeld wie unserem heutigen sind die in einer konkreten sozialen Situation geltenden Konventionen in wachsendem Maß unklar. Das heißt nicht, daß wir etwa auf dem Weg wären, »unkonventionell« zu werden (nur Psychopathen sind wirklich unkonventionell), sondern vielmehr, daß wir mit den dauernden Schwankungen im System der Verhaltensnormen nicht Schritt halten können.

Wenn wir zu einem »geselligen Abend« eingeladen sind, stolpern wir zwangsläufig über Unklarheiten in den Benimmregeln: Niemand weiß, wer wem vorgestellt werden soll, mit wem man Hände schüttelt und mit wem nicht, wen man und wen nicht auf die Wange küßt, und wenn ja, ob auf eine oder auf beide Wangen; man ist unsicher, wer am Tisch neben wem sitzen soll, beim Gespräch weiß man nicht, welche Themen tabu sind und welche nicht, und wieviel Zurückhaltung, wenn überhaupt, bei kritischen Bemerkungen erwünscht ist; und schließlich ist es nicht klar, zu welcher Stunde man uns gerne gehen sehen würde, oder inwieweit wir der freundlichen Aufforderung des Gastgebers widerstehen sollten, doch noch eine Weile zu bleiben. Kurz gesagt, es steht uns ein gesellschaftlicher Seiltanz zwischen der Gefahr einer übertriebenen Zurückhaltung und einer plumpen Selbstentblößung bevor. Es ist so, als habe die Gesellschaft ihren Büstenhalter verbrannt, gleichzeitig aber das wilhelminische Korsett anbehalten. Wir schmeicheln uns, wir hätten die Gestelztheiten der Vergangenheit abgelegt – und das haben wir in einigen wichtigen Bereichen tatsächlich –, aber in vielen Einzelheiten unseres Sozialverhaltens sind wir die Geister einer überkommenen gesellschaftlichen Etikette noch nicht losgeworden und werden sie auch in aller Zukunft nicht los.

Vielleicht habe ich in diesem Punkt, um das Gemeinte deutlicher zu machen, ein bißchen übertrieben, denn wir alle passen uns unbekannten sozialen Stimmungen schnell, ja fast augenblicklich an. Wir können uns selbst durch die undurchschaubarsten gesellschaftlichen Situationen schmuggeln und schaffen es bisweilen glänzend, unsere unwissentlichen Selbstentblößungen auf ein Mindestmaß zu beschränken; das verdanken wir den Hunderten winziger Hinweise, die wir während unserer Vis-à-vis-Kommunikation registrieren. Und wenn wir uns in ein total fremdes und ungewohntes soziales Milieu in einem weitentfernten Land versetzt finden, wird man uns dort als »Nichteinheimische« erkennen und uns unsere unabsichtlichen Blößen als Schrullen eines Fremden nachsehen.

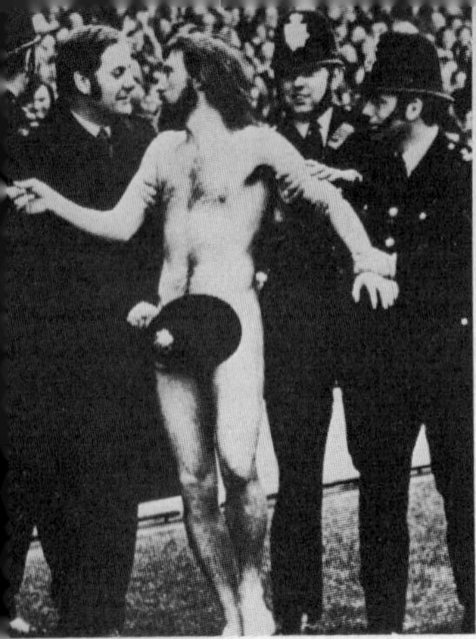

225 ◁

228 ▷

225 Unsere Handlungen lassen sich auf einer Skala zwischen »vollkommen öffentlich« und »vollkommen privat« einordnen. Wenn eine Handlung unvermittelt in Richtung »öffentlich« ausschlägt, wirkt sie für die Augenzeugen als Signal der Selbstentblößung. Das »Blitzen« ist ein Beispiel für willentliche Selbstentblößung. Das Motiv ist ein beabsichtigter Schockeffekt oder eine philosophische Haltung.

228 Junge Liebende halten sich in der Regel in der Öffentlichkeit mit ihren Aktivitäten zurück. In manchen Ländern ist jeder nähere Körperkontakt in der Öffentlichkeit gesetzlich verboten, in anderen ist weit mehr erlaubt. Doch auch dort sind koitusnahe Handlungen selten zu beobachten.

Wenn wir uns der zweiten Kategorie von Selbstentblößungen – den willentlichen – zuwenden, so findet man auch hier, daß sie vergleichsweise selten vorkommen. Wenn einem Mann nachts das Haus abbrennt, und er, um sein Leben zu retten, nackt auf die Straße laufen muß, dann hat er sich ebenso unvermeidlich wie willentlich für eine Selbstentblößung im doppelten Sinne des Wortes entschieden. Er hat etwas Privates – nackt herumzulaufen – in der Öffentlichkeit getan, aber man verzeiht es ihm wegen der extremen Umstände. Wenn ein anderer Mann mutterseelenallein nackt im Meer schwimmt und bei der Rückkehr zum Ufer feststellen muß, daß seine Kleider gestohlen wurden, dann wird man vermutlich auch ihm, nachdem er seine Lage geschildert hat, verzeihen, daß er seine private Nacktheit zur öffentlichen gemacht hat. Aber diese zweite Situation ist bereits weit peinlicher, weil sie mit einem freiwilligen Entschluß eingeleitet wurde und nicht, wie im Fall des Feuers, zwangsläufig entstand.
Wenn jedoch ein Mann plötzlich beschließt, seine ganze Bekleidung abzulegen und nackt durch eine belebte Straße zu rennen, kann es ihm passieren, daß er wegen Erregung öffentlichen Ärgernisses verhaftet wird. Das Phänomen des »Blitzens«, das vorübergehend so populär geworden ist, bietet das seltsame Beispiel eines Verhaltens, das *nur* als willentliches Selbstentblößungssignal einen Sinn ergibt. Das »Blitzen« ist merkwürdig symbolisch:

226 △ 227 ▽

226 + 227 Die meisten Leute geben sich Mühe, Selbstentblößungen in der Öffentlichkeit zu vermeiden (226). Diese Zurückhaltung ermöglicht es einigen wenigen, ihren Lebensunterhalt damit zu verdienen, daß sie sich zur Unterhaltung der anderen willentlich entblößen oder auch noch etwas mehr tun (227).

Es faßt in einer einfachen Handlung den gesamten Trend der Gesellschaft zur »Veröffentlichung« bisher privater Verhaltensweisen zusammen. Der vielleicht erstaunlichste Aspekt an der Sache waren nicht die nur ziemlich zögernd vorgenommenen Verhaftungen durch die Polizei, sondern die fast durchgängig gelassene Haltung des Publikums, das eher amüsiert als empört reagierte. Wenigstens in dieser Hinsicht scheint also die »Befreiung der Handlungen« einen kleinen Schritt nach vorn bewirkt zu haben.

Schließlich kommen wir zur dritten Form der Selbstentblößung – der versehentlichen. Ein einfaches Beispiel wird den Unterschied zwischen dieser und den beiden anderen Formen klarmachen. Ein Mann, der rülpst, weil er nichts von einem Rülps-Tabu weiß, entblößt sich unwissentlich; ein Mann, der rülpst, weil er grob sein will, entblößt sich willentlich; ein Mann, der ungewollt rülpst, entblößt sich versehentlich.

Diese letzte Form der Selbstentblößung passiert oft Leuten, die sich allein glauben, ohne es tatsächlich zu sein. Ein komisches Beispiel ist der nasenbohrende Autofahrer. Das Nasenbohren ist wie das Säubern der Ohren und bestimmte andere Körperpflegehandlungen gewöhnlich eine diskrete Tätigkeit, die man allein in seinen vier Wänden vornimmt. Der Autofahrer weiß das sehr genau, aber aus irgendeinem Grund ist das Auto zu seinen symbolischen »vier Wänden« geworden. Es ist so sehr sein persönliches Territorium, daß er es als eine Art Boudoir auf Rädern empfindet. Wenn kein Mitfahrer seine »Privatheit« stört, benimmt er sich häufig so, als sei er von der Welt abgeschlossen, während er doch in Wirklichkeit von Fußgängern und anderen Autofahrern durch die Fenster seines Wagens gut beobachtet werden kann. Er kann nicht nur beim Nasenbohren, sondern auch bei anderen »privaten« Handlungen beobachtet werden. Manchmal erscheint er von außen wie ein Schwachsinniger, wenn er mitten im Verkehrsgewühl am Steuer sitzt, mit dem Kopf hin und her wackelt, stumm den Mund auf- und zumacht und mit der Hand auf dem Armaturenbrett herumtrommelt. Aber der Schein trügt – er lauscht nur der Musik seines Autoradios! Wieder glaubt er sich alleine, durch die vier Wände seines mobilen Reviers von der Außenwelt abgeschirmt, und verhält sich dementsprechend.

Das zufällige Zusammenprallen von Personen in der Öffentlichkeit ist ein weiteres Beispiel für den dritten Typus der Selbstentblößung. Wir scheuen keine Anstrengung, um es zu vermeiden, wir umkurven einander geschickt, wenn wir uns durch die Menge bewegen. Doch trotz allen Geschicks rempeln wir gelegentlich einen andern an. Dann entschuldigen wir uns nicht bloß, weil wir einander belästigt haben, sondern auch, weil wir uns eine versehentliche Blöße gegeben haben. Wir sind zudringlicher und intimer geworden, als es in unserer Absicht lag, und das müssen wir durch die Entschuldigung klarstellen.

Wenn der Zusammenstoß einen Angehörigen des anderen Geschlechts trifft, ist die Entschuldigung gewöhnlich etwas nachdrücklicher, weil wir jeder Unterstellung, wir hätten es auf einen persönlichen, sexuellen Körperkontakt abgesehen, einen Riegel vorschieben wollen. Sexuell unbefriedigte und hilflose Männer nutzen solche Situationen manchmal in umgekehrter Weise für sich – sie drängen sich im Gewühl an eine Frau heran und maskieren diese willentliche sexuelle Kontaktaufnahme als zufälligen Zusammenstoß und persönliche Blöße.

Bevor wir das Kapitel der selbstentblößenden Handlungen beschließen, müssen wir noch auf einige erwähnenswerte Anomalien zu sprechen kommen. Der einfache Trennstrich zwischen »privat« und »öffentlich« wird oft durch besondere Umstände unkenntlich. Manche überwiegend privaten Handlungen können unter gewissen Bedingungen öffentlich zur Schau gestellt werden, unter anderen wieder nicht; und für verschiedene Personen gelten unterschiedliche Regeln. Am Straßenrand zu urinieren ist bei einem Kind weniger entblößend als bei einem Erwachsenen, und es gibt noch viele ähnliche Dinge, die ein Kind in der Öffentlichkeit tun kann, ohne sonderlich aufzufallen. Ungestümer Übermut und lärmende Wutanfälle zum Beispiel können bei kleinen Kindern genauso in der Öffentlichkeit wie zu Hause auftreten, während Erwachsene sich zumeist bemühen, solche Verhaltensweisen nur in der Zurückgezogenheit der eigenen Wohnung zu zeigen. Fremde, die Zeugen solchen Benehmens von Kindern in der Öffentlichkeit werden, tolerieren es oft, weil sie wissen, daß das betreffende Kind den Entblößungsgrad seiner Handlungen noch nicht einschätzen kann.

Wenn das Kind älter wird, geht es von der unkontrollierten öffentlichen Selbstentblößung zum entgegengesetzten Extrem über – zu der Selbstbescheidung, die wir »Schüchternheit« nennen. Erst mit den Jahren und mit wachsender Erfahrung wird das »richtige« Gleichgewicht erreicht.

Es gibt eine besondere Gruppe von Erwachsenen, die man in dieser Hinsicht wie Kinder behandelt: die Kranken und Versehrten. Krankenhauspatienten und Invaliden gestattet man einen hohen Grad an selbstentblößendem Verhalten. Ihre intimsten körperlichen Verrichtungen werden von vergleichsweise fremden Personen oder in deren Beisein ausgeführt. Manchmal sind sie so krank, daß es sie nicht mehr kümmert; bei manchen bedeutet es eine Rückwendung zur totalen Abhängigkeit einer Pseudokindheit, die allzu bereitwillig hingenommen wird. Für andere jedoch ist der kulturell gestattete Verstoß gegen die Entblößungsnorm eine unangenehme zusätzliche Belastung in einer ohnehin schweren Situation. Die Raumaufteilung der durchschnittlichen Krankenstation verdient einen Sonderpreis für die Art und Weise, in der sie dem Patienten neben seiner Krankheit auch noch Kränkungen zufügt.

Es gibt noch eine dritte Gruppe von Personen mit gewissen »Entblößungsfreiheiten« – die Exzentriker. Wenn ein Individuum durch Erbschaft oder Talent eine besonders prominente Stellung in der Gesellschaft einnimmt, kann es sich bis zu einem gewissen Grad straflos gestatten, seine privaten

Schrullen in die Öffentlichkeit zu tragen. Wenn der Betreffende sich in der öffentlichen Vorführung privater Handlungen gefällt, nennt man sein Benehmen eher »exzentrisch« als »unverschämt«, und wenn es erst einmal dieses Etikett trägt, hat es aufgehört, eine soziale Bedrohung darzustellen. Durch seine Isolierung zum »Sonderfall« wird es entschärft. Dem Exzentriker ist es danach nicht nur *erlaubt*, sich weit über die Grenzen des kulturell Normalen hinaus zu entblößen, sondern es wird, wenn seine Exzesse erst einmal zur gewohnten Sache geworden sind, geradezu von ihm *erwartet*, daß er sich in dieser Hinsicht immer wieder hervortut. Wenn er einmal darauf verzichtet, fühlen die Anwesenden sich um ein Spektakel betrogen. Die meisten von uns würden nicht so ungeschoren davonkommen, wenn sie sich dasselbe herausnähmen, weil wir eben nur bei seltenen Gelegenheiten das Bedürfnis verspüren, einmal über die Stränge zu schlagen.
Mit anderen Worten: Man kann nur dann ungestraft unhöflich sein, wenn man immer ein Grobian ist, und sexuelle Offenheit wird nur dann verziehen, wenn man ein notorischer Draufgänger ist. Es scheint fast, als würden wir bei diesen besonderen Individuen einen besonderen Maßstab zulässiger öffentlicher Selbstentblößung anlegen und mit entsprechend größerer Toleranz auf sie reagieren. Der besoffene Poet, der Hollywood-Teufelskerl, das wahnsinnige Genie, der notorische Vamp, der provokative Komiker, der alte Wüstling, die hysterische Filmdiva, der zerstreute Professor, der verschrobene Aristokrat und der aufgeplusterte Schnulzensänger sind einige leicht identifizierbare Typen, die unter diese Rubrik fallen, deren Selbstentblößungen unsere Klatschspalten füllen und die uns zum Schmunzeln bringen, wo andere uns längst auf die Palme gebracht hätten.
Wir sagen von diesen launischen Berühmtheiten oft, daß sie sich wie ungezogene Kinder aufführen, eine Redensart, die schön illustriert, wie wir ihre Selbstzurschaustellung verharmlosen und für uns genießbar machen. Indem sie sich in der Öffentlichkeit so verhalten, wie normale Sterbliche es nur zu Hause tun, bieten sie uns ein Spektakulum, das auf uns zugleich vertraut und doch abstoßend, verständlich und doch befremdend wirkt. Es gibt Augenblicke, in denen wir alle gerne unser Innerstes nach außen kehren würden, es uns aber nicht trauen; die Exzentriker handeln dann gleichsam stellvertretend für uns. Wir genießen ihre Entblößungen, als ob es unsere eigenen wären. Wir beneiden sie natürlich auch um ihre »Unverschämtheit«, und so führen sie ein unsicheres Regiment – irgendwann, wenn sie uns zu langweilen beginnen, werden wir ihnen das Leben sehr schwer machen. Ihr öffentlich zur Schau gestellter Übermut und ihre Flegelhaftigkeit kommen plötzlich nicht mehr an, verursachen statt dessen ernste Verstimmung und Skandale. Über Nacht entziehen wir ihnen dann die Ausnahmegenehmigung für die öffentliche Selbstentblößung.
Für die Beobachtung und Beurteilung des menschlichen Alltagsverhaltens liefern die selbstentblößenden Handlungen nützliche Hinweise; sie ermög-

lichen es festzustellen, inwieweit ein Mensch, der sich Blößen gibt, die für sein soziales Umfeld gültigen Normen des privaten und öffentlichen Verhaltens verfehlt. Es war im Interesse einer Herausarbeitung des Grundgedankens erforderlich, sich an extremen Beispielen zu orientieren; in der Wirklichkeit stellt sich das Problem der Selbstentblößung wesentlich subtiler. Ob jemand in der Öffentlichkeit gehemmt oder ungeniert auftritt, ist oft nur eine Frage von Nuancen; aber wenn der Beobachter sich erst einmal auf die verschiedenen alltäglichen Standards der Selbstentblößung eingestellt hat, sieht er mit einem Blick, wann jemand auch nur ein bißchen aus dem »Gleichschritt« geraten ist. Manchmal ist es nur eine kleine Veränderung im Tempo oder Nachdruck, mit dem eine Handlung ausgeführt wird. Zum Beispiel essen die meisten Menschen, wenn sie ins Restaurant gehen, langsamer als sonst. Sie führen die Bissen vorsichtiger zum Mund, öffnen denselben nicht so weit wie sonst, beugen sich weniger tief über den Teller, nehmen kleinere Happen und kauen langsamer. Man kann die Esser in einem Restaurant geradezu nach dem Grad ihrer »Schlinghemmung« einteilen. Die große Mehrzahl verhält sich normgemäß: Sie legt ihrer Eßgier Zügel an. Aber einige wenige tun dies nicht. Diese Ausnahmen lassen sich in zwei Gruppen unterteilen – die öffentlichen Schnellschlinger und die öffentlichen Zeitlupenesser. Als Schnellschlinger erweisen sich fast immer nur Angehörige der höchsten Oberschicht oder der niedersten Unterschicht, aber keiner aus der Mittelschicht. Repräsentanten des Schnellessertums in der Öffentlichkeit findet man am ehesten unter Millionären und Mitgliedern des europäischen Hochadels sowie unter Landstreichern und ungelernten Arbeitern. Die verschämten Langsamesser andererseits scheinen meist Leute zu sein, die Hemmungen haben, weil sie sich auf fremdem Boden fühlen. Entweder entspricht das Restaurant, in dem sie sitzen, nicht ihrer Gesellschaftsschicht, oder sie sind es einfach nicht gewöhnt, außer Haus zu essen.

Wir alle sind uns der Problematik der Selbstentblößung bewußt, doch wenn ihr Funktionsprinzip erst einmal erkannt und analysiert ist, wird sie als kultureller Vorgang deutlich und leichter verstehbar. Sätze wie »Warte nur, bis wir zu Hause sind«, zu einem ungezogenen Kind gesagt, oder: »Jetzt können wir ja endlich die Krawatten ablegen«, wenn die »offiziellen« Gäste einer Einladung gegangen sind, fungieren fast automatisch als Bestandteile einer allgemeingültigen sozialen Verhaltensstruktur.

## Bekleidungssignale

### Kleidung als Schau, Schutz und Sittsamkeit

Es gibt keine Kleidung, die nicht irgendwelche sozialen Signale aussendet. Jede Zusammenstellung erzählt eine Geschichte, oft eine sehr subtile, über den, der sie trägt. Auch bei den Menschen, die partout versichern, sie pfiffen darauf, als gut angezogen zu gelten, und zögen stets das Bequemste an, verrät die Bekleidung einiges über ihre soziale Rolle und ihre Haltung zu der Kultur, in der sie leben (siehe auch Farbabbildung F 39, Seite 294).

Für die Mehrzahl aller Menschen sind Bekleidungssignale das Ergebnis einer einmaligen täglichen Veranstaltung – des morgendlichen Anziehens. Am oberen und unteren Ende der sozialen Stufenleiter ist dieser Rhythmus gestört: Angehörige der oberen Zehntausend ziehen sich mit einer gewissen Selbstverständlichkeit mehrmals am Tage um, und arme Landstreicher schlafen notgedrungen in derselben Garderobe, die sie Tag für Tag tragen. Zwischen diesen beiden Extremen wird die Gewohnheit des »einmal pro Tag« normalerweise nur dann durchbrochen, wenn man sich für einen besonderen Zweck umkleidet. Wer tagsüber schmutzig wird, trägt Arbeitskleidung; wer Sport treibt, zieht sich entsprechend an. Wenn man besonderen Festlichkeiten beiwohnt – Hochzeiten, Beerdigungen, Oper, Theater oder Tanzabenden –, schlüpft man in die jeweils passende Kleidung. Auch wenn diese Anlässe eine Verdoppelung der Zahl der täglichen »Umzüge« mit sich bringen, handelt es sich dabei doch fast immer um das Umsteigen von Alltags- in Spezialkleidung. Das alte System, das den Wechsel von der »Morgen-« zur »Nachmittags-« und schließlich zur »Abendgarderobe« als tägliche Prozedur vorschrieb, hat heute endgültig ausgedient.

Man kann in den zeitgemäßen Bekleidungsgewohnheiten einen Trend zu weniger Förmlichkeit sehen, doch das ist irreführend. In Wirklichkeit handelt es sich nicht um ein Weniger an Förmlichkeit, sondern lediglich um eine Ersetzung der alten durch neue Förmlichkeiten. Das Tragen von Jeans ist für Jugendliche von heute ein genauso wichtiger Formalismus, wie es bei Jugendlichen früherer Zeiten etwa der Zylinderhut war. Es mag sein, daß man sich heute freier dünkt, alles anzuziehen, was einem Spaß macht, und sich nicht mehr nach den erdrückenden Regeln der Kleidungsetikette richtet, die einst das gesellschaftliche Leben beherrschten. Aber das, was einem zu tragen ein- und gefällt, ist heute ebenso uniformhaft, wie es die Garderobe früherer Zeiten war. Die geschriebenen Gesetze von gestern mögen ausgedient haben, aber sie sind unverzüglich durch die ungeschriebenen von heute ersetzt worden.

Um diese Gesetze verstehen zu können, müssen wir uns auf die drei Quellen von Kleidung als menschlichem Verhaltensmuster besinnen: Nützlichkeit, sittsame Bedeckung und Signalfunktion. Die Nützlichkeit betrifft natürlich den Gebrauchswert von Kleidungsstücken für den Besitzer, ist also

229 ◁

230 ▷

229 Im 19. Jahrhundert zwängte die Sittsamkeit badende Frauen in schwerfällige Wasseranzüge, die für das Schwimmen denkbar ungeeignet waren.

230 Der Sittenkodex Hollywoods verbot einst, daß ein nackter Nabel auf der Leinwand zu sehen war – eine Vorschrift, die zur Herstellung zahlreicher Nabelschmuckstücke führte.

eine nichtsoziale, persönliche Funktion. Der Urmensch entwickelte sich in einem warmen Klima, in dem sein natürliches Wärmeregulierungssystem ausreichte. Seine konstante Eigentemperatur von 37° C verschaffte ihm in Verbindung mit der nackten Hautoberfläche auch ohne künstliche Hilfen genügend Ausgleichsmöglichkeiten. Er verfügte über einige wichtige physiologische Mechanismen, die dieselbe Wirkung erzielten wie das Aus- und Anziehen von Kleidung. Er konnte zum Beispiel die Durchblutung der Hautoberfläche durch Dehnung oder Kontraktion der peripheren Gefäße regulieren, wobei die größte Blutmenge in der Haut das Zwanzigfache der kleinsten erreichte. Man hat errechnet, daß das Strömen des warmen Bluts an die Hautoberfläche ungefähr das Ausziehen eines Wollpullovers wettmacht. Die Wärmeabgabe durch die Haut wird ferner durch die Fähigkeit des Menschen gesteigert, reichlich und fast durch die gesamte Hautoberfläche Schweiß abzusondern. Die urzeitlichen Jäger, die ihren Körper extrem beanspruchten, müssen in solchen Augenblicken einen drastischen Anstieg ihrer Körpertemperatur erfahren haben, bewirkt durch die gegenüber dem Ruhezustand bis auf das Fünffache gesteigerten Stoffwechselvorgänge im Innern. Ihre nackte Haut muß unter diesen Bedingungen ein wertvolles Instrument der Wärmekontrolle gewesen sein, wobei fast ihre gesamte Oberfläche für die Schweißabsonderung und damit die Wärmeabgabe durch Verdunstung aktiviert wurde. Der menschliche Körper ist zu einer kontinuierlichen Schweißabgabe von bis zu einem Liter in der Stunde fähig und zu einer sogar viermal höheren Schweißleistung bei kürzerdauernden Beanspruchungen.

Durch seine variable Hitzeproduktion und -abgabe war und ist der nackte Menschenkörper befähigt, die für unsere Art so wichtige Konstanz der Körpertemperatur zu gewährleisten, und dies bei stärksten Veränderungen der körperlichen Beanspruchung und auch bei begrenzten Klimaschwankungen. Als der Mensch jedoch die Erde zu erkunden und zu erobern begann, in glühendheiße Wüsten und eisbedeckte Polargebiete vorstieß, da konnte der Körper allein nicht mehr mit den extremen Anforderungen fertig werden. Es wurde unerläßlich, schützende Kleidung anzulegen, entweder um den Wärmeverlust durch die Haut einzudämmen, oder um die Haut von der direkten Wirkung der Sonnenstrahlung abzuschirmen. Als im Lauf der Zeit die Aktivitäten des Menschen immer vielfältiger wurden, brauchte der Körper weiteren Schutz – gegen rauhes und scharfkantiges Material, das die Haut aufreißen konnte, gegen blendendes Licht, gegen spitze und scharfe Waffen, gegen Sauerstoffverlust und gegen übermäßige Strahlung. Jede neue Anforderung brachte neue Formen von Schutzbekleidung hervor, von dicksohligen Schuhen und groben Handschuhen bis zu Helmen und Rüstungen, von Taucheranzügen bis zu Raumanzügen, von Schutz- und Sonnenbrillen bis zu Schnorcheln und Schweißbrillen, von Overalls bis zu kugelsicheren Westen.

Von Anfang an schuf die Schutzbekleidung auch Probleme. Sie verminderte nicht nur die Wirksamkeit und Beweglichkeit der Körpermuskulatur, sondern brachte auch jeweils bestimmte Gesundheitsrisiken mit sich. Sie verringerte die Belüftung der Hautoberfläche und behinderte die Beseitigung des Schweißes. Sie verschaffte einer großen Anzahl winziger Parasiten bequeme Nistplätze und ungestörte Zufluchtstätten. In Urzeiten, als der Mensch nackt war, kannte er keine solchen Hautprobleme. Die Millionen auf der Haut lebenden Mikroorganismen hielten sich gegenseitig im Gleichgewicht. Aber nun wurde die schlecht belüftete, von sich zersetzendem Schweiß verklebte und vor Parasiten wimmelnde Haut ein leichtes Opfer aller Arten von Krankheiten. Im günstigsten Fall war unangenehmer Körpergeruch die Folge, im ungünstigsten jedoch eine ansteckende Seuche. Der Mensch, ohne Möglichkeit, auf seine schützende Kleidung zu verzichten, war gezwungen, als Gegenmaßnahme verschiedene kosmetische und hygienische Maßnahmen zu ergreifen. Wohlriechende Kosmetika dienten verbreitet zur Überdeckung von Körpergeruch, das Waschen des Körpers und der Kleidung seiner Beseitigung. Erst heute, wo sich zu den normalen Reinlichkeitsprozeduren die Fortschritte der Medizin gesellt haben, ist der Mensch zu vergleichsweise gesunden Lebensbedingungen für seine Haut zurückgekehrt, die denen seiner urzeitlichen Vorfahren nahekommen; freilich hat er es ohne die Rückkehr zur Nacktheit geschafft.

Wenn das Anlegen von Kleidung nur eine Sache des Komforts und des Körperschutzes wäre, hätten wir dank unserer modernen Technik sehr häufig die Möglichkeit, ohne jedes Kleidungsstück auszukommen. Unsere Häuser haben Klimaanlage, Zentralheizung und weiche Polstersessel: Es wäre also ein leichtes für uns, ohne Sorgen um Körperschutz nackt zu essen und zu trinken, uns zu unterhalten und es uns gemütlich zu machen. Die Tatsache, daß wir es nicht tun, führt uns zur zweiten Funktion der Bekleidung, der einer sittsamen Bedeckung. Hierbei dient die Kleidung dazu, etwas zu verdecken, und zwar bestimmte Körpermerkmale. Seit der Mensch sich aufrichtete und auf den Hinterbeinen zu gehen begann, ist es ihm nicht mehr möglich, einem Artgenossen gegenüberzutreten, ohne daß er dabei sexuelle Signale aussendet. Anderen Primaten stellt sich dieses Problem nicht. Sie nähern sich einander auf allen vieren und sind zu einer speziellen Präsentierstellung gezwungen, wenn sie ihre Genitalien vorweisen wollen. Der frontal zugewendete menschliche Körper jedoch kann nur dadurch in seiner sexuellen Wirkung gemäßigt werden, daß die sexuellen Zonen irgendwie verdeckt werden. Es überrascht daher nicht, daß der Lendenschurz das kulturell verbreitetste aller Kleidungsstücke ist. In jeder sozialen Situation, die das Ablegen aller Kleidung erfordert, ist er die letzte Bastion, die fällt.

Ein zusätzliches Motiv für die Verhüllung der sexuellen Zonen war der drastische Anstieg der Bevölkerungsdichte. Nachdem die Menschheit Millionen von Jahren in kleinen Stammesgemeinschaften gelebt hat, haust sie jetzt in riesigen Metropolen, wo der einzelne sich fast immer unter Fremden bewegt. Unter diesen Bedingungen muß die direkte sexuelle Zurschaustellung unterbleiben. Die Körpersignale müssen verstummen. Das führt sogar in Ländern mit heißem Klima zu einer weit über die Genitalregion hinausreichenden Bedeckung des Körpers, und der Grund dafür ist leicht einzusehen. Der menschliche Körper ist eine Ansammlung von Geschlechtsmerkmalen; jede fleischige Rundung, jede Ausbuchtung und jede Kontur füttert die Blicke des interessierten Betrachters mit bestimmten Grundsignalen. Die Brüste, die Hinterbacken, die Hüfte, die Schenkel, die Taille, der schlanke Hals und die runden Gelenke bei der Frau, der Brustkasten, die Körperbehaarung, die breiten Schultern und die Arm- und Beinmuskulatur beim Mann, all diese sichtbaren Elemente wirken auf das andere Geschlecht potentiell erregend. Wenn ihre Ausstrahlung vermindert werden soll, müssen sie durch verhüllende Textilien verborgen werden.

Zu verschiedenen Zeiten und in verschiedenen Geschichtsepochen sind die sozialen Normen für Sittsamkeit unterschiedlich gewesen, aber das Grundprinzip blieb gleich. Je sexualfeindlicher die Gesellschaft eingestellt war, desto stärker wurde der Körper durch Kleidung verhüllt. Das Extrem bildeten die tiefverschleierten Frauen in arabischen Ländern; bei ihnen war der Körper nicht nur ganz, das heißt mitsamt Kopf und Gesicht verhüllt, son-

dern auch seine Umrisse durch weite Gewänder unkenntlich gemacht. Was da durch den winzigen Sehschlitz eines dichten Schleiers äugte, konnte genausogut eine aufregende Schönheit wie eine stockhäßliche Hexe sein; allein ihr Mann kannte die Wahrheit, denn in der Öffentlichkeit erschien sie ihr ganzes Leben lang nicht in einer offenherzigeren Kostümierung.
Heutzutage fällt es schwer sich vorzustellen, welche Blüten die Forderung nach sittsamer Bekleidung noch vor hundert Jahren in zivilisierten Gesellschaften getrieben hat. Es gab eine Zeit, da galt es schon als obszön, auch nur das Wort »Bein« auszusprechen; sogar die Beine von Konzertflügeln mußten bei öffentlichen Darbietungen »bekleidet« werden. Die Umkleidekabinen, in denen Schwimmgäste ihre voluminöse Badegarderobe anlegten, mußten mit verhängten Treppen ausgestattet sein, damit ihre Benützer ungesehen ins Wasser gelangen konnten (siehe auch Farbabbildungen F 40 + F 41, Seite 294).
Wenn wir von diesen Extremen der Sittsamkeit Schritt für Schritt zurückgehen, läßt sich eine Stufenfolge fortschreitender Entblößung feststellen. Am Beispiel der Unterhaltungsbranche: Noch 1930 durfte in Hollywoodfilmen kein unverhüllter Nabel zu sehen sein, und nackte weibliche Brüste erschienen vor 1960 in keiner Zeitschrift. Seither sind auf mancher Leinwand schon die Schamhaare zu sehen. Nachdem es wegen des einteiligen Bikinis in Südfrankreich anfangs zu Scharmützeln mit der Polizei gekommen war, sieht man diese Art Badeanzug jetzt schon in schöner Regelmäßigkeit; wir scheinen, wenigstens in manchen sozialen Situationen, wieder zum Feigenblatt- oder Lendenschurzstadium zurückgekehrt zu sein. In anderen herrscht dagegen noch fast viktorianische Strenge: Selbst dem Reichsten und Mächtigsten kann es passieren, daß er aus bestimmten Restaurants gewiesen wird, weil er, ohne Krawatte gekommen, seinen entblößten Hals den Blicken der anderen Gäste darbietet.
Mit dem Krawattengebot haben wir das Gebiet der dritten Grundfunktion der Bekleidung, ihrer Signalwirkung, betreten. Denn die Verweisung des krawattenlosen Gastes aus einem Restaurant hat mehr mit seiner Weigerung zu tun, ein gesellschaftliches Kennzeichen mit sich herumzutragen, als mit dem Versuch, seinen Adamsapfel zur Schau zu stellen. Die Krawatte ist, wie so vieles andere Garderobezubehör, weder eine nützliche noch eine sittsame Bedeckung. Sie wirkt vielmehr als kulturelle Kennmarke, weist ihren Träger als Angehörigen einer bestimmten sozialen Klasse aus. Es ist dies die ursprüngliche Aufgabe der Bekleidung gewesen; sie ist sogar älter als die Funktionen des Schutzes und der sittsamen Verhüllung und auch heute noch von erstrangiger Bedeutung. Die schmucklosen, rein funktionellen Trikots, wie sie die weltraumbewohnenden Zukunftsmenschen in zweitklassigen Science-Fiction-Romanen tragen, sind so unwahrscheinlich wie eine Rückkehr zur totalen Nacktheit. So schnell, wie ein dekoratives Kleidungszubehör abgelegt wird, so schnell taucht ein neues auf. Und das

wird vermutlich so lange weitergehen, wie der Mensch ein geselliges Wesen bleibt. Bekleidung ist ein zu brauchbares Vehikel für optische Signale, als daß wir sie zu einer öden Schutzhülle verkümmern lassen würden.

In der Vergangenheit wurde die Signalfunktion der Kleidung oft mit Gewalt durchgesetzt. Beispielsweise verbrachte im England des 14. Jahrhunderts das amtierende Parlament einen großen Teil seiner Zeit mit der Festlegung strenger Regeln, welche Kleidungsart für jede einzelne Gesellschaftsklasse zugelassen war. Wenn jemand aus einer niederen sozialen Schicht etwas trug, das nur einem Höherrangigen erlaubt war, konnte er oder sie bestraft und die anstößigen Kleidungsstücke beschlagnahmt werden. Die Durchführung dieser Gesetze scheint jedoch auf Schwierigkeiten gestoßen zu sein – so groß war das Bedürfnis der Menschen, durch ihre Garderobe einen hohen Sozialstatus zum Ausdruck zu bringen. Ein Herrscher nach dem anderen war deshalb genötigt, mehr und mehr Ge- und Verbote sowie strenge Strafen zu erlassen. Die einzelnen Bestimmungen muten aus heutiger Sicht fast unglaublich an. Hier einige typische Auszüge aus einer unter der Herrschaft König Eduards IV. verabschiedeten Novelle zu den Bekleidungsvorschriften: »Kein Ritter unter dem Rang eines Lords ... soll, bei Strafe von 20 Schillingen, irgendeinen Umhang, eine Jacke oder einen Mantel tragen, der nicht so lang ist, daß im Stehen die Blöße und die Hinterbacken verdeckt sind ... Kein Ritter unter dem Rang eines Lords ... soll, bei Strafe von 40 Pence, irgendwelche Schuhe oder Stiefel mit einer Spitze tragen, die länger als zwei Zoll ist ....« England stand mit solchen Vorschriften nicht allein. Im Deutschland der Renaissance riskierte eine Frau, die sich eine sozial »höherstehende« Kleidung anmaßte, zur Strafe einen schweren hölzernen Kragen um den Hals gelegt zu bekommen. Und in Amerika, im frühen Neu-England, war es einer Frau verboten, seidene Halstücher zu tragen, wenn ihr Mann nicht wenigstens tausend Dollar besaß.

Das sind einige wenige Beispiele aus Tausenden von Vorschriften; alle zusammen stellen sie ein kompliziertes System von Bekleidungsge- und -verboten dar, gültig für ganze Epochen der Vergangenheit. Sie verraten nicht nur, daß Kleidung und sozialer Rang schon damals aufs innigste zusammenhingen, sondern auch, daß viele Leute ihren Rang durch das Tragen von Kleidern, die für die sozial über ihnen Stehenden reserviert waren, zu erhöhen versuchten und daß sie bestraft wurden, weil sie Bekleidungssignale für sich beanspruchten, die »über ihre Verhältnisse« gingen. Heute gibt es solche Gesetzesvorschriften für die Alltagskleidung nicht mehr, bis auf das Verbot der »anstößigen Entblößung« in der Öffentlichkeit. Jedoch ist es in jeder Armee der Welt noch immer eine sträfliche Anmaßung, wenn ein Major die Uniform eines Obersten anzieht; und bei »Amtstrachten« wird das rechtmäßige Tragen nach wie vor überwacht.

Für Leute ohne eine berufliche Amtsuniform mag es so scheinen, als führe der Untergang der gesetzlichen Kleidungsvorschriften zu einer chaotischen

231 In früheren Jahrhunderten waren Bekleidungsregeln nicht nur Sache des modischen Geschmacks, sondern auch Gegenstand gesetzlicher Vorschriften. Dieser Stich aus dem 15. Jahrhundert illustriert den Zusammenhang von sozialem Rang und Kleidung. Kein Ritter unter dem Rang eines Lords durfte in England einen Leibrock tragen, der nicht die Hinterbacken bedeckte, oder Schuhe mit Spitzen, die länger als zwei Zoll waren. Der Mann in der Mitte zeigt beide Kleidungsmerkmale; wäre er nicht ein Lord, hätte er sich damit doppelt strafbar gemacht.

Kostümierungsvielfalt; aber nichts läge der Wahrheit ferner. Anstatt eine Bekleidungsanarchie zu erleben, finden wir, daß die Gesellschaft sich ihre eigenen Vorschriften erlassen hat. Zuerst wurden die gesetzlichen Vorschriften durch die Regeln der Etikette abgelöst, die ebenso penibel niedergeschrieben wurden, nur daß man jetzt nicht mehr den Gesetzen des Landes, sondern denen des guten Geschmacks gehorchte. Als beim Zusammenbruch der starren Klassenstrukturen auch die Anstandsbücher verschwanden, gingen die Vorschriften in den Untergrund. Sie lebten jetzt als ungeschriebene, ja beinahe unausgesprochene Regeln weiter. Heute, wo das Wort »Gesellschafts*klasse*« verpönt ist, wirken diese Regeln höchst komplex weiter und stehen oft in totalem Gegensatz zu den früheren Prinzipien. Ein englischer Baron antwortete vor kurzem, als er gefragt wurde, ob es heute noch Vorteile habe, einen solchen Rang einzunehmen: »Nur einen – ich muß mich nicht so verdammt fein anziehen wie mein Kammerdiener.« Dieser Ausspruch, der seinen mittelalterlichen Vorfahren die Haare hätte zu Berge stehen lassen, charakterisiert prägnant die Richtung, in die sich die männlichen Kleidungssignale seit ein paar Generationen entwickeln. Es ist ein Trend, der die ganze Welt erfaßt hat, und der heute für den japanischen Bankier ebenso gilt wie für den russischen Politiker, den norwegischen Architekten oder den portugiesischen Lehrer.

Die Erklärung für den neuen männlichen Trend liegt in dem Bedürfnis nach einer neuen »textilen« Ausdrucksmöglichkeit für hohen sozialen Rang. In einer Zeit, in der fast jeder sich teure Seiden- und Satinstoffe kaufen und wie ein Gockel herausputzen kann, werden solche Extravaganzen naturgemäß bald reizlos, und die statusbewußten Leute müssen sich etwas anderes einfallen lassen. Was sie sich im 18. Jahrhundert einfallen ließen, war der Sport. Die Männer der Oberschicht betrieben Oberschichtsportarten. Englische Landedelleute zog es zur Jagd, und sie fanden auch eine für diese Betätigung geeignete Kleidung. Um besser reiten zu können, trugen sie einen Mantel, der vorne weggeschnitten war, so daß es beim Reiten aussah, als habe er hinten Schwänze. Anstelle eines breiten Schlapphuts setzte man einen steifen Zylinder auf den Kopf, der wie der Prototyp des Sturzhelms aussah. Sobald diese Jägerstaffage sich als Statussportgarderobe etabliert hatte, wurde sie zum Symbol für den Mann, der frei über seine Zeit verfügen konnte und nicht zu arbeiten brauchte. Dadurch wurde dieses Kostüm aber für die jungen Leute der damaligen Zeit als eine gewagte Art der Alltagskleidung interessant, und es eroberte vom Jagdrevier aus die übrigen sozialen Reviere. In dem Maße, wie es sich allgemein durchsetzte, verlor es den Hauch des Gewagten, und um die Mitte des 19. Jahrhunderts war die Kombination »Frack und Zylinder« in leicht abgewandelter Form zur alltäglichen Kleidung geworden.

Nachdem diese Garderobe ihren Wert als Statussymbol verloren hatte, mußte ein neuer sportlicher Bereich herhalten, aus dem man seine »Avant-Garderobe« beziehen konnte. Diesmal waren Schießen, Fischen und Golf an der Reihe, alles kostspielige Freizeitbeschäftigungen derer, die es »besser hatten«. Aus dem widerstandsfähigen »Schützen-Tweed« wurde unter geringen Abwandlungen der karierte Straßenanzug, und aus dem Billycock-Hut wurde der berühmte »Bowler«. Die weicheren Sporthüte wurden zu schmalkrempigen Filzhüten. Anfangs wurde der Straßenanzug noch als gewagt und ungeheuer unkonventionell angesehen. Nur der Frack war bei förmlichen Anlässen gesellschaftsfähig, obwohl er bereits deutlich an Boden zu verlieren begann. Innerhalb ganz kurzer Zeit verdrängte der Straßenanzug, nun ohne die auffälligen Karos und in gemäßigteren Farben und Mustern, den Frack aus allen tagsüber stattfindenden gesellschaftlichen Ereignissen, bis dieser nur noch als »Morgengarderobe« bei Hochzeiten und anderen Festlichkeiten sowie als »Abendgarderobe« für besondere Anlässe außer Haus getragen wurde. Doch der Straßenanzug verfolgte ihn unbarmherzig weiter, und so wurde er zu der Reliquie, als die wir ihn heute kennen: zur Berufskleidung des Oberkellners im guten Restaurant. Seinen Platz hat der allgegenwärtige Smoking eingenommen, die ihrerseits schon wieder zum Fossil gewordene Schwarzweißvariante des Straßenanzugs.

Kaum hatte der Straßenanzug diese gesellschaftliche Weihe erhalten, wurde es notwendig, ihn durch eine neue und noch gewagtere Sportkleidung abzu-

lösen. Die Lösung war die Reitjacke, die von Pferdesportlern der höheren Schichten bei ihren Überlandritten getragen wurde. Sie wurde unter der Bezeichnung »Sportjacke« rasch zur weitverbreiteten Alltagstracht und kletterte auf der langen sozialen Leiter auch bald bis in die Konferenzzimmer und Direktionsetagen. Heute liegt sie noch im Kampf mit dem in die Enge getriebenen Straßenanzug, aber wofür sich auch die Geschäftsleute von heute entscheiden, sie tragen ausnahmslos ehemalige Sportkleidung.
In den letzten Jahren ist ein neuer Trend aufgekommen. In einer immer egalitäreren Gesellschaft, die an »Privilegierten« immer weniger Geschmack findet, mußten die Männer der Oberschicht zu einem noch subtileren Einsatz der Kleidung als Statussymbol Zuflucht nehmen. Der Mann, der bisher den Gang in sein Stammlokal in einem schicken Jacht-Blazer mit glänzenden Messingknöpfen angetreten hatte, stand nun vor einem ernsten Problem. Bei den Sportarten der Reichen war nichts mehr zu holen. Statt dessen wurde es notwendig, sich die Garderobeideen bei Sportarten von geringem sozialen Rang auszuborgen: Damit sollte demonstriert werden, daß man, obwohl reich und berühmt, doch im Herzen zu den »einfachen Leuten« gehörte. Das erste Symptom dieser neuen Bescheidenheit entsprang der modischen Vorliebe für Urlaube am Mittelmeer, wo die einfachen Hemden und Wolljacken der einheimischen Fischer bald zum Alltagsdreß wohlhabender junger Urlauber avancierten. Von hier haben sie sich seither in fast allen Ländern als Gebrauchskleidung verbreitet – daher auch der Streit um die fehlende Krawatte an mancher Restauranttür. Noch eindrucksvoller war der Siegeszug der Drillichkleidung der armen Cowboys des amerikanischen Westens.
Dieser neueste Trend enthält natürlich einen Haken, denn die neue Jeansgarderobe für die Reichen und Mächtigen muß irgendwie von der Arbeitskleidung der Männer der Unterschicht zu unterscheiden sein. Die Bekleidungssignale müssen die perverse Botschaft übermitteln: »Ich finde die armen Jungs gut, die das tragen, aber ich selbst bin keiner.« Das wird auf verschiedenen Wegen erreicht. Der erste ist, Wolljacken oder Jeans in genau solchen sozialen Situationen anzuziehen, in denen ein wirklicher »armer Junge« in seine besten Sachen schlüpfen würde; der zweite, die abgerissen aussehenden Jeans aufwendig zu verarbeiten und raffiniert zu schneiden, ohne sie freilich ihres »ärmlichen« Scheins zu berauben. Der dritte gehört ausgesprochen der Welt der modernen Massenmedien an und wäre ohne sie nicht denkbar. Ich nenne sie das Mittel des »Kontrasts zum bekannten Gesicht«. Jeder Mensch, der reich und berühmt ist und dessen Gesicht regelmäßig in Zeitungen und Zeitschriften, auf dem Fernsehschirm und auf der Kinoleinwand erscheint, kann es sich leisten, die schäbigsten »Armeleutekleider« selbst bei höchst glanzvollen gesellschaftlichen Anlässen anzuziehen. Mit dem Mittel des Kontrasts zwischen seinem bekannten Gesicht und seinen ausgebleichten Jeans führt er in diesem Augenblick

232
◁

233
▷

232 + 233 Die rauhe Berufskleidung amerikanischer Cowboys (232) muß als Quelle für schicke neue Mode-Ideen (233) herhalten, aber in den Einzelheiten gibt es Abweichungen. Wenngleich der modebewußte junge Mann »Arbeiter«-Jeans trägt, sorgen doch einige Extras dafür, daß er nicht mit einem Arbeiter verwechselt wird.

einen scharfen, wortlosen Angriff auf die Überflußgesellschaft, in der er lebt. Wenn er sich dann sorgsam dabei fotografieren läßt, wie er seinem mattglänzenden Rolls-Royce entsteigt und seine zerknüllten Armeleutehosen zum Vorschein bringt, muß man ihm diese kleine Ungereimtheit eben nachsehen.

Das ist nur eines der vielen Bekleidungssignale in einer komplexen Welt. Eines der größten Rätsel dabei ist die Beziehung zwischen weiblicher Rocklänge und wirtschaftlicher Gesamtsituation. In unserem Jahrhundert hat es seit dem Ersten Weltkrieg eine ziemlich genaue Korrelation zwischen der weiblichen Rocklänge und der wirtschaftlichen Gesamtsituation gegeben. Auf den ersten Blick würde man vermuten, daß längere Röcke, weil mit größerem Stoffverbrauch verbunden, den Perioden des wirtschaftlichen Booms angehören, und die kürzeren Röcke in Zeiten wirtschaftlicher Flauten dominieren. Aber wenn man die Verhältnisse analysiert, ergibt sich das genaue Gegenteil. Wenn die Aktien steigen, steigt auch der Rocksaum, wenn sie fallen, fällt er mit ihnen. Versuche, diese Beziehung zu stören, sind kläglich gescheitert. In der Hochkonjunktur der 60er Jahre versuchte die Modebranche verzweifelt, den »Midi« zu propagieren, der fast doppelt so lang war wie der zu dieser Zeit populäre Minirock. Das »Midi«-Projekt erwies sich als teurer Fehlschlag, und die Röcke wanderten hinauf bis zu den

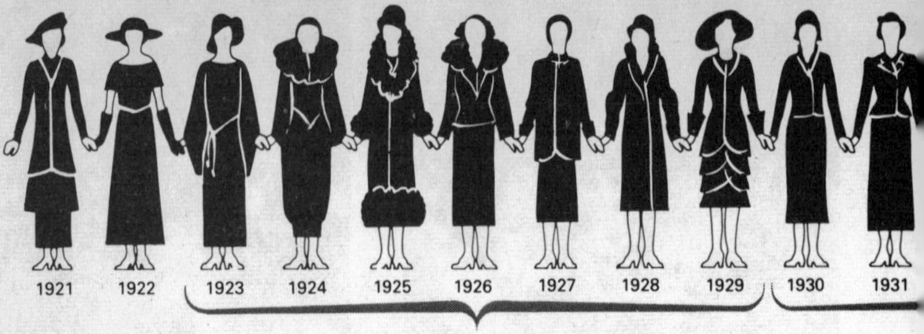


Röcke kürzer – die »goldenen Zwanziger«

Röcke kürzer – durch Kriegsnachfrage belebte Wirtschaft

Röcke länger – Nachkriegsflaute

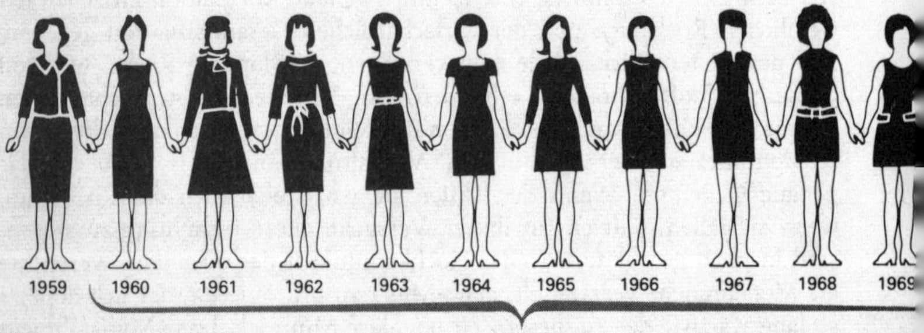


Röcke kürzer – die turbulenten Sechziger

234 Die Rocklänge der modernen westlichen Frau kann als Wirtschaftsbarometer dienen. Mit den Rocksäumen steigt und fällt auch die internationale Wirtschaftskonjunktur. Kurze Röcke entsprechen Perioden des Wachstums, lange Röcke Rezessionszeiten.

die Entwicklung krönenden »Hot Pants«. Erst im Zuge der Rezessionsjahre nach 1970 bahnte sich eine modische Rückkehr längerer Röcke an. Dasselbe geschah in der Zeit zwischen den Weltkriegen: In den »goldenen« 20er Jahren wurden die kurzen Charleston-Röcklein getragen, auf die in der Depressionszeit der 30er Jahre wesentlich längere Röcke folgten. Während der 40er Jahre, als die Industrieproduktion infolge der Kriegsnachfrage neue Rekorde erreichte, stiegen die Rocksäume wieder, um dann mit dem »New Look« der späten 40er Jahre erneut zu sinken. Es waren die harten Nachkriegsjahre. Allmählich kletterte die Rocklänge bis in die 60er Jahre bei dauerndem Wirtschaftsaufschwung wieder nach oben, und auf dem Höhepunkt des Booms waren sie so kurz wie nie zuvor oder danach in der Geschichte des Rocks. Ende der 60er Jahre diskutierten die Modeschöpfer schon über Möglichkeiten, zwischen den weiblichen Oberschenkeln Schmuck anzubringen, aber die Wirtschaftsflaute Anfang der 70er Jahre verhinderte, daß die Männer in den Genuß dieser Modekapriole kamen.

Warum Frauen eigentlich bei gesünderer Wirtschaftslage mehr von ihren Beinen zeigen, ist schwer zu verstehen, es sei denn, man nähme an, daß das Gefühl finanzieller Sicherheit sie zu einem ungenierten Aufforderungsverhalten gegenüber Männern hinreiße. Vielleicht fühlen sie sich in einer Atmosphäre allgemeiner ökonomischer Aktivität selbst auch körperlich aktiver – eine Stimmung, die sich bei kürzeren, einfacher zu handhabenden Rocklängen besser in Taten umsetzen läßt.

Die sich schnell über den Globus ausbreitenden Modetrends zeigen jährlich viele weitere kurzlebige Varianten. Sie dienen oft keinem anderen Zweck, als zu zeigen, daß man »in« ist. Die neueste Mode mitzumachen beweist nicht nur, daß man gesellschaftlich auf der Höhe der Zeit ist, sondern darüber hinaus, daß man sich in regelmäßigen Abständen neue Kleider leisten kann. Daher hat das »Mit-der-Zeit-Gehen« seinen eigenen Wert als Statussymbol. Jede noch so unerhebliche Trendveränderung modifiziert und entwertet damit die Mode der vorhergehenden Saison. Das läßt sich oft genau nachmessen. Die Breite des Aufschlags bei Männerhosen zum Beispiel hat während der letzten paar Jahre zugenommen, genauso wie die Beinweite der Hosen, die Breite der Krawatten, die Höhe des Hemdkragens und die Höhe der Schuhabsätze. Würde man diese und hundert andere, ähnliche Veränderungen messen, müßte es möglich sein, die Schwankungen der Bekleidungssignale graphisch darzustellen und herauszuarbeiten, wie die einzelnen Kleidungsbestandteile nacheinander abgewandelt werden, so daß eine permanente Bewegung im System der Bekleidungssignale entsteht. Wir alle verfertigen unbewußt und zu jeder Zeit solche Graphiken, und ohne genau zu wissen wie, können wir Signale entziffern. Auf diese Weise wird die Bekleidung zu einem ebenso informativen Bestandteil der menschlichen Körpersprache wie Gebärden, Mienenspiel und Körperhaltung.

## Körperschmuck

### Soziale Verstümmelungen und kosmetische Verzierung

Das Tragen von Kleidung ist nur eine von vielen Möglichkeiten des Menschentiers, sich zu schmücken. Andere sind Narben auf der Haut, das Durchstechen des Fleisches, die Haartracht, das Parfümieren des Halses, das Bemalen der Nägel, das Pudern des Gesichts oder das Feilen der Zähne. Manche dieser Körperverschönerungen bleiben bis zum Lebensende erhalten, andere nur ein paar Stunden; aber alle erfüllen sie eine wichtige Schaufunktion: Sie weisen auf den sozialen Status, die sexuelle Kontaktbereitschaft, die Aggressivität, die Angepaßtheit, die Abenteuerlust oder auf irgendeine andere Eigenschaft des Geschmückten hin.

Die zahllosen kurzfristigen Verzierungen wie Make-up, Schmuck, Nagellack, Perücken, Frisuren und Parfüm sind nicht viel mehr als eine Ergänzung der Bekleidung. Man kann sie wie ein Kleidungsstück nach Belieben tragen, wechseln oder auch weglassen; sie legen den, der sie trägt, sozial nicht dauernd fest. Man kann sie zwar über längere Zeiträume benutzen, aber je nach Stimmung oder Situation in veränderter Zusammenstellung. Man kann auch, wenn sich die Mode einmal wandelt, ganz auf sie verzichten (siehe auch Farbabbildungen F 42–F 45, Seite 295).

Die dauerhaften Verzierungen – solche also, bei denen in irgendeiner Form Körperteile verstümmelt werden – trifft man häufiger in Gesellschaften, die streng hierarchisch organisiert sind und auf die Einhaltung der sozialen Gruppenzugehörigkeit großen Wert legen. Dort sind es Merkmale, die der einzelne nie wieder ablegen kann und die ihre Träger auf Lebenszeit von allen andern Bevölkerungsgruppen deutlich abgrenzen. Oft wird der ›verschönernde‹ Eingriff in einem eigens dafür bestimmten zeremoniellen Akt vollzogen, einem Stammesritual der Initiation – bei dem die Betroffenen in der Regel große körperliche Schmerzen erleiden. Diese Qualen bilden einen wichtigen Bestandteil des Einführungsrituals: Die körperliche Marter verstärkt die Bindung des einzelnen an diejenigen, die sie gleich ihm erlebt haben. Durch sie wird der Vorgang der Aufnahme in die soziale Gruppe zu einer so harten, schwer zu bestehenden Prüfung, daß jeder, der sie bestanden hat, sich ihrer immer als eines wichtigen Einschnitts in seinem Leben erinnern wird. Je intensiver das Ritual erlebt wird, desto breiter wird die Kluft zu all jenen sein, die nicht daran teilhatten.

Häufig betreffen die körperlichen Verstümmelungen die Genitalien und werden im Pubertätsalter vorgenommen. Zum erstenmal kann das Kind sich nicht um Schutz und Hilfe an seine Eltern wenden; auf diese Weise wird es ihnen entfremdet und an ›seine‹ soziale Gruppe innerhalb des Stammes gebunden.

Andere Verstümmelungen nehmen die Eltern selbst an ihren kleinen Kindern vor, lange bevor diese erfassen können, was mit ihnen geschieht. In diesen Fällen wird das heranwachsende Kind seine besonderen Körpermerkmale fast so hinnehmen, als seien es biologische Kennzeichen, die es einer besonderen Gruppe zuweisen und es von den Mitgliedern anderer Stämme oder Gruppen, die diese Kennzeichen nicht aufweisen, unterscheiden.

Am besten läßt sich solcher Körperschmuck – kurzfristiger oder dauerhafter – studieren, wenn man nacheinander alle Teile des menschlichen Körpers betrachtet und herauszufinden versucht, welche Behandlung sie jeweils erfahren.

Fangen wir mit den Haaren an. Offensichtlich gibt es hier enorm viele Möglichkeiten zu schmückenden Eingriffen, die aber stets nur vorübergehender Natur sein können, weil alles, was hier getan wird, bald vom Ausfall der alten und vom Nachwachsen der neuen Haare zunichte gemacht wird.

Das Merkwürdige am Kopfhaar des Menschen ist, daß es so lang wird. Wenn man es wachsen ließe, würde es beim Mann wie bei der Frau zu einem langen, hinderlichen Schopf werden; es scheint daher wahrscheinlich, daß bereits unsere frühesten Urahnen einige Mühe auf die Bändigung ihres Haarwuchses verwenden mußten. Auch der männliche Bart erreicht, wenn er nicht gestutzt wird, eine respektable Länge: Überliefert ist der Fall eines Mannes, dessen Bart länger war als er selbst – so lang nämlich, daß er eines Tages darauf trat und zu Tode stürzte. Was die prähistorischen Jäger mit haarigen Auswüchsen dieser Größenordnung taten, bleibt ein Geheimnis. Affen wenden viel Zeit zur gegenseitigen Fellpflege auf, und das trägt zur Festigung ihrer Freundschaftsbeziehungen bei. Wenn die Urmenschen wirklich dauernd mit ihren Haaren zu kämpfen hatten, dann könnte dies möglicherweise zu einer Verstärkung freundschaftlicher Pflegerituale und damit zu einer Verbesserung ihrer sozialen Beziehungen geführt haben.

Welchem Zweck das menschliche Haupthaar ursprünglich auch gedient haben mag, es ist jedenfalls seit Jahrhunderten ein beliebtes Mittel der Verschönerung; oft wurde und wird es als zusätzliches Geschlechtsmerkmal benutzt, indem Männer und Frauen es verschieden tragen. Auch als Erkennungszeichen für Alters- oder soziale Rangstufen ist es in hundert verschiedenen Arten getragen und durch Anwendung von Wachs, Salben und Perücken kunstvoll hergerichtet worden. Der Gebrauch künstlicher Haarteile ist mindestens fünftausend Jahre alt. Bei den alten Ägyptern war es üblich, den Kopf kahlzuscheren und nur bei bestimmten feierlichen Anlässen Perücken zu tragen. Die Ägypter nahmen zu ihrer Herstellung entweder Menschenhaare oder Pflanzenfasern und befestigten sie mit Bienenwachs. Auch bei den römischen Frauen waren Perücken beliebt; sie ließen sie aus den Haaren unterworfener Völkerschaften herstellen. Prostituierte erkannte man im alten Rom an der gelben Farbe ihrer Perücken. Die römischen Männer trugen, wie die Männer von heute, nur dann Perücken, wenn es galt, lichte Stellen zu überdecken, und sie versuchten es so unauffällig zu tun, daß es nicht bemerkt wurde.

Die frühe Christenheit verabscheute die Künstlichkeit und Nichtigkeit der Perücken; ihre Bischöfe weigerten sich, durch Handauflegen zu segnen, wenn sie dabei ein Haarteil berühren mußten, das vielleicht von einem heidnischen Kopf herrührte. Selbst die natürlich herabfallenden Locken christlicher Mädchen wurden bald als verführerisch und teuflisch verketzert, und im Mittelalter zwang man die Frauen, ihr Haar unter eng anliegenden Hauben zu verbergen. Erst in der Elisabethanischen Zeit feierten Perücken und ausgefallene Haarformen ein triumphales Comeback. Als die große Königin selbst sich entschloß, ihr spärliches Haupthaar unter einer Vollperücke zu verstecken, taten es ihr sehr rasch andere Frauen nach. So wurde die Perücke wieder zum Zeichen hohen sozialen Ranges. Zur selben Zeit verlor in Frankreich König Heinrich III. seine Haare bei dem Versuch, sie mit ätzenden Chemikalien zu färben, und sah sich so gezwungen, eine Samtkappe mit Haarfransen zu tragen, die büschelweise innen befestigt waren. Wieder zogen die Höflinge nach, und bis zum 17. Jahrhundert hatten sich in ganz Europa die großen, dekorativen Perücken verbreitet. Ludwig XIV., der mit zweiunddreißig Jahren kahl war, erhielt diese Tradition durch seine wunderschöne schwarze Perücke lebendig, die ihm allmorgendlich durch die geschlossenen Bettvorhänge gereicht wurde und abends auf die gleiche Weise den Rückweg antrat, so daß nie jemand seine königliche Glatze zu Gesicht bekam. Die christliche Kirche war jetzt über die Frage dieser schmückenden Zusätze tief gespalten, und in den Sakristeien spielte sich manch garstige Szene ab, wenn perückenlose Priester die künstlichen Schöpfe ihrer modebewußteren Kollegen herunterzureißen versuchten.

Während des 18. Jahrhunderts wurden die Perücken immer raffinierter. Über hundert Arten allein für Männer sind aus jener Zeit aktenkundig; die größte war die bemerkenswerte Macaroni-Perücke, aus Roßhaar gearbeitet und fast eineinhalb Meter lang. Perücken waren teuer, und nur reiche Leute konnten sich die wirklich großen Exemplare leisten, für deren eine man das Haar mehrerer Köpfe benötigte; daher das Wort *bigwig* im Englischen für eine prominente Person.

Die Perücken des 18. Jahrhunderts waren so offensichtlich künstlich, daß man sie oft in der Öffentlichkeit herunternahm, um sich am Kopf zu kratzen, sie zu waschen oder nur, um es sich unter Freunden bequemer zu machen. Wie bei den alten Ägyptern war der Kopf des Mannes unter der Perücke glattrasiert oder kurzgeschoren.

Das Tragen einer Perücke hatte damals einige Vorteile. Da es um die Hygiene schlecht bestellt war, erleichterte die zum Waschen abnehmbare Perücke die Reinlichkeit. Man konnte die Perücke je nach Laune oder Anlaß wechseln, und sie konnte zum Friseur geschickt werden, ohne daß ihr Herr das Haus zu verlassen brauchte. Auch konnte der Perückenträger unerkannt ausgehen, so »bedeckend« war die künstliche Haarpracht. Doch in erster Linie war die Perücke Ausdruck der Mode und des sozialen Ranges.

In der zweiten Hälfte des 18. Jahrhunderts übertrumpften die weiblichen Perücken die der Männer und waren extravagant schlechthin: In extremen Fällen wurden Höhen von 75 cm erreicht, so daß Kutschensitze erniedrigt und Türöffnungen erhöht werden mußten. Die Anregung zu dieser Mode ging von Frankreich aus, wo eine modebewußte Frau einen halben Tag damit verbrachte, ihre Haarpyramide aufbauen zu lassen, und dann eine Woche lang mit ihr schlief, wobei die Frisur durch eigens am Bett angebrachte Vorrichtungen abgestützt wurde. Die eigenen Haare wurden in diese Bauwerke mit hineingewoben, was ernste Probleme durch Ungeziefer und durch das Kratzen des Kopfes mit Stricknadeln zur Folge hatte.

Als das Fallbeil der Guillotine das Ende der Französischen Revolution verkündete, endete auch die Perückenmode und lebte in derart extremen Auswüchsen nie wieder auf. Zur selben Zeit führte in Nordamerika, wo das Perückentragen trotz des wütenden Widerstands puritanischer Geistlicher und der Einführung einer Perückensteuer viele Jahre lang Mode gewesen war, die neuerkämpfte Unabhängigkeit der Vereinigten Staaten zu ähnlichen Veränderungen. Die alten, komplizierten europäischen Haarmoden verschwanden rasch, und eine neue Einfachheit setzte sich durch. In der Viktorianischen Zeit spielte die Perücke nur noch eine »diskrete« Rolle: Sie diente zum Überdecken von Kahlstellen und galt als »unauffällige Kopfbedeckung«. Für beide Geschlechter blieben die Frisuren kurz, und es gab, bis auf die üblichen kleineren Modeschwankungen, bis vor kurzem kaum extreme Entwicklungen.

In den 50er Jahren unseres Jahrhunderts wurde in den USA das synthetische Haar erfunden, so daß zunächst einmal Theaterperücken billig herzustellen waren. Bis zu den 60er Jahren hatte sich ein neuer Perückenboom entwickelt; nach Schätzungen besaß ein Drittel aller modebewußten Frauen in Europa und den USA eine »Bequemlichkeitsperücke«. Die überschwenglichen 60er Jahre brachten dann die »verrückten« Perücken in allen möglichen Größen, Formen und Farben, die jetzt wieder offen als Perücken, weniger als diskreter Haarersatz getragen wurden. Die Männer von heute sind – bis jetzt – noch nicht auf diese Linie eingeschwenkt, sondern haben sich im Gegenteil konsequent auf eine immer naturalistischere Haarmode zubewegt. Dieser Trend gipfelte in der Erfindung von Techniken der Haarverpflanzung: Dabei werden kleine Stücke »mit Haut und Haar« von einem Teil des Kopfes abgelöst und auf die kahlen Stellen des Kopfes verpflanzt. Ein amerikanischer Showstar soll, Berichten zufolge, 1970 für eine derartige »Haar-für-Haar«-Transplantation 12000 Dollar gezahlt haben, was zweifellos die teuerste Verschönerung seit dem Bau von Marie-Antoinettes nobelster, einen Meter hoher Hofperücke ist.

Am Ausgang der 60er Jahre ließ die Beliebtheit der sichtbar künstlichen Perücken wieder nach, und die Frauen kehrten zu einer eher naturalistischen Auffassung der Frisur zurück. Aber es bleibt zu bezweifeln, ob wir damit zum letztenmal ausgefallene Haardekorationen erlebt haben. Sie werden, als Erweiterung der natürlichen Schmuckfunktion des Haares, sicherlich in nicht allzu ferner Zeit wiederkommen. Sie haben gegenüber vielen anderen Arten der Körperverschönerung einen großen Vorteil – ihre Auffälligkeit. Heutzutage, wo der Körper größtenteils in Kleidung eingehüllt ist, sind Kopf und Hände die Hauptschauplätze für verschönernde Maßnahmen; dabei kommt vom Platz her dem künstlichen Haarschopf der Löwenanteil zu.

Als nächste Körperzone betrachten wir das Gesicht. Wie das Haar, so ist auch das Gesicht über die Jahrhunderte in zahllosen Variationen verschönert worden. Antike Schminkdosen verraten, mit welch hingebungsvoller Aufmerksamkeit sich die alten Ägypter der Gesichtsverschönerung widmeten, und die erhaltenen Wandmalereien führen uns in bemerkenswerter Deutlichkeit einige Ergebnisse dieser Bemühungen vor Augen.

Das Make-up des Gesichts bewirkt mehrerlei: Es kann das Gesicht »verkleiden« oder es vor der Sonne schützen; es kann dieses jünger und gesünder aussehen lassen oder es als einer bestimmten sozialen Schicht zugehörig kennzeichnen; es kann Kampfeslust oder sexuelle Ansprechbarkeit signalisieren. Wie bei den Haartrachten, gab es auch hier Perioden, in denen jede Art von Make-up als »unnatürlich« verpönt war, und andere, in denen es als unanständige Nacktheit gegolten hätte, sich ohne Make-up zu zeigen.

In Stammesgesellschaften spielt die Gesichtsbemalung eine wichtige Rolle bei der Einordnung des Einzelnen in die Gemeinschaft, und sie verleiht ihm eine kulturelle »Kennmarke«. Manchmal wird die Bemalung auch als Schutz vor »bösen Mächten« angesehen. Aber das läuft auf dasselbe hinaus, weil wirklichen Schutz ja nur die soziale Gruppe, der man angehört, garantiert.

In antiken Gesellschaften lag der Bemalung des Gesichts ein Bedürfnis nach Schutz zugrunde, freilich nicht etwa nach Schutz vor dem Bösen, sondern vor der Sonne. Wie die heutigen Sonnenhungrigen mit ihren Sonnencremes, so schützten auch die alten Ägypter ihr Gesicht vor der ausdörrenden Sonnenstrahlung. Eine der Zutaten für ihre berühmte Augenschminke war Kupferhydrosilikat, das ein probates Heilmittel gegen die durch intensive Sonnenstrahlung verursachten Eiterungen war. Aber die Ägypter gewannen bald ein über die bloße Schutzfunktion hinausgehendes Interesse an der Kosmetik und entwickelten durch differenzierte Anwendung einen höchst dekorativen Gesichtsschmuck. Kleopatra verwendete zum Beispiel für die Augenbrauen schwarzen Bleiglanz und malte die Augenlider in der oberen Hälfte tiefblau, in der unteren Hälfte hellgrün an. Eine Ägypterin der Oberschicht verbrachte viel Zeit am Toilettentisch, wobei sie für die Ellbogen spezielle Auflagekissen benutzte, um mit den Unterarmen mühelos manövrieren und die heiklen Augenstriche sicher auftragen zu können. Ihr Schminkkästchen enthielt eine Reihe von Augenstiften, einen Behälter mit

Gesichtspuder, Fläschchen mit farbigen Salben, Kosmetikdosen und eine Schale zum Mischen von Bronze. Manche ihrer Tinkturen wirkten sowohl keimtötend als auch dekorativ, manche strömten intensiven Duft aus. Andere, wie beispielsweise Gesichtsmasken aus Eiweiß, dienten dazu, Falten zu verbergen. Ein rötliches Ocker wurde benutzt, um den Wangen ein gesundes Aussehen zu verleihen, die Lippen wurden karminrot bemalt. Der Lippenstift, den viele für eine moderne Erfindung halten, ist in Wahrheit mindestens fünftausend Jahre alt.

Es gibt also nur weniges im Bereich der Gesichtsverschönerung, was wirklich neu ist. Durch die Jahrhunderte haben die verschiedenen Kulturen die kosmetischen Errungenschaften der frühen Völker in unterschiedlichem Grad übernommen oder abgelehnt – übertrieben oder eingeschränkt. Manchmal, wie im antiken Griechenland, war die verfeinerte Verwendung kosmetischer Mittel einer bestimmten Gruppe vorbehalten – den Hetären, männlichen wie weiblichen, während sie sich woanders ungehindert ausbreitete. Tragischerweise wurde in späterer Zeit die chemische Zusammensetzung der kosmetischen Tinkturen immer gefährlicher. Oft wurden Gesichter durch die Behandlung eher beschädigt als verschönert. Das führte wiederum zu neuen, noch verzweifelteren Versuchen, die ruinierten Hautflächen zu verbergen. Auch Krankheiten hinterließen oft ihre zerstörerischen Spuren auf einstmals sanfter Haut, und Krankheitsmale sowie entstellende Narben wurden immer wieder mit dicken Schichten von Puder und Farbe zugedeckt. Im 17. Jahrhundert kamen suchtartig die »Schönheitspflästerchen« auf, kleine Farbtupfer, mit denen man störende Narben und Fleckchen auf der Gesichtshaut verdeckte. Bald hatten diese Schönheitspflästerchen eine eigene »Sprache« entwickelt, sie wurden zu lesbaren Zeichen. In London dienten sie sogar als politische Abzeichen; die »rechten« Whigs trugen sie auf der rechten Wange, die (damals noch) »linken« Tories auf der linken. Aus den einfachen schwarzen Punkten wurden bald phantasievolle Gebilde wie Halbmonde oder Sterne, und am Hof Ludwigs XV. erhielt die genaue Lage dieser Gesichtszierde jeweils eine bestimmte Bedeutung: Im Augenwinkel signalisierte sie Leidenschaft, auf der Wange Fröhlichkeit, auf der Nase Draufgängertum, auf der Stirn Würde und so weiter.

Die Neuzeit brachte zwei große Veränderungen. Zunächst wurde durch den Fortschritt der Medizin die verunstaltende Wirkung von Krankheiten (z. B. Pocken) auf die Haut eingedämmt, und zum zweiten wurden durch die moderne Chemie und Pharmazie die kosmetischen Mittel ungefährlich und zuweilen sogar gesundheitsfördernd. Dies führte dazu, daß das Make-up im 20. Jahrhundert gleichzeitig seine Maskenhaftigkeit wie auch seine Gefahren verlor. Aus klebrigen Gesichtsüberzügen wurden leichte Farbschatten, die Gesichtsbemalung wurde zur Gesichtspflege. Wie bisher wurden zwar die auffälligen Gesichtsmerkmale wie Augenbrauen, Augenlider und Lip-

pen besonders behandelt und hervorgehoben, aber an die glatte Hautoberfläche selbst ging man doch mit einer ganz anderen Einstellung heran. Früher war diese fast immer weiß gepudert oder bemalt worden, entweder mit zusätzlichem Rouge oder ohne. Dies war das Zeichen eines hohen sozialen Ranges, denn nur niedrigstehende Frauen mußten im Freien arbeiten und sich ihre weiße Haut durch die schreckliche Sonnenbräune verderben lassen. Da hochstehende Frauen vor der Sonne geschützt waren, erhöhte ein superweißes Antlitz das Prestige. Das manchmal hinzugefügte Rouge sollte Gesundheit anzeigen. Für die moderne Frau stellt sich die Situation umgekehrt dar: Heute, in einer überwiegend industrialisierten Welt, ist es für das Prestige wichtig, zu zeigen, daß man sich lange Ferien in der Sonne leisten kann. Je länger das Sonnenbaden dauert, desto höher der soziale Rang. So wurde Sonnenbräune, echt oder künstlich, zum neuen Ideal, und die Kosmetik stellte sich von Weiß auf Braun um. Ein weiteres Mittel der Gesichtskosmetik, das der jüngsten Zeit entstammt, ist die radikale Methode der Schönheitschirurgie, das heißt das Herausschneiden von Hautteilen mit anschließendem Straffen der Resthaut, um altersbedingte Falten zu beseitigen. *Face-lifting* und Nasentrimmen werden heute noch von den meisten Leuten als extreme Eingriffe angesehen; die kosmetische Zahnbehandlung hingegen ist bereits ein weithin akzeptiertes Verfahren ebenso wie der Gebrauch von Kontaktlinsen für die Augen. Der »Retortenmensch« mag eine utopische Vorstellung sein, aber zum »Gesicht aus der Retorte« haben wir es beinahe schon gebracht.
Abgesehen von der Aufgabe, ein Gesicht jünger und gesünder, das heißt auch anziehender erscheinen zu lassen, verlangt die vernünftige Anwendung von Make-up dreierlei: Zeit, Material und Dienstleistungen. Zeit heißt Geld, Material heißt Geld, und Dienstleistungen durch besonders ausgebildete Kräfte heißt noch mehr Geld. Diese drei Dinge ergeben die Gleichung: Make-up = Wohlhabenheit = sozialer Status. So verstanden war Kosmetik – und wird es immer sein – eine im Gesicht zur Schau getragene Visitenkarte, auf der steht: »Ich kann es mir leisten.« Daraus folgt auch: je raffinierter das Make-up, desto besser. Mit anderen Worten: Wenn eine Frau ein bewußt künstliches, raffiniert geschminktes Gesicht zeigt, dann ist das Imponierverhalten. In den ungestümen 60er Jahren führte das in den westlichen Ländern zu abenteuerlichen Verzierungen des Gesichts, die mit der Kriegsbemalung von Indianerstämmen konkurrieren konnten. Im gesetzteren und in wachsendem Maß egalitären Sozialklima der 70er Jahre jedoch sind solche offen zur Schau getragenen Bemalungen selten geworden und subtileren Methoden gewichen. Das Make-up ist zwar nicht verschwunden, aber es wird distanzierter verwendet, was seinerseits eine distanziertere Haltung zum Reichtum widerspiegelt. Reichtum und hoher sozialer Rang sind nach wie vor angestrebte Ziele, aber man darf nicht mehr zeigen, daß man ihnen nachjagt. Wir erleben eine Phase des

Pseudo-Puritanismus, und die Wirkung, die dies auf die Kosmetik des Gesichts hat, entspricht genau dem, was wir mit einem Blick der geschichtlichen Vergangenheit entnehmen können: Es waren die asketische Einfachheit der alten Griechen, der Puritanismus der christlichen Kirche und die Prüderie des Viktorianischen Zeitalters, die in der Vergangenheit zur Unterdrückung ausgefallener Schminkstile geführt haben. Nur Kurtisanen und Dirnen waren in jenen Epochen bemalt. Wir nähern uns heute von neuem solchen Zuständen: Wieder einmal soll das weibliche Gesicht frisch und unschuldig aussehen. Der Unterschied besteht darin, daß der heutigen Frau eine breite Palette hochentwickelter kosmetischer Methoden und Mittel zur Verfügung steht, mit denen sie frischer als frisch aussehen kann, und natürlicher, als die Natur selbst es fertigbringt. Dem erfahrenen Auge entgeht es nicht, daß die Zeichen der Verschönerung noch immer da sind, obwohl sie sich nicht mehr aufdringlich bemerkbar machen. Wie die aufwendig geschneiderten Jeans bringt auch das Gesicht einen raffinierten Widerspruch zum Ausdruck, indem es zwei Botschaften zugleich vermittelt: »Ich gebe mir Mühe, so auszusehen, als gäbe ich mir keine.«

Wenn wir vom Gesicht aus abwärts die Hautoberfläche des ganzen Körpers betrachten, dann stellen wir fest, daß sie in allen »vollbekleideten« Kulturen offensichtlich stiefmütterlich behandelt wird, da hier der Körper nur zu besonderen Gelegenheiten entkleidet wird. In halbbekleideten Stammesgesellschaften waren Körperbemalung und Tätowierung weit verbreitet und stellten in vielen Fällen eine handwerkliche Kunst dar – vielleicht die *ursprüngliche* Kunstform unserer Spezies. Eine dritte Art der Hautverzierung war der drastischere Eingriff der Narbung, bei der durch Einreiben von Holzkohle und anderen Materialien in frisch eingeschnittene Hautschlitze auf der Hautoberfläche erhabene Narbenmuster entstanden. Diese reliefartigen Muster bildeten, wie die farbigen Muster der Tätowierung, ein bleibendes Schönheitsmal.

Trotz der heute üblichen Kleidung haben alle drei Techniken der Hautverschönerung in irgendeiner Form überlebt. Die Körperbemalung kam in den sechziger Jahren kurzfristig wieder auf. Die Tätowierung ist nie ganz aus dem Gebrauch gekommen. Sie hat sich lediglich in den Bereich der Schiffswerften und in andere Seemannsreviere zurückgezogen. Die Narbenreliefs haben sich weniger durchgesetzt. Sie werden noch in Deutschland praktiziert – als Säbelhiebnarben schlagender Verbindungen.

Die Tätowierung und die bewußte Zufügung von Narben als mehr oder weniger dauerhafte Veränderungen der Haut sind im wesentlichen Zugehörigkeitsmarken, und es ist bezeichnend, daß viele der von den Seeleuten bevorzugten Motive Symbole von Paarbeziehungen (Herz und Pfeil) oder kulturellen Bindungen (nationale Flagge oder Wappen) beinhalten.

Abgesehen von den Tätowierungen der Seeleute sind als einzig verbreitete Formen dauerhafter körperlicher Verstümmelung das Durchstechen der

235 Die Tätowierung ist eine in der östlichen wie der westlichen Welt weitverbreitete Form des Körperschmucks.

236 + 237 In den westlichen Industriegesellschaften sind körperliche Verstümmelungen, abgesehen vom durchstochenen Ohrläppchen und der Beschneidung, selten, kommen aber von Zeit zu Zeit vor. Als Beispiele zeigen wir einen diamantenbesetzten Zahn (236) und Sicherheitsnadeln als Nasenschmuck bei Rockern der 70er Jahre (237). Dieser Nadelschmuck sollte schockieren – was auch gelang. Beim Thema Körperschmuck findet sich schwerlich eine Variante, die nicht schon irgend jemand einmal ausprobiert hat.

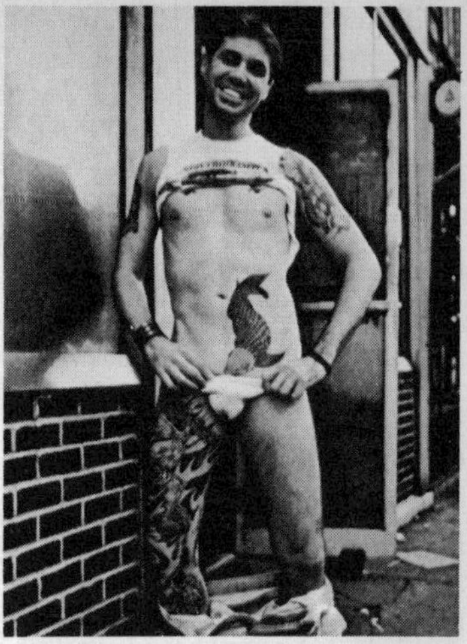

235 △ 236 ▽

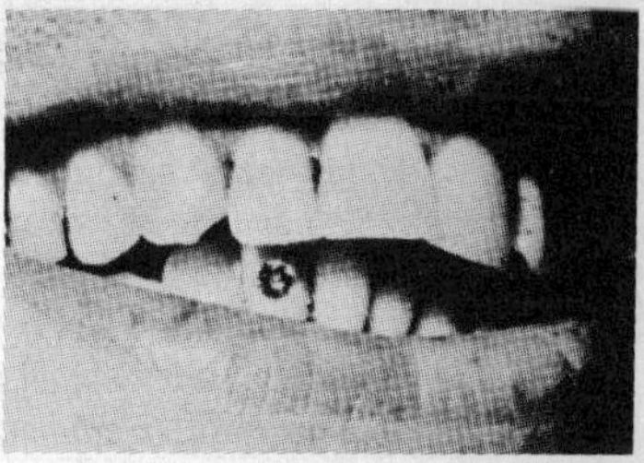

237 ▽

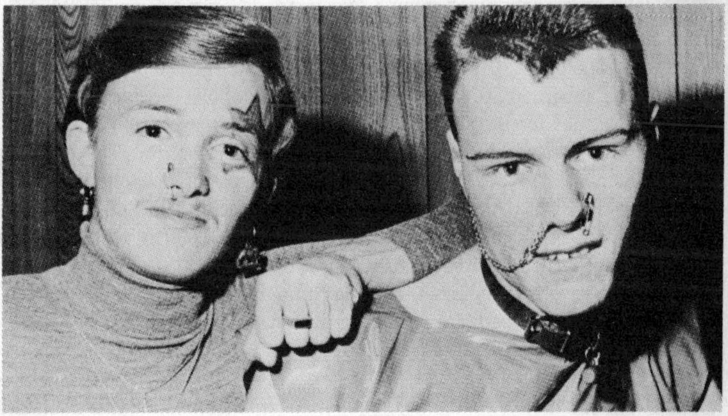

Ohrläppchen für Ohrringe und das Entfernen der Vorhaut im Beschneidungszeremoniell übriggeblieben. Die bei Stammesvölkern üblichen Eingriffe wie das Durchbohren der Nase und der Lippen, das Abfeilen der Zähne, das Langziehen der Ohren und die Entfernung von Teilen der weiblichen Genitalien haben keine Nachahmung gefunden. Die Beschneidung ist eigentlich das einzige wirklich schwerwiegende primitive Verstümmelungsritual, das dem modernen Trend des Absehens von jeglicher körperlicher Versehrung widerstanden hat. Wenn sie, wie es früher der Fall war, in der Pubertät statt in der Kindheit vorgenommen würde, wäre auch sie zweifellos schon lange verschwunden, vom wütenden Protest der ihr unterworfenen Jugendlichen hinweggefegt. Aber die Proteste von Säuglingen lassen sich leichter überhören.

Eine alte Art der Kindesmißhandlung, die sich nicht behauptet hat, ist die merkwürdige und einst weitverbreitete Sitte des Kopfpressens. Bei der Geburt ist der menschliche Schädel weich und leicht zu verformen. Verschiedene Kulturen in Afrika, Nord- und Südamerika und in Europa frönten dem Schädelpressen; um die gewünschte Kopfform zu erzielen, wurden enge Bandagen oder Preßbretter verwendet. Die beliebteste Kopfform zeigte eine plattgedrückte Stirn und einen spitz zulaufenden Scheitel. Die Vorliebe für diese Form hat wiederum, wie so viele andere Arten des Körperschmucks, viel mit sozialem Prestigedenken zu tun. Der Zusammenhang besteht in diesem Fall darin, daß derjenige, der einen spitzen Hinterkopf hat, keine Lasten auf dem Kopf tragen kann. Die spitze Form weist also darauf hin, daß man sich die Hände nicht mit gemeiner Arbeit schmutzig zu machen braucht.

Es gibt noch tausend andere Mittel und Wege, mit denen das Menschentier seinen Körper zu schmücken und seine Merkmale zu betonen sucht. Einige sind exotische Kuriositäten, wie etwa Brustwarzen-Rouge oder Brustwarzenringe, Brusttoupets für Männer oder in Herzform frisiertes weibliches Schamhaar. Andere dagegen sind gang und gäbe: Halsketten, Armbänder, Ringe und Nagellack. Alle zusammen bilden ein weitgefächertes Sortiment »erstarrter« Gebärden; es sind demonstrative Symbole, die dauern und im Verhältnis zu der für ihre Herstellung nötigen Arbeit auch sehr wirkungsvoll sind. Der optische Eindruck einer geballten Faust hält nur so lange an, wie der Arm sich in erhobener Stellung befindet; der optische Eindruck jedoch, der durch das Anlegen irgendeines Körperschmucks hervorgerufen wird, dauert weit über den Akt des Anlegens hinaus. Dieser durch das günstige Verhältnis von Arbeitsaufwand und demonstrativer Wirkung erzielte hohe Nutzeffekt jeglichen Körperschmucks garantiert dafür, daß wir uns seiner so lange bedienen werden, wie noch Exemplare der Spezies Mensch auf unserem Planeten wohnen.

## Geschlechtsmerkmale

### Männliche und weibliche Kennzeichen der Geschlechtszugehörigkeit

Geschlechtsmerkmale sind Anhaltspunkte für die Bestimmung eines Individuums als männlich oder weiblich. Zusätzlich können sie dazu beitragen, bei bereits bekannter Geschlechtszugehörigkeit die Männlichkeit oder Weiblichkeit der betreffenden Person zu unterstreichen.

Beim Neugeborenen weist nur die Form seiner Geschlechtsorgane auf das Geschlecht hin. Penis bedeutet Knabe, Vagina bedeutet Mädchen, danach ausschließlich richtet sich der Laie. Selbstverständlich gibt es weitere Geschlechtsunterschiede, aber da sie normaler Beobachtung nicht zugänglich sind, können sie nicht zu den Geschlechtsmerkmalen gerechnet werden. Ein Geschlechtsunterschied muß sichtbar sein, um zum Geschlechtsmerkmal zu werden.

Ist der Säugling erst einmal angezogen, wird er praktisch zum geschlechtslosen Wesen, und wenn man von ihm spricht, bedient man sich häufig der *es*-Form. Man kann künstliche Geschlechtskennzeichen verwenden (blaue Kleidung für Knaben, rosa für Mädchen) und gibt dem Kind einen geschlechtstypischen Namen; was jedoch die mütterliche Fürsorge angeht, so ist diese für Babys beider Geschlechter unterschiedslos dieselbe.

Das Kind wächst heran, und bald ändert sich die Situation gründlich. Viele seiner Geschlechtsmerkmale werden sich zwar erst in der Pubertät entwikkeln, aber an deren Stelle gibt es andere Möglichkeiten früher geschlechtlicher Differenzierung. Die meisten sind dem Kind von der Gesellschaft, in der es lebt, vorgegeben. Einem Jungen werden andere Kleider, eine andere Frisur, andere Spielsachen, Schmuckstücke, Hobbys und Sportarten angeboten als einem Mädchen. Obwohl bei Kindern der Geschlechtsunterschied noch keine soziale Funktion hat, erzieht man sie in streng definierten Geschlechterrollen. Die Gesellschaft wappnet sie früh für zukünftige Aufgaben und gibt ihnen eine geschlechtliche Identität, die sie erst viel später für Fortpflanzungszwecke benötigen.

Dieser normierende Einfluß der Gesellschaft bewirkt eine Vertiefung der Kluft zwischen den Geschlechtern: Wenn ein Junge erwachsen wird, wird er sich nicht nur im Sinne der Fortpflanzung, sondern auch im sozialen Sinn »männlich« verhalten; genauso wird auch das Mädchen im biologischen und im sozialen Sinn »weiblich« sein. Die übertriebene Differenzierung zwischen Jungen und Mädchen in der Erziehung ist in den letzten Jahren unter heftigen Beschuß geraten, und es gibt Leute, die eine radikale Umkehrung dieses Trends für nötig halten. Sie gehen von der These aus, daß die Kluft zwischen den Geschlechtern der Vergangenheit angehöre und in der heutigen Welt keine Berechtigung mehr habe.

Bis zu einem gewissen Grad haben sie recht; um das zu verstehen, müssen wir für einen Augenblick jene lange Zeit ins Auge fassen, in der unsere

Urahnen sich zu einfachen Jägern entwickelten. Im Laufe einer Zeitspanne von über einer Million Jahren entwickelte sich der Urmensch weg von der für die Primaten typischen Ernährungsweise und hin zu einer neuen Methode, die eine grundlegende Arbeitsteilung zwischen den Geschlechtern notwendig machte. Fast alle Primaten streifen in gemischten Horden – Männchen, Weibchen und Junge – umher, suchen einen Freßplatz, wo sie alle eßbaren Früchte, Nüsse und Beeren, derer sie habhaft werden können, abernten, und ziehen dann zum nächsten Freßplatz weiter. Als unsere Vorfahren diese Lebensweise aufgaben und zu Jägern und Sammlern wurden, mußten sie ihre gesamte soziale Organisation ändern. Das Jagen erforderte ständig neue athletische Leistungen, so daß die weiblichen Mitglieder der Horde – die ja fast permanent mit dem Austragen oder Stillen von Kindern beschäftigt waren – zurückbleiben mußten. Dies hatte zur Folge, daß die Horde das Nomadenleben aufgeben und sich einen festen Stützpunkt suchen mußte, zu dem die Männer nach der Jagd zurückkehren konnten. Die Frauen übernahmen die weniger aufreibende Aufgabe des Nahrungsammelns in der Umgebung des Wohnplatzes, wo sie Gemüse und Obst fanden; aufgrund ihres weit größeren Anteils an der Jungenaufzucht konnten sie jedoch niemals spezialisierte Jäger wie die Männer werden.

Als Ergebnis dieser arbeitsteiligen Lebensweise spezialisierte sich der Körper des Mannes mehr und mehr zu einer Renn-, Sprung- und Wurfmaschine, während die Frau zum perfektionierten Gebärapparat wurde. Daher lassen sich einige Geschlechtsmerkmale aus der Jagdfunktion des Mannes bzw. aus der Aufzuchtfunktion der Frau ableiten. Als jagdbedingte Charakteristika des Mannes sind aufzuzählen:

1. Der männliche Körper ist größer und schwerer als der weibliche, hat stärkere Knochen und mehr Muskulatur. *Er ist kräftiger und kann größere Lasten tragen.*

2. Männer haben verhältnismäßig längere Beine und größere Füße. *Sie sind schnellere und trittsicherere Läufer.*

3. Männer haben breitere Schultern und längere Arme, ihr Unterarm ist im Verhältnis zum Oberarm länger. *Sie können besser zielen und Waffen schleudern.*

4. Männer haben größere Hände mit dickeren Fingern und kräftigerem Daumen. *Sie können besser eine Waffe halten.*

5. Männer haben einen größeren Brustkorb, ein größeres Herz und eine größere Lunge. Deswegen verfügen sie über die größere Atemkapazität, mithin über mehr Ausdauer und schnellere Erholungsfähigkeit nach physischen Ermüdungszuständen. *Sie sind bessere Atmer und Langstreckenjäger.*

6. Männer haben den kräftigeren Schädel mit stärkeren Knochenverbindungen, ihre Kieferknochen sind dicker und stabiler. *Sie sind besser gegen körperliche Verletzung gewappnet.*

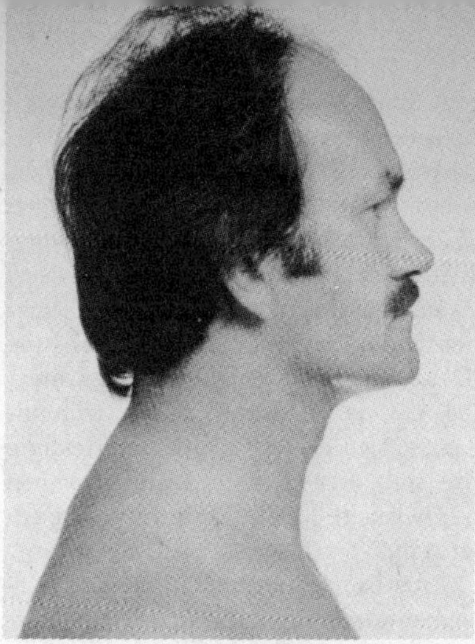

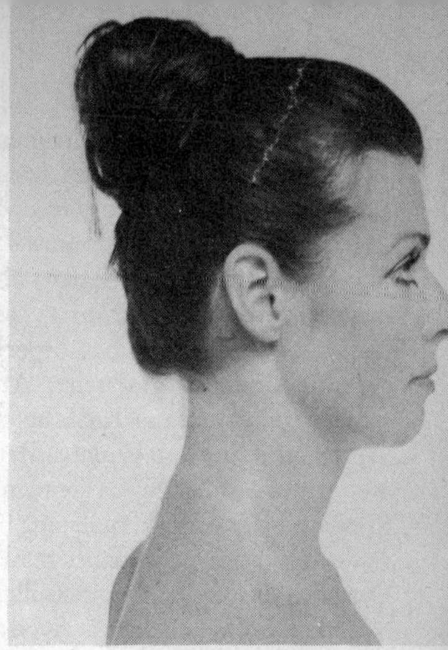

238 △ 239 ▽ 240 △ 241 ▽

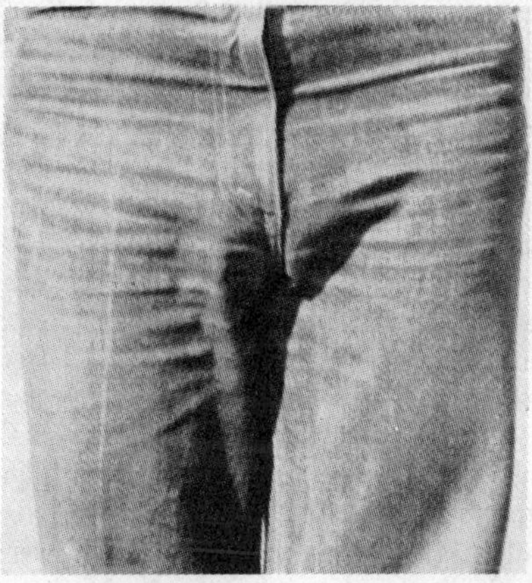

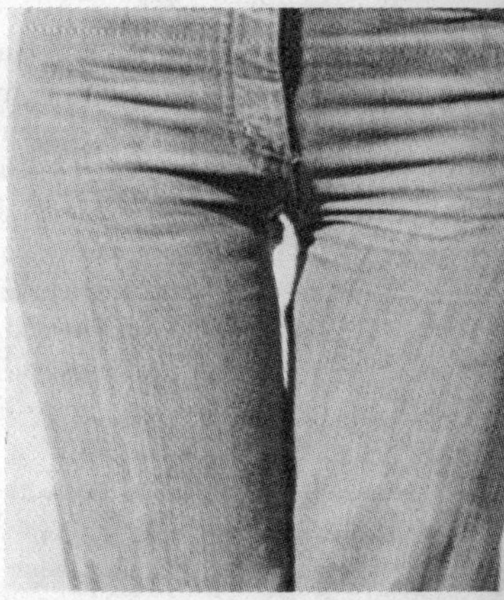

238–241 Der stärkere männliche Unterkiefer mit dem vorspringenden Kinn, die Gesichtsbehaarung, der größere Adamsapfel, der dickere Hals und das schüttere Kopfhaar fungieren als Geschlechtsmerkmale (238) – genauso wie die Ausbeulung der Hose (239). Die Beine der Frauen sind weiter ausgestellt, und so entsteht eine typisch weibliche Oberschenkelspalte (241).

All diese Punkte zusammengenommen erklären, warum bei Sportveranstaltungen Männer und Frauen ihre Wettbewerbe getrennt austragen. Die besten weiblichen Athleten der Welt können mit den Leistungen der besten männlichen im Laufen und Weitspringen nicht mithalten. Innerhalb der Gesamtbevölkerung gibt es freilich eine gewisse Überlappung. Wenn aus

einer Zufallsstichprobe von hundert Männern und hundert Frauen die hundert leistungsstärksten Personen ausgewählt würden, wären der statistischen Wahrscheinlichkeit nach 93 Männer und 7 Frauen darunter. Mit anderen Worten: Von hundert Männern werden durchschnittlich die sieben schwächsten schwächer sein als die sieben stärksten unter ebenso vielen Frauen. Auch im Bereich der rein physischen Leistungsfähigkeit gibt es also keinen klaren Unterschied zwischen der männlichen und der weiblichen Gesamtbevölkerung. Die körperlichen Unterschiede im Hinblick auf Körperkraft sind nur gradueller Art. Diese vergleichsweise geringen Unterschiede gehen auf die Tatsache zurück, daß der Mann bereits sehr früh mit Waffen umging; ob er dabei Beute jagte, sich gegen Raubtiere verteidigte oder mit männlichen Rivalen kämpfte, stets verließ er sich mehr auf seinen Kopf und seine Waffen als auf überentwickelte Muskelkraft. Er mußte ein guter Athlet, aber kein Schwerathlet sein.
Dennoch: Obwohl der männliche Körperbau keine dramatischen Unterschiede zum weiblichen aufweist, bleiben genügend *äußerlich feststellbare* Unterscheidungsmerkmale, um eine imposante Liste von Geschlechtsmerkmalen aufstellen zu können. Einige sind rein anatomischer Art – die breiten Schultern oder die größeren Hände –, andere werden in der Leistung sichtbar, gehen jedoch auf die anatomischen Unterschiede zurück – zum Beispiel die überlegenen Wurfleistungen oder die größere Schrittlänge der Männer (siehe auch Farbabbildungen F 47 + F 48, Seite 393).
Wenn wir uns der Frau zuwenden, finden wir bei ihr einige wichtige Geschlechtsmerkmale, die sich aus ihrer spezialisierten Rolle des Austragens und Aufziehens von Nachwuchs ergeben. Ihr Becken ist breiter und etwas weiter nach hinten gedreht als das des Mannes. Ihre Taille ist schlanker, ihre Oberschenkel sind etwas dicker. Ihr Nabel liegt tiefer, und ihr Bauch ist länger. Ihre Brüste sind vergrößert. Diese besondere Ausstattung, die das Austragen, Gebären und Stillen des Kindes erleichtert, verleiht dem Umriß des weiblichen Körpers seine charakteristische Form. Der weibliche Rumpf gleicht einer Sanduhr, bedingt durch die schmale Taille und die das breite Becken umschließenden runden Hüften. Da die Oberschenkel in etwas weiterem Abstand voneinander am Becken »eingehängt« sind, entsteht zwischen ihnen eine zu den Knien spitz zulaufende Lücke; die Oberschenkel biegen sich dabei zum Knie zu etwas nach innen, so daß oft nahezu der Eindruck von X-Beinen entsteht.
Da die Beckenknochen der Frau leicht nach hinten gedreht sind, stehen ihre Hinterbacken weiter vor als die des Mannes. Sie sind zudem üppiger und breiter und wirken dadurch auffälliger. Beim Gehen und besonders beim Laufen bewirkt die aufs Kindergebären spezialisierte Anatomie der Frau einen typischen Bewegungsablauf. Die Krümmung der Oberschenkel zwingt sie, mit den Beinen halbkreisförmige Schlenker auszuführen. Ihr Hinterteil schwingt stärker, und der ganze Körper tendiert dazu, in einer

typischen Weise zu »schaukeln«, was in deutlichem Kontrast zum männlichen Gang steht. Dazu kommt, daß die Frau wegen ihrer kürzeren Beine nicht so lange Schritte machen kann und ihre Bewegungen beim Laufen daher viel plumper wirken als die des Mannes.

Das zuletzt Gesagte mag übertrieben klingen, doch hat es seinen Grund, daß wir bei rennenden Frauen meist nur an Sportlerinnen oder junge Mädchen denken. Erfolgreiche Läuferinnen sind aber gerade deshalb erfolgreich, weil sie eine ziemlich maskuline Figur haben, und junge Mädchen haben noch nicht die vollen weiblichen Proportionen entwickelt. Wenn wir einmal eine beliebig ausgewählte Gruppe von Müttern rennen sähen, wäre der Geschlechtsunterschied im Laufstil schlagend. Eine Frau mittleren Alters, die den abfahrenden Bus noch erreichen will, wird sich schwerer tun als ein gleichaltriger Mann. Und ihre Fortbewegungsweise wird sich vollkommen anders ausnehmen als die einer Leichtathletin. Dabei sind es nicht nur die von den breiten Hüften ausgehenden Pendelbewegungen der Beine, die sie behindern; auch die gewichtigen, mitschwingenden Brüste bilden durch ihr Schaukeln ein Handikap. Im Gegensatz zur Durchschnittsfrau haben Sportlerinnen in der Regel längere Beine, schmalere Hüften und flachere Brüste.

Ein kleines, oft übersehenes Geschlechtsmerkmal ergibt sich im Zusammenhang mit der Stellung der Arme. Da die Frau schmalere Schultern hat, liegt ihr Oberarm gewöhnlich enger an der Seite des Brustkorbs an als beim Mann. Beim breitschultrigeren Mann streben die herunterhängenden Arme etwas seitlich vom Rumpf weg. Besonders deutlich tritt dies bei Gewichthebern und Muskelprotzen hervor, bei denen die Arme von der überbreit entwickelten Schulterpartie aus geradezu ins Leere baumeln. Die Frau dagegen hält die Ellbogen typischerweise eng am Körper; männliche Schauspieler imitieren dieses Merkmal oft in übertriebener Weise, um Frauen oder Homosexuelle darzustellen. Der eng am Oberkörper anliegende Oberarm bewirkt, zusammen mit der darunter breit vorspringenden Hüfte, daß Frauen Lasten schwerer tragen können. Dies gleicht die weibliche Anatomie mit einem vergrößerten Beugewinkel zwischen Ober- und Unterarm aus, der den des Mannes um sechs Winkelgrade übertrifft. Der Unterschied zeigt sich, wenn man einer Frau den Unterarm seitlich vom Körper wegbiegt, während der Oberarm in angelegter Stellung festgehalten wird. Wenn ein Mann bewußt versucht, seine Oberarme fest anzulegen und dann die Unterarme so weit wie möglich zur Seite wegzustrecken, wird er merken, daß er damit ein typisch feminines Gebärdenspiel ausführt.

So gering die durch die Armhaltung repräsentierte Geschlechtsdifferenz auch sein mag, Männer und Frauen reagieren doch unbewußt auf dieses Signal, wenn sie ihre Mitmenschen anblicken. Viele Geschlechtsmerkmale funktionieren auf diese Weise, unterhalb der Schwelle unserer bewußten Wahrnehmung, aber dennoch sind sie wichtig für unser Verhalten gegenüber anderen. Es gibt allerdings auch Merkmale, die sich auf den ersten Blick aufdrängen und die sich als primäre Geschlechtskennzeichen durchgesetzt haben. Sie haben mit der Jagdfunktion des Mannes bzw. mit der Gebärfunktion der Frau nichts zu tun, die wir bisher betrachtet haben, sondern dienen ausschließlich der äußeren Charakterisierung des Geschlechts. Hierunter fallen:

– beim Mann: tiefere Stimme; hervortretender Adamsapfel; Bartwuchs; buschigere Augenbrauen; stärkere Behaarung in Nase und Ohren sowie stärkere Körperbehaarung. Als Ausnahme hiervon muß der Oberkopf gelten, der im Alter häufig zur Glatze wird.

– bei der Frau: gewölbte, vorstehende Brüste; üppigere Lippen; weichere und sensiblere Haut; rundere Knie und Schultern; größere und tiefere Grübchen über den Hinterbacken und mehr über den gesamten Körper verteilte Fettpolster.

Es gibt auch uralte Geruchsunterschiede zwischen Mann und Frau, auf die wir noch reagieren, wenn sie auch heute nur noch eine untergeordnete Rolle spielen im Vergleich etwa zu den anderen Primatenarten. Diese Gerüche werden von bestimmten Drüsen in der Haut, besonders in den Achselhöhlen und in der Schamregion, erzeugt. Die in diesen Körperzonen vorhandenen Haare wirken als Duftspeicher; sie halten den Geruch fest und verstärken ihn. Frauen rasieren sich oft unter den Armen, wenn sie im Abendkleid ausgehen oder sich am Strand sonnen wollen. Der Grund dafür ist, daß sie den natürlichen weiblichen Geruch abschwächen wollen, wenngleich sie gewöhnlich andere Begründungen vorbringen, sie z. B. die Haare als »unfein« abqualifizieren.

Nicht alle Versuche zur Beseitigung derart »anrüchiger« Geschlechtsmerkmale bedienen sich solcher Vorwände. Körpersprays werden heute von vielen Leuten bewußt verwendet. Diese Gewohnheit birgt jedoch Gefahren: Die Haut nimmt es nicht immer friedlich hin, wenn in ihre natürlichen Abläufe mit chemischen Mitteln eingegriffen wird. Doch gibt es einen guten Grund für diese Tendenz: die Bekleidung. Die Kleider, die man trägt, saugen den abgesonderten Schweiß und andere Körpersekrete auf, und dabei zersetzen sich die Gerüche schnell und verlieren ihre sexuelle Anziehungskraft. In frischer Luft und Sonne stellt der Geruchskreislauf der Haut sich völlig anders dar, aber das gehört der Vergangenheit an; der Mann und die Frau von heute können nur durch häufigeres Waschen versuchen, den natürlichen Bedingungen wieder nahezukommen. Hautfachleute glauben, das sei genug, und chemische Desodorants seien eine unnötige und möglicherweise schädliche Ergänzung. Schädlich oder nicht, in jedem Fall vernichten sie eins unserer ältesten Geschlechtsmerkmale.

Während die Frauen eifrig bemüht sind, ihre Körpergerüche zu entsexualisieren, arbeiten die Männer allmorgendlich ebenso angestrengt an der Abkratzung eines anderen Geschlechtsmerkmals – ihrer Barthaare. Sicher gibt es auch heute noch eine Menge Bartträger, aber der Brauch des Glattrasierens hat eine weit zurückreichende Geschichte, taucht in ganz unterschiedlichen historischen Epochen auf und ist über den ganzen Erdball verbreitet. Er ist mehr als ein bloß lokales Modephänomen, auch wenn er nicht unbedingt in jeder Kultur geübt wird. Die Frage, warum gerade diese Art der »Geschlechtsnivellierung« so verbreitet ist, wurde kaum je diskutiert. Wenn über das Glattrasieren geschrieben wird, erklärt man es entweder als Verbesserung der Hygiene beim Essen und Trinken oder als Prestigesymbol, das zeigt, wieviel Zeit der Glattrasierte für seine Körperpflege erübrigen kann, oder als Unterscheidungsmerkmal, mit dem sich der rasierte Mann von seinen behaarten Artgenossen vom Nachbarstamm abheben will, oder als rein modebedingte Zeiterscheinung.

In all diesen Erklärungen steckt ein Körnchen Wahrheit, zum größeren Teil jedoch Aberglaube. Es gibt in Wirklichkeit zwei tiefere Ursachen, eine visuelle und eine, die den Hautkontakt betrifft. Der optische Vorteil des glattrasierten Gesichts ist, daß es die feinen Nuancen des Gesichtsausdrucks besser »übermitteln« kann. Der menschliche Mund verfügt über vielfältige Bewegungs- und Stellungsmöglichkeiten, und das Entfernen des »Haarteppichs« erleichtert das Verständnis der von der Mundgegend ausgesandten Zeichen. Der taktile Vorteil betrifft die erotische Wirkung des unmittelbaren Hautkontakts bei sexueller Berührung. Ein glattrasierter Mann, der das Gesicht seiner Partnerin an seins drückt, wird mehr zärtliche Berührungsimpulse empfangen als ein bärtiger. Diesen beiden Vorteilen muß jedoch der Verlust eines der ursprünglichen Geschlechtsmerkmale entgegengehalten werden; das Pendel wird also weiterhin – von Kultur zu Kultur, von Epoche zu Epoche – zwischen den Gegensätzen »bärtig« und »rasiert« hin- und herschwingen.

Zum Thema Behaarung ist unter anderem bemerkt worden, es sei doch merkwürdig, daß beim Mann die gesamte Körperoberfläche stärker behaart ist als bei der Frau. Wenn, wie es wahrscheinlich ist, der Mann deshalb sein wärmendes Fell verloren hat, weil die durch das anstrengende Jagdverhalten verursachte Überhitzung des Körpers eine verbesserte Kühlung erforderlich machte, dann müßte ja der Mann das haarlosere Geschlecht sein. Die Antwort hierauf ist: Nachdem das Fell beim Menschen einmal einer *funktionalen* Nacktheit gewichen, das heißt, seine Haut praktisch entblößt war, bedeutete es für die Kühlung des Körpers keinen großen Unterschied mehr, ob auf der Haut noch einzelne Härchen wuchsen oder nicht. Der leichtbehaarte männliche Körper kühlt also nicht schlechter ab als der weibliche. Es bleibt aber zu erklären, warum die Frau hier in der Entwicklung über den Mann hinausgegangen ist, wenn ihre Haarlosigkeit schon nichts mit der Wärmeregulierung zu tun hat.

Es scheint, daß hierfür dieselbe Erklärung in Betracht kommt wie für das glattrasierte männliche Gesicht, nämlich eine Verstärkung der Hautempfindlichkeit bei erotischer Körperberührung. Eine Fachautorität hat im Zusammenhang mit den erogenen Zonen des weiblichen Körpers gesagt, daß die empfindsame nackte Haut der Frau keine erogenen Zonen *hat*, sondern eine erogene Zone *ist*; die gesamte Hautoberfläche sei so sensibel, daß jede zärtliche Berührung, an welcher Stelle auch immer, ein potentiell sexuelles Erlebnis sei. Dies sei insbesondere der Grund, so ist behauptet worden, warum Frauen so gerne Samt, Pelze, Seide oder andere zarte Stoffe auf der Haut tragen.

Ob dies nun eine Erklärung für die geringe Behaarung des weiblichen Körpers ist oder nicht, es bleibt ein Tatbestand, daß weiche, haarlose Haut beim Menschen ein wirkungsvolles Geschlechtsmerkmal ist; Frauen mit leichtem Oberlippenbart oder stark behaarten Armen und Beinen werden automatisch als ziemlich maskulin eingestuft. Aus dieser Tatsache resultiert eine umfangreiche private Enthaarungstätigkeit der Frauen, und es gibt gutge-

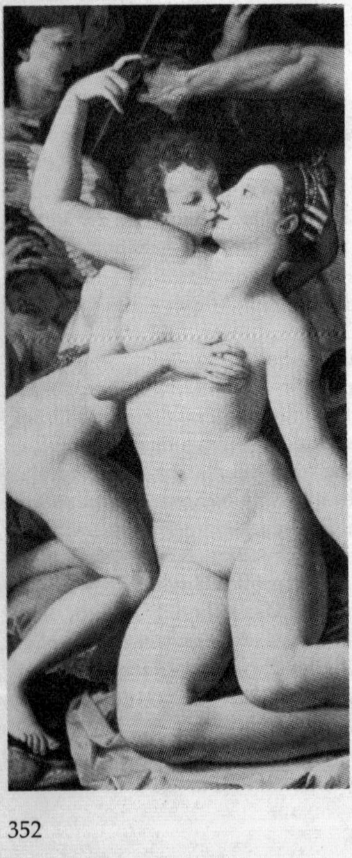

242 Samtige Haut ist ein wirkungsvolles weibliches Geschlechtsmerkmal, das der Maler Bronzino hier noch dadurch betont, daß er seine weibliche Hauptfigur ganz ohne Körperbehaarung malt.

hende Kliniken, die sich ausschließlich der Entfernung »unfeinen« Körperhaars widmen.

Der umgekehrte Prozeß findet auf männlichen Köpfen statt, wo man ausgefeilte Techniken entwickelt hat, um expandierende Glatzen zu bekämpfen. Glatzköpfigkeit vermittelt eine doppelte Botschaft: Männlichkeit und fortgeschrittenes Alter. Die Toupets, Perücken und Haartransplantationen richten sich dabei freilich nicht gegen das Männlichkeitsmerkmal, sondern gegen das Alterssignal, und die Tatsache, daß bei der Neuanpflanzung von Kopfhaaren das männliche Geschlechtsmerkmal der Glatze verlorengeht, wird gegenüber dem Verschwinden jenes Signals gern in Kauf genommen.

Ein weiteres männliches Geschlechtsmerkmal, das in die Kategorie »altersbedingt« gehört, ist der Bauch. Bei Naturvölkern mag er stolz als Zeichen des erfolgreichen Jägers zur Schau gestellt werden – für den modernen zivilisierten Mann bedeutet er jedoch »verlorene Jugend« wie die Glatze. Junge Männer haben in aller Regel einen flachen, mageren Bauch; das eigentlich runde »Bauchprofil« wächst erst in späteren Jahren heran; es gilt als ein Merkmal des älteren Mannes und ist deshalb tunlichst zu vermeiden. Daher die Diäten, gymnastischen Übungen und gelegentlich sogar Korsette für Männer, die helfen sollen, das »Fett der besten Jahre« nicht zur Entfaltung kommen zu lassen.

Die Beobachtung, daß der »Bauch« ein vorwiegend männliches Geschlechtsmerkmal ist, spiegelt den Tatbestand wider, daß bei der Frau das Körperfett ganz anders verteilt ist als beim Mann. Sie hat nicht nur mehr Fett am Leib, sondern auch in anderen Körperzonen. Punkte, an denen Fettpolster als sichtbare Geschlechtsmerkmale auftreten, sind: Schultern und Knie, Brüste, Hinterbacken und Oberschenkel. Es scheint, daß die größeren, gerundeten Hinterbacken eins der ursprünglichen Geschlechtsmerkmale sind – die menschliche Entsprechung zu den bei tierischen Primaten beobachtbaren sexuellen Anschwellungen. Bei Affen und Menschenaffen nehmen diese Schwellungen im Rhythmus des weiblichen Monatszyklus zu und wieder ab, wobei sie zum Zeitpunkt des Eisprungs ihr Maximum erreichen. Bei der Frau ist nichts Derartiges zu beobachten; ihre Hinterbacken sind während der gesamten fruchtbaren Lebenszeit »geschwollen«, sie bleibt während dieser ganzen Periode sexuell aktiv.

Die doppelte Rundung der weiblichen Hinterbacken findet ihr Gegenstück in den beiden halbkugeligen Brüsten und, wenngleich in weniger augenfälliger Weise, in der Rundung von Schultern und Knien. Es scheint fast so, als seien sanftgerundete Formen eine Art sexueller Schlüsselreiz, und wir haben allen Grund zu glauben, daß die Reaktion des Mannes auf diese Grundform angeboren ist. Natürlich ist das nicht beweisbar; es wäre aber ein Leichtsinn, wenn die menschliche Spezies eine solche genetisch fixierte (Über-)Lebensversicherung nicht abgeschlossen hätte.

Bei manchen Völkern werden die weiblichen Hinterbacken als Geschlechtsmerkmal weit stärker betont als bei uns. Bei den afrikanischen Buschmännern und den Hottentotten kommt die *Steatopygie* vor, bei der die Hinterbacken zu enormen, vorgewölbten Fettbergen werden und ein Mehrfaches ihrer normalen Größe erreichen. Interessanterweise zeigen auch prähistorische Figuren häufig diese Körperform, die also in der Vorzeit ebenso in Europa und Asien wie in Afrika vorgekommen sein muß. Es ist wahrscheinlich, daß für die Frau in der Vorzeit die Steatopygie eher der normale als der Ausnahmezustand war und daß die heutigen Hottentotten- und Buschfrauen nur die letzten lebenden Beispiele einer vorzeitlichen weiblichen Körperform sind, wie sie vor einigen tausend Jahren gang und gäbe war. Vielleicht läßt sich die starke Anziehungskraft der weiblichen »Halbkugeln« auf den heutigen Mann durch Rückgriff auf jene vorzeitliche Körperform erklären, als die Hinterbacken der Frau eine noch machtvollere sexuelle Botschaft aussandten.

Zählt man noch die sichtbaren Unterschiede der Genitalien hinzu – Penis und Hodensack beim Mann, Schamlippen bei der Frau –, dann hat man eine breite Auswahl an Merkmalen, an denen der Mensch das Geschlecht seiner Artgenossen erkennen kann. Gemessen an den kulturellen Zusätzen und Verstärkungen, die diese natürlichen Geschlechtsmerkmale erfahren haben und noch erfahren, scheinen sie freilich ihre Aufgabe nur ungenügend zu erfüllen.

Beinahe jedes der bislang erwähnten Geschlechtsmerkmale kommt in der einen oder anderen Kultur in künstlich übersteigerter Ausgestaltung vor. Der Unterschied in der Körpergröße wird oftmals durch hohe männliche Haarfrisuren verstärkt, die breiteren Schultern des Mannes häufig durch das Tragen wattierter Jacken oder Uniformen mit Schulterepauletten betont; die schmalere Taille der Frau wurde oft durch enge Korsette hervorgehoben, die weiblichen Brüste werden durch Schalenbüstenhalter und Schaumstoffeinlagen aufgerichtet oder vergrößert. Die Frauen haben zeitweise ihre ohnehin breiteren Hüften durch künstliche Hüftpolster und ihre üppigeren Hinterbacken durch Rockbäusche vergrößert. Sie haben ihre breiteren, volleren Lippen durch das Auftragen von Lippenstift betont; ihre kleineren Füße sollten mit Hilfe enger Schuhe oder – im Orient – durch das qualvolle Binden der Füße noch schmaler wirken. Ihre sanftere Haut machen sie mit Puder und Kosmetika noch sanfter.

Eine lange Liste, die noch länger wird, wenn man die kulturell bedingten Kennzeichen miteinbezieht. Sie haben mit den anatomischen Unterschieden der Geschlechter wenig oder gar nichts zu tun. Von ihnen gibt es so viele, so verschiedene, und sie sind oft so kurzlebig, daß sie sich von einer Generation zur andern, häufig auch von Jahr zu Jahr ändern; sie können von einem Land zum andern wechseln, oft sogar von Landstrich zu Landstrich. Ihre interessanteste Eigenschaft ist, daß sie überhaupt so weit verbreitet sind. Es scheint, als ob alle das Bedürfnis hätten, ihre Mitmenschen daran zu erinnern, welchem Geschlecht sie angehören – als besäßen wir zu diesem Zweck nicht bereits vollkommen ausreichende natürliche Geschlechtsmerkmale.

Einige auffällige Beispiele für kulturell bedingte Geschlechtskennzeichen sind: kurze bzw. lange Haare; Röcke bzw. Hosen; Handtaschen bzw. Jacken- und Hosentaschen; Make-up bzw. kein Make-up; Pfeife bzw. Zigaretten. Derartige Kennzeichen beruhen auf reiner Willkür; obwohl sie zu bestimmten Zeiten in bestimmten Kulturen eindeutig als maskulin bzw. feminin galten, enthalten sie nichts – außer der jeweiligen Konvention –, was sie auf das eine oder das andere Geschlecht festlegen würde. Das Kopfhaar wird bei beiden Geschlechtern von Natur aus lang; dies ist ein Merkmal unserer Gattung und unterscheidet uns von andern Primaten, aber nichts weiter. Zwischen den Geschlechtern besteht in dieser Hinsicht nicht der geringste biologische Unterschied, der einzige Grund für die Identifizierung kurzer Haare mit Männlichkeit ist die lange Tradition militärischer Kurzhaarvorschriften im Interesse der Ungezieferbekämpfung. Röcke sind oft männliche, Hosen oft weibliche Kleidungsstücke gewesen, wenn wir nur genügend viele Kulturen und Epochen betrachten. Ebenso könnte man auch bei allen anderen konventionellen Kennzeichen zeigen, daß sie je nach Ort und Zeit wandelbar und sogar umkehrbar sind.

Ich habe geläufige und für uns selbstverständliche Beispiele gewählt; wenn man aber eine fremde Kultur besucht, findet man viele eigentümliche Konventionen dieses Typs, deren Bedeutung der Neuankömmling zunächst nicht versteht. Er begeht dann leicht Fehler. In gewissen heißen Ländern, wo man sich kühlende Luft zufächelt, ist die Form des Fächers ein Geschlechtskennzeichen: Rechteckige Fächer sind »männlich«, gebogene »weiblich«. Den verkehrten Fächer zu benutzen würde für die Leute dort ebenso komisch wirken, wie wenn bei uns ein Mann im Rock herumliefe oder eine Frau Pfeife rauchte. Anthropologen stoßen bei jedem Stamm, den sie besuchen, auf ähnliche kleine Unterscheidungen zwischen den Geschlechtern.

Es kommt vor, daß sich für ein scheinbar rein konventionelles Geschlechtskennzeichen eine biologische Erklärung findet. Besonders interessant ist in diesem Zusammenhang die Antwort auf die uralte Frage: Warum sind bei den Jacken der Männer die Knöpfe rechts, während die Frauen nach links knöpfen? Diese Gewohnheit ist schon Jahrhunderte alt und wird gewöhnlich einfach als eine Sache der Tradition abgetan. Die richtige Erklärung scheint jedoch zu sein, daß Männer deshalb rechts knöpfen, weil sie so die rechte Hand unter den Jackenfalz schieben können. Das reicht bis in die taschenlose Zeit zurück, diente vermutlich dazu, die waffenführende Hand warm und beweglich zu halten, und hat sich bis heute bewahrt. Frauen schlugen im Gegensatz dazu lieber die längere rechte Hälfte des Gewands über die linke, weil sie den Säugling öfter an der linken Brust trugen und ihn, wenn er schlief oder säugte, so leichter von rechts zudecken konnten. Auch von diesem Verhaltensmuster muß angenommen werden, daß es über den Wegfall seiner ursprünglichen Veranlassung hinaus erhalten geblieben ist.

Wie das Verhalten die Art der Kleidung beeinflussen kann, so kann auch die Kleidung das Verhalten beeinflussen. Wenn eine Modeströmung irgendeinen willkürlichen geschlechtsbezogenen Unterschied in der Bekleidung mit sich bringt, so kann dieser zu subtilen Veränderungen in der Körperhaltung und den Bewegungen führen, ohne daß es dem Betreffenden bewußt wird. Das Händeflattern aus dem Gelenk bei der Frau gehört hierher. Behende Handbewegungen aus dem Gelenk sind so typisch weiblich, daß sie oft von Männern verwendet werden, wenn diese sich feminin geben wollen. Aber die Herkunft dieser Bewegungen wird nur der Frau verständlich, die einmal historische Kostüme getragen hat. Schauspielerinnen, die aus Gründen der Authentizität in den schweren, engärmeligen Kleidern früherer Epochen auftreten müssen, machen die Erfahrung, daß Armgebärden dadurch so erschwert werden, daß die Gestik sich automatisch mehr auf die Hände konzentriert. Ohne es zu wollen, verstärken sie allmählich die Bewegungen aus dem Handgelenk, und es ist leicht zu verstehen, wie daraus eine geschlechtstypische Gestik wurde, die, wie die Knöpfrichtung nach links oder rechts, auch nach dem Verschwinden der Kleidungsart, auf der sie beruhte, noch weiterlebte.

Das Tragen von Röcken beeinflußt auch deutlich die Sitzhaltung. Gespreizte Beine beim Sitzen sind verständlicherweise ebenso typisch männlich wie die Knöchel-auf-Knie-Pose. Frauen, auch wenn sie Hosen tragen, tendieren weniger dazu, diese Haltungen einzunehmen, obwohl hier nicht die Gefahr besteht, die Unterwäsche zu entblößen. Die behosten Beine scheinen noch immer einen Geisterrock zu tragen, und wenn der Rock vollständig aus unserer Kultur verschwinden würde, könnte es sein, daß die eingewurzelten Rock-Sitzhaltungen überleben.

Auch eine weitere Kreuzhaltung der Beine drückt ein Geschlechtsmerkmal aus, und das ist das »Beineflechten« der Frau. Frauen sitzen oft so, daß ein Bein um das andere herumgeflochten ist, eine Pose, in der man einen Mann niemals antrifft. Das Besondere an dieser Beinstellung ist, daß der übergeschlagene Fuß das stehende Bein berührt. Wahrscheinlich ist dieser Unterschied nicht kleidungsbedingt, sondern eher eine Folge der unterschiedlichen Anatomie der Beine von Mann und Frau.

Das »Beineflechten« ist ein Beispiel für ein Geschlechtsmerkmal, das man zwar, wenn man es erst einmal bewußt wahrgenommen hat, als unmittelbar weiblichen Haltungsausdruck erkennt, das aber im Augenblick der Begegnung zwischen Mann und Frau unbewußt wirkt. Erst als die alltäglichen Körperhaltungen und Bewegungen, wie sie die Menschen während ihres gewohnten Tagesablaufs zeigen, zum Objekt wissenschaftlicher Beobach-

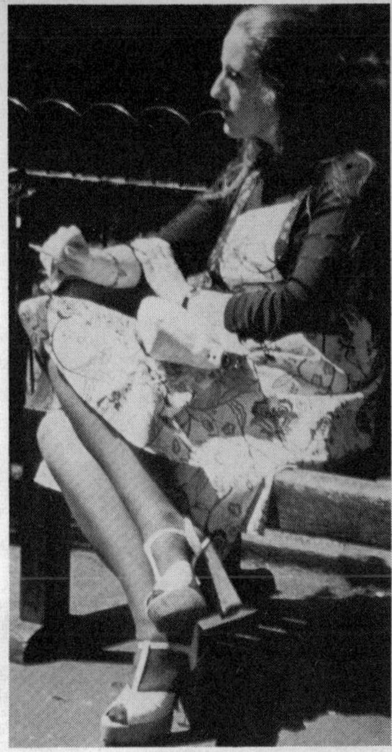

243 Beim weiblichen »Beineflechten« ruht das übergeschlagene Bein bis hinab zum Fußknöchel auf dem anderen. Männer sitzen nur ganz selten so.

tung wurden, schenkte man solchen Körpersignalen Beachtung. Es wurde deutlich, daß es hunderterlei Verhaltenskennzeichen gibt, mit denen der Mann seine Männlichkeit und die Frau ihre Weiblichkeit signalisieren.
Eine kürzlich durchgeführte Untersuchung darüber, wie sich Menschen im Gewühl belebter Einkaufsstraßen bewegen, ergab beispielsweise, daß sich Männer und Frauen unterschiedlich verhalten, wenn sie dicht aneinander vorbeigehen müssen. Versteckte Kameras hielten fest, daß sich Frauen gewöhnlich seitlich abwenden, wenn sie sich an einem Mann vorbeidrängen, während ein Mann sich der Frau, an der er dicht vorbeigeht, eher zuwendet. Der Grund ist klar: Die Frauen schützen ihren Busen oder achten zumindest darauf, so viel Abstand zu halten, daß der vorbeidrängende Mann ihn nicht berührt. *Warum* hier ein Unterschied im Verhalten besteht, ist offensichtlich; aber bevor die entsprechenden wissenschaftlichen Beobachtungen unternommen wurden, kam niemand auf die Idee, daß es einen solchen Unterschied gibt. Sicher haben viele Leute, die sich durch eine Menschenmenge drängten, diesen Unterschied schon einmal beiläufig beobachtet und ihn unbewußt als geschlechtsspezifisch eingeordnet, aber nie darüber nachgedacht, warum und wie sie selber ihn praktizieren.

244 Wenn eine Frau und ein Mann sich aneinander vorbeidrängen müssen, dreht der Mann sich zur Frau hin, während sie sich von ihm wegwendet. Das ist nicht immer der Fall, aber der Gegensatz ist ausgeprägt genug, um als ein weiterer Geschlechtsunterschied gelten zu können.

245 Der Rock ist an sich weder weiblich noch männlich. Er war in der Vergangenheit oft ein typisch männliches Kleidungsstück, wie die nach alter Tradition gekleideten griechischen Soldaten zeigen.

Ebenso sind sich auch die wenigsten Menschen der Tatsache bewußt, daß Frauen sich durchschnittlich öfter als Männer mit den Händen ans Haar greifen, daß sie häufiger die Hände in bestimmter Weise falten, daß Männer eher als Frauen ihre Arme vor der Brust verschränken oder, wenn sie neben einem andern stehen oder gehen, diesem den Arm um die Schulter legen. Diese und hundert weitere kleine Unterschiede kristallisieren sich im Laufe der heute durchgeführten Beobachtungen allmählich heraus; die vielschichtigen menschlichen Geschlechtsunterschiede – und damit Geschlechtsmerkmale – werden Schritt für Schritt enthüllt.
Dadurch wird die »Unisex«-Philosophie, die alle Unterschiede zwischen Mann und Frau mit Ausnahme der unmittelbar fortpflanzungsrelevanten verneinen möchte, im Grunde ad absurdum geführt. Man kann schwerlich Verhalten abstellen, dessen man sich gar nicht bewußt ist. Natürlich könnte ein großer Teil des rein konventionellen, brutal männlichen oder albern weiblichen Beiwerks oder Verhaltens abgebaut, vielleicht sogar abgeschafft werden. Schließlich geht der moderne Mann nicht mehr auf Beutejagd, und die Gebärquote der Frau ist drastisch zurückgegangen. Die Erde ist übervölkert und verstädtert, und die Zwänge, die einstmals die Menschheit in jagende Männer und gebärende Frauen aufteilten, bestehen nicht mehr. Die neue Situation wird soziale Anpassungsprozesse notwendig machen. Aber die ererbten Eigenschaften einer über eine Million Jahre dauernden menschlichen Evolution können nicht von heute auf morgen abgelegt werden. Künstliche, konventionelle Geschlechtskennzeichen mögen kommen und gehen, aber jene, die aus dem genetischen Erbe des Menschen stammen, werden sich als ungemein widerstandsfähig erweisen.

# Sexuelle Signale

## Werbung und Liebesspiel des Menschentiers

Sexuelle Signale sind in vier wichtigen Bereichen wirksam: bei der Suche nach einem Partner, bei der Wahl eines Partners, bei seiner sexuellen Stimulation und bei der Aufnahme einer Partnerbindung.

Zunächst zur *Partnersuche.* Mit dem Erreichen der sexuellen Reife geht ein unvermittelter Anstieg sozialer Aktivitäten einher. Zusätzlich zu fest verabredeten Ereignissen wie Tanzveranstaltungen oder Partys entwickeln Jungen und Mädchen ein starkes Bedürfnis nach improvisiertem »Weggehen« ohne Überwachung durch die Eltern. In früheren Zeiten war die Institution der »Anstandsdame« eine notwendige Maßnahme, um diesem Bedürfnis Grenzen und kontrollierte Ziele zu setzen, zumindest dort, wo aus wirtschaftlichen oder gesellschaftlichen Gründen die Partnerwahl nicht Sache der Jugendlichen selbst war.

In den meisten modernen Gesellschaften ist das Zusammentreffen partnersuchender Jugendlicher durch bestimmte »Begegnungsrituale« festgelegt. Zum Beispiel gibt es das »Promenieren«, das »Paradieren«, oder den »Bummel«. Junge Mädchen spazieren, oft Arm in Arm, auf und ab, ohne ein bestimmtes Ziel zu haben, und geben sich den Anschein, als bemerkten sie die Jungen gar nicht, die dasitzen und ihnen nachschauen oder ihnen in einiger Entfernung folgen. Die Mädchen zeigen Anzeichen von Schüchternheit, sie kichern, schlagen die Hände vors Gesicht, flüstern sich etwas zu und machen sich lustig. Die Jungen zeigen sich oft in abweisender Pose, tun desinteressiert, lungern herum, mit gespreizten Beinen nach Art des Imponiergehabes höherer tierischer Zweibeiner, oder sie rufen sich oder den Mädchen aggressive oder unverschämte Bemerkungen zu. Die Jungen und die Mädchen gruppieren sich deutlich getrennt. Der einzelne muß eine beträchtliche Überwindung aufbringen, wenn er seine eigene Geschlechtsgruppe verlassen und die Schwelle zum anderen Geschlecht überschreiten will. Er wird seine Wahl zwar bei derartigen »öffentlichen« Gelegenheiten treffen, aber der eigentliche Kontakt wird meist erst später aufgenommen, in einer entspannteren Atmosphäre, wo keine unliebsamen Beobachter anwesend sind.

Feste Anlässe wie Tanzveranstaltungen beschleunigen diesen Prozeß, indem sie der Kontaktaufnahme mit dem andern Geschlecht eine sozial anerkannte Begründung liefern. Dennoch stehen auch in Teenager-Diskotheken meist nach Geschlechtern getrennte Grüppchen zusammen, wobei die potentiellen (Tanz-)Partner aus sicherer Entfernung abgeschätzt werden.

Für viele junge Leute sind die Probleme der Partnersuche dank der heute üblichen gemischten Schulklassen oder durch Begegnungsmöglichkeiten mit dem anderen Geschlecht am Arbeitsplatz teilweise gelöst. Den auf diese Weise bunt gemischten Jungen und Mädchen bleibt gar nichts anderes übrig, als einander näher kennenzulernen. Dennoch bleiben Tanzveranstaltungen, Partys und andere Formen sozialer Zusammenkünfte nach wie vor beliebt.

Die schließliche Partnerwahl hängt von vielen Faktoren ab. Der körperliche Reiz ist selbstverständlich wichtig, wobei die verschiedenen Geschlechtsmerkmale eine Rolle spielen; aber auch auf das Verhalten kommt es an. Es gibt zahlreiche kleine Signale, mit denen eine Person einer anderen ihr Interesse bekunden kann. Manche sind augenfällig, andere nicht, aber alle tun ihre Wirkung. Als positive Gesten können gelten: dem andern etwas länger als üblich in die Augen schauen; den andern flüchtig berühren oder die Hand kurz an seinem Körper liegenlassen; sich dem andern etwas mehr als üblich nähern; ungewöhnlich viel mit geöffnetem Mund lächeln, dabei der Reihe nach verschiedene Körperteile des andern ansehen; dem andern durch heftiges Kopfnicken seine Zustimmung zeigen; dem andern direkt gegenübersitzen, mit einer »offenen« Körperhaltung (das heißt, ohne körperliche Abwehr- oder Schutzsignale); erheblich häufiger als sonst die eigene Rede mit Handbewegungen begleiten, dem andern dabei rasche Blicke zuwerfen, mehr als üblich auf seine Reaktionen achten, dabei die Augen relativ weit geöffnet halten und die Augenbrauen hochziehen; mehr Zungenbewegungen als sonst ausführen und dabei öfter die Lippen anfeuchten.

246 Wenn sich Paarbeziehungen bilden, lösen sich die Betreffenden allmählich von ihren Gruppen, und es folgt eine Zeit zunehmender körperlicher Zärtlichkeiten, häufig mit verlängerten Berührungs-, Kuß- und Umarmungsphasen.

Bewußt oder unbewußt erkennt der Partner an diesen Anzeichen, daß der andere ihn mag. Dazu kommt, daß die Gespräche potentieller Partner eine charakteristische Färbung haben. Der Informationsaustausch dient im typischen Fall der Feststellung gegenseitiger Vorlieben und Abneigungen. Oft, vor allem aber, wenn eine starke körperliche Anziehung besteht, wird man bewußt nicht über persönliche Neigungen und Ansichten reden, um nicht eine verbale Verstimmung zu riskieren. Fragen erhalten sofort zustimmende Antworten, die, auch wenn sie unehrlich sind, die weitere Annäherung fördern. Wenn es jedoch zu viele unterschwellige Meinungsverschiedenheiten gibt, kann es sein, daß sie schließlich die körperliche Anziehung beider Partner aufeinander ersticken.

Der Vorgang der Partnerwahl kann mit besonderen erotischen Ausdrucksmitteln wie der Tanzbewegung unterstützt werden, bei der der sich drehende und windende Körper des potentiellen Partners seine Geschlechtsmerkmale und seine individuellen Vorzüge zur Geltung bringt. Auch sexuelle Intentions- und den Geschlechtsakt nachahmende Ausdrucksbewegungen sind beim Tanzen zu beobachten; sie besitzen Aufforderungs- und Hinweischarakter, indem sie auf erst noch zu verwirklichende Verhaltensmuster verweisen. Diese Tanzfiguren reichen vom »Kommen und Gehen« verschiedener Partner (wie in vielen Volkstänzen) über die stilisierte Umarmung (wie bei den meisten Gesellschaftstänzen) bis zur Nachahmung sexueller Beckenstöße beim modernen Go-go-Tanz. Die Frau ist in letzterer Rolle benachteiligt, weil es beim Koitus normalerweise der Mann ist, der die kräftigsten Körperbewegungen ausführt. Go-go-Tänzerinnen lösen das Problem, indem sie die männliche Kopulationsbewegung ausführen und das Becken rhythmisch nach vorne werfen.

Die Ursprünge des Bauchtanzes sind völlig anderer Art. Aus den Bewegungen von Haremsmädchen entstanden, die einem fast bewegungsunfähigen Herrn zu Diensten waren, ist er eine Stilisierung jenes weiblichen Beckenkreisens, mit dem ein todkranker Mann mit einem Minimum eigener Bekkenbewegungen zum Orgasmus gebracht werden kann. Dies verschafft dem Bauchtanz als erotischer Ausdrucksbewegung eindeutige Vorteile im Vergleich zu allen anderen weiblichen Tanzformen.

Wenn sich zwischen einem Jungen und einem Mädchen eine Bindung herzustellen beginnt, kommt es zu fortlaufend intimeren Körperkontakten. Normalerweise folgt auf das Kennenlernen nicht sofort der Geschlechtsverkehr, es sei denn im besonderen Fall der Prostitution. Den Partnern bleibt, indem sie die Intimität ihrer Bindung allmählich verstärken, die Möglichkeit, sich in jedem Stadium voneinander zurückzuziehen. Wenn die Vertiefung der Bindung nicht reibungslos verläuft, können die Partner sich trennen, ehe sie noch die Stufe möglicher Befruchtung erreicht haben. Dies ist freilich seit der Entwicklung moderner empfängnisverhütender Mittel kein großes Problem mehr, was zur Folge hat, daß viele Annäherungsschritte, die früher Wochen oder Monate in Anspruch genommen hätten, jetzt in wenigen Minuten abrollen. Aber selbst im Zeitalter der Pille neigen die wenigsten Leute dazu, Hals über Kopf dem Höhepunkt der sexuellen Abfolge zuzustreben. Die einzelnen Vorspiele gewähren ihnen Zeit für wohlüberlegte Beurteilung, wie sie möglicherweise nach dem machtvollen emotionalen Erlebnis eines gemeinsamen Orgasmus ungleich schwerer anzustellen wären. Dieser überwältigende Augenblick kann zu einem sehr wirksamen »Bindemittel« werden, das sogar zwei ansonsten gar nicht zusammenpassende Menschen aneinander fesseln kann, die sich während der vorgenitalen Stadien des Kennenlernens nicht genug Zeit genommen haben.

Die typische Abfolge intimer Annäherung sieht so aus:

(1) Auge – Körper: die Stufe des Schauens. (2) Auge – Auge: das gegenseitige Anschauen, den Blick des andern suchen. (3) Stimme – Stimme: die Stufe des Gesprächs, Austausch persönlicher Informationen und Ansichten. (4) Hand – Hand: die erste Stufe körperlicher Berührung, oft zu Beginn als »Hilfestellung«, »Schutzgeste« oder »Führungsgeste« getarnt; der Partner hilft beim Aus- oder Anziehen des Mantels, wobei er etwas länger als nötig verweilt; er nimmt die Hand des andern, um ihn über die Straße oder durch eine Tür zu geleiten. (5) Arm – Schulter: Die beiden Körper gewinnen etwas engeren Kontakt, wiederum oft zunächst durch eine vorgeschützte »Hilfestellung«. (6) Arm – Taille: eine etwas intimere Berührung, die die Hand des Mannes den sexuellen Körperzonen der Frau näherbringt. (7) Mund – Mund: der Kuß, die erste wirklich erregende intime Annäherung. Der verlängerte Kuß kann zur Ausscheidung vaginaler Sekrete bei der Frau und zur Erektion beim Mann führen. (8) Hand – Kopf: Zum Kuß gesellen sich Liebkosungen; die Hand tastet Gesicht und Haar des Partners ab. (9) Hand – Körper: Die Hände betasten liebkosend und streichelnd den Körper des Partners. Nach dieser Stufe haben die Zärtlichkeiten das unmittelbare Vorstadium des Beischlafs erreicht, und die Erregung ist wahrscheinlich groß genug, um zum Koitus zu führen. (10) Mund – Brust: Die Partner beginnen nun, in streng intimer Umgebung und mehr oder weniger entkleidet, mit den Lippen die nackte Haut ihrer Körper zu entdecken. Jetzt kommt es zur eigentlichen Umarmung und im besonderen zur Reizung der weiblichen Brust durch die Lippen des männlichen Partners. (11) Hand – Geschlechtsorgan: Schließlich bewegen sich die Hände auf die Genitalzonen zu, wo sie tastend stimulieren. Inzwischen sind männliches und weibliches Geschlechtsorgan voll erregt und bereit zur Einführung. (12) Geschlechtsorgan – Geschlechtsorgan: Der genitale Kontakt wird hergestellt, und der Mann beginnt mit rhythmischen Beckenstößen, die so lange dauern, bis der Orgasmus eintritt (siehe auch Farbabbildung F 49, Seite 395).

Natürlich wird diese Abfolge vielfach variiert. Die zum Vorspiel gehörenden Stufen können abgekürzt oder übersprungen werden, besonders bei Paaren, die sich gut kennen und schon oft miteinander geschlafen haben.

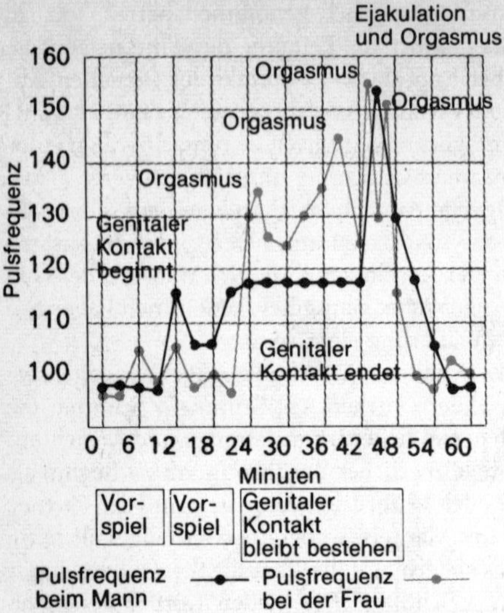


247 Während des Geschlechtsverkehrs erlebt der Mensch charakteristische Veränderungen seiner Pulsfrequenz. Die männliche Pulsfrequenz nimmt während des Vorspiels langsam zu, erreicht bei der Aufnahme des genitalen Kontakts einen hohen Wert, der beibehalten wird, und gipfelt schließlich bei etwa 150 Schlägen im Augenblick der Ejakulation. Die weibliche Pulsfrequenz folgt einer ähnlichen Kurve, zeigt aber ein drastisches Emporschnellen im Moment des männlichen Eindringens und anschließend rasche Schwankungen mit zunehmenden orgastischen Reaktionen (nach Ford und Beach).

Auf der anderen Seite kann die sexuelle Abfolge zum ausgeklügelten Spiel werden, wenn die beiden Beteiligten keine sexuellen Verklemmungen haben. In diesem Fall kann die Liste der erregungssteigernden Vorbereitungshandlungen noch um die oralgenitale Stimulation sowie um eine breite Skala weiterer sexueller Entdeckungen wie Stellungs- oder Umgebungswechsel erweitert werden.

Manchmal hört man, solche Verfeinerungen seien »unnatürlich«, und jedes über die elementare Fortpflanzungsfunktion hinausgehende Sexualverhalten sei falsch. Daraus folge weiterhin, daß künstliche Arten der Empfängnisverhütung ebenso falsch seien, weil sie sexuellen Verkehr ohne die Möglichkeit der Befruchtung gestatten. Diese Ansicht ist im Hinblick auf den Menschen nicht nur falsch, sondern geradezu gefährlich, weil sie die vierte wichtige Funktion sexueller Handlungen übersieht: die Herstellung einer *Partnerbindung.* Jegliche sexuelle Vorspielhandlung dient nicht nur dazu, einen Partner zu suchen, auszuwählen, ihn sexuell zu erregen und die gemeinsame Erregungssteigerung so zu steuern, daß der orgastische Höhepunkt gemeinsam erlebt wird, sondern dient auch zur Herstellung und Bekräftigung der Bindung zwischen den Partnern, jener Bindung, durch die sie auch als Eltern einer Familie noch wirksam zusammengehalten werden.

Die Kinderaufzucht ist beim Menschen eine enorme Belastung, und der Nachwuchs beansprucht ungeheuer. Wie andere Gattungen mit ähnlichen Aufzuchtproblemen behilft sich auch der Mensch mit einem System der

Kooperation: Mann und Frau teilen sich als Elternpaar in die Aufgabe. Zu zweit können sie den Nachwuchs aufziehen, den ihre sexuelle Aktivität hervorgebracht hat. Bliebe diese Aufgabe der Mutter allein überlassen, sie stünde vor einem unlösbaren Problem. Der sexuelle Lustgewinn aus variierten erotischen Vorspielhandlungen hilft mit, diese zentral wichtige Liebesbeziehung zu erhalten.

Die Antwort der »Moralisten« und Puritaner hierauf lautet, die »Liebe«, die der fortpflanzungsnotwendige geschlechtliche Verkehr gewähre, müsse ohne weitere erotische »Auswüchse« genügen. Die biologischen Tatsachen sprechen jedoch deutlich eine andere Sprache. Bei anderen Primaten machen die Weibchen eine kurze Periode sexueller Erregbarkeit zur Zeit des Eisprungs durch. Jeden Monat, wenn sie »in die Hitze« kommen, verändert sich ihre gesamte äußere Erscheinung. Die Genitalzone schwillt an und rötet sich, und das macht sowohl das Weibchen für die Männchen der Horde attraktiv als auch umgekehrt. In der übrigen Zeit, in der es nicht empfängnisbereit ist, ruht das sexuelle Interesse bei ihr und auch an ihr. Mit anderen Worten: Bei den Affen fällt die sexuelle Aktivität ausschließlich in die Zeit, in der eine Befruchtung des Eis möglich ist. Dies ist zwar eine starke Vereinfachung, aber sie trifft die Situation bei unseren nächsten tierischen Verwandten.

Auf menschlichem Entwicklungsniveau ergibt sich eine völlig veränderte sexuelle Situation. Hier bleibt das »Weibchen« während seines gesamten Monatszyklus sexuell ansprechbar und attraktiv, egal, ob eine Befruchtung des Eis möglich ist oder nicht. Ja es ist sogar für einen Mann kaum möglich, festzustellen, ob die Frau, mit der er schläft, gerade empfangen kann oder nicht. Nur wenn er oder sie sich die Daten ihrer letzten Menstruationen notiert hat oder wiederholt mit dem Fieberthermometer etwaige charakteristische Temperaturschwankungen kontrolliert, kann er sich vergewissern, ob seine Ejakulation zur Zeugung führen könnte. Um es anders herum zu sagen: Beim Menschen ist die ursprüngliche Koppelung von sexueller Aktivität und zyklischer Eiproduktion verlorengegangen. Die Menschenfrau ist sexuell durchgehend erregbar, und ihr Äußeres bleibt für den Mann die ganze Zeit über anziehend. Ihre sexuellen Körpermerkmale – die »geschwollenen« Hinterbacken und Brüste – zeigen keine starke Zu- und Abnahme parallel zum Monatszyklus, sondern bleiben während der langen Zeit ihrer sexuellen Reife voll ausgebildet. Die Frau ist selbst während der Schwangerschaft und der Stillphase sexuell ansprechbar. Nur unmittelbar vor und nach der Geburt eines Kindes erlebt sie eine kurze Periode der Asexualität. Selbst nach den »Wechseljahren« bleibt sie sexuell aktiv.

Es wird aus alldem deutlich, daß beim Menschen eine der Hauptfunktionen der Sexualität die Schaffung und Erhaltung stabiler Paarbindungen ist; jede Morallehre, die im Dienste der Unterdrückung spontaner sexueller Aktivitäten innerhalb fester Paarbeziehungen steht, gefährdet daher das Funktio-

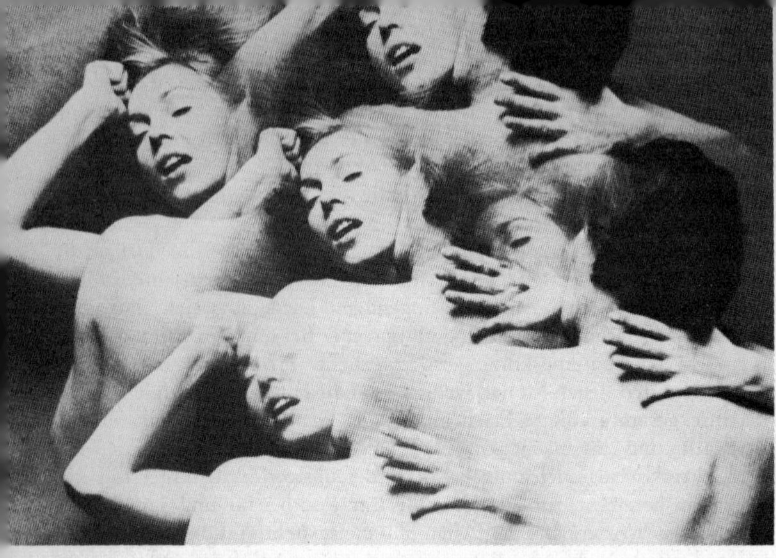

248 Der Orgasmusreflex der Frau ist eine menschliche Besonderheit. Den Weibchen anderer Primatenarten sind derartige Gipfel der Lust unbekannt. Die Menschenfrau erlebt also durch die orgastischen Höhepunkte bei der sexuellen Vereinigung eine weit stärkere Befriedigung und entwickelt so eine engere Bindung an ihren Partner.

nieren der Familie. Besonders fatal sind die wirren Borniertheiten, die zu der Frage des weiblichen Orgasmus verbreitet worden sind. Weil der Orgasmus der Frau für das Gelingen der Zeugung entbehrlich ist, hat man ihn oft als »wollüstige Beigabe« abgetan. In Wirklichkeit erfüllt diese einzigartige evolutionäre Errungenschaft des Menschen eine höchst wichtige Funktion: Sie garantiert – bei einer Beziehung ohne sexuelle Hemmungen – jene gegenseitige Befriedigung der Partner, die den Prozeß der Aufnahme und Erhaltung einer partnerschaftlichen, liebevollen Bindung so intensiv zu fördern vermag. Affenweibchen erleben keine orgastische Erregung beim Koitus und bauen im Gegensatz zu den Frauen unserer Spezies keine dauerhaften Bindungen auf. Des weiteren kennen sie keine verfeinerten Vorspiele bei der Begattung mit ausgedehntem Austausch von Zärtlichkeiten. Wenn man daher vom Menschen sagt, er sei von allen Primaten der sexuell aktivste, dann ist das nicht etwa ein Kommentar zu den heute gebräuchlichen Liebestechniken, sondern ein Hinweis auf die biologische Grundstruktur des Menschentiers. Jene menschlichen Kulturen, die, gleich ob aus wirtschaftlichen, religiösen oder anderen Motiven, den freien sexuellen Verkehr innerhalb fester Paarbeziehungen zu unterdrücken versuchten, arbeiteten damit *gegen* die naturgegebene Entwicklung des Fortpflanzungsverhaltens beim Menschen.

Wenn unser Sexualleben schon so viel intimer und entwickelter ist als das anderer Primaten, woher kommen dann die Muster für unsere sexuellen Handlungen? Die Antwort lautet: Die meisten der dem Erwachsenen vertrauten körperlichen Zärtlichkeiten leiten sich von dem in früher Kindheit erfahrenen intimen Körperkontakt zu den Eltern her. Auch damals haben wir ja eine starke Liebesbeziehung aufgebaut, die sich durch intensives Kuscheln, Tätscheln, Küssen und Streicheln äußerte. Beim Größerwerden schränkten wir diese Kontaktformen weitgehend ein. In unserer Schulzeit erreichten wir irgendwann einen Punkt, an dem wir uns von den zärtlichen Elternbindungen losreißen wollten und sie mehr und mehr zurückwiesen. Als wir dann unsere kindlichen Körperbeziehungen abgeschüttelt hatten, waren wir für das Erlebnis der eigenen sexuellen Reifung gerüstet. Dieses aber zog uns wieder in eine Welt liebevoller körperlicher Zärtlichkeit zurück, jetzt allerdings mit einem geliebten möglichen *Partner*. Der Prozeß der zunehmenden Einschränkung kindlicher Zärtlichkeitsformen kehrte sich nun schlagartig wieder um, all die alten Berührungen und Umarmungen erschienen von neuem, und wir gaben uns ihnen immer weiter hin, bis wir uns nackt in den Armen eines geliebten Menschen wiederfanden, an jene längst vergangene Zeit körperlicher Zärtlichkeit anknüpfend, in der wir als nackte Säuglinge in den Armen unserer Mütter gelegen hatten.
Die Freudsche Konzeption der kindlichen Sexualität stellt diesen ganzen Prozeß auf den Kopf. Sie betrachtet die ausgiebigen Körperkontakte der Kinderzeit als eine frühe Äußerung der späteren Erwachsenensexualität, während es sich in Wirklichkeit so verhält, daß die Zärtlichkeiten des Erwachsenen dem Muster der kindlichen nachgebildet sind. Die Grundbindung zwischen Mutter und Kind erwächst aus der engen körperlichen Verbundenheit beider, und auf derselben Grundlage entwickeln sich die späteren Liebesverhältnisse, die Liebenden tauschen untereinander diejenigen Berührungen aus, mit denen sie Liebe und Fürsorge auszudrücken gelernt haben. Eine entgegengesetzte Auffassung hat schrecklichen Schaden angerichtet. Sie führte bei vielen Eltern zu einem schlechten Gewissen, wenn sie an den zärtlichen Umarmungen ihrer Kinder Freude empfanden. Sie gingen mit körperlichen Liebesbezeigungen sparsam um. Kinder, die eine derartige Zurückhaltung erfuhren und selbst annehmen, werden es unter Umständen viel schwerer haben, als Erwachsene die Bedeutung voll entfalteter körperlicher Zärtlichkeit für ihre eigenen sexuellen Beziehungen zu begreifen. Eine liebevolle Kindheit ist die Grundlage für ein liebevolles Leben als Erwachsener.

## Signale elterlicher Zuwendung

### Mutter/Vater-Gesten liebender Fürsorge und Sicherung

Wenn ein Kind nicht ganz glücklos aufwächst, dann haben die Signale elterlicher Zuwendung, die es erfährt, nur die Bedeutung »liebevolle Fürsorge« und »Schutz« (siehe Farbabbildungen F 50 + F 51, Seite 396).
Es gibt keinen sichereren, geschützteren Aufenthalt als den im Mutterleib; während der letzten Stadien der Schwangerschaft vermag das Ungeborene sowohl Berührungen als auch Töne wahrzunehmen. Es kann noch nichts sehen, schmecken oder riechen, aber es spürt die schmiegsame Hülle der Gebärmutterwand, die Wärme des mütterlichen Körpers und hört den klopfenden Takt ihres Herzschlags. Das sind die ersten Eindrücke eines Menschen von seinem Erdendasein, und sie hinterlassen einen bleibenden Eindruck. Selbst wenn die Mutter sich nach der Geburt wenig liebevoll verhält, wird sie ihrem Kind doch diese drei Signale mütterlicher Fürsorge mitgegeben haben. Jedem Kind werden Körperwärme, Umarmungen und das Geräusch des klopfenden Herzens stets ein Gefühl von Geborgenheit und Sicherheit vermitteln.
Bei der Geburt erfährt das Kind schlagartig den Verlust dieser lebenswichtigen Signale. In der typischen Entbindungssituation wird es in einen gleißenden Lichtschein hinausgestoßen, das metallische Klirren ärztlicher Instrumente dringt in seine Ohren, plötzliche Kälte in seine Haut, die den Kontakt mit der Mutter verloren hat; vielleicht wird es sogar an den Beinen hochgehoben und erhält ein paar kräftige Klapse, damit es zu atmen beginnt. Was Wunder, wenn sein erstes Antwortsignal angesichts dieser Behandlung ein tiefes Erschrecken und ein Schreikrampf ist. Unerklärlicherweise erzeugen diese Anzeichen kindlicher Verzweiflung auf den Gesichtern der umstehenden Erwachsenen ein stolzes Lächeln. Unter dem Deckmantel eines »normalen Entbindungsvorgangs« findet hier etwas statt, das in gewisser Weise einem primitiven Initiationsritual vergleichbar ist.
Erst wenn das Kind in weiche, warme Tücher verpackt im Arm der Mutter ruht, nahe ihrem Herzen, kehrt ein Teil seiner Gebärmuttergeborgenheit zurück. Es spürt wieder Wärme und einen umfassenden Körperkontakt auf der Haut und hört den wohlbekannten Herzschlag. Es besteht freilich in Wirklichkeit gar kein Grund, das Kind so lange auf diesen Zustand warten zu lassen und es zwischendurch Schmerz und Angst auszusetzen. Vor kurzem hat man in Frankreich eine Entbindungsmethode entwickelt, die zeigt, um wieviel »mütterlicher« eine Geburt sein kann. Während das Kind aus dem Geburtskanal austritt, bleibt der Raum schwach beleuchtet, jeder unnötige Lärm wird vermieden, und das Neugeborene wird nicht vom mütterlichen Körper entfernt. Der Arzt zieht es sanft auf den Bauch der Mutter herauf, ohne daß dabei der Kontakt zu ihrer warmen Haut unterbrochen wird. Wenn keine Komplikationen eintreten, läßt man das Kind dort liegen,

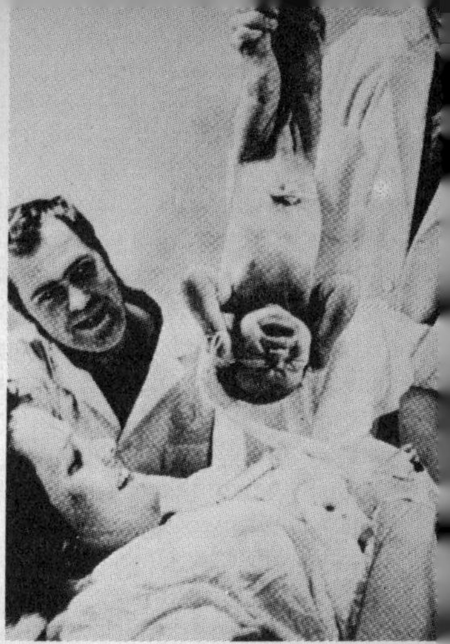

249 + 250 Das schmerzvolle Gesicht eines Neugeborenen, das der Arzt an den Füßen hochhält (249), im Gegensatz zum friedvollen Verhalten eines Kindes, das in unmittelbarem Kontakt mit dem mütterlichen Körper bleiben durfte (250).

249 △ 250 ▽

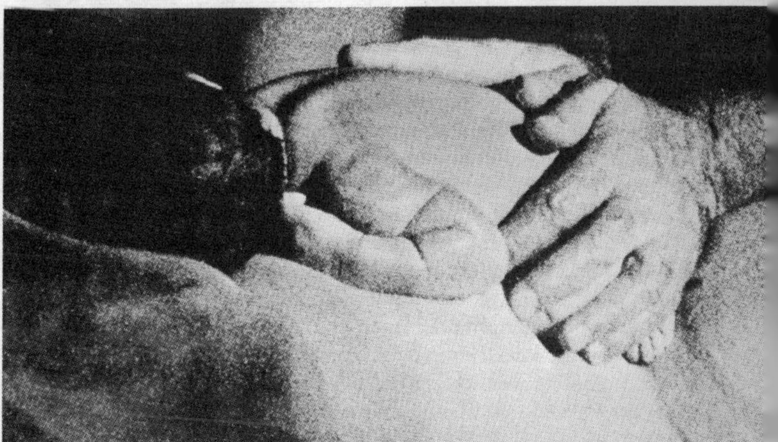

bis es aus eigenem Antrieb zu atmen anfängt. Dann schiebt man es sachte in die aufnahmebereiten Arme der Mutter, so daß sie es, naß wie es ist, an die Brust schließen kann. Warm zugedeckt, kann es so eine Weile ausruhen, bis es sich vom Schock der kräftigen austreibenden Muskelkontraktionen bei der Geburt erholt hat. Erst dann kümmert man sich um alles andere.
Es ist ein außergewöhnliches Erlebnis, einer solchen Geburt zuzusehen, weil das Kind weder schreit noch sich krümmt und windet. Es wird nicht gezwungen zu atmen, ehe es von selbst soweit ist. Es wird nicht gewaschen und gereinigt, ehe es nicht den Schock der Geburt überwunden hat. Und die

Nabelschnur wird erst abgeschnitten, wenn sie ihre Funktion eingestellt hat. Während der dem Geburtsakt folgenden Minuten der Ruhe empfängt das Baby weiterhin Geborgenheit aus dem fortdauernden Kontakt mit dem mütterlichen Leib: Die gewohnten Signale der mütterlichen Zuwendung setzen in den kritischen Augenblicken nicht aus.

Ob ein Kind nun das Glück hat, das Licht der Welt auf diese Weise zu erblicken oder nicht, es wird bald friedlich schlummern, und wenn es aufwacht, liegen viele Wochen enger Körpernähe zur Mutter vor ihm. Manche Mütter haben ein gutes Gefühl für die körperliche Umarmung, andere weniger. Die begabteren Mütter verhalten sich ruhig, machen keine ruckartigen, nervösen Bewegungen und geben dem Kind instinktiv soviel Hautkontakt wie möglich. Die weniger begabten halten das Kind nur fest, ohne es zu umarmen.

Die mütterliche Umarmung wird oft ergänzt durch rhythmisches Wiegen und leises Gurren oder Summen. Diese sanften Töne helfen, das Kind zu beruhigen, und das Schaukeln vertritt ein anderes charakteristisches Signal aus der Gebärmutterzeit – den Takt des Herzschlags. Auf den ersten Blick könnte man versucht sein zu glauben, das Schaukeln simuliere die schwingende Bewegung des mütterlichen Körpers beim Gehen, aber damit stimmt die Geschwindigkeit dieses Wiegens nicht zusammen. Das Schaukeln folgt einem langsameren Takt. Im typischen Fall schaukelt die Mutter das Kind in einem Rhythmus, der der Frequenz des Herzschlags sehr nahekommt, wenn sie sich selbst dessen auch nicht bewußt sein mag. Im Experiment erwiesen sich Kinderwiegen, die zu langsam oder zu schnell schaukelten, als unwirksame Beruhigungsmittel; als man sie aber auf sechzig bis siebzig Schwünge pro Minute einstellte, war der Beruhigungseffekt auf die Kinder wesentlich stärker, feststellbar am Nachlassen ihres Geschreis. Es scheint, als seien die 72 Schläge des menschlichen Herzens nicht nur akustisch, sondern auch bewegungsmäßig eine Art Eichmaß.

Auch das Geräusch des Herzschlags, das Pochen, ist wichtig; Beobachtungen haben ergeben, daß achtzig Prozent aller Mütter ihr Kind intuitiv auf dem linken Arm wiegen, also nahe beim Herzen. Das hat nichts mit Rechtshändigkeit zu tun. Linkshändige Mütter zeigen dasselbe Verhalten: Auch bei ihnen ist der Anteil sehr hoch – 78 Prozent. Der 80-Prozent-Anteil hielt sogar einem Vergleich von Madonnenbildern aus allen Epochen der Kunstgeschichte stand. Auf 373 von 466 untersuchten Gemälden hielt die Gottesmutter ihr Kind auf dem linken Arm.

In einer Neugeborenenstation wurde untersucht, ob vom Tonband abgespielte mütterliche Herzschläge Babies »in den Schlaf klopfen« könnten. Das Ergebnis war beeindruckend. Das Geschrei ging fast auf die Hälfte des normalen Pegels zurück. Auch bei älteren Kindern zwischen 16 und 37 Monaten wurde geprüft, ob das Geräusch des klopfenden Herzens noch wirksam sei. Man beobachtete, wieviel Zeit sie jeweils bei unterschiedlichen

Geräuschbedingungen zum Einschlafen brauchten. Die durchschnittlichen Zeiten waren: ohne Geräusche 46 Minuten; mit einem auf 72 Schläge pro Minute eingestellten Metronom 49 Minuten; mit Schlafliedern vom Tonband 49 Minuten; mit abgespielten Herztönen jedoch *23 Minuten.*
Das Herzklopfen weist eindeutig eine besondere Eignung als Beruhigungssignal auf. Es überrascht ein wenig, daß das Metronom im Versuch so schlecht abgeschnitten hat, aber vielleicht ist gerade das dumpfe »Pochen« des schlagenden Herzens das Wichtige, nicht allein die Schlagfrequenz. Vielleicht liegt hier eine der Ursachen dafür, daß das rhythmische Hämmern der großen Trommel, das bei den meisten Arten Popmusik eine Rolle spielt, so gerne gehört wird. Am angenehmsten wirken dabei solche Musikstücke, die langsam gespielt werden, etwa im Herzschlagrhythmus; und vielleicht ist es kein Zufall, daß wir vom »*Wiegen* im *Takt* der Musik« sprechen, und daß das Wort »Herz« in den Texten der etwas romantischeren Lieder so oft vorkommt.
Noch ein anderes mütterliches Zuwendungssignal taucht im späteren Leben in neuem Gewand wieder auf, diesmal aber in Verbindung mit bestimmten Gefahren. In seiner ursprünglichen Form ist es das Saugen an der Brust. Bei der Fütterung wird die Mutter für das Kind zu einem warmen Etwas, das sich ihm in den Mund schiebt, und zu einem süßlichen Geschmack. Die Brustwarzen (oder der Sauger) und die Milch werden für das Kind zu mächtigen Signalen mütterlicher Zuwendung. Wenn man in späteren Jahren Trost sucht, kann man sich diesen durch unbewußte Wiederholungen jener Signale beschaffen; entweder steckt man sich etwas Warmes in den Mund (eine Zigarette, eine Pfeife, eine Zigarre), oder man erzeugt einen süßen Geschmack im Mund (durch Süßigkeiten, Schokolade, süße Getränke und andere zuckerhaltige Nahrungsmittel). Ironischerweise erfahren diejenigen von uns, die sich zuviel Trost in solcher Form verschreiben, ein möglicherweise erst recht trostloses Geschick in Form einer Raucherlunge oder von Fettleibigkeit.
Neben Wiegen, Füttern, An-sich-Drücken und Wärmen erweisen uns unsere Mütter während der Kindheit noch andere Zärtlichkeiten. Sie hätscheln und liebkosen, waschen und reinigen, streicheln und tätscheln uns. Und während sie das alles tun, lächeln sie uns oft sanft an. In den ersten fünf Monaten unseres Lebens achten wir kaum darauf, wer es ist, der das alles für uns tut, aber bald beginnen wir, wählerisch zu werden. Nach dem ersten halben Jahr vermag jedes gesunde Baby seine Mutter zu erkennen und in ihr nicht bloß ein freundliches Lächeln, sondern *das* freundliche Lächeln überhaupt zu sehen. Von jetzt an wird sich bei ihm eine kontinuierliche Anhänglichkeit entwickeln, die sich mit jeder zärtlichen Liebkosung verstärkt.
Die Jahre vergehen, und das Kind entdeckt, daß es ein Junge oder ein Mädchen ist; es entdeckt ferner, daß es zwei Eltern hat, eine Mutter und

251 Man hat jüngst herausgefunden, daß auf den meisten »Madonna mit Kind«-Bildnissen der Säugling an der linken Brust seiner Mutter liegt, wie auf diesem Gemälde des flämischen Meisters Robert Campin.

252 Der lustvolle Kontakt mit der Mutter während des Stillens oder bei der Flaschenernährung gerät nie ganz in Vergessenheit und wird im späteren Leben mit Hilfe einer Reihe von Ersatzbefriedigungen nacherlebt – zum Beispiel beim Bonbonlutschen, bei der Lippenberührung mit der Hand oder beim Zigarettenrauchen.

251 △ 252 ▽

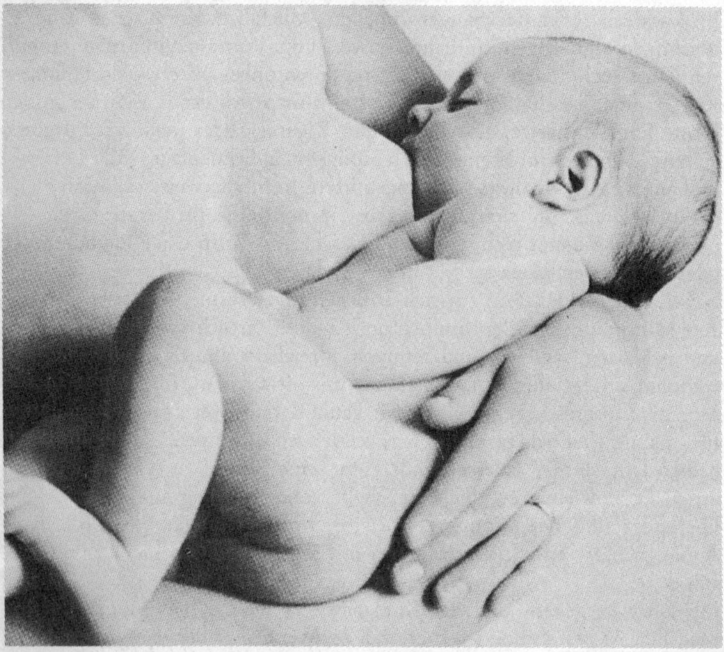

einen Vater, und daß beide verschiedengeschlechtlich sind. Es beginnt, sich mit seinem Imitationsverhalten unbewußt mehr und mehr nach dem gleichgeschlechtlichen Elternteil zu richten. Es wird bereitwillig von beiden Eltern lernen, wird in vieler Hinsicht beide imitieren, wird aber immer mehr nach der Seite des geschlechtsgleichen Elternteils hintendieren. Auf dieser Stufe übernimmt das Kind von den Eltern nicht nur Fertigkeiten und handwerkliche Geschicklichkeit, den Tonfall der Stimme, die Eigenheiten des Gehens, Sitzens und der Gestik, sondern auch viel tieferliegende Züge – emotionales Gleichgewicht und Temperament, einen bestimmten Grad von Leidenschaftlichkeit, Pessimismus und Motiviertheit, eine bestimmte Gerichtetheit seiner Antriebe.

Die meisten Kinder weisen, wenn sie nicht mit besonders lieblosen Eltern gestraft sind, zur Zeit der Geschlechtsreife bereits bemerkenswerte Ähnlichkeiten mit ihren Eltern auf. Der Prozeß intuitiver Nachahmung, der sich jahrelang vollzogen hat, hat sie tiefreichend mit vielen der für ihre Eltern charakteristischen Eigenschaften ausgestattet. Oberflächlich mag es viele Unterschiede geben, und in der Pubertät steigern sich diese Unterschiede oft bis zum Konflikt. Dies ist der für den Heranwachsenden so wichtige Mechanismus des »Flüggewerdens«, der ihm das Gefühl verleiht, so ganz anders als die Generation vor ihm, besonders die eigenen Eltern, zu sein. Die Wahrheit sieht anders aus, denn unter der Oberfläche haben die elterlichen Signale ihren Abdruck hinterlassen und sind im Gehirn des Heranwachsenden fest verankert. Früher oder später werden sie in vielfältiger Gestalt wieder auftauchen.

## Kindliche Signale

### Gesicht, Schreien, Lächeln und Lachen des Kleinkinds

Genau wie Eltern ihren Sprößlingen Zeichen ihrer Fürsorge und ihres Schutzes zukommen lassen, geben auch die Kinder ihren Eltern Signale, die Aufforderungscharakter für deren liebevolle Zuwendung haben.
Allein die Körperform des Säuglings wirkt als mächtiges Stimulans für die Auslösung elterlicher Gefühle. Insbesondere das Gesicht ist wichtig. Verglichen mit dem Gesicht eines Erwachsenen, besitzt das plattere Kindergesicht im Verhältnis: eine breitere Form; größere Augen, die unterhalb des »Gesichtsäquators« liegen; erweiterte Pupillen; eine höhere, gewölbtere Stirn; eine kleinere, kaum vorspringende Nase; eine weichere, elastischere Haut; runde, fleischigere Backen und ein kleineres, etwas fliehendes Kinn. Der ganze Kopf ist im Verhältnis zum insgesamt rundlicheren Körper des Kindes viel größer, die Gliedmaßen im Vergleich zum Rumpf kürzer und alle Körperbewegungen tapsiger.
Zusammen mit der Kleinheit des Kindes lösen diese Signale eine starke Mutter- bzw. Vaterreaktion aus, ein mächtiges Bedürfnis, das kleine zeichengebende Wesen anzulächeln, zu berühren, zu liebkosen, zu umarmen und zu bemuttern. Die Mutter-(Vater-)reaktion ist so stark, daß sie sogar durch nicht-menschliche Objekte »abgerufen« werden kann, sofern diese dieselben Merkmale aufweisen: Haustiere, Puppen, Spieltiere, Marionetten und die erfundenen Comic-Figuren, die mit großen Augen, platten Gesichtern, rundlichen Körpern oder anderen Kindercharakteristika ausgestattet sind. Comic-Zeichner und Spielzeughersteller nutzen dieses Reaktionsmuster aus, indem sie jene charakteristischen Merkmale übertreiben und überkindliche Formen kreieren. Auch erwachsene Menschen, die zufällig ein breiteres und platteres Gesicht mit größeren Augen haben, profitieren von diesen unbewußten Reaktionen. Deswegen mögen wir bei der Frau den »Häschentyp« lieber als die grazile »Katze«. Das erklärt auch zum Teil,

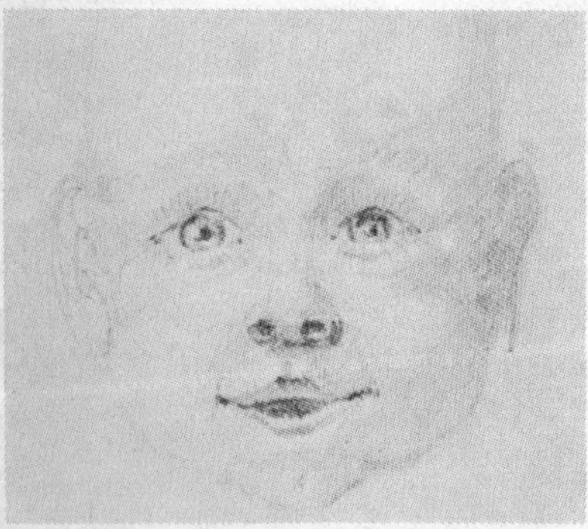

253 Das Kindergesicht ist ein wirkungsvolles Signal zum Hervorrufen schützender Impulse. Die wissenschaftliche Bezeichnung dafür ist »Kindchenschema«. Es gehören dazu ein platteres Gesicht, größere Augen, eine gewölbtere Stirn, eine kleinere Nase, rundere Wangen und ein fliehenderes Kinn als beim Erwachsenen.

warum manche Frauen sich durch Kosmetika eine möglichst sanfte Haut verschaffen, große runde Augen machen oder einen »Schmollmund« ziehen. Obwohl die menschliche Körperform ein wichtiges optisches Signal darstellt, reicht sie allein nicht aus. Es müssen weitere kindliche Signale hinzukommen, damit der Reiz verstärkt und der Grad der elterlichen Zuwendung erhöht wird. Die »großen Drei« sind das Schreien, das Lächeln und das Lachen, und das ist auch die zeitliche Reihenfolge ihres Auftretens. Das Schreien beginnt bei der Geburt, das Lächeln mit etwa fünf Wochen, und das Lachen tritt zuerst im vierten oder fünften Lebensmonat auf. Das Schreien gibt es bei vielen Tieren, aber Lächeln und Lachen sind zwei ausschließlich menschliche Ausdrucksgesten. Ein weiterer Unterschied besteht darin, daß das Schreien durch die elterliche Zuwendung abgestellt wird, während Lächeln und Lachen durch ihre Gegenwart ausgelöst werden. Das Schreien *ruft* die Eltern, das Lächeln und Lachen *hält* sie fest.

Während des Schreiens ist eine beträchtliche Anspannung der Muskulatur zu beobachten, die Haut rötet sich, Tränen fließen, der Mund öffnet sich, die Lippen werden zurückgezogen und die Atmung wird verstärkt. Kleinkinder strampeln mit Armen und Beinchen, größere rennen zu den Eltern und klammern sich an sie. Diese optischen Elemente, die die typischen schrillen und rauhkehligen Schreilaute begleiten, ähneln bemerkenswert denen des intensiven Lachens. Oft sagt ja jemand, der einen unwiderstehlichen Lachanfall »erlitten« hat: »Ich habe Tränen gelacht«. Diese Ähnlichkeit ist nicht zufällig. Obwohl den beiden emotionalen Reaktionen entgegengesetzte subjektive Gefühle zugrunde liegen, scheinen sie in Wirklichkeit nahe verwandt zu sein. Es sieht so aus, als habe sich das Lachen als sekundäre Geste aus dem Schreien entwickelt. Das Lachen erscheint genau zu der Zeit, da das Kind gelernt hat, die eigene Mutter zu erkennen. Jemand hat einmal gesagt: »Ein weises Kind, das seinen Vater kennt, ein lachend' Kind jedoch, das seine Mutter kennt.« Das ist der Schlüssel zur Herkunft dieses Reaktionsmusters: In frühen Phasen mag ein Kind gurren oder brabbeln oder auch schreien, aber es lacht nicht. Es gurrt, wenn es zufrieden ist, und schreit, wenn es unzufrieden ist. Aber wenn das Baby die Mutter erst einmal als seine persönliche Beschützerin erkannt hat, kann es leicht in eine ganz bestimmte Konfliktsituation geraten. Wenn die Mutter etwas mit ihm anstellt, das es in Aufregung versetzt, es etwa kitzelt oder spielerisch in die Höhe hebt, bekommt das Kind einen zweifachen Eindruck. Es sagt sich gleichsam: »Es macht mir Angst, was sie mit mir macht, aber schließlich ist sie meine Beschützerin, also kann mir nichts passieren.« Dieses paradoxe Gefühl: Gefahr, aber doch nicht gefährlich, bringt eine Reaktion zustande, die zur Hälfte aus zufriedenem Gurren und zur Hälfte aus angstvollem Geschrei besteht. Das Ergebnis nennen wir *Lachen*. Der dazugehörige Gesichtsausdruck ist dem des Schreiens ähnlich, nur schwächer, und das Geräusch ist genauso rhythmisch, nur nicht so schrill.

Wenn das Baby diese Entwicklungsstufe erreicht hat, vermag es mit seinem Lachen auszudrücken: »Ich bin glücklich, daß die scheinbare Gefahr in Wirklichkeit nicht gefährlich für mich ist.« Die Mutter kann jetzt anders mit ihm spielen. Sie kann es ganz bewußt damit erschrecken, daß sie so tut, als ließe sie es fallen, daß sie Verstecken spielt oder ihm Grimassen schneidet. Das Kind beginnt bald selbst, solche Spiele durch »Fluchtspiele« auszubauen, so daß es das »angenehm haarsträubende« Erlebnis des sich von der Mutter Fangenlassens auskosten kann, oder durch Verstecken, um sich von der Mutter suchen und finden zu lassen. Wenn die Eltern, wie es gelegentlich geschieht, zu weit gehen und das Kind zu sehr ängstigen, dann neigt sich das Gleichgewicht zwischen Sicherheit und Angst zur Seite des Weinens hin, und das Kind zerfließt unvermittelt in Tränen. Dieser schmale Grat zwischen Lachen und Weinen wird breiter, wenn wir älter werden. Wir neigen dann weniger dazu, von einem Extrem ins andere zu fallen; dennoch besteht der latente Zusammenhang weiter. Er bildet die Grundlage für die meisten Formen des Humors. Wenn wir über einen gesehenen oder gehörten Scherz lachen, dann hat der Witz stets die Schilderung eines befremdenden, schockierenden oder abnormen und daher ein wenig erschreckenden Vorgangs enthalten. Aber er braucht nicht ernstgenommen zu werden, und so lachen wir darüber, genau wie wir als Kind gelacht haben, als wir im Spiel vor der Mutter davonrannten. Lachen tut uns gut, weil es ausdrückt, daß wir einer Gefahr begegnet, ihr aber entronnen sind.
Die Versuchung ist groß, das Lächeln für eine abgeschwächte Form des Lachens zu halten, aber das wäre nicht richtig. Das Lächeln tritt früher auf als das Lachen und ist ein kindliches Signal eigener und wichtiger Bedeutung. Ein Menschenaffen- oder Affenjunges hat dem Menschenkind einen großen Vorteil voraus – es kann sich am Fell der Mutter festklammern und auf diese handgreifliche Weise den engen Körperkontakt mit ihr sicherstellen. Das Menschenbaby ist zu schwach, um sich stundenlang an die Mutter hängen zu können, zumal sie kein Fell zum Anklammern hat. Es muß statt dessen darauf vertrauen, daß seine Signale die Mutter veranlassen werden, es nahe bei sich zu behalten. Mit einem ordentlichen Geschrei kann man die Mutter auf sich aufmerksam machen, aber um sie, wenn sie erst einmal da ist, auch bei sich festzuhalten, braucht man noch etwas anderes. Und das ist ein freundliches Lächeln.
Ursprünglich ist das Lächeln eine Geste gewesen, die Frieden signalisierte. Bei feindlichen Ausdruckssignalen werden die Lippen nach vorne geschoben, bei ängstlichen zurückgezogen. Beim Lächeln ist der Mund nach hinten auseinandergezogen, und ursprünglich war das einfach ein Zeichen der Furcht. Aber sich fürchten heißt: nicht aggressiv sein, und nicht aggressiv sein, heißt: friedlich und freundlich gesinnt sein. Auf diese Weise entwikkelte sich das »ängstliche Lächeln« zum »freundlichen Lächeln«. Es wurde bei dieser Bedeutungswandlung ein wenig umgestaltet: Die Mundwinkel

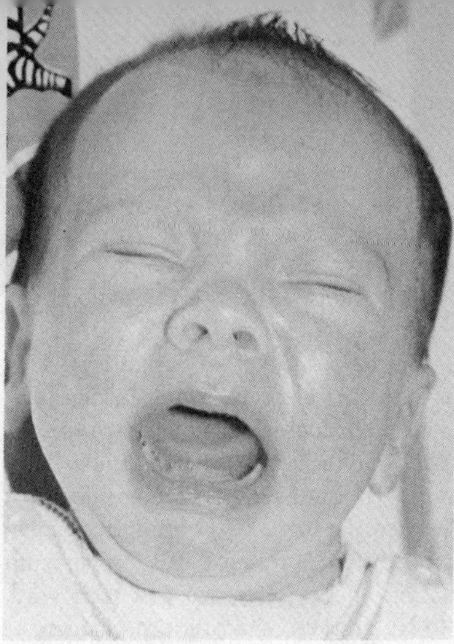

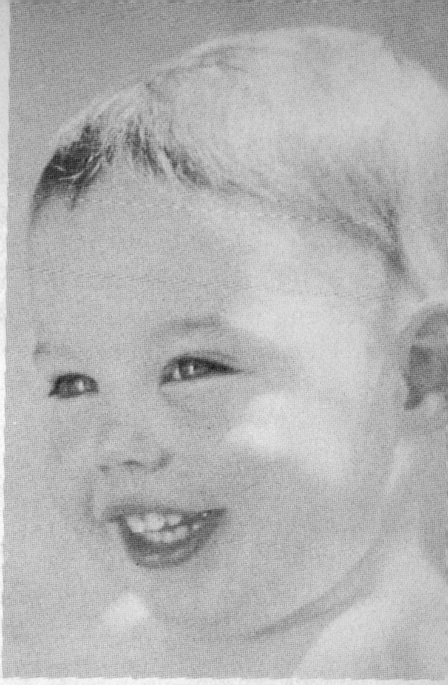

254 △ 256 ▽ 255 △

254–256 Die drei wichtigsten Signale des Kindes sind Schreien, Lächeln und Lachen. Alle drei haben die Wirkung, Kind und Mutter näher zusammenzubringen. Das Schreien, das gleich nach der Geburt auftritt (254), ist ein bei vielen Tierarten gebräuchliches Notsignal. Etwa fünf Wochen nach der Geburt folgt das Lächeln (255) und dann, ungefähr vier bis fünf Monate später, das Lachen (256).

zogen sich nicht bloß nach hinten, sondern auch nach oben. Dieser Aufwärtsschwung der Lippen ergab erst unser einzigartiges, arteigenes Freundschaftssignal, das lächelnde Gesicht, das zuerst die Mutter glücklich beim Kind verweilen läßt und dann, später im Leben, in hundertfältiger Weise als Signal unserer freundschaftlichen Gefühle gegenüber unseren Artgenossen dient. Durch unser Lächeln drücken wir Sympathie, Entschuldigung, Begrüßung und Freude aus. Es ist zweifellos die wichtigste mitmenschlichverbindende Geste, über die wir verfügen.

Weil sowohl Lächeln wie Lachen aus einer Mischung von Furcht und freudiger Zuwendung entstanden, kommen beide oft gemeinsam in den gleichen sozialen Situationen vor. Es gibt aber auch Situationen, wo sie getrennt auftreten, und dann wird der Unterschied zwischen beiden klar. Deutlich wird dies bei der Begrüßung: Wie intensiv das Lächeln hier auch ausfällt, es wird doch kein volles Lachen daraus. Das Begrüßungslächeln wird vielmehr, je mehr es sich verstärkt, zum breiten Grinsen oder zum strahlenden Lächeln. In einer Situation andererseits, wo gewitzelt wird, kann das freundliche Lächeln rasch in lautstarkes Gelächter umschlagen.

Wenn das Kind heranwächst, lernt es, in sein gestisches Repertoire auch feindliche Signale aufzunehmen. Das fängt mit einfachen Zurückweisungsbewegungen an: den Kopf wegdrehen, mit Armen und Beinen strampeln, Gegenstände wegschieben oder fortschleudern, ein stoßweises, verärgertes Geschrei hören lassen. Der erste regelrechte Trotzanfall läßt dann nicht lange auf sich warten, untermalt mit Schlagen, Beißen, Kratzen und Spukken. Schließlich kommen gezielte Drohgesten ins Spiel. Wir kennen das Anstarren mit zusammengepreßten Lippen, wobei diese eine schmale Linie bilden, die Mundwinkel nicht zurückgezogen sind, die Augenbrauen sich faltig zusammenziehen und die Augen »den Feind festnageln«. Wenn das Kind fest die Fäuste ballt, hat es die Stufe der entschlossenen Selbstbehauptung erreicht. Damit ist das Verhältnis zwischen Kind und Erwachsenem ein anderes geworden; die Eltern können nun nicht mehr bedingungslose Fürsorge und Schutz garantieren. Ein Element der Disziplinierung tritt hinzu: Die Eltern begegnen dem Durchsetzungswillen des Kindes mit Widerstand und versuchen, Kontrollen und Einschränkungen zu erzwingen.

Nicht viel später ändert sich die Situation erneut, und zwar im Zuge der Entwicklung jener einzigartigen Fähigkeit unserer Spezies – der Sprache. Mit etwa zwei Jahren vermag ein Kind durchschnittlich bereits an die 300 Wörter zu benutzen. Mit drei hat es seinen Wortschatz schon verdreifacht, und mit vier beherrscht es beinahe 1600 Wörter. Wenn das Kind fünf Jahre alt ist, verfügt es über ein Vokabular von mehr als 2000 Wörtern, die es in erstaunlich kurzer Zeit gelernt hat und die es ihm erlauben, seine Beziehung zu den Eltern und anderen Bezugspersonen immer differenzierter zu gestalten. Aber trotz des Beherrschens dieses unvergleichlichen Kommunikationsmittels spielen die visuellen Signale weiterhin eine wichtige Rolle.

## Kontakte mit Tieren

### Vom Raubtier zum Schoßhund – der Mensch und seine Tiere

Für eine Analyse, wie unsere subjektiven Tierlieben und -abneigungen zustande kommen, ist vor kurzem eine ausführliche Untersuchung bei 80000 englischen Kindern im Alter von vier bis vierzehn Jahren durchgeführt worden. Sie wurden gefragt, welches Tier sie am liebsten und welches sie am wenigsten mochten. Das Ergebnis war sehr aufschlußreich. Die zehn beliebtesten Tiere besitzen durchweg menschliche Merkmale. Sie wurden eindeutig nicht wegen ihres wirtschaftlichen oder ästhetischen Wertes gewählt, sondern aufgrund von Eigenschaften, die die Kinder an Menschen erinnerten. Alle haben sie einen behaarten Körper, nicht Federn oder Schuppen. Alle haben sie eher rundliche Form, platte Gesichter, verfügen über ein gewisses Mienenspiel und weisen eine irgendwie aufrechte Körperhaltung auf, entweder aufgrund ihrer hochgewachsenen Gestalt oder weil sie sich auf die Hinterbeine setzen oder stellen können. Weiter sind es meist Tiere, die geschickt mit Gegenständen hantieren können – die Primaten mit Hilfe ihrer Hände, der Panda mit seinen Vordertatzen und der Elefant mit seinem Rüssel.

Wenn wir uns anschauen, wie die Tierlieben mit dem Alter des Kindes wechseln, stellen wir etwas Sonderbares fest. Die kleinsten Tiere werden eher von älteren Kindern bevorzugt, die größten von jüngeren.

Mit anderen Worten: Die kleinsten Kinder suchen sich große Symboltiere – als Elternersatz, wie zu unterstellen ist –, die älteren Kinder dagegen kleine – vermutlich als Kind-Ersatz.

Ein Tier muß also nicht nur menschenähnlich aussehen – es muß einen besonderen Personenkreis repräsentieren können. Im Grunde genommen kann man in gewissem Sinn das Halten von Heimtieren durchgehend als eine Form der Pseudo-Elternschaft interpretieren, bei der die Tiere für die fehlenden eigenen Kinder einspringen müssen, entweder weil die »Eltern« noch zu jung sind, um selbst Kinder haben zu können, oder weil ihnen, aus welchen Gründen auch immer, keine Kinder beschieden waren oder weil die Kinder, die sie hatten, nicht mehr bei ihnen sind. Das sind die drei Bedingungen, unter denen die Heimtierhaltung am intensivsten betrieben wird.

Das Pferd bietet eine interessante Ausnahme von der allgemeinen Regel über das Präferenzverhalten kleinerer und größerer Kinder. Es zeigt einen maximalen Beliebtheitswert knapp vor dem Pubertätsalter. Wertet man die Zahlen für Jungen und Mädchen gesondert aus, dann enthüllt die Kurve der »Pferdeliebe«, daß dieses Tier bei Mädchen dreimal so beliebt ist wie bei Jungen. Es ist interessant, Spekulationen über dieses geschlechtsspezifische Moment anzustellen. Zweifellos enthalten die rhythmischen Bewegungen des Pferdes und die Pose des mit gespreizten Beinen aufsitzenden Reiters

einen sexuellen Unterton, und das verleiht dem Pferd zusammen mit der Größe und Kraft seines Körpers eine immense unbewußte Anziehungskraft auf Mädchen im vorpubertären Alter.
Verlassen wir die »geliebten« Tiere und wenden wir uns den ungeliebten zu; hier bietet sich ein ganz anderes Bild. Ein Tier übertrifft hier an Unbeliebtheit bei weitem alle anderen – die Schlange. Sie vereinigt 27% aller Negativstimmen auf sich. Mit anderen Worten: Mehr als ein Viertel aller englischen Kinder verabscheuen die Schlange mehr als jedes andere Tier, obwohl die Chance, auf offenem Feld von einer Schlange gebissen zu werden, in England kleiner ist als die, vom Blitz getroffen zu werden.
Die zehn unbeliebtesten Tierarten haben alle ein Merkmal gemeinsam – sie sind gefährlich oder werden dafür gehalten. Die meisten weisen keine anthropomorphen Merkmale auf, ausgenommen der Löwe und der Gorilla. Der Löwe ist die einzige Tiergattung, die sowohl bei den beliebten als auch bei den verabscheuten Tieren unter den ersten zehn rangiert, und zwar deshalb, weil er einerseits würdevoll und plattgesichtig wirkt, andererseits aber doch ein unbarmherzig tötendes Raubtier ist. Der Gorilla sieht zwar sehr menschenähnlich aus, aber auch ständig grimmig und furchterregend, schon aufgrund seiner Gesichtszüge. In Wirklichkeit ist er ein sanfter Riese. Obwohl diese Tatsache in einer Reihe ausgezeichneter Untersuchungen in freier Wildbahn einwandfrei festgestellt wurde, ist er für Kinder noch immer ein Angsttier. Wem das widersinnig erscheint, der sollte sich erinnern, daß selbst der geliebteste Vater ein Kind sehr verängstigen kann, wenn er ein »Ungeheuer« spielt. Auch wenn man weiß, daß der Gorilla in freier Wildbahn eigentlich ein scheues, gutmütiges Wesen ist, bleibt der Eindruck seiner nun einmal feindselig wirkenden Erscheinung, und er muß weiterhin die symbolische Rolle des »behaarten Ungeheuers« übernehmen.
Schlangen und Spinnen, die zwei verhaßtesten Tierarten, wurden von den Kindern häufig als »schleimig und schmutzig« beziehungsweise als »haarig und unheimlich« beschrieben. Wieder ist der Mythos stärker als die Wissenschaft: Die Schlange fühlt sich geschmeidig, trocken und sauber an, und die »Haare« der Spinne sind ihre langen Beine. Es ist wahr, daß manche Spinnen einen behaarten Körper haben, aber die verhaßten Haare, die die Kinder meinen, sind ihre langen, spindeldürren, flinken Beine beim Laufen. Die Kinder unterscheiden nicht zwischen harmlosen und giftigen Schlangen oder zwischen harmlosen und giftigen Spinnen. Sie verabscheuen alle gleichermaßen, ohne sich durch vernünftige Überlegungen beirren zu lassen. Es sieht fast so aus, als sei die Schlangenabneigung beim Menschen angeboren, und die Beobachtung des Verhaltens von Menschenaffen gegenüber Schlangen bekräftigt diese Annahme. Sowohl bei Schimpansen als auch bei Orang-Utans sind unter gewissen Bedingungen Angstreaktionen auf lebende oder künstliche Schlangen beobachtet worden, manchmal sogar, ohne daß sie jemals zuvor Erfahrungen mit Schlangen gemacht hatten.

Bei Spinnen gibt es einen erstaunlichen geschlechtsspezifischen Unterschied: Mädchen in der Pubertät zeigen im Vergleich zu Jungen einen steilen Anstieg in ihrer Abneigung gegen Spinnen, der bewirkt, daß bei den vierzehnjährigen Mädchen die Spinne doppelt so verhaßt ist wie bei den gleichaltrigen Jungen. Da dieser Unterschied vor der Pubertät nicht existiert, steckt in ihm wohl ein sexuelles Moment. Es ist schwer zu beurteilen, was das sein könnte, aber vielleicht hat es etwas mit der »Haarigkeit« der Spinnen zu tun. Die Pubertät bringt beiden Geschlechtern das Wachstum der Körperhaare. Erwachsene Männer werden von kleinen Mädchen im Vergleich zu erwachsenen Frauen als »stacheliger« empfunden. Vielleicht bekommt ein behaarter Körper für ein Mädchen in der Pubertät unterschwellig etwas Furchterregendes, und vielleicht ist die Spinne das geeignete Tier, dieses Gefühl treffend zu verkörpern.

Die bisher beschriebenen Formen des Kontakts mit Tieren lassen sich in einer einfachen Liste zusammenfassen, die das veranschaulicht, was man die sieben Phasen unserer Reaktion auf Tiere nennen könnte.

1. Die *kindliche Phase.* Wir sind völlig von unseren Eltern abhängig und reagieren intensiv auf sehr große Tiere als Elternersatz.
2. Die *Kinder-als-Eltern-Phase.* Wir beginnen mit den Eltern in Konkurrenz zu treten, werden selbst »kleine Eltern«: Wir bevorzugen jetzt kleinere Tiere und halten sie gern als lebendiges Spielzeug.
3. Die *objektivistische Vorphase des Erwachsenseins.* Das forscherische Interesse überflügelt das symbolische; wir wenden uns der Käferjagd, dem Mikroskop, dem Aquarium oder dem Schmetterlingsnetz zu.
4. Die *jugendliche Phase des Erwachsenseins.* Hier sinkt unser Tierinteresse auf seinen tiefsten Stand; wir konzentrieren uns fast ausschließlich auf unsere Beziehungen zu Exemplaren unserer eigenen Art. Tiere spielen allenfalls eine wirtschaftliche Rolle.
5. Die *Erwachsene-als-Eltern-Phase.* Hier kehren die Heimtiere als Spieltiere wieder, diesmal aber für unsere Kinder.
6. Die *nachelterliche Phase.* Wir »verlieren« unsere Kinder und ersetzen sie möglicherweise durch Tiere – die dritte Phase der Heimtierhaltung.
7. Die *Altersphase.* Wir sehen unserem leiblichen Ende entgegen und entwickeln deshalb größeres Interesse an Tierarten, die ihrerseits vom Aussterben bedroht sind. Es ist die Lebensphase des Erhalten- und Bewahrenwollens.

Diese sieben Phasen bezeichnen natürlich nur Schwerpunktverlagerungen, nicht absolute Tendenzwenden, und sie lassen Raum für viele individuelle Ausnahmen und Zwischenstufen. Jedoch reichen diese »sieben Zeitalter« weitgehend zur Erklärung der verschiedenen Motive des Menschen für seine komplexen Beziehungen zu anderen Tierarten aus. Das Ausmaß dieser Beziehungen ist wirklich außerordentlich, besonders bei der Heimtierhaltung.

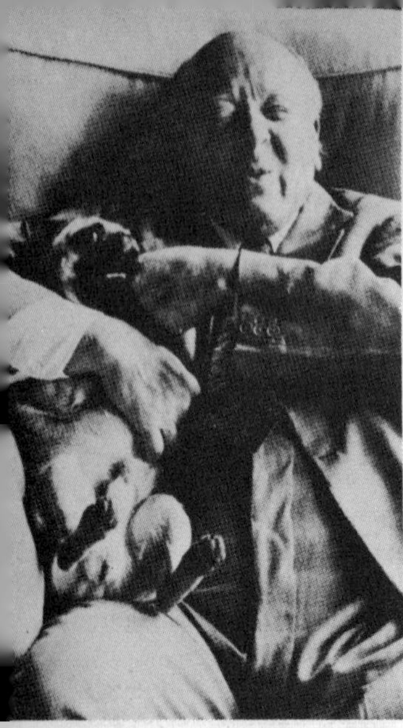

257 ◁

258 ▷

257–259 Tierliebe. Die Menschen bedienen sich vieler Tierarten als »Kontaktspender«. Haustiere werden wie Säuglinge versorgt (257), wie Kinder verwöhnt (258), wie Geliebte beschmust (259) und sogar auf den Mund geküßt.

Heimtiere befriedigen augenscheinlich bei der Bevölkerung moderner Industriestaaten ein tiefliegendes Bedürfnis, und es scheint, dieses Bedürfnis beziehe sich vor allem auf liebevollen Kontakt. Ob das Heimtier nun als Kind- oder als Freundesersatz dient, wichtig für seinen Besitzer ist, daß er es berühren kann. Heimtiere sind nicht zum Anschauen, zum wissenschaftlichen Forschen oder zur distanzierten Verehrung da. Sie sind zum Verhätscheln da, zum Streicheln und Tätscheln; auf diese Weise bieten sie Ersatz für eine Zärtlichkeit, die im täglichen Leben ihrer Besitzer fehlt. Die Analyse einer großen Zahl Fotos, auf denen Menschen mit ihren Heimtieren (aller Art) zu sehen waren, ergab, daß über 50% das Tier wie ein kleines Kind auf dem Arm hielten. In 11% der Fälle wurde das Tier gestreichelt, 7% hielten es mit einem Arm umfangen und 5% waren dabei, das Tier auf den Mund zu küssen.

Es heißt, daß dieses Verlangen nach Tierkontakt eine beklagenswerte Erscheinung sei, weil dabei die Liebe der Menschen fehlgeleitet werde. Es gibt indessen wenig, was für diese Meinung spricht. Für viele Menschen kommt der Beziehung, die das Zusammenleben mit einem Tier bietet, in einer immer öder werdenden Welt aus Beton und Stahl, voller Unpersönlichkeit und Alltagsstreß, eine unschätzbare Bedeutung zu.

259 △

## Formen des Spielverhaltens

### Spielsignale, Spielgesetze und Verspieltheit

Spiel ist unproduktive Aktivität. Im Spiel lotet der Spielende die Möglichkeiten aus, die die Umwelt bietet, und mißt seine eigenen Fähigkeiten an ihr.

Es ist wichtig, das Spiel vom zielgerichteten Üben zu unterscheiden. Ein Kind kann im Wasser das Schwimmen üben oder beigebracht bekommen, aber dann spielt es nicht. Das Spiel im Wasser, das Planschen, ist nicht auf ein Ziel gerichtet. Es ist Selbstzweck. Aber je mehr ein Kind im Wasser spielt, desto mehr wird es sich dort sicher und zu Hause fühlen. Es gewinnt nebenbei Einsicht in die Eigenschaften des Wassers und die Möglichkeiten und Grenzen der eigenen Leistungsfähigkeit. Das Spiel ermöglicht ihm eher das Sammeln genereller Erfahrungen mit dem Wasser, statt direkte Leistungsverbesserungen in einer bestimmten Fertigkeit zu bewirken.

Das ist für eine anpassungsbereite Tierart wie den Menschen wichtig. Wie alle Opportunisten überlebt er nicht dadurch, daß er über *eine* ganz bestimmte Fähigkeit verfügt, sondern weil er viele Möglichkeiten hat. Er ist nicht auf einen bestimmten Lebensraum oder auf eine streng festgelegte Lebensweise angewiesen. Er geht überallhin, tut alles mögliche und löst sämtliche Probleme, die die jeweilige Umwelt aufwirft. Das ist das Geheimnis seines Erfolges, und damit das auch funktioniert, müssen als Grundlage möglichst viele und weitgespannte Lernerfahrungen vorhanden sein. Für ein Kind ist ein behütetes, passives Aufwachsen eine Katastrophe. Um als Erwachsener erfolgreich zu sein, muß ein Kind superaktiv sein, und dies ist durch seinen natürlichen Spiel- und Erkundungsdrang normalerweise auch garantiert.

Das Spielverhalten weist eine Reihe charakteristischer Merkmale auf. Es wird normalerweise von einem »Spielsignal« begleitet, mit dem das Kind ausdrückt: »Ich meine es nicht ernst. Es ist nur Spiel.« Einige der häufigsten Spielsignale sind Lächeln, Lachen und freudiges Kreischen. Diese drei werden »Metasignale« genannt und im nachfolgenden Kapitel ausführlicher behandelt.

Das Spielen schließt gewöhnlich ein Element der Übertreibung ein. Die wechselseitigen Spielhandlungen in Spielgruppen werden »überagiert«, die Bewegungen erhalten mehr Deutlichkeit als unbedingt nötig wäre. Sogar wenn ein Kind für sich alleine spielt, sind solche Übertreibungen zu beobachten. Das kleine Mädchen, das seine Puppen zu Bett bringt, spielt theatralisch, verleiht jeder Bewegung mehr Gewicht als notwendig. Wenn ihre Handlungsabläufe auf einen ernsthaften Zweck gerichtet wären, würden die einzelnen Bewegungen sich diesem Handlungsziel unterordnen. Sie würden zweckgerichteter und weniger demonstrativ werden. Da das Wesentliche am Spiel aber gerade darin besteht, daß eine Tätigkeit um ihrer selbst willen ausgeführt wird, kann sich jeder Handgriff verselbständigen, und so kommt das spontane Überagieren der einzelnen Bewegungen zustande.

Eine weitere Folge der »Zweckfreiheit« des Spiels ist, daß es, wie beim Traum, keine feste Aufeinanderfolge gibt, vielmehr Wiederholungen und Änderungen der Abfolge. Bei aggressiven Spielformen finden wir einen Sonderfall dieser Erscheinung – die Rollenverkehrung. Der Angreifer wird plötzlich zum Angegriffenen; der Jäger flieht plötzlich selbst. Diese fliegenden Rollenwechsel gehen so schnell vor sich, daß das spielerische Kämpfen und Jagen dadurch eine seinen ernsten »Vorbildern« gar nicht entsprechende Note erhält. Es wird klar, daß das Grundmotiv der spielerischen Kampfjagd weder Aggression noch Angst ist, sondern einfach das Bedürfnis, zu spielen. Wären wirklich Feindseligkeit und Unterwerfung im Spiel, könnten die Kämpfenden unmöglich so leicht ihre Rollen tauschen.

Eines der auffälligsten Merkmale des Spiels ist, daß es soziale Hierarchien vorübergehend außer Kraft setzen kann. Der überlegene Vater kann im Spiel mit seinem kleinen Sohn seine Autoritätsrolle vollkommen ablegen und für einige Minuten zum in die Knie gezwungenen »Sklaven« werden, auf dem der kleine Gegenspieler herumturnt und herumreitet. Ähnlich wird ein Stärkerer, wenn er gegen einen Schwächeren »kämpft« – beispielsweise gegen den jüngeren Bruder –, sich selbst ein Handikap auferlegen, um seinen natürlichen Vorteil auszugleichen; auf diese Weise ermöglicht er verlängertes und interessanteres Spielen.

Eine weitere Möglichkeit, ein Spielmuster zu bereichern, ist die Einführung eines Spielobjekts. Ob es ein Spielzeug, ein Sportgerät oder einfach nur ein mit Bedacht ausgewählter Spielort ist, das Spielobjekt dient dem erhöhten Genuß. Das ist das Geheimnis von Roll- und Schlittschuhen, Trampolinen, Gummi- und Wasserbällen, Schaukeln und anderem Spielzeug, die einen größeren Fortbewegungseffekt zeigen, als es nach der aufgewendeten Kraft zu erwarten ist. Der Genuß erhöht sich im Einzelfall durch die jeweils besonderen Eigenschaften des Spielobjekts. Deswegen finden Kinder so viel Vergnügen an Spielgeräten, die auf gleichmäßig laufenden Rädern dahinrollen. Ein kleiner Stoß, und das Objekt bewegt sich weit fort, das Spielauto legt eine große Strecke zurück. Ebenso erklärt sich, warum das Spielen im Wasser so viel Freude macht. Ein einziger Armschlag läßt eine hohe Wasserfontäne aufspritzen. Schlägt man mit dem Arm auf einen festen Stoff, ist das Resultat weit weniger erfreulich. Auf dem Boden herumzuhüpfen macht Spaß, aber auf einem Trampolin oder einer alten Matratze auf- und abzufedern, ist etwas ganz anderes. Dies ist eine weitere Seite der allgemeinen Übertreibungstendenz beim Spielen.

Bei Gesellschaftsspielen und bei mechanischem Spielgerät wirkt sich das Prinzip des erhöhten Genusses oft symbolisch aus. Ein augenfälliges Beispiel ist das Zählsystem bei Flipperautomaten. Wenn der Spielball einen Zielpunkt trifft, dann registriert der Automat nicht einen, sondern 100 oder

260 △ 261 ▽ 262 ▷

260–262 Raufspiele (260 + 261) schließen oft ein bestimmtes Spielsignal ein, etwa ein Lächeln bei einem der Beteiligten oder übertriebene Bewegungsabläufe. Kleine Mädchen übertreiben beim Spielen oft durch »Überagieren«, wie dieses Mädchen (262) beim Mutter-Spielen.

gar 1000 Punkte, womit er dem Spieler das Gefühl vermittelt, großartig in Form zu sein. Die allerneuesten Flipper haben dieses Prinzip sogar noch weiter getrieben, so daß man jetzt in einem Spiel auf Hunderttausende von Punkten kommen kann. Auch bei Gesellschaftsspielen geht es oft um den Gewinn oder Verlust riesiger Summen Spielgeld, um Millionen von Mark, die innerhalb weniger Minuten den Besitzer wechseln.

Es ist wichtig, das Erkundungsverhalten und das Spielverhalten streng auseinanderzuhalten. Beide sind verwandt, aber nicht identisch. Stellen wir uns einmal eine Gruppe von Kindern vor, die in ein unbekanntes Zimmer voller Spielsachen hineingelassen werden. Alles ist neu für sie, und deshalb machen sie eine Reihe von Spielphasen durch:

1. *Sie erkunden die fremde Umgebung, bis sie ihnen vertraut ist.* Das ist die eigentliche Erkundungsstufe des Spielverhaltens, hier überwiegt die Neugier. Die Handlungen sind eher ungeordnet und unabgeschlossen, jede nähere Prüfung eines Gegenstands wird durch das Entdecken eines anderen aufregenden Objekts unterbrochen. Es wird viel hantiert und probiert, aber plan- und systemlos. Der mächtige *neophile* Drang des Menschentiers – der

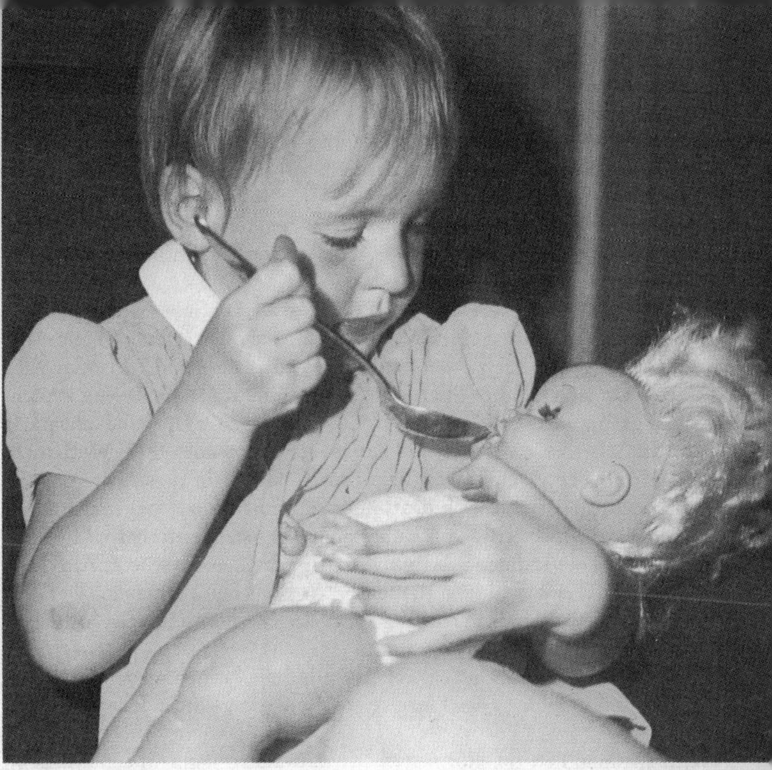

Drang zur Erforschung des Neuen und Ungewohnten – bildet die Haupttriebkraft dieser Phase.

2. *Sie wiederholen immer wieder das Vertraute.* Aus Spielerei wird nun Spiel. Die Spielenden haben die ungewohnten Gegenstände erforscht und fangen an, ihren Aktivitäten eine bestimmte Systematik zu geben. Regeln werden eingeführt – formell oder nicht – und aus der ungeordneten Erkundung erwächst ein gleichförmiges Handlungsmuster.

3. *Sie variieren das Wiederholungsmuster.* Über kurz oder lang wird das gleichförmige Wiederholen langweilig, und das Grundthema erfährt Variationen. Beim Phantasiespiel wird der leere Karton, aus dem im Anschluß an die erste Erkundungsphase ein auf unsichtbarem Meer segelndes Schiff geworden war, in ein durch eine Phantasielandschaft fahrendes Auto verwandelt. Später wird er zum Haus, zur Höhle oder zur Hütte oder zu einer anderen phantasievollen Variation des unerschöpflichen »Behälter«-Motivs.

4. *Sie wählen die befriedigendste Variante und bauen sie auf Kosten der anderen aus.* Es stellt sich heraus, daß eine bestimmte Spielvariante mehr

Spaß macht als alle anderen, und diese wird ausgebaut. Es kann sein, daß die Spielenden bei späteren Anlässen wiederholt auf sie zurückkommen, während andere einmal ausprobierte Varianten vielleicht endgültig fallengelassen werden. So gibt es Kinderspiele, die Jahrhunderte, und andere, die nur ein paar Minuten überdauert haben.

5. *Sie kombinieren mehrere Varianten miteinander.* Eine Idee aus einem Spieltyp kann auf einen anderen übertragen werden, um ihn interessanter zu machen.

6. *Die Spielaktivität bricht mit einem Schlag ab.* Ein Spiel wird ohne Vorankündigung zum »alten Hut«. Vor wenigen Augenblicken noch hielt es die Spielenden in Atem – jetzt aber hat es und haben alle seine Varianten jedes Interesse für sie verloren. Eltern, die ihrem Kind teures Spielzeug kaufen, haben dies nur allzugut kennengelernt. Oft beklagen sie die Undankbarkeit ihres Kindes, aber das zeigt, daß sie ein grundlegendes Spielgesetz nicht verstanden haben: Wenn Spielen ein Prozeß der Erfahrungsgewinnung ist, dann bedeutet dies, daß sich das Interesse immer wieder verlagern muß. Das zeugt dann nicht etwa von Unbeständigkeit oder Flatterhaftigkeit, sondern ist ein notwendiger Bestandteil des für die menschliche Entwicklung grundlegenden Erkundungsverhaltens. Wir brauchen permanent den Anreiz des Ungewohnten, und dafür sorgt der Mechanismus des »Abschaltens«.

Diese sechs Spielregeln lassen sich auf alle Spielformen anwenden, ob es sich nun um gesellige oder Einzelspiele, Bewegungs- oder Phantasiespiele handelt.

Wenn wir uns den Spielformen selbst zuwenden, dann finden wir beim Menschentier eine verwirrende Vielfalt möglicher Spiele. Ein Kätzchen mag auf seine Weise noch so spielfreudig sein, es verfügt doch nur über wenige streng festgelegte Spielformen. Das menschliche Kind kennt solche Beschränkung nicht; dennoch gibt es bestimmte bevorzugte Spiele. Am verbreitetsten sind Fortbewegungsspiele, bei denen die Körperbewegung schlechthin im Vordergrund steht. Hierunter fallen Lauf- und Wettlaufspiele, Hochspringen, Hüpfen und Klettern. Das Bäumeklettern ist bei Kindern auf der ganzen Welt so beliebt, daß es den Anstoß zu einer Spieltheorie gegeben hat, die darin eine Wiedergeburt der überwundenen Verhaltensmuster unserer frühen Vorfahren sieht. Das mächtige Bedürfnis, auf Bäume zu klettern, wird als Wiederholung unserer Anfänge als Baumbewohner interpretiert. So bestechend der Gedanke zunächst auch zu sein scheint: Wenn man die enorme Vielfalt lokomotorischer Spielformen bei Kindern bedenkt, fällt es doch schwer, ihm zu folgen. Es gibt jede Menge Kinderaktivitäten, die keine Verbindung mit unserer Artvergangenheit aufweisen (siehe auch Farbabbildung F 52, Seite 397).

Eine Sonderform des Fortbewegungsspiels bilden die Schwindelgefühlspiele. Darunter sind solche »atemberaubenden« Spiele zu verstehen, bei

denen das Kind sich immer extremer werdenden Körperbewegungen aussetzt. Im atemberaubenden Augenblick geht vorübergehend der Gleichgewichtssinn verloren, und Schwindelgefühl tritt ein – der Körper gerät außer Kontrolle, aber in einer Situation, in der man sich im übrigen sicher weiß. Derartiges trifft zu für Spiele, bei denen die Kinder im Kreis laufen oder einander herumwirbeln, den Hang hinunterrollen, es gilt für Radschlagen, Handstand oder andere akrobatische Übungen. Auf Spielplätzen und Jahrmärkten findet man Geräte, die auf unterschiedlichste Weise ein »atemberaubendes« Schwindelgefühl erzeugen: Rutschen, Schaukeln und Karusselle, Achterbahnen und Riesenräder, Zentrifugen und Flugsimulatoren. All diese Konstruktionen versetzen den Körper unwiderstehlich in heftige Bewegung und erzielen ihre erregende Wirkung dadurch, daß sie die Erfahrung der Grenzen vermitteln, bis zu denen man den Gleichgewichtssinn des Körpers strapazieren kann, ohne sich dabei einer Gefahr auszusetzen (siehe auch Farbabbildung F 53, Seite 397).
Energiegeladener noch geht es bei den Körperkraftspielen zu. Hierbei messen wir unsere körperlichen Fähigkeiten nicht so sehr an der Umgebung als vielmehr an den Kräften der anderen. Alle Tierarten, bei denen es Kampfspiele gibt, tun dies in für sie typischen Formen, und wir machen da keine Ausnahme. Einige Varianten sind besonders häufig: Festnageln (Auf-den-Boden-Werfen, Aufsitzen und Niederhalten); Ringen (In-den-Klammergriff-oder-Schwitzkasten-Nehmen, Armverdrehen, An-Beinen-Ziehen, Beinstellen, Umreißen, Treten, Stoßen und Ziehen); »Fleischberg« (die Kampfspieler bilden am Ende einen Berg aufgehäufter Körper); Jagen (Drohimponieren, Rennen, Verstecken, Überrumpeln, Hinfallen, Etwas-im-Scherz-Stehlen, Fangen); Werfen (Zielen, Ducken, Einfangen); Wasserspiele (Planschen, Spritzen, Jemand-Untertauchen, Ins-Wasser-Springen, Waten und Hüpfen).
Die Beobachtung von Kampfspielen ergibt, daß Ringen weit beliebter und verbreiteter ist als Boxen und Schlagen. Die oben aufgezählten Formen des Kampfspiels scheinen weltweit verbreitet zu sein, während spielerischer Faustkampf nicht überall zu finden ist. Wenn er vorkommt, dann wird bemerkenswert wenig ins Gesicht geschlagen, und die Hiebe sind meist als Haken angesetzt, so daß sie ins Leere gehen oder den Körper nur ganz leicht treffen. Im Gegensatz dazu sind Armgriffe oft ziemlich gewalttätig, aber auch sie führen selten zu Verletzungen (siehe auch Farbabbildung F 55, Seite 397).
Liebesspiele im weitesten (nicht ausschließlich sexuellen) Sinn sind üblich zwischen Mutter und Kind, wobei viel geküßt, geschnäbelt, gedrückt, liebkost, gewiegt und gekitzelt wird. Üblich sind sie auch zwischen kleineren Kindern; mit zunehmendem Alter lassen sie jedoch nach und treten erst in den Werbungsspielen der Teenager-Phase wieder auf. Symbolische Liebesspiele zwischen Kind und Puppe (oder anderem »kuscheligem« Spielzeug)

sind auf jeder vorpubertären Altersstufe verbreitet, besonders bei Mädchen. Ähnliches gilt für Spiel- und Haustiere.

Spiele mit mechanischem Gerät findet man sehr früh in der Form erster Versuche, Sachen auseinanderzunehmen; sie entwickeln sich dann allmählich in die Gegenrichtung: Sachen zusammenzubauen. Sie enden im Modellbau und im »Selberbasteln«.

Phantasiespiele setzen erst in späterer Kindheit ein, werden aber mit der Zeit immer wichtiger. Sie reichen von Scharaden bis zum Indianerspiel, vom Verkleiden bis zum Tagträumen. Hier ist das Durchspielen von Erwachsenenrollen wichtiger als die Spielhandlung an sich.

Denkspiele beginnen früh und zeigen einen steten Anstieg. Hier betreten wir die Welt der Kunststücke und Rätsel, der Würfel- und Schnelldenkerspiele, der Puzzles und Kreuzworträtsel, des Schachspiels und der Kartenspiele (siehe auch Farbabbildung F 54, Seite 397).

Kreative Spiele beginnen ebenfalls früh, zunächst mit Kritzeln und Herumtrommeln, woraus sich am Ende Malen und Musizieren sowie andere Kunstformen entwickeln.

Diese Liste ist keineswegs vollständig. Die Vielfalt und Ausdrucksfülle menschlichen Spielens ist so groß, daß es eigentlich zu jeder Verhaltensform ein entsprechendes Spiel gibt. Die hier genannten Spieltypen erfassen jedoch den größten Teil des Spielverhaltens und bezeichnen die von Kindern vorwiegend gespielten Spiele. Es ist wichtig, sich daran zu erinnern, daß Spiele in jedem Fall nicht mit spezifischem Üben, sondern mit allgemeinem Können zusammenhängen. Beim Menschen ist es mehr als bei jeder anderen Tierart lebenswichtig, ein »wissendes«, erfahrungsreiches Kind zu sein, wenn man als Erwachsener Erfolg haben will. Eine alte Weisheit lautet, daß Kinder nicht deshalb spielen, weil sie jung sind, sondern daß sie jung sind, um spielen zu können. Das ist eine treffende Charakterisierung der enormen Bedeutung, die das Spielen für den Menschen hat. Wir stellen das Spielverhalten oft der »ernsthaften« Betätigung gegenüber; aber wir wären vielleicht besser beraten, das Spiel als den ernst zu nehmendsten Teil unserer gesamten Aktivitäten zu betrachten.

## Metasignale

### Was uns ein Signal über das andere verrät

Ein Metasignal ist ein Signal in bezug auf Signale. Es verändert die Bedeutung aller übrigen Signale. Ein Beispiel macht das klar: Wenn zwei Männer kämpfen, sehen wir mit einem Blick, ob sie Ernst oder Spaß machen. Wir lesen das an zwei Metasignalen ab. Erst schauen wir, ob sie lächeln oder lachen; wenn ja, können wir sicher sein, daß es sich in Wirklichkeit nur um ein Geplänkel handelt. Der vergnügte Ausdruck auf ihren Gesichtern ist hier das Metasignal, das uns sagt, daß wir alle übrigen – scheinbar aggressiven – Handlungen als Spiel ansehen können. Die lächelnden Gesichter verwandeln den ganzen komplizierten Kampfablauf in eine harmlose Spielerei.

Wenn die Männer beim Kampf nicht lächeln, kann es ein ernster oder ein vorgetäuscht ernster Kampf sein. Bei manchen Spielkämpfen setzen die Akteure als »Zutat« absichtlich ein wildes Gesicht auf und unterdrücken ihr Lächeln. Um uns des wirklichen Motivs zu versichern, müssen wir ein zweites Metasignal überprüfen: die fehlende Ökonomie der Bewegungen. Bei einem ernsten Kampf wird keine Energie auf wildes oder übertriebenes Agieren verschwendet – jede Muskelaktion ist auf maximalen Nutzen berechnet.

263 Die Blickrichtung ist ein wichtiges Metasignal. Der Mann links im Bild richtet aggressive Worte an die Frau rechts, die diese auch ernst nimmt; die Frau in der Mitte läßt sich jedoch nicht einschüchtern. Sie hört das Schimpfen, aber aus der Blickrichtung ersieht sie, daß sie nicht die Angegriffene ist.

Tiere setzen beim Kämpfen ähnliche Metasignale ein. Nur drei Beispiele: Der Schimpanse spannt die Lippen breit über die Zähne, wenn er sich auf einen Spielkampf einläßt. Der Dachs teilt einen leichten Kopfstoß aus, bevor er eine spielerische Rangelei anfängt. Und der Riesenpanda rollt seitlich über oder schlägt Purzelbäume, wenn er zum Raufspiel einlädt. In allen Fällen findet man auch das typische Fehlen der Bewegungsökonomie, ein, wie es scheint, uraltes Merkmal des Spielverhaltens.

Jünger sind die anderen, menschlichen Metasignale, etwa das Augenzwinkern. Ein Zwinkern ist, wenn man eine Neckerei vorhat, für den Komplizen ein Metasignal, während das »Opfer« ahnungslos bleibt. Wenn ein solcher Wink gegeben worden ist, werden die nachfolgenden Unfreundlichkeiten von den zwei Mitbeteiligten völlig unterschiedlich aufgefaßt. Der Komplize wird sie als Frotzeleien, das Opfer als ernste Beleidigung aufnehmen.

Andere Metasignale sind weniger willkürlich. Ein wütender Mensch, der sich bemüht, zuvorkommend zu wirken, kann eine ganze Serie von Freundlichkeiten dadurch zunichte machen, daß er unwissentlich ein Metasignal seiner Wut zeigt, sei es durch ungewöhnliche Blässe im Gesicht oder durch zu starre Körperhaltung.

Die allgemeine Körperhaltung oder das »Erscheinungsbild« eines Menschen ist eins der verbreitetsten und selbstverständlichsten menschlichen Metasignale. Die Art, wie ein Mensch sich gibt, wenn er eine längere Interaktionssequenz mit einem anderen »durchspielt«, liefert uns einen grundlegenden Anhaltspunkt zum Verständnis aller anderen von ihm ausgehenden Signale. Ebenso wie bei einem sozial hochrangigen Affenmännchen der würdevolle Gang auch alle seine übrigen Handlungen für die Hordengenossen eindrucksvoller macht, kann bei einem Menschen ein großspuriges oder temperamentvolles Auftreten die Botschaft seiner übrigen sozialen Verhaltensweisen »färben«. Ein Mensch, dem etwa jenes gewisse »muskuläre Charisma« fehlt, wird in Bewährungssituationen, wo andere bestehen, eine Schlappe erleiden. Solche Menschen beklagen sich oft hinterher, sie hätten doch alles getan, was man von ihnen verlangte, und sie könnten, zumal sie über mehr Wissen und Erfahrung als ihre erfolgreicheren Konkurrenten verfügten, ihren Mißerfolg nicht verstehen. Es ist schwer, einen derart »Unterlegenen« davon zu überzeugen, daß unter gewissen Umständen ein selbstbewußter Gang oder ein »lautes Auftreten« (im Wortsinn) zehn Jahre technischer Ausbildung aufwiegen kann. So groß ist die Macht der Metasignale.

Der Mensch verfügt, im Gegensatz zu anderen Tieren, über eine Lösungsmöglichkeit für dieses Problem: das Tragen eines Dienstabzeichens oder einer Uniform. Im Grunde wirkt Bekleidung immer als Metasignal, verändert also die Bedeutung einer Handlung; aber Uniformen, die eine strikt zu beachtende Autorität ausstrahlen, bilden einen Sonderfall. Stecken Sie einen ganz gewöhnlichen jungen Mann ohne besondere Ausstrahlung in eine

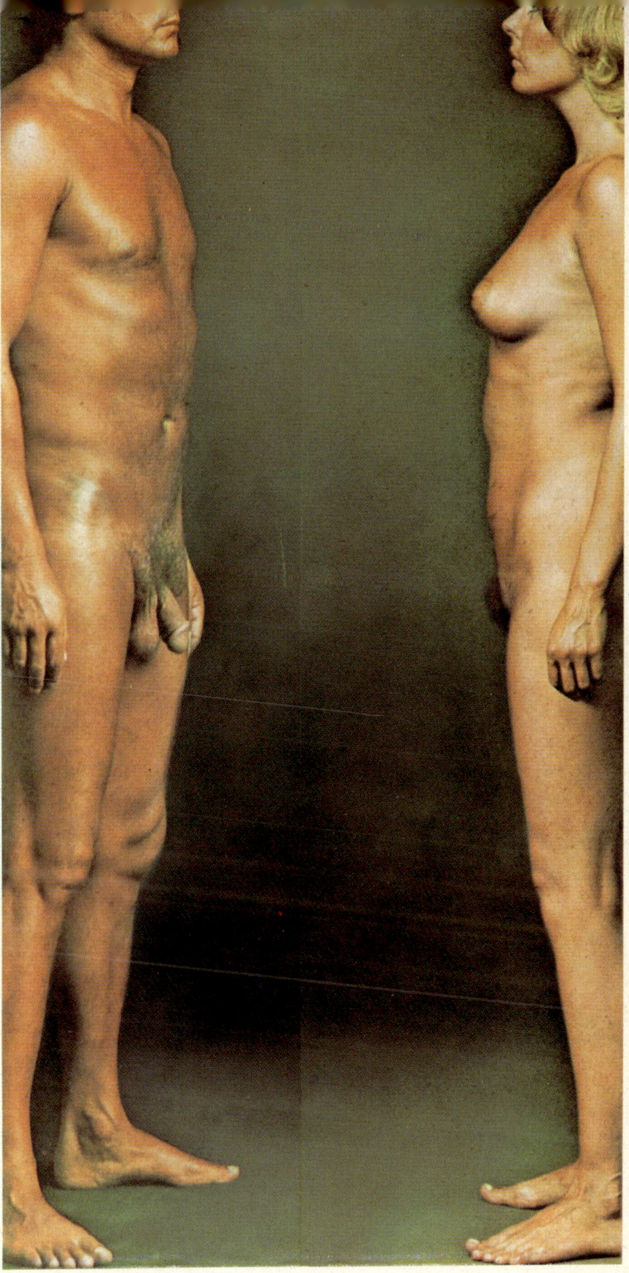

F47 ▷

F48 ◁

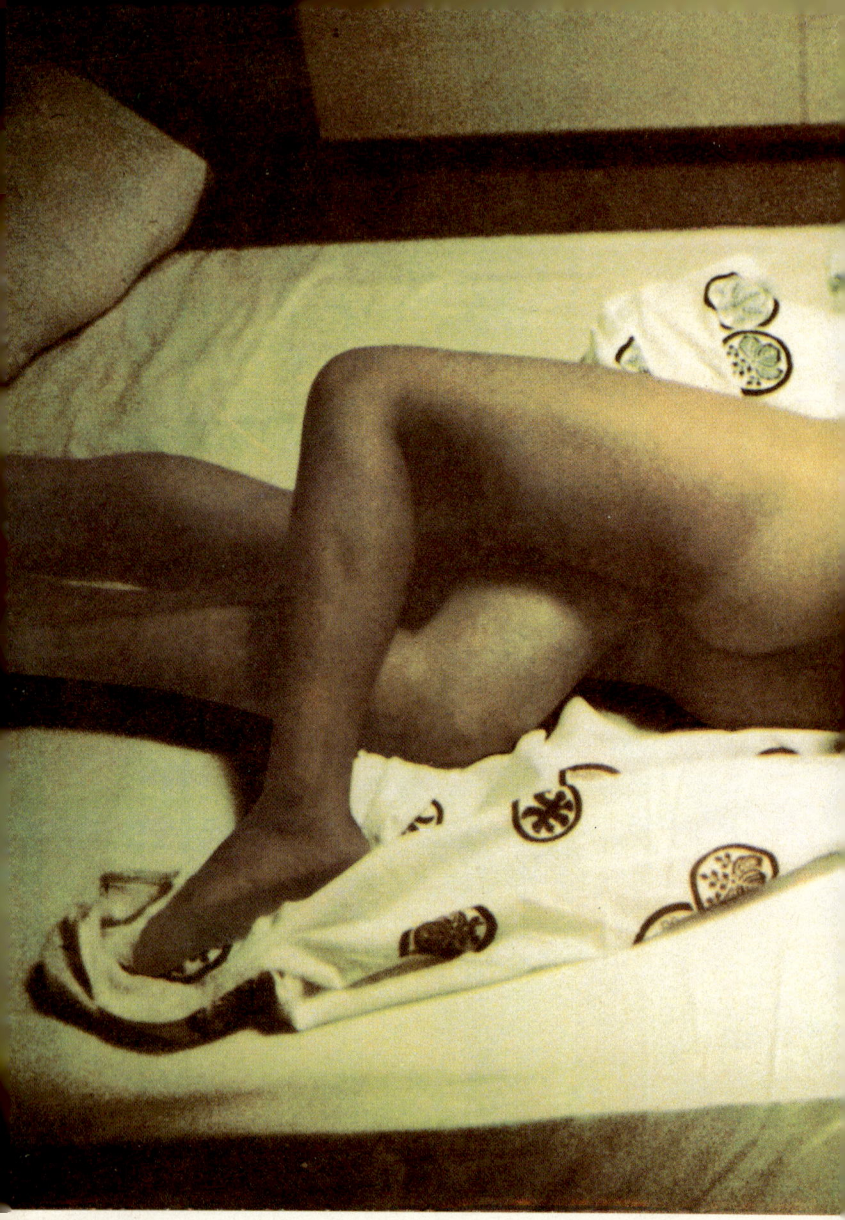

F49 Während des fortgeschrittenen Stadiums der sexuellen Abfolge erreicht der Hautkontakt zwischen den Geschlechtern die höchste Intensität. Mann und Frau sind

nackt und in intimer Umgebung und enger Verbindung. Der ganze Körper wird zur erogenen Zone.

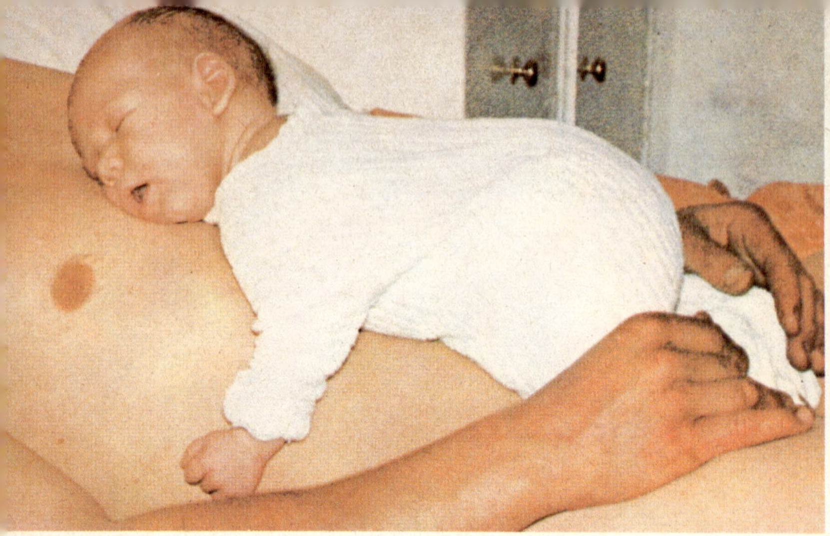

F50 Für das Kleinkind ist das Geräusch eines gleichmäßig schlagenden Herzens ein beruhigendes und besänftigendes Signal. Hier liegt ein Säugling wohlig entspannt und tief schlafend auf seinem Vater.

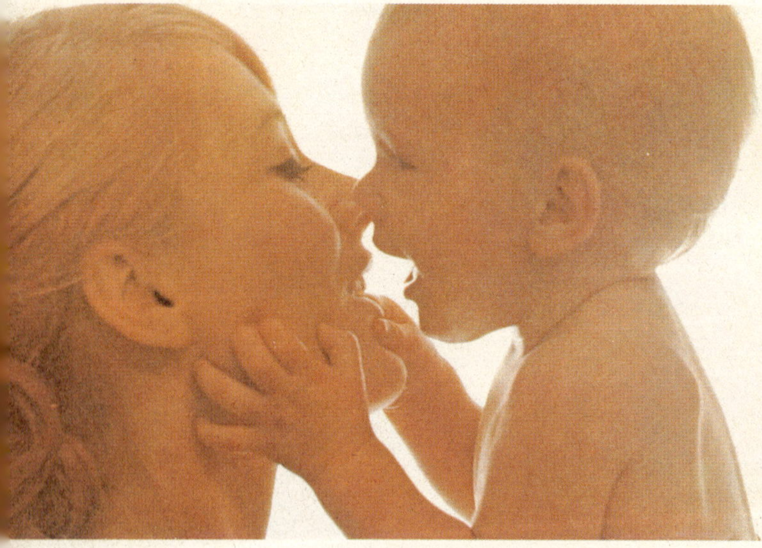

F51 Das lächelnde Gesicht der Mutter wird vom Kind im fünften oder sechsten Lebensmonat als zu einer ganz bestimmten Person gehörig erkannt. Liebevolle Zuwendung ist eine wesentliche Bedingung für das Wohlergehen des Kindes.

F52 ◁

F53 ▷

F54 ◁

F55 ▷

F52–F55 Es gibt acht verschiedene Formen des menschlichen Spielens, darunter die sog. lokomotorischen Spiele (F52), Schwindelgefühlspiele (F53), Denkspiele (F54) und Körperkraftspiele (F55), unter denen das Ringen die Hauptrolle spielt.

F56 ◁

F57 ▷

F58 ◁

F56–F58 Fortbewegungsarten: Das Hasten (F56), das Marschieren (F57) und das Springen (F58).

F59 Das Wesen der meisten Sportarten – hier an Basketball demonstriert – besteht darin, ein Ziel zu treffen; davon hing für den Urjäger Leben oder Tod ab.

F60 ◁

F61 ▷

F62 ◁

F63 ▷

F60–F63 Schlafstellungen. Wir alle wechseln unsere Schlafhaltung während der Nacht viele Male; durchschnittlich drehen wir uns 40 bis 70 mal um und verhindern auf diese Weise, daß sich unsere Muskeln verkrampfen.

Polizeiuniform, und sofort wird jede seiner Handlungen respekteinflößender und eindrucksvoller werden.
Ein ganz anders geartetes Metasignal ist die Blickrichtung. Wenn wir Zeuge einer gewalttätigen Auseinandersetzung zwischen zwei uns fremden Personen werden, mag das unser Interesse wecken, aber wir fühlen uns nicht persönlich bedroht. Wir hören die aggressiven Äußerungen und sehen die aggressiven Bewegungen, können aber der Blickrichtung der Streitenden entnehmen, daß jene nicht für uns bestimmt sind. Da sie sich gegenüberstehen und einander anblicken, wissen wir, wem sie gelten.
Dies ist in einer dichtbevölkerten Welt ein äußerst wichtiges Mittel, um unsere Handlungen verständlich zu machen. Wären wir nicht fähig, unserer Aktivität auf diese Weise eine Zielrichtung und eine Abgrenzung zu geben, würde der soziale Austausch z. B. in einem überfüllten Zimmer zum unerträglichen Chaos. Das Metasignal der Blickrichtung sagt: »Alles, was ich jetzt sage und tue, ist für dich und nur für dich bestimmt; alle andern brauchen sich um diese Signale nicht zu kümmern.« Ein erfahrener Redner kann dieses Metasignal nutzen, indem er während seines Vortrags den Blick langsam über die Zuhörer schweifen läßt und jedem einzelnen das Gefühl gibt, ihm gälte seine besondere Aufmerksamkeit.
In gewissem Sinn hält die gesamte Unterhaltungsbranche permanent Metasignale für uns bereit, sei es durch die Form des Proszeniumbogens über der Rampe einer Theaterbühne, sei es durch die Begrenzung der Kinoleinwand oder des Fernsehbildschirms. Einzig unser Wissen, daß die Morde und Diebstähle, die wir auf Bühne, Leinwand oder Bildschirm miterleben, gestellte und inszenierte Szenen sind, erlaubt uns, sie als angenehme Unterhaltung zu genießen. Die Schauspieler mögen eine äußerst realitätsnahe Darstellung ihrer dunklen Machenschaften anstreben, aber so überzeugend sie auch sind, immer behalten wir das Metasignal der Bildbegrenzung im Kopf, selbst in dem Augenblick, da das Messer sich ins Fleisch bohrt.
In wenigen seltenen Fällen ist diese Regel mit verblüffender Wirkung durchbrochen worden. Bei einigen dramatischen Inszenierungen wurde das Publikum in Teile der Handlung mit einbezogen, eine Inszenierung fand statt, aber nicht nur auf der Bühne. Dem Erlebnis, sich selbst physisch in das Geschehen verwickelt zu finden, war das Publikum in manchen Fällen nicht gewachsen. Ein berühmtes Beispiel aus dem Hörfunk, das einige Jahrzehnte zurückliegt, war die »Invasion Amerikas aus dem All«, ein mit solchem Realismus präsentiertes Hörspiel, daß zahllose Leute in echte Panik gerieten. Das Radio besitzt natürlich keine visuellen Metasignale wie andere Medien; die Täuschung konnte daher viel leichter gelingen.
Man sagt, daß schon manches wahre Wort im Scherz ausgesprochen wurde, und dieser Gedanke verlangt eine abschließende Bemerkung, die sich auf die eher spielerisch gemeinten Metasignale bezieht. In Wirklichkeit dienen sie oft nur zur Glättung der Oberfläche. Auch wenn ein Metasignal anzeigt,

daß ein Streit im Spaß stattfindet, kann sehr wohl dieses Streitspiel eine wirkliche, aber unterdrückte Feindseligkeit überdecken, die unter dem zur Schau getragenen Übermut verborgen liegt. Das scherzhafte Gefecht ist für den Angreifer vielleicht der einzige Ausdruck, den er seiner inneren Aggressivität geben kann. Aber ganz gleich, ob das so ist oder nicht, das Metasignal erfüllt dennoch seine Funktion – als Signal in bezug auf Signale.

264 Ein Metasignal ist ein Signal in bezug auf Signale. Es bewertet das, was wir gerade tun. Wenn wir lächeln, während wir jemandem an die Gurgel gehen, boxen (264) oder unsere Fäuste heben, dann geben wir durch dieses freundschaftliche Metasignal zu verstehen, daß wir es nicht ernst meinen.

## Supranormale Reize

### Künstliche Reize, die stärker sind als natürliche

Ein supranormaler Reiz übertrifft sein natürliches Gegenstück an Wirkung. In der Natur bildet jedes Tier ein System von Kompromissen. Um ein Beispiel zu nennen: Wenn ein Tier eine Tarnfärbung zum Schutz vor seinen natürlichen Feinden besitzt, wird es bei der Partnersuche nur wenige Lockfarben zeigen können. Ist es zum Zwecke der Anlockung eines Partners prächtig gefärbt, kann es sich nur unzulänglich vor einem Raubtier verbergen. Hier muß ein Mittelweg gefunden werden. Bei den meisten Tierarten setzt dieser Kompromiß die Grenzen fest, bis zu denen sich die verschiedenen Merkmale entwickeln können. Experimente mit Tierattrappen, bei denen ein Merkmal künstlich überzeichnet wurde, zeigten, daß man der Natur nachhelfen und dieses bestimmte Merkmal anlockender und wirksamer machen kann. Während sich wildlebende Tiere dies nicht leisten können, kann es der Mensch. Er kann seinen körperlichen Merkmalen vielfach nachhelfen und ähnlich auch seine Umwelt mit künstlichen Mitteln hochstilisieren. Wem seine Körpergröße nicht genügt, der kann Schuhe mit hohen Absätzen tragen; wessen Haut nicht sanft genug ist, der kann Kosmetika anwenden; wer furchterregender aussehen will, kann sich wilde Masken mit übertrieben aggressivem Gesichtsausdruck aufsetzen.

Vielfältig hat der Mensch seine Körpermerkmale verstärkt, um entweder seine sexuellen oder seine aggressiven oder seine Statussignale besser zur Geltung zu bringen. Er hat aber auch über seinen eigenen Körper hinausgegriffen und andere Bestandteile seiner Umwelt supranormal zu machen versucht. Er liebt farbige Blumen, also züchtete er noch farbenprächtigere, prunkvollere Pflanzen, als die Natur sie jemals hervorgebracht hat. Er schätzt gutes Essen, also macht er es schmackhafter und reichhaltiger, indem er eine ausgefuchste Kochtechnik entwickelt. Er mag ein weiches Bett, also erfindet er superweiche Kissen und Matratzen. Er liebt lebhaft gefärbte Tiere, also züchtet er abenteuerliche Farben und Zeichnungen heraus, die in freier Natur keine Überlebenschance hätten.

Wenn man sich in irgendeinem Supermarkt umsieht, stößt man auf Hunderte von Dingen, die »besser als normal« sind. Zahnpasten versprechen ein supranormales Lächeln, Seifen eine supranormale Haut, Shampoos supranormal weiches Haar. Die moderne Apotheke strotzt vor ähnlichen Errungenschaften: Schlaftabletten für supranormal guten Schlaf, Aufputscher für supranormale Munterkeit, und Abführmittel für supranormalen Stuhlgang. Wann immer wir mehr von einer Sache verlangen, wird uns mehr angeboten. Manchmal beruhen die Angebote auf falschen Versprechungen, aber der Drang, die Grenzen der natürlichen Funktionen zu überschreiten, erweist sich als unbeirrbar. Es gibt über 900 öffentlich verkaufte Aphrodisiaka, die alle vermehrte sexuelle Kräfte verleihen sollen. Nur wenige davon

265 Viele Spielsachen und erfundene Kinderfiguren weisen im hohen Maß supranormale Reize auf. Die Abbildung zeigt eine Disney-Figur mit vergrößerten Augen, hoher gewölbter Stirn, kleiner Nase, fliehendem Kinn – alles kindliche Signale –, die sich einem kleinen Jungen nähert. Bereits seit etlichen Jahrzehnten werden supranormale Reize in dieser Weise kommerziell verwertet.

haben, wenn überhaupt, eine mäßige Wirkung auf die sexuelle Leistungsfähigkeit; dennoch ist die Nachfrage so groß, daß sie weiterhin auf der ganzen Welt verkauft werden. In vielen Fällen findet man die supranormalen Reizsignale eher auf der Verpackung als im Inhalt. Eine umsatzstarke Industrie, die Werbung, ist fast ausschließlich damit beschäftigt, den optischen Lockeffekt der Produkte zu verstärken. Da viele moderne Erzeugnisse sich im wesentlichen gleich sind, muß ein Produkt nach allen Regeln der Werbung so gestaltet werden, daß es einladender erscheint als die Produkte der Konkurrenz. Form, Material, Aussehen und Farbe eines Produkts bekommen eine eminente Bedeutung.

Die wesentlichen Eigenschaften, die ein supranormaler Reiz besitzen muß, sind Aufforderungscharakter und Einprägsamkeit. Das bedeutet, daß bestimmte Elemente – und zwar die als besonders wichtig erachteten – überdeutlich von den andern abgehoben werden müssen. Wenn man zu viele Details gleichzeitig übernormal macht, kann das verwirren. Die Lösung des Problems liegt in der Tendenz zum Reizextremismus. Bestimmte Elemente (z. B. des Produktdesigns) werden vergrößert, die anderen verkleinert. Dadurch erhöht man die Wirksamkeit der Elemente, auf die es ankommt. Indem unwichtige Merkmale weggelassen oder heruntergespielt werden, erscheinen die betonten Elemente eindrucksvoller. Wir haben hier das Grundprinzip eines Prozesses vor uns, den man Dramatisierung nennt. Dieser Prozeß liegt den meisten unterhaltenden Kunstformen zugrunde,

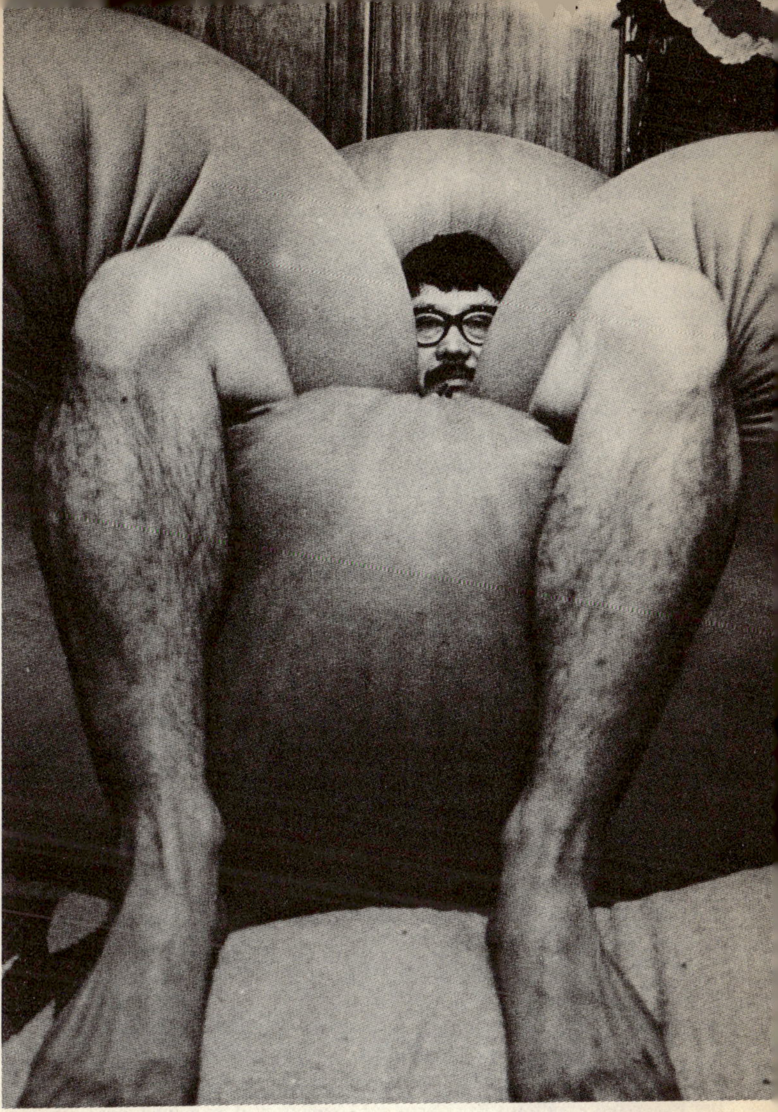

266 Die Technik ermöglicht es dem Menschen, es besser zu machen als die Natur. Er tut dies, indem er supranormale Varianten natürlicher Reize erfindet. Zum Beispiel: Wir lieben farbige Blumen, also züchten wir besonders farbenprächtige Sorten. Wir schlafen gern in einem weichen Bett, also erfinden wir das Wasserbett und eine ganze Reihe weiterer supraweicher Unterlagen, auf denen wir uns ausruhen und entspannen können.

der erzählenden Literatur, dem Film und dem Schauspiel. Würde man dort alltägliche Vorgänge entsprechend ihrem realen Ablauf zeigen, bliebe der Eindruck blaß; daher bedienen sich die Dramatiker der Technik der »Verdichtung« des Wichtigen unter Vernachlässigung der übrigen Details. Wenn die Überhöhung zu extrem ausfällt, wird sie offenkundig und verfehlt die beabsichtigte Wirkung. Wir weisen die Darstellung dann als melodramatisch zurück; wenn die Überhöhung aber gut gemacht ist, erleben wir in einem gerafften Moment emotionale Eindrücke, wie wir ihnen im alltäglichen Leben nicht begegnen. In manchen Bereichen, wie in Oper und Ballett oder im Zeichentrickfilm, kümmern wir uns nicht um diese Regel, sondern vergnügen uns gerade am Erreichen der Grenzen künstlicher Überhöhung. Kein Versuch wird hier gemacht, die Tatsache des Supranormalen zu verschleiern, und wir akzeptieren das bewußt als anerkannte Konvention. Ähnliches trifft für viele Kinderspielsachen wie Puppen und Marionetten zu, wo der Reizextremismus an der Tagesordnung ist. Es ist bezeichnend, daß dies am stärksten für die Spielsachen kleinerer Kinder gilt. Das ältere Kind verlangt realistischeres Spielzeug, das zu der wissenschaftlichen Grundlage seiner Schulbildung paßt.

Ein ähnlicher Entwicklungstrend ist bei Zeichnungen von Kindern im Laufe ihrer Entwicklung zu beobachten. Die Gestalten, die sehr kleine Kinder aufs Papier zeichnen, sind voller supranormaler Elemente, wie auch die überlieferten Kunstgegenstände der meisten vorgeschichtlichen und modernen primitiven Kulturen. Der Kopf ist ein wichtiger Bestandteil des menschlichen Körpers, also wird er größer als normal ausgeführt. Die Augen sind wichtig, also blicken uns die gemalten oder geformten Köpfe mit Riesenaugen an. Erst wenn die Kinder erwachsen werden, beginnen sie diese Übertreibungen zugunsten einer Annäherung an die wirklichen Größenverhältnisse zu reduzieren. Aber auch in der Kunst der Erwachsenen ist es nur in wenigen kurzen Epochen der Geschichte der Malerei und Bildhauerei das Bestreben der Künstler gewesen, ihre Umwelt so naturgetreu wie möglich nachzubilden. Beim Malen eines Bildes ist der Mensch von den Zwängen der Realität in ungeahntem Maße entbunden. Wenn eine Gestalt schnell läuft, kann er sie mit unmäßig langen Beinen versehen; wenn sie sexuell erregt ist, kann sie mit einem riesenhaften, abnorm langen Penis ausgestattet sein; wenn sie furchterregend wirken soll, kann sie einen weit aufgerissenen Rachen mit überlangen Fangzähnen zeigen. Die Anfügung künstlicher Zusätze und Übertreibungen an den realen menschlichen Körper ist letzten Endes aus Rücksicht auf Gewicht und Beweglichkeit begrenzt, aber bei der gezeichneten oder gemalten Figur sind solche Rücksichten unnötig, und die für eine supranormale Überhöhung vorgesehenen Elemente können hundertfach vergrößert werden.

Die Kunst der Karikatur lebt ausschließlich vom Prinzip des Reizextremismus. Der Karikaturist sieht das Gesicht eines Menschen als mehr oder

267 Viele Maler statten hübsche Mädchen mit supranormal langen Beinen aus. Das wird deutlich, wenn man Pin-up-Zeichnungen mit den Modellen vergleicht. Der Grund für diese künstliche Verlängerung der Beine scheint zu sein, daß Mädchen beim Erreichen der Pubertät längere Beine kriegen. Der Zeichner gibt den Mädchen durch die Übertreibung dieses Wachstumsvorgangs ein sexuell noch anziehenderes Äußeres.

267 △ 268 ▽

268 Der Schönheitssalon bietet viele supranormale Helferchen an, wie diese künstlichen Wimpern. Sie lassen die Augen größer erscheinen und machen den Augenaufschlag wirkungsvoller.

weniger große Abweichung von einem »Idealgesicht« und beurteilt, welche Merkmale unter diesem Gesichtspunkt etwas zu lang, zu breit, zu kräftig oder zu üppig entwickelt sind; indem er die natürlichen Abweichungen vom Idealbild jeweils um einige Grade weitertreibt, erhöht er die Wirkung seiner Zeichnung. Die Qualität seiner Karikatur wird letzten Endes nicht davon abhängen, bis zu welchem grotesken Ausmaß er überzeichnet, sondern von der Harmonie, die er zwischen den verschiedenen übertriebenen Merkmalen eines Gesichts herzustellen vermag. Der Vorgang ist im Grunde derselbe wie der, den man bei den künstlerischen Versuchen kleiner Kinder und primitiver Maler beobachten kann, aber im Fall des Karikaturisten liegt

der Schwerpunkt auf individuellen Abweichungen von der Norm und nicht so sehr auf der Darstellung allgemeiner menschlicher Körpermerkmale.
Die Definition des supranormalen Reizes kann so ausgeweitet werden, daß sie auch Gegenstände einschließt, zu denen es keine natürliche Entsprechung gibt. Um zwei typische Beispiele zu nennen: Da die Beine eines Mädchens länger werden, wenn es sich der Geschlechtsreife nähert, kann man lange Beine als »sexy« bezeichnen. Zeichner von Pin-up-Bildern übertreiben daher die Länge der Mädchenbeine. Vergleicht man die Maße der gezeichneten Mädchen mit denen ihrer lebenden Modelle, stellt sich heraus, daß die Beine bis zum Eineinhalbfachen verlängert wurden. Das ist ein kühner Versuch, der Natur unter die Arme zu greifen. Stellen wir uns statt dessen ein Produkt von Menschenhand, zum Beispiel ein Auto, vor. Hier gibt es keine natürlichen Proportionen, von denen man ausgehen kann, und doch findet man unleugbar supranormale Wagentypen bei den jährlichen Automobil-Ausstellungen. Die Karosseriedesigner bemühen sich genauso wie die Pin-up-Zeichner, bei den Leuten, die ihre Erzeugnisse bestaunen, eine supranormale Reaktion auszulösen. Aber was ist für ein künstliches Produkt wie ein Auto normal? Es gibt kein »natürliches« Auto, an dem man die supranormale Gestaltung messen könnte. Die Antwort lautet, daß es bei Produkten von Menschenhand gewöhnlich eine »konventionelle« Form gibt, an der Weiterentwicklungen gemessen werden können. Auf jeder Stufe der Geschichte des Automobils hat es einen beherrschenden und daher »normalen« Wagentyp gegeben. Die Schablone steht hier nicht fest wie beim Mädchenbein. Sie verändert sich von Jahr zu Jahr. Mit jedem Fortschritt ändert sich zwangsläufig der Standard des »Normalen«. Die Situation ist weit beweglicher als im Fall der supranormalen Verformung natürlicher Objekte, aber die Prinzipien, nach denen vorgegangen wird, bleiben dieselben.
Auf der ganzen Erde finden ständig künstliche Weiterentwicklungen dieser Art statt. Wir sind unermüdliche Übertreiber und lassen dabei kein Element unserer Umwelt aus. Oft machen wir bestimmte Dinge so reizbetont, daß wir an Reizverstopfung zu leiden beginnen. Wir sehnen uns dann von den überwürzten Fleischtöpfen zu der einfachen, schlichten Nahrung. Da wir nicht wie andere Tierarten den Kompromissen der Überlebenssicherung unterworfen sind, stoßen wir mit den manchmal recht abwegigen Ausgeburten unserer Übertreibungslust, so erregend sie anfänglich sein mögen, immer wieder auf einen Sättigungspunkt, wo die Objekte ihre Anziehungskraft verlieren und durch andere ersetzt werden müssen. Nachdem wir eine Spielart des Supranormalen verschlissen haben, wenden wir uns einer anderen zu, suchen unserer Probierlust ein neues Objekt und verweilen dabei, bis es auch zum alten Hut geworden ist. Mit anderen Worten: Wir tun das Alte in neuem Gewand. Darin erkennen wir die eigentliche Grundlage dessen, was wir »Mode« nennen.

## Ästhetisches Verhalten

### Unsere Reaktion auf das Schöne in Natur und Kunst

Ästhetisches Verhalten ist die Suche nach dem Schönen. Das ist leicht gesagt, aber schwer zu erklären, weil Schönheit eine so »flüchtige« Eigenschaft ist, besonders in der Biologie. Sie besitzt keine ohne weiteres erkennbare Beziehung zu den grundlegenden Formen menschlichen Überlebensverhaltens, etwa zur Ernährung, zur Fortpflanzung, zum Schlaf oder zur elterlichen Fürsorge. Und doch ist sie aus unserem Dasein nicht wegzudenken: Wir verbringen viele Stunden damit, Schönheit auf uns *einwirken* zu lassen. Nur so kann man die »Betroffenheit« von Männern und Frauen beschreiben, die gedankenverloren im Museum vor einem Bild stehen, atemlos einer Musikdarbietung lauschen, anderen beim Tanz zuschauen, eine Skulptur betrachten, in den Anblick einer Blume versunken sind, durch eine Landschaft wandern oder genießerisch einen guten Wein kosten. In jedem dieser Fälle leiten die menschlichen Sinnesorgane Eindrücke von außen an das Gehirn weiter, deren Empfang Selbstzweck zu sein scheint. Der erfahrene Weinkenner geht sogar so weit, daß er den Wein nach dem Kosten ausspuckt, wie um zu unterstreichen, daß es sein Bedürfnis nach Schönheit ist, das er befriedigen will, und nicht sein Durst.

Man kann sagen, daß praktisch jede Kultur sich auf die eine oder andere Weise ästhetisch äußert; das Verlangen nach Erfahrung des Schönen ist also weltweit von Bedeutung. Man kann ebenfalls sagen, daß es dabei keinen absoluten Maßstab gibt. Nichts wird überall und bei allen Völkern gleichermaßen als schön empfunden. Jeder Gegenstand, der irgendwo als schön verehrt wird, würde irgendwo anders als häßlich verabscheut. Diese Tatsache führt einen großen Teil der ästhetischen Theorien *ad absurdum*, und vielen Menschen fällt es schwer, dies anzuerkennen. Oft hört man, diese oder jene besondere Form der Schönheit trage ihren ästhetischen Wert in sich, besitze eine innewohnende Gültigkeit und müsse einfach von jedermann gewürdigt werden. Wahr ist jedoch, daß »das Schöne« nur im Gehirn des Betrachters existiert.

Kann dann überhaupt eine Aussage über die Biologie des Schönen getroffen werden? Wenn jeder seine eigene Vorstellung davon hat, was anziehend und was abstoßend ist, und wenn diese Vorstellungen von Ort zu Ort und von Zeit zu Zeit wechseln, kann dann überhaupt etwas anderes über den Schönheitssinn gesagt werden, als daß er eine Sache des persönlichen Geschmacks ist? Anscheinend gelten in jedem Fall bestimmte Grundregeln. Diese lassen den genauen Charakter des jeweiligen Schönheitsobjekts offen, erklären aber, wie wir Menschen in den Besitz eines Schönheitssinns kamen, und wie dieser heute gelenkt und beeinflußt wird.

Wenn wir für den Augenblick von Menschenhand gefertigte Gegenstände beiseite lassen und uns auf unsere Beziehung zu natürlichen Dingen beschränken, machen wir zunächst einmal die Entdeckung, daß schöne Objekte keine isolierten Erscheinungen sind – sie treten in Gruppen auf. Man kann sie klassifizieren. Blumen, Schmetterlinge, Vögel, Steine, Bäume, Wolken, all die Bestandteile der Umwelt, die wir so anziehend finden, erscheinen in verschiedenen Formen, Farben und Größen. Wenn wir ein einzelnes Exemplar anschauen, erblicken wir vor unserem geistigen Auge auch *alle anderen* Exemplare, die wir vorher gesehen haben. Wenn wir eine neue Blume wahrnehmen, sehen wir sie vor dem Hintergrund unserer Kenntnis aller anderen Blumen, denen wir schon begegnet sind. Unser Gehirn hat diese Informationen in eine spezielle »Ablage« eingeordnet, auf der »Blumen« steht, und sobald unser Auge auf einer neuen Blume verweilt, wird ihr optischer Eindruck sofort mit all jenen gespeicherten Informationen verglichen. Was wir sehen, *wird* in Wirklichkeit erst nach dieser komplizierten Vergleichsprozedur *zur Blume.*

Das menschliche Gehirn ist (unter anderem) ein hervorragender Sortierapparat, und jedesmal, wenn wir durch eine Landschaft wandern, speichert es begierig die neuen Erfahrungen und vergleicht sie mit den alten. Es klassifiziert alles, was wir sehen. Der Überlebenswert dieser Fähigkeit ist offensichtlich: Unsere frühen Vorfahren mußten, wie andere Säugetiere auch, die umgebende Welt bis in jede Einzelheit kennen. Ein Affe muß zum Beispiel viele verschiedene Baum- und Buscharten seiner Waldheimat kennen und beurteilen können, er muß wissen, in welchen er zu einer bestimmten Jahreszeit reife Früchte findet, welche giftig und welche dornig sind. Ein Affe, der überleben will, muß also ein guter Botaniker werden. Ebenso muß ein Löwe ein guter Zoologe werden, denn er muß auf den ersten Blick entscheiden können, welches Beutetier er vor sich hat, wie schnell es laufen kann und welchem Fluchtmuster es voraussichtlich folgen wird.

Der Urmensch mußte ebenfalls ein meisterlicher Beobachter werden, er mußte Form, Farbe, Zeichnung, Bewegungsweise, Laute und Geruch aller Tiere und Pflanzen kennen. Die einzige Möglichkeit, das zu erreichen, bestand in der Entwicklung eines vitalen Bedürfnisses nach Einordnung all dessen, was ihm im täglichen Leben begegnete. Ich nenne dieses Bedürfnis *Taxophilie* (wörtlich: Liebe zur Einordnung) und behaupte, daß es im Laufe der Entwicklung so wichtig wurde, daß es sich zu einem unabhängigen Trieb entwickelte. Es wurde so grundlegend und selbständig wie die Bedürfnisse nach Nahrung, Sex und Schlaf. Zu Anfang mögen unsere Urahnen nur bei der Nahrungssuche Beeren und Antilopen klassifiziert haben, aber schließlich taten sie es auch ohne Hunger und Durst – sie klassifizierten um des Klassifizierens willen. Wieder liegt der Überlebenswert dieser Errungenschaft auf der Hand: Wenn wir von früher Kindheit an einem starken Bedürfnis nach systematischer Einordnung und Zuordnung alles Gesehenen in »Gehirnfächer« folgen, können wir in einer Gefahrensituation

269 Dem ästhetischen Verhalten liegt das vitale menschliche Bedürfnis nach klassifizierender Einordnung seiner Umwelt zugrunde. Diese »Taxophilie« manifestiert sich in mehreren Formen, deren eine die menschliche Sammelleidenschaft ist.

schnell die richtige Schublade ziehen und das dort gespeicherte Wissen unmittelbar zu unserem Nutzen einsetzen.
Schulkinder klagen oft über die Riesenmengen scheinbar unnützen Wissens, das man ihnen beibringt. Wären sie Kinder der Jäger und Sammler der Steinzeit, dann würden sie ihre Lektionen aus erster Hand, mit größerem Nachdruck und mit größerer Überzeugung lernen. In der Welt des Klassenzimmers kann die Botanik als abseitige, die Geologie als langweilige und die Insektenkunde als sinnlose Beschäftigung erscheinen. Doch trotz solcher Klagen ist auch heute der taxophile Drang noch stark genug, um sicherzustellen, daß sich junge Menschen selbst in der sterilen Atmosphäre der Schule eine riesige Menge Tatbestände einprägen, obwohl sie die meisten Dinge, von denen sie hören, niemals mit eigenen Augen gesehen haben. Diese erstaunliche Fähigkeit entfaltet sich noch stärker, wenn das Kind in eine Umgebung versetzt wird, in der sich die Taxophilie unmittelbarer umsetzen kann. Fragen Sie einen in der Schule offenbar hoffnungslosen Schüler nach den neuesten Fußballergebnissen, den Namen der Spieler oder den Vereinsfarben, und er wird Sie, falls er ein Fan ist, sofort mit einem Schwall von Namen und Daten überschütten, die er alle sorgfältig im Gedächtnis registriert hat. Ein anderes Kind wird Ihnen auf Anfrage die neuesten Schallplatten und Titel sowie die Namen aller Sänger und Musiker der letzten Jahre aufsagen, sofern es diesem Hobby frönt. Dieser Prozeß be-

ginnt überraschend früh. Spielen Sie mit einem Vierjährigen meinetwegen »Autotypen erkennen«, und er wird bald über hundert verschiedene Automodelle auseinanderhalten können. Das Menschentier ist also ein Meister der Informationsklassifizierung – und fast alle klassifizierbaren Daten werden registriert, vorausgesetzt, sie kommen aus der realen Umwelt und werden als Teil der Welt erkannt, in der das Kind lebt.
Dieser taxophile Drang ist es, der unserem Sinn für Schönheit zugrunde liegt. Wenn wir einen unbekannten Vogel zum erstenmal singen hören oder in einem noch nie gesehenen Garten spazierengehen, kann es geschehen, daß wir das Gehörte oder Gesehene als sehr angenehm empfinden und ausrufen: »Wie schön!« Die Quelle unserer Freude scheint der singende Vogel oder der Garten zu sein, und doch trifft das nicht den Kern. Es ist die Neuheit der Erfahrung, die wir gegenüber allen unseren vorausgegangenen Erfahrungen in diesem Bereich empfinden. Wir vergleichen die Melodie des Vogels augenblicklich mit dem früher gehörten ähnlichen Vogelgesang, den Garten mit den früher gesehenen Gärten. Die Schönheit ergibt sich aus dem Vergleich, sie ist relativ, nicht absolut.
Wenn aber Schönheit eine Folge klassifizierbarer Beziehungen ist, dann trifft das auch für Häßlichkeit zu, und der Unterschied zwischen beiden bleibt zu definieren. Die Antwort liegt in der Art und Weise, wie wir bei der Klassifizierung unserer Umwelt die einzelnen »Klassen« bilden. Jede Klasse oder Kategorie erkennt man an bestimmten Eigenschaften der darunter erfaßten Gegenstände, durch die diese ähnlich, wenn auch nicht identisch erscheinen. Wir ordnen sie in unser Gedächtnis ein, indem wir sie aufgrund ihrer gemeinsamen Eigenschaften zusammenfassen. Je mehr gemeinsame Eigenschaften zwei Dinge aufweisen, desto enger wird ihre Nachbarschaft in unserem taxophilen Denken. Oft verläuft dieser Einordnungsprozeß unbewußt, und wir werden uns vielleicht gar nicht bewußt, daß wir ihn vollzogen haben. Dennoch ist er lebenswichtig. Er führt letzten Endes zur Aufstellung einer Anzahl von Regeln, nach denen wir bestimmen, was als »ein Lied« oder als »ein Blumengarten« zu gelten hat. Wenn wir nun ein neues Lied oder aber einen unbekannten Garten kennenlernen, analysieren wir unbewußt, wie gut diese Dinge mit unserem Vorverständnis von ihnen harmonieren.
Haben wir uns beispielsweise darauf festgelegt, daß das Lied eines Vogels eine »lange Abfolge reiner Töne wechselnder Höhe« sein soll, werden wir eine neue Vogelmelodie dann schön finden, wenn sie diese Eigenschaften ungewöhnlich gut erfüllt. Sind die Töne rauh, die Melodie kurz und monoton, werden wir das Ganze wahrscheinlich einen armseligen oder häßlichen Gesang nennen. Wenn wir festgelegt haben, daß ein Blumengarten ein Feuerwerk von Farben mit großen Blüten in reinen, kontrastreichen Tönen zu sein hat, dann läßt sich jeder unbekannte Garten ebenso leicht in diesem »Gütemaßstab« messen.

Nehmen wir zum Unterschied einmal an, wir würden einen gedämpfteren, zarteren Vogelgesang vorziehen oder im Blumengarten zurückhaltendere, ruhigere Farben bevorzugen, was dann? Dann sähe unser Wertmaßstab anders aus, und wir würden auf den neuen Vogel oder den unbekannten Garten anders reagieren. Wir würden beides als übertrieben empfinden. Die Willkürlichkeit des Schönheitsbegriffs leuchtet hier unmittelbar ein. Alles hängt von der vorhergehenden Erfahrung ab, die unser Gedächtnis gespeichert hat, und die die »Spielregeln« für Vogelgesang oder Blumengarten geprägt hat. Da wir aber alle in der gleichen Welt leben, kann es da Unterschiede in der Vorstellung vom Schönen geben? Die Antwort liegt in einem Vorgang, den man »Reizgeneralisierung« nennt. Ein Beispiel: Wenn ein kleiner Junge von einem Hund gebissen wird, wird er möglicherweise bald alle Hunde hassen. Seine Angst vor dem Hund, der ihn gebissen hat, wird sich zunächst auf alle Hunde derselben Rasse übertragen; er kann sie aber noch weiter generalisieren und schließlich alle Hunderassen fürchten. Auf einmal sind für ihn alle Hunde bösartige, wilde, übelriechende Biester, während sie vorher eine sorgsam abgestufte Hierarchie mit verschiedenen Schönheitsgraden bildeten. Vor dem Biß vermochte er, wie die meisten Menschen, feine Unterschiede zu machen – vielleicht nicht ganz so gut wie eine Jury bei einer Hundeausstellung, aber doch mit einer vernünftig gestaffelten Bewertungsskala. Jetzt ist sein persönliches Urteil verzerrt. Es gibt für ihn keinen schönen Hund mehr. Der Prozeß der Reizgeneralisierung, der hier stattgefunden hat, kann potentiell bei jedem Menschen und in jedem Bereich auftreten.

Es gibt viele derartige Einflüsse. Wenn jemand, von dem wir nichts halten, für Vogelgesang schwärmt, werden wir unweigerlich erleben, wie aus dem süßen Zwitschern für uns ein nervtötender Ohrwurm wird. Wenn jemand, von dem wir sehr viel halten, Schweine liebt, kann es sein, daß wir bald die verborgene Schönheit im Grunzen einer Sau entdecken. Wenn ein Gegenstand, der einst billig war, Seltenheitswert bekommt, wird uns vielleicht seine Schönheit plötzlich auffallen, und wir wundern uns, warum wir sie nicht schon früher bemerkt haben.

Das alles scheint ziemlich selbstverständlich zu sein, dennoch hält sich der Gedanke beharrlich, es gäbe so etwas wie eine innewohnende Schönheit. Nirgendwo wirkt dieses Vorurteil beharrlicher weiter als in der Welt der »weiblichen Schönheit« – der Welt der Körperform des Menschenweibes, der Welt der Schönheitskonkurrenzen und der »idealen« Modelle für den bildenden Künstler. Jahrhundertelang haben Männer über die diffizile Frage der vollkommenen weiblichen Form gestritten, aber keinem ist es gelungen, diese Frage zu klären. Immer noch ändert sich das Ideal des als schön empfundenen weiblichen Körpers von Epoche zu Epoche oder von Gesellschaft zu Gesellschaft. Zu jeder Zeit und an jedem Ort schafft man sich neue Ideale und verteidigt sie heftig. In der einen Kultur ist es von

270 Die heutigen internationalen Schönheitswettbewerbe versuchen, weltweit anerkannte Siegerinnen zu küren, aber das ist schon wegen der großen Vielfalt menschlicher Körperbautypen ein zum Scheitern verurteiltes Unterfangen. Heutige »Miss-Welt«-Bewerberinnen haben durchschnittliche Maße von 89 (Brust) – 61 (Taille) – 89 (Hüfte).

größter Wichtigkeit, daß ein Mädchen so dick wie möglich, in einer andern kommt es darauf an, daß sie möglichst schlank und biegsam ist; wieder in einer anderen soll sie Sanduhrform mit Wespentaille haben. Was das Gesicht betrifft, so gibt es eine ganze Reihe unterschiedlicher jeweils bevorzugter Proportionen; fast jeder Bestandteil des Gesichts wird in unterschiedlichen Gegenden und Epochen unterschiedlichen »Schönheitsregeln« unterzogen. Gerade, spitze Nasen oder kleine Stupsnasen; blaue oder dunkle Augen; üppige Lippen oder zarte Lippchen: Alles findet seine Anhänger.

Aufgrund dieser Unterschiede entsteht immer dann, wenn man versucht, Schönheitsköniginnen über alle Kulturen hinweg zu finden, wie bei den Miss-World- und Miss-Universum-Wahlen, eine groteske Situation. Bei diesen Konkurrenzen ermutigt man Bewerberinnen aus Kulturen zur Teilnahme, deren Schönheitsideale untereinander deutlich differieren, und beurteilt sie dann so, als stammten sie alle aus einer einzigen (westlichen) Kultur. Im Weltmaßstab sind die Ergebnisse solcher Wettbewerbe unsinnig und unfair gegenüber allen teilnehmenden nichtwestlichen Kulturen. Die Mädchen, die nicht aus westlichen Ländern kommen, müssen von ihren heimatlichen Auswahlgremien nicht nach den dort gültigen Schönheitsmaßstäben, sondern nach dem Grad ihrer Ähnlichkeit mit dem gegenwärtigen westlichen Ideal ausgesucht werden. Wenn dann ein schwarzes Mädchen gewinnt, so deshalb, weil es einen »weißen« Körper hat; wenn eine Orientalin gewinnt, dann nur, weil ihre Proportionen ungewöhnlich europäisch sind. Mädchen aus Kulturen, wo extrem entwickelte Hinterbacken, eine verlängerte Klitoris oder ungewöhnlich große Schamlippen die geschätztesten Attribute weiblicher Schönheit sind, brauchen sich gar nicht erst zu bewerben. Sie würden nicht einmal das Semifinale erreichen.

Die einzigen Maße, die gegenwärtig für Bewerberinnen zur Miss-World-Wahl relevant sind, sind die sogenannten »Grunddaten«: Büsten-, Taillen- und Hüftweite. Der Durchschnitt der siebziger Jahre beläuft sich auf 89–61–89 Zentimeter. Wenn wir die Uhr in vorgeschichtliche Zeiten zurückdrehen, können wir diese Zahlen zwar nicht mit den Maßen der damals lebenden Frauen vergleichen. Aber wenn wir annehmen, daß die erhalten gebliebenen Schnitzfiguren das Frauenideal jener Zeiten repräsentieren, zeigen sich erstaunliche Unterschiede. Eine der ältesten aller »Schönheitsköniginnen« ist die Venus von Willendorf, eine kleine Steinskulptur aus Mitteleuropa. Wenn wir sie als »Miss Altsteinzeit« (ca. 20000 v. Chr.) betrachten, hätten ihre Grunddaten, auf Fleisch und Blut umgerechnet, stattliche 244–226–244 cm betragen! »Miss Indus«, im Jahr 2000 v. Chr., hätte 114–86–160 cm gemessen, und »Miss Zypern« von 1500 v. Chr. 109–107–112. Noch später, 1000 v. Chr., hätte »Miss Amlasch« die atemberaubenden Proportionen 97–112–198 aufgeboten; aber »Miss Syrien«, ebenfalls 1000 v. Chr., wies beinahe moderne 79–66–91 auf.

Eines wird daraus klar: Ob wir uns im Raum oder in der Zeit bewegen, wir stoßen auf bemerkenswerte Variationen der idealen weiblichen Körperform, und jede Hoffnung, eine absolut perfekte weibliche Schönheit zu finden, muß aufgegeben werden. Das bedeutet natürlich nicht, daß es keine grundlegenden Weiblichkeitssignale, und genausowenig, daß es beim Mann keine angeborene Empfänglichkeit für diese Signale gäbe. Geschlechtsmerkmale und sexuelle Aufforderungssignale sind bei unserer Art genauso vorhanden wie bei jeder anderen. Aber diese sexuellen Körpermerkmale finden wir bei jeder Frau, egal, ob sie nach den geltenden Maßstäben häßlich oder schön ist. Ein häßliches Mädchen kann vollständig mit den anatomischen Kennzeichen der Weiblichkeit ausgestattet sein, funktionierende Gebärorgane besitzen, ein hervorragender Kamerad sein und ein charmantes Wesen haben – und doch findet ein Mann sie trotz alledem vielleicht so unattraktiv, daß er es nicht fertigbrächte, mit ihr zu schlafen.
Ein Affe könnte das kaum verstehen. Kein Affenmännchen zieht die relative Schönheit eines Weibchens seiner Art in Betracht. Für ihn ist Weibchen gleich Weibchen. Es gibt keine häßlichen Affen. Der Menschenmann jedoch sieht in der Frau seiner Art sowohl die Angehörige des anderen Geschlechts als auch das seinen Schönheitskriterien unterworfene Individuum. Sein hochentwickelter taxophiler Drang bemächtigt sich fast aller seiner Interessenbereiche, er klassifiziert und bewertet unnachsichtig alles, was ihm vor Augen kommt, und seine Reaktion auf die Frau macht da keine Ausnahme. Das hat zur Folge, daß eine winzige Abweichung, wie etwa die Krümmung einer Nase oder die Rundung einer Wange, den entscheidenden Unterschied zwischen Anziehung und Abstoßung bewirken kann.
Es ist offensichtlich, daß die besondere Form des Gesichts oder gar die präzisen Maße des Busens die »praktische« Eignung einer Frau als lebenslange Aufzuchtpartnerin kaum kennzeichnen. Aber sie sind eben die Feinheiten, die sich als wichtige Elemente menschlicher Schönheitsbewertung ergeben haben und bei der Partnerwahl häufig eine Rolle spielen.
Falls dieser Trend sich fortsetzen sollte, würde er schließlich zu einer immer breiteren Kluft zwischen den Schönen und den Häßlichen führen, wenn Schönheit sich mit Schönheit und Häßlichkeit sich mit Häßlichkeit paaren und superschöne bzw. superhäßliche Nachkommen produzieren würde. Verschiedene Faktoren verhindern jedoch eine solche Entwicklung, darunter etwa die Tatsache, daß ein »häßlicher Reicher« manchmal einem »schönen Armen« vorgezogen wird. Viele Menschen verbieten es sich auch im letzten kritischen Moment der Entscheidung für oder gegen einen Lebenspartner, dem Imperativ ihres Schönheitssinns zu folgen. Sie bauen ihre Entscheidung statt dessen auf einer solideren Grundlage, auch wenn sie vorher stets Lippenbekenntnisse für den ästhetischen Reiz des menschlichen Körpers abgelegt haben. Solche Menschen können das Spiel mit der Schönheit auch nach dem Eingehen einer Partnerschaft weiterspielen, in-

271 Wenn Menschen heiraten, beruht ihre Partnerwahl eher auf dem Schönheitsideal des andern als auf seinen Qualitäten als lebenslanger Aufzuchtgefährte. Die Folge ist, daß solche Paarbeziehungen oft scheitern.

dem sie Filmstars, Pin-up-Modelle oder Straßenpassanten abtaxieren, aber sie verbannen diesen Vorgang in ihre Phantasiewelt.
Wenn wir uns der Frage der Ästhetik künstlicher Gegenstände zuwenden, befinden wir uns in dem üblicherweise als *Kunst* bezeichneten Bereich. Kunst kann am besten als Schönheit aus Menschenhand definiert werden und tritt in zwei Hauptformen auf: der darstellenden und der bildenden Kunst. Die darstellenden Künste liefern ästhetische Ereignisse, die bildenden Künste schaffen ästhetische Gegenstände. In beiden Fällen entspringt der Eindruck der Schönheit vorwiegend unserem subtilen Vergleichen und Klassifizieren der dargestellten Motive, wie es auch bei den Naturobjekten geschieht. Der Unterschied ist, daß wir im Falle natürlicher Schönheit das Motiv aus unserer Umwelt wählen. Wir machen es nicht, sondern isolieren es. Im Fall der Kunst schaffen wir es jedoch selbst.
Das führt zu einem neuen Problem: Wie gelangt man zu einem Motiv, dessen Variation Vergnügen bereitet? Wenn wir beispielsweise die Schönheit wilder Tiere oder wildwachsender Blumen genießen wollten, wäre keine Kreativität nötig. Ihre Schönheit besteht bereits, die Evolution hat uns die schöpferische Arbeit abgenommen. Wenn wir uns jedoch beispielsweise entschließen, ein Bild zu malen, sind wir gezwungen, unsere eigenen evolutionären Kräfte in das entstehende Werk einfließen zu lassen.

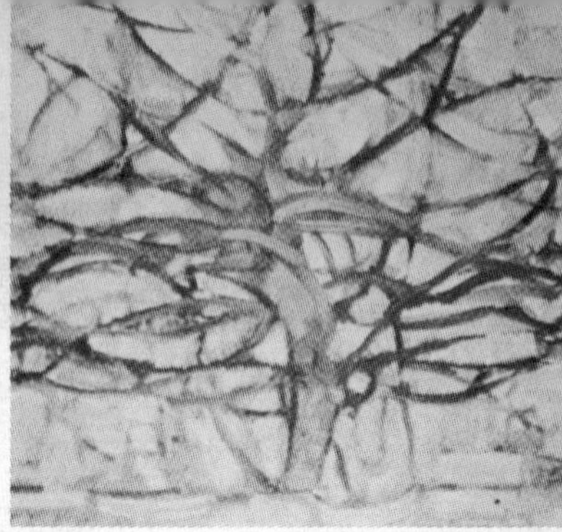

272 △ 274 ▽ 273 △

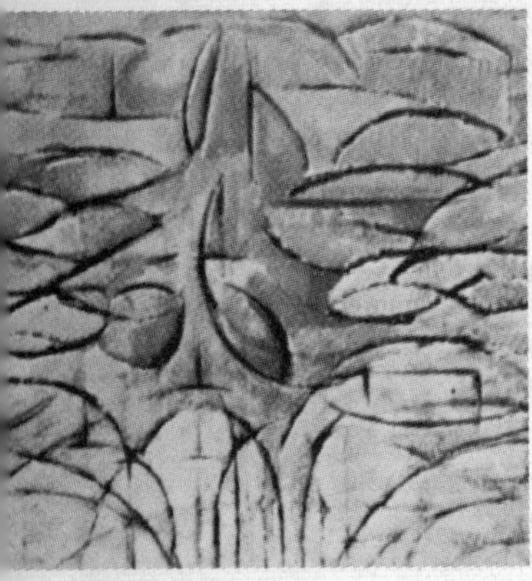

272–274 Der bildende Künstler, gleich welcher Stilrichtung, erlegt seinem Schaffen stets eine strenge Formalisierung auf. Auch wenn er, wie der niederländische Maler Mondrian, von der Abbildung eines Baums zur Darstellung von Einzelteilen und zu abstrakten Mustern übergeht, unterwirft er seine optischen Motive streng durchgehaltenen formalen Prinzipien. Sein Erfolg hängt letzten Endes davon ab, wie gut er mit ihnen spielt.

Der Maler, der auf die leere Leinwand starrt, und der vor einem stummen Flügel sitzende Komponist sind im Besitz der vollen Verantwortung. Sie gehen vom »Nichts« aus, oder besser vom »Alles«. Der erste Schritt zu Beginn einer künstlerischen Arbeit ist theoretisch vollkommen offen. Jede denkbare Form, eben *alles,* kann auf der Leinwand entstehen, jede Note kann gespielt werden. Dies ist die zusätzliche Herausforderung für den Künstler: Sie bedeutet den Gegensatz zur unabhängig vom Individuum bestehenden Naturschönheit. Wie begegnet der Künstler dieser an ihn herantretenden Herausforderung?

Die Antwort: Er erlegt sich selbst sogleich ein äußerst strenges Formprinzip auf. Mit einem Wort, er formalisiert. Jede Form ist brauchbar, solange sie die Möglichkeit komplexer Variation bietet. Er kann die Form aus der Natur kopieren – einen Baum zum Beispiel, oder eine Tonfolge aus dem Gesang eines Vogels übernehmen. Oder er macht ein geometrisches Muster aus einer geologischen Struktur zum Ausgangspunkt. Hat er einmal mit den von der Natur ausgeborgten Formen zu experimentieren begonnen, kann er seine Motive schnell immer weiter von diesem natürlichen Ausgangspunkt entfernen, bis er zu relativ abstrakten Formen gelangt. In der Musik hat dieser Vorgang schon vor langer Zeit stattgefunden. Die visuellen Künste haben dagegen erst vor kurzem damit begonnen, die abstrakten Möglichkeiten des Malens und der Plastik zu erkunden.

Ob der Künstler sich nun eng an die abgebildeten Naturobjekte hält oder aber ganz neue, abstrakte Kompositionen schafft, seine Arbeit wird letzten Endes nicht anhand irgendwelcher absoluter Werte beurteilt, sondern danach, wie erfinderisch er die gewählten Motive variiert hat. Die Qualität des von ihm geschaffenen Schönen wird davon abhängen, inwieweit es ihm gelingt, die naheliegendsten Varianten zu vermeiden, und wie gut er es bewerkstelligt, kühne, geistvolle, amüsante oder überraschende Varianten des Motivs zu gestalten, ohne es im Kern zu zerstören. Dies ist das Wesen »gemachter« Schönheit, ein Spiel, das das Menschentier mit vollendeter Meisterschaft zu spielen weiß.

## Einseitigkeit

### Linkshänder und Rechtshänder

Ein großer Teil menschlichen Verhaltens ist asymmetrisch. Einseitigkeit erleben wir immer dann, wenn eine Handlung die eine Seite des menschlichen Körpers stärker beansprucht als die andere. Jedesmal, wenn wir winken, zwinkern, Hände schütteln, eine Augenbraue hochziehen, klatschen, ein Auge ans Fernrohr legen, die Arme oder Beine kreuzen, sind wir gezwungen, die eine Seite gegenüber der anderen zu bevorzugen. Jede derartige Handlung erfordert eine klare Entscheidung, die normalerweise spontan und unbewußt erfolgt, die beiden Hälften des Körpers unterschiedlich zu mobilisieren. Unentschiedenheit oder Unsicherheit würde zur Tatenlosigkeit führen.

Das Problem stellt sich bereits in früher Kindheit und macht eine merkwürdige Entwicklung durch. Mit zwölf Wochen benutzt der Säugling normalerweise beide Hände mit gleicher Kraft, aber mit 16 Wochen greift er meist auf die linke Hand zurück, wenn er Kontakt herstellen will. Mit 24 Wochen ist er wieder umgeschwenkt und zeigt eine starke Tendenz zur Beidhändigkeit. Dann, mit 28 Wochen, wird er wiederum einseitig, diesmal zugunsten der rechten Hand. Mit 32 Wochen ist er wieder beidhändig. Im Alter von 36 Wochen gibt es einen erneuten Umschlag, diesmal bei der Mehrzahl aller Kinder zugunsten der linken Hand. Zwischen der 40. und 44. Woche dominiert wieder die Rechte. Mit 48 Wochen zeigen einige Kinder noch einmal einen Ausschlag nach links, und dann, zwischen der 52. und 56. Woche, übernimmt die rechte Hand erneut die Führungsrolle.

Das Pendel hat damit noch nicht zu schwingen aufgehört. Mit 80 Wochen sorgt die rechte Hand für neue Verwirrung, indem sie ihre Vorherrschaft abgibt und erneuter Beidhändigkeit Platz macht. Wenn das Kind das Alter von zwei Jahren erreicht hat, dominiert die Rechte wieder, aber zwischen zweieinhalb und dreieinhalb Jahren kehrt wieder Symmetrie ein. Stabilität stellt sich endlich um das vierte Lebensjahr herum ein, und sie hält sich, bis das Kind schließlich im Alter von acht Jahren eine dauerhafte Disposition erreicht hat, bei der eine Hand eindeutig über die andere dominiert.

Das befremdlichste Merkmal dieser langen Entwicklung ist, daß an ihrem Ende Menschen stehen, die einen starken Hang zur Rechtshändigkeit zeigen. Grob gesprochen sind etwa neun von zehn Schulkindern von Natur aus Rechtshänder, eines Linkshänder. Niemand hat je befriedigend erklären können, warum dieses seltsame Verhältnis für unsere Spezies charakteristisch ist. Es bleibt dies eins der kleinen Geheimnisse des menschlichen Lebens.

Es ist ein unordentliches Verhältnis; 50 : 50 oder 100 : 0 wären leichter zu verkraften. Und doch führt kein Weg daran vorbei, daß auf der ganzen Welt ein Zehntel der Bevölkerung sich weigert, der Mehrheitsfraktion der

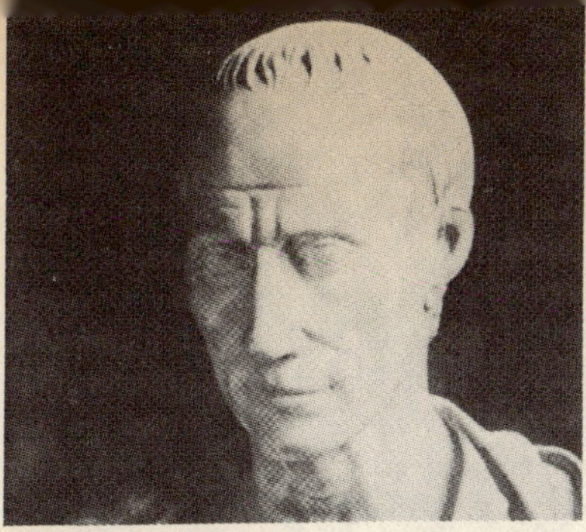

275 △ 276 △

277 △ 279 ▽ 278 △ 280 ▽

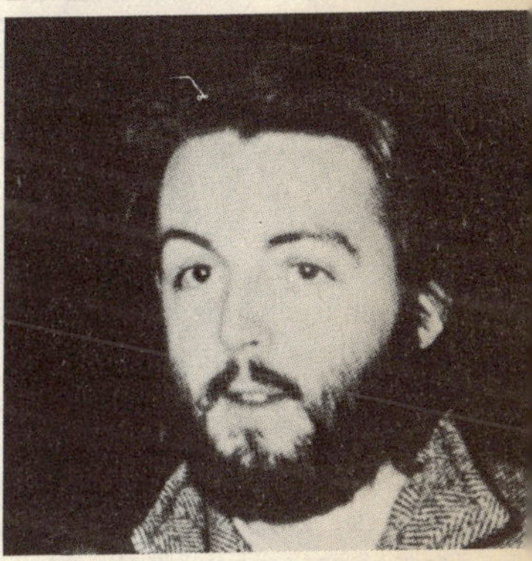

275–280 Was haben alle diese berühmten Personen gemeinsam? Julius Caesar (275), Harry S. Truman (276), Judy Garland (277), Hans Holbein (278), Leonardo da Vinci (279) und Paul McCartney (280). Die Antwort: Sie alle waren oder sind Linkshänder. Jeder von uns hat »Schlagseite« nach einer Körperhälfte hin, wobei ungefähr 10 Prozent der Weltbevölkerung von Natur aus Linkshänder sind.

Rechtshänder beizutreten. Es konnte nicht ausbleiben, daß die Mehrheit wiederholt versuchte, die unglückliche Minderheit zu unterdrücken (diese »Minderheit« dürfte sich heute immerhin auf etwa 400 Millionen Linkshänder belaufen). Linkshändigkeit wurde nach unterschiedlich strengen Maßstäben verlacht, bestraft oder verboten. In vielen vergangenen – und auch noch manchen heutigen – Kulturen wurden und werden die Lehrer und die Eltern ermuntert, ihre linkshändigen Kinder auf den »rechten« Weg zu bringen. Aufgeklärtere Erziehungsbehörden sind jetzt in vielen Ländern von dieser Politik abgegangen und erlauben den Kindern, sich gemäß ihrer natürlichen Disposition zu entwickeln. Trotzdem blickt man auf Linkshänder immer noch etwas scheel herab; bei ihnen geht es, im Doppelsinn des Wortes, nicht ganz mit »rechten« Dingen zu.

In vielen Sprachen gibt es beleidigende Wörter für den Linkshänder. Im Englischen bedeutet *sinister* (das von dem lateinischen Ausdruck für »linkshändig« abgeleitet ist) »finster« oder »böse«. Das französische Wort *gauche* bedeutet nicht nur »links«, sondern auch »linkisch« oder »schwerfällig«. Im Italienischen finden wir *mancino,* das auch »unehrlich« oder »treulos« bedeutet, im Portugiesischen *canhoto* mit der Zweitbedeutung »schwächlich« oder »falsch« (im Sinne von »unehrlich«). Und im Spanischen gibt es *zurdo* »linkshändig« mit der Bedeutung »den falschen Weg gehen«.

Die Bibel stellt klar, daß Gott Rechtshänder, der Teufel aber Linkshänder ist. Die Schafe werden eingeladen, zur rechten Hand Gottes zu sitzen, während die Böcke links Platz nehmen müssen, wo sie dann verflucht und ins ewige Feuer gestoßen werden. In der hinduistischen, buddhistischen und moslemischen Religion gilt die rechte Hand als rein, die linke als unrein. Und vor einem englischen Gericht wird man heute noch belehrt, beim Schwur »die Bibel in die rechte Hand zu nehmen«.

In profanere Gefilde zurückkehrend, finden wir viele Gegenstände des täglichen Bedarfs, die speziell und ausschließlich für den Gebrauch mit der rechten Hand konstruiert sind, von der Schere und der Nähmaschine bis zum Kartoffelschäler und zur Federhalterspitze. Bei Tisch steht das Weinglas immer zur Rechten, und der Wein wird von dieser Seite gereicht. Wir alle schütteln uns die rechte Hand und grüßen stramm rechts, wenn wir unseren Wehrdienst ableisten. Den Millionen von Linkshändern bleibt nichts anderes übrig, als diese »rechte« Diktatur um des sozialen Konformismus willen hinzunehmen.

Manchen (vermutlich rechtshändigen) Autoren, die sich mit dem Phänomen der Linkshändigkeit beschäftigt haben, ist jene Minderheit nicht nur nicht ganz geheuer, sondern sie entdecken in ihr geradezu den »inneren Feind«. Obwohl sorgfältige Studien eindeutig belegen, daß die Linkshändigkeit sich bei Kindern ganz natürlich entwickelt und daß die Betroffenen, bevor sie darauf aufmerksam gemacht werden, die ungewöhnliche Richtung ihrer Einseitigkeit meist gar nicht bemerken, behaupten diese Koryphäen mit großem Eifer, Linkshänder seien »hartnäckig und eigensinnig ... herrschsüchtig, anmaßend und offen rebellisch ... störrische Eigenbrötler«. Diese Auffassung findet ihre Erklärung vermutlich in dem natürlichen Widerstand der Linkshänder, ihrem Bedürfnis nach dem Gebrauch der linken Hand zu entsagen, wenn man sie dazu zwingen will.

Die allgemeinen Erörterungen der Rechts- und Linkshändigkeit enthalten eine grobe Vereinfachung. Diese besteht in der Gleichsetzung körperlicher Links- oder Rechtsorientiertheit mit dem Vorgang des Schreibens. Der Ausdruck »rechtshändig« ist zum Synonym für ein mit der rechten Hand gehaltenes Schreibgerät geworden, obwohl es tatsächlich im täglichen Leben noch viele andere einseitige Verrichtungen gibt. Um dieser verengten Sicht abzuhelfen, wurde eine Studie durchgeführt, die 45 verschiedene einseitige Handlungselemente berücksichtigte. Zehn Personen wurden bei jeder dieser 45 Verrichtungen fotografiert; sodann wurden die Häufigkeiten von links- oder rechtshändig ausgeführten Handgriffen zusammengezählt, um herauszufinden, ob eine der Versuchspersonen vollkommen linkslastig oder vollkommen rechtslastig sei.

Kurz zusammengefaßt, lautet die Antwort, daß keine Person alle 45 Handgriffe unter Bevorzugung ein und derselben Körperhälfte ausführte. Die am stärksten rechtslastige Versuchsperson brachte es auf 40 »rechte« Aktionen, die am stärksten linkslastige auf 32 »linke« von insgesamt jeweils 45. Gleichwohl zeigten alle zehn Versuchspersonen eine deutliche Bevorzugung der einen oder der anderen Seite. Am ausgeglichensten war ein Mädchen, das es auf 15 linkshändige und 30 rechtshändige Handgriffe brachte; selbst bei ihr überwog also eine Seite im Verhältnis 2 : 1.

Drei Grundformen von Handlungen wurden getestet: zunächst einmal die verschiedenen typisch einhändigen Bewegungen wie Winken, Schreiben und Sichkratzen. Neun von zehn Probanden zeigten eine starke Tendenz nach rechts, während der zehnte ebenso kräftig nach links orientiert war. Zum zweiten handelte es sich um verschiedene »handlose« Aktionen – Bewegungen wie das seitliche Neigen des Kopfes oder das Vorstehenlassen einer Hüfte. Wieder zeigten dieselben neun Leute einen Rechtsdrall, obwohl hier ganz andere Körperteile in Aktion waren, und der einsame Linkshänder schlug sich auch hier auf die linke Seite. Als Drittes wurden beidhändige Handlungen wie »mit geschlossener Faust auf die Handfläche schlagen« oder »eine Nadel einfädeln« getestet. In diesen Fällen wurden zwar beide Körperhälften benutzt, aber eine Hand war jeweils die aktive und führende, während die andere eher passiv blieb. Sogar bei unbewegten Posen wie beim Sitzen mit gefalteten Händen ist es möglich, zwischen der aktiven, greifenden und der passiven, umschlossenen Hand zu unterscheiden. Bei diesen beidhändigen Aktionen war ein Drall nach links oder rechts bei den Probanden viel weniger ausgeprägt; zwei der Rechtshänder wechselten hier die Seiten und agierten vorwiegend mit der Linken.

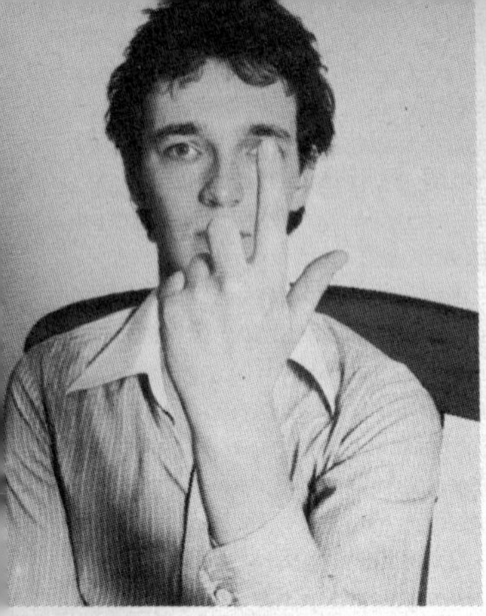

281 △ 283 ▽ 282 △

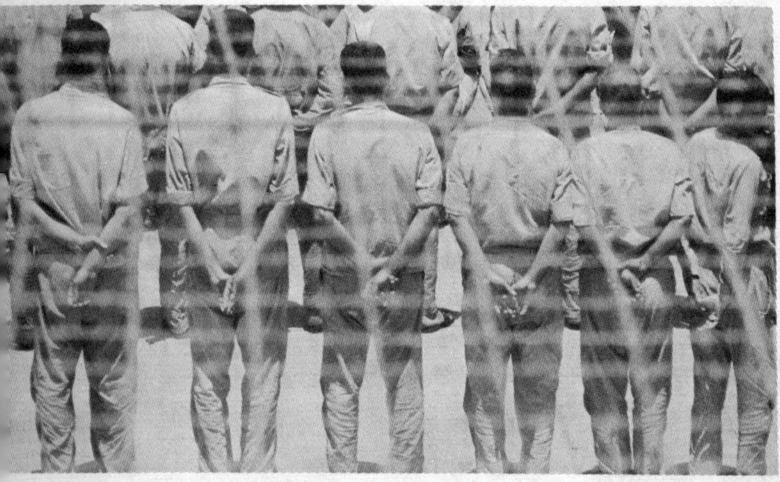

281 + 282 Sind Sie links- oder rechtsäugig? Ein einfacher Versuch kann diese Frage beantworten. Fixieren Sie mit den Augen einen kleinen Gegenstand vor sich, und halten Sie dann Ihren Zeigefinger so vors Gesicht, daß er genau in der Blickrichtung zum Gegenstand steht. Schließen Sie jetzt ein Auge. Öffnen Sie es wieder und schließen Sie das andere. Wenn Ihr »vorherrschendes« Auge geöffnet ist, wird der ausgestreckte Finger in einer Linie mit dem fixierten Objekt stehenbleiben. Beim anderen Auge jedoch wird er scheinbar etwas zur Seite wandern. Die zwei Fotos zeigen einen linksäugigen (281) und einen rechtsäugigen (282) Mann, die den Finger nach dem Objektiv der Kamera ausgerichtet haben, mit der die Bilder aufgenommen wurden.

283 Jedesmal, wenn wir die Hände hinter dem Rücken halten, wird eine Hand dominieren und die andere festhalten. Welche ist es bei Ihnen? Auf dem Foto, das Kriegsgefangene beim Lagerappell zeigt, bildet ein Mann eine Ausnahme.

Genaue Untersuchungen dieser Art lassen erkennen, daß das Verfahren, nach dem wir uns auf bestimmte Bewegungsabläufe festlegen, keineswegs ein einfacher Vorgang ist. Man macht es sich zu einfach, wenn man meint, die Menschen gehörten zwei vollkommen unterschiedlichen Gruppen an. Es scheint, daß jeder Rechtshänder auch linkshändige Momente hat und umgekehrt. Viele Verrichtungen gehen so automatisch vor sich, daß nur die wenigsten Leute sich voll darüber im klaren sind, was sie mit ihrem Körper anstellen und wie sie es tun (siehe auch Farbabbildung F 46, Seite 296).

Es lohnt die Mühe, an sich selbst einen einfachen Test durchzuführen, um zu sehen, wie links- oder rechtsseitig man ist. Jeder weiß natürlich, in welcher Hand er beim Schreiben den Stift halten würde; aber wie weit dehnt sich diese Einseitigkeit über den Körper aus? Sind Sie linksäugig oder rechtsäugig? Sind Sie linksohrig oder rechtsohrig? Ein linker oder ein rechter Händeklatscher? Hier ein einfacher 10-Punkte-Test, den Sie an sich selbst durchführen können:

(1) Stellen Sie sich vor, es jucke Sie in der Rückenmitte. Mit welcher Hand kratzen Sie? (2) Falten Sie die Hände. Welcher Daumen liegt oben? (3) Stellen Sie sich vor, Sie applaudieren durch Händeklatschen. Welche Hand kommt von oben? (4) Zwinkern Sie einem unsichtbaren Freund zu, der vor Ihnen steht. Mit welchem Auge tun Sie das? (5) Legen Sie die Hände auf den Rücken und ergreifen Sie eine mit der anderen. Welche Hand greift die andere? (6) Jemand ruft Ihnen etwas zu, aber Sie verstehen nicht. Sie halten die Hand ans Ohr, um besser zu hören. Welches Ohr nehmen Sie? (7) Zählen Sie die Zahl drei an den Fingern einer Hand ab, benutzen Sie dabei den Zeigefinger der anderen Hand. Welchen Zeigefinger benutzen Sie? (8) Neigen Sie den Kopf seitlich auf die Schulter. Welche Schulter berührt er? (9) Verschränken Sie die Arme vor der Brust. Welcher Unterarm ist oben? (10) Fixieren Sie ein kleines, entferntes Objekt mit beiden Augen und weisen Sie mit dem Zeigefinger direkt darauf. Schließen Sie ein Auge. Dann statt dessen das andere. Welches Auge hatten Sie offen, als die Fingerspitze in gerader Linie genau auf das anvisierte Objekt zeigte? (Wenn das andere – das untergeordnete – Auge geöffnet und das dominierende Auge geschlossen wird, wandert der Finger scheinbar etwas zur Seite).

Wenn Sie sich selbst stets als rechtshändig oder linkshändig bezeichneten, werden Sie nunmehr wahrscheinlich entdeckt haben, daß Ihr Körper *nicht total* einer Seite zugeneigt ist. Wenn Sie Rechtshänder sind, haben Sie aller Wahrscheinlichkeit nach nicht alle zehn Fragen mit »rechts« beantwortet. Falls Sie Kinder haben oder Lehrer sind, sollten Sie sich das stets in Erinnerung rufen, wenn Sie sich einmal versucht fühlen, ein linkshändiges Kind zu tadeln.

## Fortbewegung

### Die zwanzig Grundformen menschlicher Vorwärtsbewegung

Der starke Drang des Menschen nach Mobilität hat zu einer erstaunlichen Vielfalt seiner künstlichen Hilfsmittel für die Fortbewegung geführt, angefangen von großen Tieren und Landfahrzeugen bis zu Schiffen und Flugzeugen. Aber obwohl diese Fortschritte den modernen Menschen etwas weniger athletisch haben werden lassen, als es seine Vorfahren waren, wurden seine hergebrachten körperlichen Formen der Fortbewegung nicht ersetzt, sondern allenfalls ergänzt. Die künstlichen Fortbewegungsmittel werden im wesentlichen nur zum Transport über große Entfernungen eingesetzt, während wir bei kurzen Wegen noch immer die ganze Bandbreite typischer Körperbewegungen unserer Art beobachten können. Es gibt sicherlich örtlich und individuell bedingte Verschiedenheiten, aber wenn man die Gesamtheit betrachtet, kann man als Beobachter »vor Ort« zwanzig Grundformen unterscheiden, wie der Mensch den Transport seines Körpers von A nach B ohne Einsatz künstlicher Hilfsmittel bewerkstelligen kann.

1. *Robben.* Das ist die allerfrüheste Form, in der wir uns als Säuglinge fortbewegen. Wie Reptilien schieben wir uns auf dem Bauch über den Boden, wobei wir den Rumpf mit Armen und Beinen so gut es geht vorwärtsziehen und -stemmen. Als Erwachsene benutzen wir diese mühsame Technik nur noch selten, es sei denn wir sind gezwungen, uns flach auf dem Boden fortzubewegen. Als Soldat wird man wirkungsvoll in dieser Technik trainiert, mit der man sich an den Feind heranarbeiten kann. Als Kind wendet man sie beim Versteckspielen an; und der Naturfreund wird sich ihrer bedienen, um sich unbemerkt an ein mißtrauisches Tier heranzuschleichen. Ein Verwundeter kann sich durch Vorwärtsrobben in Sicherheit bringen, und Höhlenforscher oder Mechaniker sind manchmal zu dieser Gangart gezwungen, wenn sie einen engen Durchlaß passieren müssen. Aber abgesehen von diesen Sonderfällen ist das Robben im wesentlichen ein kindlicher Bewegungsablauf, über den wir bald hinauswachsen.

2. *Krabbeln.* Eine Stufe höher als das Robben steht das Krabbeln auf allen vieren. Auch das Krabbeln ist vorwiegend kindgemäß, tritt aber im allgemeinen erst im zehnten Lebensmonat auf. Es ist unsere Spielart der vierfüßigen Fortbewegung, wie sie für die meisten anderen Landsäugetiere so typisch ist. Wegen unserer langen Beine ist es für uns aber unverhältnismäßig schwieriger, auf Händen und Füßen zu krabbeln, so daß wir statt dessen fast immer Hände und Knie benutzen. Für das noch kein Jahr alte Kind ist das Krabbeln eine aufregend neue und schnelle Art der Fortbewegung, die es zur erweiterten Erkundung seiner faszinierenden Umgebung einsetzt. Wenn es ins zweite Lebensjahr eintritt und langsam den aufrechten Gang meistert, verliert das Krabbeln an Bedeutung. Im Leben des Erwachsenen taucht es nur selten wieder auf – wenn wir verstreute Gegenstände vom

Boden aufsammeln, wenn wir ein Kind auf uns reiten lassen oder wenn wir unter einem niedrigen Hindernis hindurchmüssen.

3. *Staksen.* Das Staksen kann als unregelmäßige, zögernde, aufrechte Fortbewegungsart beschrieben werden. Mit dem Erreichen des ersten Lebensjahres kann das Kind, mit der Unterstützung einer elterlichen Hand, staksen oder tapsen. In den folgenden Monaten werden die Beine rasch kräftiger, und im Alter von 15 Monaten kann sich das Kind zumindest selbst aufrichten und kurze Zeit ohne Hilfestellung vorwärtsstaksen. Diese unsichere und riskante Form der Fortbewegung wird im späteren Leben nur von Verletzten, Schwerbeschädigten oder von Berauschten erneut aufgenommen, wenn die Beine wieder zu so unzuverlässigen Werkzeugen geworden sind, wie sie es in der Kindheit waren.

4. *Gehen.* Es ist die Krönung der körperlichen Fortbewegung des Menschen. Uns allen ist es weitgehend zur Selbstverständlichkeit geworden, obwohl es sich, wenn man es als mechanischen Vorgang betrachtet, als ein ungeheuer kompliziertes Geschehen erweist – so kompliziert, daß die Muskelspezialisten unter den Biologen sich bis heute darüber streiten, wie es im einzelnen abläuft und wie wir es fertigbringen, so wirkungsvoll und sicher auszuschreiten. Der aufrechte Gang des Menschen steht in der Tierwelt einzig da. Hunderte von Säugetieren traben in beinahe gleicher Weise auf vier Beinen dahin, und es gibt darüber hinaus einige, wie etwa das Känguruh, die auf den Hinterbeinen vorwärtshüpfen. Eine ganze Anzahl von Tieren können sich zu aufrechter Stellung hochrecken und einige Augenblicke so vorwärtswanken, um dann aber in den bequemeren und gewohnteren Vierfüßergang zurückzufallen. Nur der Mensch kann unbeschränkt aufrecht gehen und verfügt über den zweibeinigen Wechselschritt als normale Gangart.

Bei durchschnittlicher Gehgeschwindigkeit machen die meisten Menschen zwei Schritte in der Sekunde. Selbst ein untrainierter Stadtbewohner könnte das ohne größere Mühe einige Kilometer lang durchhalten und dabei etwa viereinhalb Kilometer pro Stunde zurücklegen. Sportler können natürlich längere Fußmärsche in diesem Tempo durchstehen; der derzeitige Rekord im Dauergehen steht auf etwa 500 Kilometer bei einem Durchschnittstempo von vier Kilometern in der Stunde. Mit Ruhepausen kann der Mensch sogar noch weit erstaunlichere Strecken bewältigen: der Rekord für die Asiendurchquerung beträgt 11000 Kilometer in 238 Tagen, was einer Durchschnittsgeschwindigkeit (einschließlich der Ruhepausen) von mehr als eineinhalb Kilometer pro Stunde entspricht. Auch wenn solche Leistungen bei speziell vorbereiteten Versuchen erzielt wurden, vermitteln sie doch eine Vorstellung davon, wie vergleichsweise einfach es für die Menschen war, sich schon lange vor der Erfindung künstlicher Fortbewegungsmittel über den gesamten Erdball zu verbreiten.

Ohne auf Einzelheiten einzugehen, können die wesentlichen Elemente des menschlichen Ganges wie folgt beschrieben werden: Bei jedem Schritt wird der Fuß mit der Ferse zuerst aufgesetzt. Dann, während das andere Bein gehoben und nach vorn bewegt wird, kippt der Standfuß wiegenartig nach vorne, bis sich das Körpergewicht auf den Fußballen unmittelbar hinter den Zehen verlagert hat. Die Ferse ist jetzt vom Boden abgehoben, und das tragende Bein ist zum Abstoßen der Zehen vom Boden bereit. Aber dieses Abstoßen geschieht erst, wenn der andere Fuß mit der Ferse den Boden erreicht. Beim Gehen sind also immer ein bis zwei Füße auf dem Boden. Der Gehende verliert nie den Bodenkontakt. Das ist der wesentliche Unterschied zwischen Gehen und Rennen.

5. *Schlendern.* Das Gehen wird gewöhnlich als einheitliche Fortbewegungsart beschrieben und dem Rennen gegenübergestellt. Die genaue Beobachtung der Menschen dabei, wie sie sich in der Öffentlichkeit bewegen, lehrt jedoch, daß sich deutlich verschiedene Arten von Gehen unterscheiden lassen, die keineswegs fließend ineinander übergehen, sondern eine jeweils eigene, typische Verlaufsform aufweisen. Das Schlendern ist eine eigentümliche Art des langsamen Gehens, normalerweise mit einer Frequenz von einem Schritt pro Sekunde, eindeutig ohne Ausrichtung auf ein bestimmtes Ziel, außer dem, einfach voranzukommen. Der Schlendernde bewegt sich um der Fortbewegung willen. Denken wir an das Herumbummeln bei bestimmten Anlässen – beim Gartenfest oder sonntagnachmittags im Park –, wo man »eine Runde dreht«, »herumspaziert« oder »promeniert«. Das Schlendern ist das Gegenteil eines zielstrebigen, forschen Gehens, wird häufig von Pausen unterbrochen und beinhaltet oft den Körperkontakt mit Weggefährten – man geht Arm in Arm, Hand in Hand, mit dem Arm um die Schulter oder um die Taille des anderen. Zusätzlich zu seiner Eigenschaft als »gesellige« Gangart ist das Schlendern auch typisch für den tief in Gedanken Versunkenen oder für jemanden, der im Gehen ein Buch liest.

6. *Schlurfen.* Dies ist der schleppende Gang der Alten und Gebrechlichen, bei dem das Fortbewegungstempo drastisch verlangsamt ist und die Füße vorsichtig am Boden entlang gleiten. Es gibt hierbei kein Zusammenspiel von Ferse und Fußspitze, der Fuß bleibt flach am Boden und wird kaum gehoben. Die Vorwärtsbewegung geschieht durch kurze Schrittchen, bei denen der Fuß vorwärts geschoben wird und dabei das für diese mühselige Gangart typische schleifende und schlurfende Geräusch verursacht. Der Raumgewinn entspricht dem einer Schnecke, aber auch der Schlurfende erreicht schließlich sein Ziel und bewahrt sich immerhin vor totaler Immobilität.

7. *Hasten.* Als totalen Gegensatz zum Schlurfen finden wir das Hasten als ein sehr schnelles Gehen bei Personen, die unbedingt rasch irgendwohin gelangen wollen, aber noch nicht zum Rennen gezwungen sind. Auf einer belebten Straße ist der Hastende leicht vom normal Gehenden zu unterscheiden. Er kommt nicht nur etwas schneller vorwärts als die übrigen, er bewegt sich auch so rasch, wie er überhaupt kann, ohne in Laufen zu

verfallen. Wenn man selbst hastet, hat man subjektiv das Gefühl, daß die höhere Geschwindigkeit durch eine höhere Schrittzahl pro Sekunde erreicht wird, aber das ist gewöhnlich nicht der Fall. Der Hastende behält die Frequenz von zwei Schritten pro Sekunde bei wie beim normalen Gehen; aber er vergrößert die Länge seiner Schritte. Das bedeutet, daß seine Beine sich in der Tat schneller bewegen, weil sie einen größeren Weg zurücklegen, während die Schrittfrequenz unverändert bleibt. In einer beliebigen Straßenszene kann man Schlenderer, Gehende, Schlurfende und Hastende beobachten, wie sie ihre sich kreuzenden Wege mit großer Gewandtheit verfolgen und dabei kaum jemals zusammenstoßen. Es fällt einem so leicht, und doch erfordert es Bein- und Muskelbewegungen sowie visuelle Peilschätzungen von größter Feinheit und Komplexität. Einer der unbewußt ablaufenden Prozesse, die wir bei der Bewegung in einer Menschenmenge permanent leisten, ist die automatische Einordnung jeder Person, die wir sehen, in eine der Fortbewegungskategorien. Ohne uns darüber bewußt Rechenschaft abzulegen, etikettieren wir jeden, der uns begegnet, als Schlenderer, Schlurfer, Gehenden oder als Hastenden und berechnen dann, ebenfalls »automatisch«, wohin seine Gangart ihn führen wird. Indem wir diese Daten zu unserer eigenen Geschwindigkeit und Richtung in Beziehung setzen, können wir Zusammenstöße voraussehen und wirksam vermeiden. Würden die Menschen, wenn sie sich in der Öffentlichkeit bewegen, nicht solche leicht identifizierbaren Gangarten einschlagen, hätten wir es beim Durchschlängeln durch die Menge weit schwerer (siehe auch Farbabbildung F 56, Seite 398).

8. *Rennen (Laufen).* Mit dem Übergang vom Gehen zum Rennen kommen wir zu einer anderen Hauptgruppe menschlicher Fortbewegungsarten. Hier vertraut sich der Mensch der Luft an, der gesamte Schrittablauf verändert sich. Es gibt keinen Augenblick mehr, in dem beide Füße zugleich Bodenberührung haben, statt dessen aber einen Moment, in welchem beide vom Boden abgehoben sind und der Läufer in der Luft schwebt. Dadurch vergrößert sich die Schrittlänge ganz erheblich, und man legt selbst dann eine größere Strecke zurück, wenn die Schrittfrequenz nicht größer ist als beim normalen Gang. Der Fuß berührt den Boden beim Rennen nicht *vor* dem Körper, wie beim Gehen, sondern *direkt darunter.* Dadurch wird der Laufende kräftig nach vorn geschoben. Auch setzt er nicht mit der Ferse zuerst auf, um dann auf den Zehenballen abzurollen, sondern trifft fast flach mit der ganzen Sohle auf. Dies gilt zumindest bei mittlerem Lauftempo.

Für den Durchschnittsmenschen ist das Rennen eine kurzlebige Sache, bei der er bald überhitzt und atemlos aufgibt. Für den trainierten Sportler gilt das nicht. In den Rekordlisten ist ein Nonstoplauf von 200 Kilometer Länge mit einer Geschwindigkeit von mehr als 8 km/h verzeichnet.

9. *Traben* ist ein bewußt verlangsamtes Rennen, das den sich so Fortbewegenden nur wenig schneller voranbringt als forsches Gehen, aber eine voll-

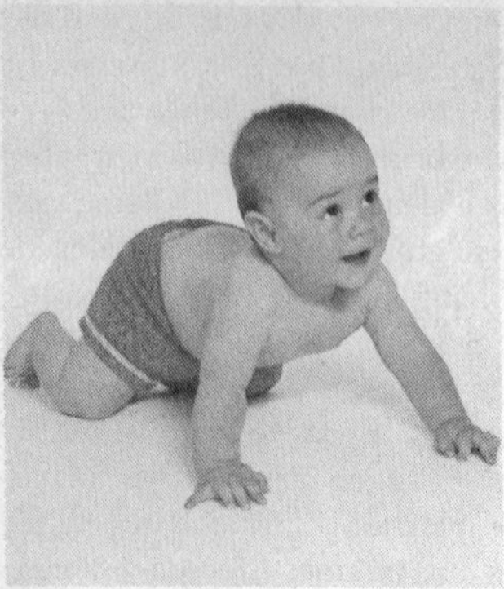

284 △ 285 ▽ 286 ▷

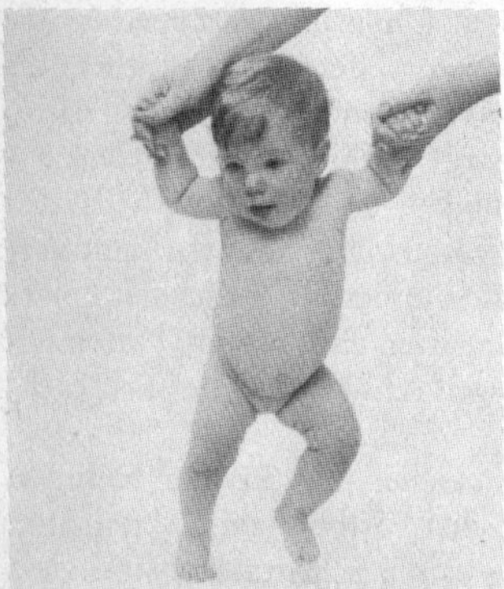

284–287 Fortbewegungsarten: Das Kriechen (284) und das Staksen (285); das Schlendern (286) und die akrobatische Fortbewegung – hier vertreten durch das »Radschlagen« (287).

ständigere Einbeziehung der ganzen Körpermuskulatur beinhaltet. Das Traben vermeidet einerseits die Anspannung, die bei sehr beschleunigtem Gehen, andererseits aber auch die rasche und atemraubende Ermüdung, die bei schnellem Rennen eintritt.

10. *Sprinten.* Bei dieser Hochgeschwindigkeitsvariante des Rennens setzen die Füße nicht mit der ganzen Sohle auf, sondern nur mit der Spitze, während die Ferse kaum je den Boden berührt. Die Schrittfrequenz ist ganz wesentlich erhöht, beim sportlichen Sprint auf vier bis fünf Schritte pro Sekunde. Auf die Kurzdistanz von hundert Metern halten die Spitzenathleten eine Laufgeschwindigkeit von 36 km/h durch. Der Nichtsportler legt in dieser Fortbewegungsart höchstens einmal eine Kurzstrecke zurück, wenn er einen abfahrenden Bus oder Zug erreichen will.

287 △

11. *Das Zehenspitzengehen.* Die Fortbewegung auf Zehenspitzen ist eine Mischform aus langsamem Gehen und Sprinten. Geschwindigkeit und Fußfolge sind vom Gehen übernommen, das heißt, ein Fuß berührt den Boden stets, ehe der andere ihn verläßt. Die Fußstellung dagegen rührt vom Sprinten her: Nur die Zehen und der Fußballen haben Bodenkontakt. Wegen der geringeren Kontaktfläche am Boden macht diese Fortbewegungsart weniger Geräusch als das normale Gehen; sie wird daher gern für die heimliche Annäherung an ein ahnungsloses Opfer benutzt oder etwa dann, wenn man einen Schlafenden nicht wecken will.
12. *Marschieren.* Bei dieser militärischen Abart des Gehens ist die Schrittlänge vergrößert, der Gang durch stärkeres Schwingen der Arme ausbalanciert, woraus sich eine für das Zurücklegen weiter Strecken überraschend leistungsfähige Gangart ergibt. Wanderer verfallen manchmal in einen marschähnlichen Gang, der sich als sehr hilfreich beim Einhalten eines forschen Tempos auf langen Etappen erweist (siehe auch Farbabbildung F 57, Seite 398).
13. *Der Stechschritt.* Manche Armeen haben, mehr fürs Auge als zu militärischem Vorteil, ihren Soldaten einen seltsamen Marschierschritt einexerziert, bei dem der Fuß steifbeinig nach vorne geschleudert und hart aufgesetzt wird. Am Ende des 18. Jahrhunderts kreiert, war dieser Schritt zuletzt bei den deutschen Armeen im 2. Weltkrieg zu sehen.
14. *Springen.* Das Überspringen natürlicher Hindernisse muß für unsere frühen Vorfahren von gewisser Bedeutung gewesen sein, sei es, daß sie vor Raubtieren fliehen mußten oder ein schnellfüßiges Beutetier verfolgten. Das Springen wird entweder aus dem Stand oder im Anschluß an einen gesprinteten Anlauf ausgeführt. Ein Schuljunge benutzt dieses Springen beim Herumstreifen im freien Land, etwa um einen Bach zu überqueren. Extreme Ausprägung erhält es im athletischen Weit- und Hochsprung, wo Höhen von ca. 2,30 m und Weiten bis etwa 8,90 m erreicht werden (siehe auch Farbabbildung F 58, Seite 398).
15. *Hüpfen.* Das Vorwärtshüpfen im Känguruhstil mit zwei Beinen zugleich ist als Fortbewegungsart beim Menschen kaum in Gebrauch. Das Hüpfen auf einem Bein wird jedoch mitunter nützlich, wenn etwa jemand ein verletztes Bein hat; man sieht es auch bei Kinderspielen wie »Himmel und Hölle«.
16. *Versetztes Hüpfen.* Hier wird die Vorwärtsbewegung dadurch erreicht, daß man abwechselnd mit je einem Bein hüpft. Auch dies ist als Fortbewegungsart eine Seltenheit und beschränkt sich auf Kinderspiele und Tänze.
17. *Klettern.* Vor das Problem gestellt, sich nach oben oder unten statt in der Ebene zu bewegen, entfaltet das Menschentier eine erstaunlich behende Kletterkunst, wobei die Hände zum Greifen und Hochziehen oder Aufstützen, die Beine zum Hochstemmen oder Hinabtasten benutzt werden. Größe und Gewicht seines Körpers erlauben dem Menschen allerdings, verglichen

mit den kleinen Primaten, nur eine geringe Beweglichkeit in den Baumwipfeln. Gegen diesen Nachteil kämpfen Bergsteiger aber unverdrossen an und beweisen eindrucksvoll, daß unsere urmenschliche Existenzweise als Kletterer keineswegs ganz ausgelöscht ist. Es ist auch immer wieder verblüffend zu sehen, wie häufig das Bäumeklettern in Kinderspielen wiederauflebt.

18. *Vorwärtsschwingen.* Unsere Urvorfahren waren, ehe sie die Bäume verließen und »bodenständig« wurden, mit großer Sicherheit gute Schwinghangler – das heißt, sie hangelten sich mit den Händen über dem Kopf an Ästen entlang, indem sie abwechselnd einmal links und dann rechts einen Ast ergriffen und mit dem hängenden Körper bei der Vorwärtsbewegung hin- und herschwangen. Bei Kindern, die an bestimmten Geräten auf dem Spielplatz turnen, kann diese Art der Fortbewegung noch beobachtet werden.

19. *Akrobatik.* Geübte Akrobaten erfinden immer wieder spezielle Fortbewegungspraktiken: Sie legen Entfernungen durch Radschlagen, Purzelbäume vor- und rückwärts oder durch Laufen auf den Händen zurück; aber diese Arten der Fortbewegung sieht man, wenn überhaupt, nur sehr selten außerhalb der professionellen Ausübung durch Artisten. Sie sind kein Bestandteil des Alltagslebens. Immerhin weisen sie uns auf den ungeheuren Reichtum an Fortbewegungstechniken hin, die im Rahmen der menschlichen Möglichkeiten liegen.

20. *Schwimmen.* Das Menschentier entwickelt im Wasser beachtliche Fortbewegungskünste, die das folgende Kapitel im einzelnen beschreibt.

Wenn wir diese zwanzig Formen menschlicher Fortbewegung überblicken, erkennen wir, daß der Mensch auf vielerlei Arten sein Fortkommen finden kann, wobei das Gehen eindeutig die vorherrschende Form ist. Man könnte den Menschen zutreffend als den »gehenden Affen« beschreiben. Beinahe alle seine Hauptbetätigungen schließen an der einen oder anderen Stelle das Gehen mit ein, und trotz der unglaublichen technischen Fortschritte im Transportwesen ist noch kein Anzeichen für ein Nachlassen des Bedarfs an Schuhleder festzustellen. Selbst wenn in kommenden Jahrhunderten ein Anti-Schwerkraftgerät im Taschenformat erfunden würde, mit dessen Hilfe der Mensch mühelos in jede gewünschte Richtung und so weit er will schweben könnte, halte ich es für sehr wahrscheinlich, daß das Gehen, wenn auch vielleicht nur in beschränktem Ausmaß, überlebt. Denn der Vorgang des Gehens ist, ganz abgesehen von seiner positiven Funktion für die Gesundheit, als eine Form der Fortbewegung, die die Umweltaneignung und -kontrolle ermöglicht, von ganz entscheidender Bedeutung. Keine Fortbewegungsweise erlaubt ein so adäquates Erkunden und Einprägen der Details einer Umgebung wie ein Spaziergang zu Fuß. Wir nehmen die Dinge in natürlichem Tempo wahr. Wir spüren sie und reagieren auf sie. Durch eine Landschaft zu gehen, heißt sie entdecken. Dies ist vielleicht der Grund dafür, warum die Menschen sich die körperliche Mobilität erhalten haben.

## Verhalten im Wasser

### War der Mensch in seiner Frühzeit ein Wassertier?

Es besteht kein Zweifel, daß das Wasser für das Menschentier große Bedeutung hat. Wenn wir Durst haben, trinken wir große Mengen davon; wenn wir schmutzig sind, waschen wir uns damit; wenn es uns heiß ist, kühlen wir uns darin ab; wenn wir in übermütiger Stimmung sind, planschen wir darin herum; wenn wir Hunger haben, suchen wir es nach Beute ab; und wenn wir von einem wilden Tier angegriffen werden, flüchten wir gelegentlich sogar ins Wasser. Im Unterschied zu unseren nächsten tierischen Verwandten sind wir ausgezeichnete Schwimmer und Taucher und können im Wasser viele Kilometer zurücklegen, ohne ausruhen zu müssen (die Rekordstrecke in einem Fluß beträgt 463 km, im Meer 145 km), und große Tiefen erreichen, indem wir mit angehaltenem Atem tauchen (die Rekordtiefe beträgt 86 m). Taucher können ohne Gerät mehrere Minuten lang unter Wasser bleiben (der Rekord steht bei $6^1/_2$ Minuten) und dabei Meeresfrüchte suchen und einsammeln.

Der Mensch ist ohne Zweifel im Wasser zu Hause, und es wurde vor kurzem die These aufgestellt, er habe einst noch »amphibischer« gelebt als heute. Diese Annahme – Hardys Theorie vom Wassermenschen – geht davon aus, daß wir in unseren allerersten Anfängen eine Phase sehr enger Wasserverbundenheit durchlebt haben, und daß dies zur Herausbildung vieler unserer recht ungewöhnlichen anatomischen Artmerkmale beigetragen hat. Nach allgemeiner Ansicht hat der Mensch sich vom früchtesammelnden Waldbewohner zum Jäger im offenen Grasland entwickelt; Hardys Theorie jedoch postuliert ein zwischen diese beiden Phasen eingeschaltetes Stadium der Wasserverbundenheit, das auch die schwierige Umstellung vom Wald- zum Graslandbewohner erklären soll.

Wir wissen aus neueren Untersuchungen, daß waldbewohnende Menschenaffen gelegentlich kleinere Tiere töten und ihr Fleisch roh verspeisen. Falls auch unsere im Wald lebenden Vorfahren ab und zu Verlangen nach einer solchen Ergänzung ihrer pflanzlichen Nahrung verspürt haben, könnte dies durch gelegentliche Streifzüge an Stränden und Ufern leicht zufriedengestellt worden sein. Strände und Flußufer sind reich an Kleintieren, wie jeder interessierte Schuljunge weiß, und die dort lebenden Arten sind relativ leicht zu fangen. Diese Tatsache nimmt die Theorie vom Wassermenschen als Grundlage ihrer Behauptung, die Urmenschen hätten sich mehr und mehr auf die Nahrungssuche im seichten Wasser verlegt, hätten in Horden nahe beim Wasser gelebt und sich langsam dieser neuen Lebensweise angepaßt.

Diese Phase soll sehr lang gewesen sein: Sie erstreckt sich über die zehn Millionen Jahre lange Warmzeit des Pliozäns, die etwa vor zwei Millionen Jahren zu Ende ging. In dieser langen Zeit konnte sich der menschliche

Körper an das amphibische Leben anpassen und beträchtlich verändern, ehe unsere Vorfahren ins offene Land abwanderten und fortgeschrittenere Jagdpraktiken anwandten. Die Fortschritte im Jagdverhalten, die sich während des Wasserlebens entwickelt hatten, erleichterten diese letzte Umstellung, und außerdem hatte sich der Körper so verändert, daß er für die Jagd auf große landbewohnende Tiere besser geeignet war. An diesem Punkt, wo wir bei den kooperativen menschlichen Jägerhorden angelangt sind, die in den Grassteppen großen Säugetieren nachstellen und sie erlegen, mündet die Hardy-Theorie wieder in die allgemeine Auffassung der menschlichen Evolution.

Die Gegner der Hardy-Theorie machen geltend, daß es keinen Beweis für dieses amphibische Zwischenspiel gebe, und sie sehen vor allem keine Notwendigkeit für eine solche Annahme. Der Schritt vom Leben im Wald zum Leben und Jagen in den Grassteppen erfordere nach ihrer Meinung keine Zwischenphase. Sie stellen sich vor, daß der Übergang über eine Phase des Restesammelns, des Eierraubs und der Kleintierjagd erfolgte und daß dann nach und nach immer größere Tiere erbeutet wurden, bis schließlich die Stufe der kooperativen Großwildjagd erreicht war. Gegen diesen Einwand weisen Anhänger der Hardy-Theorie darauf hin, daß die Küsten und Flußufer sich völlig verändert hätten, so daß es ungeheuer schwierig sei, heute noch direkte Beweise für ihre These zu finden. Daß diese fehlen, sollte daher nicht überbewertet werden. Außerdem wird darauf hingewiesen, daß ihre indirekten Beweise von hoher Überzeugungskraft seien.

Die Streitfrage ist noch nicht entschieden. Der Mensch ist unleugbar ein wasserliebendes Tier, allerdings verbringt er auch viel Zeit damit, in der Luft zu fliegen und unter der Erde zu graben. Daraus ist nicht unbedingt zu schließen, daß er während seiner Evolution eine Phase des Fliegens oder des Wühlens durchgemacht hat, sondern lediglich, daß er erfinderisch und neugierig bis an die Grenzen seiner Möglichkeiten geht. Könnte es nicht sein, daß seine heute feststellbare Schwäche für das nasse Element einfach nur die Eroberung eines weiteren Teils seiner Umwelt widerspiegelt, oder steckt wirklich mehr dahinter? Da es im Augenblick keine sichere Antwort gibt, skizziere ich im folgenden die hauptsächlichen Argumente der Hardy-Theorie, so daß jeder Leser seine eigenen Schlüsse ziehen kann. Wo es gegen einen bestimmten Punkt Einwände gegeben hat, werden sie genannt, um beiden Seiten gerecht zu werden.

1. Wenige landgebundene Säugetiere können wie der Mensch unter Wasser schwimmen. Viele können wie Hunde auf dem Wasser paddeln, aber nur wenige sich, sofern sie nicht quasi-amphibisch leben, unter der Wasseroberfläche vorwärtsbewegen. Der Mensch jedoch vermag elegant zu manövrieren, wenn er unter Wasser nach Schwämmen oder Perlen sucht.

2. Menschenkinder können im Alter von wenigen Wochen schwimmen. Selbst wenn man sie in tiefes Wasser wirft, geraten sie nicht in Panik.

◁ 288

288–290 Das Menschentier hat unleugbar eine Schwäche für das nasse Element. Es trinkt Wasser, es kühlt sich in ihm ab, spielt in ihm, springt hinein und schwimmt in ihm. Aber weist diese Wasserliebe auf mehr hin als auf das allgemeine Interesse des Menschen an der Erkundung und Beherrschung seiner Umwelt? Hardys Theorie des Wassermenschen zieht die Möglichkeit in Betracht, daß die Menschheit einst weit wasserbezogener gelebt hat als heute.

Wenn man sie in Bauchlage ins Wasser hält, wehren sie sich nicht, sondern führen regelrechte Schwimmbewegungen aus, mit denen sie auch tatsächlich vorwärtskommen. Sie zeigen Atemkontrolle, indem sie die Luft anhalten, wenn man sie untertaucht. Junge Menschenaffen, die man auf dieselbe Weise testete, zeigten keine derartige Reaktion und mußten rasch aus dem Wasser geholt werden.
Diese bemerkenswerte Fähigkeit erlischt bald. Mit vier Monaten haben die Säuglinge ihre automatische Schwimmreaktion eingebüßt. Sie drehen sich im Wasser auf den Rücken, wehren sich und klammern sich hilfesuchend an die Hand des Erwachsenen. Innerhalb weniger Jahre lernen die Kinder freilich wieder, sich problemlos im Wasser zu bewegen; wenn sie vier Jahre alt sind, schwimmen sie nach kurzem Lernen mit großer Gewandtheit und über beträchtliche Entfernungen, auch unter Wasser. Nur solche Kinder, deren Schwimmerfahrungen sich auf kurze Ferienaufenthalte am Strand beschränken, haben Angst vor dem Wasser. Jedes in Meeresnähe lebende Kind kann dagegen mit fünf Jahren bereits ein geübter Schwimmer und Taucher sein; es sollte um diese Zeit auch in der Lage sein, kleinere Gegenstände aus ein bis zwei Meter Wassertiefe heraufzuholen. Obwohl in diesem Alter die Anleitung durch die Eltern eine große Rolle spielt, liegen die schwimmerischen Fähigkeiten unserer Kinder doch weit über dem, was aufgrund menschlicher Intelligenz und neugierigen Erkundungsdranges zu erwarten wäre.

289 △ 290 ▽

3. Der Mensch hat als einzige Primatenart eine funktionell nackte Haut. Der Fellverlust ist für viele wasserlebende Säuger wie Delphin, Wal, Seekuh und Manati sowie für halbamphibische Säugetierarten wie das Flußpferd charakteristisch. Hingegen wird der Einwand erhoben, daß andere Wassersäuger wie Biber, Seehund, Seelöwe und Otter ihr Fell behalten haben; doch dies sind im wesentlichen Tiere der kälteren Zonen, die das Fell zum Warmhalten brauchen, wenn sie an Land gehen. Der Urmensch lebte im warmen Klima, wo die Gleitfähigkeit im Wasser wichtiger war als das Warmhalten an Land. Die Beibehaltung der Kopfhaare wird als Schutz gegen die Sonnenstrahlung angesehen.
4. Der Haarstrich des Menschen – die Richtung, in der die Haare wachsen und liegen – unterscheidet sich von dem der Menschenaffen. Beim Menschen folgt er der Richtung, in der beim Vorwärtsschwimmen die Wasserströmung entlang der Körperoberfläche verläuft. Das bedeutet, daß der Haarpelz des Menschen, bevor er ganz verlorenging, bereits eine Veränderung durchgemacht haben muß, die das reibungslose Gleiten durchs Wasser begünstigte. Man betrachtet dies als vermittelnde Zwischenphase in der Entwicklung zur heutigen gleitfähigen Menschenhaut.
5. Der menschliche Körper selbst zeigt eine – verglichen mit den Primaten – bessere Stromlinienform. Gegenüber einem Schimpansen hat der nackte Menschenkörper die sanften Rundungen eines gutgleitenden Bootes.
6. Von allen Primaten besitzt einzig der Mensch eine Fettschicht unter der Haut. Dieses Unterhautfettgewebe ist typisch für Wassersäuger, nicht aber für Landsäugetiere. Es soll den Körper im Wasser warmhalten. Bei den im

◁ 291 292 ▷

291 Kleinkinder können im Alter von wenigen Wochen schwimmen; sie entwickeln keine Angst, wenn man sie ins Wasser wirft. Das ändert sich allerdings bald. Bis zum vierten Lebensmonat hat sich diese bemerkenswerte Fähigkeit verloren.

292 Ein kleines Kind macht zum erstenmal mit dem Wasser Bekanntschaft. Ist sein Interesse nur auf Neugier zurückzuführen, oder erwacht hier ein uraltes Verhaltensmuster aus der Vorvergangenheit des Menschen?

Wasser lebenden Arten übernimmt dieses Gewebe die Funktion des Fellkleids; es hat diesem gegenüber den Vorteil, gegen Wärmeverlust zu schützen, ohne die Gleitfähigkeit zu beeinträchtigen.

Eine alternative Erklärung ist die, daß der Mensch oft an Überhitzung zu leiden hatte, als er zum Jäger wurde. Er brauchte ein Abkühlungssystem, das gleichzeitig verhinderte, daß er in seinen Ruhephasen, besonders nachts, fror. Durch den Verlust des Fells und den Erwerb einer Fettschicht und zahlreicher Schweißdrüsen konnte er sich beim Jagen kühl und beim Ruhen warmhalten. Das ganze System könnte sich ohne die Episode des Lebens im Wasser entwickelt haben. Andererseits könnte es sich gerade auch *wegen* der Wasserepisode entwickelt haben. Mit anderen Worten: Die Anpassung ans Wasser könnte dem Menschen genau *das* Wärmeregulierungssystem verschafft haben, das ihm später für die Jagd an Land so nützlich wurde.

7. Der Mensch geht aufrecht. Die Theorie der wassergebundenen Zwischenphase glaubt, das als natürliches Nebenprodukt des Vordringens in zunehmend tieferes Wasser bei der Nahrungssuche erklären zu können. Der Auftrieb des Wassers wäre für den schwierigen Übergang von der Vier- zur Zweibeinigkeit in der Tat sehr hilfreich gewesen. Mit anderen Worten: Der Mensch hätte zuerst das Waten gelernt, bevor er laufen lernte.

8. Der Mensch hat hochempfindliche Hände, die optimal für das Abtasten des Bodens flacher Wasserbecken und Buchten nach kleinen Nahrungsobjekten geeignet sind. Seine breiten Fingernägel wachsen schneller als die von Menschenaffen und sind ideale Werkzeuge, um etwas von Fels- und

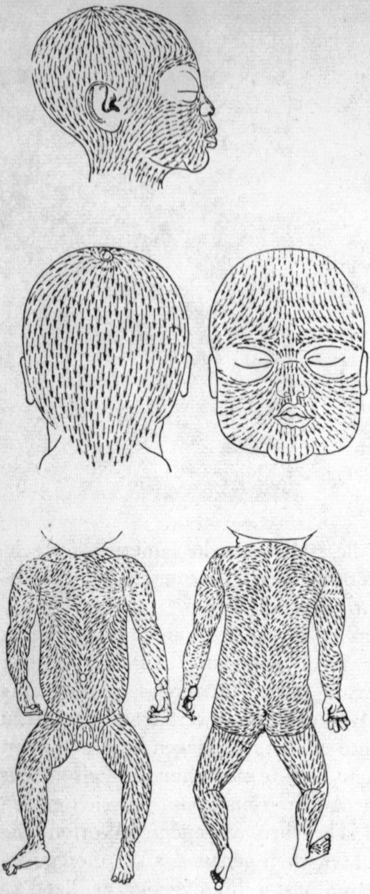

293 Die Linien des Haarstrichs beim Menschen, die hier am Beispiel eines Fötus schematisch skizziert sind, bilden ein Muster, das sich von dem anderer Primaten, etwa dem der Menschenaffen, unterscheidet. Der menschliche Haarstrich soll den Stromlinien des am Körper entlangfließenden Wassers entsprechen (Aus Hardy nach Wood-Jones).

Steinflächen abzukratzen und Muschelschalen zu öffnen. Die Theorie der Wasserphase sieht in dieser Art der Nahrungsbeschaffung den Anfang der Werkzeugbenutzung. Eines der wenigen werkzeugbenutzenden Säugetiere ist der Fischotter, der Steine dazu benutzt, die Schale des Seeigels aufzubrechen.

Diese acht Punkte wurden ursprünglich in der Hardy-Theorie vom Wassermenschen angeführt, und sie halten einer näheren Prüfung bemerkenswert gut stand. Andere Autoren haben die Theorie erweitert, manchmal auf recht eigenwillige Weise. Es lassen sich danach folgende zusätzliche Argumente vorbringen:

9. Der Mensch ist ein sprechendes Tier, und Sprache besteht im Grunde aus einer Verstärkung der Atmung. Tauchen bedeutet Atembeherrschung, und das wiederum bedeutete, daß der Mensch mit geringerer Anstrengung vereinzelte Lautgruppen ausstoßen konnte, wenn er nach dem Auftauchen die Luft ausatmete. Darüber hinaus erforderte der Nahrungsfang im Wasser stärkere Kooperation und ein nicht allein auf Gestik abgestelltes Kommunikationssystem. Die Hände hatten genug mit dem Schwimmen zu tun und waren nicht für Richtungssignale zu gebrauchen. Wenn einer der Fänger mit aufregenden Nachrichten über das, was er gefunden hatte, auftauchte, wäre es zwingend gewesen, daß er seine stimmlichen Mittel zur Weitergabe der Neuigkeit einsetzte. Auf diese Weise hätte eine wassergebundene Lebensweise die Entwicklung eines differenzierten Systems von Stimmsignalen begünstigt, das schließlich zur menschlichen Sprache führte.
10. Der Mensch hat angedeutete Schwimmhäute an Händen und Füßen. Die Hände sind vergleichsweise viel breiter als Affenhände, und zwischen Daumen und Zeigefinger befindet sich eine regelrechte Schwimmhaut – groß genug, um die für einen Schwimmzug nutzbare Handfläche etwas zu vergrößern, und gleichzeitig nicht so ausgeprägt, daß die übrigen Aktivitäten der Hand darunter litten. Auch die Füße des Menschen weisen Reste von Schwimmhäuten auf. Von tausend daraufhin untersuchten Schulkindern besaßen neun Prozent der Jungen und 6,6 Prozent der Mädchen Häutchen zwischen dem zweiten und dritten Zeh, in manchen Fällen sogar zwischen allen Zehen. Vielleicht sind diese Hautfalten Überbleibsel eines einst weit stärker ausgeprägten menschlichen Artmerkmals.
11. Der Mensch verfügt über einen funktionierenden »Tauchreflex«, den man von anderen wasserbewohnenden Arten her als eine natürliche Hilfe für die Atemkontrolle kennt. Wenn beispielsweise ein Seehund taucht, verlangsamen sich einige seiner organischen Funktionen, wodurch der Sauerstoffbedarf seines Organismus vorübergehend verringert wird. Insbesondere schlägt das Herz langsamer, ein Vorgang, den man Brachykardie nennt; dies versetzt den Seehund in die Lage, bei verringertem Sauerstoffverbrauch länger unter Wasser zu bleiben. Das Vorhandensein dieses Reflexes beim Menschen ist schwerlich ohne die Annahme zu erklären, daß auch er einmal wenigstens halb-aquatisch gelebt hat.
12. Der Mensch hat einen vorspringenden Nasenschutz. Anders als bei den meisten Primaten sitzt bei ihm die Nase *auf* dem Gesicht, so daß die Nasenhöhle, um neunzig Grad gedreht, sich nach unten statt nach vorne öffnet. Das hat auf jeden Fall den Vorteil, daß beim Schwimmen nicht so leicht Wasser in die Nase eindringen kann. Doch haben andere wasserlebende Säugetiere das Problem wesentlich wirkungsvoller durch die Entwicklung schließbarer Nasenflügel gelöst. Wenn die menschliche Nase ihre heutige Form als Anpassung an ein wassergebundenes Leben erhalten hat, dann hat sie sich ziemlich schlecht angepaßt.

13. Der Mensch ist der einzige weinende Primat. Die Produktion größerer Mengen salziger Tränen ist bei Wassertieren weit verbreitet, die auf diese Weise überschüssiges Salz ausscheiden. Bei Landtieren hingegen ist dieser Mechanismus äußerst selten anzutreffen. Die Theorie vom Wassermenschen sieht darin eine weitere Bestätigung, daß die Spezies Mensch eine wassergebundene Vergangenheit durchlaufen hat. Dagegen muß geltend gemacht werden, daß unsere Tränen eine ganz andere Funktion erfüllen. Wir weinen nur dann ausgiebig, wenn wir emotionale Krisen erleben, nicht aber, wenn wir im Meer geschwommen sind und Salzwasser geschluckt haben.

14. Die Menschenfrau besitzt, ehe sie sich zum erstenmal paart, ein »Jungfernhäutchen«, in dem die Verfechter der aquatischen Vergangenheit des Menschen einen Schutz der Vaginalröhre vor Sand sehen. Wie bei dem »Nasenargument« muß auch hier festgestellt werden, daß dies keine sehr wirksame Problemlösung war. Erstens kann das Jungfernhäutchen seine Funktion nur bei noch unberührten Frauen erfüllen, und zweitens schadet es selbst bei ihnen mehr, als es nützt. Da es die Genitalöffnung nicht vollständig verschließt, könnte es sogar, wenn erst einmal Sand in die Vagina eingedrungen ist, diesen dort festhalten. Eine schließbare »Vaginalklappe« wäre eine für das Waten im seichten Küstenwasser weit geeignetere Schutzvorrichtung gewesen.

15. Der Mensch hat vorstehende, fleischige Hinterbacken. Die Anhänger der Wassertheorie sehen in ihnen ein Mittel, die verletzliche Genitalzone vor direktem Kontakt mit den sandigen und felsigen Böden der Küsten und Flußufer zu schützen, außerdem ein weiches Sitzpolster. Aber wenn das für See- und Flußufer gilt, gilt es wohl auch für andere Böden, auf die der Mensch sich setzte.

Weitere Gedankengänge, die zur Stützung dieser Theorie von der aquatischen Entwicklungsphase vorgebracht wurden, erscheinen zu sehr an den Haaren herbeigezogen, als daß sie ernsthaft in Betracht gezogen werden sollten. Sie können dieser scharfsinnig ausgeklügelten Hypothese nur schaden. Es bleibt zu hoffen, daß zukünftige fossile Funde Belege erbringen, anhand derer die Frage entschieden werden kann. Wir wissen ja im Grunde noch nichts über die Entwicklung der Spezies Mensch während eines Großteils der Pliozän-Warmperiode. Auch bei Berücksichtigung der jüngst gemachten Entdeckungen bleibt eine Lücke von mehr als fünf Millionen Jahren, aus denen wir keinen einzigen fossilen Beleg für die Entwicklung des Menschen haben. Wenn es den halb-aquatischen Menschen gegeben hat, dann hat er in dieser Erdperiode gelebt und fröhlich in den warmen Urgewässern herumgetollt.

## Ernährungsverhalten

### Wie und wo und was wir essen und trinken

Im Grunde ist der Mensch ein zum Jäger gewordener Früchtesammler. Sein heutiges Ernährungsverhalten spiegelt dies wider. In vieler Hinsicht ist er noch immer ein harmloser Nascher, andererseits aber ein beutetötender Fleischfresser.

Als die Geschichte der menschlichen Ernährung begann, lebten unsere Vorfahren im Wald, wie die meisten heute lebenden Menschenaffen und Affen, und suchten sich in den Bäumen Nüsse, Beeren und Früchte. Sie waren hochgradig ansprechbar auf die vielen wechselnden Farben, Formen, »Fühligkeiten« und den Geschmack ihrer Nahrungsobjekte. Die Nahrung mußte oft, nachdem sie gefunden und gepflückt war, noch besonders vorbereitet werden, ehe sie in den Mund wandern konnte. Jedes Hordenmitglied »arbeitete« für sich allein. Es gab keine Aufteilung der Nahrung und keine gemeinsame Bearbeitung. Die Horde wanderte zwar zusammen von einem Weideplatz zum anderen, aber darüber hinaus war bei der Nahrungssuche und -aufnahme ein jeder sich selbst überlassen. Die Umstellung von den Bäumen des Waldes auf lichtere Regionen und die Entwicklung zum Jäger veränderte alles: Die erwachsenen Männer der Horde wurden zu Beutejägern, die von einer festen »Basis« aus operierten und dorthin ihren Fang brachten. Die Frauen, die Jungen und die Alten verlegten sich aufs Futtersammeln in der Nähe der Heimatbasis, das heißt, sie suchten weiter in der alten Primatenweise nach Wurzeln, Beeren und Nüssen.

Dieses neue Ernährungssystem hatte etliche größere soziale Umwälzungen zur Folge. Die wichtigste war der Schritt zur Kooperation. Die Jäger mußten vereint vorgehen, wenn sie Großwild erlegen wollten. Sie mußten zusammen helfen, es nach Hause zu transportieren. Sie mußten sich die nötigen Fähigkeiten und Fertigkeiten (mit-)teilen. Darüber hinaus bedeutete die Arbeitsteilung zwischen Männern und Frauen, daß es auch hier zu teilen galt – Fleisch gegen Vegetarisches und Vegetarisches gegen Fleisch.

Der jagende Mensch wird oft als wildes Raubtier dargestellt, aber das ist allzusehr von der Warte des Beutetiers aus gesehen. Für die Hordengemeinschaft bedeutete der Übergang zur Jagd einen Fortschritt in Richtung auf gegenseitige Hilfe und Kooperation – das gerade Gegenteil von »Wildheit«. Er bewirkte ferner, daß der Vorgang der Nahrungsaufnahme von einer individuellen Verrichtung zu einem gesellschaftlichen Ereignis wurde.

Wie spiegeln sich diese Urformen in unseren Ernährungsgewohnheiten wider? Wir halten uns noch immer an das Vorbild der gemischten Kost aus Fleisch und Vegetarischem. Dies ist auf der ganzen Welt die typische menschliche Ernährung. Die Tatsache, daß vor 10000 Jahren der Ackerbau zur bestimmenden Form der Nahrungsgewinnung wurde, hat unseren Appetit auf pflanzliche und tierische Kost nicht wesentlich verändert.

Was der Ackerbau jedoch bewirkte, war eine starke Tendenz zu immer spezialisierteren Techniken der Nahrungsherstellung. Während früher jedermann mit der Nahrungsbeschaffung befaßt war, wurde dies nun die alleinige Aufgabe der Bauern. Der Rest der Gemeinschaft konnte sich stärker anderen Dingen zuwenden – eine Entwicklung, die sich so weit fortgesetzt hat, daß in den heutigen großstädtischen Lebensgemeinschaften der Vorgang der Nahrungsbeschaffung die bescheidene Dimension des »Um-die-Ecke-Gehens« zum Kaufmann erreicht hat.

Diese Entwicklung hat den modernen Menschen um einige seiner natürlichen Verhaltensmuster gebracht. Vorbei sind die erregenden Augenblicke der Jagd – die Spannung beim Aufspüren der Beute, das Aufbieten allen Geschicks beim Stellen der Falle, die Verabredung des strategischen Vorgehens, der Höhepunkt der Tötung, die Wagnisse und Unsicherheiten, die Kameradschaft in der rein männlichen Jagdgruppe. Wenn heute eine Frau zum Gemüsehändler »auf Nahrungssuche« geht, macht sie auch einen Abstecher zum Metzger. Anders als ihr Partner in Urzeiten bringt sie sowohl den Speck als auch die Bohnen mit nach Hause.

Das hat zur Folge, daß der Mensch von heute ein Jäger ohne Jagdrevier ist, ein Nachsteller ohne Opfer, ein Treiber ohne gehetztes Wild. Er löst dieses Problem dadurch, daß er zur symbolischen Jagd übergeht. Für viele Männer erfüllt heute der Beruf die Rolle der Jagd; hier erproben sie Manöver und Strategien, Taktiken und Fallen. Sie planen Geschäftszüge und machen ihre »Beute« in der Stadt; sie sitzen in Männerkonferenzen zusammen, die an die Stelle der alten Jagdhorden getreten sind, und sie spekulieren. Indem sie einen Einsatz riskieren und einen Höhepunkt anstreben, gelingt es ihnen, in der Form des Geschäftslebens symbolisch die urtümliche Erregung der Jagd wiederaufleben zu lassen.

Wenn die berufliche Situation eines Mannes dies alles nicht zuläßt, kann er auf andere Mittel zurückgreifen. Er kann Männerzirkeln und -klubs beitreten, er kann wetten und spielen oder einen Sport treiben. Solche Betätigungen ersetzen wenigstens manche der verlorengegangenen Jagderlebnisse. Im Klub sind die Männer unter sich, beim Spiel gehen sie Wagnisse ein und erleben Höhepunkte, und beim Sport schließlich wird eine fast vollständige Wiedergeburt der jagdbezogenen Verhaltensweisen erreicht.

Wenn der moderne Mann sich zum Essen niederläßt, kann er dies zwar nicht in dem Gefühl tun, er habe die zum Mahl aufgetragene »Beute« selbst gefangen und erlegt, aber er hat die »Jagdstunden« vor der Mahlzeit zumindest mit einem angemessenen »Jagdersatz« ausgefüllt. Bei Tisch zeugen noch einige Verhaltensrelikte von seiner jägerischen Vergangenheit. Er sitzt am Kopf des Tisches, und er ist es auch, der das Fleisch (den »männlichen« Nahrungsanteil) schneidet, während seine Partnerin das Gemüse (den »weiblichen« Nahrungsanteil) herumreicht. Im Restaurant ruft er den Kellner, gibt die Bestellung auf und probiert den Wein.

294 Diese aus Fleisch und Pflanzen zusammengesetzte Kost wird noch immer von der Mehrheit der heutigen Esser geschätzt; und noch immer spuken uralte Vorstellungen um den Eßtisch. Das Fleisch ist noch immer der »männliche« Teil der Mahlzeit, es wird vom Mann geschnitten, das Gemüse der weibliche Teil, das von der Frau angeboten wird.

Auch unsere Essensrhythmen verdanken wir zum Teil unserer Jägervergangenheit. Als Früchtesammler auf den Bäumen müssen wir ununterbrochen am Knabbern gewesen sein, wie andere pflanzenfressende Primaten heute noch. Fressen bedeutet für diese kein großes gemeinsames Mahl, es ist vielmehr eine Sache des Naschens hier, des Nippens dort und des dauernden Knabberns. Doch als die Menschen sich auf die Jagd umstellten, wurden diese Imbisse durch das eine große Festmahl ersetzt. Die frühen Jäger machten es wie die Löwen: Sie schlugen sich den Bauch voll, ruhten dann lange aus, schlugen sich wieder den Bauch voll und ruhten wieder; ausgiebige Freßsitzungen wechselten ab mit langen futterlosen Zwischenzeiten. Als die Jagd vom Ackerbau abgelöst wurde und man dazu überging, Nahrungsvorräte anzulegen, standen wieder genügend »Häppchen« für einen dauernden Knabber-Imbiß zur Verfügung. Aber die lange Periode des Jägerdaseins hatte das Ihrige getan, so daß wir von unserem großen (Fleisch-)Essen nicht mehr abließen.
Für den modernen Menschen läuft das auf drei Mahlzeiten täglich hinaus: Frühstück, Mittag- und Abendessen. Wir sind nicht gezwungen, uns an diesen Ablauf zu halten, aber es scheint, daß wir nicht allzu gerne davon abgehen. Wir haben die Möglichkeit, statt dessen regelmäßige Imbisse einzunehmen, etwa jede Stunde, was für unseren Magen weit weniger anstrengend wäre; aber wir nutzen sie nicht. Das würde unserem Essen die

Aura des »Jagdschmauses« nehmen. Besonders aber würde es den wichtigsten Bestandteil des jagdgebundenen Lebens zerstören – den Akt der Futterteilung. Die Mahlzeit ist ein gesellschaftliches Ereignis. Wir nehmen manche Mühe in Kauf, nur um nicht alleine essen zu müssen. Der einsame Esser macht immer einen merkwürdig verlorenen und gehemmten Eindruck.

Die Aura der Futterteilung, die das gemeinsame Essen heute noch umgibt, ist der Grund dafür, daß ein so großer Teil der gesellschaftlichen Anlässe mit der Einnahme von Mahlzeiten verbunden ist. In den Festen und Einladungen von heute lebt das alte Futterteilungsritual wieder auf, sie sind eines der wesentlichen Überbleibsel aus unserer Jägervergangenheit. Sogar bei einem zufälligen sozialen Zusammentreffen – bei der Ankunft eines unerwarteten Besuchs – wird in der Regel etwas für den Magen offeriert: »Darf ich Ihnen etwas zu trinken anbieten?« Drinks sind ja nichts anderes als flüssige Nahrung, und das gemeinsame Trinken ist ein ebenso tiefsitzendes Ritual wie die formelle Dinner-Party.

In einer Hinsicht sind wir noch immer unserer Vorvergangenheit als Früchtesammler verhaftet. Zwischen unseren Hauptmahlzeiten nehmen wir oft kleinere Imbisse zu uns. Wir gehen zur Kaffee- oder Teepause. Wir knabbern Kekse, essen Äpfel, naschen Schokolade und lutschen Bonbons. Als Futterhappen haben sie alle eine Eigenschaft: Sie schmecken süß. Das Reizvolle an wilden Früchten und Beeren ist, daß sie süßer und süßer werden. Auf die Süßigkeit sind die Früchtesammler unter den Primaten erpicht, und sie ist auch das Elixier, auf das es bei unseren modernen Versionen ankommt.

Erst wenn wir uns nach Jägermanier zu einem großen Mahl niederlassen, schalten wir auf Fleisch um. Bezeichnend ist die Speisenfolge bei Mittag- und Abendessen: Wir beginnen mit Fleisch und hören mit Süßem auf. Das Glück des Jägers liefert uns die Hauptmahlzeit, das gesellige Verteilungserlebnis, aber dann wollen wir das Mahl mit Süßem beenden, das den unersättlichen »Nascher« in uns zufriedenstellt. Kleinere Mahlzeiten enthalten in der Regel mehr Süßes und verzichten eher auf den zentralen Fleischgang. Das trifft in den meisten Fällen für Frühstück und Nachmittagskaffee (oder -tee) zu. Wo das Frühstück umfangreicher ist – in England zum Beispiel – , fängt es mit Süßem an (Haferbrei oder Cornflakes), dann folgt Fleisch (Räucherfisch oder Speck mit Eiern) und schließlich wieder Süßes (Toast mit Marmelade oder Gelee). Es ist im Prinzip dieselbe Reihenfolge wie beim Mittag- oder Abendessen, nur daß noch ein süßer Gang an den Anfang gestellt wird. Es hat den Anschein, als könne sich der moderne Mensch, nachdem er zu einem neuen Tag voller Arbeit erwacht ist, sich nicht sogleich in die Rolle des Jägers versetzen. Er muß sich erst langsam mit kleinen Naschereien »einessen«. Mehr als dies ist das Frühstück in aller Regel nicht.

295 △ 296 ▽ 297 ▽

295–297 Die primitive Jagd zog das Erlebnis der Futterteilung nach sich, das noch heute bei Naturvölkern (295) oder in seiner westlichen Spielart (296) zu finden ist. Der Festschmaus, die Futterteilung und das »Sich-zu-einem-gemeinsamen-Mahl-Treffen« sind Teil unseres jägerischen Erbes. Der einzelne Esser (297) ist eine einsam-traurige Figur. Oft ist er zu einem eiligen Imbiß gezwungen und kann sich kein genießerisches Verweilen erlauben.

Das Übergewicht des Süßen beim Frühstück ist im Zusammenhang mit der Tatsache zu sehen, daß es die ungeselligste aller Mahlzeiten ist – am wenigsten gesprächig und am wenigsten auf Nahrungsteilung ausgerichtet. Frühstücksparties hat es immer schon viel seltener gegeben als gesellige Mittagessen oder Abendeinladungen. Unserem Frühstück ist eine weitere besondere Eigenschaft vorbehalten: seine Monotonie. Zum Frühstück essen wir fast immer das gleiche, während wir beim Mittags- und Abendtisch auf soviel Abwechslung wie möglich Wert legen. Das hat den Grund, daß wir morgens, da alle Ungewißheiten des Tages noch vor uns liegen, am unsichersten sind. Wir müssen uns nach dem Aufwachen an etwas Vertrautes halten, und diese Vertrautheit bietet uns das gleichbleibende Frühstück.
Die frühen agrarischen Gemeinschaften zelebrierten ihr größtes gemeinsames Eßereignis mit Futterteilung an dem Tag des Jahrs, an dem der lange Winter seine Mitte überschritt. Dann wurden die Vorratslager für ein besonderes Fest geöffnet. Nach Monaten des Erntens und Hortens konnte man es in diesem Augenblick endlich wagen, mit einem großen Nahrungsmittelaustausch und einem Festmahl das neue Jahr zu begrüßen. Die Bauern machten einander zu diesen Julfesten Lebensmittelgeschenke, und unsere heutigen Weihnachtsgeschenke leiten sich von dieser uralten Gewohnheit her, genauso wie unser heutiges Weihnachtsessen von dem alten heidnischen Festmahl.
Ein weiteres Überbleibsel aus der Vergangenheit ist unsere merkwürdige Abneigung gegen blaue Nahrungsmittel oder blaue Getränke. Wenn Sie einmal die Bilder eines illustrierten Kochbuches durchblättern, finden Sie Hunderte von roten, gelben, grünen, braunen und orangefarbenen Speisen – aber keine einzige blaue. Selbst die wenigen Ausnahmen sind nicht wirklich blau. Schimmelkäse ist vorwiegend gelb, Blaubeeren sind eher schwarz. Dies liegt nicht etwa daran, daß wir keine blauen Färbemittel besäßen. In Konditoreien sieht man ab und zu Konfekt mit blauem Zuckerguß. Aber aus irgendeinem Grund vermeiden wir diese Farbe, wo es ums Essen oder Trinken geht. Und auch bei der Verpackung von Lebensmitteln benutzen wir selten blaue Farben. Andere Waren, etwa in der Apotheke oder beim Eisenwarenhändler, sind oft blau verpackt, ebenso Reinigungsmittel wie Scheuerpulver oder Seifen. Eß- und Trinkwaren jedoch bleiben hartnäckig antiblau (siehe auch Farbabbildungen F 34 + F 35, Seite 290).
Das Blau-Tabu scheint ein Anachronismus aus der Urzeit unserer Eßgewohnheiten zu sein. Nüsse und Samen (braun und gelb), Früchte und Wurzeln (orange, rot und weiß), Blätter und Schößlinge (grün) waren damals unsere natürliche Nahrung. Als die Jagd aufkam, kamen dazu das Weiß des Fisch- und Geflügelfleisches und das Rot und Braun der verschiedenen Wildbretarten. Aber kein Blau. Und das ist bis heute so geblieben.
Ein weiteres Relikt aus unserer Vergangenheit ist die merkwürdige Gewohnheit des »Mit-dem-Rücken-zur-Wand-Sitzens« beim Essen in der Öf-

fentlichkeit. Beobachten Sie einmal eine Gruppe von Gästen, die ein Restaurant betritt, und Sie werden sehen, daß alle sich um die Wandplätze reißen. Niemand würde sich in einem halbleeren Restaurant für einen Mitteltisch interessieren. Nur wenn alle Wandplätze besetzt sind, nimmt man auch die von jeder Seite her zugänglichen Mittelplätze in Kauf. Das geht noch auf die uralte Vorsichtsmaßregel zurück, sich nicht von einem Angriff überraschen zu lassen, während man ins Essen vertieft war. Man bietet sich ja in diesem Augenblick relativ ungeschützt dar, so daß der Essende stets darauf bedacht sein muß, sich so zu plazieren, daß er alles um sich herum übersehen kann. Den besten Rundblick gewährt ein Platz an der Wand; aus diesem Grunde stellt man in vielen Restaurants kleine, bewegliche Trennwände um die Mitteltische herum auf. Man schafft so künstliche Nischen, die dem Kunden beim Essen ein Gefühl der Geborgenheit geben. Ein gut aufgeteiltes Restaurant bietet einen fast hundertprozentigen »Rücken-zur-Wand«-Sitzkomfort. So wird es zu einem höchst attraktiven Schauplatz für ein von uralten Ängsten begleitetes modernes Mahl; das Auftragen des Essens ist freilich hierdurch für den Kellner ein äußerst mißliches und umständliches Unterfangen.

Nie ist der »verschlingende« Blick auf die Nahrung so ausgeprägt wie in dem Augenblick, da der Kellner die Gerichte aufträgt. Wenn das Essen in Sicht- und Riechweite kommt, kleben die Augen des Essers förmlich an den gefüllt vor ihm stehenden Platten und Tellern. Es gäbe keinen günstigeren Moment, einen Feind zu meucheln, als in dieser Sekunde, da seine Aufmerksamkeit so sehr gefesselt ist. Selbst wenn er im Augenblick des Auftragens in ein Gespräch vertieft ist, werden seine Augen an dem dampfenden Gericht haften, als hinge sein Leben davon ab, es jetzt, in diesem frühestmöglichen Moment, zu betrachten. Wenn ein Restaurantgast sein bestelltes Gericht erblickt, dann ist das beinahe so, als wenn eine Katze eine Maus entdeckt, und man fühlt sich versucht, hinter dieser Reaktion das Bild des Urjägers zu erblicken, der ein Beutetier erspäht.

Da das Essen in der Öffentlichkeit stets mit einer gewissen Spannung verbunden ist, schlagen die Restaurants im wesentlichen zwei Wege ein, diese Stimmung ihrer Gäste für sich zu nutzen. Das teure Restaurant muß, um seinen hohen Preisen gerecht zu werden, die Spannungen zu lösen versuchen. Es erreicht dieses Ziel durch abschirmende Stellwände und Nischen, ferner, indem es die Beleuchtung – meist durch orangerotes Dämmerlicht – zurücknimmt, die Geräusche mit dicken Teppichen und samtenen Vorhängen dämpft, die Farben durch neutrale oder pastellfarbene Töne mildert, die Bewegungen reduziert, indem es mehr Bedienstete als üblich beschäftigt, so daß der einzelne Kellner nicht zu hasten braucht; schließlich werden gerne offene Feuerstellen unterhalten, die eine gemütliche und warme Atmosphäre verbreiten. Mit diesen Kunstgriffen gelingt es dem Spitzenrestaurant, seinen Kunden Entspannung und Zufriedenheit mit sich und der Welt

298 Wenn das Essen aufgetragen wird, zieht es die »verschlingenden« Blicke der Wartenden auf sich, besonders in dem Augenblick, in dem es auf den Eßteller wandert. Es ist beinahe so, als lebte hier der alte Jäger in uns wieder auf, der sein Beutetier ins Auge faßt.

zu vermitteln. Sie essen ihre Gerichte langsam, fast zögernd und zahlen anschließend willig die gepfefferten Beträge, die ihnen abverlangt werden. Das billige Restaurant wendet die entgegengesetzten Mittel an: Es gestaltet den Eßraum so kalt und abweisend wie möglich, um zu erreichen, daß seine Kunden sich das Essen im Schnellgang einverleiben. Es kann so seine niedrigen Preise durch eine entsprechend rasche Abfertigung ausgleichen. Um die Esser möglichst schnell von ihren Tischen zu vertreiben, benutzt es gleißendes Neonlicht, grelle, volle Farben, scheppernde Metalltabletts und harte, unbedeckte Tischplatten. Kaum ist das Essen hastig hinuntergeschlungen, macht man erleichtert seinen Tisch frei und läßt einen neuen Kunden zum Essenfassen antreten.

Als zum Fleischgenuß geläuterter Früchtesammler hat das Menschentier seit jeher Zahnprobleme. Da es ein Allesfresser blieb, war es auf eine möglichst vielseitige Bezahnung angewiesen. Die zähen Bälger frisch erlegten Wildes bereiteten ihm einiges Kopfzerbrechen. Es hat dieses Problem durch Bestecke und durch Kochen gelöst.

Das Messerschmieden begann vor Tausenden von Jahren mit einfachen Steinabschlägen zum Häuten des Balges und zum Zerteilen des Fleisches. Schließlich wurde der Stein durch das Kupfer, das Kupfer durch die Bronze, die Bronze durch das Eisen und das Eisen durch den Stahl verdrängt (auf höchster gesellschaftlicher Ebene jeweils vervollständigt durch Silber und

Gold). Die ersten Metallmesser waren fast immer spitz und erfüllten eine Doppelfunktion – das Fleisch zu schneiden und es dann aufgespießt zum Mund zu führen. Unglücklicherweise wurden sie dadurch auch zu gefährlichen Waffen, und 1699 verbot Ludwig XIV. von Frankreich, der ein Attentat auf sich befürchtete, die Herstellung spitzer Tischmesser; ein Verbot, das wir seither freiwillig beibehalten haben. Je stumpfer die Messer, desto beliebter wurde natürlich der zweite Bestandteil jedes Tafelbestecks, die Gabel. Die Gabel eroberte sich den Eßtisch, als der beidhändige Eßstil den primitiveren einhändigen verdrängte. Da das ältere Messer bereits die rechte Hand in Beschlag genommen hatte, mußte sich die Gabel mit der linken begnügen. In manchen Gebieten – zum Beispiel in den Vereinigten Staaten – gab es Widerstände gegen diese Entwicklung. Hier hielt man zwar die Gabel links und schnitt mit der Rechten; sobald man aber mit dem Schneiden fertig war, legte man das Messer weg, und die Gabel wurde umständlich von der linken in die rechte Hand genommen, mit der nun die Nahrung aufgespießt und zum Mund geführt wurde. Dieser mutige Angriff der Gabel auf das Rechtsprivileg des Messers hat sich für die meisten Kulturen als zu beschwerlich erwiesen. Fast überall hat sich die Praxis »Gabel links, Messer rechts« durchgesetzt. Eine große Ausnahme macht der Ferne Osten, wo vorwiegend mit Stäbchen gegessen wird. Dies deshalb, weil der Esser in der dortigen, fast tischlosen Eßsituation die Schale in einer Hand halten und mit der anderen ihren Inhalt bewältigen muß. Obwohl Eßstäbchen nicht so praktisch sind wie Messer und Gabel, sind sie nach wie vor allen anderen Formen der einhändigen Nahrungsaufnahme überlegen und haben sich dementsprechend behauptet.

Messer und Gabeln liegen zusammen mit Löffeln, Zangen und anderen Eßwerkzeugen wie metallene Superzähne auf dem modernen Tisch; sie beißen, mahlen und kauen für uns. Mit ihnen steht uns jede im Lehrbuch der Evolution vorkommende Zahnart zur Verfügung, ohne daß wir unsere Kiefer auch nur um einen Deut zu verändern brauchten. Unterstützt und vorangetrieben wurde dieser Prozeß durch das Kochen der Nahrung. Der Gebrauch des Feuers – und davor noch das Sieden der Nahrung im Wasser heißer Quellen – hat von alters her zum Weichmachen einer ganzen Reihe von Nahrungsmitteln gedient und so die Beanspruchung unserer unspezialisierten Zähne gemildert. Mit Backen, Kochen, Rösten, Grillen, Schmoren und Pochieren rücken wir unseren pflanzlichen und tierischen Nährmitteln zu Leibe. Wir zerreißen die harten Zellwände des Pflanzengewebes, mahlen hartes Korn zu samtenem Mehl und erweichen Muskelfasern. Wir machen beim Kochen die rohen Nährstoffe nicht nur zarter, sondern verbessern auch ihren Geschmack und vernichten Parasiten. Und vielleicht wecken wir durch das heiße Servieren auch Erinnerungen an die natürliche Wärme frisch getöteter Beutetiere und die körperliche Wärme unseres allerersten Lieblingsgerichts – der Milch aus der Mutterbrust.

## Die Biologie des Sports – ein modernes Jagdritual

Sport ist im Grunde nichts anderes als eine abgewandelte Form jägerischen Verhaltens. Biologisch gesehen, steckt in einer modernen Fußballmannschaft viel von einer urtümlichen Jägerhorde. Aus der tötenden Waffe ist eine harmlose Lederkugel geworden, aus der Beute das weit offene Tor. Wenn ein Spieler gut gezielt und ins Tor getroffen hat, erlebt er den Triumph des Jägers, der seine Beute erlegt hat.
Um verstehen zu können, wie diese Verwandlung vor sich gegangen ist, müssen wir wieder einen kurzen Blick zurück auf unsere Urahnen werfen. Über eine Million Jahre verbrachten sie mit der Entwicklung kooperativer Jagdformen. Ihr Überleben hing von ihrem Erfolg auf der Pirsch ab. Ihre ganze Lebensweise, selbst ihr Körper änderte sich unter diesem Druck radikal. Sie lernten das Treiben, das Laufen, das Springen, das Zielen, das Werfen und das Töten. Sie wirkten beim Angriff als geübtes Männerkollektiv zusammen.
Dann, vor etwa zehntausend Jahren, nach dieser unvorstellbar langen, prägenden Periode der jagdgebundenen Nahrungssuche, wurden sie zu Bauern. Ihre für das alte Jägerleben so unerläßliche Intelligenz suchte sich nun ein neues Betätigungsfeld – das Einpferchen, Beaufsichtigen und Zähmen der Beutetiere. Die Jagd wurde auf einmal ein Anachronismus. Die Nahrung stand ja in der Koppel auf Abruf bereit. Die Risiken und Unsicherheiten der Jagd waren für das Überleben nicht mehr unabdingbar.
Was jedoch blieb, waren die Fertigkeiten und Triebe des Jägerdaseins, und sie verlangten nach neuen Äußerungsmöglichkeiten. Das sportliche Jagen trat an die Stelle der lebenserhaltenden Jagd. In dieser neuen Betätigung waren sämtliche Jagdmotive enthalten, nur war das Ziel des Unternehmens nicht mehr die Sättigung des knurrenden Magens. Die sportlichen Jäger erprobten ihre Kunstfertigkeit an einer Beute, die für ihr körperliches Wohlergehen nicht mehr unbedingt vonnöten war. Sicherlich, es mag Brauch gewesen sein, das getötete Wild aufzuessen, aber es gab doch andere, einfachere Mittel und Wege, zu einer fleischhaltigen Mahlzeit zu kommen. Die Jagd verselbständigte sich zu einer Tätigkeit, die man um ihrer selbst willen betrieb. Die logische Weiterentwicklung dieses Trends führte zum Großwildjäger, der seine Beute niemals aß, sondern lediglich ihren Kopf ausgestopft an die Wand hängte, oder zum Fuchsjäger von heute, der die Füchse erst züchten und freilassen muß, um sie sodann jagen zu können. Bei diesen beiden wird nicht einmal mehr der Anschein erweckt, das Jagen und Töten diene einem Zweck, etwa der Nahrungsbeschaffung. Es gilt als selbstverständlich, daß die Jagd ihren Lohn in sich selber trägt.
Jahrhundertelang wurde die Welt des Sports von blutigen Sportarten beherrscht. Die heute so beliebten unblutigen Sportarten spielten nur eine

299
◁

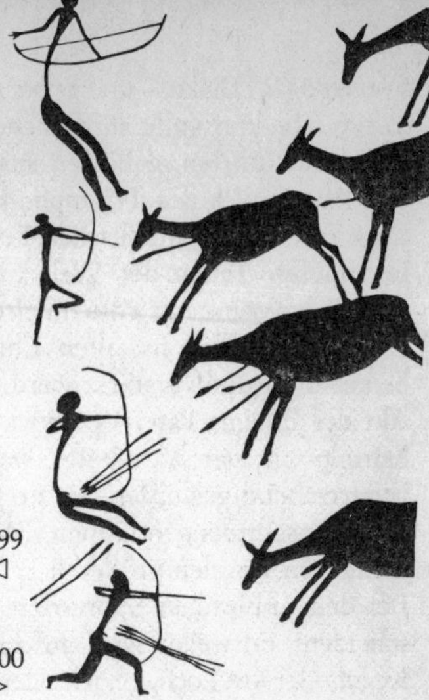

300
▷

299 Sportliche Betätigungen sind abgewandelte Formen des Jagens. Der Fußballspieler schießt als verkleideter Jäger mit einem harmlosen Lederball.
300 Das Wesen der meisten Sportarten besteht darin, ein Ziel zu treffen; davon hing für den Urjäger Leben oder Tod ab.

unbedeutende Rolle. Ein altes Wörterbuch definiert Sport als einen »Zeitvertreib, der mit dem Bemühen ausgefüllt ist, wilde Tiere zu fangen oder zu töten«. Als die einzelnen Kulturen jedoch wuchsen und gediehen, wurde ihre Bevölkerung zu zahlreich, und nur eine kleine Minderheit – die Reichen und die Mächtigen – konnte sich noch dem Sport des Wildjagens verschreiben. Das Jagdbedürfnis der gewöhnlichen Sterblichen aber war frustriert. Die Lösung, die die Römer fanden, war, die Jagd in die Städte zu bringen und in riesigen Arenen zu inszenieren, wo Tausende von sicheren Plätzen aus das Töten der Beute verfolgen konnten. Diese Lösung lebt bis auf den heutigen Tag weiter: in Gestalt des spanischen Stierkampfs.
Eine andere Lösungsmöglichkeit bestand darin, die Verhaltensweisen der Jägerhorde auf andere Verhaltensmuster zu übertragen. Auf den ersten Blick sahen diese neuen Aktivitäten nicht wie Jagd aus, aber unter der Oberfläche waren alle grundlegenden Elemente vorhanden. Der Schlüssel zu allen Abwandlungen liegt in der Tatsache, daß keine Notwendigkeit mehr bestand, die Beute zu essen. Wenn das aber so war, warum sich dann die Mühe machen und ein eßbares Tier aufspüren und töten? Warum überhaupt ein Tier töten? Man brauchte doch nur ein symbolisches Opfer, wenn man die erregende Spannung der Jagd zu schaffen vermochte. Die Lösung, die die Griechen fanden, war der Sport – die athletische Ausübung der Fertigkeiten des Jägers: des Treibens (im Wettlauf), des Springens, des

Werfens (im Diskus- und Speerwurf). Die Sportler erlebten die für die Jagd so typische kraftvolle körperliche Anstrengung, und die Bewegungsabläufe, die sie ausführten, gehörten ausnahmslos dem Repertoire des Urjägers an. Der Augenblick des Triumphs hatte sich jedoch von einer wirklichen Tötung zu einem symbolischen Ersatz, dem sportlichen Sieg, geläutert.
In anderen Teilen der Welt waren erste Ansätze zu frühen Ballspielen vorhanden: eine Art Polo im alten Perserreich, Boccia und Hockey im alten Ägypten, Fußball im alten China. Hier stand als altes Jagdvorbild, das beibehalten und verstärkt werden sollte, der alles entscheidende jägerische Akt des Zielens Pate. Wie auch immer die Regeln der Spiele lauteten, im Mittelpunkt der Aktivitäten stand das Zielen. Es ist im modernen Sport beherrschend geworden. Heute gibt es mehr »Ziel-Sportarten« als alle anderen zusammengenommen. Man könnte beinahe jeglichen Rasensport als Wettstreit um den größeren Erfolg im Zielen definieren.
Bei den unblutigen Sportarten lassen sich zwei Arten des Zielens unterscheiden: Entweder wird auf ein ungeschütztes Objekt, eine Zielscheibe, Kegel oder ein Loch, gezielt oder auf ein behütetes bzw. verteidigtes Objekt, wie ein Tor oder einen Dreistab (beim Kricket). Wenn man Sport als abgewandeltes Jagdverhalten sieht, ist es klar, daß ein verteidigtes Objekt einem lebenden Beutetier mehr ähnelt und daher ein besseres Ersatzobjekt für die althergebrachten Jagdbetätigungen darstellt. Die lebende Beute wird es dem Jäger nicht leichtmachen: Wenn er auf sie zielt, wird sie sich nach besten Kräften schützen, sei es durch ein plötzliches Ausbrechen, durch Flucht, durch Angriff oder durch eine andere Reaktion. Es ist also keine Überraschung, daß unter den heutigen Rasensportarten diejenigen am beliebtesten sind, bei denen die Angreifer auf ein verteidigtes Objekt zielen müssen.
So gesehen wird ein Fußballspiel zu einer zweiseitig ausgeführten Jagd. Jede Mannschaft (respektive Jägerhorde) versucht dadurch Punkte zu machen, daß sie mit einem Ball (respektive einer Waffe) ein von den Gegnern gehütetes Tor (respektive Beutetier) trifft. Da das verteidigte Tor nicht so »berechenbar« ist wie ein offenes, wird die Jagd erregender, werden die Bewegungen schneller und athletischer, die Leistungen der Spieler eindrucksvoller. Diese Sportarten ziehen das große Publikum an, das mit seiner Zuschauerrolle zufrieden ist. – Die Sportarten der anderen Grundform, bei denen das Ziel nicht verteidigt wird, ziehen zwar nicht die Massen an, können aber wegen der Kunstfertigkeit und Präzision, die ihre Ausübung erfordert, dem Sportler selbst hohe Befriedigung bieten.
Unter die verbreiteten Sportarten des ersten Typs fallen außer Fußball auch Kricket, Badminton, Basketball, Hockey, Hurling (irisches Hockey), Eishockey, Korbball, Polo, Wasserball, Tennis, Tischtennis, Volleyball und Lacrosse. Beispiele für den zweiten Typ sind unter anderem Boccia, Golf, Bogen- und Wurfpfeilschießen, Kegeln, Tontaubenschießen, Bowling, Curling, Krocket und Billard. Diese und viele andere Sportarten zeugen von

301 Tennis ist eine Sportart, die höchste Ziel- und Treffsicherheit verlangt sowie die hierzu nötige Augen-Hand-Koordination und körperliche Kondition.

dem Bedürfnis des Menschen, auf etwas zu zielen. Es überrascht, daß dieser Aspekt bei der Diskussion über die psychologischen Motive des Sports oft übersehen wird. Man betont statt dessen den Gesichtspunkt der Konkurrenz und benutzt ihn als alleinige Erklärung. Sicher macht sich das Wettbewerbsbedürfnis im Sport geltend, daran besteht kein Zweifel. Aber es könnte sich ebenso bei Kuchenback- oder Blumendekorierwettbewerben austoben. Dadurch würden diese Betätigungen aber keineswegs zu Sportarten. Wir praktizieren den Wettstreit in hunderterlei Arten, aber nur dem sportlichen Wettbewerb kommt die besondere Note des Jagens, Rennens, Springens, Werfens, Zielens und Beutetötens zu. Deswegen trifft letzten Endes nur eine auf die Jagd zurückgreifende Erklärung das Wesen des Sports (siehe auch Farbabbildung F 59, Seite 399).
Der moderne Mensch hat die unblutigen Sportarten zu einer seiner Haupterholungsformen gemacht. Beinahe jede größere menschliche Ansiedlung auf der Welt besitzt Sportstätten und Stadien. Millionen verfolgen die Berichterstattung über Sportereignisse in der Presse, über Funk und Fernsehen. Dieser hohe Grad öffentlicher Teilnahme übertrifft alles, was aus früheren Zeitaltern bekannt ist, und der Grund ist nicht schwer zu erraten. Nach der industriellen Revolution fand sich die große Mehrheit der Männer in den aufgeblähten Ballungszentren stärker als je zuvor vom jägerischen

Vermächtnis abgeschnitten. Massenproduktion und Rationalisierung führten zu immer eintönigeren, vorhersehbaren und sich wiederholenden Arbeitsabläufen. Das Wesen der alten Jagdpraxis bestand aber in der notwendigen Aneignung einer großen Anzahl physischer Fähigkeiten in Verbindung mit einem bestimmten Wagnis und einer entsprechenden Erregung. Sie umfaßte eine umfangreiche Folge von Handlungen: einen Aufmarschplan, strategische und taktische Absprachen, Geschick und Mut in der Ausführung und schließlich das Erlebnis eines Höhepunkts im »Augenblick der Wahrheit«. Diese Beschreibung paßt gut auf die Tätigkeit eines Sportlers, wie etwa eines Fußballspielers, ist aber himmelweit von der Lebensweise eines Arbeiters am Fließband oder eines Angestellten im Großraumbüro entfernt.

Die Frustration des Jagdbedürfnisses erreichte beim Mann des 19. Jahrhunderts, der in einen unabänderlichen Arbeitstrott eingespannt war, eine neue Stufe. Die Folge war, wie vorauszusehen, ein sprunghafter Anstieg des Interesses am organisierten Sport. Fast alle heute besonders beliebten Sportarten wurden im Laufe des 19. Jahrhunderts entweder erfunden oder erhielten ihre endgültige Form:

| | | | |
|---|---|---|---|
| 1820: | Squash (England) | 1870er Jahre: | Wasserball (England) |
| 1823: | Rugbyverband (England) | 1874: | amerikanischer Football (USA) |
| 1839: | Baseball (USA) | | |
| 1846: | Fußball (England) | 1879: | Eishockey (Kanada) |
| 1858: | australischer Fußball (Australien) | 1891: | Basketball (USA) |
| | | 1895: | Rugbyliga (England) |
| 1859: | Volleyball (USA) | 1895: | Bowling (USA) |
| 1860er Jahre: | Tennis (England) | 1899: | Tischtennis (England) |

Während des 19. Jahrhunderts wandten sich mehr und mehr Männer diesen Spielen zu, entweder als Aktive oder als Zuschauer. Man hielt sie für erholsam, weil sie körperliche Bewegung erforderten, und wegen der frischen Luft, der die Spieler (und Zuschauer) dabei ausgesetzt waren. Aber wer da nach Erholung verlangte, das war der uralte Jäger mit seinem jägerischen Körper und Geist. Die Beliebtheit des Sports als einer Pseudojagd ging von typischen Bewegungsabläufen aus: Es war nicht körperliche Bewegung schlechthin, es waren typische Lauf-und Zielübungen – charakteristisch für das urzeitliche Jagdleben.

Im 20. Jahrhundert sind überraschenderweise keine neuen Sportarten aufgekommen; statt dessen erreichte die Beteiligung an den bestehenden neue Höhepunkte, und diese verbreiteten sich im gleichen Maße wie die Industrialisierung über den ganzen Erdball. Es gibt heute mehr Menschen als je zuvor, die in ihrer täglichen Arbeit vorwiegend Langeweile, wenig Abwechslung und keine Überraschungen erleben. Sie genießen ersatzweise die Unmittelbarkeit spannender sportlicher Wettkämpfe.

Für den erfolgreichen Mann von heute stellt sich die Frage nach einer derartigen Abreaktion weniger. Das liegt daran, daß die berufliche Tätigkeit des Erfolgreichen den Urformen des Jagdverhaltens wesentlich näherliegt. Einen Teil seiner Arbeit bildet die Jagd nach Ideen – er fiebert über Problemlösungen, er schließt Verträge ab und spricht über die *Ziele* seiner Firma. In seiner Lebensweise folgt ein aufregendes Pseudo-Jagderlebnis dem anderen. Das einzige, was bei dieser Art des abgewandelten Jagens fehlt, ist die unmittelbare körperliche Belastung der wirklichen Jagd. Das Verfolgen, Stellen, Zielen und Beutetöten bleibt beim modernen Karrieremann bloß abstrakt, und im Ergebnis hat sein Körper sehr oft darunter zu leiden.

Eine degenerierte Form des Sports, die besondere Erwähnung verdient, ist das Kriegführen. In frühester Zeit, als die Waffen noch neu waren, war eine blutige Sportart so gut wie die andere. Als die Jagd auf wirkliche Nahrungsobjekte nicht mehr im Mittelpunkt stand, hatte man eine reiche Auswahl an Ersatzobjekten. Jedes Jagdopfer war recht, wenn es nur die nötige Erregung, den gewissen Kitzel mit sich brachte, und warum sollte man menschliche Beute ausschließen? Die frühen Kriege waren keine totalen Kriege, sie waren streng regulierte und auf ein Schlachtfeld begrenzte Angelegenheiten, etwa wie sportliche Auseinandersetzungen heute. Die Krieger verwendeten beim Kriegführen dieselben Waffen, die ihnen auch zur Jagd dienten, und im besonderen Fall des Kannibalenkriegs erstreckt sich die Ähnlichkeit sogar noch bis zum Aufessen der Beute. Wir wissen, daß bisweilen bei Regen der Krieg wie ein Kricketspiel unterbrochen wurde. Natürlich war, wie in jedem Sport, auch das Moment der Konkurrenz zwischen den beteiligten Gruppen wirksam, aber auch hier scheint dies nicht die ganze Erklärung zu sein. Es gibt offenbar Fälle von willkürlichen Kriegshandlungen, bei denen die Kämpfenden den Eindruck vermitteln, als entsprängen ihre Handlungen einem unbändigen Drang, als *suchten* sie den Kampf. Das hat manche Experten zu der unglücklichsten Schlußfolgerung veranlaßt, der Mensch habe einen angeborenen Tötungstrieb gegen Artgenossen. Wenn man das kriegerische Verhalten jedoch nicht als Äußerung eines unbändigen Tötungsdranges sieht, sondern, wie auch den Sport, als Ersatz für die verlorengegangene Jagd, dann wird dieses Verhalten sofort erklärbarer.

Tragischerweise ist der kriegerische Typus des Sportverhaltens bald außer Kontrolle geraten und zu blutigen Massakern eskaliert. Dafür gab es zwei Gründe. Einerseits führte die Waffentechnik an einen Punkt, wo das Führen einer Waffe keine persönliche Tapferkeit und keine körperliche Kampfgeübtheit mehr erforderte. Aus dem Jäger-Krieger wurde ein Abschlachtungs-Technologe. Andererseits wuchs die Zahl der Menschen immer stärker, bis eine Überbevölkerungskrise entstand. Es kam zu immensem sozialem Druck und zu horrenden Konkurrenzanforderungen. Der alte Sport des Jagd-Kriegs gebar den Wahnwitz des modernen Vernichtungskriegs.

302 Bis ins letzte Jahrhundert war der Sport eine fast ausschließlich männliche Angelegenheit, aber je mehr er sich von seinen blutigen Jagd-Ursprüngen entfernte, wurde er auch für Frauen und Kinder zu einem beliebten Zeitvertreib.

303 Der Krieg als pervertierte Form des blutigen Sports, ehe er zur Abschlacht-Technologie des modernen Vernichtungskrieges eskalierte.

302 △ 303 ▽

Die Lektion, die wir daraus für die Zukunft zu lernen haben, ist folgende: Um die Chance eines Kriegsausbruchs zu verringern, genügt es nicht, lediglich das Problem der Überbevölkerung und des aus ihr resultierenden sozialen Drucks zu lösen. Es ist auch nötig, die Arbeitsanforderungen des nachindustriellen Zeitalters so zu gestalten, daß sie den Bedingungen der Jagd wieder näherkommen – den Bedingungen, denen unsere Vorfahren sich während einer Epoche von mindestens einer Million Jahren genetisch angepaßt haben. Solange die Arbeit eintönig und abwechslungslos, ohne Herausforderungen und Höhepunkte verläuft, wird der Urjäger in uns auf gefährliche Weise unbefriedigt bleiben. Das Fußballspiel am Samstagnachmittag mag abhelfen, aber sicher nicht genug. Es scheint, daß wir bei der Planung zukünftiger Arbeitsvorgänge unbedingt versuchen müssen, den Arbeitenden ein jagdähnliches Erlebnis zu vermitteln, wenn wir Aufruhr, Gewalttätigkeit und totalen Krieg verhindern wollen.
Schließlich verdient noch der Repräsentant einer weiteren sportlichen Verirrung eine kurze Würdigung, und zwar der Typ des »Ladykillers«. Aus einem alten Wörterbuch stammt treffend eine weitere Definition des Sports als »amouröses Geplänkel«, und in der Tat ist das »chercher la femme« oft mit einer Jagd verglichen worden. Das übliche »Hofmachen« des Mannes weist viele charakteristische Merkmale des Jagens auf und erreicht seinen Höhepunkt – die symbolische Tötung der Beute – im Geschlechtsakt. Bei einem echten sexuellen Verhältnis trägt dieser Höhepunkt zur Entwicklung einer stabilen Partnerbeziehung bei. Bei der bloß pseudosexuellen Beziehung, der »Schürzen-Jagd«, bedeutet das Erreichen des Höhepunkts, des Geschlechtsakts, zugleich das Ende der Gemeinsamkeit. Der Mann, für den Frauen ein Ersatz für Jagdbeute sind und der lieber von »Abschießen« als von Bindung redet, verliert sein Interesse schnell, wenn er die »Beute« erst einmal mit seiner symbolischen Waffe aufgespießt hat. Er muß sich sofort neue Beute suchen. Die als Sport ausgeübte Mädchenjagd hat, wie der Krieg, gefährliche soziale Konsequenzen.
Bei der Suche nach Ersatzbefriedigungen für die Urjagd gibt es manche Fallstricke, und wenn eine Kultur ihre Wahl schlecht trifft oder sich nicht an die ungeschriebenen Spielregeln hält, so tut sie dies auf eigene Gefahr. Das Sportverhalten des Menschentiers verdient jedenfalls weit größere Beachtung, als ihm in der Vergangenheit geschenkt worden ist.

## Ruheverhalten

### Entspannungshaltungen, Schlafen und Träumen

Einen großen Teil des Tages sind wir sozial eingespannt. Mit den Tageszeiten wechseln auch unsere sozialen Rollen. Wir stehen dem Kind als Vater, der Frau als Ehemann, dem Verkäufer als Kunde, dem Arzt als Patient, dem Chef als Angestellter, dem Künstler als Zuhörer, dem Wächter als Gefangener gegenüber. Wir verkehren mit Kollegen oder Freunden, mit Mitarbeitern, Konkurrenten, Verwandten oder mit unserem Lebenspartner. In all diesen Situationen bringen die Aufregungen unseres gesellschaftlichen Lebens Streß und Anstrengung mit sich. Wir müssen uns von Zeit zu Zeit aus diesen Anspannungen zurückziehen und tun dies durch verschiedene Formen des Ruheverhaltens.

Die ausgeprägteren Formen des Ausruhens verlangen einen vollständigen räumlichen Rückzug aus der aufreibenden sozialen Szenerie, während kleinere Pausen auch an Ort und Stelle eingelegt werden können. Wenn man müde ist, läßt man seine Gedanken schweifen oder »schaltet ab«, während man automatisch weiternickt und -lächelt. Nach außen hin scheint man in die soziale Interaktion vertieft, aber in Wirklichkeit hat das Gehirn sich selbständig gemacht. Es hat den Leerlauf eingelegt. Nach kurzer Zeit reißt man sich dann zusammen und stürzt sich wieder ins Getümmel, in der Hoffnung, keinen wesentlichen Teil des Geschehens versäumt zu haben.

Eine andere Möglichkeit besteht darin, eine *entspannte Haltung* einzunehmen. Auch das ist ohne räumlichen Rückzug möglich. Das Problem liegt nur darin, daß man, wenn man seinem Körper allzu große Laxheit zugesteht, Gefahr läuft, die Anwesenden zu provozieren. Wenn sie höfliche Aufmerksamkeit erwarten, werden sie eine entsprechende Körperhaltung zu schätzen wissen. Eine lässige Haltung kann man sich nur leisten, wenn man entweder so überlegen ist, daß man sich um das, was die anderen von einem denken, nicht zu kümmern braucht, oder wenn die Anwesenden sehr gute Freunde oder Verwandte sind und die Situation entsprechend zwanglos ist. Zwischen guten Freunden kann eine betont lässige Haltung sogar ein Zeichen der Vertrautheit sein – ein Signal, daß die Beziehung keine angespannte Gesprächsbereitschaft nötig hat und auch ohne Beachtung konventioneller Höflichkeitsregeln bestehen wird.

Es gibt eine ganze Skala entspannter Körperhaltungen. Für stehende Gesprächspartner eignet sich das Zurücklehnen, bei dem der Körper an einer Wand oder ähnlichem anliegt. Dann gibt es die Armstütze, bei der entweder die Hände in die Taschen gesteckt werden oder die Unterarme auf der nächstgelegenen Unterlage ruhen. Einen Schritt weiter geht die Kopfstützhaltung, bei der der Kopf auf einer Unterlage ruht oder auf Hände und Unterarme aufgestützt wird. Das Sitzen ist bereits in sich eine der Hauptruhehaltungen, und man kann sie noch verstärken, indem man sozusagen

304 ◁

305 ▷

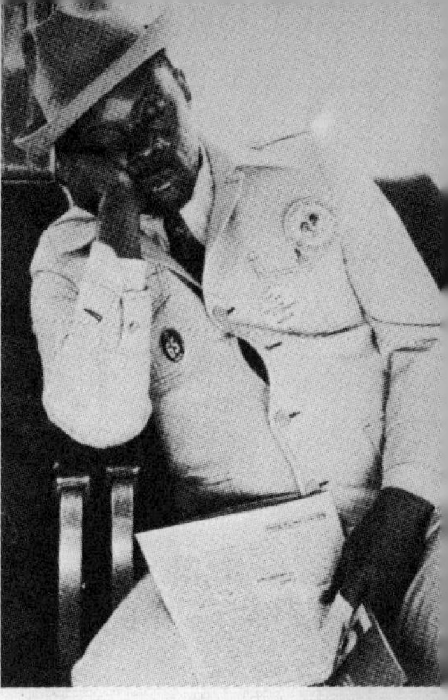

304 + 305 Entspannungshaltungen beim Menschen: das aufrechte Anlehnen (304), das die Beinmuskulatur entlastet, und das Stützen des Kopfes (305), das die müden Halsmuskeln entspannt.

»die Luft abläßt«, also Kopf, Arme, Hände, Schultern und Beine entkrampft und nach Herzenslust hängen läßt. Noch eine Stufe weiter wird aus dieser Haltung das »Alle-viere-von-sich-Strecken«. Das Wesen dieser Haltung ist das Ausstrecken der Gliedmaßen, durch das die Gelenkmuskulatur entspannt wird, sowie das Ruhigstellen derselben durch Auflegen auf einen stützenden Untergrund. Ihre natürliche Fortsetzung findet diese Haltung im Sichhinlegen, sei es auf den Bauch, auf den Rücken oder auf die Seite.
Damit sind wir bei einem Grad an Entspanntheit angelangt, der für fast alle sozialen Situationen zu extrem ist. Man kann sich bei einer Plauderei unter Freunden in gemütlichen Polstermöbeln rekeln, aber sich hinzulegen, würde doch bedeuten, daß man eine neue »Ebene« des sozialen Rückzugs betritt. Allenfalls im Freien, bei einem Picknick etwa, ist die vollständige Liegeposition bei gleichzeitiger Fortsetzung der Kommunikation gesellschaftsfähig; und selbst bei solchen Gelegenheiten sieht man gewöhnlich, daß ein Ellbogen aufgestützt und der Körper so am völligen Abgleiten in die Waagrechte gehindert wird.
Die Grundlage aller geschilderten Ruhehaltungen ist, die mit dem Aufrechthalten des Körpers verbundene Arbeit mehr oder minder zu reduzieren. Die aufrechte Haltung, die das menschliche Leben so entscheidend prägt, ist weit anstrengender als die vierbeinige Geh- und Stehhaltung unserer tierischen Verwandten. Wir nehmen den schwierigen Vorgang des

306

307

308

309

310

311

312

306–312 Wir reden oft davon, daß jemand »am Boden kauert«, als wäre das *eine* festumrissene Ruhestellung. In Wirklichkeit gibt es jedoch eine Reihe von Kauer-Varianten: das Kauer-Knien (306) und das Kauern auf den Fußsohlen (307), das Kauern auf den Zehenspitzen (308), das Kauersitzen (309), das Sitzen mit gekreuzten Beinen (310), der Lotossitz (311) und der Bein-Seitensitz (312).

Aufstehens und Gehens weitgehend als selbstverständlich hin, nur weil wir ihn so oft ausführen. In Wirklichkeit erfordert das Stehen ein konstantes Bemühen um Balance, und alles, was uns, wenn auch nur für kurze Zeit, von der Zweibeinigkeit entlastet, ist uns willkommen. Außer den schon aufgeführten Beispielen gibt es noch eine Anzahl ausgefallenerer Ruhepositionen. Es gibt das Stehen auf einem Bein nach Storchenart, eine Haltung, die man bei manchen afrikanischen Stämmen finden kann. Es gibt das einseitige Knien des Boxers, der sich von einem Niederschlag erholen will (nicht zu verwechseln mit dem unterwürfigen Knicks des Untergebenen). Es gibt weiter das beidbeinige Knien des erschöpften Sportlers, der nach dem Passieren der Ziellinie auf die Knie sinkt; und es gibt noch das Verschnaufen auf allen vieren bei fast völliger Erschöpfung.

In weniger dramatischen Situationen finden wir die Kniehocke, bei der die Hinterbacken so weit gesenkt werden, daß man praktisch auf den Waden der knienden Beine sitzt. Eine ähnliche Stellung ist das normale Kauern, bei dem die Knie nicht am Boden sind, sondern die Füße das Hauptgewicht tragen und das Gesäß wiederum an den Waden anliegt. Es gibt zwei Versionen: das Kauern auf den Fußsohlen und das Kauern auf Zehenspitzen. Das erstere, das bei manchen Stämmen üblich ist, ist für viele Menschen ebenso wie der Stand auf einem Bein schwer auszubalancieren, so daß es sich für sie als Ruheposition kaum eignet.

Zur Vervollständigung dieser Sitztypen ist noch das Kauersitzen zu erwähnen, bei dem das Gesäß den Boden berührt und selbst zur Sitzfläche wird, ohne daß jedoch die Beinstellung verändert wird. Daraus wird dann das Sitzen mit gekreuzten Beinen, das man oft bei Schulkindern sieht, wenn sie in Gruppen am Boden sitzen, und schließlich der Lotossitz der Joga-Schüler. Eine weniger beschwerliche Variante ist der einfache Bein-Seitensitz, den man oft im Park oder am Strand sieht.

Dies sind die wesentlichen Ruhehaltungen unserer Spezies, wobei Marotten wie der Joga-Kopfstand und andere örtlich begrenzte Errungenschaften ausgelassen wurden. Man kann Ruhehaltungen nur flüchtig einnehmen oder aber über mehrere Stunden beibehalten, je nach Gelegenheit und Umgebung. Man kann sich ihnen in einer angespannten sozialen Situation hingeben oder aber in anerkannten »Ruheperioden« oder »Pausen«. Ein bisher noch nicht genannter Typ des Ruheverhaltens kann inmitten eines geselligen Kreises passieren: das Nickerchen. Wenn während eines Familientreffens der Großvater einnickt, kann es sein, daß die übrige Familie sich weiter unterhält, fast so, als sei er noch eifrig mit dabei. Sie unterhalten sich über seinen Kopf hinweg und versuchen nicht etwa, ihn ins Bett oder sonstwie wegzuschaffen. Wer in Vorträgen, Theatervorstellungen oder Konzerten vor sich hin döst, wird in ähnlicher Weise ignoriert, wenigstens so lange, bis er durch Schnarchen oder andere störende Äußerungen deutlich seine momentane Verfassung verrät.

Jenseits des Dösens beginnt die ganze Skala des Schlafverhaltens; der Schlaf ist für uns die Hauptform des Rückzugs vom gesellschaftlichen Leben. Es ist jedoch wichtig, darüber nicht zu vergessen, daß wir über viele andere Ruhemöglichkeiten neben der des Schlafens verfügen. Sie funktionieren bis zu einem gewissen Grad nach dem Prinzip: »Eine Abwechslung ist so gut wie eine Ruhepause.« Es kommt dabei in erster Linie darauf an, worin die Abwechslung besteht. Es fallen hierunter die Pausen, die wir uns selbst gewähren, von der kurzen Kaffee- oder Teepause bis zur Mittagspause, zum abendlichen Ausgehen, zum freien Wochenende, zu den Feiertagen und dem jährlichen Urlaub. In allen diesen Fällen haben wir die Möglichkeit, aus unserer sozialen Rolle auszubrechen und vorübergehend ein anderes Ich anzunehmen – wir können zum Esser, zum Trinker oder zum Touristen werden. In allen Fällen ruhen wir uns aus, selbst wenn unsere neue Betätigung vergleichsweise kraftraubend ist. Aber das Wesentliche an diesen neuen Rollen ist, daß wir selbst sie verteilen. Wir tun und lassen, was uns gefällt, und nicht das, was jemand anderem einfällt.

So nützlich gelegentlicher »Tapetenwechsel« ist, er gewährt uns doch nicht die totale Rollenfreiheit. Mancher Urlaub wird von einer Lawine von Vorbereitungen und Verantwortlichkeiten erdrückt – unter Umständen führt das Planen und Organisieren zu unerwarteten Streßsituationen, einfach deshalb, weil es gerade das ewige Planen und Organisieren war, von dem man Urlaub machen wollte.

Das einzig wirkliche Entkommen genießen wir in der langen Phase nächtlichen Schlafs. Versuche, ohne diese Form der Entspannung auszukommen, haben rasch zu schweren psychischen und physischen Zusammenbrüchen geführt. Der Grund dafür ist, daß die natürliche Ruhepause des Schlafs für das Gehirn noch wichtiger ist als für den Körper. Wir können unsere Muskeln noch so lange durch Massage und ruhiges Liegen entspannen, ohne daß dabei unsere geistige Batterie nennenswert aufgeladen wird. Am Ende eines Tages haben wir stets einen solchen Wirrwarr neuer Vorstellungen, Gedanken und Erfahrungen angehäuft, daß wir dringend unsere Schlafstunden benötigen, um Zeit für die Einsortierung dieser neuen Informationseingaben in die Speicher unseres Gedächtnisses zu gewinnen. Und es ist mehr als nur ein Einsortieren – wir gehen auch die verschiedenen Widersprüche durch, die sich angesammelt haben, versuchen, die Konflikte zu bewältigen, die sich uns gestellt haben, und räumen überhaupt in unserem »Denkbüro« auf. Das ist das Geheimnis unserer Träume. Beharrliches, beunruhigendes »Sortieren« verursacht beharrliche, wiederkehrende Träume. Eindrucksvolle neue Erfahrungen führen zu lebhaften Traumfolgen.

Was wir uns später als Traum erinnern, ist nur die Spitze des nächtlichen Eisbergs. Neuere Untersuchungen über den Schlaf haben ergeben, daß wir mehrere Traumsequenzen durchträumen, und zwar in jeder Nacht, einerlei, ob wir uns morgens an einen Traum erinnern oder nicht.

313 ◁

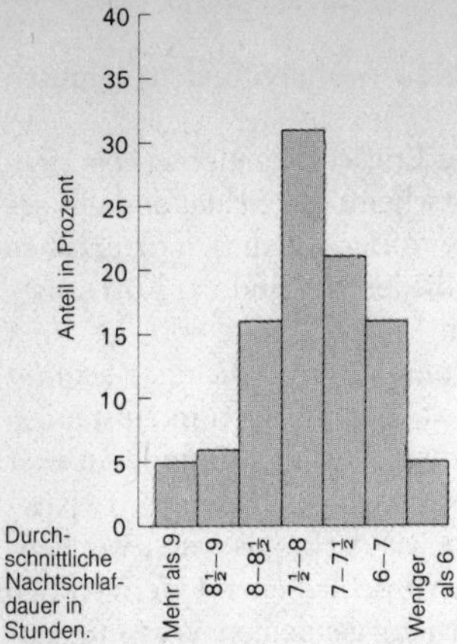


314 ▷

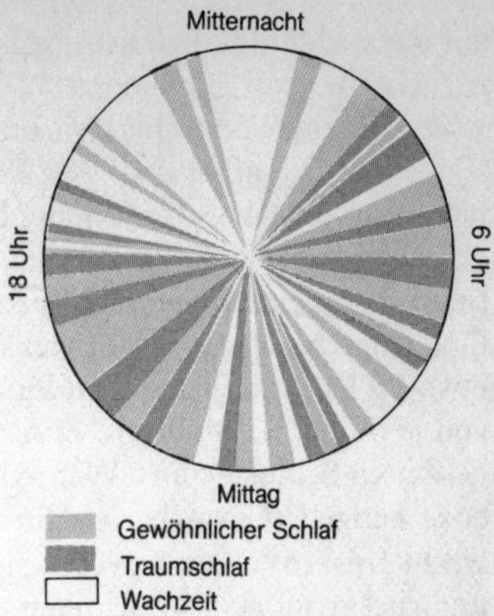


313 Manche Erwachsene brauchen mehr Schlaf als andere, die meisten jedoch zwischen 7 und 8 Stunden. Ältere Menschen neigen zu kürzerem Nachtschlaf – etwa sechs Stunden –, gleichen das aber durch kleine Nickerchen tagsüber aus.
314 Erwachsene schlafen normalerweise einmal täglich, während Babys in kurzen Phasen schlafen. Dieses Kind brachte es in 18 Schlafphasen auf 17 Schlafstunden innerhalb eines Tages.

Säuglinge schlafen mehr als Erwachsene, und man schläft in mittleren Jahren länger als im Alter. Dafür gibt es Gründe. Das Kleinkind ist mit einer ganzen Welt neuer Dinge konfrontiert, die es verstehen muß. Sein Gehirn muß enorme Massen an Informationen aufnehmen, und es benötigt entsprechend lange Traumperioden, um sie »aufzuräumen«. Das ältere Kind ist dagegen normalerweise schon an bestimmte Dinge gewöhnt, es nimmt nicht mehr so viele neue Informationen auf und kommt deshalb mit weniger Schlafstunden aus. In den ersten drei Lebenstagen schläft ein Baby durchschnittlich 16,6 von 24 Stunden, wobei Extremwerte von 23 und 10,5 Stunden vorkommen. Der Erwachsene schläft im Durchschnitt 7 Stunden und 20 Minuten. Ältere Leute kommen mit 6 Stunden plus gelegentlich einem Schläfchen während des Tages aus.
Das neugeborene Kind schläft mit vielen Unterbrechungen Tag und Nacht, aber ist es erst einmal sechs Monate alt, hat es seinen Tagschlaf bereits auf kurze Nickerchen eingeschränkt und seinen Nachtschlaf zu einer einzigen langen Schlafperiode ausgedehnt. Seine Gesamtschlafzeit beträgt nun um die 14 Stunden und ist weiter rückläufig. Die Tagesschläfchen reduzieren sich auf ein bis zwei am Morgen und einen Mittagsschlaf. Im zweiten Lebensjahr verschwindet dann der Vormittagsschlaf, und die Gesamtschlafzeit beträgt 13 Stunden. Wenn das Kind fünf Jahre alt ist, verzichtet es ganz darauf, tagsüber zu schlafen, der Nachtschlaf dauert nun zwölf Stunden. Diese Stundenzahl vermindert sich langsam, bis beim 13jährigen eine durchschnittliche Schlafdauer von neun Stunden erreicht ist, die schließlich

auf das endgültige Erwachsenenmaß von etwa 7 Stunden und 20 Minuten zurückgeht.
Während einer typischen Nacht wechselt der Erwachsene vierzig- bis siebzigmal die Schlafhaltung. Auf Serienfotos erscheint der Schlaf deshalb ruhelos und unstet, doch auch der beste Schläfer unterliegt diesen natürlichen »Umwälzungen«, die ein Verkrampfen der Glieder oder anderer Körperpartien verhindern (siehe auch Farbabbildungen F 60–63, Seite 400).
Eine typische Nacht bringt vier oder fünf Traumphasen. Die erste beginnt etwa 90 Minuten nach dem Einschlafen, die anderen folgen in Abständen von je 60 bis 90 Minuten. Zusammen füllen sie etwa eine Stunde unserer gesamten Schlafzeit aus. Während der Traumphasen geschehen einige paradoxe Dinge. In mancherlei Hinsicht agieren wir darin, als seien wir hellwach: Unsere Augen bewegen sich hinter den geschlossenen Lidern schnell und ruckartig, als beobachteten wir angestrengt irgendeinen Vorgang; unsere Gehirnströme nähern sich denen des Wachzustandes an; Herzschlag und Blutdruck verändern sich, als gälte es, sich einer emotionalen Herausforderung zu stellen; und wir steigern unseren Sauerstoffverbrauch wieder, wie um uns auf eine körperliche Belastung vorzubereiten. In vollständigem Gegensatz zu allen diesen Veränderungen steht die Tatsache, daß der Muskeltonus gegenüber dem gewöhnlichen Schlaf niedriger wird und wir auch schwerer zu wecken sind. Dieser seltsame Zustand ist deshalb die »paradoxe Schlafphase« genannt worden. Der Körper ist völlig abgeschaltet, scheint gleichzeitig aber in volle Aktionsbereitschaft versetzt. Natürlich ist es der Traum, für den der Körper sich bereitmacht, und *wenn* man einen Schlafenden in dieser Phase aufweckt, wird er sich lebhaft an die Einzelheiten seines Traumes erinnern können. Wenn man ihn nur fünf Minuten nach dem Ende der Traumphase weckt, wird er sich nur verschwommen an Einzelheiten des Traums erinnern. Weckt man ihn weitere zehn Minuten später, weiß er gewöhnlich nichts mehr und wird behaupten, er habe gar nicht geträumt. Das erklärt, warum manche Leute bestreiten, daß sie träumen, obwohl sie es, wie wir alle, vier- oder fünfmal pro Nacht tun. Sie wachen eben in den traumlosen Phasen des Schlafs auf. Wenn wir bis zum natürlichen Aufwachen schlafen können, dann ist dies auch der Normalfall.
Der Traum läuft nicht blitzartig ab, wie man früher einmal angenommen hat. Weckt man einen Schläfer zu Beginn einer Traumphase auf, dann gibt er gewöhnlich an, nur kurz geträumt zu haben. Weckt man ihn später in der Traumphase, wird er sich an einen längeren Traum erinnern. Man kann also annehmen, daß die eine Stunde Gesamtzeit, die wir nachts im Traumschlaf verbringen, auch tatsächlich mit Träumen ausgefüllt ist. Das bedeutet, daß jeder Mensch, der ein durchschnittliches Alter erreicht, in seinem Leben etwa 35000 Stunden träumt. Auf diese Weise nur vermag er den in seinem Kopf arbeitenden Präzisionscomputer einwandfrei in Funktion zu halten, einsatzbereit für die Bewältigung des nächsten Tages.

# Literaturnachweis

Obwohl das genaue Zitieren im Text akademischer Brauch ist, würde es in einem für eine breitere Leserschicht bestimmten Buch nur ablenken und den Lesefluß unterbrechen. Andererseits hat jedes vom Autor benutzte Buch einen Anspruch darauf, genannt zu werden. Die folgende kapitelbezogene Aufstellung soll gleichzeitig Anregungen zum Weiterstudium bieten.


ALLGEMEINE WERKE

(1) Argyle, Michael, *Soziale Interaktion.* Köln 1972

(2) –, *Bodily Communication.* London 1975 (M. Argyles Forschungen im Bereich des zwischenmenschlichen Verhaltens betreffen, obwohl sie auf Laborexperimenten beruhen, Verhaltensaspekte, die mit dem Thema des vorliegenden Buchs eng zusammenhängen.)

(3) Barakat, R. A., *The Cistercian Sign Language. A Study in non-verbal communication.* Kalamazoo, Michigan 1975 (Den Felduntersuchungen R. Barakats sind wertvolle Zusammenstellungen von Gesten aus verschiedensten sozialen Umfeldern zu verdanken.)

(4) Birdwhistell, R. L., *Kinesics and Context. Essays on body motion communication.* Philadelphia 1970 (R. Birdwhistells umfangreiche Studien über die Bewegungen des menschlichen Körpers haben zwar nur zu einer geringen Zahl von Veröffentlichungen geführt, aber dennoch bleibt er einer der einflußreichsten Köpfe der Humanethologie.)

(5) Brun, T., *The International Dictionary of Sign Language.* London 1969 (Eine nicht sehr anspruchsvolle Arbeit, die dennoch viele nützliche Beispiele regionaler Gesten enthält.)

(6) Critchley, M., *Silent Language.* London 1975 (Eine nützliche Übersicht über das Gebiet der menschlichen Gestik von einem hervorragenden Neurologen.)

(7) Davis, F., *Inside Intuition. What we know about non-verbal communication.* New York 1971 (Ein populärwissenschaftlicher Bericht über den Stand der amerikanischen Forschung auf dem Gebiet der nicht-verbalen Kommunikation.)

(8) Efron, D., *Gesture, Race and Culture.* Den Haag 1972 (D. Efrons Pionierarbeit, erstmals 1941 veröffentlicht, diente vielen späteren Forschungsvorhaben als Vorbild.)

(9) Eibl-Eibesfeldt, I., *Liebe und Haß. Zur Naturgeschichte elementarer Verhaltensweisen.* München 1970 (Eine wichtige und leichtverständliche Arbeit des führenden deutschen Humanethologen.)

(10) Ekman, P., Friesen, W. V., Ellsworth, P., *Gesichtssprache. Wege der Objektivierung menschlicher Emotionen.* Wien/Köln 1974

(11) Ekman, P. (Hrsg.), *Darwin and Facial Expression.* New York 1973 (P. Ekmans Forscherteam in San Francisco hat eine große Zahl von Arbeiten veröffentlicht, die sich bevorzugt mit genauen Analysen von Gesichtssignalen beschäftigen.)

(12) Fast, J., *Körpersprache.* Reinbek 1971 (Eine populärwissenschaftliche Zusammenfassung der Forschungen zur nichtverbalen Kommunikation, durch die der Terminus »Körpersprache« allgemein bekannt wurde.)

(13) Goffman, E., *Verhalten in sozialen Situationen. Strukturen von Regeln der Interaktion im öffentlichen Raum.* Gütersloh 1971

(14) –, *Interaktionsrituale. Über Verhalten in direkter Kommunikation.* Frankfurt 1971

(15) –, *Wir alle spielen Theater.* München 1969

(16) –, *Das Individuum im öffentlichen Austausch. Mikrostudien zur öffentlichen*

*Ordnung*. Frankfurt 1974 (Es fällt schwer, einzelne Bücher Goffmans herauszugreifen, aber vielleicht sind die vier hier angeführten die wichtigsten. Sie bieten zusammen eine scharfsinnige Analyse der kleinen Dramen des Alltagslebens.)
(17) Guthrie, R. D., *Body Hot Spots. The anatomy of human social organs and behavior*. New York 1976 (Eine lebendige und originelle Studie über die »soziale Anatomie« des menschlichen Körpers.)
(18) Key, M. R., *Paralanguage and Kinesics. Non-verbal communication*. Metuchen, N. J. (USA) 1975 (Ein brauchbarer Überblick, der auf einer Vortragsreihe basiert und 65 Seiten Bibliographie enthält.)
(19) Morris, D., *Der nackte Affe*. München 1968
(20) –, *Der Menschen-Zoo*. München 1969
(21) –, *Liebe geht durch die Haut*. Die Naturgeschichte des Intimverhaltens. München 1972 (Drei allgemeine Arbeiten über Humanethologie, in denen das »Menschentier« aus der Sicht des Zoologen analysiert wird.)
(22) Morris, D., Collett, P., Marsh, P., O'Shaughnessy, M., *Gesture Maps*. London 1978 (Eine umfassende internationale Feldstudie über regionale Varianten menschlicher Gesten.)
(23) Ruesch, J., Kees, W., *Nonverbal Communication*. Berkeley/Los Angeles 1969 (Eine allgemeine Übersicht über die visuellen Signalsysteme des Menschen.)
(24) Saitz, R. L., Cervenka, E. C., *Handbook of Gestures: Colombia and the United States*. 1972 (Ein wertvoller Katalog von Gesten, der das Repertoire Südamerikas mit dem Repertoire Nordamerikas vergleicht.)
(25) Scheflen, A. E., *Body Language and the Social Order*. Englewood Cliffs, N. J. (USA) 1972
(26) –, *How Behavior Means*. New York 1973 (Berichte, die die Ergebnisse der mühevollen Beobachtungsstudien Scheflens in New York zusammenfassen.)
(27) Tiger, L., Fox, R., *Das Herrentier. Steinzeitjäger im Spätkapitalismus*. München 1973 (Eine anthropologische Studie über die biologischen Grundlagen der menschlichen Gesellschaft.)
(28) Wildeblood, J., *The Polite World. A Guide to English manners and deportment*. London 1973 (Ein historischer Überblick über die Formalismen des gesellschaftlichen Lebens vom Mittelalter bis ins zwanzigste Jahrhundert.)
(29) Wolff, C., *A Psychology of Gesture*. London 1945 (Eine der frühesten Studien über Gesten in der Geschichte der Verhaltensforschung.)

ÄLTERE WERKE

Hier sind einige ältere Arbeiten aufgeführt, die für das Problem der Gesten und Handlungen von besonderem historischen Interesse sind.

(30) Bulwer, J., *Chirologia; or the Natural Language of the Hand. Whereunto is added Chironomia: or, the Art of Manual Rhetoricke*. London 1644.
(31) – *Philocophus; or the Deafe and Dumbe Man's Friend*. London 1648
(32) –, *Pathomyotomia, or a Dissection of the Significative Muscles of the Affections of the Minde*. London 1649
(33) –, *Anthropometamorphosis; Man Transform'd; or the Artificial Changeling*. London 1650 (Wiederveröffentlicht daselbst 1654 als: *A View of the People of the Whole World.)* (John Bulwer war der erste, der die menschlichen Gesten systematisch studierte. Er steht allein auf weiter Flur und war für seine Zeit erstaunlich fortschrittlich.)
(34) Austin, G., *Chironomia; or, a treatise on rhetorical delivery*. London 1806 (G. Austins lange und detaillierte Abhandlung über menschliche Gesten diente in erster Linie dazu, öffentlichen Rednern ein wirksameres Auftreten zu ermöglichen.)

(35) Bell, C., *Essays on the Anatomy of Expression.* London 1806 (Die erste ernstzunehmende Studie über den Zusammenhang zwischen der Gesichtsmuskulatur und der Ausdrucksfähigkeit des Gesichts.)
(36) Siddons, H., *Practical Illustrations of Rhetorical Gesture and Action.* London 1807 (H. Siddons, der Schauspieler und Sohn von Sarah Siddons, verarbeitete hier den Aufsatz des Deutschen M. Engel über Gestik und Bühnenkunst.)
(37) De Jorio, A., *La Mimica Degli Antichi Investigata Nel Gestire Napoletano.* Neapel 1832 (Der erste Versuch, einen umfassenden Überblick über das Gesten-Repertoire eines bestimmten Landstrichs zu geben.)
(38) Darwin, Ch., *The Expression of the Emotions in Man and Animals.* London 1872 (Darwins Studie ist der Grundstein der modernen Ethologie; es war die erste Arbeit, die die menschliche Ausdruckssprache in einer evolutionistischen Sicht darstellte.)
(39) Wundt, W. *Völkerpsychologie. Band 1: Die Sprache.* Stuttgart 1900 (Kapitel 2 des ersten Bandes von Wilhelm Wundts großem zehnbändigen Werk über vergleichende Psychologie ist unterschrieben: *»Die Gebärdensprache«*; es enthält die bedeutendste theoretische Diskussion der menschlichen Gesten aus der Zeit vor dem Beginn der modernen Verhaltensforschung. Es ist als Sonderdruck in englischer Sprache wiederveröffentlicht worden von Mouton, Den Haag 1973)

LITERATUR NACH KAPITELN

Für dieses Buch wurden viele Bücher und Aufsätze ausgewertet. Nur die wichtigsten sind im folgenden kapitelweise aufgeführt. An Stellen, wo die allgemeinen oder älteren Arbeiten von besonderer Bedeutung sind, werden sie nochmals erwähnt, wobei aber nur die jeweilige Zahl aus der laufenden Numerierung angegeben ist.

HANDLUNGEN. Eibl-Eibesfeldt, I., *Grundriß der vergleichenden Verhaltensforschung. Ethologie.* München 1967 (Kapitel 18); (9); (19); (20); Neville, H., *›Gesture‹* in: *Voice, Speech and Gesture.* London 1900; Nierenberg, G. I., Calero, H., *How to Read a Person Like a Book.* New York 1971; Strobridge, T. R., Nalty, B. C., *›Hand Salute‹* in: *Leatherneck* XLVI (Nr. 7), S. 76–77; (28).
GESTEN. Aubert, C., *The Art of Pantomime.* Paris 1927; (3); (5); Cody, I. E., *Indian Talk.* London 1972; Ekman, P., *Origins, Usage and Coding of Non-verbal Behavior.* Buenos Aires 1967; Ekman, P., *The repertoire of nonverbal behavior in: Semiotica* 1 (1), 1969, S. 49, 98; Elworthy, F., *Horns of Honour.* London 1900; Huber, E., *Evolution of Facial Musculature and Facial Expression.* Baltimore 1931; Jones, H., *Sign Language.* London 1968; Lavater, J. C., *Essays on Physiognomy.* London 1789; Meri, L., *The Gesture Language of the Hindu Dance.* New York 1964; Munari, B., *Supplemento al Dizionario Italiano.* Mailand 1963; Papas. W., *Instant Greek.* Athen 1972; (24); Tomkins, W.,*Indian Sign Language.* New York 1969
VARIANTEN VON GESTEN. Morris, D., *Patterns of Reproductive Behaviour.* London 1970; (22).
VIELDEUTIGE GESTEN. (22).
ALTERNATIVGESTEN. D'Angelo, L., *How to be an Italian.* Los Angeles 1969; (5); (37); (22); (24).
TOCHTERGESTEN. Cody. I. E., *Indian Talk.* London 1972; (22).
ZUSAMMENGESETZTE GESTEN. (38) S. 264–272.
RELIKT-GESTEN. (6) S. 118; (38) S. 261; Papas, W., *Instant Greek.* Athen 1972; (24) S. 136; Smith, W. J., Chase, J., Lieblich, A. K., *›Tongue-showing: a facial display of humans and other primate species‹* in: *Semiotica* 11 (3), S. 201–246.
REGIONALE SIGNALE. (22).
TAKTSTOCK-SIGNALE. (8) S. 96; Ekman, P., Friesen, W. V., *›Hand Movements‹* in: *Journal of Communication* 22, (1972), S. 252–274; Napier, J., *›The evolution of the hand‹* in: *Scientific American* 207 (6) 1962, S. 56–62.

HINWEISSIGNALE. (34) Appendix V; Brewer, E. C., *Dictionary of Phrase and Fable.* London 1962, S. 992.
JA/NEIN-ZEICHEN. Cody, I. E., *Indian Talk.* London 1972; Jakobson, R., ›*Motor signs for »Yes« and »No«*‹ in: *Language Soc.* I, 1972, S. 91–96; Tomkins, W., *Indian Sign Language.* New York 1969; (5); (38); (22).
BLICKVERHALTEN. Argyle, M., Cook, M., *Gaze and Mutual Gaze.* Cambridge 1976; (19) S. 163; Yarbus, A. L., *Eye Movement and Vision.* New York 1967.
GRUSSZEREMONIELLE. (9); Firth, R., *Symbols, Public and Private.* London 1973, Kap. 9; (16) Kendon, A., Ferber, A., ›*A description of some human greetings*‹ in: *Comparative Ecology and Behaviour of Primates.* London 1973; (21) Kap. 4.
HALTUNGS-ECHO. Condon, W. S., Ogston, W. D., ›*Sound-film analysis of normal and pathological behavior patterns*‹ in: *J. Nerv. and Ment. Disorders* 143 (1966) S. 338–347; (7) S. 104 und 114; Kendon, A., ›*Movement coordination in social interaction*‹ in: *Acta Psych.* 32 (1970) S. 100–125; (25) S. 53.
BINDUNGSZEICHEN und BINDUNGSZEICHEN MIT KÖRPERKONTAKT. (9); (16); (21); Wickler, W., *Mimikry in Nachahmung und Täuschung in der Natur.* München 1968
SELBSTKONTAKTE. (21).
UNGEWOLLTE NICHTVERBALE INFORMATIONEN. Ekman, P., Friesen, W. V., ›*Nonverbal leakage and clues to deception*‹ in: *Psychiatry* 31 (1969) S. 88–106; Ekman, P., Friesen, W. V., ›*Hand Movements*‹ in: *J. o. Communication* 22 (1972) S. 353–374; Ekman, P., Friesen, W. V., ›*Detecting deception from the body or face*‹ in *J. of Personality and Soc. Psych.* 29 (3), 1974, S. 288–298; (16); Goffman, E., *Frame Analysis,* London 1974.
STATUSDARSTELLUNG. Caine, M., *The S Man; A Grammar of Success.* London 1960; Korda, M., *Power: How to get it, how to fight it.* New York 1975; Maclay, G., Knipe, H., *The Dominant Man.* New York 1972; (20) Kap. 2; Packard, V., *The Status Seekers.* London 1960.
TERRITORIALVERHALTEN. Ardrey, R., *The Territorial Imperative.* London 1966; Hall, E. T., *The Silent Language.* New York 1959; Hall, E. T., *The Hidden Dimension.* London 1966; Hutt, C., Vaisey, M. J., ›*Differential effects of group size on social behaviour*‹ in: *Nature* 209 (1966) S. 1371–1372; Letourneau, C., *Property: Its Origins and Development.* London 1892; Mackenzie, N., *Secret Societies.* London 1967; (19); (20) Kap. 1; (25) Kap. 2; Sommer, R., *Personal Space.* Prentice-Hall, N. J. (USA) 1969.
BARRIERE-SIGNALE. (7) S. 106; Kendon, A., Ferber, A., ›*A description of some human greetings*‹, in: *Comparative Ecology and Behaviour of Primates.* London 1973; (25) S. 21.
ABWEHRVERHALTEN. Ferm, V., *American Superstitions.* New York 1959; Hill, D., *Magic and Superstition.* London 1968; Howes, M., *Amulets.* London 1975; Hunt, W. A., Landis, C., ›*The overt behaviour pattern in startle*‹ in: *J. Exp. Psychol.* 19 (1936) S. 312; Knowlson, T. S., *The Origins of Popular Superstitions and Customs.* London 1934; (19) Kap. 8; Morris, D., Morris, R., Men and Snakes. London 1965, Kap. 9; Radford, E., Radford, M. A., *Encyclopedia of Superstitions.* London 1961.
DEMUTSVERHALTEN. Firth, R., *Symbols, Public and Private.* London 1973, Kap. 9; Maclay, G., Knipe, H., *The Dominant Man.* New York 1972; (19); (21); (28).
RELIGIÖSE SCHAUSTELLUNGEN. (19).
ALTRUISTISCHES VERHALTEN. Dawkins, R., *The Selfish Gene.* Oxford 1976.
KAMPFVERHALTEN. Blurton-Jones, N. G., ›*An Ethological Study of some aspects of social behaviour in children in nursery school*‹ in: *Primate Ethology.* London 1967; (19); (20); Wise, A., *The History and Art of Personal Combat.* London 1971.
TRIUMPHGEBAREN. Frazer, J. G., *The Magic Art and the Evolution of Kings.* London 1932, Band 2 S. 174; (21).

ABSCHALTEN. Barsley, M., *Left-handed Man in a Righthanded World.* London 1970; Chance, M. R. A., ›*An interpretation of some agonistic postures: the role of »cut-off« acts and postures*‹ in: *Symp. Zool. Soc.* 8 (1962) S. 71–89; (20).
AUTONOME SIGNALE. Cannon, W. B., *Bodily Changes in Pain, Hunger, Fear and Rage.* New York 1929; Cobb, S., *Emotions and Clinical Medicine.* New York 1950; Kuntz, A., *The Autonomic Nervous System.* London 1946; Morris, D., ›*The feather postures of birds and the problem of the origin of social signals*‹ in: *Behaviour* 9 (1956) S. 75–113; (19).
PUPILLENSIGNALE. Coss, R., *Mood-provoking Visual Stimuli.* University of California 1965; Hess, E., *The Tell-tale Eye.* New York 1975.
INTENTIONSBEWEGUNGEN. Lomax, A., *Folk Song Style and Culture.* Washington 1968, Kapitel 10; (19); (36).
ÜBERSPRUNGHANDLUNGEN. Eibl-Eibesfeldt, I., *Grundriß der vergleichenden Verhaltensforschung. Ethologie.* München 1967; (19); Morris, D., *Patterns of Reproductive Behaviour.* London 1970; Rackham, A., *Report on passenger reactions for Aer Lingus.* 1975; Tinbergen, N., *The Study of Instinct. Erforschung angeborenen Verhaltens,* Oxford 1951.
ERSATZHANDLUNGEN. Bastock, M., Morris, D., Moynihan, M., ›*Some comments on conflict and thwarting in animals*‹ in: *Behaviour* 6 (1953) S. 66, 84; (19).
ABLENKUNGSMANÖVER. Carthy, J. D., Ebling, F. J. (Hrsg.), *The Natural History of Aggression.* Institute of Biology, Symposium 13, London 1964; (19).
VERLETZENDE GESTEN. Barakat, R. A., ›*Arabic gestures*‹ in: *J. Popular Culture* 1973, S. 149–787; (5); (6); (8); (22); Munari, B., *Supplemento al Dizionario Italiano.* Mailand 1972; Papas, W., *Instant Greek.* Athen 1972; (28) S. 162; (39).
DROHGEBÄRDEN und OBSZÖNE ZEICHEN. Barakat, R. A., ›*Arabic Gestures*‹ in: *J. Popular Culture* 1973, S. 749–787; (5); Marsh, P.: Dissertationen der Universität Oxford 1977; (19); (24).
TABUZONEN. (1) S. 92; Gunther, B., *Sense Relaxation.* London 1968; Jourard, S. M., ›*An exploratory study of body accessibility*‹ in: *Brit. J. soc. clin. Psychol.* 5 (1966) S. 221–231; (21).
BEKLEIDUNGSSIGNALE. Bogatrev, P., *The Functions of Folk Costume in Moravian Slovakia.* Den Haag 1971; Broby-Johansen, R., *Body and Clothes.* London 1968; Flugel, J. C., *The Psychology of Clothes.* London 1930; Laver, J., *Costume.* London 1969; Laber, J., *Modesty in Dress.* London 1969; Mecheels, J., ›*The physiology of clothing*‹ in: *Panorama,* Juni 1963, S. 4; (19); (20); Owens, R. M., Land, T., *American Denim.* New York 1975; Rosebury, T., *Life on Man.* London 1969; Rudolfsky, B., *The Unfashionable Human Body.* New York 1971; Strutt, T., *The Dress and Habits of the People of England.* London 1970 (Nachdruck). Bd. 2.
KÖRPERSCHMUCK. Angeloglou, M., *An History of Make up.* London 1970; Broby-Johansen, R., *Body and Clothes.* London 1968, S. 11; (33); Cooper, W., *Hair: Sex, Society, Symbolism.* London 1971; Flugel, J. C., *The Psychology of Clothes.* London 1930; Parry, A., *Tattoo: Secrets of a Strange Art.* New York 1933; Reynolds, R., *Beards.* London 1950; Rudolfsky, B., *The Unfashionable Human Body.* New York 1971.
GESCHLECHTSMERKMALE. Collett, P., Marsh, P., ›*Patterns of public behaviour: collision avoidance on a pedestrian crossing*‹ in: *Semiotica* 12 (4), 1974, S. 281–299; (19); (21).
SEXUELLE SIGNALE. (19) Kap. 2; (20) Kap. 3; Morris, D., *Patterns of Reproductive Behaviour.* London 1970; (21); Wilson, G., Nias, D., *Love's Mysteries.* London 1976.
SIGNALE ELTERLICHER ZUWENDUNG. Leboyer, F., *Der sanfte Weg ins Leben.* München 1974; (19) Kap. 3; (21) Kap. 1; Salk, L., ›*Thoughts on the concept of imprinting and its place in early human development*‹ in: *Canad. Psychiat. Assoc. Jour.* 11 (1966) S. 296–305.

KINDLICHE SIGNALE. (19) Kap. 3; (21) Kap. 1.

KONTAKTE MIT TIEREN. Caras, R., *Dangerous to Man.* New York 1975; Matthews, L. H., ›*Animal Relationships*‹ in: *Med. Sci. and Law* 1964, S. 4–14; (19) Kap. 8 (21) Kap. 6; Morris, D., Morris, R., *Men and Snakes.* London 1965; Morris, D., Morris, R., *Men and Apes.* London 1966; Morris, D., Morris, R., *Men and Pandas.* London 1966; Szasz, K., *Petishism.* New York 1969; Zeuner, F. E., *Geschichte der Haustiere.* München 1967.

FORMEN DES SPIELVERHALTENS. Aldis, O., *Play Fighting.* New York 1975; Bruner, J., Holly, A., Sylvia, K. (Hrsg.), *Play. Its Role in Development and Evolution.* London 1976; Groos, K., *Die Spiele der Tiere.* Jena 1930[3]; Holme, A., Massie, P., *Children's Play.* London 1970; McLellan, J., *The Question of Play.* Oxford 1970; Millar, S., *The Psychology of Play.* London 1968; (19) Kap. 4.

METAGIGNALE. Altmann, S., ›*Social behaviour of anthropoid primates; an analysis of recent concepts*‹ in: *Roots of Behaviour.* New York 1962, S. 277–285; (23) S. 7, 64 und 82; Wilson, S. C., Kleiman, D. C., ›*Eliciting Play: a comparative study*‹ in: *Americ. Zool.* 14 (1974) S. 341–370.

SUPRANORMALE REIZE. (20); Tinbergen, N., *The Study of Instinct.* Oxford 1951, S. 44.

EINSEITIGKEIT. Barsley, M., *The Left-handed Book.* London 1966; Barsley, M., *Left-handed Man in a Right-handed World.* London 1970; Gesell, A., Ames, L. B., ›*The development of handed-ness*‹ in: *J. of Genetic Psychology* 70 (1947) S. 155–175; Humphrey, N., McManus, C., ›*Status and the left cheek*‹ in: *New Scientist* 23, August 1973, S. 437–439; McManus, I. C., Humphrey, N. K., ›*Turning the left cheek*‹ in: *Nature* 243, 1973, S. 271–72.

FORTBEWEGUNG. Dyson, G., *The Mechanics of Athletics.* London 1973; McWhirter, N., McWhirter, R., *The Guinness Book of Records.* London 1975; Shirley, M. M., *The First Two Years, a Study of Twentyfive Babies,* Bd. 2: *Intellectual Development.* Minneapolis 1933; Well, K., *Kinesiology.* Philadelphia 1966.

VERHALTEN IM WASSER. Fleming, S., ›*Man emerging (I) The first 33 million years*‹ in: *New Scientist* 71 (1976) S. 6–9; Hardy, A., ›*Was man more aquatic in the past?*‹ in: *New Scientist* 7 (1960) S. 642–45; McGraw, M., ›*Swimming behaviour of the human infant*‹ in: *J. of Pediatrics* 15 (1939) S. 485–90; Morgan, E., *The Descent of Woman.* London 1972, Kapitel 3; (19).

ERNÄHRUNGSVERHALTEN. Hutchinson, R., *Food and the Principles of Dietetics.* London 1906; (19) Kap. 6; Pyke, M., *Man and Food.* London 1970; Renner, H. D., *The Origin of Food Habits.* London 1944; Watson, L., *The Omnivorous Ape.* 1971.

SPORTVERHALTEN. *Encyclopedia of Sports.* London 1975; Suffolk et al., *The Encyclopedia of Sport.* London 1897; Strutt, J., *The Sports and Pastimes of the People of England.* London 1801 (Nachdr. 1965).

RUHEVERHALTEN. *Concepts of Sleep.* London 1965–66; Evans, C., *The stuff of dreams* in: *New Scientist* 18 (1967) S. 409–10; Kleitman, N., *Sleep and Wakefulness.* Chicago 1963; (19); Oswald, I., *Sleep.* London 1966; Schwartz, B., ›*Notes on the sociology of sleep*‹ in: *People in Places.* London 1973.

Register

Aberglaube 211 f.
Abfolge, sexuelle 363 f.
Ablenkungsmanöver 274 f.
Abschalten 244, 246
Abschiedsritual 118, 122, 125
Abschirmung 198 ff.
Abwehrverhalten 206–213
Abzeichen 193, 299, 341, 392
Achselzucken 67
Affen 25, 302, 410, 416
Aggression 19 f., 182, 271 ff., 288, 297–300, 309
Akrobatik 26, 433
Alle-viere-von-sich-Strecken 461
Alternativgesten 58–61
Amulette 212 f., 308
Angst 208 f., 297 f.
Anlagen, angeborene 19–22, 228 ff.
Aphrodisiaka 403
Applaus 280
Armekreuzen 22, 148, 202 ff.
Armstütze 460
Arm-um-die-Schulter-Legen 139 f., 142
Anfauchen 260
Augenberührung 58, 77
Augenbrauen, Hochziehen der 17, 122
Augenbrauenkratzen 157
Augengabel 288
Augengeste 100
Ausdrucksänderungen 158 ff.
Ausdrucksgesten 35 ff.

Barriere-Signale 202 ff.
Bauch 353
Bäumeklettern 388
Begegnungsrituale 360 f.
Begrüßungszeremoniell 118
Bein- und Fuß-Signale 153, 163 ff.
Beineflechten 356
Beinekreuzen 28 ff.
Bein-Seitensitz 463
Bekleidungssignale 322 ff.
Beleidigungen, symbolische 282 f.
Belladonna 257
Bemühung, zur Schau gestellte 119 f.
Berührung des Kopfes mit der Hand 144 f.
Berührungsabsicht 94
Beschneidung 344
Besteck 450 f.
Bindungszeichen 130 ff.
– mit Körperkontakt 137 ff.
Blick, ausweichender 244, 246
Blickverhalten 110 ff.
»Blitzen« 316
Böser Blick 117, 212 f., 308
Boxen 206, 261
Brüste 348 ff., 354
Brustkelch 60
Brustkontur 58
Brusttoupets 344

Daumen, erhobener 78, 101 f., 304
Daumenlutschen 71 f.,
Daumennagel-Applaus 280 f.
Daumenstoß, nach oben gerichteter 304
Daumenzeichen 101 f.
Daumen-Zeigefinger-Berührung 80, 89, 92
Defäkation 250 f., 314
Demutsverhalten 214–222, 278 f.
Denken, abstraktes 13
Denkspiele 390
Desinteresse, Signale des 276 f.
Drohgebärden 287–300
Dummheitsgesten 42 f., 282 f.
Einseitigkeit 420–425
Ejakulation, symbolische 243
Elternersatz 379
Empfängnisverhütung 362–367
Erkundungsverhalten 386 ff.
Ernährungsverhalten 321, 443–451
Ersatzhandlungen 271 ff., 297
Ersatzsignal 109
Eßstäbchen 451
Exzentriker 319 f.

Familienterritorium 193 ff.
Faust, geballte 89, 92
Faustschütteln 51, 288
Feigezeichen 304–308
Fernkontakt 120 ff.
Fernrohr 59
Fingerkreuzen 45 f., 212
Fingerspitzenkuß 60
Finger-um-Finger-Heranwinken 103 f.
Finte 261
Flackerblick 246
Flaggen 184
*flop-out* 25 f.
Form, typische 91
Fortbewegung 263, 388, 426–433
Fortbewegungsspiele 388 f.
Fremdkontakt 147
Freundlichkeiten, deformierte 280 f.
Führen, körperliches 138
Fußball 194, 206 ff., 239 ff., 454 ff.
Fußsignale s. Bein- und Fuß-Signale
Futterteilung 446

Gähnen 270, 277
–, gespieltes 277
Gänsegeschnatter-Geste 281

Geburt 368 ff.
Gehen 427 ff.
Genitalkontakt 363 f.
Genitalöffnungszeichen, weibliche 302, 307 f.
Genuß, erhöhter 385
Geräteherstellung 13, 236
Geruchsunterschiede 351
Geschäftsverhalten 231 f.
Geschenkzeremoniell 125
Geschlechtsmerkmale 345–359
Gesichtsausdrücke 162 f., 166 f.
Gesten 33–50
–, beiläufige 33 ff.
–, erstarrte 212, 344
–, homosexuelle 308
–, kodierte 50
–, mimische 38 ff.
–, obszöne 301–309
–, primäre 33, 35
–, schematische 41 f.
–, sekundäre s. Gesten, beiläufige
–, symbolische 42–46
–, technische 46 f., 50
–, Varianten von 51–54
–, verletzende 276–287
–, vieldeutige 55 ff.
–, zusammengesetzte 64–67
Gesten-Atlas 76
Gestikulation 37
–, nichtidentifizierte 163, 165 f.
Glatze 337, 353
Götter 223–227
Grußzeremonielle 118–125

Haarberührung 148
Haare 157, 335–339, 350 f., 354 f., 438
Haarsträuben 251, 297, 299
Haarstreichen 157
Haarstrich 438
Hackordnung 175
Halsumdrehen 288
Halswürgegriff 288
Haltungs-Echo 126–129
Hand-aufs-Herz-Geste 60
Handausstrecken 93
Handbiß 297
Handbörse 80, 90
Händchenhalten 142
Hände, zusammengelegte 94 f.
Händeflattern aus dem Gelenk 356
Händeschütteln 119, 137 f., 142
Handgesten 62 f., 80, 85 f., 88–95
Handgesten, klar verständliche 163, 166
Handhackgeste 62
Handhieb 89 f.
Handkantenschlag 92, 288
–, italienischer 288
Handkreisgeste 62
Handlungen 13–32
–, ambivalente 262
–, angeborene 15–22, 28
–, angelernte 26, 28, 32
–, gemischte 28–32
–, selbstentblößende 314–321
–, selbstentdeckte 22, 24, 28
–, übernommene 24 ff., 32
Handnicken 109
Handschere 90, 92
Handstoß 90, 92
Hardy-Theorie 434–442
Hasten 428 f.
Heimtiere 381, 383
Heranwinken 102 ff.
Heranwinken
–, abgezähltes 104
– mit zwei Fingern 104
– mit dem Kopf 104
– mit dem Zeigefinger 104
Herzschlagsignale 368–371
Hinterbacken 353 f.
Hinweissignale 99–104
Hocken 462 f.
Homosexualität 24 f., 136, 308
Hüpfen 432
–, versetztes 432
Hut 216
Hypnose 222

»Ich-weiß-nicht«-Geste 67
Information, ungewollte nichtverbale 152–161, 174
Intensitätsgrad, typischer 91
Intentionsbewegungen 272–279, 288
–, alternierende 260 ff.
Intentions-Kraftgriff 89, 92
Intentions-Präzisionsgriff 89, 92

Jagd 346, 452–459
Ja/Nein-Zeichen 105–109
Jungfernhäutchen 442

Kampfverhalten 15, 20, 233–238
Kauern 462 f.
Kauersitzen 460 f., 463
Kehle, Durchschneiden der 297
Kieferstütze 148
Kind-Ersatz 379
Kinnklaps-Geste 77, 108 f.
Kinnstreicheln 157
Kinnstütze 148
Klaps 139
Klatschen 98
Kleidung 25 f., 322–334
Klettern 432 f.
Klub 193, 444
Knicks 217, 221
Kniehocke 463
Knien 463
–, einseitiges 463
–, beidbeiniges 463
Kochen 450 f.
Kontakte mit Tieren 379–383
– Phasen der 381
Kooperation 232, 238
Kopf-an-Kopf-Kontakt 144
Kopfaufstützen 34 f.
Kopfdrehung 107
Kopfgeste 100
Kopfheben 122
Kopfneigung 71, 275
Kopfnicken 105
Kopfschütteln 73, 105–109

Kopfschwingen 105, 107
Kopfstützhaltung 460
Kopulationszeichen 302, 308
Körperabwenden 357
Körperfett 353
Körpergeruch 351
Körpergröße 215
Körperhaar 350–353
Körperkraftspiele 389
Körperschmuck 335–344
Körperschwingen 96
Körpersignale 163, 165
Körperstoßen 96
Körperstütze 145 f.
Körperverkleinerung 214–223
Körperverstümmelung 335
Kosmetik 339 f.
Kotau 218, 221, 223
Krabbeln 426
Kreisgeste, gequetschte 307
Kreiszeichen 55 ff., 212
Kreuzen vor dem Körper 201–205
Kriegstänze 264 f.
Kropfzeichen 281 ff.
Kunst, bildende 417 f.
–, darstellende 417 f.
Kuß 60, 74, 143 f., 218 f.
– in die Luft 60
Kußhand 121 f.

Lächeln 122, 374–378
–, an- und abgeschaltetes 169
–, betrügerisches 167
–, erstarrtes 169
–, gekünsteltes 280
Lachen 64 ff., 282, 374–378
Langeweile, Signale der 277
Laufen s. Rennen
Laus-Geste, spanische 285
Leben nach dem Tode 225 f., 229
Leerlaufgesten 78 ff., 288, 297
Leerlauf-Kraftgriff 80, 89 f.
Leerlauf-Mimikry 40 f.
Leerlauf-Präzisionsgriff 80, 89
Leichtathletik 261, 453 f.
Liebesspiele 389
Liebkosung 144 f.
Linkshändigkeit 420–425
Lippenzusammendrücken 157
Lotossitz 462 f.
Luft-Boxhieb 89, 92
Luftwürgegriff 297
Lüge, kooperative 154
Lügen 152–161
– mit dem ganzen Körper 153–159

Marschieren 432
Masturbation 151
Masturbationszeichen 302
Metasignale 384, 391, 401 f.
Mikrosynchronie 128
Mimikry, soziale 38
Minirock 331
Miss World 415
Mittelfingerstoß 63, 302 ff.
Mode 326–334, 408
Mundbedecken 157 ff.
Mundberührung 148
*moutza*-Geste 69, 212, 287

Nacktheit 351
Nahkontakt 122
Narben 335, 337, 342
Nase 441
Nasenberührung 157 ff.
Nasenberührungsgeste 76
Nasenbohren 318
Nasendurchbohren 344
Nasenstoß 307
Neotenie 225
Nervensystem 247–250
Nervenzusammenbruch 244

Ohrläppchenziehen 157
O.K.-Zeichen 55 f.
Orgasmus 363–366

Panik 250
Papst 219
Parasiten 324
Parfüm 324, 335
Partnerbindung 363–366
Patriotismus 230
Perücken 335, 337, 353
Pferde 379 ff.
Pferdezeichen 41
Pflegeschauspiel 124
Phalluszeichen 302–307
Phantasiespiele 390
Pomp 330 f.
Prahlen 181
Priester 223, 227
Prostration 218, 223
Pupillensignale 252–257

Rauchen 267 f.
Rechtshändigkeit 420–425
Reize, supranormale 403–408
Relikt-Gesten 68–75, 143
Rennen 429 ff.
Robben 426
Rollenverkehrung 385
Ruheverhalten 460–466
Rülpsen 315–318

Saugen 16, 73, 371
Schaustellungen, religiöse 217, 223–227
Scheinangriff 146
Schläfenstütze 148
Schlafphase, paradoxe 466
Schlag mit erhobenem Arm 235
Schlag in die Luft 89
Schlangen 209, 380
Schlendern 428
Schlurfen 428
Schmutzsignale 285, 287
Schneiden 277
Schnurrbartzwirbeln 60
Schönheit 409–419
–, weibliche 413 ff.
Schönheitskonkurrenzen 413 ff.
Schönheitspflästerchen 340
Schrei 208, 374 ff.
Schreibtisch 205
Schüchternheit 167 f.
Schwimmen 433–442
Schwindelgefühlspiele 388 f.
Selbstintimitäten 147–151

Selbstkontakte 147–151
Semaphor-Sprache 50
Sexualität, kindliche 367
Sichhinlegen 461
Signale 33
–, ambivalente 162
–, autonome 162, 247–251
– elterlicher Zuwendung 368–373
– gespielten Unbehagens 280
–, kindliche 374–378
–, obszöne 63, 287
–, regionale 76–79
–, sexuelle 275, 360–367
–, übertriebene 172 ff.
–, unbefriedigende 169 ff.
–, widersprüchliche 162–168, 174
Signalunterdrückung 153 f.
Sitzen 460 f.
– mit gekreuzten Beinen 461
Spiele, kreative 390
–, mechanische 390
Spielkämpfe 391
Spielverhalten 275, 384–390
Spinnen 210, 381
Sportarten, blutige 452 ff.
Sportverhalten 194, 239 ff., 261, 347, 444, 452–459
Spottsignale 282
Sprache 378
Springen 432
Sprinten 430
Staksen 427
Stammesterritorium 184, 193
Statusdarstellung 175–182, 216 f., 243, 278 f., 339
–, eingeschränkte 177 f.
Status-Sex 182
Steatopygie 354
Stechschritt 432
Stehen 463
– auf einem Bein 463
Stirnrunzeln 16
Stotterblick 246
Süßigkeiten 446
Tabu-Zonen 310–313
Taillenkurve 58
Taillenumarmung 142
Taktschlag
– mit dem Fuß 96
– mit der Hand 80, 89, 92–98
– mit dem Kopf 95 f.
– mit dem Körper 96
Taktstock-Signale 80–98
Tanzen 263 ff., 299, 360 ff.
Tätowierung 342
Tätschelzeichen 302, 309
Taubstummensprache 50, 63
Täuscher 154–157
Täuschung 152–156
Taxophilie 410 ff.
Teil-Mimikry 40
Territorialverhalten 183–200
Theater-Mimikry 38, 40 f.
Tiere 209 ff., 224 f., 302, 379–383, 392
Tiervergleiche 283, 285
Tochtergesten 62 f.
Traben 429
Träume 464 ff.
Triumphgebaren 239–243
Trotzanfall 378

Übergewicht über den Kontext 57
Überlegenheitssignale 277 f.
Übersprunghandlungen 266–270
Übertreibungen 384
Umarmen der angezogenen Beine 148, 150
Umarmung 140
Umfassen der Schenkel 148, 151
Umkleidekabinen 326
Umraum, persönlicher 196 ff.
Ungeduld, Signale der 277
Uniformen 392, 401
Unterarmstoß 63, 302 f.
Unterhaken 139

V-Zeichen 78, 166, 212, 239, 304, 307
Verbeugung 215 ff., 220 f.
Vergewaltigung 182, 271 f.
Verhalten, altruistisches 228–232
–, ästhetisches 409–419
– im Wasser 434–442
Verhaltensregeln, lokale 171
Verstädterung 230, 313, 325
Volkstänze 263 ff.
Vorwärtsschwingen 433

Waffen 236 f., 299
Wangenfalte 280
Wangenkneifen 60
Wangenkuß 123 f.
Wangenreiben 157
Wangenschraube 58
Wangenstreicheln 58
Wangenstütze 148
Wechselblick 244 f.
Weinen 442
Winken 102 ff., 121 f.
–, mit flacher Hand 104
– mit der Hand 102 ff.

Zähne 450 f.
Zehenspitzengehen 432
Zeichensprache auf Rennplätzen 50
Zeigefinger, erhobener 297
Zeigefinger-Geste 99 ff.
Zeigefinger-Hüpfen 100
Zeigefinger-Taktschlag 80, 95
Zeigen 99–102
– mit dem Körper 99
Zeige-Varianten 100
Zigeuner 285
Zucken der Hände 159
Zungeherausstrecken 73, 282, 307
Zurücklehnen 460
Zurückweisungsgeste 104
Zurückweisungssignale 280, 282
Zurückwerfen des Kopfes 108 f.
Zusammenkrümmen 214
Zusammenzucken 206
Zweifingerstoß 103
Zwinkern 28, 33, 282

Bildnachweis

All-Sport Photographic Ltd S. 453, Nr. 299
Alecio de Andrade (Magnum) S. 23, Nr. 10; S. 66, Nr. 50; S. 75, Nr. 55; S. 298, Nr. 201
Micha Bar-Am (Magnum) S. 424, Nr. 283
Bruno Barbey (Magnum) S. 65, Nr. 47; S. 81, Nr. F2; S. 119, Nr. 82; S. 398, Nr. F56; S. 437, Nr. 290
Priscilla Barrett S. 14, Nr. 1 + 2; S. 43, Nr. 27–32; S. 56, Nr. 40 + 41; S. 62 + 63, Nr. 43–45; S. 90 + 91, Nr. 64; S. 138, Nr. 93–96; S. 281, Nr. 185–193; S. 300, Nr. 204–211; S. 309, Nr. 219; S. 462, Nr. 306–312
Beaverbrook Newspapers S. 438, Nr. 291
Ian Berry (Magnum) S. 234, Nr. 148 + 149; S. 284, Nr. 195; S. 414, Nr. 270
John Bolton S. 407, Nr. 267
John Brennan S. 116, Nr. 80
British Broadcasting Corporation S. 72, Nr. 53
René Burri (Magnum) S. 30, Nr. 17; S. 85, Nr. F15; S. 176, Nr. 118; S. 189, Nr. F24
Bryn Campbell (Magnum) S. 39, Nr. 22; S. 94, Nr. 68; S. 240, Nr. 152
Cornell Capa (Magnum) S. 273, Nr. 183; S. 383, Nr. 257
Robert Capa (Magnum) S. 70, Nr. 51
Henri Cartier-Bresson (Magnum) S. 110, Nr. 76; S. 141, Nr. 98; S. 149, Nr. 106; S. 155, Nr. 108; S. 226, Nr. 145; S. 278, Nr. 184
Central Press Photos Ltd S. 218, Nr. 138; S. 219, Nr. 140
Eric Crichton S. 254, Nr. 160 + 161; S. 347, Nr. 238–241; S. 393, Nr. F47 + F48
Carolyn Curtis S. 396, Nr. F50
Daily Telegraph Colour Library S. 27, Nr. 12; S. 81, Nr. F1; S. 176, Nr. 120; S. 185, Nr. F19; S. 245, Nr. 155; S. 268, Nr. 177; S. 295, Nr. F43 + F45; S. 298, Nr. 202; S. 377, Nr. 256
Bruce Davidson (Magnum) S. 93, Nr. 67; S. 317, Nr. 227
Derek Davies S. 402, Nr. 264
L. Dukas (Magnum) S. 31, Nr. 18
Mark Edwards S. 158, Nr. 111; S. 168, Nr. 115; S. 199, Nr. 125; S. 248, Nr. 156–158; S. 268, Nr. 179–181; S. 317, Nr. 226
Elsevier S. 303, Nr. 212; S. 350, Nr. 242
Ed van der Elsken S. 294, Nr. F41; S. 394 + 395, Nr. F49
Elliott Erwitt (Magnum) S. 65, Nr. 46; S. 86, Nr. F16; S. 398, Nr. F57; S. 411, Nr. 269
Robert Estall Photographs S. 88, Nr. F18
Mary Evans Picture Library S. 458, Nr. 303
Paul Forrester S. 290, Nr. F34 + F35; S. 424, Nr. 281 + 282
Leonard Freed (Magnum) S. 163, Nr. 112; S. 173, Nr. 117; S. 197, Nr. 123; S. 207, Nr. 132; S. 220, Nr. 141; S. 284, Nr. 194; S. 343, Nr. 235; S. 405, Nr. 266
Falco Friedhoff S. 26, Nr. 11; S. 66, Nr. 49; S. 72, Nr. 52; S. 145, Nr. 102; S. 158, Nr. 110; S. 430, Nr. 286
Gysbert Friedhoff sen. S. 374, Nr. 253
Paul Fusco (Magnum) S. 82, Nr. F4; S. 83, Nr. F10; S. 361, Nr. 246; S. 386, Nr. 260
Richard Geiger S. 47, Nr. 33 + 34; S. 49, Nr. 38; S. 311, Nr. 221–224; S. 332 + 333, Nr. 234
Gemeentemuseum, Den Haag S. 418, Nr. 272–274
Burt Glynn (Magnum) S. 261, Nr. 173; S. 290, Nr. F33
Mark Gofrey (Magnum) S. 83, Nr. F9
Ray Green S. 455, Nr. 301

Ernst Haas (Magnum) S. 158, Nr. 110
Sonia Halliday Photographs S. 294, Nr. F40
Charles Harbutt (Magnum) S. 65, Nr. 48; S. 189, Nr. F25; S. 245, Nr. 154
Robert Harding Associates S. 120, Nr. 83; S. 187, Nr. F21; S. 192, Nr. F30; S. 436, Nr. 288
Thomas Höpker (Magnum) S. 119, Nr. 81; S. 397, Nr. F52
David Hurn (Magnum) S. 145, Nr. 103; S. 295, Nr. F44
Philip Jones Griffiths (Magnum) S. 82, Nr. F3; S. 210, Nr. 135
Richard Kalvar (Magnum) S. 97, Nr. 69; S. 123, Nr. 85 + 86; S. 132, Nr. 90; S. 204, Nr. 130; S. 391, Nr. 263
The Kobal Collection S. 23, Nr. 9; S. 272, Nr. 182; S. 323, Nr. 230
Josef Koudelka (Magnum) S. 229, Nr. 146
Kubota (Magnum) S. 234, Nr. 148
Andrew Lawson S. 23, Nr. 7 + 8; S. 30, Nr. 16; S. 57, Nr. 42; S. 78, Nr. 56; S. 85, Nr. F12–F14; S. 108, Nr. 74 + 75; S. 116, Nr. 79; S. 141, Nr. 97 + 100; S. 305, Nr. 215; S. 316, Nr. 228; S. 357, Nr. 243; S. 358, Nr. 244
Frederick Leboyer (Birth without Violence) S. 369, Nr. 250
Bill Leimbach S. 82, Nr. F7; S. 84, Nr. F11; S. 224, Nr. 143; S. 293, Nr. F38; S. 343, Nr. 236; S. 447, Nr. 295
Erich Lessing (Magnum) S. 450, Nr. 298
London Express News and Features Service S. 121, Nr. 84; S. 148, Nr. 104; S. 203, Nr. 126
Sergio Lorrain (Magnum) S. 203, Nr. 129
Danny Lyon (Magnum) S. 303, Nr. 213
Magnum S. 186, Nr. F20
Constantine Manos (Magnum) S. 72, Nr. 54; S. 402, Nr. 264; S. 461, Nr. 304
Roger Malloch (Magnum) S. 234, Nr. 149; S. 235, Nr. 150
The Mansell Collection S. 323, Nr. 229
Graham Marsh S. 103, Nr. 70
Wayne Miller (Magnum) S. 361, Nr. 246; S. 397, Nr. F55
Anthony Moore S. 168, Nr. 113 + 114
Desmond Morris S. 78, Nr. 57; S. 106, Nr. 73; S. 192, Nr. F29; S. 309, Nr. 219 + 220; S. 383, Nr. 258; S. 437, Nr. 289
Museum of Modern Art, New York S. 215, Nr. 136
National Gallery, London S. 352, Nr. 242; S. 372, Nr. 251
Oxford Illustrators Ltd S. 103, Nr. 70 + 71; S. 254, Nr. 163; S. 255, Nr. 164; S. 453, Nr. 300
Jean-Paul Paireault (Magnum) S. 52, Nr. 39; S. 132, Nr. 92
Gilles Peress (Magnum) S. 461, Nr. 305
Picturepoint Ltd S. 190 + 191, Nr. F26 + F27; S. 359, Nr. 245
Popperfoto S. 82, Nr. F8; S. 163, Nr. 112; S. 176, Nr. 119; S. 181, Nr. 121; S. 188, Nr. F23; S. 203, Nr. 128; S. 218, Nr. 137; S. 220, Nr. 142; S. 421, Nr. 275–279
Marc Riboud (Magnum) S. 145, Nr. 101; S. 447, Nr. 296
David Seymour (Magnum) S. 219, Nr. 139
Marilyn Silverstone (Magnum) S. 386, Nr. 261
Society for the Propagation of the Gospel S. 229, Nr. 147
Spectrum Colour Library S. 254, Nr. 162
Doreen Spooner (Magnum) S. 305, Nr. 214
David Steen S. 366, Nr. 248; S. 372, Nr. 252
Dennis Stock (Magnum) S. 36, Nr. 19; S. 447, Nr. 297
Homer Sykes S. 265, Nr. 176; S. 296, Nr. F46
Syndication International S. 27, Nr. 13; S. 115, Nr. 78; S. 141, Nr. 99; S. 173, Nr. 117; S. 203, Nr. 127; S. 207, Nr. 134; S. 242, Nr. 153; S. 259, Nr. 172; S. 262,

Nr. 174; S. 289, Nr. F31 + F32; S. 305, Nr. 216; S. 316, Nr. 225; S. 343, Nr. 237; S. 396, Nr. F51; S. 398, Nr. F58; S. 414, Nr. 270
Nicholas Tikhomoroff (Magnum) S. 397, Nr. F54
John Topham Picture Library S. 30, Nr. 15; S. 127, Nr. 88; S. 207, Nr. 131; S. 298, Nr. 203; S. 439, Nr. 292
Transart S. 48, Nr. 35; S. 49, Nr. 37; S. 407, Nr. 268
Transworld Features Syndicates Ltd S. 187, Nr. F22; S. 377, Nr. 256; S. 399, Nr. F59; S. 400, Nr. F60–F63; S. 455, Nr. 301
B. Uzzle (Magnum) S. 87, Nr. F17; S. 199, Nr. 124; S. 404, Nr. 265; S. 445, Nr. 294
Visual Art Productions S. 79, Nr. 59–63; S. 124, Nr. 87; S. 465, Nr. 313 + 314
Michael Williams S. 59 + 61, alle 12 Abb.
Graham Wood S. 27, Nr. 14; S. 36, Nr. 20 + 21; S. 82, Nr. F5 + F6; S. 92, Nr. 65 + 66; S. 112, Nr. 77; S. 127, Nr. 89; S. 132, Nr. 91; S. 148, Nr. 105; S. 150, Nr. 107; S. 226, Nr. 144; S. 248, Nr. 159; S. 265, Nr. 175; S. 268, Nr. 178; S. 291, Nr. F36; S. 292, Nr. F37; S. 294, Nr. F39; S. 295, Nr. F42; S. 306, Nr. 217; S. 331, Nr. 233; S. 377, Nr. 254; S. 383, Nr. 259; S. 387, Nr. 262; S. 397, Nr. F53; S. 417, Nr. 271; S. 430, Nr. 284 + 285; S. 431, Nr. 287
Einige Stichzeichnungen sind folgenden Quellen entnommen: S. 14, Nr. 1 + 2, und S. 79, Nr. 58 + 61: A. de Jorio, La Mimica Degli Antichi Investigata nel Gestire Napoletano (1832); S. 286, Nr. 196–200: W. Papas, Instant Greek (1972); S. 440, Nr. 293: The New Scientist Bd. 7; S. 259, Nr. 170 + 171: H. Siddons, Practical Illustrations of Rhetoric Gesture and Action (1807); S. 328, Nr. 231: T. Strutt, The Dress and Habits of the People of England (1842).

Weitere Skizzen und Zeichnungen: Andrew Lawson und John Brennan

Besonderer Dank: Der Verleger möchte sich besonders für die freundliche Hilfe von Magnum Photos, Inc., Paris, bedanken, die einen großen Teil der Fotos zur Verfügung gestellt haben.

## Danksagung des Autors

Viele haben mir seit Beginn der Arbeit an diesem Buch geholfen; unter ihnen Zoologen wie ich, die sich dem Studium des Menschentiers verschrieben haben; andere waren als Anthropologen, Psychologen, Soziologen, Psychiater und Künstler beruflich mit dem Studium des Menschen befaßt und sahen es großzügigerweise nach, daß ein auf vergleichende Verhaltensforschung spezialisierter Zoologe in ihr Territorium eindrang. Wieder andere sind Freunde oder Kollegen, deren Anregung, Kritik und Rat viel zum Gelingen dieses Buchs beigetragen hat.
Beim Zusammenstellen der folgenden Namen quälte mich die Gewißheit, daß ich einige zu erwähnen vergessen habe. Sie möchte ich besonders um Entschuldigung bitten. Dank schulde ich allen, die mir geholfen haben, besonders: Tom Adams, Michael Argyle, David Attenborough, Robert Attenborough, Robert Barakat, Priscilla Barrett, Mark Boxer, John Brennan, Jerome Bruner, Michael Chance, Peter Collett, Tony Colwell, Ann Davies, Richard Dawkins, Michael Desebrock, Irenäus Eibl-Eibesfeldt, Paul Ekman, Robin Fox, Falco Friedhoff, Herman Friedhoff, Polly Friedhoff, Erving Goffman, Jan van Hooff, Peter Hutchinson, Janey Ironside, Andrew Ivett, Annick Jorand, Andrew Lawson, Peter MacPhail, Domenic Magri, Gilbert Manley, Graham Marsh, Peter Marsh, Tom Maschler, Jason Morris, Ramona Morris, Philip Oakes, Kenneth Oakley, Marie O'Shaughnessy, Victore Pasmore, Trisha Pike, Michael Rand, Vernon Reynolds, Diana Rigg, Claire Russell, W. M. S. Russell, John Sanders, Albert Scheflen, Kimiko Shimoda, Anthony Storr, H. A. Swan, Lionel Tiger, Niko Tinbergen, E. B. Wayne, Pat Williams, Maurice Wilson und Mohammed Zeribi. Weiterhin gilt mein Dank der Harry-Frank-Guggenheim-Stiftung für ihre Unterstützung eines größeren Forschungsobjekts, das diesem Buch von Nutzen gewesen ist.